全国优秀教材二等奖

"十二五"普通高等教育本科国家级规划教材

高校工程管理专业指导委员会规划推荐教材

工程项目管理

（第二版）

丁士昭　主编

中国建筑工业出版社

图书在版编目（CIP）数据

工程项目管理/丁士昭主编. —2 版 . —北京：中国建筑
工业出版社，2014.2（2025.5 重印）
"十二五"普通高等教育本科国家级规划教材. 高校工
程管理专业指导委员会规划推荐教材
ISBN 978-7-112-16208-6

Ⅰ.①工… Ⅱ.①丁… Ⅲ.①工程项目管理-高等学
校-教材 Ⅳ.①F284

中国版本图书馆 CIP 数据核字（2013）第 308079 号

本书是"十二五"普通高等教育本科国家级规划教材，主要用于工程管理专业的"工程项目管理"课程的教学，也可用于土建学科其他专业的"工程项目管理"课程的教学。

本书主要内容包括工程项目管理的基本理论、工作任务、工作方法以及工程管理信息化的概念、理论和方法。

本书理论性强、内容新颖、紧密联系工程管理实践，可供政府管理部门、建设单位、设计单位、工程管理咨询单位、科研单位和施工单位参考。

为更好地支持相应课程的教学，我们向采用本书作为教材的教师提供教学课件，有需要者可与出版社联系，邮箱：jckj@cabp.com.cn，电话：（010）58337285，建工书院 https://edu.cabplink.com。

* * *

责任编辑：张 晶 王 跃
责任设计：董建平
责任校对：张 颖 赵 颖

"十二五"普通高等教育本科国家级规划教材
高校工程管理专业指导委员会规划推荐教材

工程项目管理
（第二版）

丁士昭 主编

*

中国建筑工业出版社出版、发行（北京西郊百万庄）
各地新华书店、建筑书店经销
北京红光制版公司制版
天津安泰印刷有限公司印刷

*

开本：787×1092 毫米 1/16 印张：30½ 字数：760 千字
2014 年 6 月第二版 2025 年 5 月第四十一次印刷
定价：**49.00 元**（赠教师课件）
ISBN 978-7-112-16208-6
（24949）

第 二 版 前 言

本书自 2006 年 5 月出版以来，受到广大读者的欢迎和关怀，已重印多次。几年来读者们对本书提出了不少希望和宝贵意见，借此表示由衷的感谢。

自本书出版至今，工程项目管理的思想、组织、方法和手段有了新的发展，尤其在工程项目管理信息化、项目总控和项目全寿命管理等领域，涌现出许多理论与实践研究的创新成果。在本书的修订过程中，注意反映学科新的进展，包括新的管理概念和新的管理技术方法等。

第二版修订，保持了本书原有的基本架构和特色，修订工作主要对第 14 章、第 15 章和第 16 章进行了结构调整，另丰富和完善了其他章节诸多方面的内容，在广度和深度上作了充实。

本书的修订工作由丁士昭主持、陈建国协助，具体修订分工如下：第一篇的第 1、2 章，丁士昭；第 3 章，乐云；第 4 章，何清华；第 5 章，孙继德；第 6 章，陈建国；第 7、8 章，高欣；第 9 章，王广斌。第二篇的第 10 章，谭震寰；第 11 章，乐云；第 12 章，孙继德；第 13 章，曹吉鸣；第 14 章，何清华；第 15 章，高欣；第 16 章，王广斌、马继伟。施骞和贾广社配合和参与了此次修订工作。书稿最后由丁士昭、陈建国、曹吉鸣和孙继德负责统稿和定稿。

在本次修订过程中，吸取了有关专业人士、教师与学生的宝贵意见和建议，在此表示衷心的感谢。

本书缺点和错误之处在所难免，敬请批评指正为感。

丁士昭
2013 年 2 月 28 日于同济大学

3

第 一 版 前 言

本教材依据高等学校土建学科教学指导委员会和工程管理专业指导委员会所编制的"全国高等学校土建类专业本科教育培养目标和培养方案及主干课程教学基本要求——工程管理专业"编写。其中第一篇的第1章至第9章针对工程管理专业本科教学的管理平台课程"工程项目管理（一）"的基本要求编写，第二篇的第10章至第16章针对工程管理专业本科教学工程项目管理方向课程"工程项目管理（二）"的基本要求编写。

本教材可用于工程管理专业的"工程项目管理"课程的教学，也可用于土建学科其他专业的"工程项目管理"课程的教学。本教材用的术语"工程项目"即建设项目，或称建设工程项目，或称投资建设项目；"工程项目管理"即建设工程项目管理，或称投资建设项目管理。

第一篇的主要内容包括工程项目管理的基本理论和工程项目管理工作的主要任务；第二篇的主要内容包括工程项目实施的不同阶段的工程项目管理工作内容的深化和工程项目管理信息化的概念、理论和方法。

同济大学从1982年开始开设工程项目管理课程，承担该课程教学任务的多数教师参加了大量的工程实践，并曾在国外的学术机构进修，20余年来，同济大学在本科、硕士生和博士生课程教学中不断地完善该课程的建设，这是编与本教材的基础。

本教材由同济大学工程管理研究所所长丁士昭教授主持编写，编写分工如下：第一篇的第1章概论和第2章项目管理的组织理论由丁士昭编写，第3章项目策划由乐云编写，第4章建设项目目标控制原理由何清华编写，第5章建设项目采购管理由孙继德编写，第6章建设投资控制由陈建国编写，第7章网络计划技术与建设项目进度管理第8章建设项目质量和安全管理由高欣编写，第9章建设信息管理由王广斌编写，第二篇的第10章设计准备阶段的项目管理由谭震寰编写，第11章设计阶段的项目管理由乐云编写，第12章工程发包与物资采购的项目管理由孙继德编写，第13章施工阶段的项目管理由曹吉鸣编写，第14章计算机辅助建设项目管理由高欣编写，第15章建设项目管理信息化由何清华编写，第16章网络平台上的建设项目管理由马继伟编写。在以上作者群中多数是工程项目管理学科的博士。

感谢高等学校工程管理专业指导委员会推荐本书参评"十五"国家级规划教材。

限于水平，本教材谬误之处在所难免，恳请批评指正。

丁士昭

于 2005 年 10 月 26 日

目　录

第一篇　工程项目管理(一)

第一篇　工程项目管理(一)

概

论

本书用的术语"工程项目"即建设项目，或称建设工程项目，或称投资建设项目；"工程项目管理"即建设工程项目管理，或称投资建设项目管理。本章主要阐述工程项目管理的内涵、类型、背景和发展趋势，以及与工程项目管理相关的建设工程监理的概念和与工程管理有关的执业资格。

由于项目管理的核心任务是项目的目标控制，因此，按项目管理学（Project Management）的基本理论，没有目标的建设工程不是项目管理的对象。

1.1　工程项目的含义和特点

1.1.1　项目的含义和特点

许多制造业的生产活动往往是连续不断和周而复始的活动，它被称为作业（Operation）。而项目（Project）是一种非常规性、非重复性和一次性的任务，通常有确定的目标和确定的约束条件（时间、费用和质量等）。项目是指一个过程，而不是指过程终结后所形成的成果，例如某个住宅小区的建设过程是一个项目，而建设完成后的住宅楼及其配套设施是这个项目完成后形成的产品。

在建设领域中，建造一栋大楼、一个工厂、一个大坝、一条铁路以及开发一个油田，都是项目。在工业生产中开发一种新产品，在科学研究中为解决某个科学技术问题进行的课题研究，在文化体育活动中，举办一届运动会、组织一次综合文艺晚会等，也都是项目。

从项目管理的角度而言，项目作为一个专门术语，它具有如下几个基本特点：

（1）一个项目必须有明确的目标（如时间目标、费用目标和进度目标等）。

（2）任何项目都是在一定的限制条件下进行的，包括资源条件的约束（人力、财力和物力等）和人为的约束，其中质量（工作标准）、进度、费用目标是项目普遍存在的三个主要约束条件。

（3）项目是一次性的任务，由于目标、环境、条件、组织和过程等方面的特殊性，不存在两个完全相同的项目，即项目不可能重复。

（4）任何项目都有其明确的起点（开始）时间和终点（结束）时间，它是在一段有限的时间内存在的。

（5）多数项目在其进行过程中，往往有许多不确定的影响因素。

如果建造一栋楼，总投资额可多也可少，进度快一些或慢一些都可以，其质量也没有明确的标准，则从项目管理学的角度分析，因为该工程没有明确的目标，所以就没有必要、也无法进行其目标控制，因此，如上所述，它不被项目管理学科认为是一个项目。

上述影响项目目标实现的因素，包括主观因素（人为因素）和客观因素，后者又包括政治因素、组织因素、经济因素、管理因素、技术因素等。

1.1.2　工程项目的含义和特点

《辞海》（1999 年版）中"建设项目"的定义为："在一定条件约束下，以形成固定资产为目标的一次性事业。一个建设项目必须在一个总体设计或初步设计范围内，由一个或若干个互有内在联系的单项工程所组成，经济上实行统一核算，行政上实行统一管理。"一般而言，工程项目是指为了特定目标而进行的投资建设活动，其内涵如下：

（1）工程项目是一种既有投资行为又有建设行为的项目，其目标是形成固定资产。工程项目是将投资转化为固定资产的经济活动过程。

（2）"一次性事业"即一次性任务，表示项目的一次性特征。

（3）"经济上实行统一核算，行政上实行统一管理"，表示项目是在一定的组织机构内进行，项目一般由一个组织或几个组织联合完成。

（4）对一个工程项目范围的认定标准，是具有一个总体设计或初步设计。凡属于一个总体设计或初步设计的项目，不论是主体工程还是相应的附属配套工程，不论是由一个还是由几个施工单位施工，不论是同期建设还是分期建设，都视为一个工程项目。

工程项目除了具有一般项目的基本特点外，还有自身的特点。工程项目的特点表现在以下几个方面：

（1）具有明确的建设任务。如建设一个住宅小区或建设一座发电厂等。

（2）具有明确的进度、费用和质量目标。工程项目受到多方面条件的制约：时间约束，即有合理的工期时限；资源约束，即要在一定的人力、财力和物力投入条件下完成建设任务；质量约束，即要达到预期的使用功能、生产能力、技术水平、产品等级等的要求。这些约束条件形成了项目管理的主要目标，即进度目标、费用目标和质量目标。

（3）建设过程和建设成果固定在某一地点。受当地资源、气象和地质条件的制约，受当地经济、社会和文化的影响。

（4）建设产品具有唯一性的特点。建设过程和建设成果的固定性，设计的单一性，施工的单件性，管理组织的一次性，使建设过程不同于一般商品的批量生产过程，其产品具有唯一性。即使采用同样型号标准图纸建设的两栋住宅，由于建设时间、建设地点、建设条件和施工队伍等的不同，两栋住宅也就存在差异。

（5）建设产品具有整体性的特点。一个工程项目往往是由多个相互关联的子项目构成的系统，其中一个子项目的失败有可能影响整个项目功能的实现。项目建设包括多个阶段，各阶段之间有着紧密的联系，各阶段的工作都对整个项目的完成产生影响。

（6）工程项目管理的复杂性。主要表现在：工程项目涉及的单位多，各单位之间关系协调的难度和工作量大；工程技术的复杂性不断提高，出现了许多新技术、新材料和新工艺；大中型项目的建设规模大；社会、政治和经济环境对工程项目的影响，特别是对一些跨地区、跨行业的大型工程项目的影响，越来越复杂。

1.2　工程项目管理的含义

1.2.1　工程管理的概念

工程项目管理是工程管理（Professional Management in Construction）的一个部分，在整个工程项目全寿命中，决策阶段的管理是 DM（Development Management，尚没有统一的中文术语，可译为项目前期的开发管理），实施阶段的管理是项目管理 PM（Project Management），使用阶段（或称运营阶段，或称运行阶段）的管理是 FM（Facility Management），即设施管理（图 1-1）。

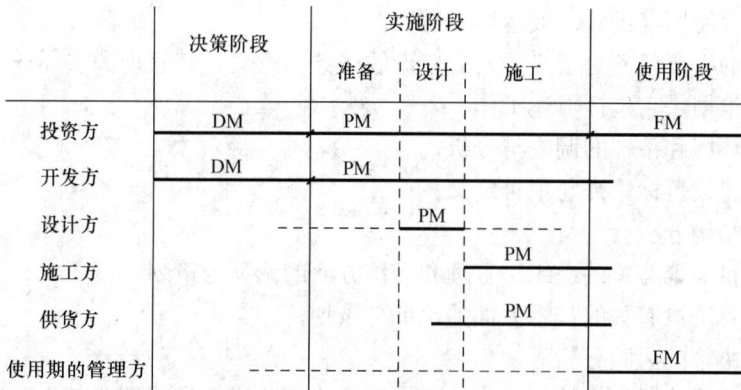

图 1-1　DM、PM 和 FM

"工程管理"作为一个专业术语，其内涵涉及工程项目全过程的管理，即包括 DM、PM 和 FM，并涉及参与工程项目的各个单位对工程的管理，即包括投资方、开发方、设计方、施工方、供货方和项目使用期的管理方的管理，如图 1-2 所示。

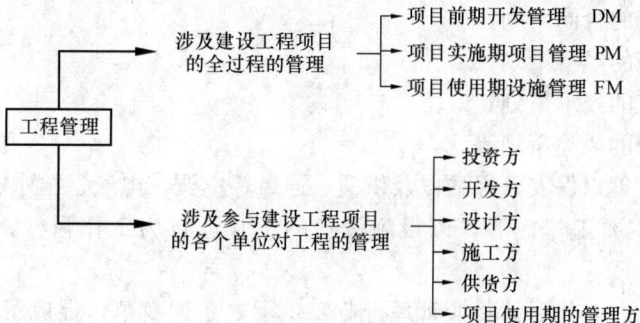

图 1-2　工程管理的内涵

工程管理的核心是为工程增值，工程管理工作是一种增值服务工作。其增值主要表现在两个方面（图1-3）：

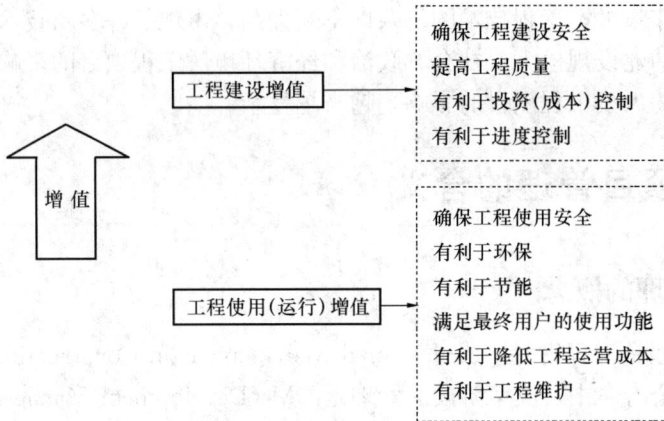

```
                      ┌─────────────────────────┐
                      │ 确保工程建设安全          │
        ┌──────────┐  │ 提高工程质量             │
        │ 工程建设增值 │→│ 有利于投资（成本）控制     │
        └──────────┘  │ 有利于进度控制           │
                      └─────────────────────────┘
    ⬆
  增 值
                      ┌─────────────────────────┐
                      │ 确保工程使用安全          │
                      │ 有利于环保               │
        ┌──────────────┐│ 有利于节能             │
        │ 工程使用（运行）增值 │→│ 满足最终用户的使用功能   │
        └──────────────┘│ 有利于降低工程运营成本   │
                      │ 有利于工程维护           │
                      └─────────────────────────┘
```

图1-3　工程管理的增值

（1）为工程建设增值。

（2）为工程使用（运营，或运行）增值。

开发管理的主要任务是定义开发或建设的任务和意义，其管理的主要任务是对所要开发的项目进行策划，它包括下述工作：

（1）建设环境和条件的调查与分析；

（2）项目建设目标论证与项目定义；

（3）项目结构分析；

（4）与项目决策有关的组织、管理和经济方面的论证与策划；

（5）与项目决策有关的技术方面的论证与策划；

（6）项目决策的风险分析等。

工程项目实施阶段也有策划工作，它有别于决策阶段开发管理，其主要任务是定义如何组织开发或建设，主要包括下述工作：

（1）项目实施的环境和条件的调查与分析；

（2）项目目标的分析和再论证；

（3）项目实施的组织策划；

（4）项目实施的管理策划；

（5）项目实施的合同策划；

（6）项目实施的经济策划；

（7）项目实施的技术策划；

（8）项目实施的风险策划等。

传统的物业管理以保安、保洁以及供暖、通风、空调、电气、给水、排水等设施设备的维护和保养为主要工作内容，以设施设备的正常运行为工作目标，具有"维持"的特点。

进入20世纪80年代后，物业管理行业发生了一系列变革，促成了设施管理的产生。物业管理行业变革主要体现在以下三个方面：

第一，建筑领域的技术革命使得物业管理的对象越来越复杂。随着建筑业的发展和信息技术的应用，智能大厦开始出现，并且在美、欧、日及全球蓬勃发展。伴随智能建筑的发展，信息化的现代建筑设备很快地进入各种建筑，使物业管理范围内的设施设备形成庞大而复杂的系统，各项传统产业的业务也由于结合了信息技术而出现很大的变化。面对庞大而复杂的建筑系统，传统的物业管理应接不暇。

第二，社会发展要求物业提高能源利用效率。能源危机以来，如何提高能源利用效率一直是社会所关心的热点问题，"物业节能"被提到前所未有的高度。但许多物业能源利用效率仍不尽如人意：路灯彻夜通明、用电负荷失衡、给水排水管道"跑冒漏滴"、公用水阀"细水长流"、供暖空调温度不稳、室内空气严重恶化等。面对新的要求，传统物业管理粗放的经营模式显得捉襟见肘。

第三，产业价值链分解与非核心业务外包促进了设施管理行业的产生。随着经济全球化的发展，企业之间的竞争越来越激烈。为了有效地面对竞争，企业不得不集中精力关注其核心业务，而将以物业为主的非核心业务外包给专业公司进行管理。同时，公司的物业部门或者被解散，或者独立成专业的物业管理或设施管理提供商。产业价值链分解和非核心业务外包推动了物业管理行业的专业化，促进了设施管理行业的产生。

我国于2007年颁布的《物业管理条例》指出："本条例所称物业管理，是指业主通过选聘物业服务企业，由业主和物业服务企业按照物业服务合同约定，对房屋及配套的设施设备和相关场地进行维修、养护、管理，维护物业管理区域内的环境卫生和相关秩序的活动。"

随着专业化发展，物业管理出现精深精细化趋势，并从劳动密集型逐渐转化为知识密集型，在物业管理提升的基础上，产生了一个新型的领域——设施管理。

按照国际设施管理协会（IFMA）和美国国会图书馆关于设施管理的定义，设施管理是"以保持业务空间高品质的生活和提高投资效益为目的，以最新的技术对人类有效的生活环境进行规划、整备和维护管理的工作"。它"将物质的工作场所与人和机构的工作任务结合起来。它综合了工商管理、建筑、行为科学和工程技术的基本原理"。设施管理这一行业真正得到世界范围的承认还只是近些年的事。越来越多的实业机构开始相信，保持管理得井井有条和高效率的设施对其业务的成功是必不可少的。设施管理服务除了基本的物业管理外，服务内容往往涉及设置或使用目的机能的"作业流程规划与执行、效益评估与监督管理"。

设施管理的含义，如图1-4所示，它包括物业资产管理和物业运行管理，通过设施管理使设施得到保值和增值，这与我国物业管理的概念尚有差异。

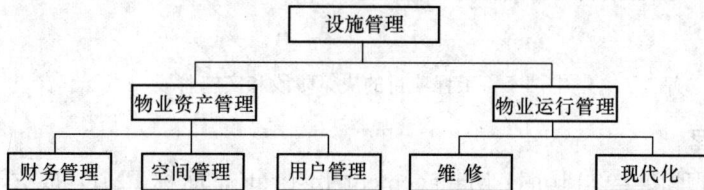

图 1-4　设施管理

1.2.2　工程项目管理的概念

1. 工程项目管理

我国《建设工程项目管理规范》GB/T 50326－2006 对建设工程项目管理的含义作了如下的解释："运用系统的理论和方法，对建设工程项目进行的计划、组织、指挥、协调和控制等专业化活动。"

一些国际组织对工程项目管理的含义作了更深入的分析，可供参考。

英国皇家特许建造学会（The Chartered Institute of Building，简称 CIOB）是一个主要由从事建筑管理的专业人员组织起来的社会团体，目前在全世界超过 100 多个国家中拥有超过 50，000 多会员。CIOB 是一个非盈利性的专业学会，它成立于 1834 年，至今已有将近 200 年的历史。

工程项目管理的含义有多种表述，英国皇家特许建造学会对其作了如下的表述：自项目开始至项目完成，通过项目策划（Project Planning）和项目控制（Project Control），以使项目的费用目标、进度目标和质量目标得以实现。此解释得到许多国家建造师（营造师）组织和相关的学会认可，在工程管理业界有相当的权威性。

在上述表述中：

（1）"自项目开始至项目完成"指的是项目的实施期；

（2）"项目策划"指的是目标控制前的一系列筹划和准备工作；

（3）"费用目标"对业主而言是投资目标，对施工方而言是成本目标。项目决策期管理工作的主要任务是确定项目的定义，而项目实施期项目管理的主要任务是通过管理使项目的目标得以实现。如图 1-5 所示。

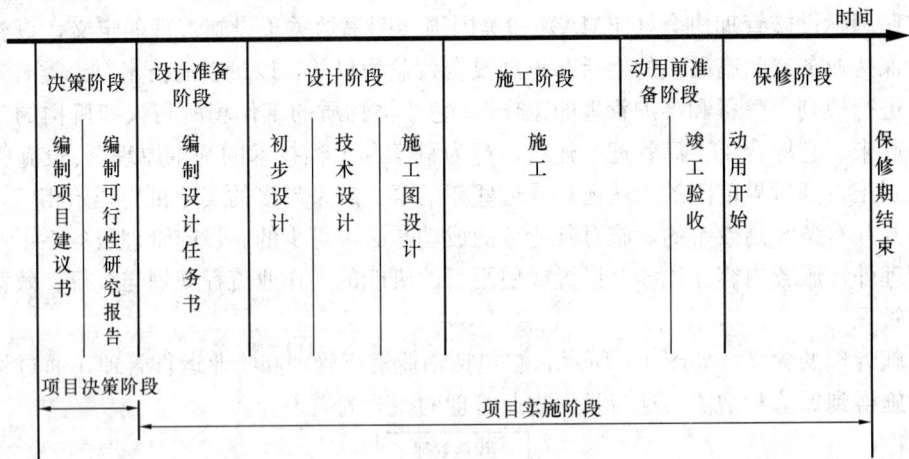

图 1-5　工程项目的决策阶段和实施阶段

2. 项目管理

美国项目管理协会（Project Management Institute，简称 PMI）成立于 1969 年，是全球领先的项目管理行业的倡导者，它创造性地制定了行业标准，由 PMI 组织编写的《项目管理知识体系指南》已经成为项目管理领域影响力很大的教科书。美国项目管理协会目前在全球 185 个国家有 50 多万会员和证书持有人，是项目管理专业领域中由研究人员、学者、顾问和经理组成的全球性的专业组织机构。美国项目管理协会编制出版的《项目管理知识体系指南》（PMBOK®指南，A Guide to the Project Management Body of Knowledge，第4版）中对项目管理的解释如下。

"项目管理就是将知识、技能、工具与技术应用于项目活动，以满足项目的要求。项目管理是通过合理运用与整合42个项目管理过程来实现的。可以根据其逻辑关系，把这42个过程归类成5大过程组，即：

（1）启动；

（2）规划；

（3）执行；

（4）监控；

（5）收尾。

管理一个项目通常要：

（1）识别需求。

（2）在规划和执行项目时，处理干系人的各种需要、关注和期望。

（3）平衡相互竞争的项目制约因素，包括（但不限于）：

1）范围；

2）质量；

3）进度；

4）预算；

5）资源；

6）风险。

具体的项目会有具体的制约因素，项目经理需要加以关注。

这些因素间的关系是，任何一个因素发生变化，都会影响至少一个其他因素。例如，缩短工期通常都需要提高预算，以增加额外的资源，从而在较短时间内完成同样的工作量；如果无法提高预算，则只能缩小范围或降低质量，以便在较短时间内以同样的预算交付产品。不同的项目干系人可能对哪个因素最重要有不同的看法，从而使问题更加复杂。改变项目要求可能导致额外的风险。为了取得项目成功，项目团队必须能够正确分析项目状况以及平衡项目要求。由于可能发生变更，项目管理计划需要在整个项目生命周期中反复修正、渐进明细。渐进明细是指随着信息越来越详细和估算越来越准确，而持续改进和细化计划。它使项目管理团队能随项目的进展而进行更加深入的管理。"

美国项目管理协会把项目管理划分为以下几个知识领域，即：综合（集成）管理、范围管理、时间管理、成本管理、质量管理、人力资源管理、沟通管理、采购管理和风险管理。其主要内容如下。

（1）项目综合（集成）管理包括7个基本的子过程：制定项目章程；制定项目初步范围说明书；制定项目管理计划；指导与管理项目执行；监控项目工作；实施整体变更控制；结束项目或阶段。

（2）项目范围管理包括5个阶段：启动；范围计划；范围界定；范围核实；范围变更控制。

（3）项目时间管理由下述6项任务组成：活动定义；活动排序；活动资源估算；活动

时间估计；项目进度编制；项目进度控制。

（4）项目成本管理包括以下3个过程：成本估计；成本预算；成本控制。

（5）项目质量管理包括以下3个过程：质量规划；质量控制；质量保证。

（6）项目人力资源管理包括以下4个过程：人力资源规划；团队组建；团队建设；项目团队管理。

（7）项目风险管理包括6个主要过程：风险管理计划；风险识别；定性风险估计；定量风险估计；风险应对计划；风险控制。

（8）项目沟通管理包括如下一些基本的过程：编制沟通计划；信息传递；绩效报告；利害关系管理。

（9）项目采购管理主要包括：编制采购计划；编制询价计划；询价；选择供应商；合同管理；合同收尾。

1.3　工程项目管理的类型和任务

一个工程项目往往由许多参与单位〔业主、设计单位、施工单位、材料和设备供应单位，以及工程顾问（咨询）单位〕承担不同的建设任务，而各参与单位的工作任务、工作性质和利益不同，因此就形成了不同类型的项目管理。

1.3.1　工程项目管理的类型

业主方是建设工程项目生产过程的总集成者——人力资源、物质资源和知识的集成，业主方也是建设工程项目生产过程的总组织者，因此对于一个建设工程项目而言，虽然有代表不同利益方的项目管理，但是，业主方的项目管理是管理的核心。人们也将业主称为建设工程推进的"马达（发动机）"。

按工程项目不同参与方的工作性质和组织特征划分，工程项目管理有如下类型：

（1）业主方的项目管理；

（2）设计方的项目管理；

（3）施工方的项目管理；

（4）供货方的项目管理；

（5）建设项目总承包方的项目管理等。

投资方、开发方和由咨询公司提供的代表业主方利益的项目管理服务都属于业主方的项目管理。施工总承包方和分包方的项目管理都属于施工方的项目管理。材料和设备供应方的项目管理都属于供货方的项目管理。建设项目总承包（工程项目总承包）有多种形式，如设计和施工任务综合的承包，设计、采购和施工任务综合的承包（简称EPC承包）等，它们的项目管理都属于建设项目总承包方的项目管理。

1.3.2　业主方项目管理的目标和任务

业主方项目管理服务于业主的利益，其项目管理的目标包括项目的投资目标、进度目标和质量目标。其中，投资目标指的是项目的总投资目标。进度目标指的是项目动用的时间目标，亦即项目交付使用的时间目标，如工厂建成可以投入生产、道路建成可以通车、办公楼可以启用、旅馆可以开业的时间目标等。项目的质量目标不仅涉及施工的质量，还包括设计质量、材料质量、设备质量和影响项目运行或运营的环境质量等。质量目标包括满足相应的技术规范和技术标准的规定，以及满足业主方相应的质量要求等。

项目的投资目标、进度目标和质量目标之间既有矛盾的一面，也有统一的一面，它们之间的关系是对立和统一的关系。如要加快进度往往需要增加投资，欲提高质量往往也需要增加投资，过度地缩短进度会影响质量目标的实现，这都表现了目标之间关系矛盾的一面；但通过有效的管理，在不增加投资的前提下，也可缩短工期和提高工程质量，这反映了关系统一的一面。

工程项目的全寿命周期包括项目的决策阶段、实施阶段和使用阶段。项目的实施阶段包括设计前准备阶段、设计阶段、施工阶段、动用前准备阶段和保修期。招投标工作分散在设计前准备阶段、设计阶段和施工阶段中进行，因此可以不单独列为招投标阶段。

业主方的项目管理工作涉及项目实施阶段的全过程，即在设计前准备阶段、设计阶段、施工阶段、动用前准备阶段和保修期分别进行安全管理、投资控制、进度控制、质量控制、合同管理、信息管理及组织和协调，如表 1-1 所示。

业主方项目管理的任务　　　　　　　　　　　表 1-1

	设计前准备阶段	设计阶段	施工阶段	动用前准备阶段	保修期
安全管理					
投资控制					
进度控制					
质量控制					
合同管理					
信息管理					
组织和协调					

表 1-1 有 7 行和 5 列，构成业主方 35 个分块项目管理的任务。其中，安全管理是项目管理中最重要的任务，因为安全管理关系到人身的健康与安全，而投资控制、进度控制、质量控制和合同管理等则主要涉及物质的利益。

1.3.3　设计方项目管理的目标和任务

设计方作为项目建设的一个重要参与方，其项目管理主要服务于项目的整体利益和设计方本身的利益。其项目管理的目标包括设计的成本目标、设计的进度目标和设计的质量目标，以及项目的投资目标。项目的投资目标能否实现与设计工作密切相关。

设计方的项目管理工作主要在设计阶段进行，但它的设计工作涉及设计前准备阶段、施工阶段、动用前准备阶段和保修期，因此，设计方的项目管理也涉及上述各个阶段。

设计方项目管理的任务包括：

（1）与设计工作有关的安全管理；

（2）设计成本控制和与设计工作有关的工程投资的控制；

（3）设计进度控制；

（4）设计质量控制；

（5）设计合同管理；

（6）设计信息管理；

（7）与设计工作有关的组织和协调。

德国《建筑师与工程师酬金条例》（简称 HOAI）由建筑师和工程师学会制定并经政府认可，对设计人员的酬金和工作范围作了明确的规定（表 1-2）。从表中可以看出，德国设计人员（建筑师和工程师等）的服务不仅在设计阶段（表 1-2 中的序号 1、2、3、4、5 相应的阶段），在招标准备阶段、招标发包阶段、施工阶段和保修期也有许多工作任务，其相应的酬金为总取费的 42%～48%。

各阶段取费占总取费的百分比　　　　　　　　　　表 1-2

序　号	阶段名称	建筑物（%）	室外构筑物（%）	室内工程（%）
1	设计准备阶段	3	3	3
2	概念性方案设计阶段	7	10	7
3	方案优化及初步设计阶段	11	15	14
4	审批设计阶段	6	6	2
5	施工图设计阶段	25	24	30
6	招标准备阶段	10	7	7
7	招标发包阶段	4	3	3
8	施工阶段	31	29	31
9	保修阶段	3	3	3

1.3.4　施工方项目管理的目标和任务

施工方作为项目建设的一个重要参与方，其项目管理主要服务于项目的整体利益和施工方本身的利益。其项目管理的目标包括施工的成本目标、施工的进度目标和施工的质量目标。

施工方的项目管理工作主要在施工阶段进行，但它也涉及设计前准备阶段、设计阶段、动用前准备阶段和保修期。在工程实践中，设计阶段和施工阶段往往是交叉的，因此施工方的项目管理工作也涉及设计阶段。

施工方项目管理的任务包括：

（1）施工安全管理；

（2）施工成本控制；

（3）施工进度控制；

（4）施工质量控制；

（5）施工合同管理；

（6）施工信息管理；

（7）与施工有关的组织和协调。

1.3.5　供货方项目管理的目标和任务

供货方作为项目建设的一个参与方，其项目管理主要服务于项目的整体利益和供货方本身的利益。其项目管理的目标包括供货方的成本目标、供货的进度目标和供货的质量目标。

供货方的项目管理工作主要在施工阶段进行，但它也涉及设计前准备阶段、设计阶段、动用前准备阶段和保修期。

供货方项目管理的任务包括：

（1）供货的安全管理；

（2）供货方的成本控制；

（3）供货的进度控制；

（4）供货的质量控制；

（5）供货合同管理；

（6）供货信息管理；

（7）与供货有关的组织和协调。

1.3.6　建设项目总承包方项目管理的目标和任务

当采用建设项目总承包模式时，建设项目总承包方作为项目建设的参与方，其项目管理主要服务于项目的整体利益和建设项目总承包方本身的利益。其项目管理的目标包括项目的总投资目标和总承包方的成本目标、项目的进度目标和项目的质量目标。

建设项目总承包方项目管理工作涉及项目实施阶段的全过程，即设计前准备阶段、设计阶段、施工阶段、动用前准备阶段和保修期。

建设项目总承包方项目管理的任务包括：

（1）安全管理；

（2）投资控制和总承包方的成本控制；

（3）进度控制；

（4）质量控制；

（5）合同管理；

（6）信息管理；

（7）与建设项目总承包工作有关的组织和协调。

1.4　工程项目管理的国内外背景及其发展趋势

1.4.1　工程项目管理的国内外背景

在欧洲，很早以前建筑师就是总营造师，也称建筑师傅。建筑师负责设计、购买材料、雇用工匠，并组织管理工程的施工。16 世纪至 18 世纪中期，欧洲兴起华丽的花型建筑热潮，在建筑师队伍中开始形成了分工，一部分建筑师联合起来进行设计，另一部分建筑师则负责组织、监督施工，也就逐步形成了设计和施工的分离。

设计和施工的分离导致了业主对工程监督的需求，最初的工程监督的思想主要是对施工加以监督，施工监督的重点则在于质量监督。

项目管理是"第二次世界大战"后期发展起来的重大新管理技术之一，最早起源于美国。有代表性的项目管理技术如关键线路法（CPM）和计划评审技术（PERT），它们是两种独立发展起来的技术。

其中，CPM 是美国杜邦公司和兰德公司于 1957 年联合研究提出的，它假设每项活动的作业时间是确定值，重点在于费用和成本的控制。

PERT 是在 1958 年，由美国海军特种计划局和洛克希德航空公司在规划和研究在核潜艇上发射"北极星"导弹的计划中首先提出的。与 CPM 不同的是，PERT 中作业时间是不确定的，是用概率的方法进行估计的估算值，另外它也并不十分关心项目费用和成本，重点在于时间控制，被主要应用于含有大量不确定因素的大规模开发研究项目。

随后，两者有发展一致的趋势，常常被结合使用，以求得时间和费用的最佳控制。

20 世纪 60 年代，美国、前联邦德国、法国等欧美国家开始建设很多大型、特大型工程，这些工程技术复杂、规模大，对项目建设的组织与管理提出了更高的要求。竞争激烈的社会环境，迫使人们重视项目的管理工作。项目管理的应用范围开始也还只是局限于建筑、国防和航天等少数领域，但由于项目管理在美国的阿波罗登月项目中取得巨大成功，因此风靡全球。国际上许多人开始对项目管理产生了浓厚的兴趣，并逐渐形成了两大项目管理的研究体系，其一是以欧洲为首的体系——国际项目管理协会（IPMA）；另外是以美国为首的体系——美国项目管理协会（PMI）。在过去的几十年中，他们的工作卓有成效，为推动国际项目管理的现代化发挥了积极的作用。

IPMP 即国际项目管理专业资质认证（International Project Management Professional）的简称，是国际项目管理协会（International Project Management Association，简称 IPMA）在全球推行的四级项目管理专业资质认证体系的总称。PMP 即由美国项目管理协会发起的，严格评估项目管理人员知识技能是否具有高品质的资格认证考试。其目的是为了给项目管理人员提供统一的行业标准。1999 年，PMP 考试在所有认证考试中第一个获得 ISO 9001 国际质量认证，从而成为全球最权威的认证考试。目前，美国项目管理协会建立的认证考试有 PMP（项目管理师）和 CAPM（项目管理助理师），已在全世界 130 多个国家和地区设立了认证考试机构。

在 20 世纪 60 年代末期～70 年代初期，工业发达国家在大学开设了与工程管理相关的专业。项目管理的应用首先在业主方的工程管理中，而后逐步在承包商、设计方和供货方中得到推广。20 世纪 70 年代中期前后，兴起了项目管理咨询服务，项目管理咨询公司的主要服务对象是业主，但它也服务于承包商、设计方和供货方。国际咨询工程师协会（FIDIC）于 1980 年颁布了业主方与项目管理咨询公司的项目管理合同条件（FIDIC IGRA 80 PM）。该文本明确了代表业主方利益的项目管理方的地位、作用、任务和责任。在许多国家，工程项目管理由专业人士——建筑师、工程师和建造师担任。建造师可以在业主方、承包商、设计方和供货方等各方从事工程项目管理工作，也可以在教育、科研和政府等部门从事与项目管理有关的工作。建造师的业务范围并不限于在项目实施阶段的工程项目管理工作，还包括项目决策的管理和工程使用阶段的设施管理工作。

世界银行和一些国际金融机构要求接受贷款的国家应用项目管理的思想、组织、方法和手段组织实施工程项目，这对我国从 20 世纪 80 年代初期开始引进工程项目管理起到了重要的推动作用。我国于 1983 年由原国家计划委员会提出推行项目前期项目经理负责制；于 1988 年开始推行建设工程监理制度；1995 年建设部颁发了建筑施工企业项目经理资质管理办法，推行项目经理负责制；2003 年建设部发出关于建筑业企业项目经理资质管理制度向建造师执业资格制度过渡有关问题的通知。"鼓励具有工程勘察、设计、施工、监理资质的企业，通过建立与工程项目管理业务相适应的组织机构、项目管理体系，充实项目管理专业人员，按照有关资质管理规定在其资质等级许可的工程项目范围内开展相应的工程项目管理业务"。

1.4.2　项目管理的发展趋势

项目管理是一个学科，它不仅可应用于工程项目建设，还大量应用于信息技术、通信技术、研发制造、活动（文体、会展、市场、生活）策划和 ERP 项目等。

半个多世纪以来，项目管理在不断发展，传统的项目管理（Project Management）是该学科的第一代，其第二代是项目集管理（Program Management），第三代是项目组合管理（Portfolio Management），第四代是变更管理（Change Management）。这些管理技术和方法都已在工程项目管理中得到了应用。

以下对项目集管理和项目组合管理的概念作些介绍（引自美国项目管理协会编制出版的《项目管理知识体系指南》PMBOK®指南，第 4 版）。

1. 项目集管理

项目集是一组相互关联且被协调管理的项目。协调管理是为了获得对单个项目分别管理所无法实现的利益和控制。项目集中可能包括各单个项目范围之外的相关工作。一个项目可能属于某个项目集，也可能不属于任何一个项目集，但任何一个项目集都一定包含项目。

项目集管理是指对项目集进行统一协调管理，以实现项目集的战略目标和利益。项目集中的项目通过产生共同的结果或整体能力而相互联系。如果项目间的联系仅限于共享雇主、供应商、技术或资源，那么这些项目就应作为一个项目组合而非项目集来管理。

项目集管理重点关注项目间的依赖关系，并有助于找到管理这些依赖关系的最佳方法。具体管理措施可包括：

（1）解决系统中影响多个项目的资源制约和/或冲突。

（2）调整对项目和项目集的目的与目标有影响的组织方向或战略方向。

（3）处理同一个治理结构内的相关问题和变更管理。

建立一个新的通信卫星系统就是项目集的一个实例，其所辖项目包括卫星与地面站的设计、卫星与地面站的建造、系统整合和卫星发射。

2. 项目组合管理

项目组合是指为便于有效管理、实现战略业务目标而组合在一起的项目、项目集和其他工作。项目组合中的项目或项目集不一定彼此依赖或有直接关系。例如，以投资回报最大化为战略目标的某基础设施公司，可能将油和气、电力、供水、公路、铁路和机场等项目混合成一个项目组合。在这些项目中，该公司可能选择相关项目，把它们作为一个项目集来管理。例如，所有电力项目可以组成一个电力项目集。同样地，所有供水项目可以组成一个供水项目集。

项目组合管理是指为了实现特定的战略业务目标，对一个或多个项目组合进行的集中管理，包括识别、排序、授权、管理和控制项目、项目集和其他有关工作。项目组合管理重点关注：通过审核项目和项目集来确定资源分配的优先顺序，并确保对项目组合的管理与组织战略协调一致。

3. 对项目管理发展趋势的分析

对项目管理的发展趋势（不限于在工程建设领域）有所了解将是有益的。深圳砺志咨询公司向 100 多家大型企业中的项目管理领域的学者、专家、企业项目总监、项目经理、项目主管等 2500 人发送了关于 2012 年项目管理新趋势看法的调查问卷，调查涵盖了 IT、制造、通信、房地产、物流等行业，调查的内容主要涉及 2012 年中国项目管理的综合发展趋势、PMO 办公室、项目经理硬技能与软技能提升、项目管理理念、方法和工具等，在对本次调研结果进行严谨分析的基础上，于 2012 年 1 月 10 日发布了 2012 年中国项目管理十大趋势，以供参考：

（1）项目经理职业发展道路更加明晰，项目经理人才也将备受青睐；

（2）项目管理办公室作用日益显现；

（3）软技能水平成为项目经理胜任力的重要评价内容；

（4）跨国项目日益增多，对项目经理提出更高要求；

（5）企业对项目风险管理愈加重视；

（6）企业将引入项目经理能力测评工具或服务用于项目经理的选拔和培养；

（7）项目群管理将日益受到企业关注；

（8）企业对项目管理培训转化率要求更高；

（9）企业更加重视项目绩效评价；

（10）项目管理软件集成度更高，适用范围更广，将成为企业决策支撑平台。

国际的项目管理培训公司 ESI 从世界的视角发布了"2012 年项目管理十大行业趋势"，也可供分析参考：

（1）项目管理需求继续增长，但资源仍旧短缺；

（2）协同软件解决方案将成为项目团队的重要业务工具；

（3）学以致用将成为新的口号，但有序应用依然有限；

（4）敏捷项目管理与瀑布模型结合，产生全新的混合型管理方案；

（5）加强结合项目管理及业务流程管理，能使项目投资更精明；

（6）公司及政府机构内部认证的含金量将超过 PMP 证书；

（7）更多的项目管理办公室负责人将对业务成果的有效性进行评估；

（8）优秀的项目经理将无惧失业趋势；

（9）以客户为中心的项目管理评定将不仅限于"三重标准"；

（10）人力资源专家将寻求评估标准来甄别具有高潜力的项目经理。

1.4.3 项目全寿命管理

按传统的观念，工程项目决策阶段的开发管理 DM、实施阶段的项目管理 PM 和使用阶段的设施管理 FM 是各自独立的管理系统，但是，事实上它们之间存在着十分紧密的联系。如在 DM 中所确定的项目目标是不合理的，就会使 PM 难以控制其目标的实现；如在 PM 中没有把握好工程的质量，就会造成 FM 的困难。如把 DM、PM 和 FM 集成为一个管理系统，这就形成了基于建设工程全寿命管理（Building Lifecycle Management，简称 BLM）理念的工程项目全寿命管理系统，其含义如图 1-6 所示。工程项目全寿命管理可避免上述 DM、PM 和 FM 相互独立的弊病，有利于工程项目的保值和增值。

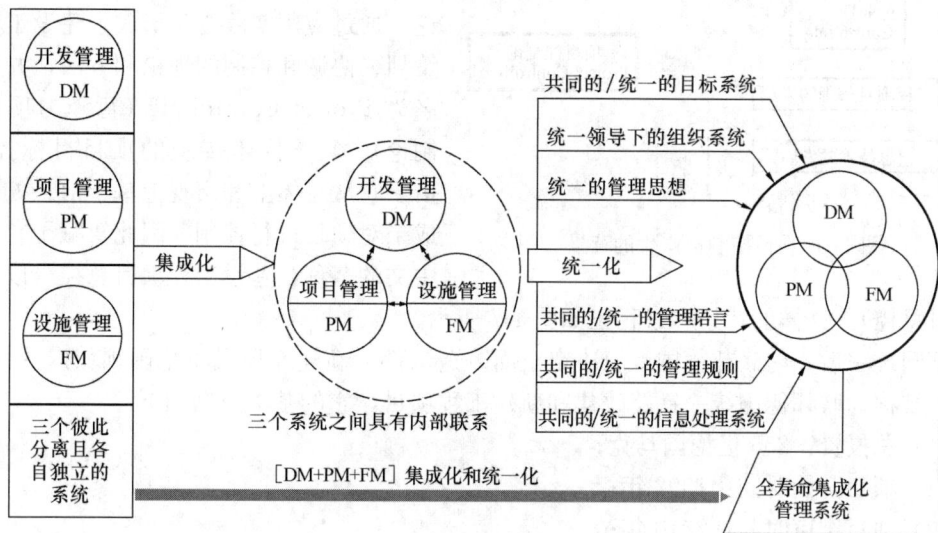

图 1-6　项目全寿命管理

1.4.4　建设工程项目总控理论及其应用

1. 建设工程项目总控理论的产生背景

20 世纪 80 年代，企业经营与管理学（企业管理学）在发展过程中引入了以企业策划、协调和控制为核心内容的一门新兴的学科 Controlling（暂译为企业控制论），在管理实践中也产生了新兴的提供企业策划、协调和控制咨询服务的咨询公司，被称为 Controller（暂译为控制者）。初始阶段它被称为外部控制者，外部控制者并不是企业内部的工作部门，起初帮助企业进行财务控制，而后逐步扩展为较全面的协调和控制（如企业内部各职能部门的工作协调）。外部控制者的主要服务对象是企业的决策者。随着企业经营与管理学的发展以及在管理实践中的知识和经验的积累，若干年后，许多大型企业在企业内部设置专门的部门负责企业策划、协调和控制，该部门被命名为 Controlling（暂译为控制部），其任务并不同于常规的人、财、物、产、供、销事务管理部门，而侧重于宏观的、整体的、方向性的策划、协调和控制。

在当今的国际社会中，有些企业的最高层领导（如董事长、总经理）专门聘请外部控制者提供面向其个人的策划、协调和控制咨询（顾问）服务。外部控制者不定期到企业最高层领导者办公室和企业相关部门查阅资料，参加最高层领导主持或出席的谈话和会议，通过对所采集的信息的处理，经研究分析，每月向企业最高层领导递交一份报告，分析企业最高层领导在企业经营管理中存在的问题，并在可能的条件下，提出解决问题的可能的途径和方案的建议。

企业控制论的发展在企业管理实践中取得的令人注目的成就，引起了建设工程界的思考：可否把企业控制论的理论和方法应用到工程管理中。在 20 世纪 80 年代末 90 年代初，项目管理在工业发达国家已得到非常广泛的应用，信息技术的发展也非常快，在这样的基础及前提下，人们大胆尝试了在大型和巨型建设工程管理中应用企业控制论的方法论，通过应用实践逐步形成了建设工程的策划、协调和控制的理论和方法，并被命名为 Project Controlling（暂译为项目控制论）。它不同于传统的项目目标控制。由于它从总体上和宏观上基于信息处理的成果对项目进行控制，因此暂赋予它一个中文的名称：建设工程项目总控（以下简称项目总控）。这样的背景和过程正如图 1-7 所示。

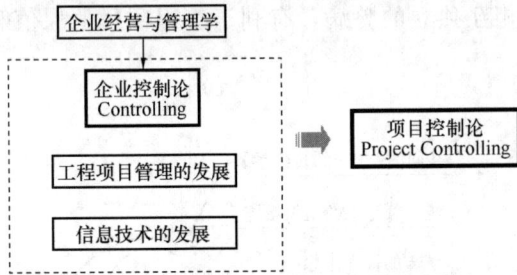

图 1-7　项目控制论产生的背景

德国统一后，前联邦德国政府决定全面改造（部分新建）原民主德国领域内的铁路，该项目被称为联邦德国统一铁路改建和新建工程项目，它的基本数据如下：

（1）总投资：255 亿德国马克；

（2）项目开始时间：1992 年；

（3）项目结束时间：2010 年；

（4）扩建、新建铁路：1650km；

（5）电气线路：3320km；

（6）扩建、新建、改建火车站：146 个；

（7）铁路桥梁：1071 座；

（8）隧道：41 个；

（9）电子信号塔：19 个。

该项目的项目管理分成多个平面（或称其为多级项目管理），最高层是代表联邦德国铁路总公司和该项目其他投资方利益的项目管理公司 PB DE，在其下有 PB DE 和各州范围的多个项目管理二级组织，再下面设项目管理三级组织以及其下属的工地主任，各级项目管理组织分布于许多州（图 1-8）。该项目由 GIB 工程顾问公司（Greiner Ingenieur Beratung Gmb H）承担项目总控的任务。GIB 公司在该项目的实施过程中以 PB DE 的决策层为服务对象，开创了国际巨型项目总控的先例，其工作成果得到了该项目投资方的确认，也得到了国际工程界的认可。

该项目有如下几个特点：

（1）该项目是一个战线很长的、相当分散的线性工程，一般需同时对 60 余个不同地域的工地进行管理。

（2）该项目的组织较复杂，有众多项目参与单位参与建设。

（3）80% 的原有铁路在改建期间要继续保持运营。

（4）资源的有限性。

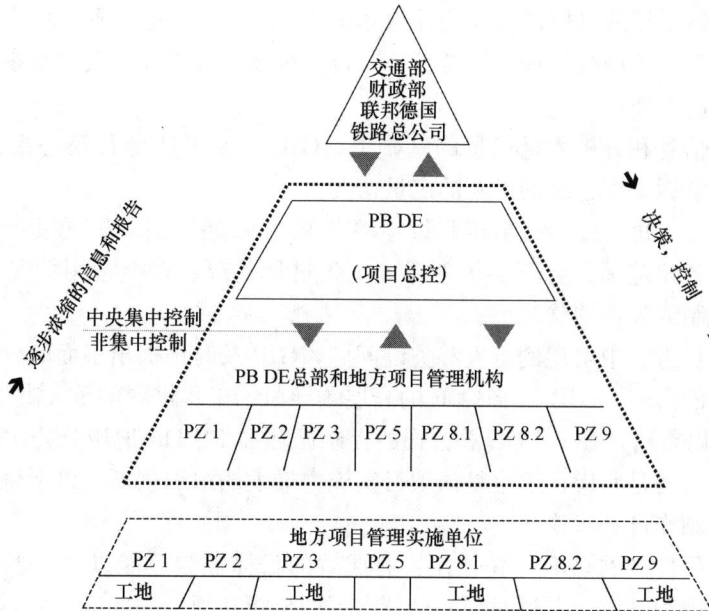

图 1-8　联邦德国统一铁路改造项目项目管理的组织

（5）该项目在实施过程中的审批程序较复杂，部分审批需要经过几个州政府的认可和同意。

该项目的项目控制循环如图 1-9 所示。整个控制循环由 PB DE 总公司控制循环和PB DE 地域分公司控制循环两个层面组成，都是以合同控制为核心的目标控制系统。PB DE 及其所属九个地域分公司委托 GIB（项目总控单位）承担中央项目控制和地方项目控制，进行项目实施的数据处理，并生成辅助决策的报告系统。在控制循环中所包括的功能使生成反映现实数据的报告系统成为可能，决策者能随时获取及时和准确的辅助决策的信息。

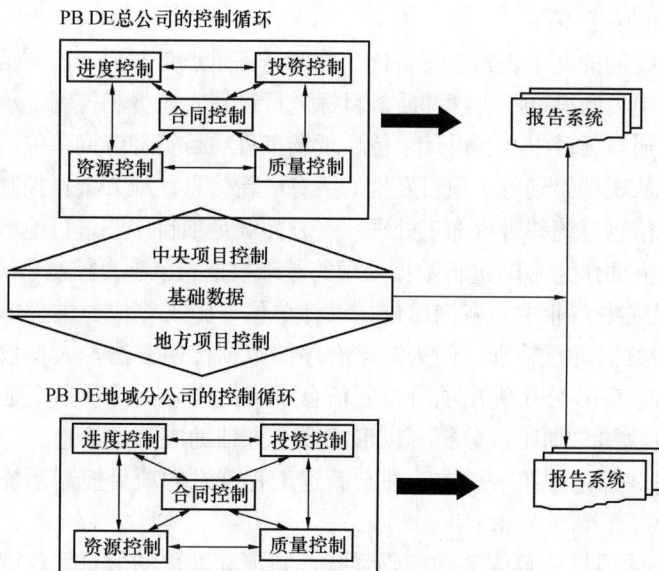

图 1-9　项目控制循环

GIB 为执行该项目的总控任务在柏林建立了由 30 余人组成的项目总控办公室,他们的日常工作任务是基于网络处理各种类型、来自多级项目管理部门及项目参与各方的大量项目信息及相关的工作:

(1) 在采集信息和分析大量信息的基础上,GIB 每天形成工程动态报告,使 PB DE 的高层每天都能掌握工程进展的最新的定量情况。

(2) GIB 每月、每季度、每半年和每年都向 PB DE 递交项目进展报告,在报告中可查阅项目总体、各州范围、各下层子项目的工程进展状况、资金运用情况、合同执行情况、项目目标控制或失控的状况等。

(3) 针对项目进展中出现的重大和关键问题,GIB 及时地提出书面的分析和建议。

(4) 以会议的形式,GIB 与 PB DE 的高层领导讨论工程进展的重大决策问题。

从图 1-9 可以看出,在 PB DE 总公司的控制循环和 PB DE 地域分公司的控制循环中扮演非常重要角色的是 GIB,这也是该项目实施中最大的组织创新。以下将对中央项目控制和地方项目控制作进一步说明。

承担中央项目控制的 GIB 公司指出:有成效的目标控制只能以由许多类似的工程实践积累的经验数据为基础,通过对现实最新数据的分析和评价来实现,而不可能仅依靠该项目进展过程中月度报告形成的数据。中央项目控制的主要任务是实现 PB DE 总公司对该项目的总体控制,包括:

(1) 对来自于九个项目中心的数据和信息进行处理,加工整理为浓缩的报告。

(2) 资金和资源的控制与管理。

(3) 进度计划的控制与管理。

(4) 招标和索赔管理。

(5) 对分项单价数据进行汇总处理。

(6) 为评标和发包提供咨询等。

GIB 专门开发了项目控制信息系统,由该系统产生的报告能全面满足包括投资方、中央政府和公共媒介的信息需求。

承担地方项目控制的九个工程管理咨询公司的任务重点是对属于不同地域范围内的九个项目中心所属所有项目的投资、进度和质量目标进行策划、监督和控制。承担地方项目控制的工程管理咨询公司与项目中心、设计单位、现场工程项目管理咨询单位、施工单位和供货单位紧密合作,并从现场得到每个项目发生的所有最新信息。地方项目控制单位负责把这些数据输入项目控制信息系统并进行加工处理,一方面满足项目中心进行地域内所有项目目标控制的需要,另一方面作为 GIB 进行数据处理的基础数据。该项目控制系统如图 1-10 所示。

在传统管理模式中,业主、咨询单位、设计单位、施工单位、供货单位和政府部门只负责对与其有关的数据进行管理。因为缺乏有序的数据传递方法,大多数信息用纸张形式传递给其他参与方。GIB 公司提出项目控制信息系统的概念,对项目实施过程中的所有数据及时准确地进行收集、加工、分析,以形成业主方辅助决策的信息。

GIB 公司针对联邦德国统一铁路改建与新建工程开发的项目控制系统,实现了以下主要目标:

(1) 采用统一的项目分解体系和编码系统,制定标准化的信息管理制度和流程,实现数据一次采集而多次使用,避免数据的冗余和短缺。

（2）实现了设计和施工阶段产生的数据在运营阶段的直接应用。

（3）给不同管理层提供浓缩程度不同的辅助决策信息。

（4）实现全面的投资控制、进度控制、合同管理和资金管理。

项目总控的成果是一系列标准格式的报告和函件，覆盖了辅助决策所需要的各方面信息。该项目的报告系统分六大类，一百二十小类，主要包括：

（1）月度报表

逐月向业主汇报工程的财务、发包、完成工程量、结算的基本情况及关键问题；

（2）控制报表

定期向业主分析和汇报本报告期内的重大问题，并提出建设性咨询意见；

（3）设计开展与项目实施的总体进度报表

定期向业主汇报设计开展与项目实施的总体进度，重点汇报不同阶段设计成果对投资的影响情况（强调设计阶段对项目经济性的重要性）；

（4）发包控制报表

围绕发包的进度安排、潜在投标单位的审核、招标投标开展情况等内容，反映了招投标在政府投资工程中的重要地位；

（5）合同管理报表

反映合同控制的内容，如合同对象、合同内容、进度款、工程变更和索赔等，反映了合同管理在目标控制中的核心地位。

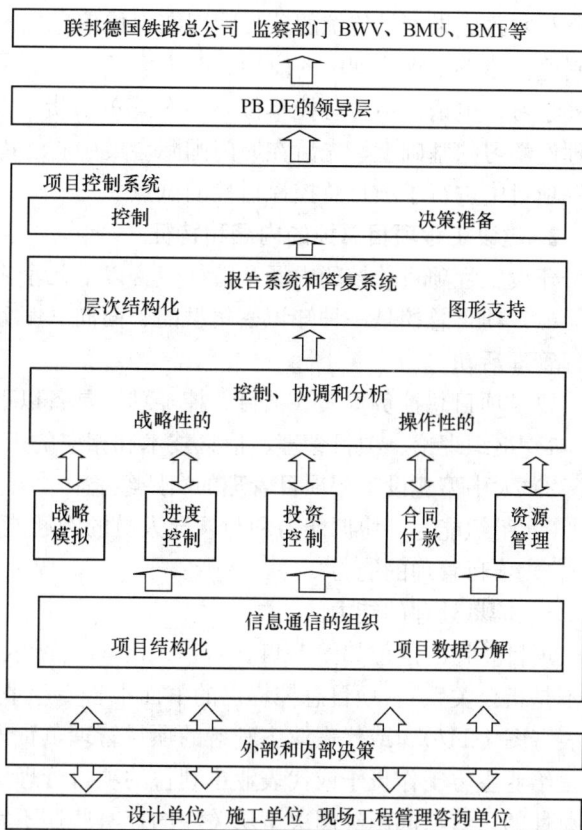

图 1-10　项目控制系统

项目总控工作任务的一部分相当于医院的"化验室、放射室和 B 超室等各种现代手段的检验室"的工作，医院的这些检验室的任务是：采集人体的信息，并分析可能有什么问题。但是，这些检验室并不代替医生开处方，并不负责治疗。如前所述，项目总控工作的基础是工程进展过程的动态信息，项目总控在某种意义上相当于工程信息处理和分析中心，项目总控是基于信息的工程控制。但是，项目总控并不是工程的指挥中心。该项目指挥中心的任务由 PB DE 承担。PB DE 向下属项目管理单位和项目实施单位（设计、施工、供货等）下发工程的指令，而承担项目总控任务的 GIB 并不向任何项目管理单位和项目实施单位下发任何有关工程的指令。

国际上项目总控的经验受到了我国工程界的关注，认识到项目总控是工程管理的前沿研究和实践成果，是传统的项目管理在现代信息技术的发展到一定阶段的提升，也是企业控制论在建设工程管理中的应用。20 世纪 90 年代后期，我国政府先后组团和派进修生去国外学习，也请该项目总控单位 GIB 公司的负责人及 PB DE 的负责人到北京和上海讲学。在理论学习的基础上，先后在厦门国际会展中心、南宁国际会展中心、长沙卷烟厂技术改造等项目中进行了项目总控探讨性的试点。

2. 建设工程项目总控的内涵和特征

建设工程项目总控的内涵和特征包含以下几个方面。

（1）项目总控是一种知识密集型的、面向（服务于）项目实施的决策者的高、层次的工程管理活动。

要求项目总控负责人（项目总控经理）具备以下知识和能力：

1）组织理论、项目管理、信息技术和相应的工程技术知识；

2）大中型建设工程项目管理的实践经验；

3）组织能力、协调能力和与领导人员的沟通能力；

4）项目管理的能力；

5）信息处理的能力。

项目总控的定位如图 1-11 （a）、（b）、（c）所示（图中双箭头虚线表示信息交流关系，而不是指令关系）。项目总控提出的书面报告专呈业主方最高层领导（图 1-11a）、或业主代表（图 1-11b）、或代表业主利益的项目管理负责人（业主方的项目经理，图 1-11c），而不是给业主方工作班子或代表业主利益的项目管理工作班子，因为报告涉及的有些问题是探讨性的，有些问题纯属决策层关注的，有些还不宜广为传播。项目总控负责人的直接对话者也是业主方最高层领导、或业主代表、或代表业主利益的项目管理负责人（业主方的项目经理），因此项目总控是面向（服务于）项目实施的决策者的、高层次的工程管理活动。

（2）项目总控一般由独立于业主的、具有项目总控能力的工程顾问公司承担。

项目总控是一项基于信息处理的、专业性较强的业务，多数业主方并不具备项目总控应具备的知识和能力，因此项目总控应独立于业主；另外，独立于业主，有利于发挥外部控制的效果。当然，如果业主方具备条件，也不排斥业主方自行承担项目总控的可能。

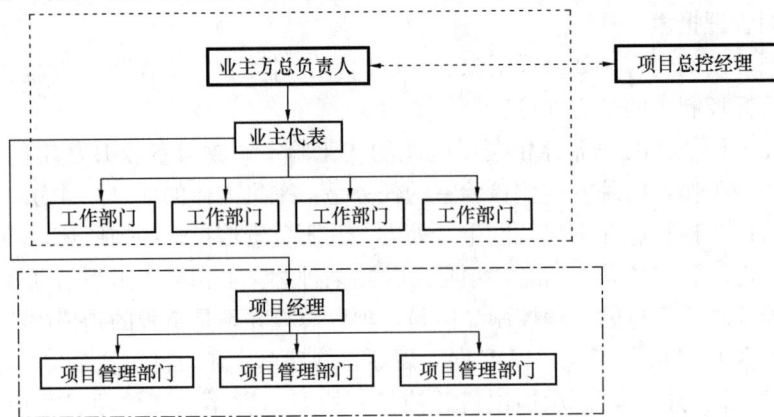

（a）

图 1-11　项目总控的定位（一）

(b)

(c)

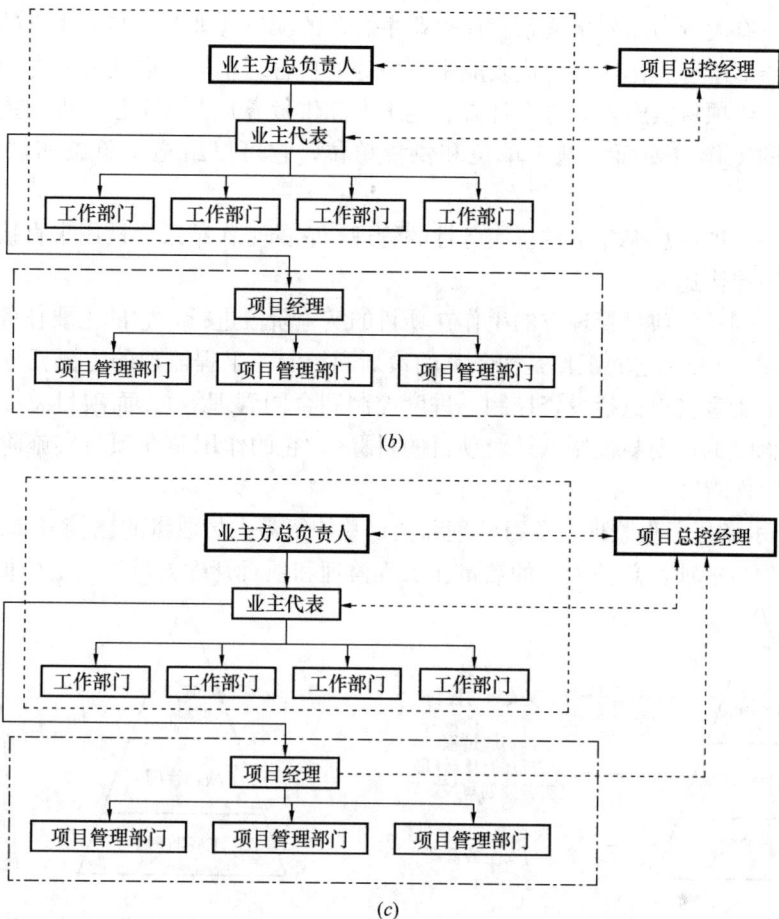

图 1-11　项目总控的定位（二）

（3）项目总控的目的是为项目建立安全可靠的目标控制机制，它运用的理论和方法是：

1）大型建设工程项目管理的理论；

2）企业控制论的理论；

3）现代组织协调技术；

4）信息处理技术。

（4）项目总控在项目实施全过程中（包括设计前准备阶段、设计阶段、施工阶段和保修期）执行信息处理任务，并对项目进展进行总体和宏观的系统分析及科学论证。

3. 建设工程项目总控与代表业主利益的项目管理的比较分析

代表业主利益的项目管理单位的工作面向项目的各参与方，包括业主方、设计方、施工方和供货方等（图 1-12），代表业主利益的项目管理单位主持各种会议，与项目的各参与方讨论工程进展的问题，

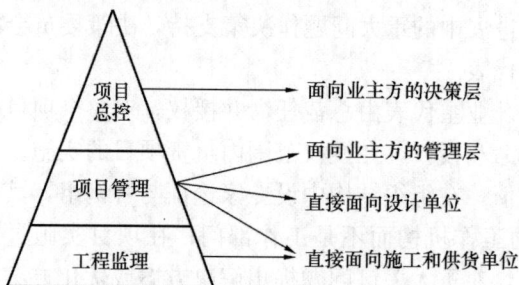

图 1-12　项目总控与代表业主利益的
项目管理工作所面向对象的比较

并与这些单位有大量书面往来关系。代表业主利益的项目管理单位与业主方的领导以及业主方的各工作部门有工作联系。代表业主利益的项目管理单位可以代表业主的利益（不是业主的代表）给项目实施各方（设计方、施工方和供货方）发布工程管理的指令。我国当前建设监理的工作主要面向施工单位和供货单位，它可以给施工单位和供货单位发布指令。

正如前述，项目总控并不进行实务性的管理，它的工作结果会被用来直接与业主方项目实施的决策层沟通。

代表业主利益的项目管理方的工作在项目的实施阶段进行，它的主要任务是全方位的目标管理（图 1-13），它的工作是实务型的策划和控制。工程监理的主要任务是施工质量目标与安全的管理（也包括投资控制、进度控制和合同管理等）。而项目总控的任务是宏观和总体层面上的策划与控制（针对项目的目标），它的作用是在项目实施阶段对业主方决策的支持。

图 1-14 示意了工程监理、项目管理和项目总控所需人员数量的比较（非比例图）。显然，同一个项目的项目总控人员的数量比工程监理和项目管理人员的数量少很多。

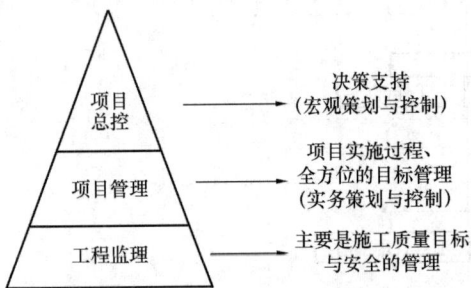

图 1-13　项目总控与代表业主利益
的项目管理主要任务的比较

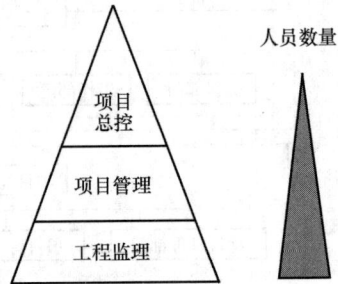

图 1-14　项目总控与代表业主利益的
项目管理所需人员数量的比较

4. 建设工程项目总控的应用案例分析

以下以某厂技改工程引进项目总控为例进行分析。该项目不仅包括厂房的建设，还包括工艺设备的设计、采购与安装，工艺的创新是技改工程的重点。

该项目工程实施的组织结构，采用了线性组织结构模式，如图 1-15 所示。

图 1-15 标出了相关单位/部门之间的指令关系，以下作些具体说明。

决策委员会在该组织结构中是一个工作机构而不是一个工作部门，它对任何部门不直接发指令，决策委员会的主要任务是对工程进展中的重大问题作决策支持，决策委员会的决议经总裁认可和批准后由总裁下达给业主代表。

组织结构图中设业主代表和业主副代表。业主代表由总裁任命并授权，对整个项目的实施负责；业主副代表由总裁和业主代表任命和授权，在授权范围内负责项目的实施。

为了充分利用专家的知识使项目建设增值，在组织结构中设专家论证与咨询组，其成员由厂内外有关专家组成，它是一个虚拟的工作机构而不是工作部门；在项目实施过程中，将通过举行专家论证和咨询会议的方式，对重大关键问题提出解决方案或优化方案。

项目总控与专家咨询室的作用是对业主代表和业主副代表工作的支持，其工作任务主要是项目实施的总体和宏观策划与总体控制，该部门不对任何工作部门直接下达指令，同

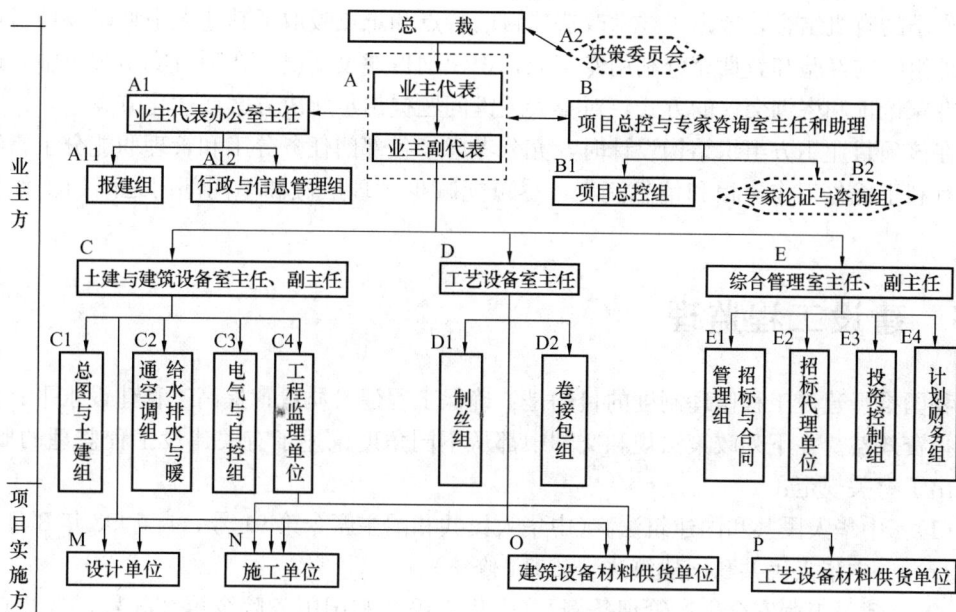

图 1-15 某厂联合工房一期工程项目实施组织结构图

时,项目总控与专家咨询室领导下的项目总控组主要对综合管理室领导下的各组的工作给予指导。

工程建设文档与信息采用集中管理的方式,由业主代表办公室下属的行政与信息管理组承担。

土建与建筑设备室、工艺设备室、综合管理室主任/副主任经业主代表和副代表授权,可以向相关项目实施方下达指令。

土建与建筑设备室的主要任务是对土建和建筑设备设计、设备材料采购、工程发包和施工过程,以及相互之间交界面的控制与管理。

工艺设备室的主要任务是对工艺设备设计、采购、安装、调试过程以及相互之间交界面的控制与管理,通过控制与管理使工艺设备最大限度发挥投资效益。

土建与建筑设备室、工艺设备室的工作重点是项目实施过程中技术管理、实施进度的协调与控制;综合管理室的工作重点是项目实施过程中工程发包、设备材料采购的组织、合同管理、投资控制、资金使用管理、财务管理等;土建与建筑设备室、工艺设备室将参加综合管理室组织的工程发包、设备材料采购,从技术上(如技术要求的提出等)予以支持。

该厂有许多企业管理部门,在建设过程中企业管理部门与工程管理部门的唯一接口是通过业主代表。

组织结构是动态的,它必须随着项目进展的实际情况进行动态调整,以适应工程开展的实际需要。联合工房一期工程在项目进展中,针对该组织结构进行了微调,包括增设了技改中心主任助理岗位,设置了现场代表和土建、安装副代表,负责现场的协调工作等。

在进行图 1-15 所示的组织结构设计时,充分考虑了现有业主方管理班子成员的专业背景、工作经验和企业员工职业化培养的要求,以及拟聘请的项目总控班子与业主方自身管理班子的有机结合，考虑了技术改造项目的特点和难点吸取了其他大中型建设项目业主方管理组织的经验和教训充分利用专家的知识使项目建设增值，在项目实施过程中，通过举行专家论证和咨询会议的方式，对重大关键问题提出了解决方案或优化方案。

在该项目业主方组织结构设计时，充分考虑了各部门任务分工和管理职能分工，组织结构有利于优化工作流程和信息流程，尽可能减少管理层次和不同部门之间的工作界面交叉。

1.5　建设工程监理

我国推行建设工程监理制度的目的是：确保工程建设质量；提高工程建设水平；充分发挥投资效益。在下列政策法规和文件中都从不同角度论述了有关建设工程监理的概念，并作出了有关规定：

(1)《中华人民共和国建筑法》（中华人民共和国主席令第 91 号，自 1998 年 3 月 1 日起施行），《中华人民共和国建筑法》（2011 修正）。

(2)《建设工程安全生产管理条例》（中华人民共和国国务院令第 393 号，自 2004 年 2 月 1 日起施行）。

(3)《建设工程质量管理条例》（中华人民共和国国务院令第 279 号，自 2000 年 1 月 30 日起施行）。

(4)《建设工程监理范围和规模标准规定》（中华人民共和国建设部令第 86 号，自 2001 年 1 月 17 日起施行）。

(5)《注册监理工程师管理规定》（中华人民共和国建设部令第 147 号，自 2006 年 4 月 1 日起施行）。

(6)《房屋建筑工程施工旁站监理管理办法（试行）》（建市〔2002〕189 号）。

(7)《工程建设监理规定》（建监〔1995〕737 号）。

(8)《建设工程监理规范》GB 50319—2013 等。

1.5.1　建设工程监理的工作性质

《中华人民共和国建筑法》（2011 修正）："第三十一条 实行监理的建筑工程，由建设单位委托具有相应资质条件的工程监理单位监理。建设单位与其委托的工程监理单位应当订立书面委托监理合同。第三十二条 建筑工程监理应当依照法律、行政法规及有关的技术标准、设计文件和建筑工程承包合同，对承包单位在施工质量、建设工期和建设资金使用等方面，代表建设单位实施监督。工程监理人员认为工程施工不符合工程设计要求、施工技术标准和合同约定的，有权要求建筑施工企业改正。工程监理人员发现工程设计不符合建筑工程质量标准或者合同约定的质量要求的，应当报告建设单位要求设计单位改正。"

《工程建设监理规定》（建监〔1995〕737 号）："第三条 本规定所称工程建设监理是指监理单位受项目法人的委托，依据国家批准的工程项目建设文件、有关工程建设的法律、法规和工程建设监理合同及其他工程建设合同，对工程建设实施的监督管理。"

建设监理合同条款中应当明确合同履行期限、工作范围和内容、双方的义务和责任、监理酬金及其支付方式，以及合同争议的解决办法等。

《中华人民共和国建筑法》（2011 修正）："第三十五条　工程监理单位不按照委托监理合同的约定履行监理义务，对应当监督检查的项目不检查或者不按照规定检查，给建设单位造成损失的，应当承担相应的赔偿责任。工程监理单位与承包单位串通，为承包单位谋取非法利益，给建设单位造成损失的，应当与承包单位承担连带赔偿责任。"

"工程监理单位与被监理工程的施工承包单位以及建筑材料、建筑构配件和设备供应单位有隶属关系或者其他利害关系的，不得承担该项建设工程的监理业务"。（引自《建设工程质量管理条例》第三十五条）

国家推行建筑工程监理制度。国务院可以规定实行强制监理的建筑工程的范围。（引自《中华人民共和国建筑法》）

下列建设工程必须实行监理：

（1）国家重点建设工程；

（2）大中型公用事业工程；

（3）成片开发建设的住宅小区工程；

（4）利用外国政府或者国际组织贷款、援助资金的工程；

（5）国家规定必须实行监理的其他工程。（引自《建设工程监理范围和规模标准规定》）

国家规定必须实行监理的其他工程是指：

（1）项目总投资额在 3000 万元以上关系社会公共利益和公众安全的下列基础设施项目：

1）煤炭、石油、化工、天然气、电力、新能源等项目；

2）铁路、公路、管道、水运、民航以及其他交通运输业等项目；

3）邮政、电信枢纽、通信、信息网络等项目；

4）防洪、灌溉、排涝、发电、引（供）水、滩涂治理、水资源保护、水土保持等水利建设项目；

5）道路、桥梁、地铁和轻轨交通、污水排放及处理、垃圾处理、地下管道、公共停车场等城市基础设施项目；

6）生态环境保护项目；

7）其他基础设施项目。

（2）学校、影剧院、体育场馆项目。（引自《建设工程监理范围和规模标准规定》）。

建设工程监理（以下简称工程监理）单位是建筑市场的主体之一，它是一种高智能的有偿技术服务，我国的工程监理属于国际上业主方项目管理的范畴。在国际上把这类服务归为工程咨询（工程顾问）服务。

从事工程监理活动，应当遵守国家有关法律、法规和规范性文件，严格执行工程建设程序、国家工程建设强制性标准，遵循守法、诚信、公平、科学的原则，认真履行监理职责。

工程监理的工作性质有如下几个特点。

（1）服务性。工程监理单位受业主的委托进行工程建设的监理活动，它提供的是服务，工程监理单位将尽一切努力进行项目的目标控制，但它不可能保证项目的目标一定实现，它也不可能承担由于不是它的原因而导致项目目标失控的责任。

（2）科学性。工程监理单位拥有从事工程监理工作的专业人士——监理工程师，他们将应用所掌握的工程监理科学的思想、组织、方法和手段从事工程监理活动。

（3）独立性。指的是不依附性，它在组织上和经济上不能依附于监理工作的对象（如承包商、材料和设备的供货商等），否则它就不可能自主地履行其义务。

（4）公平性。工程监理单位受业主的委托进行工程建设的监理活动，当业主方和承包商发生利益冲突或矛盾时，工程监理机构应以事实为依据，以法律和有关合同为准绳，在维护业主的合法权益时，不损害承包商的合法权益，这体现了工程监理的公平性。

1.5.2　建设工程监理的工作任务

建筑工程监理应当依照法律、行政法规及有关的技术标准、设计文件和建筑工程承包合同，对承包单位在施工质量、建设工期和建设资金使用等方面，代表建设单位实施监督。（引自《中华人民共和国建筑法》）

（1）在《建设工程质量管理条例》中的有关规定

工程监理单位应当依照法律、法规以及有关技术标准、设计文件和建设工程承包合同，代表建设单位对施工质量实施监理，并对施工质量承担监理责任。（引自第三十六条）

工程监理单位应当选派具备相应资格的总监理工程师和监理工程师进驻施工现场。未经监理工程师签字，建筑材料、建筑构配件和设备不得在工程上使用或者安装，施工单位不得进行下一道工序的施工。未经总监理工程师签字，建设单位不拨付工程款，不进行竣工验收。（引自第三十七条）

监理工程师应当按照工程监理规范的要求，采取旁站、巡视和平行检验等形式，对建设工程实施监理。（引自第三十八条）

（2）在《建设工程安全生产管理条例》中的有关规定

工程监理单位应当审查施工组织设计中的安全技术措施或者专项施工方案是否符合工程建设强制性标准。工程监理单位在实施监理过程中，发现存在安全事故隐患的，应当要求施工单位整改；情况严重的，应当要求施工单位暂时停止施工，并及时报告建设单位。施工单位拒不整改或者不停止施工的，工程监理单位应当及时向有关主管部门报告。工程监理单位和监理工程师应当按照法律、法规和工程建设强制性标准实施监理，并对建设工程安全生产承担监理责任。（引自第十四条）

复习思考题

1. 为什么没有明确目标的建设工程不是项目管理的对象？
2. 请分析工程管理包括的范畴及其核心任务。
3. 请阐述工程项目管理的含义。
4. 请分析项目各参与方项目管理的目标和任务。
5. 请分析工程项目全寿命管理的含义。
6. 请分析项目总控的含义。
7. 请阐述建设工程监理的程序。

项目管理的组织理论

项目管理作为一门学科是在许多规模较大和组织较复杂的项目实施过程中逐步形成的。项目管理的核心任务是项目的目标控制，在整个项目管理班子（团队）中，由哪个组织（部门或人员）定义项目的目标、怎样确定项目目标控制的任务分工、依据怎样的管理流程进行项目目标的动态控制，这都涉及项目的组织问题。只有在理顺组织的前提下，才可能有序地进行项目管理。应认识到，组织论是项目管理学的母学科。

本章主要阐述组织论的基本理论和主要的组织工具，如：项目结构、组织结构模式、项目管理组织结构、任务分工、管理职能分工及工作流程等。

2.1 组织论概述

如果把一个工程项目视作为一个系统，如 2008 北京奥运工程项目、广州新白云国际机场项目或某高速铁路项目等，其建设目标能否实现无疑有诸多的影响因素，其中组织因素是决定性的因素。

某大型轨道交通工程项目建设时，建设指挥部的工程技术人员超过 1000 人，在历时数年的建设中先后签订了 3000余个合同。可以想象，这样一个项目实施时工程组织何等重要，必须有非常严谨的指令关系、非常明确的任务分工和非常清晰的工作流程等。

一个工程项目在决策阶段、实施阶段和运营阶段的组织系统（相对于软件和硬件而言，组织系统也可称为组织件）不仅包括建设单位本身的组织系统，还包括项目各参与单位（设计单位、工程管理咨询单位、施工单位、供货单位等）共同或分别建立的针对该工程项目的组织系统，如：

(1) 项目结构。

(2) 项目管理的组织结构。

(3) 工作任务分工。

(4) 管理职能分工。

(5) 工作流程组织等。

2.1.1　不同系统的组织

系统取决于人们对客观事物的观察方式，人们可以把一个工程项目视作为一个系统，也可以把多个相互有关联的工程项目，把在一个城市将要建设的许多工程项目，把一个行业、一个国家或整个亚洲等视作为一个系统。系统可大可小，最大的系统是宇宙，最小的系统是粒子。

一个企业、一个学校、一个科研项目或一个工程项目都可以视作为一个系统，但上述不同系统的目标不相同，从而形成的组织观念、组织方法和组织手段也就会不同，上述各种系统的运行方式也不同。工程项目作为一个系统，它与一般的系统相比，有其明显的特征，如：

(1) 工程项目都是一次性的，没有两个完全相同的项目。

(2) 工程项目全生命周期的延续时间长，一般由决策阶段、实施阶段和运营阶段组成，各阶段的工作任务和工作目标不同，其参与或涉及的单位也不相同。

(3) 一个工程项目的任务往往由多个、甚至许多许多个单位共同完成，它们的合作多数不是固定的合作关系，并且一些参与单位的利益不尽相同，甚至相对立。

在进行工程项目组织设计时，应充分考虑上述特征。

2.1.2　系统的组织与系统目标的关系

(1) 影响一个系统目标实现的主要因素除了组织以外（图 2-1），还有：

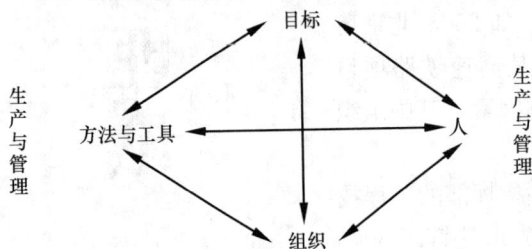

图 2-1　影响一个系统目标实现的主要因素

1) 人的因素，它包括管理人员和生产人员的数量和质量；

2) 方法与工具，它包括管理的方法与工具以及生产的方法与工具。

(2) 对于工程项目而言，其中人的因素包括：

1) 建设单位和该项目所有参与单位（设计、工程监理、施工、供货单位等）的管理人员的数量和质量；

2) 该项目所有参与单位的生产人员（设计、工程监理、施工、供货单位等）的数量和质量。

(3) 对于工程项目而言，其中方法与工具包括：

1) 建设单位和所有参与单位的管理的方法与工具；

2) 所有参与单位的生产的方法与工具（设计和施工的方法与工具等）。

系统的目标决定了系统的组织，而组织是目标能否实现的决定性因素，这是组织论的一个重要结论。如果把一个工程项目的项目管理视作为一个系统，其目标决定了项目管理的组织，而项目管理的组织是项目管理的目标能否实现的决定性因素，由此可见项目管理的组织的重要性。

控制项目目标的主要措施包括组织措施、管理措施、经济措施和技术措施，其中组织措施是最重要的措施。如果对一个建设工程的项目管理进行诊断，首先应分析其组织方面存在的问题。这都说明组织的重要性。

2.1.3　组织论的研究内容

组织论是一门非常重要的基础理论学科，是项目管理学的母学科，它主要研究系统的组织结构模式、组织分工以及工作流程组织（图2-2）。我国在学习和推广项目管理的过程中，对组织论的重要性、它的理论和知识及其应用意义尚未引起足够的重视。

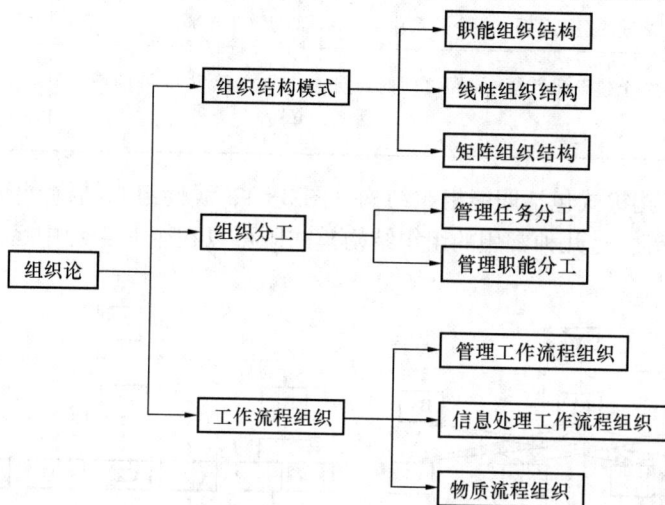

图 2-2　组织论的基本内容

图2-2中的物质流程组织对于工程项目而言，指的是项目实施任务的工作流程组织。如：设计的工作流程可以是方案设计、初步设计、技术设计、施工图设计，也可以是方案设计、初步设计（扩大初步设计）、施工图设计；许多施工作业也有多个可能的工作流程。

2.2　组织结构模式

组织结构模式可用组织结构图来描述，组织结构图（图2-3）也是一个重要的组织工具，反映一个组织系统中各组成部门（组成元素）之间的组织关系（指令关系）。在组织结构图中，矩形框表示工作部门，上级工作部门对其直接下属工作部门的指令关系用单向箭线表示。

组织论的三个重要的组织工具，项目结构图（图2-17和图2-18）、组织结构图和合同结构图（图2-4）的区别如表2-1所示。

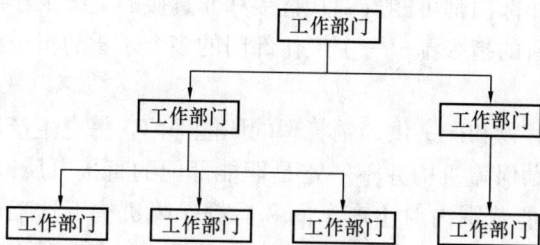

图 2-3　组织结构图　　　图 2-4　合同结构图

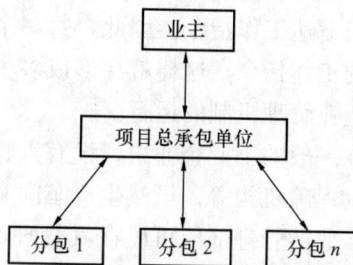

项目结构图、组织结构图和合同结构图的区别　　　　　　　　表 2-1

	表达的含义	图中矩形框的含义	矩形框连接的表达
项目结构图	对一个项目的结构进行逐层分解，以反映组成该项目的所有工作任务（该项目的组成部分）	一个项目的组成部分	直　线
组织结构图	反映一个组织系统中各组成部门（组成元素）之间的组织关系（指令关系）	一个组织系统中的组成部分（工作部门）	单向箭线
合同结构图	反映一个建设项目参与单位之间的合同关系	一个建设项目的参与单位	双向箭线

常用的组织结构模式包括职能组织结构（图 2-5）、线性组织结构（图 2-6）和矩阵组织结构（图 2-7）等。这几种常用的组织结构模式既可以在企业管理中运用，也可以在工程项目管理中运用。

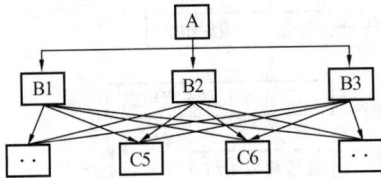

图 2-5　职能组织结构　　　　　　　图 2-6　线性组织结构

组织结构模式反映了一个组织系统中各子系统之间或各元素（各工作部门）之间的指令关系。组织分工反映了一个组织系统中各子系统或各元素的工作任务分工和管理职能分工。组织结构模式和组织分工分别是一种相对静态的组织关系。而工作流程组织（图 2-11）则反映一个组织系统中各项工作之间的逻辑关系，是一种动态关系。在一个建设工程项目实施过程中，其管理工作的流程、信息处理的流程，以及设计工作、物资采购和施工的流程的组织都属于工作流程组织的范畴。

2.2.1　职能组织结构的特点及其应用

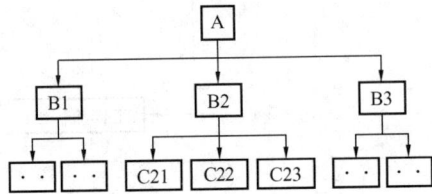

在人类历史发展过程中，当手工业作坊发展到一定的规模时，一个企业内需要设置对人、财、物和产、供、销进行管理的职能部门，这样就逐步形成了初级的职能组织结构。因此，职能组织结构是一种传统的组织结构模式。

在职能组织结构中，每一个职能部门可根据它的管理职能对其直接和非直接的下属工作部门下达工作指令。因此，每一个工作部门都可能得到其直接和非直接的上级工作部门下达的工作指令，这样就会形成多个矛盾的指令源。一个工作部门的多个矛盾的指令源会影响企业管理机制的运行。

在一般的工业企业中，设有人、财、物和产、供、销管理的职能部门，另有生产车间和后勤保障机构等。虽然生产车间和后勤保障机构并不一定是职能部门的直接下属部门，但是，职能管理部门可以在其管理的职能范围内对生产车间和后勤保障机构下达工作指令，这是典型的职能组织结构。在高等院校中，设有人事、财务、教学、科研和基本建设等管理的职能部门（处室），另有学院、系和研究所等教学和科研的机构，其组织结构模式也是职能组织结构，人事处和教务处等都可对学院和系下达其分管范围内的工作指令。我国多数的企业、学校、事业单位目前还沿用这种传统的组织结构模式。许多工程项目也还用这种传统的组织结构模式，在工作中常出现交叉和矛盾的工作指令关系，严重影响了项目管理机制的运行和项目目标的实现。

在图 2-5 所示的职能组织结构中，A、B1、B2、B3、C5 和 C6 都是工作部门，A 可以对 B1、B2、B3 下达指令；B1、B2、B3 都可以在其管理的职能范围内对 C5 和 C6 下达指令；因此 C5 和 C6 有多个指令源，并且其中有些指令可能是矛盾的。

2.2.2　线性组织结构的特点及其应用

在军事组织系统中，组织纪律非常严谨，军、师、旅、团、营、连、排和班的组织关系是指令逐级下达，一级指挥一级和一级对一级负责的关系。线性组织结构就是来自于这种十分严谨的军事组织系统。在线性组织结构中，每一个工作部门只能对其直接的下属部门下达工作指令，每一个工作部门也只有一个直接的上级部门，因此，每一个工作部门只有唯一的指令源，避免了由于矛盾的指令而影响组织系统的运行。

在国际上，线性组织结构模式是工程项目管理组织系统的一种常用模式，因为一个工程项目的参与单位很多，少则数十，多则数百，大型项目的参与单位将数以千计，在项目实施过程中矛盾的指令会给工程项目目标的实现造成很大的影响，而线性组织结构模式可确保工作指令的唯一性。

但在一个较大的组织系统中，由于线性组织结构模式的指令路径过长，有可能会造成组织系统运行的困难。

在图 2-6 所示的线性组织结构中：

（1）A 可以对其直接的下属部门 B1、B2、B3 下达指令。

（2）B2 可以对其直接的下属部门 C21、C22、C23 下达指令。

（3）虽然 B1 和 B3 比 C21、C22、C23 高一个组织层次，但是，B1 和 B3 并不是 C21、C22、C23 的直接上级部门，它们不允许对 C21、C22、C23 下达指令。

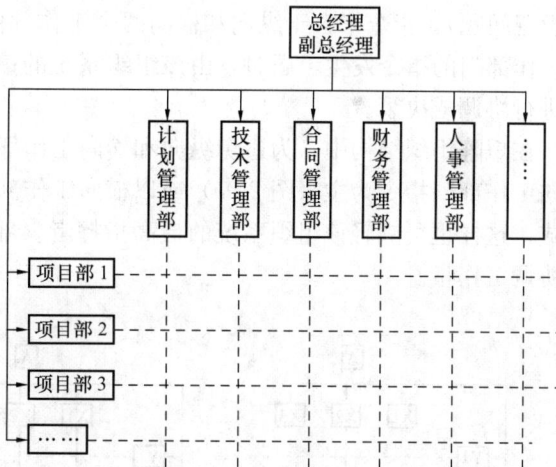

图 2-7　施工企业矩阵组织结构模式的示例

在该组织结构中，每一个工作部门的指令源是唯一的。

2.2.3　矩阵组织结构的特点及其应用

矩阵组织结构是一种较新型的组织结构模式。在矩阵组织结构最高指挥者（部门，图 2-9 中的 A）下设纵向（图 2-9 的 X_i）和横向（图 2-9 的 Y_i）两种不同类型的工作部门。纵向工作部门如人、财、物、产、供、销的职能管理部门，横向工作部门如生产车间等。一个施工企业，如采用矩阵组织结构模式，则纵向工作部门可以是计划管理、技术管理、合同管理、财务管理和人事管理部门等，而横向工作部门可以是项目部（图 2-7）。

一个大型工程项目如采用矩阵组织结构模式，则纵向工作部门可以是投资控制、进度控制、质量控制、合同管理、信息管理、人事管理、财务管理和物资管理等部门，而横向工作部门可以是各子项目的项目管理部（图 2-8）。矩阵组织结构适宜用于大的组织系统，在上海地铁和广州地铁一号线建设时都曾采用了矩阵组织结构模式。

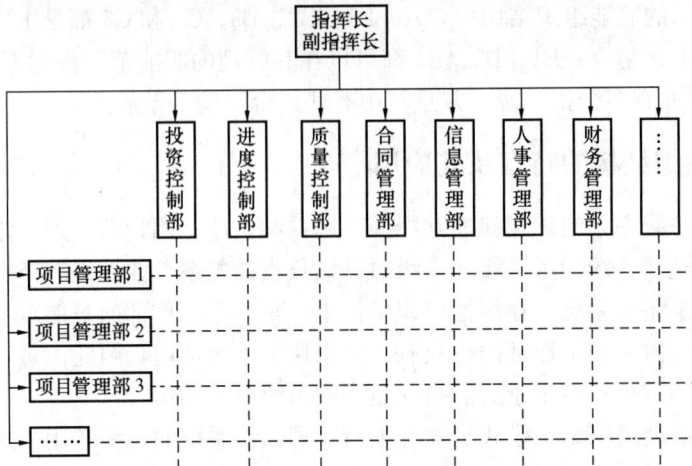

图 2-8　大型工程项目采用矩阵组织结构模式的示例

在矩阵组织结构中，每一项纵向和横向交汇的工作（如图 2-8 中的项目管理部 1 涉及的投资问题），指令来自于纵向和横向两个工作部门，因此其指令源为两个。当纵向和横向工作部门的指令发生矛盾时，由该组织系统的最高指挥者（部门），即图 2-9（a）中的 A 进行协调或决策。

在矩阵组织结构中，为避免纵向和横向工作部门指令矛盾对工作的影响，可以采用以纵向工作部门指令为主（图 2-9b）或以横向工作部门指令为主（图 2-9c）的矩阵组织结构模式，这样也可减轻该组织系统的最高指挥者（部门），即图 2-9（b）和图 2-9（c）中 A 的协调工作量。

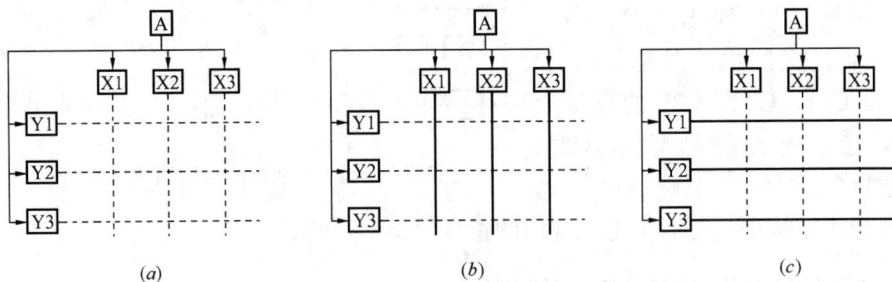

图 2-9　矩阵组织结构
（a）矩阵组织结构；（b）以纵向工作部门指令
为主的矩阵组织结构；（c）以横向工作部门指令
为主的矩阵组织结构

2.3　组织分工

2.3.1　管理任务分工

业主方和项目各参与方，如工程管理咨询单位、设计单位、施工单位和供货单位等都有各自的项目管理的任务，上述各方都应视需要编制各自的项目管理任务分工表和管理职能分工表。

1. 管理任务的分析

每一个工程项目都应视需要编制项目管理任务分工表，这是一个项目的组织设计文件的一部分。在编制项目管理任务分工表前，应结合项目的特点，对项目实施的各阶段的费用（投资或成本）控制、进度控制、质量控制、合同管理、信息管理和组织与协调等管理任务进行详细分解。某项目业主方的部分项目管理任务分解示例如表 2-2 所示。

任务分解表

表 2-2

3. 设计阶段项目管理的任务	备注
3.1　设计阶段的投资控制	
3101　在可行性研究的基础上，进行项目总投资目标的分析、论证	
3102　根据方案设计，审核项目总估算，供业主方确定投资目标参考，并基于优化方案协助业主对估算作出调整	
3103　编制项目总投资切块、分解规划，并在设计过程中控制其执行；在设计过程中若有必要，及时提出调整总投资切块、分解规划的建议	
3104　审核项目总概算，在设计深化过程中严格控制在总概算所确定的投资计划值中，对设计概算作出评价报告和建议	
3105　根据工程概算和工程进度表，编制设计阶段资金使用计划，并控制其执行，必要时，对上述计划提出调整建议	
3106　从设计、施工、材料和设备等多方面作出必要的市场调查分析和技术经济比较论证，并提出咨询报告，如发现设计可能突破投资目标，则协助设计人员提出解决办法，供业主参考	
3107　审核施工图预算，调整总投资计划	
3108　采用价值工程方法，在充分满足项目功能的条件下考虑进一步挖掘节约投资的潜力	
3109　进行投资计划值和实际值的动态跟踪比较，并提交各种投资控制报表和报告	
3110　控制设计变更，注意检查变更设计的结构性、经济性、建筑造型和使用功能是否满足业主的要求	
3.2　设计阶段的进度控制	
3201　参与编制项目总进度计划，有关施工进度与施工监理单位协商讨论	
3202　审核设计方提出的详细的设计进度计划和出图计划，并控制其执行，避免发生因设计单位推迟进度而造成施工单位要求索赔	

续表

	3.2　设计阶段的进度控制	
3203	协助起草主要甲供材料和设备的采购计划，审核甲供进口材料设备清单	
3204	协助业主确定施工分包合同结构及招投标方式	
3205	督促业主对设计文件尽快作出决策和审定	
3206	在项目实施过程中进行进度计划值和实际值的比较，并提交各种进度控制报表和报告（月报、季报、年报）	
3207	协调室内外装修设计、专业设备设计与主设计的关系，使专业设计进度能满足施工进度的要求	
	3.3　设计阶段的质量控制	
3301	协助业主确定项目质量的要求和标准，满足设计质监部门质量评定标准要求，并作为质量控制目标值，参与分析和评估建筑物使用功能、面积分配、建筑设计标准等，根据业主的要求，编制详细的设计要求文件，作为方案设计优化任务书的一部分	
3302	研究图纸、技术说明和计算书等设计文件，发现问题，及时向设计单位提出；对设计变更进行技术经济合理性分析，并按照规定的程序办理设计变更手续，凡对投资及进度带来影响的变更，需会同业主核签	
3303	审核各设计阶段的图纸、技术说明和计算书等设计文件是否符合国家有关设计规范、有关设计质量要求和标准，并根据需要提出修改意见，确保设计质量获得市有关部门审查通过	

2. 管理任务分工表

在项目管理任务分解的基础上，定义项目经理和费用（投资或成本）控制、进度控制、质量控制、合同管理、信息管理和组织与协调等主管工作部门或主管人员的工作任务，从而编制管理任务分工表（表2-3）。在管理任务分工表中应明确各项工作任务由哪个工作部门（或个人）负责，由哪些工作部门（或个人）配合或参与。无疑，在项目的进展过程中，应视必要对管理任务分工表进行调整。

管理任务分工表　　　　　　　　　　　　　　　　表2-3

工作部门 工作任务	项目 经理部	投资 控制部	进度 控制部	质量 控制部	合同 管理部	信息 管理部			

某大型公共建筑属于国家重点工程，在项目实施的初期，项目管理咨询公司建议把工作任务划分成26个大块，针对这26个大块任务编制了管理任务分工表（表2-4），随着工程的进展，任务分工表还将不断深化和细化。该表有如下特点：

（1）管理任务分工表主要明确哪项任务由哪个工作部门（机构）负责主办，另明确协办部门和配合部门，主办、协办和配合在表中分别用三个不同的符号表示。

（2）在管理任务分工表的每一行中，即每一个任务，都有至少一个主办工作部门。

（3）运营部和物业开发部参与项目实施的整个过程，而不是在工程竣工前才介入工作。

某大型公共建筑的管理任务分工表　　　　表 2-4

	工作项目	经理室、指挥部室	技术委员会	专家顾问组	办公室	总工程师室	综合部	财务部	计划部	工程部	设备部	运营部	物业开发部
1	人　事	☆					△						
2	重大技术审查决策	☆	△	○	○	△	○	○	○	○	○	○	○
3	设计管理			○		☆			○	△	△		
4	技术标准			○		☆				△	△		
5	科研管理			○		☆							
6	行政管理			○	☆	○	○	○	○	○	○	○	○
7	外事工作			○	☆	○					○	○	
8	档案管理			○	☆	○							○
9	资金保险						○	☆					
10	财务管理						○	☆					
11	审　计						☆	○					
12	计划管理						○	○	☆		△	△	
13	合同管理						○	○	☆	△	△		
14	招投标管理			○		○	○		☆	△	△		
15	工程筹划			○		○				☆	○	○	
16	土建评定项目管理			○		○				☆			
17	工程前期工作			○					○	☆			○
18	质量管理			○		△				☆	△		
19	安全管理									☆	△		
20	设备选型	△									☆	○	
21	设备材料采购							○	○	△	△		☆
22	安装工程项目管理			○						△	☆		
23	运营准备			○		○				△	△	☆	
24	开通、调试、验收			○						△	☆	△	
25	系统交接			○	○	○	○	○	○	☆	☆	☆	
26	物业开发						○	○	○	○	○	○	☆

注：☆—主办　△—协办　○—配合

2.3.2　管理职能分工

每一个工程项目都应视需要编制管理职能分工表，这是一个项目的组织设计文件的一部分。

1. 管理职能的内涵

管理是由多个环节组成的有限循环过程，如图 2-10 所示。

（1）提出问题；

（2）筹划；

（3）决策；

（4）执行；

（5）检查。

这些组成管理的环节就是管理的职能。管理的职能在一些文献中也有不同的表述，但

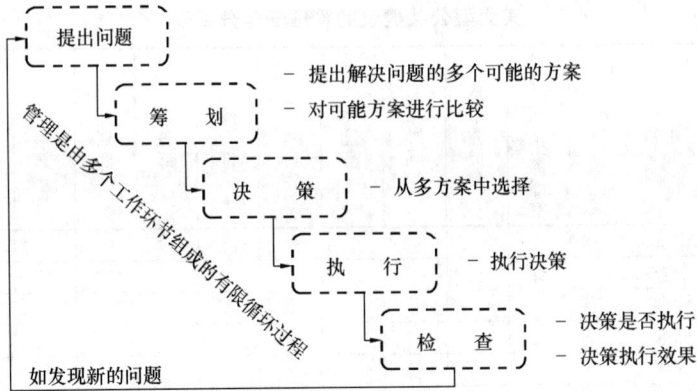

图 2-10　管理职能

其内涵是类似的。

以下以一个示例来解释管理职能的含义：

（1）提出问题——通过进度计划值和实际值的比较，发现进度推迟了；

（2）筹划——加快进度有多种可能的方案，如改一班工作制为两班工作制，或增加夜班作业，或增加施工设备和改变施工方法，应对这三个方案进行比较；

（3）决策——从上述三个可能的方案中选择一个将被执行的方案，增加夜班作业；

（4）执行——落实夜班施工的条件，组织夜班施工；

（5）检查－检查增加夜班施工的决策有否被执行，如已执行，则检查执行的效果如何。

如通过增加夜班施工，工程进度的问题解决了，但发现新的问题，即施工成本增加了，这样就进入了管理的一个新的循环：提出问题、筹划、决策、执行和检查。整个施工过程中管理工作就是不断发现问题和不断解决问题的过程。

以上不同的管理职能可由不同的职能部门承担，如：

（1）进度控制部门负责跟踪和提出有关进度的问题；

（2）施工协调部门对进度问题进行分析，提出三个可能的方案，并对其进行比较；

（3）项目经理在三个可供选择的方案中，决定采用第一方案，即增加夜班作业；

（4）施工协调部门负责执行项目经理的决策，组织夜班施工；

（5）项目经理助理检查夜班施工后的效果。

2. 管理职能分工表

我国多数企业和建设工程项目的指挥部或管理机构，习惯用岗位责任制的岗位责任描述书来描述每一个工作部门的工作任务（包括责任、权利和任务等）。工业发达国家在工程项目管理中广泛应用管理职能分工表，以使管理职能的分工更清晰、更严谨，并会暴露仅用岗位责任描述书时所掩盖的矛盾。如使用管理职能分工表还不足以明确每个工作部门的管理职能，则可辅以使用管理职能分工描述书。

如工程项目管理班子内部用管理职能分工表（表 2-5）可反映项目经理、各工作部门和各工作岗位对各项工作任务的项目管理职能分工。表中用拉丁字母表示管理职能。管理职能分工表也可用于企业管理。

管理职能分工表　　　　　　　　　表 2-5

工作部门＼工作任务	项目经理部	投资控制部	进度控制部	质量控制部	合同管理部	信息管理部		

每一个方块用拉丁字母表示管理的职能

表 2-6 是苏黎世机场建设工作的管理职能分工表，它将管理职能分成七个，即决策准备、决策、执行、检查、信息、顾问和了解。决策准备与筹划的含义基本相同。从表 2-6 可以看出，每项任务都有工作部门或个人负责决策准备、决策、执行和检查。

苏黎世机场建设工作管理职能分工表　　　　　　　　表 2-6

编号	工作任务 P—决策准备　Ko—检查 B—顾问　E—决策 I—信息　D—执行 Ke—了解	项目建设委员会	项目建设委员会成员	机场经理会	机场经理会成员	机场各部门负责人	工程项目协调部门	工程项目协调工程师	工程项目协调组
1	总体规划的目的/工期/投资	E	BKo	Ke	Ke	Ke	—	—	—
2	组织方面的负责	E	BKo	Ke	Ke	Ke	—	—	—
3	投资规划	E	BKo	Ke	Ke	Ke	—	—	—
4	长期的规划准则	E	Ko	BKe	BKe	DI	B	B	
5	机场—机构组成方面的问题	E	B	Ke	Ke	Ke	—	—	
6	总体经营管理	E	B	Ke	Ke	PKe	—	—	
7	有关设计任务书、工期与投资的控制检查	Ko	Ko	DI	DI	I			
8	与机场有关的其他项目	Ke	Ke	E	IKo	P	BKo	BKo	Ke
9	施工方面有关技术问题的工作准则	—	—	E	BIKo	B	Ke	PKo	Ke
10	施工方面有关一般行政管理与组织的工作准则	—	—	E	BIKo	B	PKo	BKo	
11	投资分配	Ke	Ke	E	B	B	Ke	P	
12	设计任务书及工期计划的改变	Ke	Ke	E	B	D	BKo	BKo	
13	施工现场场地分配	—	—	E	B	D	PD	BKo	
14	总协调	Ke	Ke	EKo	D	D	D	D	
15	总体工程项目管理组织各岗位人员的确定	Ke	Ke	BKo	ED	Ke	BKe	BKe	
16	对已批准的设计建设规划的监督	Ke	Ke	Ko	Ko	D	D	D	
17	对已批准的工期计划的监督	Ke	Ke	Ko	Ke	D	D	D	
18	设计监督	Ke	Ke	Ko	Ko	Ke	BKe	BKe	
19	在工程项目管理组织内部信息	—	—	Ko	D	D	D	D	

　　某大型公共建筑项目编制了管理职能分工表（表2-7），该表把项目管理的任务分成几个大类，明确了每项任务的规划（筹划）、决策、执行和检查的管理职能由哪一个工作部门承担。但是，该表存在一些问题，在今后编制管理职能分工表时应引起注意：

　　（1）工作部门标列得太粗。不宜把多个管理组的组长合并为一列，这样合并后，不便分辨投资控制组、进度控制组和质量控制组在相关任务中的管理职能，也不宜把不同专业的专业工程师合并为一列；

　　（2）任务栏列的任务太粗。如进度、投资和质量出了问题，应采取纠偏措施进行监督和控制，但在表的任务栏中并没有列明监控；

　　（3）承担每一项任务同一个管理职能的工作部门过多。如序号1，项目投资目标规划，承担规划职能"P"的有四个工作部门或人员，承担决策职能"D"的有两个工作部门或人员，承担执行职能"E"的有三个工作部门或人员，承担规划职能"C"的有三个工作部门或人员；

　　（4）有些任务的有些管理职能没有工作部门或人员承担。如序号9、序号11、序号12、序号13等任务没有承担决策职能"D"的工作部门或人员；序号10、序号14、序号22等任务没有承担执行职能"E"的工作部门或人员；序号22、序号31等任务没有承担检查职能"C"的工作部门或人员。

某大型公共建筑的管理职能分工示例（存在问题的示例）　　　　表2-7

序号	类别	任　务	项目经理/执行经理	总工	各管理组组长	专业工程师	信息组
1	策划	项目投资目标规划	P D C	P C	P D E	P E C	E
2		项目进度目标规划	P D C	P C	P D E	P E C	E
3		项目质量目标规划	P D C	P C	P D E	P E C	E
4		项目采购模式的规划	P E C	P C	P E C	E	E
5		施工招标模式的规划	P E C	P C	P E C	E	E
6	信息处理	信息编码	P D C	P C	E C		E
7		信息收集与整理	P D C	P C	P D E C	E	E
8		信息的存档与电子化	P C	P C	P C		E
9		网络平台的信息管理与处理	P E	P	P		E
10	进度控制	利用 Project 进行进度控制，形成报表	P D C	P C	P		
11		设计进度的检查	P E C	P C	E C	E	
12		施工进度的检查	P E C	P C	E C	E	
13	发包与合同管理	参与评标	P E C	P C	P E C	E	
14		利用合同管理软件进行合同管理，形成报表	P D	P	P		
15		合同编码	P D C	P C	P E C		E
16		参与合同谈判			P E	E	
17		合同跟踪管理			P E C	E	

序号	类别	任务	项目经理/执行经理	总工	各管理组组长	专业工程师	信息组
18	投资控制	投资分解与编码	P D	P	E C	E	
19		参与付款审核	P C	P C	P C	E	
20		参与决算审核	P C	P C	P D C	E	
21		参与索赔处理	P D C	P C	P D E	E	
22		利用投资控制软件进行投资控制，形成报表	D		P		
23	质量控制	重要分部分项工程验收	C	C	P E	E	
24		重要材料、设备的检查、验收	C	C	P E	E	
25		参与设备调试	C	C	P E	E	
26		参与系统调试	C	C	P E	E	
27		参与竣工验收	C	C	P E	E	
28	项目管理成果	各专业工作月度报告	P C	P C	P D E	E	
29		各专业项目管理工作总结	P D C	P D C	P D E	E	
30		项目管理工作报告（定期和非定期）	P E C	P C	P E C	E	E
31		重大技术问题咨询及报告	P E	P	P E	E	
32		竣工总结	C	C	E C	E	E
33		竣工后项目管理资料的整理归档	P C	P C	E C	E	E

注：P——规划；D——决策；E——执行；C——检查。

管理职能分工应根据需要逐步深化，如某大型公共建筑合同管理任务由业主代表、项目管理班子领导（项目经理）和合同管理部门共同承担，但各方的管理职能并不相同，表2-8表示了这三方面的管理职能分工。该表也存在一些问题：

某大型公共建筑合同管理任务的管理职能分工示例（存在问题的示例）　　　表2-8

序号	任务	业主代表	合同管理部门	项目管理班子领导
1	确定合同结构	D	P/E	P
2	编制合同管理工作计划	D	P/E	P
3	提出合同目标及标的技术要求		E	E
4	起草合同文件（包括招标文件）	D	E	E'
5	询价及考察投标单位资格		E	E'
6	编写询价报告或投标资格考察报告		E	E'
7	确定投标单位或合同预选单位	D	P	P
8	组织招投标		E	E

序号	任　　务	业主代表	合同管理部门	项目管理班子领导
9	组织合同谈判		E	E′
10	组织合同签订	D	E	E′
11	组织合同实施		E	E′
12	跟踪合同执行情况		E	E′
13	检查甲方义务履行情况		E	E′
14	控制合同变更		E	E′
15	控制合同索赔		E	E′
16	组织处理合同索赔及合同纠纷		E	E′
17	汇总合同报告	D	E	E′
18	编写合同管理总结报告	D	E	E′

注：P——规划；D——决策；E——执行；C——检查；E′——参与执行。

（1）正如前述，管理是由多个环节组成的有限的循环过程，它包括提出问题、筹划（规划）、决策、执行和检查等管理职能，在该表中很多任务只有执行，而没有筹划、决策和检查，或只有决策、执行和参与执行，而没有筹划和检查，如这样，管理的环节就有欠缺；

（2）有些任务的划分明显不合理，如序号5和序号6宜合并，序号11、序号12和序号13宜合并，序号15和序号16宜合并等。

为了区分业主方和代表业主利益的项目管理方和工程建设监理方等的管理职能，也可以用管理职能分工表表示，表2-9所示的是某项目的一个示例。

某项目管理职能分工表示例　　　　　　　　　　　　表 2-9

序号	任　　务		业主方	项目管理方	工程监理方
	设计阶段				
1	审批	获得政府有关部门的各项审批	E		
2		确定投资、进度、质量目标	D C	P C	P E
3	发包与合同管理	确定设计发包模式	D	P E	
4		选择总包设计单位	D E	P	
5		选择分包设计单位	D C	P E C	P C
6		确定施工发包模式	D	P E	P E
7	进度	设计进度目标规划	D C	P E	
8		设计进度目标控制	D C	P E C	
9	投资	投资目标分解	D C	P E	
10		设计阶段投资控制	D C	P E	
11	质量	设计质量控制	D C	P E	
12		设计认可与批准	D E	P C	

续表

序号		任　　务	业主方	项目管理方	工程监理方
	招标阶段				
13		招标、评标	D C	P E	P E
14	发包	选择施工总包单位	D E	P E	P E
15		选择施工分包单位	D	P E	P E C
16		合同签订	D E	P	P
17		施工进度目标规划	D C	P C	P E
18	进度	项目采购进度规划	D C	P C	P E
19		项目采购进度控制	D C	P E C	P E C
20	投资	招标阶段投资控制	D C	P E C	
21	质量	制定材料设备质量标准	D	P C	P E C

注：P——筹划；D——决策；E——执行；C——检查。

2.4　工作流程组织

2.4.1　工作流程组织及工作流程图

正如图 2-2 所示，工作流程组织包括：

（1）管理工作流程组织，如投资控制、进度控制、合同管理、付款和设计变更等工作流程；

（2）信息处理工作流程组织，如与生成月度进度报告有关的数据处理工作流程；

（3）物质流程组织，如钢结构深化设计工作流程、弱电工程物资采购工作流程、外立面施工工作流程等。

每一个工程项目应根据其特点，从多个可能的工作流程方案中确定以下几个主要的工作流程组织：

（1）设计准备工作的流程；

（2）设计工作的流程；

（3）施工招标工作的流程；

（4）物资采购工作的流程；

（5）施工作业的流程；

（6）各项管理工作（投资控制、进度控制、质量控制、合同管理和信息管理等）的流程；

（7）与工程管理有关的信息处理的工作流程等。

这也就是工作流程组织的任务，即定义各个工作的流程。

工作流程应视需要逐层细化，如投资控制工作流程可细化为初步设计阶段投资控制工作流程、施工图设计阶段投资控制工作流程和施工阶段投资控制工作流程等。

业主方和项目各参与方，如工程管理咨询单位、设计单位、施工单位和供货单位等都有各自的工作流程组织的任务。

某市轨道交通工程项目设计了如下多个工作流程组织：

（1）投资控制工作流程

1）投资控制整体流程；

2）投资计划、分析和控制流程；

3）工程合同进度款付款流程；

4）变更投资控制流程；

5）建筑安装工程结算流程。

（2）进度控制工作流程

1）控制节点（里程碑）、总进度规划编制与审批流程；

2）项目实施计划编制与审批流程；

3）月度计划编制与审批流程；

4）周计划编制与审批流程；

5）项目实施计划的实施、检查与分析控制流程；

6）月度计划的实施、检查与分析控制流程；

7）周计划的实施、检查与分析控制流程。

（3）质量控制工作流程

1）建筑安装工程施工质量控制流程；

2）变更处理流程；

3）施工工艺流程；

4）竣工验收流程。

（4）合同与招投标管理工作流程

1）标段划分和审定流程；

2）招标公告的拟定、审批和发布流程；

3）资格审查、考察及入围确定流程；

4）招标书编制审定流程；

5）招标答疑流程；

6）评标流程；

7）特殊条款谈判流程；

8）合同签订流程。

（5）信息管理工作流程

1）文档信息管理总流程；

2）外单位往来文件处理流程；

3）设计文件提交、分发流程；

4）变更文件提交处理流程；

5）工程进度信息收集及处理流程；

6）工程投资信息收集及处理流程。

工作流程图用图的形式反映一个组织系统中各项工作之间的逻辑关系，它可用以描述工作流程组织。工作流程图是一个重要的组织工具，如图 2-11 所示。工作流程图中用矩形框表示工作（图 2-11a），箭线表示工作之间的逻辑关系，菱形框表示判别条件。也可用两个矩形框分别表示工作和工作的执行者（图 2-11b）。

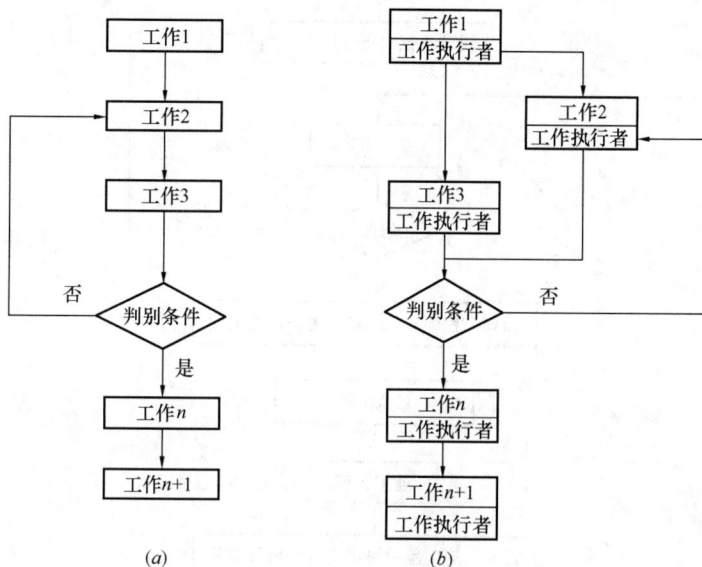

图 2-11　工作流程图

2.4.2　工作流程组织示例

以下以几个工作流程组织为例，进一步解释工作流程图的含义及其表达方式。

1. 示例 1，设计变更工作流程图

设计变更在工程实施过程中时有发生，设计变更可能由业主方提出，也可能由施工方或设计方提出。一般设计变更的处理涉及监理工程师、总监理工程师、设计单位、施工单位和业主方等。图 2-12 是某工程设计变更的工作流程图，反映了上述的工作顺序关系。

2. 示例 2，策划工作流程图

某软件园的策划工作由策划方承担，规划工作由规划设计方承担，开发方对策划和规划的阶段性成果将表达其意见，政府对规划的阶段性成果要履行审批职能。策划方、规划设计方、开发方和政府有关部门的工作按一定的顺序进行，相互之间也有一定的交叉。用工作流程图可清晰地表达有关的逻辑关系（图 2-13）。图 2-13 将图面纵向划分为四块，可以非常清楚地识别哪些工作由哪一方承担。

3. 示例 3，设计准备阶段项目管理工作流程图（有问题）

某大型公共建筑项目决定聘请项目管理咨询公司从设计准备阶段开始进行项目管

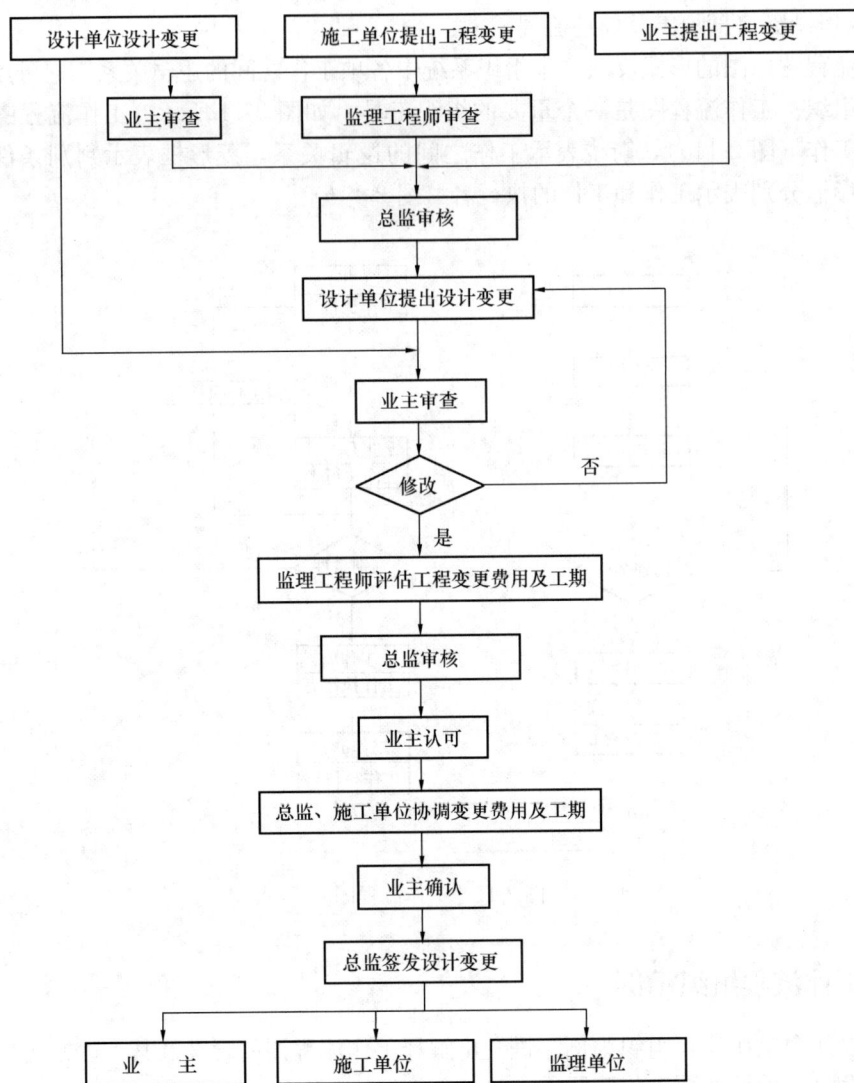

图 2-12 设计变更工作流程图示例

理，项目管理咨询公司编制了项目实施各阶段的项目管理工作流程图，图 2-14 是设计准备阶段项目管理工作流程图。该阶段项目管理方的主要任务是协助业主进行项目总目标的再论证，组织设计方案竞赛，协助业主选定设计方案中选的设计单位，并与其签订设计合同。图 2-14 基本反映了上述工作的逻辑顺序，但图的表达存在一些问题：

（1）每个矩形框应该标示任务明确的一项具体工作，而不是一个工作的集合概念。图中"进度控制"和"质量控制"的标示不妥，由于这样的标示不妥，就造成"进度控制"和"编制设计前的准备阶段计划"之间的逻辑关系不正确，"质量控制"和"组织开展设计方案竞赛"之间的逻辑关系不正确。

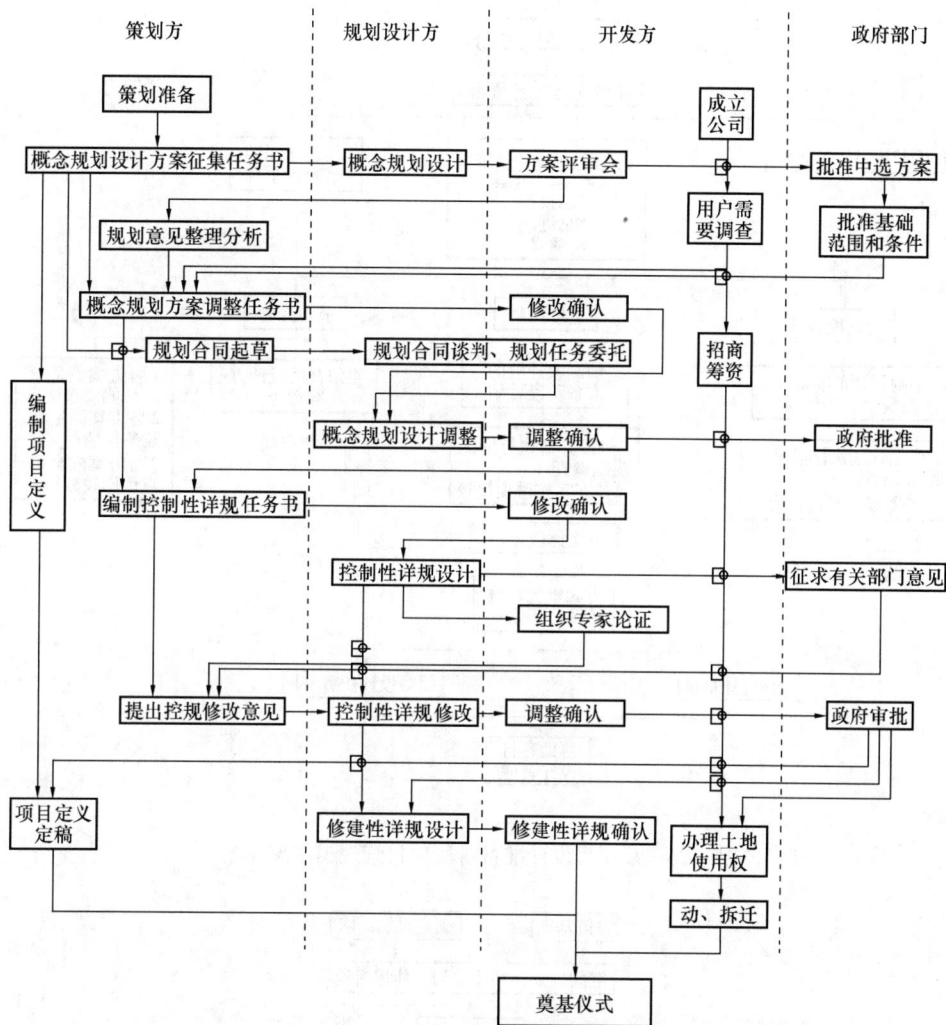

图 2-13　某软件园策划工作的工作流程图示例

（2）工作流程图应表示十分严谨的工作之间的逻辑顺序关系，在图中有几个工作的逻辑顺序不正确，如："协助选择勘察设计单位"与"质量控制"，"付款控制"与"编制设计前准备阶段资金使用计划"。"组织开展设计方案竞赛"与"方案比较评定"等。

4. 示例 4，设计准备阶段和初步设计阶段投资控制工作流程图

某德国咨询公司编制了设计准备阶段和初步设计阶段的投资控制工作流程图，如图 2-15 和图 2-16 所示。其中：

　　▭ 表示业主方、设计方和施工方的工作；

　　▭ 表示计算机对数据进行处理；

　　▱ 表示投资控制部门（人员）的工作。

```
                        接受业主的项目管理委托
                                │
                           组建项目班子
                                │
                          检查熟悉原始资料
          ┌─────────────────────┼─────────────────────┐
   编制项目管理规划        项目总体目标论证        协助选择勘
                             总投资            察设计单位
                             总进度
                              质量
          ┌─────────────────────┼─────────────────────┐
       付款控制              进度控制              质量控制
          │                    │             ┌───────┴────────┐
  编制设计前准备阶        编制设计前的       组织开展设计方     1.各方案满足业
   段资金使用计划         准备阶段计划        案竞赛           主功能要求情况
          │                    │                            2.各方案满足城
 1.资金计划执行情况      1.进度计划执行情况                    建条件情况
  跟踪调查              跟踪调查                             3.各方案安全可
 2.各方案按经济性比较    2.各方案按进度比较                    靠性比较分析
                           方案比较评定
                                │
                          方案审批、修
                            改、确定
                ┌───────────────┴───────────────┐
          选择设计单位                      编制设计任务书
                └───────────────┬───────────────┘
                           协助签订
                           设计合同
```

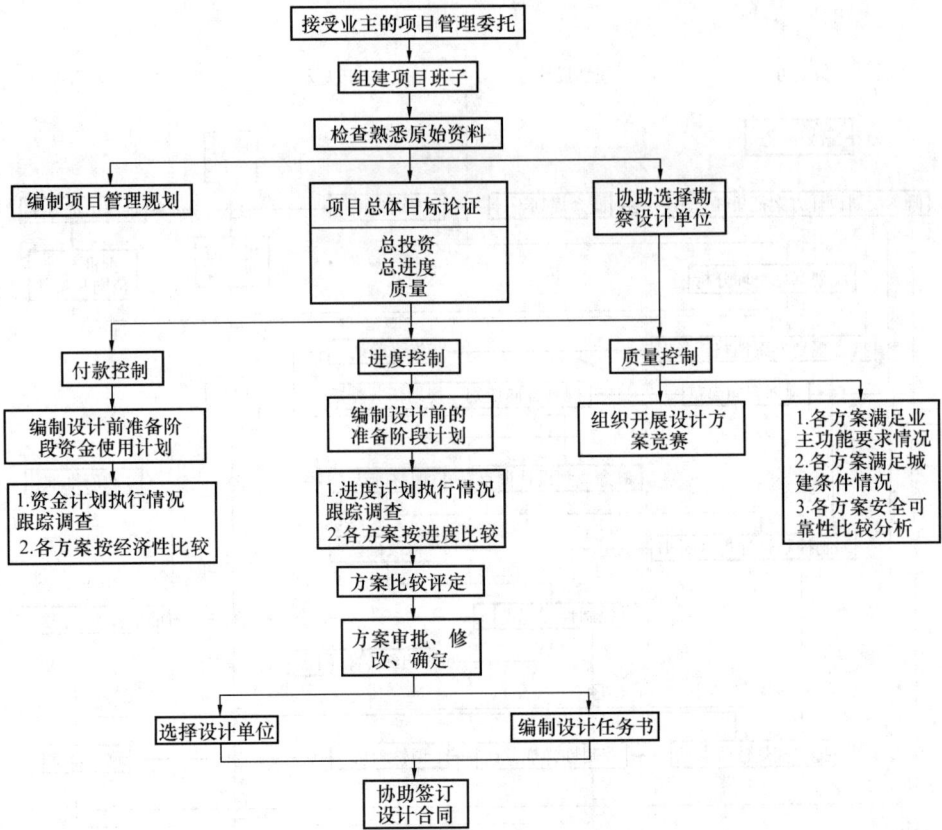

图 2-14　某项目设计准备阶段项目管理工作流程图

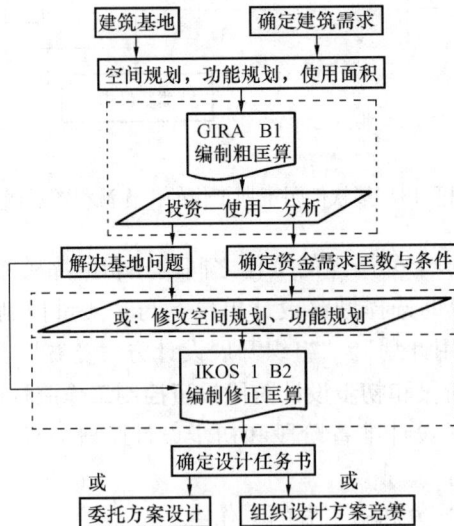

```
        建筑基地          确定建筑需求
           └───────┬──────────┘
          空间规划，功能规划，使用面积
                   │
              GIRA  B1
              编制粗匡算
                   │
             投资—使用—分析
          ┌────────┴─────────┐
      解决基地问题      确定资金需求匡数与条件
                   │
            或：修改空间规划、功能规划
                   │
              IKOS 1 B2
              编制修正匡算
                   │
             确定设计任务书
         或 ┌──────┴──────┐ 或
      委托方案设计      组织设计方案竞赛
```

图 2-15　设计准备阶段投资控制工作流程图

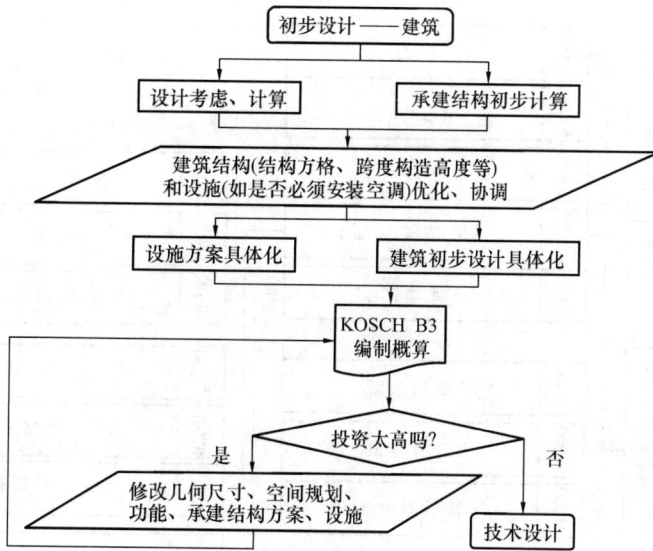

图 2-16 初步设计阶段投资控制工作流程图

2.5 工程项目结构

2.5.1 工程项目的项目结构分解

项目结构图（Project Diagram），或称 Work Breakdown Structure（简称 WBS），是一个重要的组织工具，它通过树状图的方式对一个项目的结构进行逐层分解（图 2-17），以反映组成该项目的所有工作任务（该项目的组成部分）。

图 2-18 是某软件园项目结构图的一个示例，它是一个群体项目，它可按照功能区进行第一层次的分解，即：

(1) 软件研发、生产功能区；

(2) 硬件研发、生产功能区；

(3) 公共服务功能区；

(4) 园区管理功能区；

(5) 生活功能区。

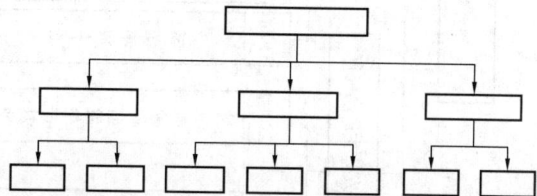

图 2-17 项目结构图

如对其进行第二层次的分解，其中软件研发、生产功能区包括：软件研发生产大楼和独立式软件研发生产基地。其他功能区也可再分解。某些第二层次的项目组成部分（如独立式软件研发生产基地）还可再分解。

一些居住建筑开发项目，可根据建设的时间对项目的结构进行逐层分解，如第一期工程、第二期工程和第三期工程等。而一些工业建设工程项目往往按其子系统的构成对项目的结构进行逐层分解。

同一个工程项目可有不同的项目结构的分解方法，项目结构的分解应和整个工程实施

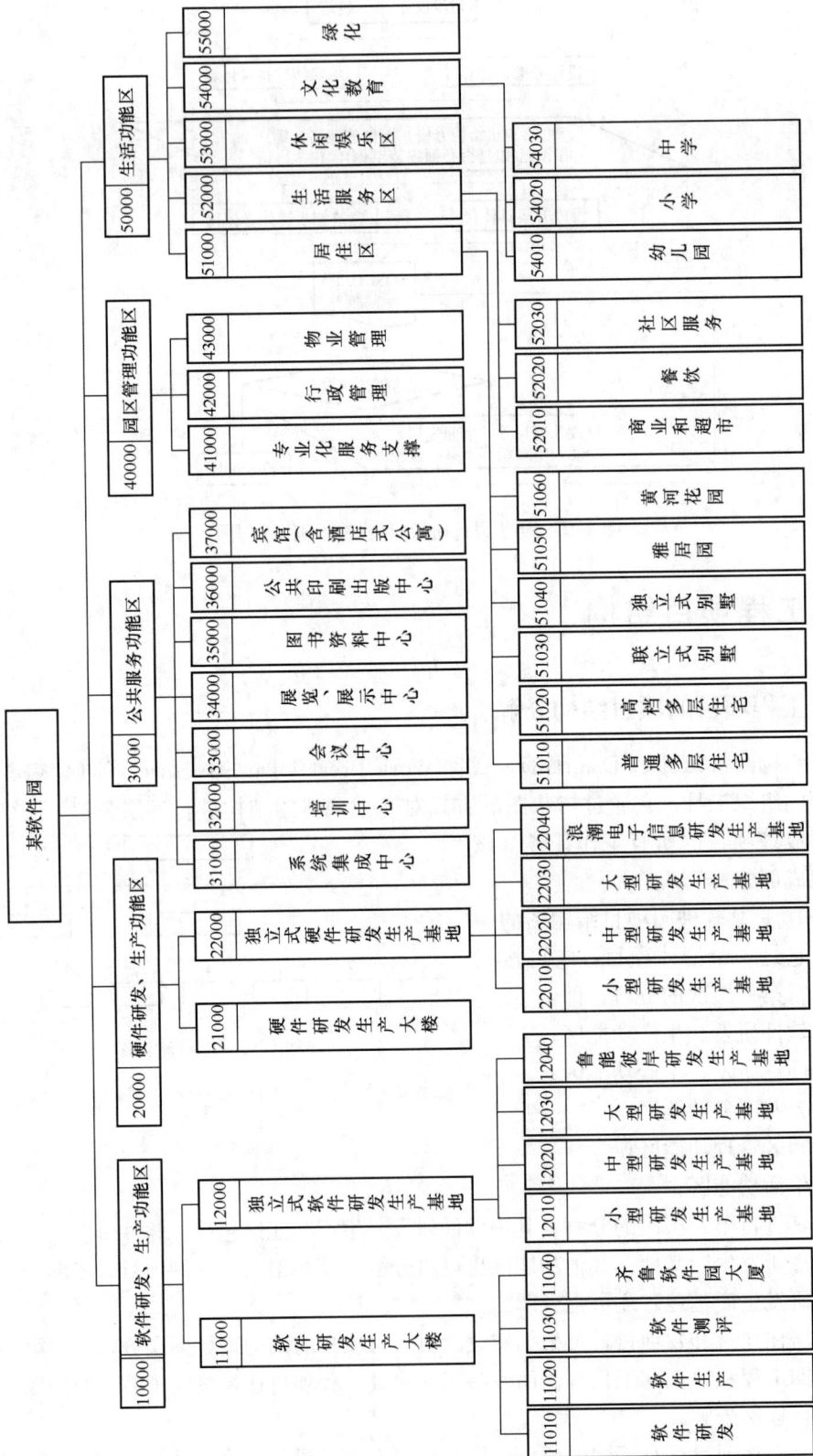

图 2-18　某工程项目的项目结构图

的部署相结合，并和将采用的合同结构相结合。如地铁工程主要有两种不同的合同分解方式，其对应的项目结构也不同：

（1）地铁车站（一个或多个）和区间隧道（一段或多段）分别发包（图 2-19、图 2-20）；

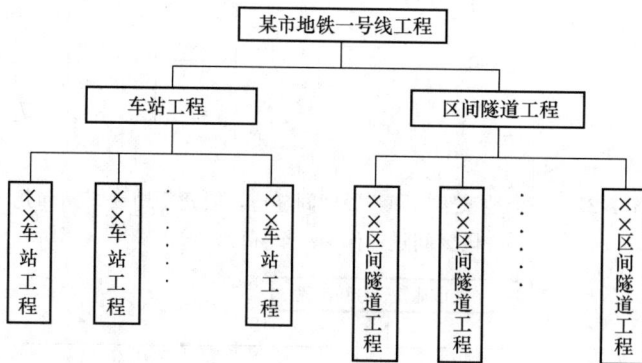

图 2-19   地铁车站和区间隧道
分别发包相应的项目结构

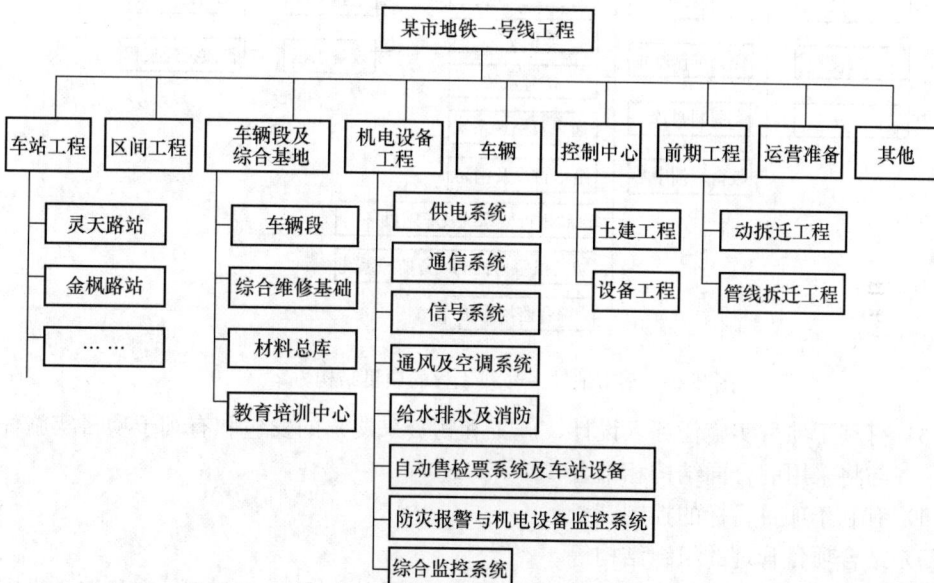

图 2-20   某市地铁一号线工程的项目结构方案（一）

（2）一个地铁车站和一段区间隧道，或几个地铁车站和几段区间隧道作为一个标段发包（图 2-21、图 2-22）。

由于图 2-19 和图 2-20 所示的项目结构在施工时交界面较多，不便组织与管理，因此国际上较多的地铁工程采用图 2-21 和图 2-22 的方式进行项目结构分解。

综上所述，项目结构分解并没有统一的模式，但应结合项目的特点和参考以下原则进行：

（1）考虑项目进展的总体部署；

（2）考虑项目的组成；

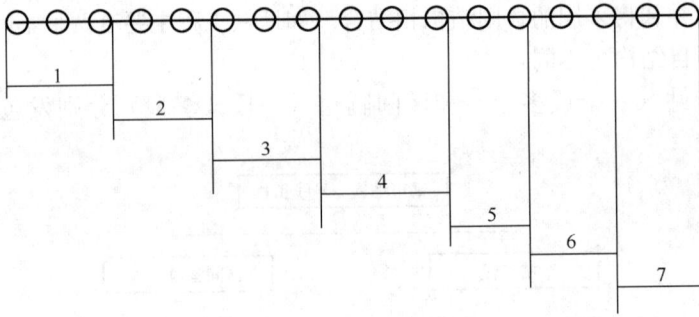

图 2-21　一个地铁车站和一段区间隧道，或几个地铁车站和几
段区间隧道作为一个标段发包

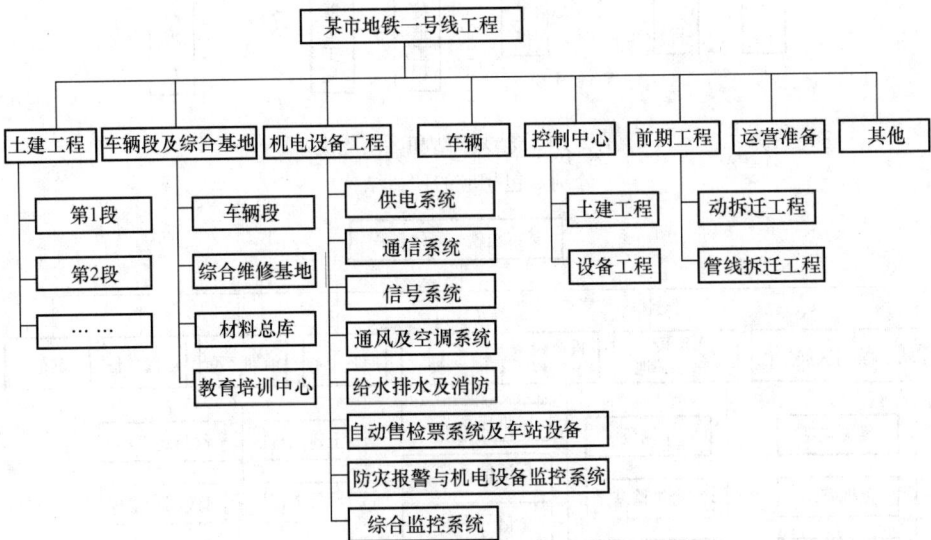

图 2-22　某市地铁一号线工程的项目结构方案（二）

（3）有利于项目实施任务（设计、施工和物资采购）的发包和有利于项目实施任务的进行，并与将采用的合同结构相结合；

（4）有利于项目目标的控制；

（5）结合项目管理的组织结构等。

以上所列举的都是群体工程的项目结构分解，单体工程如有必要（如投资、进度和质量控制的需要）也应进行项目结构分解。如一栋高层办公大楼可分解为：

（1）地下工程；

（2）裙房结构工程；

（3）高层主体结构工程；

（4）建筑装饰工程；

（5）幕墙工程；

（6）建筑设备工程（不包括弱电工程）；

（7）弱电工程；

（8）室外总体工程等。

某市大型国际机场方案竞赛刚结束，需要结合所选定的方案进行总进度目标论证。为进行总进度目标论证应首先进行项目结构分解（图 2-23），然后根据项目结构分解的结果，编制总进度纲要。该机场总投资约 200 亿元，是一个超大型的公共建筑，总进度纲要不可能用一个进度计划表示，而是一个进度计划系统，它由若干个相互有关联的进度计划组成，如图 2-24 所示。

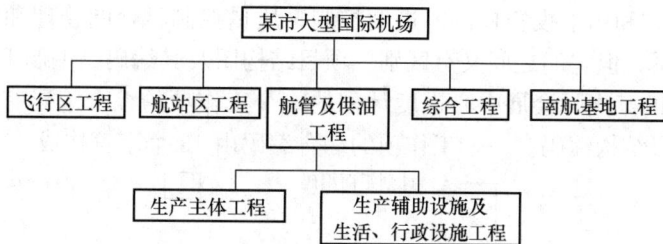

图 2-23 某市大型国际机场项目结构

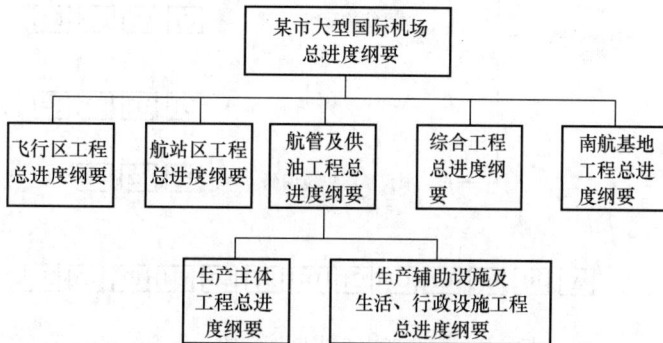

图 2-24 某市大型国际机场总进度纲要

2.5.2 工程项目项目结构的编码

编码由一系列符号（如文字）和数字组成，编码工作是信息处理的一项重要的基础工作。

一个建设工程项目有不同类型和不同用途的信息，为了有组织地存储信息、方便信息的检索和信息的加工整理，必须对项目的信息进行编码，如：

（1）项目的结构编码；

（2）项目管理组织结构编码；

（3）项目的政府主管部门和各参与单位编码（组织编码）；

（4）项目实施的工作项编码（项目实施的工作过程的编码）；

（5）项目的投资项编码（业主方）/成本项编码（施工方）；

（6）项目的进度项（进度计划的工作项）编码；

（7）项目进展报告和各类报表编码；

（8）合同编码；

（9）函件编码；

（10）工程档案编码等。

以上这些编码是因不同的用途而编制的，如：

（1）投资项编码（业主方）/成本项编码（施工方）服务于投资控制工作/成本控制工作；

（2）进度项编码服务于进度控制工作。

项目的结构编码依据项目结构图，对项目结构的每一层的每一个组成部分进行编码，如图 2-18 所示。它和用于投资控制、进度控制、质量控制、合同管理和信息管理的编码有紧密的有机联系，但它们之间又有区别。项目结构图及其编码是编制上述其他编码的基础。图 2-25 所示的某国际会展中心进度计划的一个工作项的综合编码有 5 个部分，其中有 4 个字符是项目结构编码。一个工作项的综合编码由 13 个字符构成。

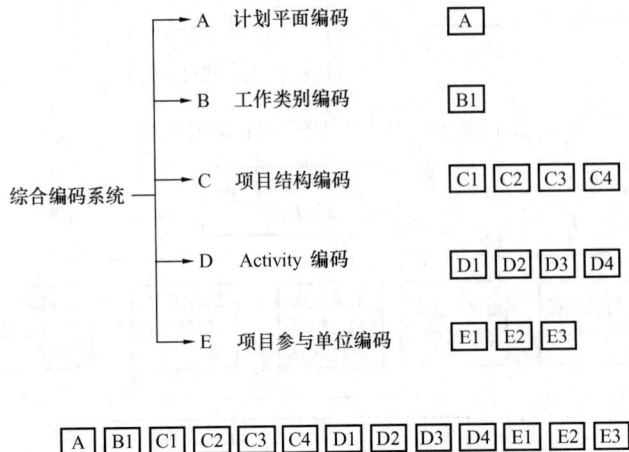

图 2-25　某国际会展中心进度计划的工作项的编码
（其中 Activity 编码即工作项编码）

（1）计划平面编码。1 个字符，如 A 表示总进度计划平面的工作，A2 表示第 2 进度计划平面的工作等。

（2）工作类别编码。1 个字符，如 B1 表示设计工作，B2 表示施工工作等。

（3）项目结构编码。4 个字符。

（4）工作项编码（Activity）。4 个字符。

（5）项目参与单位编码。3 个字符，如 001 表示甲设计单位，002 表示乙设计单位，009 表示丁施工单位等。

2.6　工程项目管理的组织结构

2.6.1　业主方管理的组织结构

对一个项目的组织结构进行分解，并用图的方式表示，就形成项目组织结构图（Diagram of Organizational Breakdown Structure，简称 DBS 图），或称项目管理组织结构图。项目组织结构图反映一个组织系统（如项目管理班子）中各子系统之间和各元素（如各工作部门）之间的组织关系，反映的是各工作单位、各工作部门和各工作人员之间的组织关系。而项目结构图描述的是工作对象之间的关系。对一个稍大一些的项目的组织结构应该进行编码，它不同于项目结构编码，但两者之间也会有一定的联系。

一个工程项目的实施除了业主方外，还有许多单位参加，如设计单位、施工单位、供货单位和工程管理咨询单位以及有关的政府行政管理部门等，项目组织结构图应注意表达业主方以及项目的各参与单位有关的各工作部门之间的组织关系（图 2-26）。

业主方、设计方、施工方、供货方和工程管理咨询方的项目管理的组织结构都可用各自的项目组织结构图予以描述。

1. 示例 1

图 2-26 是项目组织结构图的一个示例，业主方内部是线性组织结构，而对于项目实施方而言，则是职能组织结构，该组织结构的运行规则如下：

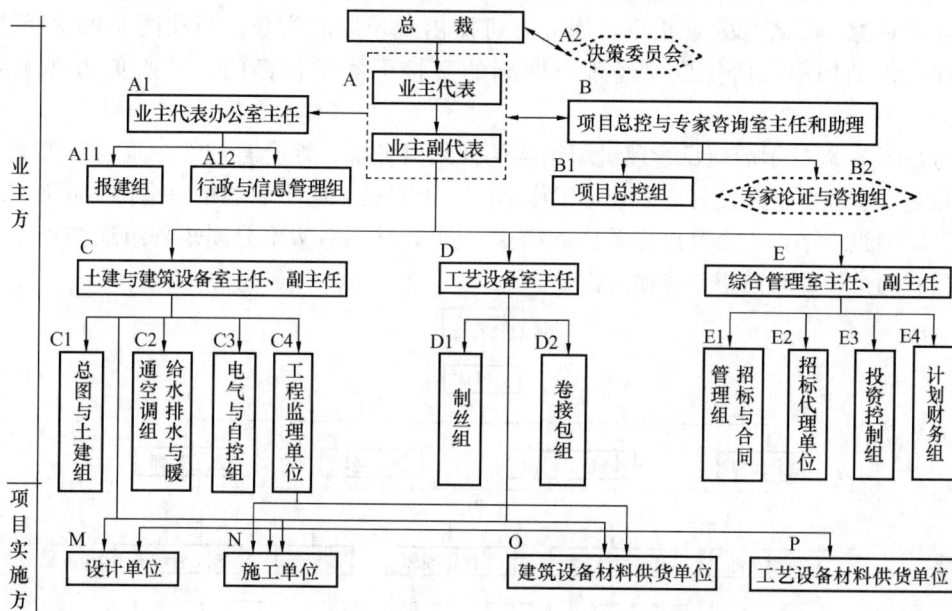

图 2-26　项目组织结构图的示例

（1）在业主代表和业主副代表下设三个直接下属管理部门，即土建与建筑设备工程管理（C）、工艺设备工程管理（D）和综合管理部门（E）。这三个管理部门只接受业主代表和业主副代表下达的指令；

（2）在 C 下设 C1、C2、C3 和 C4 四个工作部门，C1、C2、C3 和 C4 只接受 C 的指令。在 D 下设 D1 和 D2 两个工作部门，D1 和 D2 只接受 D 的指令。E 下的情况与 C 和 D 相同；

（3）施工单位将接受土建与建筑设备工程管理部门、工艺设备工程管理部门和工程监理单位的工作指令，设计单位将接受土建与建筑设备工程管理部门和工艺设备工程管理部门的指令。

2. 示例 2

图 2-27 所示的某项目管理组织结构，在业主方内部和对于实施方都是线性组织结构。在线性组织结构中，每一个工作部门只有唯一的上级工作部门，其指令来源是唯一的。在

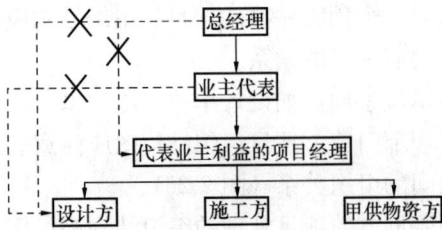

图 2-27　在线性组织结构中
不允许出现多重指令

图 2-27 中表示了总经理不允许对项目经理和设计方直接下达指令，总经理必须通过业主代表转达指令；而业主代表也不允许对设计方等直接下达指令，他必须通过项目经理转达指令，否则就会出现矛盾的指令。项目的实施方（如图 2-27 中的设计方、施工方和甲供物资方）的唯一指令来源是业主方的项目经理，这有利于项目的顺利进行。

3. 示例 3

在图 2-28 所示的项目管理组织结构中，由于几位副总经理和总工程师都允许对计划财务部和综合管理部等下指令，因此有可能出现矛盾的指令。而在图 2-29 所示的项目管理组织结构中，两位副总经理有明确的直接下属工作部门，可避免出现矛盾的指令。

另在图 2-28 所示的项目管理组织结构的计划财务部、综合管理部、工程管理部、物资部和施工管理部下还设有许多管理工作部门，很明显它属于职能组织结构。正如 2.3.1 所述，职能组织结构中会有许多矛盾的指令。图 2-29 的右边部分属矩阵组织结构，其指令源只有两个，即纵向指令或横向指令。

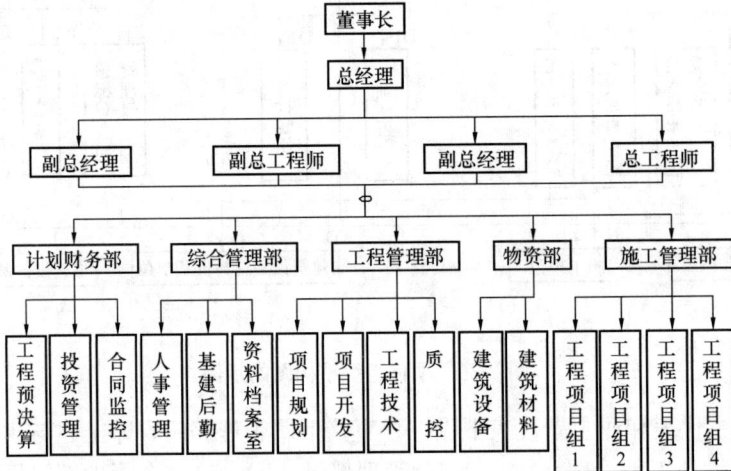

图 2-28　项目组织结构图示例

4. 示例 4

某大型地块土地开发项目在一个大城市的市中心，总的土地开发面积约为 50 万 m²。该项目的项目管理组织结构图（图 2-30）有如下特点。

（1）它是以纵向为主的矩阵组织结构，即当纵向工作部门的指令和横向工作部门的指令发生矛盾时，以纵向工作部门的指令为主指令。如横向工作部门不同意纵向工作部门的指令，则应由横向工作部门提出，由项目主任负责协调。

（2）由于该项目规模较大，设一个项目主任和分管技术与协调的副主任以及分管财务和法律的副主任。

（3）该地块开发项目委员会代表政府进行管理，而该市第二城市建设综合开发公司董

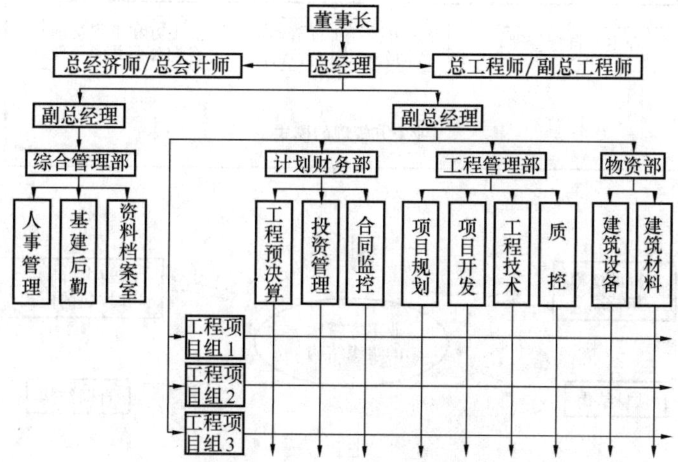

图 2-29　项目组织结构图示例

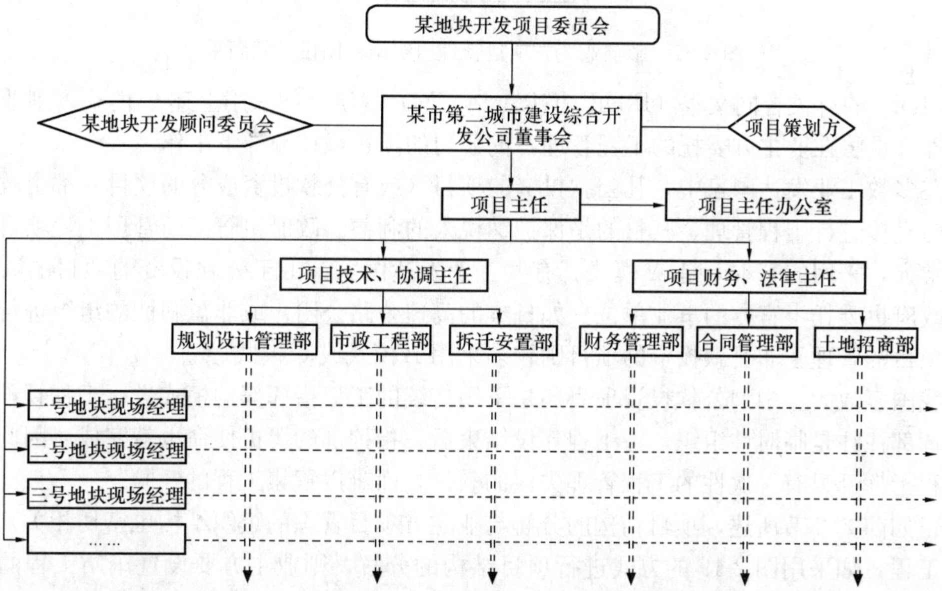

图 2-30　某地块土地开发项目项目组织结构图

事会代表企业负责开发管理。

业主方项目管理最核心的问题是其组织结构，在进行项目管理组织结构图设计时，需要考虑多方面的因素，如图 2-31 所示。

5. 业主方项目管理模式

国际上业主方项目管理的模式主要有三种（图 2-31）：

（1）业主方依靠自有的人力资源自行管理（以下简称 A 模式）；

（2）业主方委托一个或多个工程管理咨询（顾问）公司进行管理（以下简称 B 模式）；

（3）业主方委托一个或多个工程管理咨询（顾问）公司进行管理，但业主方的人员也参与管理（以下简称 C 模式）。

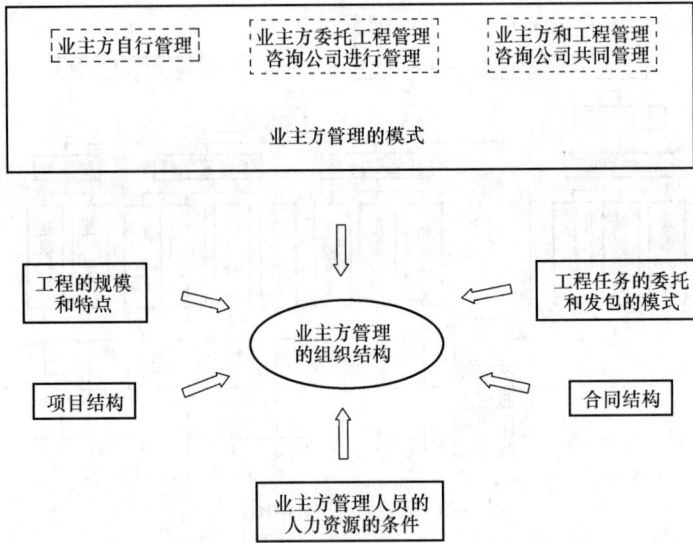

图 2-31　影响业主方项目管理组织结构图设计的因素

FIDIC 的有关合同文本（FIDIC IGRA 80 PM）规定，如采用上述 C 模式，则业主方的管理人员将在业主方委托的工程管理咨询公司的项目经理领导下工作。

在多数工业发达国家中，凡公款投资的项目（或有公款投资成分的项目）都由政府主管部门直接进行工程管理，其目的是保护纳税人的利益。政府主管部门管理工程项目的能力非常强，采用的基本上是 A 模式。有些工业发达国家，由于公款投资的项目的数量太大，政府也委托半官方的事业单位（如日本的高速公路公团）或非盈利性的组织进行公款投资项目的管理。非公款投资的项目则较多采用 B 模式或 C 模式。

我国多数大、中型公款投资项目还是采用传统的工程指挥部的模式进行工程管理。工程指挥部往往是临时性组织，待工程建设结束后，指挥部的历史使命也就完成。因此，不少工程指挥部只有一次性的工程管理失误的教训，而难以积累工程的经验。

正如前 2.2 节所述，项目结构的分解与业主方项目管理的组织结构也密切相关。对于地铁工程，如采用图 2-19 的方式进行项目结构的分解，则业主要设置车站工程的管理部门和隧道工程的管理部门；而如采用图 2-21 的方式进行项目结构的分解，则应设置车站工程和隧道工程的综合管理部门。

无疑，业主方项目管理的组织结构与工程任务的委托方式、发包模式和合同结构紧密相关。对于同一个项目，若采用建设项目总承包，或采用施工总承包，或采用施工任务的平行发包，其相应的业主方项目管理的组织结构必然是不同的。

当认真分析了图 2-31 中的各种因素后，应决策采用哪一种组织结构模式。由于线性组织结构的指令源是唯一的，有利于工程的协调、组织和指挥，有利于项目目标的控制，因此线性组织结构模式在国际上得到广泛的应用。工程规模较大，且包含多个子项目的工程项目，为避免工作指令路径过长，较多采用矩阵组织结构模式。一般的工程项目不宜采用职能组织结构，因为矛盾的指令源对工程的进展、对项目目标的控制都不利。但是，我国多数工程项目采用的还是传统的职能组织结构模式，多重和矛盾的指令源的问题始终没有得到解决。

2.6.2 业主方管理组织结构的动态调整

工程项目管理的一个重要哲学思想是：在项目实施的过程中，变是绝对的，不变是相对的；平衡是暂时的，不平衡则是永恒的。项目实施的不同阶段，即设计准备阶段、设计阶段、施工阶段和动用前准备阶段，其工程项目管理的任务特点、管理的任务量、管理人员参与的数量和专业不尽相同，因此业主方项目管理组织结构在工程项目实施的不同阶段应作必要的动态调整（图 2-32～图 2-34），如设计不同阶段的业主方项目管理组织结构图：

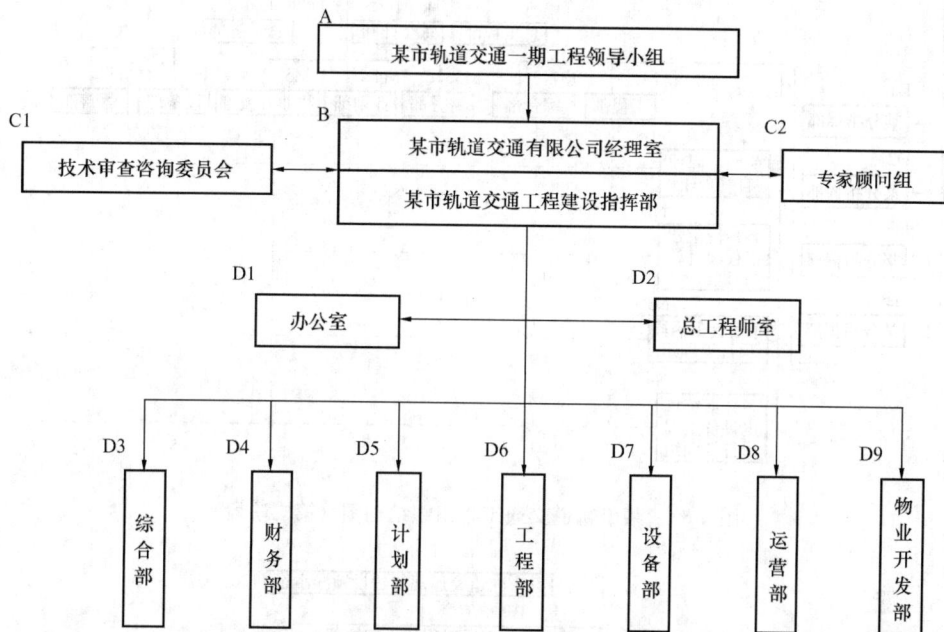

图 2-32 某市轨道交通工程组织结构图（第一阶段）

（1）施工前业主方项目管理组织结构图；

（2）施工开始后业主方项目管理组织结构图；

（3）工程任务基本完成，动用前准备阶段的业主方项目管理组织结构图等。

某市在筹建轨道交通指挥部时，首要的问题是确定其组织结构图。在项目刚开始时，其组织结构图如图 2-32 所示，主要明确了以下机构设置和关系：

（1）该市轨道交通工程领导小组、该市轨道交通有限公司和该市轨道交通工程建设指挥部的关系（该市轨道交通有限公司和该市轨道交通工程建设指挥部联合办公）；

（2）设技术审查咨询委员会和专家顾问组；

（3）设总工程师，总工程师对七个工作部门不直接下达指令；

（4）设七个工作部门，如综合部和财务部等。

当工程进行到一定的阶段（以下简称第二阶段），将采用图 2-33 所示的组织结构图，当大面积工程施工开始后（以下简称第三阶段），将采用图 2-34 所示的组织结构图。

第二阶段组织结构图的特点如下：

（1）经过按第一阶段组织结构图运行后，发现该市轨道交通有限公司和该市轨道交通

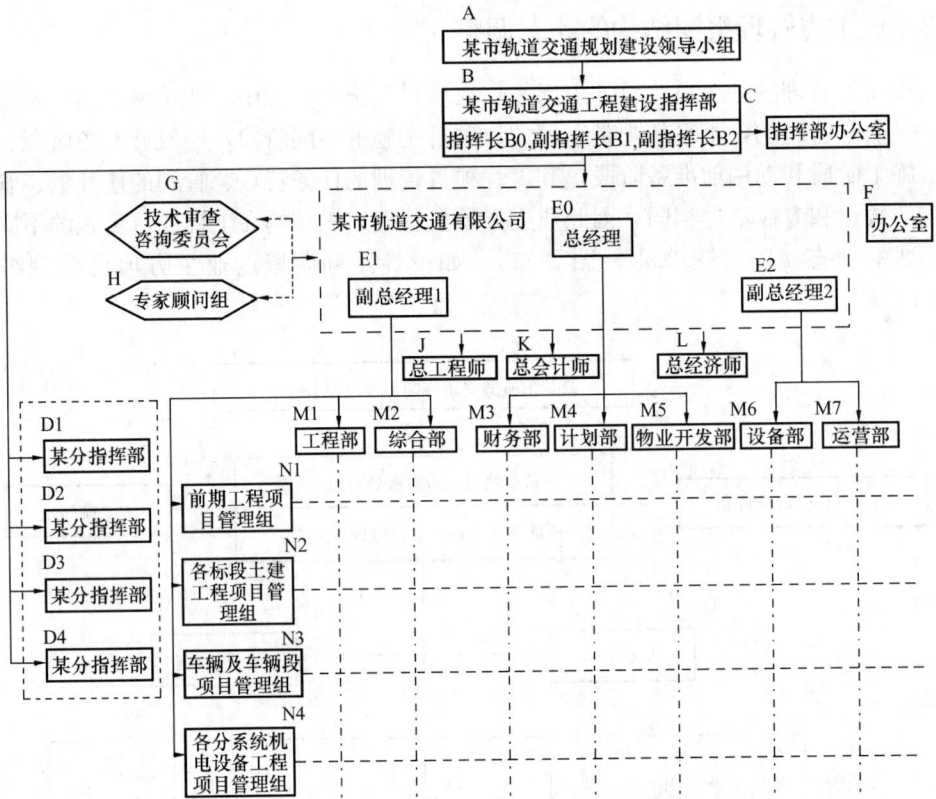

图 2-33　某市轨道交通工程组织结构图（第二阶段）

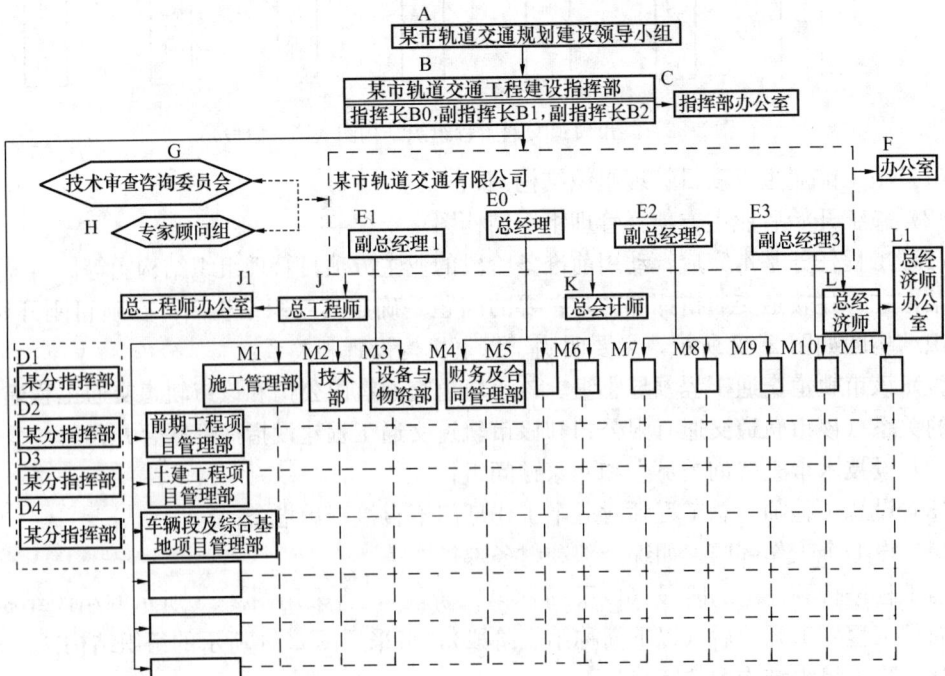

图 2-34　某市轨道交通工程组织结构图（第三阶段）

工程建设指挥部作为一个管理层次联合办公不妥，为强化工程指挥部的领导，该市轨道交通工程领导小组、该市轨道交通工程建设指挥部和该市轨道交通有限公司作为三个管理层次；

（2）采用矩阵组织结构，纵向为七个工作部门，横向为四个工作部门；

（3）总经理和副总经理分别直接管下属的工作部门，以避免矛盾的指令；

（4）设总工程师、总会计师和总经济师；

（5）在该市轨道交通工程建设指挥部下设四个地域性的分指挥部，以协调轨道交通工程与所在地区的关系。

第三阶段组织结构图的特点如下：

（1）根据工作的需要，该市轨道交通有限公司增设一位副总经理，他主要分管运营部和物业开发部；

（2）由于工作量的增加，设总工程师和总经济师办公室；

（3）纵向由七个工作部门增加为 11 个，横向由四个工作部门增加为六个。

由以上分析可知，项目管理组织结构是动态的，应根据工程进展的需要及时进行必要的调整。

2.7　工程项目管理规划与工程项目组织设计

2.7.1　工程项目管理规划

工程项目管理规划［或称工程项目实施规划（计划），国际上常用的术语为：Project Brief，Project Implementation Plan，Project Management Plan］是指导工程项目管理工作的纲领性文件，在工业发达国家，多数有一定规模的或重要的工程项目都编制工程项目管理规划。我国的一些大型基础设施项目，自 20 世纪 90 年代中期也开始重视编制工程项目管理规划，如广州地铁一号线在项目设计工作开始前，组织力量编制了项目管理规划。

举行迎接香港回归庆典的香港会展中心（Hong Kong Convention & Exhibition Centre Extension）在建设开始时，于 1994 年编制了建设工程项目管理规划（Project Implementation Plan），其主要内容如下：

（1）项目建设的任务。

（2）委托的咨询（顾问）公司。

（3）项目管理班子的组织。

（4）合同的策略。

（5）设计管理。

（6）投资管理。

（7）进度管理。

（8）招标和发包的工作程序。

（9）有关的政府部门。

（10）工程报告系统。

（11）质量保证系统和质量控制。

（12）竣工验收事务。

（13）项目进展工作程序。

（14）风险管理。

（15）信息管理。

（16）价值工程。

（17）安全。

（18）环境管理。

（19）不可预见事件管理。

工程项目管理规划依据项目的特点，主要就如下几个方面进行分析和描述：

（1）为什么要进行项目管理。

（2）项目管理需要做什么工作。

（3）怎样进行项目管理。

（4）哪个部门做项目管理哪方面的工作。

（5）什么时候做哪些项目管理工作。

（6）项目的投资目标分析。

（7）项目的进度目标分析。

（8）项目的质量目标分析。

工程项目管理规划涉及项目整个实施阶段的工作，它属于业主方项目管理的工作范畴。如果采用建设项目总承包的模式，业主方也可以委托建设项目总承包方编制工程项目管理规划，因为建设项目总承包的工作涉及项目整个实施阶段。

工程项目的其他参与单位，如设计单位、施工单位和供货单位等，为进行其项目管理也需要编制项目管理规划，但它只涉及项目实施的一个方面，并体现一个方面的利益，如设计方项目管理规划、施工方项目管理规划和供货方项目管理规划等。

工程项目管理规划内容涉及的范围和深度，在理论上和工程实践中并没有统一的规定，应视项目的特点而定，一般包括如下内容：

（1）项目概述。

（2）项目的目标分析和论证。

（3）项目管理的组织。

（4）项目采购和合同结构分析。

（5）投资控制的方法和手段。

（6）进度控制的方法和手段。

（7）质量控制的方法和手段。

（8）安全、健康与环境管理的策略。

（9）信息管理的方法和手段。

（10）技术路线和关键技术的分析。

（11）设计过程的管理。

（12）施工过程的管理。

（13）风险管理的策略等。

以上内容中有不少与组织有关，这些与组织有关的内容是工程项目组织设计的核心内容。一般宜先讨论和确定工程项目组织设计，待组织方面的决策基本确定后，再着手编制工程项目管理规划。工程项目的其他参与单位，如设计单位、施工单位等，如有必要，也应编制相应的组织设计。`

2.7.2 工程项目组织设计

工程项目组织设计是重要的组织文件，它涉及项目整个实施阶段的组织，它属于业主方项目管理的工作范畴。工程项目组织设计主要包括以下内容：

(1) 项目结构分解。
(2) 合同结构。
(3) 项目管理组织结构。
(4) 工作任务分工。
(5) 管理职能分工。
(6) 工作流程组织等。

有的工程项目组织设计还包括一系列与项目建设有关的制度。表 2-10 所示的是某市轨道交通项目组织设计包含的制度。

某市轨道交通项目组织设计包含的制度　　　　　　　　　表 2-10

编　号	制　度　名　称	编　号	制　度　名　称
1	人事任免制度	25	会议制度
2	岗位设置	26	重大技术问题决策制度
3	岗位职责	27	技术管理规定
4	入职描述	28	科研管理规定
5	岗位职能	29	公文报告制度
6	人员培训及外出学习规定	30	劳保用品发放规定
7	人员待岗、退岗、除名规定	31	财务管理制度
8	考勤制度（请假）、假期使用	32	档案管理制度
9	分配制度	33	审计管理办法
10	奖罚制度	34	合同管理制度
11	公司章程	35	招投标管理办法、流程
12	员工手册	36	质量管理体系
13	职称制度	37	安全管理办法
14	出差报销规定	38	事故处理办法
15	员工聘任合同及管理办法	39	图纸、文件交接办法
16	员工退休、离职办法	40	前期工作流程
17	医疗、养老、公积金、保险办法（四金）	41	设备材料采购管理制度
18	因工伤、病残管理办法	42	设计管理（变更）制度
19	保密制度	43	施工管理、验收审查、工程协调办法
20	干部廉政守则	44	质量管理制度
21	外事接待规定	45	信息管理制度
22	办公用品使用规定	46	
23	固定资产管理制度	47	
24	车辆使用办法	48	

复习思考题

1. 请分析组织论与工程项目管理的关系。

2. 请分析项目结构图、组织结构图和合同结构图的区别。

3. 请分析职能组织结构、线性组织结构和矩阵组织结构的特点。

4. 请分析管理任务分工和管理职能分工的意义。

5. 请绘制投资控制工作流程图。

6. 请绘制一张项目结构图。

7. 请分析项目结构和合同结构的关系。

8. 为什么在项目实施期业主方的管理组织结构需动态调整?

9. 工程项目规划的主要内容是什么?

项 目策划是工程项目管理的一个重要组成部分，是项目建设成功的前提。无数建设工程项目成功的经验证明，科学、严谨的前期策划将为项目建设的决策和实施增值。本章主要介绍项目策划的基本概念，项目环境调查与分析的目的、工作内容、工作方法、工作成果等以及项目决策策划和实施策划的基本内容。其中，项目定义、项目功能分析与面积分配是项目决策策划的重点，组织策划是项目实施策划的重点。

3.1 项目策划的基本概念

3.1.1 项目策划的内涵

项目策划是指在工程项目建设前期，通过调查研究和收集资料，在充分占有信息的基础上，针对项目的决策和实施或决策和实施的某个问题，进行组织、管理、经济和技术等方面的科学分析和论证，这将使工程项目建设有正确的方向和明确的目的，也使建设工程项目设计工作有明确的方向并充分体现业主的建设目的。项目策划的根本目的是为项目建设的决策和实施增值。增值可以反映在人类生活和工作的环境保护、建筑环境美化、项目的使用功能和建设质量提高、建设成本和经营成本降低、社会效益和经济效益提高、建设周期缩短、建设过程的组织和协调强化等方面。

项目前期策划是工程项目管理的一个重要组成部分。国内外许多建设工程项目的成功经验或失败教训证明，项目前期的策划是工程项目成功的前提。在项目前期进行系统策划，就是要提前为项目建设形成良好的工作基础、创造完善的条件，使项目建设在技术上趋于合理、在资金和经济方面周密安排、在组织管理方面灵活计划并有一定的弹性，从而保证建设工程项目具有充分的可行性，能适应现代化的项目建设过程的要求。

3.1.2 项目策划的目的

我国项目建设一般遵循图 3-1 的基本建设程序。

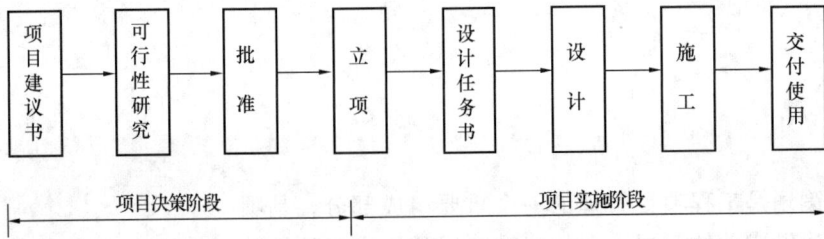

图 3-1 项目建设程序

项目立项之前可称为项目决策阶段，立项之后为项目实施阶段。在工程项目建设实践中，无论是决策阶段，还是实施阶段，都存在不少问题。

首先，以项目建议书和可行性研究作为审批的依据存在不足。可行性研究虽然进行了经济分析和技术分析，但由于前期环境调查和分析不够，往往是为了立项和报批而做，因而可行性研究常常变成"可批性"研究，其真实性、可靠性和科学性值得怀疑，其分析的广度和深度不够，以可行性研究作为决策的依据，决策所需的信息不足。

其次，在项目实施阶段，没有系统的项目实施策划，设计任务书往往可有可无，缺乏组织、管理、经济和技术等方面对项目的准备和科学论证，未能对设计工作提出准确、详细的要求，设计工作依据不足，往往造成设计结果偏离目标。

由上述分析可见，无论是在项目决策阶段进行策划为项目决策提供依据，还是在项目实施阶段进行策划为项目实施提供依据，都是十分必要的。项目策划就是把建设意图转换成定义明确、要求清晰、目标明确且具有强烈可操作性的项目策划文件的活动过程，回答为什么要建、建什么以及怎么建项目的问题，从而为项目的决策和实施提供全面完整的、系统性的计划和依据。项目策划的意义在于其工作成果使项目的决策和实施有据可依。项目实施过程中任何一个阶段、任何一个方面的工作都经过各方面专业人员的分析和计划，既具体入微，又不失其系统性，不会有无谓的重复浪费，也不会有严重的疏漏缺失，使项目实施的目标、过程、组织、方法、手段等都更具系统性和可行性，避免随意性和盲目性。

目前，我国的大部分工程项目并没有进行严格、全面的项目策划，国家对项目策划的内容和工作程序没有明确的规定，项目策划的工作时间和内容与国家的基本建设程序不完全对应，大多是根据业主方的需要分项、分阶段对项目的某个方面进行策划，策划工作缺乏系统性。因此，开展对项目策划的理论研究和实践总结是非常迫切的工作。

3.1.3 项目策划的特点

项目策划的基础是充分占有信息和资料，因此策划工作应十分重视对项目有关环境和条件的调查与分析。任何建设工程项目都处于社会经济系统中，项目的决策和实施与社会、政治、经济及自然环境紧密相关，必须对建设环境和条件进行全面的、深入的调查和分析。只有在充分的环境调查与分析的基础上进行研究，才有可能获得一个实事求是的、优秀的策划方案，从而避免形式主义的空谈。这是项目策划最主要的特点。项目策划工作实践具有以下特点：

（1）重视对类同建设工程项目经验和教训的分析

项目策划是对拟建项目的一种早期预测，因此类同建设工程项目的经验和教训就显得尤为重要。对国内、国外类同建设工程项目的经验和教训的全面、深入的分析，是环境调查和分析的重要方面，也是整个项目策划工作的重要部分，应贯穿项目策划全过程。

（2）坚持开放型的工作原则

项目策划需要整合多方面专家的知识，包括组织知识、管理知识、经济知识、技术知识、设计经验、施工经验、项目管理经验和项目策划经验等。项目策划可以委托专业咨询单位进行，从事策划的专业咨询单位往往也是开放型组织。政府部门、教学科研单位、设计单位、供货单位和施工单位等往往都拥有某一方面的专家，策划组织者的任务是根据需要把这些专家组织和集成起来。

（3）策划是一个知识管理的过程

策划是对专家和专业人士的组织和集成，更是信息的组织和集成的过程。策划的实质就是知识的集成，是一种知识管理的过程，即经过知识的获取，在对知识进行编写、组合和整理的基础上，通过思考而形成新的知识。

（4）策划是一个创新求增值的过程

策划是"无中生有"的过程，是一种创造过程。项目策划是根据现实情况和以往经验，对事物变化趋势作出判断，对所采取的方法、途径和程序等进行周密而系统的构思和设计，是一种超前性的高智力活动。策划的目的是为了增值，通过创新，带来经济效益。

（5）策划是一个动态过程

策划工作往往在项目前期进行，但是策划成果不是一成不变的。一方面，项目策划所作的分析往往还是粗略的估计，随着项目的开展，项目策划的内容根据项目需要和实际可能性不断丰富和深入；另一方面，项目早期策划工作的假设条件往往随着项目进展不断变化，必须不断验证原来的假设，所以策划结果需要根据环境和条件的不断变化，不断地进行论证和调整，逐步提高准确性。

3.1.4　项目策划的类型

项目策划根据其所针对的对象不同，分为成片土地开发项目策划、单体建筑项目策划等；根据策划的内容不同，也可以分为不同类型，但最重要的是以下两类：项目决策的策划和项目实施的策划，如图 3-2 所示。

项目决策的策划在项目决策阶段完成，为项目决策服务。项目决策的策划要回答建设什么、为什么要建设的问题，又称为项目决策评估；项目实施的策划在项目实施阶段的前期完成，为工程项目管理服务，主要确定怎么建，又称为项目实施评估；两者统称项目策划。

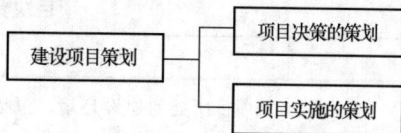

图 3-2　项目策划按内容分类

除此之外，有的项目还进行项目运营的策划。项目运营的策划在项目实施阶段完成，用于指导项目动用准备和项目运营，并在项目运营阶段进行调整和完善。

3.1.5　项目策划的任务

1. 项目决策的策划任务

项目决策的策划最主要的任务是定义开发或者建设什么，其效益和意义如何。具体包括：明确项目的规模、内容、使用功能和质量标准，估算项目总投资和投资收益，以及确定项目的总进度规划等。

项目决策策划一般包括以下六项任务：

(1) 建设环境和条件的调查和分析。

(2) 项目建设目标论证与项目定义。

(3) 项目功能分析与面积分配。

(4) 与项目决策有关的组织、管理、合同和经济方面的论证与策划。

(5) 与项目决策有关的技术方面的论证与策划。

(6) 项目决策的风险分析。

根据具体项目的不同情况，策划文件的形式可能有所不同，有的形成一份完整的策划文件，有的可能形成一系列策划文件。

2. 项目实施的策划任务

项目实施的策划最主要的任务是定义如何组织开发和建设该项目。由于策划所处的时期不同，项目实施策划任务的重点和工作重心以及策划的深入程度与项目决策阶段的策划任务有所不同。项目实施策划要详细分析实施中的组织、管理和协调等问题，包括如何组织设计、如何招标、如何组织施工、如何组织供货等问题。

项目实施策划的基本内容如下：

(1) 项目实施环境和条件的调查与分析。

(2) 项目目标的分析和再论证。

(3) 项目实施的组织策划。

(4) 项目实施的管理策划。

(5) 项目实施的合同策划。

(6) 项目实施的经济策划。

(7) 项目实施的技术策划。

(8) 项目实施的风险分析与策划等。

项目决策和项目实施两阶段的策划任务可以归纳如表 3-1 所示。

项目决策和实施阶段的策划任务表　　　　　　　　　　　　表 3-1

策划任务	项目决策阶段	项目实施阶段
环境调查和分析	项目所处的建设环境，包括能源供给、基础设施等；项目所要求的建筑环境，其风格和主色调是否与周围环境相协调；项目当地的自然环境，包括天气状况、气候和风向等；项目的市场环境、政策环境以及宏观经济环境等	需要调查分析自然环境、建设政策环境、建筑市场环境、建设环境（能源、基础设施等）和建筑环境（风格、主色调等）
项目定义和论证	项目的开发或建设目的、宗旨及其指导思想；项目的规模、组成、功能和标准；项目的总投资和建设开发周期等	需要进行投资目标分解和论证，编制项目投资总规划；进行进度目标论证，编制项目建设总进度规划；进行项目功能分解、建筑面积分配，确定项目质量目标，编制空间和房间手册等

策划任务	项目决策阶段	项目实施阶段
组织策划	项目的组织结构分析，决策期的组织结构、任务分工以及管理职能分工，决策期的工作流程和项目的编码体系分析等	确定业主筹建班子的组织结构、任务分工和管理职能分工，确定业主方工程项目管理班子的组织结构、任务分工和管理职能分工，确定工程项目管理工作流程，建立编码体系
管理策划	制定建设期管理总体方案、运行期管理总体方案以及经营期管理总体方案等	确定项目实施各阶段的工程项目管理工作内容，确定项目风险管理与工程保险方案，包括投资控制、进度控制、质量控制、合同管理、信息管理和组织协调
合同策划	策划决策期的合同结构、决策期的合同内容和文本、建设期的合同结构总体方案等	确定方案设计竞赛的组织，确定工程项目管理委托的合同结构，确定设计合同结构方案、施工合同结构方案和物资采购合同结构方案，确定各种合同类型和文本的采用
经济策划	进行开发或建设成本分析，开发或建设效益分析，制定项目的融资方案和资金需求量计划等	编制资金需求量计划，进行融资方案的深化分析
技术策划	包括技术方案分析和论证、关键技术分析和论证、技术标准和规范的应用和制定等	对技术方案和关键技术进行深化分析和论证，明确技术标准和规范的应用和制定
风险分析	对政治风险、政策风险、经济风险、技术风险、组织风险和管理风险等进行分析	进行政治风险、政策风险、经济风险、技术风险、组织风险和管理风险分析

3.2 项目环境调查与分析

3.2.1 环境调查的目的

策划是在充分占有信息和资料的前提下所进行的一种创造性劳动，因此充分占有信息是策划的先决条件，否则策划就成为了无本之木、无源之水。从这一基本思想出发，环境调查与分析是项目策划工作的第一步，也是最基础的一环。如果不进行充分的环境调查，所策划的结果可能与实际需求背道而驰，甚至得出错误的结论，并直接影响工程项目的实施，因此策划的第一步必须对影响项目策划工作的各方面环境进行调查，并进行认真分析，找出影响项目建设与发展的主要因素，为后续策划工作提供较好的基础。

比如，某总部基地项目前期策划，在环境调查阶段要了解项目所在地自然、历史和文化环境、社会经济发展现状以及产业发展现状等，同时策划小组还重点关注了国内外总部园区建设和运营现状，并在此基础上归纳和分析什么是总部经济，总部经济的形成条件是什么和总部经济的载体是什么等问题，进而分析总部园区的主要功能及一般的配套要求，据此可以确定各类功能空间的建筑规模。在功能定位中要分析区内是否需要一定量的生活服务配套功能空间，如餐饮、居住、休闲娱乐、酒店等，这就要求进行周边环境的调查，摸清周边的配套情况，防止功能的重叠。因此可以说，在策划前进行充分的环境调查与分析是项目策划的基础和前提。

3.2.2　环境调查的工作内容

1. 环境调查的工作范围

环境调查的工作范围为项目本身所涉及的各个方面的环境因素和环境条件，以及项目实施过程中所可能涉及的各种环境因素和环境条件。工作范围应力求全面、深入和系统，具体可以包括以下方面：

（1）项目周边自然环境和条件。

（2）项目开发时期的市场环境。

（3）宏观经济环境。

（4）项目所在地政策环境。

（5）建设条件环境（能源、基础设施等）。

（6）历史、文化环境（包括风土人情等）。

（7）建筑环境（风格、主色调等）。

（8）其他相关问题。

应该强调的是，因项目本身的特点、项目策划工作的侧重点等原因，环境调查也可侧重在上述工作范围中的一部分或几部分，并进行细化，或者进行重新分类与组合，以为后续策划工作提供参考。

2. 环境调查的重点

策划的对象决定了环境调查的内容，因此不同项目环境调查的内容可能差别很大，工作重点也有所不同。从总体上讲，环境调查应该以项目为基本出发点，对项目实施可能涉及的所有环境因素进行系统性的思考，以其中对项目影响较大的核心因素为调查的重点，尤其应将项目策划和项目实施所需要依据和利用的关键因素和条件作为主要的考虑对象，进行全面深入的调查。

例如，在某医院项目策划的环境调查中除了现场环境调查以外，重点还包括对当地社会经济发展环境调查、当地医疗卫生设施建设的现状和规划调查（供应情况调查）、当地医疗服务市场需求情况调查（不同人群对医疗服务的不同需求）、中外合资营利性医院政策调查、价格情况调查等。

现场环境调查往往需要进行一到三次甚至是多次，而其他方面的调查则需要多次进行，有时候需要同时通过多种渠道随时查阅相关信息，因此环境调查是一项需要一定人力和时间来做的工作。

3.2.3　环境调查的工作方法

策划的过程就是知识管理与创新的过程，因此，无论是大型城市开发项目策划还是单体建筑策划，都需要进行多种信息的收集。在策划过程中，知识的积累至关重要，而知识的来源不仅包括自身的知识积累，也包括他人的经验总结，所以在策划过程中要充分吸收多方的经验或知识，营造开放的策划组织。

环境调查的渠道有多种。一般而言，包括以下几个方面。

（1）现场实地考察

现场实地考察是环境调查的一个重要方法与途径，该种方法主要是通过调查增加对项目的感性认识，并了解有关项目的具体细节，掌握项目环境的最新情况。一般而言，对于新建项目，实地调查需要了解以下内容：市政基础设施情况、项目基地现状、项目基地对外交通情况、周边建筑风格等。对于改造项目，则更需要实地考察，尽可能地了解影响项目策划工作的每一个细节，因为文字资料中往往省却细节信息，或者在访问时，对方可能出于自己的主观判断而遗漏重要信息，这些信息对策划可能产生很大影响。在实地调查时，可借助拍照、录像等手段辅助工作。

（2）相关部门走访

相关部门是项目宏观、中观与微观背景资料的主要来源。从这些部门获取的资料具有相当的权威性和及时性，有时甚至是尚未正式发布的草案，对了解宏观背景的发展趋势具有极大的帮助作用。通过这种方式收集资料时，应注意两点准备事项：一是要提前进行联系，告知对方调研的意图、目的、时程安排以及所需要的资料等；二是制定调查表格。

1）准备事项一

在进行相关部门走访时，大部分受访部门事先并不了解调研的背景以及调研的意图，因此往往不能在较短的时间内掌握访问人的真正目的并提供所需资料。因此，需要提前通知受访部门，告知对方调研的意图、目的、时程安排以及所需要的资料等，一般通过电话、传真、电子邮件等联系方式。需要注意的是，因为大多数被调研的部门和人员并没有义务接待访问或提供资料，因此需要通过灵活的渠道达到既定目的。对于政府投资项目的策划，可通过政府文件和手续的方式进行处理。

2）准备事项二

除了事先联系外，环境调查还应做好充分的准备，其中最重要的是制定调查表格。表格的形式可以有多种，但内容基本包括调查的目的、内容、受访人、调查参与人、调查的问题、资料需求等，如表 3-2 所示。其中，调查的问题和资料需求应尽量明确，使受访人能清楚地理解并提供准确的信息。调查完毕后，应由调查人完成调查报告，根据受访人的意见和建议分析对项目策划的影响。

某项目的环境调查表格　　　　　　　　　　　　　　　　表 3-2

项目名称：××区总部园区发展策划　　　　　　　　　　　文件编号：

调查目的：编制××区总部园区发展策划环境调查报告	调查部门：区规划局
调查内容：了解××区总体规划情况	被调查人：局长
调查的问题：	备注
1. 城市总体规划、总部园区有关的分区规划、专项规划、详细规划等文件以及基础设施与市政配套现状与规划情况（供电、供水、电信、雨污水和燃气等）； 2. ××区城市空间发展战略； 3. ××区交通规划情况； 4. ××区建筑环境，如风格、主色调等	
调查的资料编号及其名称：	备注
1. ××区规划建设方案	
调查人：	调查日期：　　年　月　日

对项目部门调研完毕后，应进行整理，策划小组开一次碰头会，分别介绍调研情况，最终由策划小组整理出若干个重要问题，并进行排序，形成调研报告以及对策划的影响分析，作为后续策划的基础以及参考性文件。

（3）有关人员（群）访谈

另外一个较为重要的调研环节是对相关人员（群）的访谈，访谈的目的是了解项目相关人员（群）和项目的关系以及对项目的意见或建议。对此类调研对象的调研往往与对相关部门的调研相结合。一般包括以下几类人员：

1）业主方相关人员

对业主方相关人员的访谈内容主要集中在项目的背景、进展状况、项目建设的目的、希望达到的目标、基本设想以及目前存在的困难等。访谈的形式可以有很多种，可以采用集中介绍的方式，也可以采用单独访谈的方式，可以是正式的形式，也可以是非正式的形式。

2）最终用户

项目策划的重要原则之一就是"最终用户需求导向"原则，因此应充分重视对最终用户的访谈或调查。对最终用户的访谈会影响到项目策划的具体内容，如功能的布局、标准的确定、建筑面积的确定、结构形式的选择等。在最终用户已经明确的情况下，可采用访谈形式，但如果最终用户尚不明确，如尚未招商的园区，则对可能的最终用户进行分析，以典型同类用户的需求为依据，总结概括出项目最终用户的需求。

3）有关领导

对有关领导的访谈主要是掌握项目开发的宏观背景和总体指导思想，从宏观的专业研究和管理的角度了解他们个人的意见，整理成为宏观层次的系统性的思想，并以此作为确定项目发展的大方向的参考性依据。

4）有关方面专家和专业人士

如前所述，策划是一个专业性极强的工作，需要各方面的专业知识，这就决定了策划组织必须是一个开放性的组织。另外一方面，对于某些专业性或知识性极强的内容，专家或专业人士拥有更多的知识和经验，因此对他们的访谈对项目策划大有裨益。他们的知识、建议或意见，可作为策划的重要参考依据。

5）其他相关人员

一个建设工程项目涉及很多方面，也影响到很多不同的人群（如一个科技商务区的建设，影响到普通从业人员、经营者、管理人员、普通消费者、潜在的从业及经营人员等），因此需要对他们进行访谈，了解其对项目的关注程度和相关建议，从社会和市场的需求、期望等角度了解具体的基础条件和制约因素，进而整理成为具体的、较为完整的环境描述。其他相关人员的范围依据项目的特征而定。

对相关人员的访问除了需进行必要的准备以外，还应注意记录访谈要点，访谈结束后应进行回顾、总结与分析。除此之外，还应注意访谈技巧，包括赞同、重复、澄清、扩展、改变话题、解释与总结等。

（4）文献调查与研究

策划是一种创造性的劳动，在这一过程中，汲取的知识越多，对策划越有利，而文献是各种知识的凝聚与升华，因此要充分对文献进行收集和研究。目前，随着文献的数字化程度越来越高，文献的调查也越来越方便。文献的主要来源包括：

1）充分利用网络资源；

2）档案馆、图书馆资料查询；

3）书籍、杂志、论文查询等。

（5）问卷调查

问卷对于有明确用户对象的项目策划有显著作用，如学校、商业街、住宅、办公楼以及某些建筑单体的策划等，对最终用户的问卷有助于策划成果的合理与完善。此外，问卷也可以针对已经策划的某一部分，如项目定位、功能布局、面积分配等，征求相关人员的意见，进一步完善策划成果。问卷的问题和提问有很多种类型，包括分支性问题、名词性问题、顺序性提问、间隔式提问、简短回答式提问以及不作最终结论的提问等。

问卷要注意逻辑次序安排，一般的主要次序包括：

1）提起答题者的兴趣；

2）明确答题者的类型；

3）程序按照从一般到特殊进行；

4）允许进行解释或者加以阐述；

5）当答题完毕后，告诉答题者如何处理问卷。

环境调查有多种途径和方法，这些途径和方法在项目策划时一般都会用到，但考虑到资料的积累和重复利用问题，应注意知识管理的应用，使信息发挥更大的价值，并为后期的重复利用提供方便，因此资料管理是环境调查的一项重要工作。

3.2.4 环境调查的工作成果

环境调查的最终目的是为项目策划服务，因此对环境调查所获取的成果进行系统性的分析至关重要，这是对大量的资料与信息进行分类、整理、提炼的过程，没有经过整理与分析的资料不仅对策划没有帮助，反倒会成为大量的信息垃圾，大大降低信息的价值，因此应充分关注环境调查资料的整理与分析。环境调查的主要工作成果包括环境调查分析报告及其附件。

环境调查分析报告没有固定的格式，根据策划的需要进行设定，但一般包括资料的简要论述、对比，由此得出的结论以及对策划的启示，此外还包括主要参考资料清单以及资料来源目录，重要的参考文献也可分类装订成册，作为附件，以便查阅。

3.3 项目决策策划

项目决策的策划主要针对项目的决策阶段，通过对项目前期的环境调查与分析，进行项目建设基本目标的论证与分析，进行项目定义、功能分析和面积分配，并在此基础上对与项目决策有关的组织、管理、经济与技术方面进行论证与策划，为项目的决策提供依据。

项目决策策划是在项目建设意图产生之后，项目建设立项之前，它是工程项目管理的一个重要组成部分，是项目实施策划的前提。

3.3.1　项目决策策划的工作内容

如前所述，项目决策策划的基本内容包括以下几个方面，如图 3-3 所示。

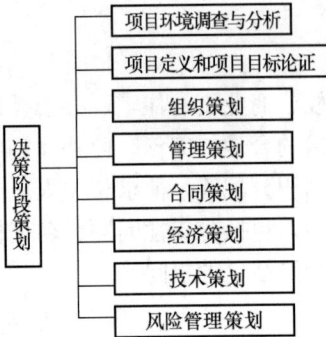

图 3-3　项目决策阶段
策划的基本内容

（1）项目环境调查与分析包括对自然环境、宏观经济环境、政策环境、市场环境、建设环境（能源、基础设施等）等进行调查分析。该部分内容已在 3.2 节中进行了详细讲述。

（2）项目定义和论证是项目决策策划的重点，用以明确开发或建设目的、宗旨和指导思想，确定项目规模、组成、功能和标准，初步确定总投资和开发或建设周期等。

（3）组织策划需要进行项目组织结构分析，明确决策期的组织结构、任务分工和管理职能分工，确定决策期的工作流程，并分析编码体系等。

（4）管理策划的任务是制定建设期管理总体方案、运行期设施管理总体方案和经营管理总体方案等。

（5）合同策划是指确定决策期的合同结构、决策期的合同内容和文本、建设期的合同结构总体方案等。

（6）经济策划需分析开发或建设成本和效益，制定融资方案和资金需求量计划等。

（7）技术策划要对技术方案和关键技术进行分析和论证，并明确技术标准和规范的应用和制定等。

（8）风险管理策划需要分析政治风险、经济风险、技术风险、组织风险和管理风险等。

总的来说，项目决策策划工作，从明确建设单位需求开始，在综合分析社会环境的基础上，进行项目定义，对项目进行总体构思和项目定位，再进一步对项目进行功能策划、经济策划、组织管理策划，最终形成对设计的要求文件，并在其中运用多种方法和手段，从技术、经济、财务、环境和社会影响、可持续发展等多个角度对项目进行可行性分析，其中有不断反馈和调整的过程，直至项目能够最终通过审核，形成对设计的要求文件。

3.3.2　项目定义

项目定义是将建设意图和初步构思，转换成定义明确、系统清晰、目标具体、具有明确可操作性的方案。项目开发建设的过程中，项目定义是很重要的一个环节，关系到项目开发建设的目标、功能定位，决定了项目的发展方向。许多项目的可行性研究之所以流于形式，一个重要的原因就是项目定义不清楚、不详细。一个项目只有项目定义准确，才有可能决策正确，才有可能获得成功。

项目定义确定项目实施的总体构思，主要解决两个问题。第一个问题是明确项目定位。项目定位是指项目的功能、建设的内容、规模、组成等，也就是项目建设的基本思路。项目定义的第二个问题是明确项目的建设目标。建设工程项目的目标是一个系统，包括质量目标、投资目标、进度目标三个方面。项目的质量目标就是要明确项目建设标准和建设档次等，投资目标在项目定义阶段应该初步明确项目建设的总投资，进度目标在项目定义阶段应该明确项目建设的周期。

项目定位和项目目标之间是相互联系的，两者存在着因果关系。例如，对于医院项目，其项目定位说明了要建设什么样的医院，包括医院的规模目标和功能目标。规模目标包括占地面积、建筑面积、科室数、床位数、医生数、护士数、医技人员数等指标；功能目标包括医院科室设置、学科发展、设备数量和种类、人力资源配置等方面。而项目目标则根据项目定位提出建设这样的医院必须在各方面达到什么样的要求。医院项目目标中的质量目标，是指拟建医院在质量上需要达到的要求，包括检查和治疗区的质量标准、住院部的质量标准、配套服务设施的质量标准等。在项目定义中，要对医院建设的各部分质量目标进行初步的确定。投资目标和进度目标在项目定义阶段也应该得到初步明确，根据项目的定位，初步匡算出项目总投资，大致估算出工程建设的周期。

以上所述项目定义的内容并不是绝对的。不同的项目在进行项目决策策划时，在项目定义中可能还会有其他不同的延展性内容。在项目定义中经常出现的内容还有：

（1）项目发展战略；

（2）项目总体构思；

（3）项目产业策划等。

项目发展战略是根据城市经济、社会发展的近期和中远期的宏观规划和项目开发者生产经营活动或社会物质文化生活的需要，并以国家的法律和有关政策为依据，提出项目的总体发展策略。项目总体构思是指对未来的目标、功能、范围以及涉及的各主要因素和大体轮廓的设想与初步界定。项目产业策划是立足项目所在地以及项目自身的特点，根据当前城市经济发展趋势和项目所在地周边市场需求，从资源、能力分析方法入手，通过分析各种资源和能力对备选产业发展的重要性以及本地区的拥有程度，选择确定项目发展主导产业。

无论对项目如何进行延展，其基础是有深入细致的项目定义。项目定义的根本目的只有一个，即明确项目的性质、用途、建设规模、建设水准以及预计项目在社会经济发展中的地位、作用和影响力。项目的性质不同，项目的目标和内容就不同。同是建一座商场，该商场是单纯的用于购物还是集购物、餐饮和娱乐于一体，性质显然就不同。项目定义是一种创造性的探索过程，其实质在于挖掘可能捕捉到的市场机会。项目定义的好坏，直接影响到整个项目策划的成败。

【案例 3-1】 某软件园建设工程项目的定义

在某软件园的策划中，根据内外部条件的调查结果对该软件园进行如下项目定义。

（1）该软件园的项目总体构思为：通过软件园的建设，以自身良好的资源、设施和环境，协同国内外软件产业界，从行业协调、引导着手，为业界提供技术/产品研发、评测认证、产品项目孵化、出口企业成长培育、良好的行业环境等支持和服务，使本项目成为省软件产业技术及产品研发的重要基地；创新技术、创新产品、创新人才集散枢纽；软件产品评测和质量认证服务中心；软件企业、资本、人才、技术、产品、项目、市场等资源交流及整合服务中心；国内外知名的软件出口基地。

（2）该软件园的宏观产业策划为：成为该省进行软件产业技术、产品、项目研发和孵化的基地，推动该省软件产业的规模化发展，为该省软件行业交流、软件出口企业成长等提供优越的资源、设施、环境和运营条件；协调、引导该省软件行业，成为充分发挥业界资源总体效益的服务机构；为该省软件企业提高管理水平、培训高层次技术人才、提高软件产品质量、实现与国际接轨提供协助及相关服务。

（3）该软件园的发展战略确定为：依靠政府引导和政策支持，政府投入启动资金进行首期关键基础设施、资源和环境建设。以良好基础资源为启动发展基础，以合作联营及股份制经营方式引入国内外软件业界相关资源，进行规模运营和发展，以高品质的资源服务和业务服务实现经济效益目标，以公益和支持性服务实现社会效益目标。

3.3.3　项目功能分析与面积分配

要对拟建项目进行严格的项目定义，一个重要的策划方法是对项目功能进行策划，主要包括项目功能分析和面积分配。项目功能策划是项目定义的具体化，是项目定义中非常重要的一部分。

功能策划要在总体构思和项目总体定位的基础上，结合潜在最终用户的需求分析，对项目进行更深的研究。项目总体构思和总体定位反过来要指导功能分析与面积分配，在不违背对项目性质、项目规模以及开发战略等定位的前提下，将项目功能进行细化，以满足建设者和使用者的要求，主要包括以下两个方面。

（1）项目功能分析。分析潜在最终用户的活动类型，对项目的具体功能进行分析。

（2）功能区划分与面积分配。分析考虑项目功能的具体实现方式，明确每项功能所需建设量。

1. 项目功能分析

项目功能分析又分为项目总体功能定位和项目具体功能分析。

项目总体功能定位是指项目基于整个宏观经济、区域经济、地域总体规划，和其项目定义相一致的宏观功能定位，而不是指具体到项目某个局部、某幢建筑的具体功能的界定，是对项目具体功能定位具有指导意义的总体定位。项目的总体功能定位随着外界环境和项目内外条件的变化而变化。不同项目的总体功能定位有很大不同。

项目的具体功能分析，即为满足项目建成后运营使用活动的需要，项目应该具备哪些具体的功能，提供哪些具体的设施和服务，主要是确定项目的性质、项目的组成、规模和质量标准等，是对项目总体功能的进一步分析。针对项目的具体功能分析，应进行详细的分析和讨论，在讨论时应邀请业主方自始至终参与，关键时刻还可邀请有关专家、专业人士参与，使项目各部分子功能详细、明确，并具有可操作性。

项目的具体功能分析应从项目建成后运营使用的活动主体——使用人群和企业的需求出发，分析项目为满足他们的活动所应提供的各种设施和服务，从人群的功能需求和企业的功能需求两个方面对项目进行功能策划。

项目具体的功能分析和策划可能会进行多次反复修改、调整和细化，这是项目决策策划的关键环节，是项目投入产出分析的基础，是项目正确决策的关键，是项目开展设计工作的前提，是项目建设成功的第一步。

【案例 3-2】　某软件园建设工程项目的功能策划

在某软件园的策划中，分别进行了人群功能需求分析和软件企业的功能需求分析。

（1）软件园人群的功能需求分析

软件园的活动主体是在软件园中生活和工作的人群，其人群需求的功能应是软件园主要提供的功能。首先，将软件园的人群分为内部人员、外来人员、园区管理人员以及其他人员；其次，将软件园区人群的需求分为工作需求、生活需求以及其他需求，再将上述各种类型的人群对软件园的具体需求分为：

1）工作需求，包括办公、会议、生产、展销、展示、培训等；

2）生活需求，包括居住、餐饮、购物、娱乐健身、文化以及卫生、医疗等；

3）其他需求，包括交流、学习、教育需求等。

（2）软件企业的功能需求分析

根据企业的工作特点和成长过程，不同企业的工作需求不尽相同，可以简单地把这些企业分为 IT 企业和非 IT 企业两种类型，并对它们的工作需求分别进行分析。

1）IT 企业的功能需求分析

软件的研发和生产是 IT 企业的主要活动，软件园建设的目的就是为其提供一个相对集中的、物质环境良好的、创新氛围较浓的场所，以促进 IT 企业和软件产业的发展。那么需要提供什么样的硬件设施和环境才能满足 IT 企业活动的需求，这是软件园在开发建设时应该着重考虑的问题。

2）非 IT 企业的功能需求分析

软件园中除 IT 企业之外的企业统称为非 IT 企业，包括软件园开发方组建的开发公司（如果投资开发方为企业）、园区的物业管理公司（通常开发建设和物业管理分离）、各种为软件园提供服务的第三产业的服务公司以及软件学院、医院等。这些企业对软件园的物质环境建设没有特殊的要求，环境优美、设施先进的办公场所即能满足工作需要。

对园区人群的功能需求和企业的功能需求进行分析，把这两者的功能需求进行归纳与整合，即可得到软件园的整体功能需求，共分为六个方面：

① 生产功能；

② 生活功能；

③ 园区管理功能；

④ 公共服务功能；

⑤ 教育培训功能；

⑥ 环境功能。

2. 项目功能区划分与面积分配

项目的功能区划分和面积分配建议是项目决策策划中很重要的一部分，它不仅是对项目功能定位的总结和实施，而且为项目的具体规划提供设计依据，使规划设计方案更具合理性和可操作性。

功能区划分的步骤一般如下：首先，对项目的空间构成进行分析，按照功能需求的类型对其空间构成分类，在空间分类的基础上，对项目的功能分区进行设想；然后，根据各功能区在项目中的重要程度及其所提供功能的范围，对各功能区进行详细的面积分配。

【案例 3-3】 某软件园建设工程项目的功能区划分与面积分配

在某软件园的策划中，进行了如下的功能区划分与面积分配。

通过对软件园的具体功能进行归类，其空间构成可以分为三个部分：工作空间、生活空间以及公共空间。其中，工作空间包括生产空间、公共服务空间、园区管理空间以及教育培训空间；公共空间包括环境空间和其他空间。图3-4是软件园的基本空间构成分析。

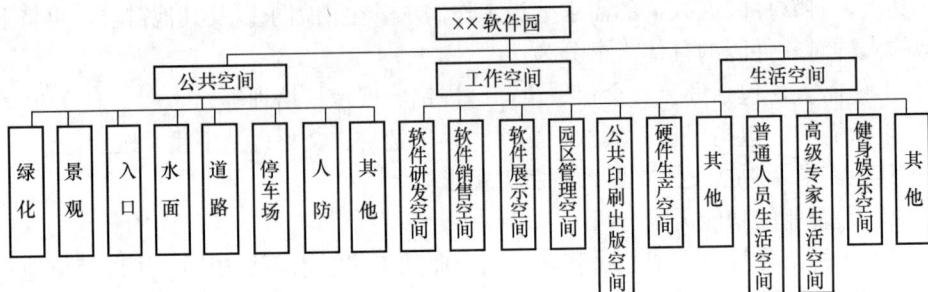

图 3-4 软件园的基本空间构成分析

软件园的空间构成基本为这三类，但不同软件园的具体空间构成有所不同。根据对软件园功能的分析，该软件园应具备的整体功能需求包括生产功能、生活功能、园区管理功能、公共服务功能、教育培训功能以及环境功能六个方面，其功能区也相应有软、硬件研发、生产功能区。公共服务功能区，园区管理功能区，生活功能区。具体功能分析，如图3-5 所示。

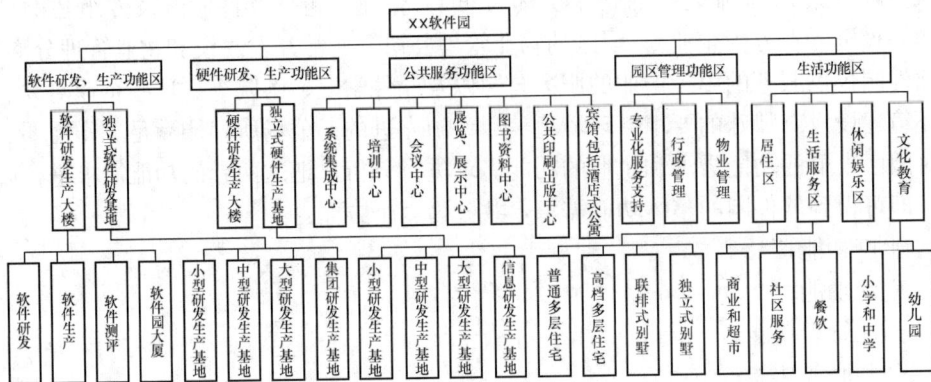

图 3-5 某软件园的功能分析

如果说功能区的划分仅仅是对项目功能的定性分析，那么各个功能区面积大小的分配就涉及定量分析的问题，需要运用一定的方法进行估计和计算，从而得出面积分配比例和具体的面积分配数字，在项目进行具体的规划设计和建筑设计时可以以此作为参考或依据。一般形成面积分配参考方案总表和面积分配详细参考方案表。例如，表3-3是某软件园面积分配参考方案总表。

某软件园面积分配参考方案总表   表 3-3

序号	项目名称	建筑面积（万 m²）	％	占地面积（万 m²）	％
1	软件研发、生产	84	35	66	11
2	硬件研发、生产	48	20	40	6.7
3	公共服务	10	4	3	0.5

续表

序号	项目名称	建筑面积（万 m²）	%	占地面积（万 m²）	%
4	园区管理	2	1	1	0.2
5	生活娱乐	60	25	75	12.5
6	软件学院	35	14.6	70	11.7
7	公共空间	1	0.4	345	57.4
	合计	240	100	600	100

3.3.4 项目经济策划

项目经济策划是在项目定义与功能策划基础上，进行整个项目投资估算，并且进行融资方案的设计及有关的经济评价。

1. 项目总投资估算

项目经济策划的首要工作是进行项目总投资估算。就建设工程项目而言，项目的总投资估算包括了项目的前期费用、项目的工程建设造价和其他投资等。其中，工程造价是项目总投资中最主要的组成部分。

项目总投资估算一般分以下五个步骤：

第一步是根据项目组成对工程总投资进行结构分解。即进行投资切块分析并进行编码，确定各项投资与费用的组成，其关键是不能有漏项。

第二步是根据项目规模分析各项投资分解项的工程数量。由于此时尚无设计图纸，因此要求估算师具有丰富的经验，并对工程内容作出许多假设。

第三步是根据项目标准估算各项投资分解项的单价。此时尚不能套用概预算定额，要求估算师拥有大量的经验数据及丰富的估算经验。

第四步是根据数量和单价计算投资合价。有了每一项投资分解项的投资合价以后，即可进行逐层汇总。每一个父项投资合价都是子项各投资合价汇总之和，最终得出项目投资总估算，并形成估算汇总表和明细表。

第五步是对估算所作的各项假设和计算方法进行说明，编制投资估算说明书。

从以上分析可以看出，项目总投资估算要求估算师具有丰富的实践经验，了解大量同类或类似项目的经验数据，掌握投资估算的计算方法，因此投资估算是一项专业性较强的工作。

项目总投资估算主要用来论证投资规划的可行性并为项目财务分析和财务评价提供基础，进而论证项目建设的可行性。一旦项目实施，项目总投资估算也是投资控制的重要依据。

总投资估算在项目前期往往要进行多次的调整、优化，并进行论证，最终确定总投资规划文件。

图 3-6 为某总部园区总投资估算中投资切块及投资结构分解编码的一个实例。

表 3-4 为某园区投资估算总表，该表是由更为详细的投资估算表汇总而来。表 3-5 为总部办公区的投资估算明细表（部分）。

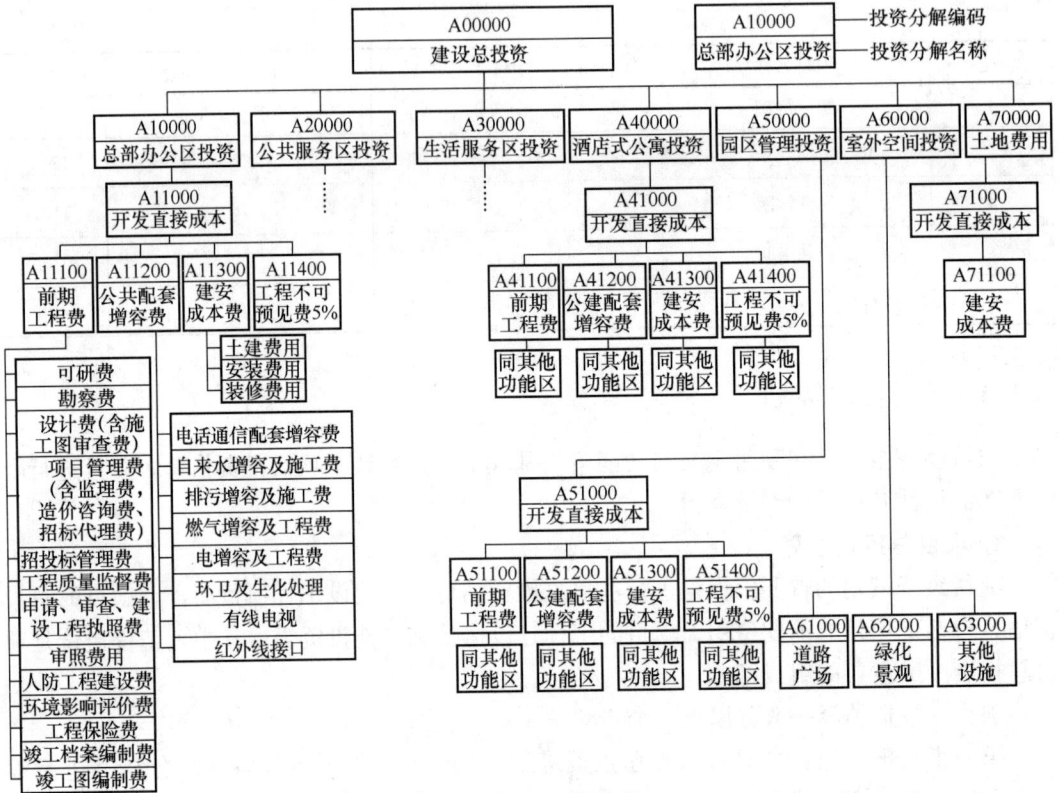

图 3-6　某总部园区总投资切块及投资结构分解图

注：图中公共服务区和生活服务区的细分投资切块同总部办公区，故没有列出

某园区投资估算总表　　　　　　　　　表 3-4

序号	项　目	开发直接成本（元）				土地费用（元）	小计（元）
		前期工程费	公建配套费	建安工程费	不可预见费		
A10000	总部办公区投资	60730600	89100000	572000000	28600000		750430600
A20000	公共服务区投资	5798830	8505000	54600000	2730000		71633830
A30000	生活服务区投资（不含公寓）	7996900	10530000	78000000	3900000		100426900
A40000	酒店式公寓投资	4684750	5400000	45000000	2250000		57334750
A50000	园区管理投资	276134	405000	2600000	130000		3411134
A60000	室外空间投资			69125000			69125000
A70000	土地费用					270000000	270000000
	小计	79487214	113940000	821325000	37610000	270000000	1322362214

2. 融资方案

项目融资方案策划主要包括融资组织与融资方式的策划、项目开发融资模式的策划等。

（1）融资组织与融资方式策划

　　融资组织与融资方式策划主要包括确定项目融资的主体以及融资的具体方式。不同项目的融资主体应有所不同，需要根据实际情况进行最佳组合和选择。如某园区整体融资方式主要有以下几种，如图 3-7 所示。

某园区总部办公区投资估算明细表（部分）　　　　表 3-5

序号	项目名称	费用合计（元）	估算费率	估算基数（m² 或元）	合价（元）	单方造价（元/m²）
A11000	开发直接成本	750430600		220000		3411
A11100	前期工程费小计	60730600				276
A11101	可研费		0.001	572000000	572000	
A11102	勘察费		3	220000	660000	
A11103	设计费（含施工图审查费）		0.03	572000000	17160000	
A11104	项目管理费（含工程监理费、造价咨询费、招标代理费）		0.03	572000000	17160000	
A11105	招投标管理费				400000	
A11106	工程质量监督费		0.0015	572000000	858000	
A11107	申请、审查建设工程执照费		0.005	572000000	2860000	
A11108	审照费用		0.05	2860000	143000	
A11109	人防工程建设费		60	220000	13200000	
A11110	环境影响评价费		2	220000	440000	
A11111	工程保险费		0.01	572000000	5720000	
A11112	竣工档案编制费		0.0008	572000000	457600	
A11113	竣工图编制费		5	220000	1100000	
A11200	公建配套增容建设费	89100000				405

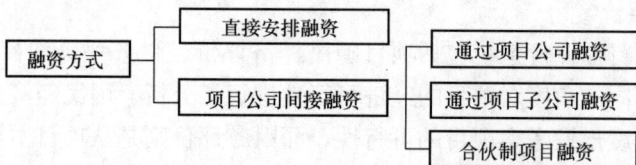

图 3-7　某园区整体融资模式图

　　（2）项目开发融资模式策划

　　项目融资主体确定以后，需要对项目开发时具体的融资模式进行策划。如某总部园区单个项目的开发融资模式主要有以下几种，如图 3-8 所示。

　　【案例 3-4】　虹桥综合交通枢纽建设开发策划案例

　　上海虹桥综合交通枢纽集成了航空、铁路、磁浮、城市轨道交通、高速公路客运、城市巴士、出租车等多种交通方式。该工程论证初期，设立了"虹桥综合交通枢纽开发策划"课题，对该工程进行综合性的策划研究。策划的内容包括：交通枢纽的功能及设施布

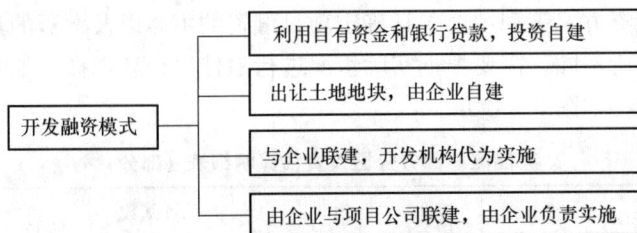

图 3-8   单个项目开发融资模式

局策划、枢纽区域发展的功能定位策划与环境策划、交通枢纽的设施区分与开发策划、交
通枢纽投融资策划、交通枢纽建设组织与管理策划、交通枢纽运营管理策划。在策划过程
中所研究的虹桥综合交通枢纽开发运作模式，如表 3-6 所示，为枢纽项目资金运作方案
"以土地收益平衡建设费用，以商业设施收益平衡运营费用"奠定了基础。

虹桥综合交通枢纽开发运作模式   表 3-6

	设施类型	设施	运作模式
A 类	不可经营、不可拆分的设施	人行通道、服务通道、共同沟、捷运通道、高架	公共投资者（或政府）投资、建设、运行管理；或捆绑到其他设施中进行投资开发
B 类	不可经营、可拆分的设施	地铁车站、磁浮车站、铁路车站	先由公共投资者（或政府）投资建设，再委托社会化、专业化管理；或通过补贴方式，交由社会投资者开发
C 类	可经营、不可拆分的设施	枢纽设施内的商业服务设施及部分物业	先由公共投资者（或政府）投资建设，再出售经营权；或捆绑到其他可经营性设施中一起进行投资开发
D 类	可经营、可拆分的设施	停车楼、酒店、办公、商务、休闲娱乐等设施	全部交由社会投资者开发
E 类	可供开发的土地	土地	把"生地"做成"熟地"，然后交由社会投资者开发

3. 项目经济评价

项目的经济可行性评价系统包括项目国民经济评价、财务评价和社会评价三个部分，
它们分别从三个不同的角度对项目的经济可行性进行了分析。国民经济评价和社会评价从
国家、社会宏观角度出发考察项目的可行性，而财务评价则是从项目本身出发考察其在经
济上的可行性。虽然这三个方面最终的目的都是判断项目是否可行，但是它们各有不同的
侧重点。在实际进行项目可行性研究时，由于客观条件的限制，并不是所有的项目都进行
国民经济评价和社会评价，只有那些对国家和社会影响重大的项目才在企业财务评价的基
础上进行国民经济评价或者社会评价。

所谓财务评价，是根据国家现行的财税制度和价格体系，分析、计算项目直接发生的
财务效益和费用，编制财务报表，计算评价指标，考察项目的获利能力和清偿能力等，据
以判断项目的可行性。财务评价主要包括以下内容：

（1）财务评价基础数据与参数选取。

（2）收支预测。

（3）投资盈利能力及主要财务指标分析。

（4）财务清偿能力分析。

（5）敏感性分析。

（6）最终得出财务评价结论及财务评价报告等。

3.3.5　项目组织与管理总体方案

项目定义、项目功能分析与面积分配基本上回答了建什么的问题，而经济策划回答了要不要建的问题，接下来还应该对如何保证策划目标的实现作出分析。因此，在项目决策的策划内容中还包括组织策划、管理策划、合同策划的内容，这三项内容可以归集为项目组织与管理总体方案。通常情况下，项目组织与管理总体方案包括项目分解结构、工程项目管理组织方案、项目合同结构方案以及项目总进度纲要等几个方面的内容。

1. 项目分解结构及编码方案

项目分解结构是在功能分析基础上得出的，表明了项目由哪些子项目组成，子项目又由哪些内容组成。项目分解结构分解及编码是工程项目管理工作的第一步，是有效进行工程项目管理的基础和前提。项目分解结构分解的好坏，将直接关系到工程项目管理组织结构的建立，关系到项目合同结构的建立，并进一步影响到项目的管理模式和承发包模式。

项目分解结构及编码和项目总投资规划、项目总进度规划也密切相关，将指导项目总投资分解与编码、总进度的分解与编码。通过对项目进行合理分解，将有利于时项目投资、进度、质量三大目标的控制，有利于项目全过程的工程实施。

项目分解结构的建立工作不是一次性的，而是一个动态的过程，随着项目实施的进展，要对其不断进行调整、补充和完善。

2. 工程项目管理组织方案

工程项目管理组织方案主要涉及项目建设管理模式，具体包括工程项目管理的组织结构和项目建设的工作流程组织。工程项目管理组织结构反映了项目建设单位与项目参与各方之间的关系，以及项目建设单位的部门设置、指令系统、人员岗位安排等。有了工程项目管理的组织结构以后，就可以进行工作任务分工、管理职能分工等。

3. 项目合同结构方案

合同管理是工程项目管理中另一项非常重要的工作，合同管理的好坏将直接影响项目的投资、进度、质量目标能否实现。管理的内容包括合同结构的确定、合同文本的选择、招标模式、合同跟踪管理、索赔与反索赔等。其中，合同结构的确定是关键环节之一。

许多大型建设工程项目的项目管理实践证明，一个项目建设能否成功，能否进行有效的投资控制、进度控制、质量控制及组织协调，很大程度上取决于合同结构模式的选择，因此应该慎重考虑。

4. 项目总进度纲要

项目总进度纲要范围应涉及项目建设全过程。项目总进度纲要是项目全过程进度控制的纲领性文件，在项目实施过程中，各阶段性进度计划、各子项目详细的进度计划都必须遵守项目总进度纲要。另一方面，总进度纲要也将随着项目的进展进行必要的调整。不能因为总进度纲要会调整、会改变就不编制总进度纲要。

总进度纲要编制完成后，在项目实施过程中，还要进行多次的调整、优化，并进行论证，最终确定总进度纲要文件。

3.3.6 项目设计要求文件

项目决策策划的最终成果应落实到项目设计要求文件的编制中。项目设计要求文件是对工程项目设计的具体要求，这种要求是在确定了项目总体目标、分析研究了项目开发条件和问题、进行了详细的项目定义和功能分析基础上提出的，因此更加有依据，也更加具体，便于设计者了解业主的功能要求，了解业主对建筑风格的喜好，能在一定程度上减少设计的返工。项目设计要求文件是工程项目设计的重要依据之一。

3.4 项目实施策划

3.4.1 项目实施策划的工作内容

项目实施的策划是在建设工程项目立项之后，为了把项目决策付诸实施而形成的具有可行性、可操作性和指导性的实施方案。项目实施策划又可称为项目实施方案或项目实施规划（计划）。

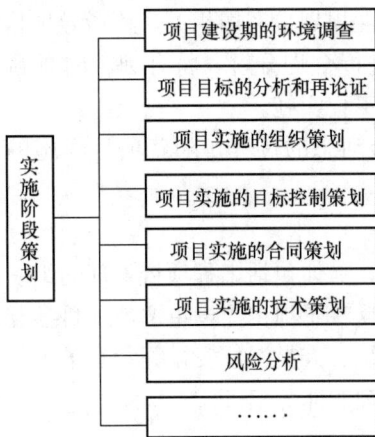

图 3-9 项目实施阶段策划
的基本内容

项目实施策划涉及整个实施阶段的工作，它属于业主方工程项目管理的工作范畴。如果采用建设项目总承包的模式，建设项目总承包方也应编制项目实施规划，但它不能代替业主方的项目实施策划工作。因为项目总承包方还是乙方，不能代替甲方的全部管理工作，甚至于在项目总承包模式下，甲方的管理工作还需要进一步加强。

建设工程项目的其他参与单位，如设计单位、施工单位和供货单位等，为进行其自身工程项目的管理都需要编制项目的管理规划，但都只涉及项目实施的一个方面，并体现一个方面的利益，如设计方项目管理规划、施工方项目管理规划和供货方项目管理规划等。

项目实施策划内容涉及的范围和深度，在理论上和工程实践中并没有统一的规定，应视项目的特点而定，一般包括如图 3-9 所示的内容。

以上内容中有不少与组织有关，这些与组织有关的内容是工程项目组织设计的核心内容。一般宜先讨论和确定工程项目组织，待组织方面基本确定后，再着手编制工程项目管理规划。项目实施的组织策划是项目实施策划的核心。

3.4.2 项目实施的目标分析和再论证

与项目决策策划类似，项目实施策划的第一步是建设期的环境调查与分析，包括业主现有组织情况、建筑市场情况、当地材料设备供应情况、政策情况等。在对影响项目建设的内外部条件进行调查以后，经综合分析可以得出建设工程项目的实施期环境调查报告。

根据项目实施调查报告的内容，应结合实际情况对工程项目的建设性质和建设目标进行调整和修订，分析该建设性质和目标与工程项目原来的项目定义相比较有哪些差别，为实现该建设目标的具体建设内容有哪些差别，哪些已经具备，哪些还没具备，哪些应该增加，哪些应该删减；在工程项目原来项目定义的基础上进行修改，对所建项目重新进行项目定义，然后再把该项目定义与工程项目的建设内容相比较，看其是否相匹配；如果不能完全满足工程项目的建设目标，应该再进行新一轮的比较，直至项目的项目定义完全符合项目建设内外部条件的要求、满足项目自身的经济效益定位和社会效益定位为止。

项目目标的分析和再论证是项目实施策划的第一步。设计方、施工方或供货方的项目管理目标是项目周期中某个阶段的目标或某个单体项目的目标，只有业主方项目管理的目标是针对整个项目、针对项目实施全过程的。所以，在项目实施目标控制策划中，只有从业主方的角度，才能统筹全局，把握整个工程项目管理的目标和方向。

项目目标的分析和再论证包括编制三大目标规划：

（1）投资目标规划，在项目决策策划中的总投资估算基础上编制；

（2）进度目标规划，在项目决策策划中的总进度纲要基础上编制；

（3）质量目标规划，在项目决策策划中的项目定义、功能分析与面积分配等基础上编制。

3.4.3 项目实施的组织策划

项目的目标决定了项目的组织，组织是目标能否实现的决定性因素。国际和国内许多大型建设工程项目的经验和教训表明，只有在理顺项目参与各方之间、业主方和代表业主利益的工程管理咨询方之间、业主方自身工程管理班子各职能部门之间的组织结构、任务分工和管理职能分工的基础上，整个工程管理系统才能高效运转，项目目标才有可能被最优化实现。

项目实施的组织策划是指为确保项目目标的实现，在项目开始实施之前以及项目实施前期，针对项目的实施阶段，逐步建立一整套项目实施期的科学化、规范化的管理模式和方法，即对项目参与各方、业主方和代表业主利益的项目管理方在整个建设工程项目实施过程中的组织结构、任务分工和管理职能分工、工作流程等进行严格定义，为项目的实施服务，使之顺利实现项目目标。

组织策划是在项目决策策划中的项目组织与管理总体方案基础上编制的，是组织与管理总体方案的进一步深化。组织策划是项目实施策划的核心内容，项目实施的组织策划是项目实施的“立法”文件，是项目参与各方开展工作必须遵守的指导性文件。组织策划主要包括以下内容。

1. 组织结构策划

如前所述，工程项目管理的组织结构可分为三种基本模式，即线性型组织模式、职能组织模式和矩阵组织模式。项目管理组织结构策划就是以这三种基本模式为基础，根据项目实际环境情况分析，应用其中一种基本组织形式或多种基本组织形式组合设计而成的。

组织结构策划又叫做组织设计，对于一般项目，确定组织结构的方法为：首先确定项目总体目标，然后将目标分解成实现该目标所需要完成的各项任务，再根据各项不同的任务，选定合适的组织结构形式。对于项目建设组织来说，应根据项目建设的规模和复杂程度等各种因素，在分析现有的组织结构形式的基础上，设置与具体项目相适应的组织层次。针对具体项目，项目实施组织结构的确定与以下三个因素息息相关：

（1）项目建设单位管理能力及管理方式

如果项目建设单位管理能力强，人员构成合理，可能会以建设单位自身的工程项目管理为主，将少量的工作交给专业工程项目管理公司完成；或完全由自身完成。此时，建设单位组织结构较为庞大。反之，由于建设单位自身管理能力较弱，将大量的工作交给专业工程项目管理公司去完成，则建设单位组织结构较简单。

（2）项目规模和项目组成结构内容

如果项目规模较小，项目组成结构也不复杂，那么，项目实施采用较为简单的线性组织结构，即可达到目的。反之，如果规模较大，项目组成复杂，则建设单位组织上也应采取相应的对策加以保证，如采用矩阵组织结构。

（3）项目实施进度规划

现实工作中，由于工程项目的特点，既可以同时进行、全面展开，也可以根据投资规划而确定分期建设的进度规划，因此项目建设单位组织结构也应与之相适应。如果项目同时实施，则需要组织结构强有力的保证，因而组织结构扩大。如果分期开发，则相当于将大的工程项目划分为几个小的项目组团，逐个进行，因而组织结构可以减少。

从以上的分析可以看出，项目建设组织结构的确定要根据主客观条件来综合考虑，不能一概而论。归纳起来，项目组成、组织结构和进度规划三者是密切相关的，是实施策划必须重点考虑的三个维度。项目组成是产品维，是工程项目管理最终要实现的生产对象，又称项目维；进度规划是进度维，是工程项目管理要关注的生产过程，又称过程维；组织结构是项目实施的组织维，与产品维、过程维息息相关，必须通过组织设计进行建立、调整和优化。

2. 任务分工策划

组织结构策划的重点是部门和岗位的设置以及它们相互之间的指令关系。在组织结构策划完成后，应对各单位部门或个体的主要职责进行分工。工程项目管理任务分工是对项目组织结构的说明和补充，是将组织结构中各单位部门或个体的职责进行细化扩展，它也是工程项目管理组织策划的重要内容。工程项目管理任务分工体现组织结构中各单位部门或个体的职责任务范围，从而为各单位部门或个体指出工作的方向，将多方向的参与力量整合到同一个有利于项目开展的合力方向。

【案例 3-5】   某烟厂建设工程项目管理组织任务分工

在某烟厂工程项目中，对应于组织结构图，项目总控组作为业主的主要参谋，利用专业的理论和丰富的经验为业主提供全方位的咨询，深入业主班子中协助业主对项目进行全过程、全方位的项目控制，并为项目的另一目标——为业主培养工程项目管理人员提供帮助。为实现这些宗旨，规定具体任务如表 3-7 所示。

通过以上任务分工表内具体的内容规定，对组织结构图中，项目总控组的地位和作用作了补充说明，体现了项目总控组作为业主的专业咨询顾问，为业主进行全过程全方位的项目控制提供服务。

某烟厂建设工程项目管理组织任务分工表　　　　　　　表 3-7

编号	工作部门名称	主 要 任 务
……		
B1	项目总控组	（1）接受总裁、业主代表（副代表）和技改办的指令。 （2）负责与总裁、业主代表（副代表）和技改办的沟通和协调： 1）项目实施组织策划和协助业主实施； 2）负责参与论证设计方案，保证设计方案的科学性，从而降低工程造价； 3）负责工程咨询，确保工程质量优良； 4）提出项目信息管理实施方案，并协助业主方信息和文件管理； 5）设计管理模式、合同结构的策划和控制； 6）投资、进度和质量目标规划和控制； 7）……
……		

3. 管理职能分工策划

管理职能分工与任务分工一样也是组织结构的补充和说明，体现对于一项工作任务，组织中各任务承担者管理职能上的分工，与任务分工一起统称为组织分工，是对任务分工从管理职能上的进一步细化。

所谓管理，是由若干个工作环节组成的一个循环的过程，这些环节可分为策划（Planning）、决策（Decision）、执行（Implement）、检查（Check），这四个环节就是管理的四种基本职能。管理职能分工表就是要明确对于每一项工作任务，组织中各任务承担者分别应承担这四种职能中的哪一种职能。它是对工作任务分工的进一步细化。

【案例 3-6】　某烟厂建设工程项目管理组织管理职能分工

同样以上述烟厂项目为例，如表 3-8 所示，在建设阶段上大致分为决策阶段、施工前准备阶段和施工阶段三个部分，在每个阶段都会有任务分工，而每一项任务在不同的部门中有不同的管理职能分配。如在施工前准备阶段中编号为 20 的一项任务——组织土建招标，就需要由建筑组策划，并作为主要实施者召集设计单位、工艺组和综合组配合实施，再上报给业主代表，由业主代表作出决策；而总控组作为专家受业主委托对该工作进行相应的检查。

组织结构图、任务分工表、管理职能分工表是组织结构策划的三个基本组织工具。其中，组织结构图从总体上规定了组织结构框架，体现了部门划分以及指令关系；任务分工表和管理职能分工表作为组织结构图的说明补充，详细描绘了各部门成员的组织分工。这三个基本工具从三个不同角度明确了组织结构的策划内容。

4. 工作流程策划

工作流程是各项任务分工在时间上和空间上的开展顺序，是工作任务分解与组织分工、进度计划安排三者之间建立联系之后得出的，用工作流程图的形式表达。

工程项目管理涉及众多工作，其中必然产生数量庞大的工作流程，依据工程项目管理的任务，工程项目管理工作流程可分为投资控制、进度控制、质量控制、合同与招投标管理工作流程等，每一流程组又可随工程实际情况细化成众多子流程。

某烟厂建设工程项目管理组织管理职能分工表　　　　　表 3-8

工作任务分类			任务承担者的管理职能分工						
主项	项次	子项名称	……	A 业主代表	D 工艺组	E 建筑组	I 综合组	B1 总控组	M 设计单位	……
决策阶段		项目立项书编制		D，C			P，I			
		编制项目组织策划		D，C			P			
		……								
施工前准备阶段		……								
	20	组织土建招标		D	I	P，I	I	C	I	
	21	组织土建工程合同谈判		D，C		I	P，I	I		
	22	工程报批手续办理		D，C			I			
		……								
施工阶段		组织协调土建施工		D		P，I		C		
		组织工艺设备安装		D，C	P，I	I				
		……								

备注：P——策划；D——决策；I——执行；C——检查。

投资控制流程包括：

(1) 投资控制整体流程。

(2) 投资计划、分析、控制流程。

(3) 工程合同进度款付款流程。

(4) 变更投资控制流程。

(5) 建筑安装工程结算流程等。

进度控制工作流程包括：

(1) 里程碑节点、总进度规划编制与审批流程。

(2) 项目实施计划编制与审批流程。

(3) 月度计划编制与审批流程。

(4) 周计划编制与审批流程。

(5) 项目计划的实施、检查与分析控制流程。

(6) 月度计划的实施、检查与分析控制流程。

(7) 周计划的实施、检查与分析控制流程等。

质量控制工作流程包括：

(1) 施工质量控制流程。

(2) 变更处理流程。

(3) 施工工艺流程。

（4）竣工验收流程等。

合同与招投标管理工作流程包括：

（1）标段划分和审定流程。

（2）招标公告的拟订、审批和发布流程。

（3）资格审查、考察及入围确定流程。

（4）招标书编制审定流程。

（5）招标答疑流程。

（6）评标流程。

（7）特殊条款谈判流程。

（8）合同签订流程等。

某建设工程项目的成本控制流程，如图 3-10 所示。该流程组依次由工程估价、投资计划、变更控制、支付管理和工程结算五个主要流程构成，其中支付管理流程又包括承包商提出申请、工程监理审核、业主审核和支付这四个主要环节。

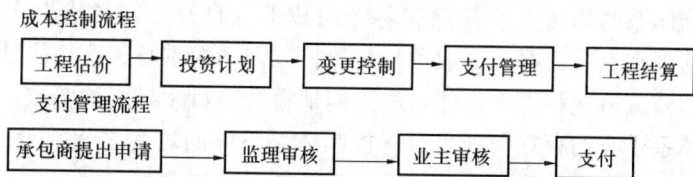

图 3-10　成本控制流程扩展示例图

每一个节点又有一个独立的子流程，照此划分，活动可以一直细分下去。那么，到什么程度才停止？一般来说，如果流程模型中的活动没有让三个不同岗位感到很麻烦的话，就没有必要把它作为一个子流程，只需要把它作为一项活动就可以。比如，支付管理子过程，其活动包括承包商提出申请、工程监理审核、业主审核并支付。从工程实践来看，流程的划分和绘制往往由实际情况而定，流程的目的是方便工程项目管理人员落实任务，明白自己的位置和工作范围。建设工程项目的具体情况不同，其流程策划的细度也不同。

工作流程策划是实现工程项目管理工作规范化、制度化、标准化的重要手段，只有工作流程规范化，才可能实现管理工作的标准化，避免管理工作的无序、杂乱和粗犷，应该引起工程项目管理者的高度重视。工程项目管理工作流程策划就是对项目管理的众多工作流程进行计划和规定，以此指导工程项目管理人员的行为。流程图是流程策划的主要工具。流程图通过箭头、方框等形象的表示，表现工作在部门人员间的流转，从而有利于工作的贯彻执行。

3.4.4　项目实施目标控制策划

项目实施目标控制策划是项目实施策划的重要内容。它依据项目目标规划，制定项目实施中的质量、投资、进度目标控制的方案与实施细则。

1. 项目目标控制策划的依据

项目目标控制策划的依据主要有：

（1）项目定义中项目分解结构、项目总体目标。

（2）建设外部环境分析。

（3）建设组织策划。

（4）项目合同的有关数据和资料等。

2. 项目目标控制策划应遵循的原则

项目目标控制策划应主要从以下四个方面把握：

（1）从系统的角度出发，全面把握控制目标

对于投资目标、进度目标、质量目标这三者而言，无法说哪一个最为重要。这三个目标是对立统一的关系，有矛盾的一面，也有统一的一面。尽管如此，三个目标仍处于一个系统之中，寓于一个统一体。

鉴于三大目标的系统性，项目实施阶段的目标控制策划也应坚持系统的观点，在矛盾中求得统一。既要注意到多方目标策划的均衡，又要充分保证各阶段目标控制策划的质量。

（2）明确项目目标控制体系的重心

项目目标控制体系的均衡并不排除其各个组成部分具有一定的优先次序，出现个别的、或一定数量的"重点"目标，形成项目目标控制体系的重心。这往往是项目决策领导层的明确要求。需要澄清这种优先次序，尽可能地符合项目领导层的要求。应该注意，虽然项目目标控制体系重心的存在与项目目标控制体系整体的均衡之间并没有根本的冲突，但过分地强调会形成不合理的重心，破坏项目目标体系的均衡。

（3）采用灵活的控制手法、手段及措施

对于不同目标控制策划在项目建设不同时期的内容，应该有不同的控制方法、灵活的控制手段、多样化的控制措施与之相适应。不同的方法、手段和措施有着不同的作用和效果。

（4）主动控制与被动控制相结合

目标控制分为主动控制与被动控制。在项目目标控制策划中应考虑将主动控制和被动控制充分结合起来，即进行项目实施阶段的目标组合控制策划。

3. 项目实施目标控制策划应采取的措施

项目实施目标控制策划应采取的措施主要有以下四个方面。

（1）技术措施

管理与技术既有区别，又有密切的联系，技术是管理的基础。技术措施是在项目控制中从技术方面对有关的工作环节进行分析、论证，或者进行调整、变更，确保控制目标的完成。

采用技术措施需要投入的资源主要是专门的技术、专业技术人员以及相应的管理组织力量和费用支出。例如，聘请各方面的专家，组织进行技术方案的分析、评审；或者，针对项目实施中出现的问题，向专业技术人员征求咨询意见，进行技术上的调整。

技术措施的作用大多直接表现为对质量、投资、进度等方面目标的影响，其效果可以用控制目标的各种指标变化直接表示出来。

（2）经济措施

管理的目标是为了实现经济效益，反之经济手段往往也是管理工作的重要工具。经济措施是从项目资金安排和使用的角度对项目实施过程进行调节、控制，保证控制目标的

完成。

经济措施的主要方法是在一定范围内进行资金的调度、安排和管理。因而，在项目目标控制策划中，多考虑将经济措施和技术措施结合起来使用，利用两种措施对项目实施过程和项目实施组织的双重作用，进行组合控制。

（3）合同措施

任何项目都不是一个人、一个部门、一个单位就能完成的，项目实施的过程实际上就是把生产任务不断委托出去的过程，因此合同管理就显得尤为重要。合同措施是利用合同策划和合同管理所提供的各种控制条件对项目实施组织进行控制，从而实现对项目实施过程的控制，保证项目目标的完成。

合同措施主要是利用合同条款进行有关的控制工作，所需要的资源也主要是合同管理及法律方面的专业技术力量。例如，通过制定合同中费用支付条款来控制项目实施时，就需要由熟悉有关的合同条件和法律知识的专业技术人员来完成这一工作。

合同措施直接对有关的项目实施组织产生作用，同时也会直接对项目实施过程或项目控制目标产生作用。它在最后会表现出强制性，可以作为项目控制的一个可靠保障。但在一般情况下，不宜将合同措施作为项目控制的唯一手段，应将合同措施与技术措施、经济措施和组织措施结合起来，同时，关注项目实施中的精神文明建设，建立项目利益高于一切的项目文化，关注人的精神和心理层面，研究人的行为和组织行为的关系，分析环境对项目实施的影响，重视项目的社会属性。

（4）组织措施

组织措施通过对项目系统内有关组织的结构进行安排和调整、对不同组织的工作进行协调，改变项目实施组织的状态，从而实现对项目实施过程的调整和控制。

组织措施所需要的主要资源是与项目组织有关的技术力量和管理力量。例如，通过设置职能部门来加强对某方面的目标控制，就需要调用有关的技术人员和管理人员。

组织措施对项目系统中的有关组织直接产生作用。从广义上来说，合同关系、信息交流关系和指令关系是项目参与方之间的三大关系，这三大关系都可以归纳为广义的组织关系，为了实现项目的三大目标，必须重点梳理这三大关系。为区别起见，将合同措施单独拿出来，但组织措施中要同时注意沟通与交流措施的应用，特别是在信息技术和网络技术高速发展的今天，更应该注意在 PMIS、PIP、BIM 等工具应用下，给组织措施带来的变革与创新。

【案例 3-7】 某房地产项目的目标控制策划

某房地产项目目标控制策划的主要内容如下。

（1）投资控制

1）投资分解结构和编码体系；

2）不同阶段投资数据比较；

3）概算、预算审核；

4）资金规划和控制；

5）投资控制软件的应用等。

（2）进度控制

1）进度分解结构和编码体系；

2）进度计划审核；

3）进度数据比较；

4）进度控制软件的应用等。

（3）质量控制

1）设计质量控制；

2）招投标质量控制；

3）设备、材料采购质量控制；

4）施工质量控制等。

复习思考题

1. 项目策划的含义是什么？

2. 项目策划有哪些特点？

3. 项目策划可分为哪几种类型？

4. 环境调查有哪些工作内容？

5. 环境调查有哪些工作方法？

6. 项目决策策划和实施策划的含义是什么？

工程项目目标控制基本原理

工程项目实施过程中，主客观条件的变化是绝对的，不变是相对的；平衡是暂时的，不平衡是永恒的；有干扰是必然的，没有干扰是偶然的。因此，在项目实施过程中，必须对目标进行有效的规划和控制。只有目标明确的工程项目才有必要进行目标控制，也才有可能进行目标控制。本章主要内容包括项目目标控制基本方法论、动态控制原理在项目目标控制中的应用、目标控制中的纠偏措施以及风险管理在项目目标控制中的应用等。

4.1 项目目标控制方法论

本节对控制的基本类型、项目目标控制基本方法论（动态控制原理和 PDCA 循环原理）进行阐述。

4.1.1 控制的基本类型

控制有两种类型，即主动控制和被动控制。

1. 主动控制

主动控制就是预先分析目标偏离的可能性，并拟订和采取各项预防性措施，以使计划目标得以实现。主动控制是一种面向未来的控制，它可以解决传统控制过程中存在的时滞影响，尽最大可能改变偏差已经成为事实的被动局面，从而使控制更为有效。主动控制是一种前馈控制，当控制者根据已掌握的可靠信息预测出系统的输出将要偏离计划目标时，就制定纠正措施并向系统输入，以便使系统的运行不发生偏离。主动控制又是一种事前控制，它在偏差发生之前就采取控制措施。

2. 被动控制

被动控制是指当系统按计划运行时，管理人员对计划的实施进行跟踪，对系统输出的信息进行加工和整理，再传递给控制部门，使控制人员从中发现问题，找出偏差，寻求并确定解决问题和纠正偏差的方案，然后再回送给计划实施系统付诸实施，使得计划目标一旦出现偏离就能得以纠正。被动控制是一种反馈控制。

4.1.2　动态控制原理

在应用于项目目标控制的众多方法论中，动态控制原理是最基本的方法论之一。项目目标动态控制遵循控制循环理论，是一个动态循环过程。项目目标动态控制的工作程序，如图 4-1 所示。

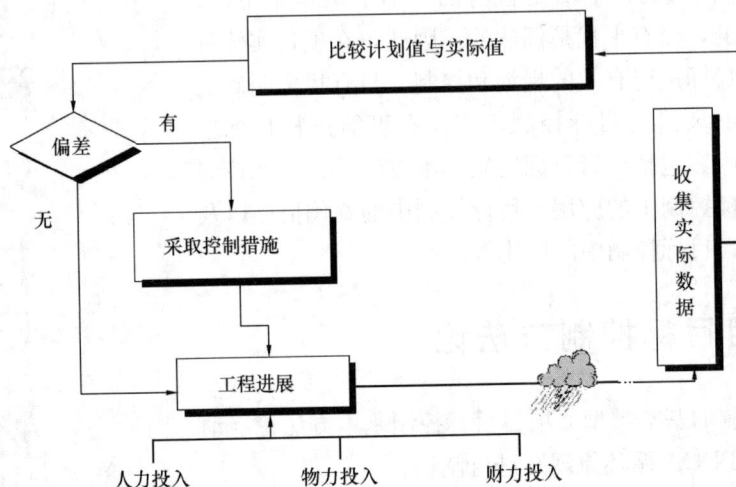

图 4-1　动态控制原理图

具体来说，工程项目目标动态控制的工作步骤如下。

（1）第一步，项目目标动态控制的准备工作。

将项目的目标（如投资/成本、进度和质量目标）分解，以确定用于目标控制的计划值（如计划投资/成本、计划进度和质量标准等）。

（2）第二步，在项目实施过程中（如设计过程中、招投标过程中和施工过程中等）对项目目标进行动态跟踪和控制。

1）收集项目目标的实际值，如实际投资/成本、实际施工进度和施工的质量状况等；

2）定期（如每两周或每月）进行项目目标的计划值和实际值的比较；

3）通过项目目标的计划值和实际值的比较，如有偏差，则采取纠偏措施进行纠偏。

（3）第三步，如有必要（即原定的项目目标不合理，或原定的项目目标无法实现），进行项目目标的调整，目标调整后控制过程再回复到上述的第一步。

项目目标动态控制中的三大要素是目标计划值、目标实际值和纠偏措施。目标计划值是目标控制的依据和目的，目标实际值是进行目标控制的基础，纠偏措施是实现目标的途径。

目标控制过程中关键一环，是通过目标计划值和实际值的比较分析，以发现偏差，即项目实施过程中项目目标的偏离趋势和大小。这种比较是动态的、多层次的。同时，目标的计划值与实际值是相对的。如投资控制，是在决策阶段、设计阶段和施工阶段等不同阶段内及不同阶段之间进行的，初步设计概算相对于可行性研究报告中的投资估算是"实际值"，而相对于施工图预算是"计划值"。

由于在项目目标动态控制时要进行大量数据的处理，因此当项目的规模比较大时，数据处理的量就相当可观。采用计算机辅助的手段可高效、及时而准确地生成许多项目目标动态控制所需要的报表，如计划成本与实际成本的比较报表、计划进度与实际进度的比较报表等，将有助于项目目标动态控制的数据处理。

4.1.3 PDCA 循环原理

美国数理统计学家戴明博士最早提出的 PDCA 循环原理（又称为"戴明环"）也是被广泛采用的目标控制基本方法论之一。PDCA 循环是能使任何一项活动有效进行的一种合乎逻辑的工作程序，特别是在质量管理中得到了广泛的应用。

PDCA 循环包括计划、执行、检查和处置四个基本环节。

（1）P（Plan，计划）

计划可以理解为明确目标并制定实现目标的行动方案。

（2）D（Do，执行）

执行就是具体运作，实现计划中的内容。执行包含两个环节，即计划行动方案的交底和按计划规定的方法与要求展开活动。

（3）C（Check，检查）

检查指对计划实施过程进行各类检查。各类检查包含两个方面：一是检查是否严格执行了计划的行动方案，实际条件是否发生了变化，没按计划执行的原因；二是检查计划执行的结果。

（4）A（Action，处置）

处置指对于检查中所发现的问题，及时进行原因分析，采取必要的措施予以纠正，保持目标处于受控状态。处置分为纠偏处置和预防处置两个步骤，前者是采取应急措施，解决已发生的或当前的问题或缺陷；后者是信息反馈管理部门，反思问题症结或计划时的不周，为今后类似问题的预防提供借鉴。对于处置环节中没有解决的问题，应交给下一个 PDCA 循环去解决。

策划—实施—检查—处置是使用资源将输入转化为输出的活动或一组活动的一个过程，必须形成闭环管理，四个环节缺一不可。应当指出，PDCA 循环中的处置是关键环节。如果没有此环节，已取得的成果无法巩固（防止问题再发生），也提不出上一个 PDCA 循环的遗留问题或新的问题。

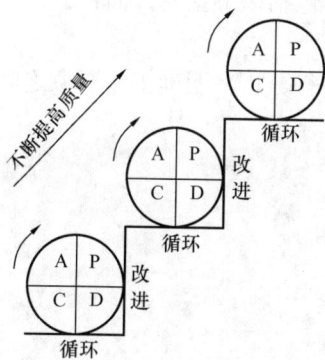

图 4-2　PDCA 循环示意图

PDCA 循环过程是循环前进、阶梯上升的，如图 4-2 所示。

在质量管理体系中，PDCA 循环是一个动态的循环，它可以在组织的每一个过程中展开，也可以在整个过程的系统中展开。它与产品实现过程及质量管理体系其他过程的策划、实施、控制和持续改进有密切的关系。

4.2 动态控制原理在项目目标控制中的应用

以下对动态控制原理在项目进度控制、投资控制和质量控制中的应用分别进行阐述。

4.2.1 动态控制原理在项目进度控制中的应用

在工程项目实施全过程中，应逐步地由宏观到微观，由粗到细编制深度不同的进度计划，包括项目总进度纲要（在特大型建设工程项目中可能采用）、项目总进度规划、项目总进度计划以及各子系统和各子项目进度计划等。

编制工程项目总进度纲要和项目总进度规划时，要分析和论证项目进度目标实现的可能性，并对项目进度目标进行分解，确定里程碑事件的进度目标。里程碑事件的进度目标可作为进度控制的重要依据。

在工程实践中，往往以里程碑事件（或基于里程碑事件的细化进度）的进度目标值作为进度的计划值。进度实际值是对应于里程碑事件（或基于里程碑事件的细化进度）的实际进度。进度的计划值和实际值的比较应是定量的数据比较，并应注意两者内容的一致性。

工程项目进度计划值和实际值的比较，一般要求定期进行，其周期应视工程项目的规模和特点而定。工程进度计划值和实际值比较的成果是进度跟踪和控制报告，如编制进度控制的旬、月、季、半年和年度报告等。

经过进度计划值和实际值的比较，如发现偏差，则应采取措施纠正偏差或者调整进度目标。在业主方项目管理过程中，进度控制的主要任务是根据进度跟踪和控制报告，积极协调不同参与单位、不同阶段、不同专业之间的进度关系。

为实现工程进度动态控制，工程项目管理人员的工作包括以下主要方面：

（1）收集编制进度计划的原始数据。

（2）进行项目结构分解（对工程项目的构成或组成进行分析，明确工作对象之间的关系）。

（3）进行进度计划系统的结构分析。

（4）编制各层（各级）进度计划。

（5）协调各层（各级）进度计划执行过程中的问题。

（6）采集、汇总和分析实际进度数据。

（7）定期进行进度计划值和实际值的比较。

（8）如发现偏差，采取进度调整措施或调整进度计划。

（9）编制相关进度控制报告。

4.2.2 动态控制原理在项目投资控制中的应用

在项目决策阶段完成项目前期策划和可行性研究的过程中，应编制投资估算；在设计阶段，项目投资目标进一步具体化，应编制初步设计概算、初步设计修正概算（视需要）和施工图预算；在招标投标和施工阶段，应编制和生成施工合同价、工程结算价和竣工决算价。

　　为了进行投资目标论证和有效的投
资控制，需要对工程项目投资目标进行
分解。投资目标分解的方式有多种，包
括按建设工程费用项目组成划分，按年
度、季度和月度划分，按项目实施阶段
划分，按项目结构组成划分等。经过分
解形成的投资子项要适应不同阶段投资
数据的比较。

　　投资控制工作必须贯穿于项目建设
全过程和面向整个项目。各阶段的投资
控制以及各子项目的投资控制作为项目
投资控制子系统，相互连接和嵌套，共
同组成项目投资控制系统。图 4-3 表示
项目实施各阶段投资目标计划值和实际
值比较的主要关系，从中也可以看出各
阶段投资控制子系统的相互关系。

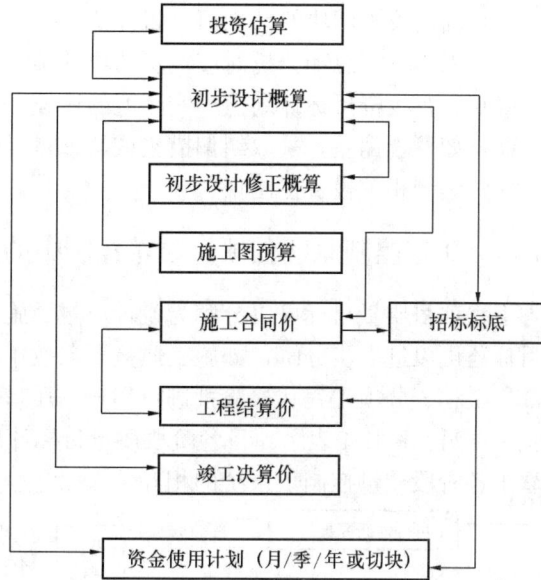

图 4-3　项目各阶段投资目标计划
值与实际值的比较

　　在设计阶段，投资目标计划值和实
际值的比较主要包括：

　　(1) 初步设计概算和投资估算的比较。

　　(2) 初步设计修正概算和初步设计概算的比较。

　　(3) 施工图预算和初步设计概算的比较。

　　在施工阶段，投资目标计划值和实际值的比较主要包括：

　　(1) 施工合同价和初步设计概算的比较。

　　(2) 招标标底（或招标控制价）和初步设计概算的比较。

　　(3) 施工合同价和招标标底的比较。

　　(4) 工程结算价和施工合同价的比较。

　　(5) 工程结算价和资金使用计划（月/季/年或资金切块）的比较。

　　(6) 资金使用计划（月/季/年或资金切块）和初步设计概算的比较。

　　(7) 工程竣工决算价和初步设计概算的比较。

　　从上面的比较关系可以看出，投资目标的计划值与实际值是相对的，如施工合同价相
对于初步设计概算是实际值，而相对于工程结算价是计划值。

　　投资计划值和实际值的比较，应是定量的数据比较，并应注意两者内容的一致性，比
较的成果是投资跟踪和控制报告。投资计划值的切块、实际投资数据的收集以及投资计划
值和实际值的比较，数据处理工作量往往很大，应运用专业投资控制软件进行辅助处理。

　　经过投资计划值和实际值的比较，如发现偏差，则应积极采取措施，纠正偏差或者调
整目标计划值。需要指出的是，投资控制绝对不是单纯的经济工作，也不仅仅是财务部门
的事，它涉及组织、管理、经济、技术和合同各方面。

　　为实现工程项目投资动态控制，工程项目管理人员的工作主要包括以下内容：

　　(1) 确定工程项目投资分解体系，进行投资切块。

（2）确定投资切块的计划值（目标值）。

（3）采集、汇总和分析对应投资切块的实际值。

（4）进行投资目标计划值和实际值的比较。

（5）如发现偏差，采取纠偏措施或调整目标计划值。

（6）编制相关投资控制报告。

4.2.3 动态控制原理在项目质量控制中的应用

工程项目质量目标可以分解为设计质量、施工质量、材料质量和设备质量等。各质量子目标还可以进一步分解，如施工质量可以按单项工程、单位（子单位）工程、分部（子分部）工程、分项工程和检验批进行划分。质量控制工作贯穿于工程项目建设全过程和面向整个项目。图 4-4 表示项目各阶段质量目标计划值和实际值比较的主要关系，从中也可以看出各阶段质量控制子系统的相互关系，各个子系统还可以进一步分解。

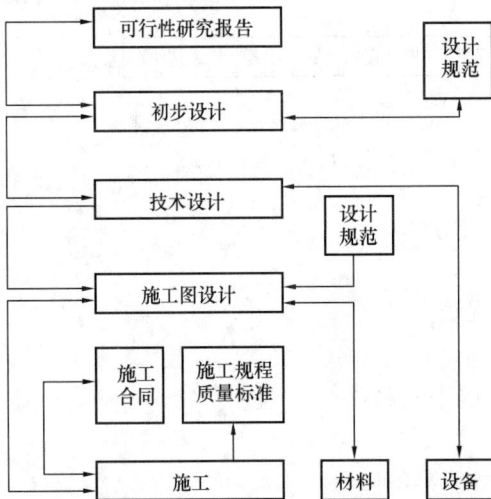

图 4-4　项目各阶段质量目标计划
值与实际值的比较

在设计阶段，质量目标计划值和实际值的比较主要包括：

（1）初步设计和可行性研究报告、设计规范的比较。

（2）技术设计和初步设计的比较。

（3）施工图设计和技术设计、设计规范的比较。

在施工阶段，质量目标计划值和实际值的比较主要包括：

（1）施工质量和施工图设计、施工合同中的质量要求、工程施工质量验收统一标准、专业工程施工质量验收规范、相关技术标准等的比较。

（2）材料质量和施工图设计中相关要求、相关技术标准等的比较。

（3）设备质量和初步设计或技术设计中相关要求、相关质量标准等的比较。

从上面的比较关系可以看出，质量目标的计划值与实际值也是相对的，如施工图设计的质量（要求）相对于技术设计是实际值，而相对于工程施工是计划值。

质量目标计划值和实际值的比较，需要对质量目标进行分解，形成可比较的子项。质量目标计划值和实际值的比较是定性比较和定量比较的结合，如专家审核、专家验收、现场检测、试验和外观评定等。

质量控制的对象可能是工程项目设计过程、单位工程、分部分项工程或检验批。以一个分部分项工程为例，动态控制过程的工作主要包括以下几个方面：

（1）确定控制对象应达到的质量要求；

（2）确定所采取的检验方法和检验手段；

（3）进行质量检验；

（4）分析实测数据和标准之间产生偏差的原因；

（5）采取纠偏措施；

（6）编制相关质量控制报告等。

4.3 目标控制中的纠偏措施

工程项目目标动态控制的纠偏措施主要包括组织措施、管理措施（包括合同措施）、经济措施和技术措施等。

（1）组织措施

分析由于组织的原因而影响工程项目目标实现的问题，并采取相应的措施，如调整项目组织结构、任务分工、管理职能分工、工作流程组织和项目管理班子人员等。

（2）管理措施（包括合同措施）

分析由于管理的原因而影响工程项目目标实现的问题，并采取相应的措施，如调整进度管理的方法和手段、改变施工管理和强化合同管理等。

（3）经济措施

分析由于经济的原因而影响工程项目目标实现的问题，并采取相应的措施，如落实加快工程施工进度所需的资金等。

（4）技术措施

分析由于技术（包括设计和施工的技术）的原因而影响工程项目目标实现的问题，并采取相应的措施，如调整设计、改进施工方法和改变施工机具等。

当工程项目目标失控时，人们往往首先思考的是采取什么技术措施，而忽略可能或应当采取的组织措施和管理措施。组织论的一个重要结论是：组织是目标能否实现的决定性因素。因此，应充分重视组织措施对项目目标控制的作用。

工程项目目标动态控制的核心是，在项目实施的过程中定期地进行项目目标计划值和实际值的比较，当发现项目目标偏离时采取纠偏措施。为避免项目目标偏离的发生，还应重视事前的主动控制，即事前分析可能导致项目目标偏离的各种影响因素，并针对这些影响因素采取有效的预防措施，如图 4-5 所示。是否采取主动控制要进行成本与效益分析，对于一些目标偏离可能性很小的情况，采取主动控制并不一定是经济的选择。在项目管理过程中，应根据管理目标的性质、特点和重要性，运用风险管理技术等进行分析评估，将

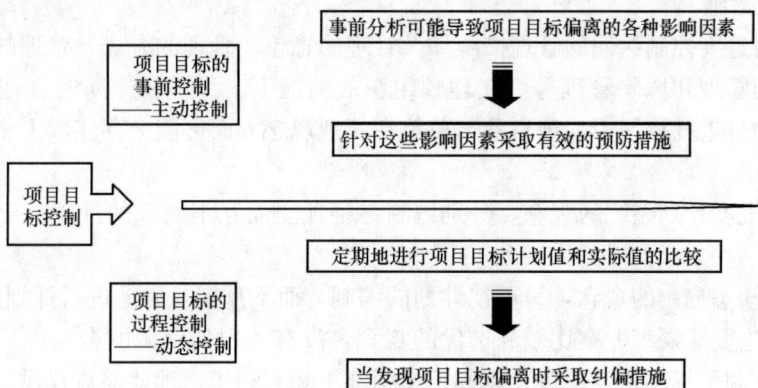

图 4-5　项目目标控制

主动控制和动态控制结合起来。

4.3.1　进度目标控制中的纠偏措施

进度控制的目的就是通过控制以实现工程的进度目标，即项目实际建设周期不超过计划建设周期。进度控制所涉及的时间覆盖范围从工程项目立项至项目正式动用，所涉及的项目覆盖范围包括与项目动用有关的一切子项目（包括主体工程、附属工程、道路及管线工程等），所涉及的单位覆盖范围包括设计、科研、材料供应、构配件供应、设备供应、施工安装及审批单位等。因此，影响进度的因素相当多，进度控制中的协调量也相当大。在项目实施过程中经常出现进度偏差，即实际进度偏离计划进度，需要采取相关措施进行纠偏。

（1）组织措施

组织是目标能否实现的决定性因素，因此进度纠偏措施应重视相应的组织措施。进度纠偏的组织措施主要包括以下内容：

1）健全工程项目管理的组织体系，如需要，可根据实际情况调整组织体系，多沟通，避免项目组织中的矛盾。

2）在工程项目组织结构中应由专门的工作部门和具有进度控制岗位资格的专人负责进度控制工作，根据需要还可以加强进度控制部门的力量。

3）对于相关技术人员和管理人员，应尽可能加强教育和培训；工作中采用激励机制，例如奖金、小组精神发扬、个人负责制和目标明确等。

4）进度控制的主要工作环节包括进度目标的分析和论证、编制进度计划、定期跟踪进度计划的执行情况、采取纠偏措施以及调整进度计划等，应检查这些工作任务和相应的管理职能是否在工程项目管理组织设计的任务分工表和管理职能分工表中明确并落实。

5）编制工程项目进度控制的工作流程，如：确定工程项目进度计划系统的组成，确定各类进度计划的编制程序、审批程序和计划调整程序等，并检查这些工作流程是否被严格落实，是否根据需要进行调整。

6）进度控制工作包含了大量的组织和协调工作，而会议是组织和协调的重要手段，因此可进行有关进度控制会议的组织设计，明确会议的类型，各类会议的主持人、参加单位和人员，各类会议的召开时间，各类会议文件的整理、分发和确认等。

（2）管理措施

工程项目进度控制纠偏的管理措施涉及管理的思想、管理的方法、管理的手段、承发包模式、合同管理和风险管理等。在理顺组织的前提下，科学和严谨的管理显得十分重要。在工程项目进度控制中，项目参与单位在管理观念方面可能会存在以下将导致进度拖延的问题：

1）缺乏进度计划系统的观念，分别编制各种独立而互不联系的计划，形成不了计划系统；

2）缺乏动态控制的观念，只重视计划的编制，而不重视及时地进行计划的动态调整；

3）缺乏进度计划多方案比较和选优的观念，没有体现出资源的合理使用、工作面的合理安排、有利于提高建设质量、有利于文明施工和有利于合理地缩短建设周期。

进度纠偏的管理措施主要包括以下几个方面。

1) 采用工程网络计划方法进行进度计划的编制和实施控制。例如，进度出现偏差时可改变网络计划中活动的逻辑关系，如将前后顺序工作改为平行工作，或采用流水施工的方法；将一些工作包合并，特别是将关键线路上按先后顺序实施的工作包合并，与实施者一起研究，通过局部地调整实施过程和人力、物力的分配，达到缩短工期的目的。

2) 承发包模式的选择直接关系到工程实施的组织和协调，因此应选择合理的合同结构，以避免因有过多的合同交界面而影响工程的进展。工程物资的采购模式对进度也有直接的影响，对此应作比较分析。

3) 分析影响工程进度的风险，并在分析的基础上采取风险管理措施，以减少进度失控的风险。常见的影响工程进度的风险，有组织风险、管理风险、合同风险、资源（人力、物力和财力）风险和技术风险等。

4) 利用信息技术（包括相应的软件、局域网、互联网以及数据处理设备）辅助进度控制。虽然信息技术对进度控制而言只是一种管理手段，但它的应用有利于提高进度信息处理的效率、有利于提高进度信息的透明度、有利于促进进度信息的交流和项目各参与方的协同工作。尤其是在一些大型建设工程项目或者空间位置比较分散的项目中，采用专业进度控制软件有助于进度控制的实施。

（3）经济措施

工程项目进度控制的经济措施主要涉及资金需求计划、资金供应的条件和经济激励措施等。经济措施包括以下几项主要内容：

1) 编制与进度计划相适应的资源需求计划（资源进度计划），包括资金需求计划和其他资源（人力和物力资源）需求计划，以反映工程实施的各时段所需要的资源。通过对资源需求的分析，发现所编制的进度计划实现的可能性，若资源条件不具备，则应调整进度计划。资金供应条件包括可能的资金总供应量、资金来源（自有资金和外来资金）以及资金供应的时间。

2) 在工程预算中考虑加快工程进度所需要的资金，其中包括为实现进度目标将要采取的经济激励措施等所需要的费用。

（4）技术措施

工程项目进度控制的技术措施涉及对实现进度目标有利的设计技术和施工技术的选用。

1) 不同的设计理念、设计技术路线、设计方案会对工程进度产生不同的影响，在设计工作的前期，特别是在设计方案评审和选用时，应对设计技术与工程进度的关系作分析比较。在工程进度受阻时，应分析是否存在设计技术的影响因素，为实现进度目标有无进行设计变更的可能性。

2) 施工方案对工程进度有直接的影响，在选用时，不仅应分析技术的先进性和经济的合理性，还应考虑其对进度的影响。在工程进度受阻时，应分析是否存在施工技术的影响因素，为实现进度目标有无改变施工技术、施工方法和施工机械的可能性，如增加资源投入或重新分配资源、改善工器具以提高劳动效率和修改施工方案（如将现浇混凝土改为场外预制、现场安装）等。

4.3.2　投资目标控制中的纠偏措施

工程项目投资控制并不是越省越好，而是通过控制实现工程项目既定的投资目标。工程项目投资目标控制是使该工程项目的实际总投资不大于该工程项目的计划投资（业主所确定的投资目标值），即要在计划投资的范围内，通过控制的手段，实现工程项目的功能、建筑的造型和设备材料质量的优化等目标。投资控制的基本方法是在工程项目实施全过程中，以控制循环理论为指导，进行计划值与实际值的比较（分目标比较），发现偏离，及时采取纠偏措施。投资控制并非纯经济工作范畴，应从多方面采取措施，同时应尽可能借助计算机进行辅助投资控制。

当投资目标出现偏差时，在工程项目的不同阶段可采用不同的纠偏措施，总体上如表4-1所示。

项目实施各阶段投资控制的纠偏措施 表 4-1

	组织措施 （A）	管理（合同）措施 （B）	经济措施 （C）	技术措施 （D）
设计准备阶段Ⅰ	A-Ⅰ	B-Ⅰ	C-Ⅰ	D-Ⅰ
设计阶段Ⅱ	A-Ⅱ	B-Ⅱ	C-Ⅱ	D-Ⅱ
工程发包与设备 材料采购阶段Ⅲ	A-Ⅲ	B-Ⅲ	C-Ⅲ	D-Ⅲ
施工阶段Ⅳ	A-Ⅳ	B-Ⅳ	C-Ⅳ	D-Ⅳ

以下将主要从业主方角度出发，对项目实施各阶段投资控制的主要纠偏措施进行概要分析。

1. 设计准备阶段投资控制纠偏措施

（1）组织措施（A-Ⅰ）

1）选用合适的项目管理组织结构；

2）明确并落实项目管理班子中"投资控制者（部门）"的人员、任务及管理职能分工，检查落实情况；

3）检查设计方案竞赛、设计招标的组织准备情况。

（2）管理（合同）措施（B-Ⅰ）

1）分析比较各种承发包可能模式与投资控制的关系，采取合适的承发包模式；

2）从投资控制角度考虑项目的合同结构，选择合适的合同结构；

3）采用限额设计。

（3）经济措施（C-Ⅰ）

1）对影响投资目标实现的风险进行分析，并采取风险管理措施；

2）收集与控制投资有关的数据（包括类似项目的数据、市场信息等）；

3）编制设计准备阶段详细的费用支出计划，并控制其执行；

（4）技术措施（D-Ⅰ）

1）对可能的主要技术方案进行初步技术经济比较论证；

2）对设计任务书中的技术问题和技术数据进行技术经济分析或审核。

2. 设计阶段投资控制纠偏措施

（1）组织措施（A-Ⅱ）

1）从投资控制角度落实进行设计跟踪的人员、具体任务及管理职能分工，包括：设计挖潜、设计审核，概、预算审核，付款复核（设计费复核），计划值与实际值比较及投资控制报表数据处理等；

2）聘请专家作技术经济比较、设计挖潜。

（2）管理（合同）措施（B-Ⅱ）

1）参与设计合同谈判；

2）向设计单位说明在给定的投资范围内进行设计的要求；

3）以合同措施鼓励设计单位在广泛调研和科学论证的基础上优化设计。

（3）经济措施（C-Ⅱ）

1）对设计的进展进行投资跟踪（动态控制）；

2）编制设计阶段详细的费用支出计划，并控制其执行；

3）定期提供投资控制报表，以反映投资计划值和投资实际值的比较结果、投资计划值和已发生的资金支出值（实际值）的比较结果。

（4）技术措施（D-Ⅱ）

1）进行技术经济比较，通过比较寻求设计挖潜（节约投资）的可能；

2）必要时组织专家论证，进行科学试验。

3. 工程发包与设备材料采购阶段投资控制纠偏措施

（1）组织措施（A-Ⅲ）

落实从投资控制角度参加招标工作、评标工作、合同谈判工作的人员、具体任务及管理职能分工。

（2）管理（合同）措施（B-Ⅲ）

1）在合同谈判时，把握住合同价计算、合同价调整、付款方式等；

2）分析合同条款的内容，着重分析和投资相关的合同条款。

（3）经济措施（C-Ⅲ）

审核招标文件中与投资有关的内容，包括工程量清单等。

（4）技术措施（D-Ⅲ）

对各投标文件中的主要施工技术方案作必要的技术经济比较论证。

4. 施工阶段投资控制纠偏措施

（1）组织措施（A-Ⅳ）

在项目管理班子中落实从投资控制角度进行施工跟踪的人员、具体任务（包括工程计量、付款复核、设计挖潜、索赔管理、计划值与实际值比较及投资控制报表数据处理、资金使用计划的编制及执行管理等）及管理职能分工。

（2）管理（合同）措施（B-Ⅳ）

1）进行索赔管理；

2）视需要，及时进行合同修改和补充工作，着重考虑它对投资控制的影响。

（3）经济措施（C-Ⅳ）

1）进行工程计量（已完成的实物工程量）复核；

2）复核工程付款账单；

3）编制施工阶段详细的费用支出计划，并控制其执行。

（4）技术措施（D-Ⅳ）

1）对设计变更进行技术经济比较。

2）继续寻求通过设计挖潜节约投资的可能。

4.3.3　质量目标控制中的纠偏措施

1. 影响质量目标的因素

工程项目质量比一般产品的质量难以控制，出现质量问题进行纠偏也更加复杂。综合起来，影响工程项目质量目标的因素主要包括以下几个方面。

（1）人的质量意识和质量能力

人是质量活动的主体，对建设工程项目而言，人是泛指与工程有关的单位、组织及个人，包括建设单位、勘察设计单位、施工单位、工程监理及咨询服务单位和政府主管及工程质量监督、监测单位等。由于某些单位和个体的质量意识不强，违背建设程序所导致的质量问题层出不穷，甚至房屋倒塌事故也常有发生。

（2）建设工程项目的决策因素

没有经过资源论证、市场需求预测，盲目建设，重复建设，建成后不能投入生产或使用，所形成的合格而无用途的建筑产品，从根本上是社会资源的极大浪费，不具备质量的适用性特征。同样，盲目追求高标准，缺乏质量经济性考虑的决策，也将对工程质量的形成产生不利的影响。

（3）建设工程项目勘察因素

包括工程项目技术经济条件勘察和工程岩土、地质条件勘察，前者直接影响项目决策，后者直接关系工程设计的依据和基础资料。

（4）建设工程项目的总体规划和设计因素

总体规划关系到土地的合理利用，功能组织和平面布局，竖向设计，总体运输及交通组织的合理性；工程设计具体确定建筑产品或工程目的物的质量目标值，直接将建设意图变成工程蓝图，将适用、经济、美观融为一体，为建设施工提供质量标准和依据。建筑构造与结构的设计合理性、可靠性以及可施工性都直接影响工程质量。

（5）建筑材料、构配件及相关工程用品的质量因素

建筑材料、构配件及相关工程用品等是建筑生产的劳动对象。建筑质量的水平在很大程度上取决于材料工业的发展，原材料及建筑装饰装潢材料及其制品的开发，导致人们对建筑消费需求日新月异的变化，因此正确合理地选择材料，保证材料、构配件及工程用品的质量规格、性能特性符合设计规定标准，直接关系到工程项目的质量形成。

（6）建设工程项目的施工方案

工程项目的施工方案分为施工技术方案和施工组织方案。

前者指施工的技术、工艺、方法和机械、设备、模具等施工手段的配置。显然，施工技术落后、方法不当、机具有缺陷，都将对工程质量的形成产生影响。后者是指施工程序、工艺顺序、施工流向、劳动组织方面的决定和安排。通常的施工程序是先准备后施工，先场外后场内，先地下后地上，先深后浅，先主体后装修，先土建后安装等，都应在

施工方案中明确，并编制相应的施工组织设计。这些都是对工程项目的质量形成产生影响的重要因素。

（7）工程项目的施工环境

施工环境包括地质、水文、气候等自然环境及施工现场的通风、照明、安全卫生防护设施等劳动作业环境，以及由工程承发包合同结构所派生的多单位多专业共同施工的管理关系。组织协调方式及现场施工质量控制系统等构成的管理环境对工程质量的形成产生相当的影响。

2. 质量控制中的纠偏措施

由于影响质量目标的因素有多种，也很复杂，因此质量纠偏措施也有多种，从总体上可分为组织措施、管理措施（包括合同措施）、经济措施和技术措施等。

（1）组织措施

组织是进行质量问题纠偏首要考虑的因素，主要采取以下措施。

1）建立合理的组织结构模式，设置质量管理和质量控制部门，构建完善的质量保证组织体系，形成质量控制的网络系统架构。

2）明确和质量控制相关的部门和人员的任务分工和管理职能分工，如质量的实施、检查和监督由哪些部门负责，并将责任落实到人；研究并确定控制系统内部质量职能交叉衔接的界面划分和管理方式。

3）选择符合质量控制工作岗位标准的管理人员和技术人员，根据需要加强质量管理和质量控制部门的力量。

4）制定质量控制工作流程和工作制度，审查工作流程和工作制度是否有效并得到严格执行，包括：

① 确定质量控制系统组织的领导关系、报告审批及信息流转程序；

② 制定质量控制工作制度，包括质量控制例会制度、协调制度、验收制度和质量责任制度等。

（2）管理措施（包括合同措施）

在理顺组织的前提下，质量控制中的纠偏措施还应着重采取相应的管理措施，主要包括质量贯标、多单位控制、采用相关管理技术方法、采取必要合同措施、加强项目文化建设以及利用信息技术辅助质量控制和纠偏等。

1）进行贯标，建立质量保证体系。质量体系认证是质量控制的有效方法，也是进行质量问题纠偏的系统性方法，因此必须严格按照 GB/T 19000 或 ISO 9000 系列标准建立质量体系，进行质量管理和质量控制。

2）多单位控制。包括操作者自控、项目经理部控制、企业控制、工程监理单位控制、业主和设计单位控制以及质量监督单位控制和政府控制，尤其要强调操作者自控。

3）采用相关管理技术方法进行质量问题分析。包括分层法、因果分析图法、排列图法和直方图法等。

4）采取必要的合同措施。选择有利于质量控制的合同结构模式，减少分包数量，认真分析施工质量保证体系，并检查执行情况。

5）加强项目文化建设。没有约束机制的控制系统是无法使工程质量处于受控状态的，约束机制取决于自我约束能力和外部监控效力。前者指质量责任主体和质量活动主体，即组织及个人的经营理念、质量意识、职业道德及技术能力的发挥；后者指来自于实施主体外部的推动和检查监督。因此，加强项目管理文化建设对于增强工程项目质量控制系统运行机制的作用是不可忽视的。

6）利用信息技术辅助质量控制和纠偏。包括质量数据库的建立，探测技术的应用，远程监控系统的应用，质量数据的采集、分析和管理等。

（3）经济措施

工程项目质量控制系统的活力在于它的运行机制，而运行机制的核心是动力机制，动力机制来源于利益机制。因此，在进行质量控制和质量纠偏时，除了采取一定的合同措施外，还应该采取一定的经济措施。例如，对出现质量问题的单位和个人进行经济处罚，对达到质量计划目标的单位或个人采取一定的经济激励措施；进行质量保险，通过保险转移质量风险等。

（4）技术措施

质量问题纠偏的技术措施有很多，在实施过程中，可以结合工程实际情况，主要采用下列两种措施处理质量问题。

1）整修与返工

整修主要是针对局部性的、轻微的且不会给整体工程质量带来严重影响的质量缺陷，如对钢筋混凝土结构的局部蜂窝、麻面、道路结构层实度不足等问题的处理。这类质量问题一般通过整修即可得到处理，不会影响工程总体的关键性技术指标。

返工的决定应建立在认真调查研究的基础上。是否返工，应视缺陷经过补救后能否达到规范标准而定。补救，并不意味着规范标准的降低，补救后仍不能满足标准的工程必须返工。如某承包人为赶工期曾在雨中铺筑沥青混凝土，监理工程师只得责令承包人将已经铺完的沥青面层全部推除重铺；一些无法补救的低质涵洞也被炸掉重建；温度过低或过高的沥青混合料在现场被监理工程师责令报废等。

2）综合处理方法

综合处理方法主要是针对较大的质量事故而言。这种处理办法不像返工和整修那样简单具体，它是一种综合的缺陷（事故）补救措施，能够使得工程缺陷（事故）以最小的经济代价和工期损失重新满足规范要求。处理的办法因工程缺陷（事故）的性质而异，性质的确定则以大量的调查及丰富的施工经验和技术理论为基础。具体做法有组织联合调查组、召开专家论证会等方式。实践证明，这是一条合理解决这类问题的有效途径。

尽管有很多纠偏措施，但仍有很多质量问题是难以纠偏的，可能造成永久性的质量问题。因此，质量控制应强调事前预控，通过事前预控消除质量隐患，实现预期的项目质量目标。

4.4　风险管理在项目目标控制中的应用

风险管理作为一门独立的学科，产生于 20 世纪 50 年代，其在工程项目管理中的应用则开始于 20 世纪 80 年代。美国项目管理协会编写的《项目管理知识体系指南》中指出，风险管理是项目管理九大知识体系之一。

4.4.1 风险与风险管理基本理论

1. 风险的含义

风险指的是损失的不确定性。建设工程项目的风险是指可能出现的影响项目目标实现的不确定因素。

(1) 风险的内涵

对风险内涵的理解主要包括以下三个方面:

1) 风险与不确定性

不确定性是某一事件的预期结果与实际结果间的变动。由于不确定因素的影响,对于一个特定的事件或活动,人们不能确知最终会产生什么样的结果或者事先辨识各种可能结果,并且难以确定或估计它们发生的概率,这就是不确定性。风险是有条件的不确定性,只是不确定未来是何种状态,而对每种状态发生的概率以及每种状态的后果是知道的,或者是可以估计的。

2) 风险与损失

不确定性的结果是多样的。风险是一种必然会导致不良后果的不确定性,即损失的不确定性。不会产生不良后果的不确定性一般不称为风险。

3) 风险的可测性

不确定性的可能结果是多样的,难以度量,而风险是可以度量的。个别的风险事件是很难预测的,但可以对其发生的概率进行分析,并可以评估其发生的影响,同时利用分析预测的结果为人们的决策服务,预防风险事件的发生,减少风险发生造成的损失。风险的可测性是风险管理学科建立和发展的基础。

(2) 风险的特性

风险具有以下特性:

1) 客观性

风险的存在是不以人的意志为转移的,决定风险的因素是客观存在的,一旦条件成熟,风险事件就会发生。

2) 随机性

风险是客观存在的,但风险事件的发生是随机的、偶然的。从总体上说,风险事件的发生是必然的,带有普遍性,但具体风险事件的发生带有偶然性。

3) 相对性

不同主体对风险的承受能力是不一样的,风险承受能力受主体的地位和所拥有的资源等因素的影响,如业主方和保险公司对工程风险的承受能力是不一样的,保险公司甚至可以从风险管理中获利。

4) 可变性

风险的性质和后果随着活动或事件的发展而变化。一是风险性质的变化,随着时间的进程,某些风险事件或因素可能不再成为风险。二是随着人们对风险的认识、预测和防范水平的提高,风险量会降低。三是随着管理水平的提高、技术的进步以及采取的风险管理措施,原有的风险因素将会发生变化,某些风险因素可能会消除,也可能会导致新的风险因素产生。

2. 风险管理的概念

风险管理是为了达到一个组织的既定目标，而对组织所承担的各种风险进行管理的系统过程，即一个组织通过风险识别、风险分析和风险评估去认识风险，并在此基础上合理地使用回避、抑制、自留或转移等方法和技术对活动或事件所涉及的风险实行有效的控制，妥善地处理风险事件造成的后果，以合理的成本保证实现预定的目标。

3. 风险管理的程序

风险管理是一个连续不断的过程。工程项目风险管理可以面向建设全过程，也可以面向某个阶段或某项任务，如施工阶段的投资控制。风险管理一般包括以下几个步骤：

（1）风险识别

对影响工程项目的各种因素进行分析，确定项目存在的风险。

（2）风险分析与评估

对存在的单个风险进行量化分析，估算风险事件的损失程度和发生的概率，确认风险出现的时间和影响范围，衡量其风险量，在此基础上形成风险清单；综合考虑各种风险对项目目标的影响，确定不同风险的严重程度顺序，确定风险应对措施及各种措施的成本，论证风险成本效益。

（3）风险应对策略开发

制定风险管理方案，采取措施避免风险的发生或减少风险造成的损失，即降低风险量。

（4）风险应对的控制

在项目实施过程中，评估风险应对工作的效果，及时发现和评估新的风险，监视残留风险的变化情况，在此基础上对风险管理方案进行调整。

4.4.2 工程项目的风险与风险管理

1. 工程项目的风险因素

工程项目由于具有建设周期较长这一客观特性，将遇到较多的风险因素，加上自身及所处环境的复杂性，使人们很难全面、系统地识别其风险因素。因此，要从以系统地完成工程项目的角度出发，对可能影响项目的风险因素进行识别。

（1）政治风险

政治风险是指由于国家政局和政策变化、罢工、国际局势变化、战争、动乱等因素引起社会动荡而造成财产损失以及人员伤亡的风险。政治因素是一种非常重要的风险源，在国际领域中，政治环境就更加复杂。可以说，无论工程项目的建设地点在什么地方，无论是项目参与各方的哪一方，都需要承担政治风险。政治风险包括宏观和微观方面。宏观政治风险是指在一个国家内对所有经营者都存在的风险，一旦发生这类风险，大家都可能受到影响，如全局性的政治事件，出现这类风险，该国的所有企业均受影响，无一例外。而微观政治风险则仅是局部受影响，一部分人受益而另一部分人受害，或仅有一部分行业受害而其他行业不受影响的风险。

（2）经济风险

经济风险是指人们在从事经济活动中，由于经营管理不善、市场预测失误、贸易条件变化、价格波动、供求关系转变、通货膨胀、汇率或利率变动等原因所导致的经济损失的风险，是一个国家在经济实力、经济形势及解决经济问题的能力等方面潜在的不确定因素构成的经济领域的可能后果。

（3）工程风险

工程风险是指工程在设计、施工及移交运营的各个阶段可能遭受的、影响项目系统目标实现的风险。工程项目实施涉及业主、设计单位、施工单位、供货单位、咨询单位等，工程风险中的有些风险对参与各方来说是共有的，而有些则对某一方是风险，对另一方可能就不是风险。

需要指出的是，前面所述的政治风险、经济风险以及社会风险均带有普遍性，在任何一个国家，只要发生这类风险，各行各业都会受到影响。而工程风险则不然，它仅涉及工程项目，其风险的主体只限于项目参与各方，其他行业并不受其影响。

工程风险主要由以下原因造成。

1）自然风险

自然风险是指由于大自然的影响而造成的风险，一般包括三个方面的风险：

① 恶劣的天气情况，如严寒、台风、暴雨等都会对工程建设产生影响；

② 未曾预料到的工程水文地质条件，如洪水、地震、泥石流等；

③ 未曾预料到的一些不利地理条件等。

2）决策风险

决策风险主要是指在投资决策、总体方案确定、设计或施工单位的选择等方面的失误，若决策出现偏差，将会对工程产生决定性的影响。

3）组织与管理风险

组织风险是指由于项目有关各方关系不协调以及其他不确定性因素而引起的风险。由于项目有关各方参与项目的动机和目标不一致，将会影响合作者之间的关系、影响项目进展和项目目标的实现。组织风险还包括项目组织内部不同部门对项目的理解、态度和行动不一致而产生的风险，以及因项目内部对不同工程目标的组织安排欠妥、缺乏对项目优先目标的排序、不同项目目标之间发生冲突而造成工程损失的风险。

管理风险是指由于项目管理人员管理能力不强、经验不足、合同条款不清楚、不按照合同履约、工人素质低下、劳动积极性低、管理机构不能充分发挥作用等造成的影响。

4）技术风险

技术风险是指在项目实施过程中遇到各种技术问题（如地基条件复杂，资源供应条件差或发生变化，工程施工技术专业度高、难度高等）所要承担的风险。一般表现为在方案选择、工程设计及施工过程中由于技术标准的选择、计算模型的选择、安全系数的确定等方面出现偏差而形成的风险。

5）责任风险

在工程项目的整个开发过程中，所有项目参与主体的行为是基于合同当事人的责任、权利和义务的法律行为，任何一方都需要向合同对方承担相应的责任；同时，工程项目涉及社会大众的利益，项目各参与方还对社会负有义务。行为责任风险是指由于项目管理人员的过失、疏忽、侥幸、恶意等不当行为造成财产损失或人员伤亡的风险。

2. 工程项目风险管理的目标

风险管理是一项目的性很强的工作，没有目标，风险管理就无从开展，只有通过目标，才能确定风险管理的方向，并且对风险管理的效果作出评价。风险管理的目标和企业目标一样，具有多样性。总的来说，风险管理的两个主要目标是减缓风险和使风险管理的成本最小化。

对于工程项目来说，参与项目实施活动的不同主体均存在不同程度的风险，均需要进行风险管理。表 4-2 为工程项目的风险因素和风险承担主体。毫无疑问，项目风险对项目的实施是一个威胁，因此风险管理是工程项目管理的重要内容。要真正搞好项目的风险管理，必须确立具体的目标，制定具体的指导原则，规定风险管理的责任范围。

工程项目的风险因素和风险承担主体　　　　　　　　　　表 4-2

风险类型	风险因素	风险主要承担主体
政治风险	政府政策、民众意见和意识形态的变化、宗教、法规、战争、恐怖活动、暴乱	发展商、承包商、供货商、设计单位、工程监理单位
环境风险	环境污染、许可权、民众意见、国内/社团的政策、环境法规或社会习惯	发展商、承包商、监理单位
计划风险	许可要求、政策和惯例、土地使用、社会经济影响、民众意见	发展商
市场风险	需求、竞争、经营观念落后、顾客满意程度	发展商、承包商、设计单位、工程监理单位
经济风险	财政政策、税制、物价上涨、利率、汇率	发展商、承包商
融资风险	破产、利润、保险、风险分担	发展商、承包商、供货商
自然风险	不可预见的地质条件、气候、地震、火灾或爆炸、考古发现	发展商、承包商
项目风险	采购策略、规范标准、组织能力、施工经验、计划和质量控制、施工程序、劳力和资源、交流和文化	发展商、承包商
技术风险	设计充分、操作效率、安全性	发展商、承包商
人为风险	错误、无能力、疏忽、疲劳、交流能力、文化、缺乏安全、故意破坏、盗窃、欺骗、腐败	发展商、承包商、设计单位、工程监理单位
安全风险	规章、危险物质、冲突、倒塌、洪水、火灾或爆炸	发展商、承包商

建设工程项目决策、实施、运营的不同阶段，项目风险管理的处境及所追求的目标不一样，面临的风险因素不同，风险管理的重点和方法也会有所不同。由于不同阶段风险管理的目标不一致，因此，对于工程项目来说，风险管理的目标并不是单一不变的，而应该是一个有机的目标系统。在总的风险控制的目标下，不同阶段需要有不同阶段的风险管理目标。当然，风险管理目标必须与项目管理的总目标一致，包括项目的盈利、形象、信誉及影响等；同时，风险管理的目标必须与项目的环境因素和项目的特有属性相一致，包括最终用户、项目投资决策人的需要和期望等。

3. 工程项目风险管理的组织

工程项目风险管理组织主要指为实现风险管理目标而建立的组织结构，没有一个健全、合理和稳定的组织结构，项目风险管理活动就不能有效地进行。

风险管理要求团队的智慧以及建设与运营专家的经验，并且不能由一个人来独立决策。要整合一个合适的团队来管理风险，需要在经过充分思考的基础上进行慎重的行动。

项目风险的管理组织具体如何设立、采取何种方式、需要多大规模，取决于多种因素，其中决定性因素是项目风险的特点。

项目风险存在于项目所有阶段和方面，因此项目风险管理职能必然分散于项目管理的所有方面，管理团队的所有成员都负有一定的风险管理责任。但是，如果因此而无专人专职对项目风险管理负起责任，项目风险管理就要落空。

4. 工程项目风险控制的方法

通常情况下，对风险的应对，一是采取措施防患于未然，尽可能地消除或减轻风险，将风险的发生控制在一定的程度下；二是通过适当的风险转移安排，减轻风险事件发生后对项目目标的影响。工程项目风险控制的方法主要包括以下四种：

（1）风险回避

通过风险分析与评估，取消风险量很大并且没有有效措施降低风险量的事件，以避免风险的出现。如放弃一些先进但不成熟、技术难度大、风险高的工艺。风险回避是一种有效的、普遍采用的方法，但是当回避一项风险时，也失去了潜在的获得效益的机会，还会在很多时候阻碍技术的创新和发展。风险管理者必须综合考虑风险成本和效益。

（2）风险抑制

通过采取措施，降低风险事件发生的概率，减少风险事件造成的损失。风险减轻的方法不能完全消除风险，会存在残余的风险。对风险量大、风险无法回避和转移的事件，通常采用风险抑制。风险管理者要考虑所采取措施的成本。

（3）风险自留

自己承担风险造成的全部损失或部分损失。对风险量小以至于不便采取其他方式控制的风险，或者自己不得不承担的风险（如残余风险等），采取风险自留。采取风险自留，必须对风险作出比较准确的评估，使自身具有相应的承担能力；同时，应制定风险应急计划，包括应急费用和应急措施等。

（4）风险转移

通过某种方式，将某些风险的后果连同应对风险的权利和责任转移给他人，自己不再直接面对风险。风险量大的事件，自己又不具备承担能力，通常采用这种方式。工程项目风险转移的方式包括工程保险、担保和合同条件约定等。

通过工程保险，将工程项目可能会遇到的某些类型的风险转移，由保险公司承担。并不是工程项目中的任何风险都可以通过保险来转移。能够投保的风险，通常称为可保风险。可保风险一般说来具备以下特点，即风险是偶然的、意外的，往往损失巨大而且损失是可以较准确地计量的。

通过担保，将工程项目风险转移给担保公司或银行。在工程项目招投标和合同管理中经常应用担保，如业主方在工程或材料设备招标过程中，要求投标人提供投标担保或投标保证金；投标人中标后，在签订合同时要求投标人提供履约保函；在签订合同时，要求招标人提供付款担保等。

合理地制定合同条件，可以达到风险转移的目的。如针对不同工程项目，采取不同的合同计价方式，包括固定总价合同、单价合同或成本加酬金合同等；在合同中约定业主方指定分包的工程，约定对施工单位自行分包的限制和审查等。

复习思考题

1. 什么是主动控制，什么是被动控制，各有什么特点？

2. 简述工程项目目标动态控制的工作步骤。

3. 简述 PDCA 循环原理的主要内容。

4. 在进行投资控制时，需要进行投资计划值和实际值的比较，请分别说明在设计阶段和施工阶段各进行哪些计划值和实际值的比较。

5. 简述工程项目目标动态控制的纠偏措施。

6. 简述风险的概念、内涵和特性。

7. 风险管理的程序是什么？

8. 工程项目包括哪些主要风险要素，风险控制有哪些方法？

工程项目采购是项目实施过程中的一个重要环节，采购工作的结果将直接表现为选择哪些单位参与项目的实施，以及对设计、施工和采购等具体实施任务的分工和落实。因此，采购工作的结果将直接影响工程项目的投资、进度和质量控制，采购管理是工程项目管理工作的一个重要内容。本章内容包括工程项目采购的基本原则、采购程序和方法、工程发包的基本模式以及采购方式的发展趋势等。

5.1 工程项目采购

工程项目采购的含义有广义和狭义之分。狭义的采购是指购买工程实施所需要的材料、设备等物资。而广义的采购则包括委托设计单位、委托咨询服务单位、工程施工任务的发包等。本章所要讲的是广义的工程项目采购，是指采购人通过购买、租赁、委托或雇佣等方式获取工程、货物或服务的行为。

首先，工程项目采购的对象可能是工程、货物或咨询服务。工程是指各类房屋和土木工程建造、设备安装、管道线路敷设、装饰装修等建设以及附带的服务。货物是指各种各样的物品，包括原材料、产品、设备和固态、液态或气态物体和电力，以及货物供应的附带服务。咨询服务是指除工程和货物以外的任何采购对象，如勘察、设计、工程咨询、工程监理等服务。世界银行贷款项目中的咨询服务指顾问性和咨询性的服务，如政策建议、机构改革建议、管理服务（包括项目鉴定、准备和实施）、工程服务（包括可行性研究、设计、工程监理）、财务服务、采购服务、社会和环境研究等。因此，工程项目采购既包括工程和货物的采购，也包括服务的采购。其次，采购的方式可以是购买、租赁、委托或雇佣等。

以下简要介绍工程项目采购的基本原则、方法、程序和组织等。

5.1.1 采购的原则

采购的目的是通过适当的采购程序和采购方法，经济、

5

工程项目采购管理

高效地获得满足要求的采购对象。为了实现这个目的，需要通过适当的竞争性采购程序，并且要保证采购过程的公开、公平和公正，即采购的基本原则是公开、公平和公正。

世界银行在其贷款项目的工程和货物采购指南中提出，尽管项目实施所遵循的具体采购规则和程序取决于项目的具体情况，但世行对货物和工程采购的要求一般是出于以下四个方面的考虑：①项目的实施需要经济性和效率性，包括所需工程和货物的采购；②向所有合格投标人提供同样的信息和平等的机会；③促进借款国的承包业和制造业的发展；④采购过程的透明性。这些要求正是公开、公平和公正的体现，当然，最终的目的是经济和高效。基于咨询服务的特点，世行在其专门的采购指南中提出高质量服务的重要性，并将其列为采购原则的第一要素。世行的采购既有严格的原则性，又有适度的灵活性。

《中华人民共和国政府采购法》（以下简称《政府采购法》）规定，政府采购应当遵循公开透明原则、公平竞争原则、公正原则和诚实信用原则。

《中华人民共和国招标投标法》（以下简称《招标投标法》）第5条规定："招标投标活动应当遵循公开、公平、公正和诚实信用的原则。"这些原则是招标采购过程中各项活动的基本准则。

1. 公开原则

招标投标活动的公开原则首先要求招标活动的信息要公开。

采用公开招标方式的，应当发布招标公告。依法必须进行招标的项目，招标公告必须通过国家指定的报刊、信息网络或者其他公共媒介发布。无论是招标公告、资格预审公告，还是投标邀请书，都应当载明可供潜在投标人决定是否参加投标竞争所需要的信息。另外，开标的程序、评标的标准和程序、中标的结果等都应当公开。

当然，信息的公开也是相对的，对于一些需要保密的事项是不能公开的。例如，评标委员会成员的名单在确定中标结果之前就不能公开。

2. 公平原则

招标投标活动的公平原则，要求招标人或评标委员会应严格按照规定的条件和程序办事，平等地对待每一个投标竞争者，不得对不同的投标竞争者采用不同的标准。招标人不得以任何方式限制或者排斥本地区、本系统以外的法人或者其他组织参加投标。

3. 公正原则

在招标投标活动中，招标人或评标委员会的行为应当公正，对所有的投标竞争者都应平等对待，不能有特殊倾向。特别是在评标时，评标标准应当明确、严格，对所有在投标截止日期以后送到的投标书都应拒收，与投标人有利害关系的人员都不得作为评标委员会的成员。招标人和投标人双方在招标投标活动中的地位平等，任何一方不得向另一方提出不合理的要求，不得将自己的意志强加给对方。

公正的原则与公平的原则有共同点，也有不同点。其共同之处在于创造一个公平合理、平等竞争的投标机会。其不同之处在于二者的着眼点不同，公平原则更侧重于从投标者的角度出发，考察是不是所有的投标人都处于同一个起跑线上；而公正原则更侧重于从招标人和评标委员会的角度出发，考察是不是对每一个投标人都给予了公正的待遇。

4. 诚实信用原则

诚实信用是民事活动的一项基本原则，招标投标活动是以订立采购合同为目的的民事活动，当然也适用这一原则。诚实信用原则要求招标投标各方都要诚实守信，不得有欺骗、背信的行为。例如，在投标的过程中，如果投标人假借别的企业的资质弄虚作假来投标，即违反了这一原则。由于招标投标的活动是处于订立合同的过程中，按照《中华人民共和国合同法》的规定，如果一方在订立合同的过程中违背了诚实信用的原则并给对方造成了实际的损失，责任方将承担缔约过失责任。

5.1.2　采购的方式

项目采购的方式有多种，可以根据项目采购的对象、项目的特点和要求等选择确定。

《政府采购法》中规定，政府采购采用以下方式：公开招标、邀请招标、竞争性谈判、单一来源采购、询价和其他采购方式。公开招标应作为政府采购的主要采购方式。

2000 年 1 月 1 日起施行的《招标投标法》规定，下列建设工程项目的勘察、设计、施工、工程监理以及与工程建设有关的重要设备、材料等的采购，必须进行招标采购：

（1）大型基础设施、公用事业等关系社会公共利益、公众安全的项目；

（2）全部或者部分使用国有资金投资或者国家融资的项目；

（3）使用国际组织或者外国政府贷款、援助资金的项目。

《招标投标法》规定的招标采购分为公开招标和邀请招标两种方式。

世界银行贷款项目中的工程和货物的采购，按照其采购指南的要求，可以采用国际竞争性招标、有限国际招标、国内竞争性招标、询价采购、直接签订合同和自营工程等采购方式。其中，国际竞争性招标和国内竞争性招标都属于公开招标，而有限国际招标则相当于邀请招标，直接签订合同则是针对单一来源的采购。

世界银行、亚洲开发银行将咨询服务招标称为征询建议书（Request for Proposal，简称 RFP），咨询服务投标称为提交建议书，咨询服务投标书称为建议书，咨询服务评标称为评审建议书。

5.1.3　招标采购的基本程序

无论采购的内容是货物、工程，还是服务，招标采购的基本程序是类似的。工程施工招标的基本程序，如图 5-1 所示。

以下概要说明工程施工招标采购的基本程序。

1. 招标采购的准备工作

（1）成立招标组织

应当招标的建设工程项目在办理报建登记手续后，已满足招标条件的，应成立招标的组织，即由专门的机构负责组织招标，办理招标事宜。

可以由建设单位自行组织招标或委托招标代理公司组织招标投标活动。

招标人不具备自行招标能力的，应当委托具备相应资质的招标代理机构代为办理招标事宜。《招标投标法》第十二条规定："招标人有权自行选择招标代理机构，委托其办理招标事宜。任何单位和个人不得以任何方式为招标人指定招标代理机构。"

（2）办理招标备案手续和招标申请

《招标投标法》第十二条规定："依法必须进行招标的项目，招标人自行办理招标事宜的，应当向有关行政监督部门备案。"

计划招标的项目在招标之前需要向政府主管机构提交招标申请，包括招标单位的资质、招标工程具备的条件、拟采用的招标方式和对投标人的要求等。

（3）编制招标文件和标底

建设单位自行组织招标的，一般由建设单位自行准备招标文件。委托招标代理公司招标的，一般由招标代理公司准备招标文件。

招标文件是投标单位编制投标书的主要依据。采购招标的内容（标的）不同，其招标文件的内容也有所区别。对施工招标文件，其主要内容一般有：

1）投标邀请书；

2）投标人须知；

3）合同主要条款；

4）投标文件格式；

5）采用工程量清单招标的，应当提供工程量清单；

6）技术条款；

7）设计图纸；

8）评标标准和方法；

9）投标辅助材料等。

招标文件的具体内容参见第二篇第 12 章的有关内容。

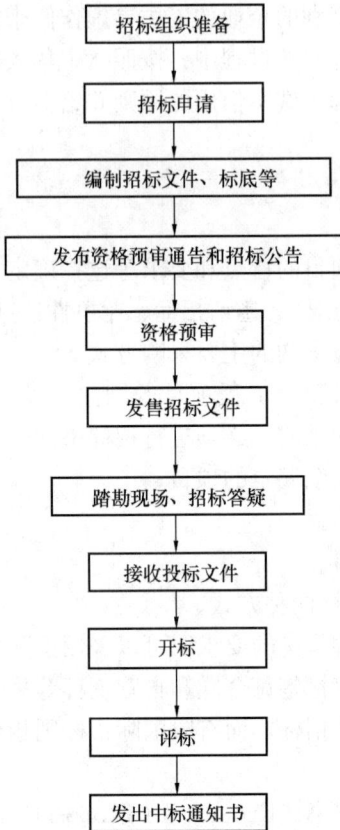

图 5-1　工程施工招标采购程序

制定标底是招标的一项重要准备工作。标底是投标工程的预期价格，是对市场价格的预测。标底的作用，一是使建设单位预测拟采购内容的价格，从而进行投资预测和相关准备；二是作为衡量投标报价的准绳，也就是评标的主要尺度之一。

《工程建设项目施工招标投标办法》第三十四条指出："编制标底的标底编制过程和标底必须保密。"又指出"…不得强制招标人编制或报审标底，招标项目可以不设标底，进行无标底招标。"

2. 发布招标公告或发出投标邀请书

（1）发布招标公告

《招标投标法》第十六条规定："招标人采用公开招标方式的，应当发布招标公告。依法必须进行招标的项目的招标公告，应当通过国家指定的报刊、信息网络或者其他媒介发布。"

（2）发出投标邀请书

关于受邀单位的数量和资质，《招标投标法》第十七条第一款规定："招标人采用邀请招标方式，应当向三个以上具备承担招标项目的能力、资信良好的特定的法人或者其他组织发出投标邀请书。"

3. 对投标单位进行资质审查，并将审查结果通知各申请投标者

《招标投标法》第十八条规定："招标人可以根据招标项目本身的要求，在招标公告或者投标邀请书中，要求潜在投标人提供有关资质证明文件和业绩情况并对潜在投标人进行资格审查；国家对投标人的资格条件有规定的，依照其规定。

招标人不得以不合理的条件限制或者排斥潜在投标人，不得对潜在投标人实行歧视待遇。"

资格预审文件一般应当包括资格预审申请书格式、申请人须知，以及需要投标申请人提供的企业资质、业绩、技术装备、财务状况和拟派出的项目经理与主要技术人员的简历、业绩等证明材料。

《工程建设项目施工招标投标办法》第十九条规定："经资格后审后，招标人应当向资格预审合格的潜在投标人发出资格预审合格通知书，告知获取招标文件的时间、地点和方法，并同时向资格预审不合格的潜在投标人告知资格预审结果。资格预审不合格的潜在投标人不得参加投标。经资格后审不合格的投标人的投标应作废标处理。"

4. 发售招标文件

招标文件、图纸和有关技术资料发放给通过资格预审获得投标资格的投标单位。不进行资格预审的，发放给愿意参加投标的单位。

5. 组织投标单位踏勘现场，并对招标文件答疑

《招标投标法》第二十一条规定："招标人根据招标项目的具体情况，可以组织潜在投标人踏勘项目现场。"

（1）招标人工作

招标文件发售后，招标人要在招标文件规定的时间内组织投标人踏勘现场并对潜在投标人针对招标文件及现场提出的问题进行答疑。招标人组织投标人踏勘现场的主要目的，是让投标人了解工程现场和周围环境情况，获取必要的信息。

（2）投标人工作

投标人拿到招标文件后，应进行全面细致的调查研究，若有疑问或不清楚的问题需要招标人予以澄清和解答的，应在收到招标文件后的一定期限内以书面形式向招标人提出。为获取与编制投标文件有关的必要的信息，投标人要按照招标文件中注明的现场踏勘和投标预备会的时间和地点，积极参加现场踏勘和投标预备会。

投标人在去现场踏勘之前，应先仔细研究招标文件有关概念的含义和各项要求，特别是招标文件中的工作范围、专用条款以及设计图纸和说明等，然后有针对性地拟订出踏勘提纲，确定重点需要澄清和解答的问题，做到心中有数。

（3）对投标人疑问的解答

投标人对招标文件或者在现场踏勘中如果有疑问或有不清楚的问题，应当用书面的形式要求招标人予以解答。招标人收到投标人提出的疑问或不清楚的问题后，应当给予解释和答复，并将解答同时发给所有获取招标文件的投标人。

6. 投标人编制投标文件

《招标投标法》第二十四条规定："招标人应当确定投标人编制投标文件所需要的合理时间；但是，依法必须进行招标的项目，自招标文件开始发售之日起至投标人提交投标文件截止之日止，最短不得少于 20 日。"

7. 签收投标文件

为了保证招标投标活动的公正和有序，招标人签收投标文件必须严格遵守法律的规定。

《招标投标法》第二十八条规定：招标人收到投标文件后，应当签收保存，不得开启。在招标文件要求提交投标文件的截止时间后送达的投标文件，招标人应当拒收。

《工程建设项目施工招标投标办法》第三十八条规定：投标人应当在招标文件要求提交投标文件的截止时间前，将投标文件密封送达投标地点。招标人收到投标文件后，应当向投标人出具标明签收人和签收时间的凭证，在开标前任何单位和个人不得开启投标文件。

提交投标文件的投标人少于三个的，招标人应当依法重新招标。重新招标后投标人仍少于三个的，属于必须审批的建设工程项目，报经原审批部门批准后可以不再进行招标；其他建设工程项目，招标人可自行决定不再进行招标。

8. 开标

（1）开标的时间和地点

开标应当在招标文件确定的提交投标文件截止时间的同一时间公开进行；开标地点应当为招标文件中确定的地点；开标应该在投标人代表到场的情况下公开进行；开标会应该有开标记录。

采用单信封法投标，应该检查标书格式、技术资料、工程量清单报价或者总报价单、投标担保等。

采用双信封法投标，即将技术和财务标书分别放在两个信封中，评标时分两个步骤：首先，开技术标书的信封（而且只打开技术标书的信封），审查并确定技术的响应性；其次，才打开那些技术响应的投标书的财务标书，而那些技术不响应的投标书将被退回，根本不需要打开。

有的采购招标本身就分两步，所以叫做两步法招标。两步法招标适用于那些具有不同的技术解决方案的项目，如工艺设备、大型桥梁、信息技术系统开发等。对这类项目的招标，第一步，可以要求投标人提出技术建议书，业主与投标人讨论并确定技术规格；第二步，可以根据修改过的技术规格，要求投标人提出报价。

（2）废标的条件

投标或者投标文件属下列情况之一的，作为废标处理：

1）逾期送达的或者未送达指定地点的；

2）未按招标文件要求密封的；

3）无单位盖章并无法定代表人或法定代表人授权的代理人签字或盖章的；

4）未按规定的格式填写，内容不全或关键字迹模糊、无法辨认的；

5）投标人递交两份或多份内容不同的投标文件，或在一份投标文件中对同一招标项目报有两个或多个报价，且未声明哪一个有效（按招标文件规定提交备选投标方案的除外）；

6）投标人名称或组织结构与资格预审时不一致的；

7）未按招标文件要求提交投标保证金的；

8）联合体投标未附联合体各方共同投标协议的。

9. 评标

评标分为评标的准备与初步评审工作、详细评审、编写评标报告等过程。评标结束应该推荐中标候选人。评标委员会推荐的中标候选人应当限定在1～3人，并标明排列的顺序。对工程、货物和服务等采购的评标方法参考第二篇第 12 章的有关内容。

10. 中标

（1）确定中标人的时间和发出中标通知书

评标委员会提出书面评标报告后，招标人一般应当在 15 日内确定中标人，但最迟应当在投标有效期结束日前 30 个工作日内确定，并发出中标通知书。

（2）订立书面合同

招标人和中标人应当自中标通知书发出之日起 30 日内，按照招标文件和中标人的投标文件订立书面合同。

中标人应按照招标人要求提供履约担保，招标人也应当同时向中标人提供工程款支付担保。招标人与中标人签订合同后 5 个工作日内，应当向中标人和未中标的投标人退还投标保证金。

（3）招标投标情况的书面报告

依法必须进行施工招标的项目，招标人应当自发出中标通知书之日起 15 日内，向有关行政监督部门提交招标投标情况的书面报告。

书面报告应包括下列内容：招标范围；招标方式和发布招标公告的媒介；招标文件中投标人须知、技术条款、评标标准和方法、合同主要条款等内容；评标委员会的组成和评标报告；中标结果。

5.1.4 采购的组织

项目建设单位（业主）要将建设任务委托出去，由不同的组织去完成有关建设任务，应由专门的采购工作小组或有关部门，负责招标采购的各项工作。例如，某市机场迁建工程总投资约 200 亿元人民币，建设指挥部就成立了专门的招标采购部，由 7～8 个人组成，专门从事工程、设备、设计、咨询等的招标采购工作。

对有些业主来说，自己不具备招标采购方面的人力，可以委托专业的咨询公司——招标代理机构协助进行招标采购工作。《招标投标法》第十二条规定："招标人具有编制招标文件和组织评标能力的，可以自行办理招标事宜。任何单位和个人不得强制其委托招标代理机构办理招标事宜。""依法必须进行招标的项目，招标人自行办理招标事宜的，应当向有关行政监督部门备案。"

关于招标代理机构，《招标投标法》第十三条规定：招标代理机构是依法设立、从事招标代理业务并提供相关服务的社会中介组织。招标代理机构应当具备下列条件：

（1）有从事招标代理业务的营业场所和相应资金；

（2）有能够编制招标文件和组织评标的相应专业力量；

（3）有符合规定条件、可以作为评标委员会成员人选的技术、经济等方面的专家库。

另外，对于已经获得施工总承包资格或项目总承包资格的单位，可以依法将部分建设任务分包出去，其分包单位的选择也可以通过招标方式进行。即使没有分包工作，不采取分包方式，也可能存在大量的物资采购工作。无论是否采用招标方式，都需要有一定的组织（部门或工作小组）负责这些采购工作。对于施工总承包单位或项目总承包单位，一般都有负责采购的专门人员或部门，较少采用委托代理机构进行采购的方式。

5.2　工程项目采购的基本模式

5.2.1　施工平行发包

1. 平行发包的含义

平行发包，又称为分别发包，是指发包方根据工程项目的特点、项目进展情况和控制目标的要求等因素，将工程项目按照一定原则分解，将设计任务分别委托给不同的设计单位，将施工任务分别发包给不同的施工单位，各个设计单位和施工单位分别与发包方签订设计合同和施工合同。平行发包的合同结构图，如图 5-2 所示。

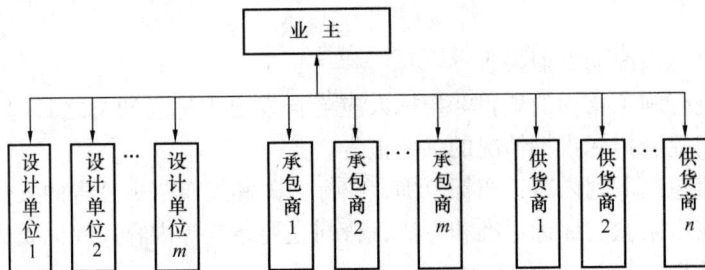

图 5-2　平行发包模式的合同结构图

2. 施工平行发包

在施工平行发包模式中，业主将不同的施工任务分别委托给不同的施工单位，各个施工单位分别与业主签订合同，各个施工单位之间的关系是平行关系。

一般情况下，在通过招标选择承包人时，该部分工程的施工图已经完成，每个合同都可以实行总价合同。

对施工任务的平行发包，发包方可以根据工程项目结构进行分解发包，也可以根据工程项目施工的不同专业系统进行分解发包。

例如，某办公楼建设工程中，业主将打桩工程发包给甲施工单位，将主体土建工程委托给乙施工单位，将机电安装工程委托给丙施工单位，将精装修工程委托给丁施工单位等，如图 5-3 所示。

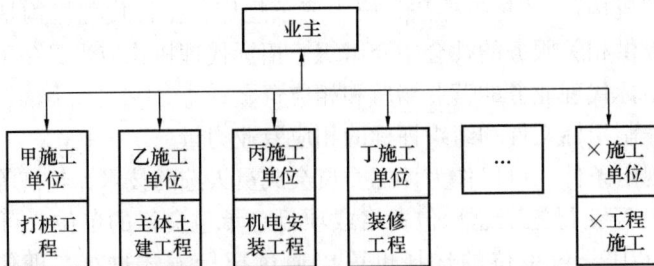

图 5-3　施工平行发包案例——某房屋建筑工程施工合同结构

某地铁工程施工中，业主将 14 座车站的土建工程分别发包给 14 个土建施工单位，14 座车站的机电安装工程分别发包给 14 个机电安装单位，就是典型的施工平行发包模式。

施工平行发包的特点如下。

（1）投资控制

1）每一部分工程的发包，都以施工图设计为基础，投标人进行投标报价较有依据；

2）每一部分工程的发包，业主都可以按照期望的标准和要求选择满意的承包单位（如价格最低，或者进度最快，或质量可靠、信誉最好等）；

3）对业主来说，要等最后一份合同签订后才知道整个工程的总投资，对投资的早期控制不利。

（2）进度控制

1）某一部分施工图完成后，即可开始这部分工程的招标，开工日期提前，可以边设计边施工，缩短建设周期；

2）由于要进行多次招标，业主用于招标的时间较多；

3）施工总进度计划的编制和控制由业主负责；由不同单位承包的各部分工程之间的进度计划及其实施的协调由业主负责（业主直接管理各施工单位似乎控制力度大，但矛盾集中，业主的管理风险大）。

（3）质量控制

1）符合质量控制上的"他人控制"原则，不同分包单位之间能够形成一定的控制和制约机制，对业主的质量控制有利；

2）合同交互界面比较多，应非常重视各合同之间界面的定义和管理，否则对质量控制不利。

（4）合同管理

1）业主要负责所有合同的招标、谈判、签约，招标及合同管理工作量大；

2）业主在每个合同中都会有相应的责任和义务，签订的合同越多，业主的责任和义务就越多；

3）业主要负责对多个合同的跟踪管理，工作量较大。

（5）组织与协调

1）业主直接控制所有工程的发包，可决定所有承包商的选择；

2）业主要负责对所有承包商的管理及组织协调，承担类似于施工总承包管理的角色，工作量大（业主的对立面多，各个合同之间的界面多，关系复杂，矛盾集中，业主的管理风险大）；

3）业主方可能需要投入较多的人力和精力进行管理。

5.2.2　施工总承包

1. 施工总承包的含义

施工总承包，是指发包人将全部施工任务发包给一个施工单位或由多个施工单位组成的施工联合体或施工合作体，施工总承包单位主要依靠自己的力量完成施工任务。当然，经发包人同意，施工总承包单位可以根据需要将施工任务的一部分分包给其他符合资质的分包人。

施工总承包的合同结构图，如图 5-4 所示。

与平行发包相似，为减少和避免风险，一般在通过招标选择施工总承包单位时，所有

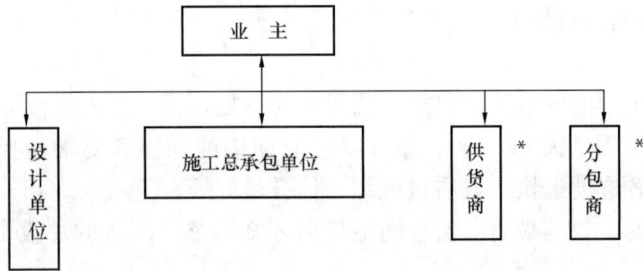

图 5-4　施工总承包模式的合同结构图

*注：此为业主自行采购和分包的部分

的施工图都已经完成，不确定性因素减少了，有利于实行总价合同。

2. 施工总承包的特点

（1）投资控制

1）一般以施工图设计为投标报价的基础，投标人的投标报价较有依据；

2）在开工前就有较明确的合同价，有利于业主对总投资的早期控制；

3）若在施工过程中发生设计变更，则可能发生索赔。

（2）进度控制

1）一般要等施工图设计全部结束后，才能进行施工总承包的招标，开工日期较迟，建设周期势必较长，这是施工总承包模式的最大缺点，限制了其在建设周期紧迫的工程项目上的应用；

2）施工总进度计划的编制、控制和协调由施工总承包单位负责，而设计、施工、供货之间的进度计划协调由业主负责。

（3）质量控制

工程项目质量的好坏很大程度上取决于施工总承包单位的选择，取决于施工总承包单位的管理水平和技术水平。业主对施工总承包单位的依赖性较大。

（4）合同管理

1）业主只需要进行一次招标，与一家承包商签约，招标及合同管理工作量大大减少，对业主有利；

2）在很多工程实践中，采用的并不是真正的施工总承包，而是所谓的"费率招标"，实质上是开口合同，对业主方的合同管理和投资控制不利。

（5）组织与协调

业主只负责对施工总承包单位的管理及组织协调，工作量大大减少。

5.2.3　施工总承包管理

1. 施工总承包管理的含义

施工总承包管理模式的英文名称是 Managing Contractor，简称 MC，意为"管理型承包"，它不同于施工总承包模式。采用该模式时，业主与某个具有丰富施工管理经验的单位或联合体或合作体签订施工总承包管理协议，由施工总承包管理方负责整个工程项目的施工组织与管理。一般情况下，施工总承包管理单位不参与具体工程的施工，而具体工程施工需要再进行分包的招标与发包，把具体施工任务分包给分包商来完成。但有时也存在另一种情况，即施工总承包管理单位也想承担部分工程的施工，这时它也可以参加这一部分工程的投标，通过竞争取得任务。

2. 施工总承包管理与施工总承包模式的比较

（1）工作开展程序不同

施工总承包管理模式与施工总承包模式不同，施工总承包模式的工作程序是：先进行工程项目的设计，待施工图设计结束后再进行施工总承包招投标，然后再进行施工，如图5-5（b）所示。从图中可以看出，许多大型工程项目如果要等到施工图全部出齐再进行工程招标，显然是很困难的。

而如果采用施工总承包管理模式，施工总承包管理单位的招标可以不依赖完整的施工图，换句话说，施工总承包管理单位的招标可以提前到工程项目尚处于设计阶段进行。另外，工程实体由施工总承包管理单位化整为零，分别进行分包的发包，即每完成一部分施工图就招标一部分，从而使该部分工程的施工提前到整个工程项目设计阶段尚未完全结束之前进行，如图5-5（a）所示。

为了更好地说明施工总承包管理与施工总承包模式在工作程序和对进度影响等方面的不同，将施工总承包的一般工作程序同时表示在同一个图（图5-5）中。从图中可以看出，施工总承包管理模式可以在很大程度上缩短建设周期。

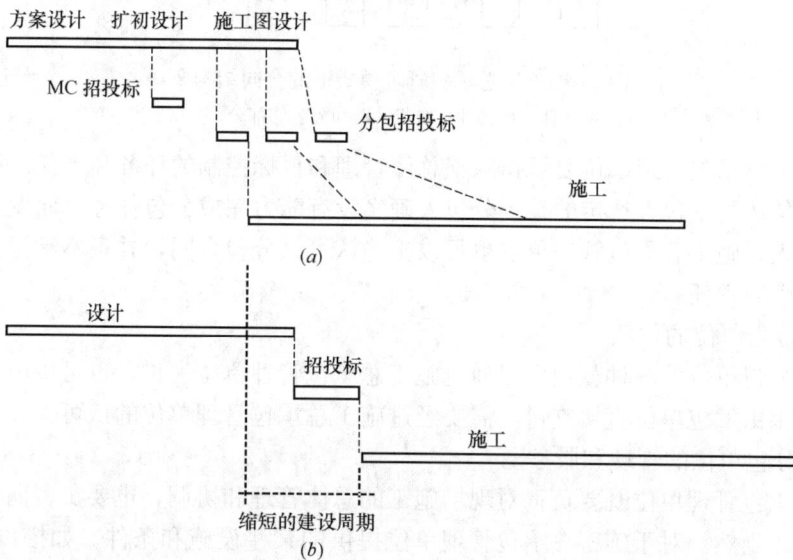

图 5-5 施工总承包与施工总承包管理模式下项目开展程序的比较

（a）施工总承包管理模式下的项目开展程序；（b）施工总承包模式下的项目开展程序

（2）合同关系不同

施工总承包管理模式的合同关系有两种可能，即发包人与分包单位直接签订合同或者由施工总承包管理单位与分包单位签订合同。其合同结构图，分别如图5-6和图5-7所示。

（3）对分包单位的选择和认可

发包人通常通过招标选择分包单位。一般情况下，分包合同由发包人与分包单位直接签订，但每一个分包人的选择和每一个分包合同的签订都要经过施工总承包管理单位的认

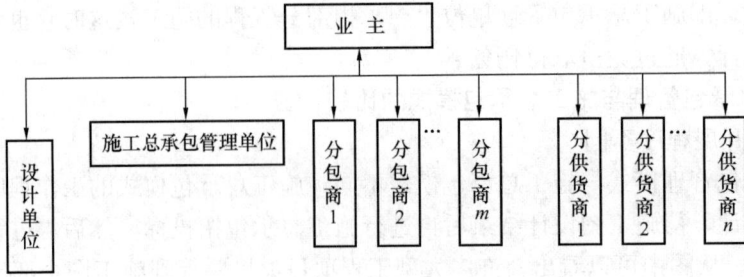

图 5-6　施工总承包管理模式下的合同结构 1

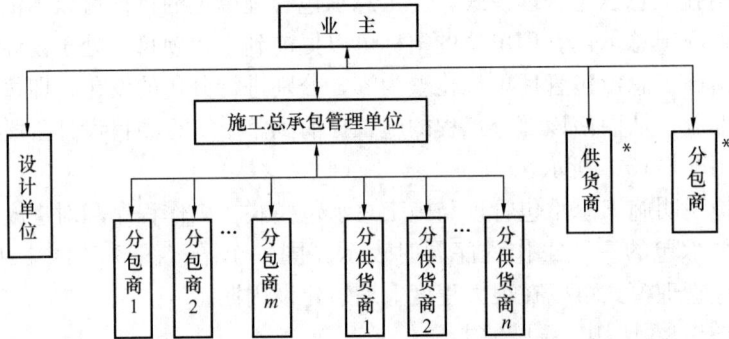

图 5-7　施工总承包管理模式下的合同结构 2

＊注：此为业主自行采购和分包的部分

可，因为施工总承包管理单位要承担施工总体管理和目标控制的任务和责任。如果施工总承包管理单位认为发包人选定的某个分包人确实没有能力完成分包任务，而发包人执意不肯更换分包人，施工总承包管理单位也可以拒绝认可该分包合同，并且不承担该分包人所负责工程的管理责任。

（4）对分包单位的付款

对各个分包单位的各种款项可以通过施工总承包管理单位支付，也可以由发包单位直接支付。如果由发包单位直接支付，需要经过施工总承包管理单位的认可。

（5）对分包单位的管理和服务

施工总承包管理单位既要负责对现场施工的总体管理和协调，也要负责向分包人提供相应的服务。当然，对于施工总承包管理单位提供的某些设施和条件，如搭设的脚手架、临时用房等，如果分包人需要使用，应该支付一定的费用。

（6）施工总承包管理的合同价格

施工总承包管理合同中一般只确定施工总承包管理费（通常是按工程建安造价的一定百分比计取），而不需要确定工程总造价，这也是施工总承包管理模式的招标可以不依赖于设计图纸出齐的原因之一。

分包合同价，由于是在该部分施工图出齐后再进行分包的招标，因此应该采用实价（即单价或总价合同）。由此可以看出，施工总承包管理模式与施工总承包模式相比具有以下优点：

1）合同总价不是一次确定，某一部分施工图设计完成以后，再进行该部分施工招标，确定该部分合同价，因此整个工程项目的合同总额的确定较有依据；

2）所有分包合同和分供货合同的发包，都通过招标获得有竞争力的投标报价，对业主方节约投资有利；

3）施工总承包管理单位只收取总包管理费，不赚总包与分包之间的差价；

4）业主对分包单位的选择具有控制权；

5）有利于边设计边施工，缩短建设周期。

在国内，普遍对施工总承包管理模式存在误解，认为施工总承包管理单位仅仅做管理与协调工作，而对工程项目目标控制不承担责任。实际上，每一个分包合同都要经过施工总承包管理单位的确认，施工总承包管理单位有责任对分包人的质量、进度进行控制，并负责审核和控制分包合同的费用支付，负责协调各个分包的关系，负责各个分包合同的管理。因此，在组织结构和人员配备上，施工总承包管理单位仍然要有费用控制、进度控制、质量控制、合同管理、信息管理、组织与协调的组织和人员。

3. 施工总承包管理模式的特点

（1）投资控制

1）某部分施工图完成后，由业主单独或与施工总承包管理单位共同进行该部分工程的招标，分包合同的投标报价较有依据；

2）在进行施工总承包管理单位的招标时，只确定施工总承包管理费，没有合同总造价，是业主承担的风险之一；

3）多数情况下，由业主方与分包人直接签约，加大了业主方的风险。

（2）进度控制

1）施工总承包管理的招标不依赖于施工图设计，可以提前，分包合同的招标也得到提前，从而提前开工，可缩短建设周期；

2）施工总进度计划的编制、控制和协调由施工总承包管理单位负责，而设计、施工、供货之间的进度计划协调由业主负责。

（3）质量控制

1）对分包人的质量控制由施工总承包管理单位进行；

2）对分包人来说，符合质量控制上的"他人控制"原则，对质量控制有利；

3）各分包合同交界面的定义由施工总承包管理单位负责，减轻了业主方的工作量。

（4）合同管理

1）一般情况下，所有分包合同的招投标、合同谈判、签约工作由业主负责，业主方的招标及合同管理工作量大；

2）对分包人工程款支付又可分为施工总承包管理单位支付和业主直接支付，前者对加大总包管理单位对分包人管理的力度更有利。

（5）组织与协调

1）由施工总承包管理单位负责对所有分包人的管理及组织协调，大大减轻了业主的工作，这是施工总承包管理模式的基本出发点；

2）与分包人的合同一般由业主签订，一定程度上削弱了施工总承包管理单位对分包人管理的力度。

5.2.4　设计任务委托的模式

首先，设计工作是不是承包？在国际上，普遍把设计工作作为一种咨询服务，因为设计工作在很大程度上是一种高智力的创造性活动。世界银行也将设计单位的选择纳入咨询服务的采购范围。在我国，设计单位承担设计任务习惯上也称为设计承包，政府颁布的许多法规和规范文件中也将设计工作称为承包。为了符合国内的习惯，有时也暂且将设计工作的委托称为设计发包，承担设计任务称为设计承包。

1. 设计平行委托

对设计任务的平行委托，委托方可以根据工程项目的结构进行平行委托，也可以根据工程项目的不同设计阶段或者不同设计专业进行分别委托。在设计平行委托模式中，各个设计单位分别与业主单独签订合同，各个设计单位之间的关系是平行关系。

例如，某地铁建设工程项目，业主方除委托 A 设计单位进行总体设计外，还分别将三个地下车站委托给 B 设计单位、将四个地面车站委托给 C 设计单位、将车辆段委托给 D 设计单位等，如图 5-8 所示。

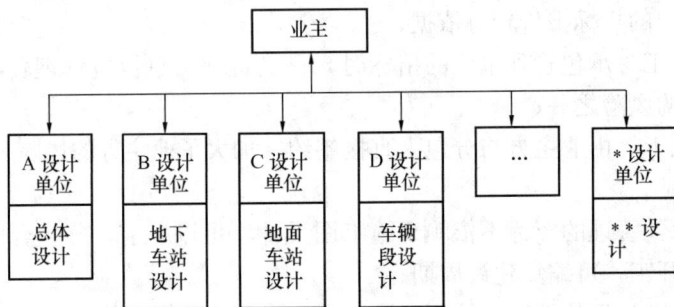

图 5-8　设计平行委托案例——某地铁项目设计合同结构

而在某国际会展中心建设工程项目中，业主方将方案设计委托国外某设计单位设计，扩初设计和施工图设计委托国内某设计单位设计。

设计平行委托模式的主要特点如下。

（1）业主要负责所有设计合同的招标、谈判、签约，招标及合同管理工作量大。

（2）业主要负责对多个设计合同的跟踪管理，工作量较大。

（3）不同的设计单位对业主的设计要求、准则和标准的理解与把握程度不同，容易造成设计不协调，影响设计质量。

（4）各个专业之间、各个设计阶段以及工程项目各个组成部分之间的交互界面比较多，界面管理工作量大，也很容易对设计质量、设计进度产生影响。

（5）业主要负责对所有设计单位的管理及各个设计单位之间的组织协调，承担类似于设计总包管理的角色，工作量大。

对有些大型或复杂工程项目，由于项目组成内容多，设计工作量大，很难由一个设计单位独立完成设计任务，可以采用设计平行发包模式。如某新建大型机场工程项目，项目的组成中有航站楼工程、飞行区工程、货运区工程、空管工程、供油工程、航空食品工程、某航空公司基地工程、综合配套工程等，除了总体设计单位以外，业主又同时委托多家设计单位分别承担不同的单项工程设计，各个设计单位分别与业主签订设计合同。

有些工程项目尽管规模不是很大，但对其中的某些专业工程（如办公大楼的外立面工程、智能化工程、精装修工程等）仍然可以采用设计平行委托模式。

2. 设计总包

所谓设计总包（国际上也叫做设计总负责），就是发包人将一个工程项目的所有设计任务一次性全部委托给一个设计单位或由几个单位组成的联合体（或合作体）。接受设计任务的单位或联合体（或合作体）叫做设计总包单位，国内简称为设计总包。在国际上，设计是一种咨询服务而不是承包，所以通常叫做设计总负责单位。设计总包（总负责）单位再根据需要将部分设计任务委托出去，即设计总包单位与设计分包单位签订分包合同。

设计总包模式的特点是：

（1）业主只需要签订一个设计合同，有利于合同管理；

（2）业主只需要组织一次设计招标，减轻工作量；

（3）业主只需要与一个设计总包单位进行协调，有利于业主的组织与协调工作；

（4）设计进度控制、质量控制以及限额设计等工作在很大程度上依赖于设计总包单位的能力、经验和技术水平。

在国际上，许多工业与民用建筑普遍采用设计总负责模式，通常是由某个建筑师事务所承接设计任务，而将有关结构设计、机电设计、景观设计等再委托给其他专业设计事务所配合进行专业设计，建筑师事务所作为设计总负责单位统一组织协调，对业主负责。

设计总包（总负责）单位负责整个工程的设计责任，向上对业主负责，向下负责组织、协调与管理各个分包设计（配合设计）单位。分包设计（配合设计）合同由设计总包（总负责）单位与分包设计（配合设计）单位签订，分包设计（配合设计）单位的设计费由设计总负责单位支付。分包设计（配合设计）的内容和分包设计（配合设计）单位的选择应该经过业主的同意。

在我国，一般设计院都是综合性的设计单位，设计单位内部专业齐全，许多工业与民用建筑都是由一个设计单位独立完成的，承接设计任务的设计单位一般不需要分包。

3. 设计总包管理

所谓设计总包管理，就是发包人委托一个设计总包管理单位，不仅承担一部分设计任务，而且要负责整个工程项目的所有设计的管理任务。业主将各个设计任务发包给不同的设计单位，由设计总包管理单位负责对所有设计单位的协调、管理和控制，负责整个设计的进度控制、质量控制、限额设计，负责各个分包设计合同的管理等。

例如，某市地铁工程建设，业主与某铁道设计院签订了勘察设计总包合同，合同任务包括勘察、总体设计、扩初设计、施工图设计等，该铁道设计院作为设计总包单位将其中的勘察、部分扩初设计和全部施工图设计委托给不同的单位实施。设计总包单位除了承担总体设计和部分扩初设计外，还进行设计总包管理，负责组织协调和控制各个分包单位，在设计进度、设计质量、总投资控制等方面对业主负责，如图5-9所示。

采用设计总包管理模式的特点是，业主有设计分包单位的选择权，而在整个设计阶段，对各个分包设计单位的组织、协调则由设计总包管理单位负责，减轻了业主的负担。设计总包管理单位利用自身的经验，负责设计的进度控制和质量控制，往往更有利于工程项目设计进度和质量目标的实现。

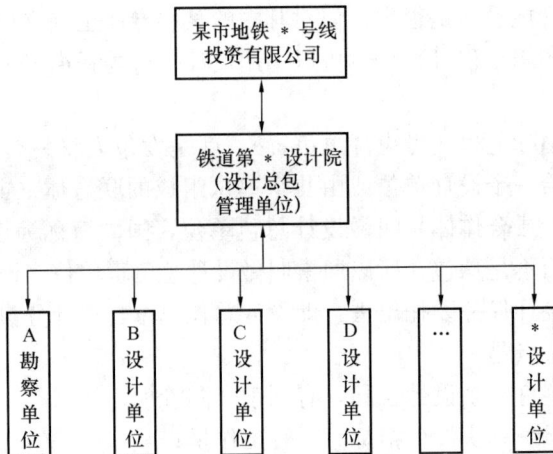

图 5-9　设计总包管理案例——某市地铁项目设计合同结构

5.2.5　建设项目总承包

业主方把建设工程项目的设计任务和施工任务进行综合委托的模式可称为建设项目总承包或工程总承包。

《中华人民共和国建筑法》第二十四条明确规定："建筑工程的发包单位可以将建筑工程的勘察、设计、施工、设备采购一并发包给一个工程总承包单位，也可以将建筑工程勘察、设计、施工、设备采购的一项或者多项发包给一个工程总承包单位；但是，不得将应当由一个承包单位完成的建筑工程肢解成若干部分发包给几个承包单位。"

1. 建设项目总承包的产生

传统的工程建设实施模式中，设计与施工往往是分离的，即业主通过签订设计合同，委托专门的设计单位进行工程设计，委托施工单位进行施工，设计和施工是由不同的组织来实施的。

设计和施工的分离是专业化分工的结果，是生产力发展以及社会进步到一定阶段的必然产物。由于建筑形式不断创新，建设高度不断刷新，工业建设项目中的工艺越来越复杂，技术越来越先进，客观上要求工程设计专业化、设备制造专业化、施工专业化。

专业化为建设规模更大、技术更复杂、更先进的工程项目提供了可能。但同时，设计与施工的分离也导致了许多问题，主要有以下几个方面：

（1）设计工作是影响建设工程项目经济性的决定因素，但是设计单位有时会忽视设计的经济性，而且我国目前的设计费取费是根据投资额的百分比来计算的，投资越高反而对设计单位越有利。

（2）设计单位较少了解施工，有时也较少考虑可施工性，就会影响施工的有效进行。

（3）在设计时还不能确定将由谁施工，因而不能结合施工单位的特点和能力进行设计，但在确定了施工单位以后，又可能会引起设计修改。

（4）施工单位"按图施工"，基本上处于被动地位，在一定程度上影响了其积极性的发挥。

（5）若施工图完成以后再进行施工任务的发包，项目建设周期长。

（6）建设单位项目目标的控制有困难，主要是不利于投资控制和进度控制。

（7）建设单位的组织、协调工作量大。

（8）主体工程与配套工程施工也往往分离，导致主体工程结束后至项目动用的间隔时间长。

建设项目总承包模式起源于欧洲，是为了解决设计与施工分离的弊端而产生的一种模式。实行建设项目总承包模式，可以在很大程度上解决上述问题。建设项目总承包的基本出发点是借鉴工业生产组织的经验，实现建设生产过程的组织集成化，以克服由于设计与施工的分离致使投资增加，以及由于设计和施工的不协调而影响建设进度等弊端。

在建设项目总承包模式中，项目总承包单位的工作范围除了全部的工程施工任务以外，还包括设计任务和物资（包括设备）采购任务。在以房屋建筑为主的民用建设工程项目中又称为设计和施工总承包（D＋B，即 Design-Build）。而在以大型装置或工艺过程为主要核心技术的工业建设领域，如大型石化、化工、橡胶、冶金、制药、能源等建设工程项目，工艺设备的设计、制造、采购与安装成为建设工程项目实施中的核心，而工艺设备的设计、制造、采购与安装又与整个工艺的设计紧密相关，因此，在这些类型的建设工程项目中，建设项目总承包模式又称为设计、采购、施工总承包（Engineering，Procurement，Construction，简称 EPC）。尽管 D＋B 模式和 EPC 模式都叫做建设项目总承包（或工程总承包），但是，EPC 总承包模式与 D＋B 总承包模式在操作方法上还是有很大的不同。在国际咨询工程师联合会（FIDIC）新出版的合同中，对 EPC 总承包模式和 D＋B 总承包模式分别推荐了不同的合同条件，分别为"FIDIC 设计采购施工（EPC）/交钥匙工程合同条件（银皮书）"和"FIDIC 工程设备和设计-建造（D＋B）合同条件（新黄皮书）"。

2. 建设项目总承包的范围

实行建设项目总承包需要明确（几个关键问题）：一是由谁承担设计和施工总承包任务；二是何时开始总承包以及承包的范围是什么；三是如何进行总承包的招标、投标和评标等。

建设项目总承包单位可以从方案设计阶段就开始总承包，也可以从初步设计阶段、技术设计阶段或者施工图设计阶段开始总承包。但是，当施工图设计完成以后再进行总承包，就变成施工总承包模式了，如图 5-10 所示。

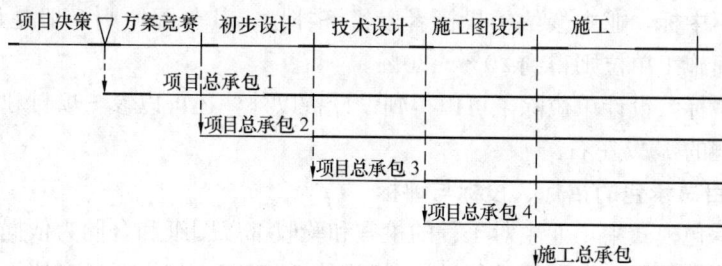

图 5-10 项目总承包单位的介入时间

3. 建设项目总承包的组织

国外承担建设项目总承包的组织机构一般有两种形式，一种是永久性组织，即永久性性的经济实体；一种是临时性组织，即针对一个具体的建设工程项目，由若干个设计单位和施工单位组成的临时性组织。如图 5-11 所示。

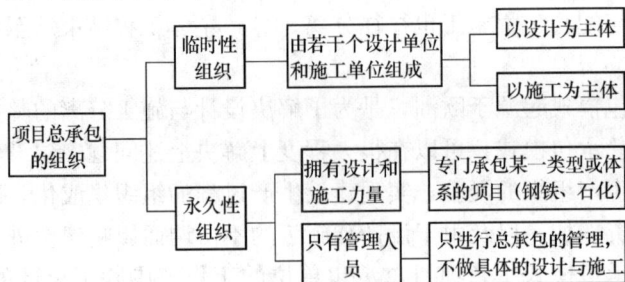

图 5-11   项目总承包的组织形式

永久性组织又分两类，一类拥有设计和施工力量，可以专门承包某一类型或某一体系的建设工程项目，如国际和国内针对化工、冶金、能源等工程项目而进行包括设计、设备供应、施工安装等全套服务或承包的项目总承包公司，在工业建设工程项目中比较多见；另一类只有管理人员，只进行建设项目总承包管理。

临时性组织又可以分为以设计为主体和以施工为主体两种形式，国外主要是以施工为主体，因为施工企业承担风险和控制项目的能力比设计单位强。

在民用项目的建设中，项目总承包单位大多是临时性组织，很少有永久形式的项目总承包公司。比如，擅长大跨度钢结构施工和吊装的施工单位与擅长体育馆设计的设计单位结合，在体育馆建设工程中采用建设项目总承包模式投标，中标可能性就很大；而在住宅建设工程中采用建设项目总承包模式投标，中标可能性就相对较小。

在实际操作中，往往具有以下两种可能的模式：一是由施工单位承接建设项目总承包的任务，而设计单位受施工单位的委托承担其中的设计任务，即设计作为分包；二是由设计单位承接建设项目总承包的任务，而施工单位作为其分包承担其中的施工任务。

4. 建设项目总承包单位内部关系的处理

针对临时性组织情况，在建设项目总承包内部关系的处理上，国外一般做法是，在设计阶段由设计单位负责，在投标和施工阶段由施工单位负责，而整个工程项目的经济风险由施工单位承担，设计单位只对其设计成果负责。

如果项目不中标，业主会给予投标者以经济补偿，其分配原则一般是设计单位得到 $70\%\sim80\%$，而施工单位则得到 $20\%\sim30\%$。

如果项目中标，设计单位除了可以得到设计费以外，还可以参与项目利润的分配，一般可以得到利润的 15％左右。

5. 建设项目总承包的招标、投标与评标

在施工总承包模式中，业主对工程的检查和验收都以图纸和合同为依据。但在设计和施工总承包模式中，承包方既要进行设计，又要进行施工，如果要通过招标选择项目总承包单位，那么招标、评标的依据便是一个关键问题。

施工总承包的招标通常以图纸和分部分项工程说明以及工程量清单为依据，这种招标称为构造招标。设计和施工总承包模式在招标时可能还没有一张图纸，这时的招标必须有功能描述书以及有关的要求和条件说明，这种招标叫做功能招标。功能描述书以及有关的要求和条件说明是否清楚、明确和具体，是招标能否成功和工程项目能否顺利实施的关键。

业主可以自行编制或委托项目管理咨询公司编制建设工程项目功能描述书以及有关的要求和条件说明，投标人据此进行投标，编制设计建议书和设计文件，并根据其设计进行工程报价。

关于项目总承包招标的评标工作，一般分两个阶段进行：首先，是对设计进行审查，审查设计是否满足业主的功能要求；其次，再对投标价进行审查。如果设计审查没有通过，就没有资格进入下一阶段的审查，就是说，价格再便宜也不可能中标。一般情况下，业主将在符合要求的设计方案中选择投标价格最低的投标单位作为中标单位。

在实行设计和施工总承包模式的条件下，业主一般要聘请专业化的项目管理咨询公司协助其进行管理，协助编制建设大纲和功能描述书，协助进行招标、评标、签订合同以及施工阶段的管理。

6. 建设项目总承包（D＋B）模式的特点

实行建设项目总承包（设计＋施工）总承包模式具有许多优点，对于业主来说，可以加快进度，有利于控制投资，有利于合同管理，有利于组织与协调。

（1）有利于投资控制，能够降低工程造价

由于投标者把设计和施工作为一个整体来考虑，既要满足业主的功能要求，设计方案要有竞争性，又要保证投标价低，因此要从设计方案着手降低工程造价，不仅仅是让利的问题，而是从根源上去挖掘潜力，因此有利于降低工程造价。国外的经验证明，实行建设项目总承包（D＋B）模式，平均可以降低造价10％左右。另外，设计和施工总承包模式常实行总价合同（常常是可变总价合同），在签订建设项目总承包合同时就将合同总价明确下来，可以及时明确投资目标，使业主尽早安排资金计划，并使项目总承包单位不超过计划投资，有利于投资控制。

（2）有利于进度控制，并缩短工期

由于在方案设计阶段就可以根据项目总承包单位的施工经验、所拥有的施工机械、熟练工人和技术人员等情况考虑结构形式和施工方法，与采用常规发包模式相比，可以使工程项目提前竣工。

（3）有利于合同管理

业主只需要签订一个建设项目总承包合同，不需要管理很多合同，因而合同管理工作量比较小。

（4）有利于组织与协调

在所有的实施单位中，业主只需要与项目总承包单位进行联系与协调，从而大大简化了协调工作，也减少了协调费用。

（5）对于质量控制，因具体情况而有差异，关键是看功能描述书的质量

一般情况下，在建设项目总承包模式中，由于实行功能招标方法，不同于一般的构造招标，其招标、评标和项目管理工作都不同于传统模式，因此，业主一般都要委托社会上有经验的项目管理公司协助其起草功能描述书，帮助其招标、评标等。有了强有力的支持，工程项目的质量也是可以得到控制的。

总之，对业主而言，实行建设项目总承包，有利于工程项目的系统管理和综合控制，

可大大减轻业主的管理负担；有利于充分利用项目总承包企业的管理资源，最大限度地降低工程项目风险；也符合国际惯例和国际承包市场的运行规则。

对施工企业而言，其优点是：建筑施工企业一开始就参与设计阶段工作，能将其在建筑材料、施工方法、结构形式、价格和市场等方面的丰富知识和经验充分地融于设计中，从而对建设工程项目的经济性产生积极的影响。另外，采用这种模式还可以促进施工企业自身的生产发展，促进建筑工业化，提高劳动生产率。

对设计单位的优点在于：从一开始就与施工企业合作，参加项目总承包的施工企业往往拥有自己的设计力量，能够迅速地编制相应的施工图设计文件，从而使设计单位减少工作量。另外，作为施工企业的伙伴，在建设工程项目结束后可以参与利润的分配。

7. 设计、采购和施工总承包（EPC）模式的类型及特点

设计、采购和施工总承包（EPC）是建设项目总承包的一种方式。它是指工程总承包企业按照合同约定，承担建设工程项目的设计、采购、施工、试运行服务等工作，并对承包工程的质量、安全、工期、造价全面负责。EPC总承包已在我国石油和石化等工业建设工程项目中得到成功的应用。

EPC总承包的基本内容是：进行初步设计（视需要）、详细设计，负责设备材料采购、施工安装和开车指导等。另外，还可以包括许多后续服务。如某建设项目EPC总承包招标文件中规定，EPC总承包的工作范围包括但不限于设计、制造、采购、运输及储存、建设、安装、调试试验及检查、竣工、试运行、消缺、考核验收、技术和售后服务、人员培训等，同时也包括提供所有必要的材料、备品备件、专用工具、消耗品以及相关的技术资料等。

EPC总承包可以针对一个建设工程项目的全部功能系统进行总承包，也可以针对其中某个功能系统进行总承包。如可以针对一个发电厂进行EPC总承包的招标，也可以针对一个现有的火力发电厂的脱硫工艺和装置进行EPC总承包的招标。

EPC总承包又可分为多种类型。

（1）EPC（max s/c）是EPC总承包商最大限度地采用分包的形式来完成工程项目的施工任务，即采用分包的形式将施工任务分包给各个分包商。

（2）EPC（self-perform construction）是EPC总承包商主要靠自己的力量承担工程的设计、采购和施工任务，而只将少量工作交由分包商完成。

（3）EPCm（Engineering，Procurement，Construction management）是指EPC总承包商负责工程项目的设计和采购，并负责工程施工的管理。施工承包单位与业主签订施工承包合同，但接受EPC总承包商的管理。EPC总承包商对工程的造价、进度和质量全面负责。

另外，EPC总承包还有一些其他的发展和变化，主要是承包和服务内容的变化，如设计、采购和施工咨询服务等。

EPC总承包单位一般通过公开的招投标选择，实行总价承包。大型工程项目的EPC总承包商通常都是国际大型工程公司，其特点有：

（1）拥有人力、物力资源和丰富的工程经验，为工程提供全过程服务，能够高质量、高效率、低成本地完成项目的建设，最大限度地满足业主的需求。

（2）建设项目总承包和项目管理的功能齐全，组织管理机构科学、精干、高效。

（3）以六大控制（质量、进度、费用、材料、文件、风险）为主要内容，采用国际先进的模式和先进手段对工程项目实行科学的管理。

（4）专业化、集约化和规模化，跨行业、跨国经营，产权结构多元化，营销策略全球化，技术装备现代化，项目管理科学化，低层作业本地化。

（5）有较强的融资能力，或以金融机构为后盾。

（6）拥有专利技术，或与专利商有密切的合作关系，能反映当代世界先进技术水平。

5.2.6　CM 模式

CM（Construction Management）模式是在北美建筑市场非常流行的工程发包模式。

传统的承发包模式最大的局限在于设计与施工的相互分离，施工单位介入工程项目的时间太迟，使建设周期延长，投资增加。针对传统承发包模式的弱点，通过多年的实践总结和理论研究，在建筑市场中出现了 CM 承发包模式。1968 年，CM 模式在理论上的创始人查尔斯·B·汤普森（Charles B. Thomsen）在研究关于如何加快设计与施工的速度以及如何改进控制方法时，通过对美国国内许多大建筑公司的调查，在综合各方面的经验和体会的基础上，提出了一份题为 Fast Track（《快速路径法》）的研究报告。这份报告详细研究了设计与施工如何用创新的发包模式进行充分搭接。

1. 定义及特征

CM 是英文 Construction Management 的缩写，由于目前还没有确切的中文翻译，因此这里直接称为"CM 模式"。CM 模式是由业主委托 CM 单位，以一个承包商的身份，采取"快速路径法"的生产组织方式，来进行施工管理，直接指挥施工活动，在一定程度上影响设计活动的承发包模式。CM 单位与业主的合同通常采用"成本＋酬金（Cost Plus Fee）"计价方式。

CM 模式的特征体现在以下几个方面。

（1）采用"快速路径法"的生产组织方式

CM 的基本指导思想是缩短建设周期，其生产组织方式是采用"快速路径法"，即设计一部分，招标一部分，施工一部分，实现有条件的"边设计、边施工"。

（2）新型的管理角色

由于管理工作的相对复杂化，要求业主委托一家单位来担任这一新的管理角色。该单位的基本属性是承包商，但它既区别于施工总承包，也不同于项目总承包，而是一种新型的建设管理模式。

（3）有利于设计优化

CM 班子的早期介入，改变了传统承发包模式设计与施工相互脱离的弊病，使设计人员在设计阶段可以获得有关施工成本、施工工艺、施工方法等方面的建议，在一定程度上有利于设计优化。

（4）减少设计变更

由于设计与施工的早期结合，设计在施工上的可行性在设计尚未完全结束时已逐步明朗，因此使设计变更在很大程度上减少。

（5）有利于合同价格的确定

施工招标由一次性工作被分解成若干次进行，施工合同价也由传统的一次确定改变成分若干次确定。有一部分施工图完成即进行该部分招标、确定该部分合同价，因此从这方面来说，合同价的确定较有依据。

（6）"成本＋利润"的取费方式

由于 CM 单位与业主签约时设计尚未结束，因此 CM 合同价通常既不采用单价合同，也不采用总价合同，而采用"成本＋利润"方式，即 CM 单位向业主收取其工作成本，再加上一定的利润。CM 单位不赚总包与分包之间的差价，它与分包商的合同价对业主是公开的。

2. CM 模式的合同结构

CM 模式可分为 CM/Non-Agency（CM/非代理型）模式和 CM/Agency（CM/代理型）模式。

（1）CM/Non-Agency 模式的合同结构

CM/Non-Agency 模式的合同结构如图 5-12 所示。

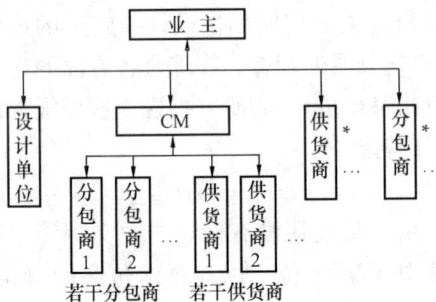

图 5-12　CM/Non-Agency 合同结构
注：＊为业主自行采购和分包的部分

CM/Non-Agency 合同结构的特征主要包括以下几点：

1）业主与 CM 单位签订 CM 合同，而与大部分分包商/供货商之间无直接的合同关系（除业主自行采购和自行分包之外），因而对业主来说，合同关系简单，对各分包商和供货商的组织协调工作量较小。

2）CM 单位与各分包商签订分包合同，与供货商签订供货合同。对 CM 单位来说，与分包商/供货商签约，一方面增加了 CM 单位对分包商/供货商的管理强度，另一方面也增加了 CM 单位的工作量，同时加大了 CM 单位的管理责任风险。

3）CM 单位介入项目时间较早，CM 合同不需要等施工图设计完成之后才签订。

4）CM 合同形式一般采用"成本＋利润"方式。CM 单位与分包商每签一份合同，才确定该分包合同价，而不是事先把总造价包死，因此与施工总承包模式有很大的区别。

5）CM 单位对各分包商的资格预审、招标、评标以及签约，都必须经过业主的确认才有效（在特殊情况下，若业主有要求，CM 与分包商的合同价款也可以由业主直接支付）。另外，业主还可向 CM 单位指定与其签约的分包商或供货商。

6）CM 单位与设计单位之间没有合同关系。但是 CM 单位在采用快速路径法加速建设周期时，必须与设计单位紧密协调。CM 单位的早期介入，可以从施工方法和施工成本的角度向设计者提供合理化建议。但是，如 CM 单位与设计单位之间产生矛盾，仍需要由业主进行协调。

（2）CM/Agency 的合同结构

CM/Agency 的合同结构如图 5-13 所示。

与 CM/Non-Agency 模式相比，CM/Agency

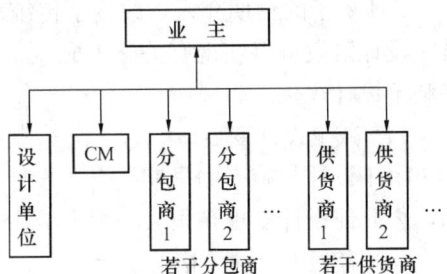

图 5-13　CM/Agency 合同结构

合同结构具有以下特点：

1）业主直接与各分包商或供货商签订合同。与 CM/Non-Agency 相比，业主所签合同数量明显增加，因此业主合同管理的工作量以及组织协调工作量将大大增加。

2）CM 单位与各分包商或供货商之间没有合同关系，因此 CM 单位所承担的风险比 CM/Non-Agency 减少，而业主承担的风险较大。

3）CM 单位的身份是进行实质性施工管理，它将不直接从事施工活动。

5.2.7 施工联合体承包和施工合作体承包

1. 施工联合体的含义

联合体即英文中的 Joint Venture，它的应用很广，可以用于联合承担设计任务、施工任务、供货任务、项目管理任务以及其他咨询服务等。

联合体是一种临时性的组织，是为承担某个工程项目的某项特定工程任务而成立的，工程任务结束后，联合体自动解散。施工联合体就是为承担某个工程项目的某项施工任务而成立的临时性联合组织。

原国家计委、原建设部等七部委发布的《工程建设项目施工招标投标办法》中第四十二条规定："两个以上法人或者其他组织可以组成一个联合体，以一个投标人的身份共同投标。"第四十四条规定："联合体各方必须指定牵头人，授权其代表所有联合体成员负责投标和合同实施阶段的主办、协调工作，并应当向招标人提交由所有联合体成员法定代表人签署的授权书。"第四十五条规定："联合体投标的，应当以联合体各方或者联合体中牵头人的名义提交投标保证金。以联合体中牵头人名义提交的投标保证金，对联合体各成员具有约束力。"

联合体内部的管理，应该由联合体各方组成一个管理委员会，形成决策机制。管理委员会负责协调联合体各方的关系，讨论确定项目经理的人选。项目经理是项目层的管理者，负责工程项目的目标控制和日常管理工作，是对外的代表，业主对工程项目的各项指令均通过项目经理贯彻执行。项目经理和项目牵头人的权利、义务和责任等应该在协议中明确。许多国家有关于联合体的合同条例，对盈亏和各方的责任都有规定。

联合体之所以能够联合合作，是因为可以采取优势互补，强强联合，因而可以具有更强的竞争力。

2. 联合体的投入和利益分配

联合体各方的投入，可以根据各方的特点和优势决定，以互补的优势实现整体的竞争力。例如，A 公司的技术力量强就投入技术力量，B 公司资金雄厚就投入资金等。

联合体的经济分配可以根据投入资源的价值（即按照投入的量占合同金额的百分比）进行分配，也可以协商确定百分比。可以根据人工费、机械费、资金及利息等计算投入比重，从而确定各个单位的投入百分比。例如，A 公司的投入百分比为 40%，盈利了可以得到利润的 40%，而亏损了也要赔 40%。当然，也可以不按照投入百分比计算盈亏分配比例。例如，B 公司的投入百分比是 50%，但它不愿承担风险，可以约定盈利了分配 10%，亏损了也赔 10%。前者，盈亏责任与投入百分比是一致的；后者，盈亏责任与投入百分比不一致，但盈和亏的责任是一致的，利益与风险对等。

通常情况下，牵头公司是投入比例（持股比例）最大的公司，并要收取履约金额的

0.5%～5%作为牵头费。该费用可以根据工程项目的大小决定，但原则上合同金额越大，牵头费占合同金额的比例应该越低。

3. 施工联合体的特点

从承包的角度看，采用施工联合体承包可以发挥各家的优势，主要优点在于：

（1）某个建设工程项目的规模太大，超出一个公司正常的承包能力，为了分散风险，采取联合形式。

（2）两个以上公司联合，能够获得更多的担保额度。

（3）由不同专业的公司组合形成专业齐全的联合体，可以拓宽业务渠道和项目来源。如以土木工程承包为主的公司与以机械设备承包为主的公司联合起来，就可以承担一个电厂工程项目的承包任务。

（4）优势互补的联合还可以表现为：一个公司在当地有丰富经验或者有基地，而另一个公司则有特殊的专业技术；或者一个外国公司寻找与当地政府有良好密切关系的公司进行联合。

跨国承包商在其本国和他国，为能有机会承担大型工程，与本国或其他国家承包商联合参与承包的做法，已被国际上认为是增强竞争力、分散风险最为有效的手段。例如，对总投资达1608亿港元的香港新机场工程按合同金额大小进行分类统计，如表5-1所示。从统计分析结果来看，合同金额达5亿港元的项目，承包商联合的比例已达到半数；合同金额达10亿港元的项目，联合比例超过80%；而对于合同金额超过20亿港元的项目，联合比例接近100%。这说明，在国际承包市场上，承包商联合承担大型工程已具有相当的普遍性。

香港新机场工程联合承包的比例　　　　　　　　　　　　　表 5-1

合同金额 （百万港元）	项目数量（个）	联合承包项目个数	联合承包占项目 数量百分比
0～50	80	7	8.59%
50～100	19	3	15.79%
100～200	34	10	29.41%
200～500	28	12	42.86%
500～1000	17	9	52.94%
1000～2000	11	9	81.82%
2000～5000	6	5	83.33%
5000～11000	4	4	100%
总　数	199	59	29.15%

从业主的角度看，一是可以分散风险，联合体中任何一家公司倒闭，其他成员必须承担其经济责任；二是组织协调与管理比较简单。因此，对承发包双方都有利。

如果施工期间联合体中有一家公司倒闭了，所引起的经济责任由联合体中的其他成员承担。由于要承担连带责任，因此每个单位参加联合体或选择合作单位时都很慎重。

4. 联合体协议

联合体协议，分为标前协议和正式联合协议。

联合体的标前协议是项目联合的第一步。在该阶段，拟参与项目的联合体比较多，大型国际工程大多要先进行资格预审，资格预审后的公司或联合体参加下一轮竞标，所以标前协议只是作为原则意向性协议，充分体现出原则性就足够了。

正式联合协议是保证联合承包大型国际工程项目成功的关键。正式联合协议是联合体各方对工程项目的内容、可能的风险都有了足够的了解和认识后，通过协商形成的，它是联合体各方在标前和中标后履行合同的唯一的法律文件，所以它要比标前协议详细得多。

正式联合协议的确定应在投标定价前，而不是中标后再协商签署，这是项目商业行为所决定的。不论联合体是否会中标，正式联合协议应该在正式递交标书前签署。如中标后协商签署，达成协议的空间会大大减少。

有经验的业主在招标文件中，会要求联合体在递交投标文件的同时递交正式联合协议。如联合协议不能起到法律的约束作用，联合体将不会被考虑授予合同。

5. 施工合作体

合作体即英文中的 Consortium，即合作、合伙、联合的意思。施工合作体在形式上和合同结构上与施工联合体一样，但是实质有所区别，主要体现在以下几个方面：

（1）参加合作体的施工单位都没有足够的力量完成工程，都想利用合作体，他们之间既有合作的愿望，但彼此又不够信任。

（2）各成员公司都投入完整的施工力量，每家单位都有人员、机械、资金、管理人员等。

（3）其分配办法相当于内部分别独立承包，按照各自承担的工程内容核算，自负盈亏。

（4）根据内部合同，某一家公司倒闭了，其他成员单位不承担其经济责任风险，而由业主负责。

（5）由于是一个合作体，所以能够互相协调。

（6）适用于那些工作范围可以明确界定的工程项目。

5.2.8　工程管理委托的模式

在国际上，业主方的项目管理方式主要有三种可能：

（1）业主方自行项目管理。

（2）业主方委托项目管理咨询公司承担全部业主方项目管理的任务，即业主方委托项目管理。

（3）业主方委托项目管理咨询公司与业主方人员共同进行管理，即业主方与项目管理咨询单位合作进行项目管理。

1. 业主方自行项目管理

所谓业主方自行项目管理，即业主自行组建项目管理班子，自己编制设计任务要求，直接组织设计、施工，采购材料和设备，完成项目管理的所有工作，包括项目实施全过程中的投资控制、进度控制、质量控制、安全管理、合同管理、信息管理以及组织与协调工作。

为了完成各项项目管理工作，业主必须组建与工程项目的管理相适应的部门和机构，拥有专业齐全的项目管理人员，建立规范的管理制度和管理工作流程，进行明确的工作任务分工和管理职能分工，采用科学的项目管理方法。

业主方组建的项目管理班子与外部单位的关系，如图 5-14 所示。

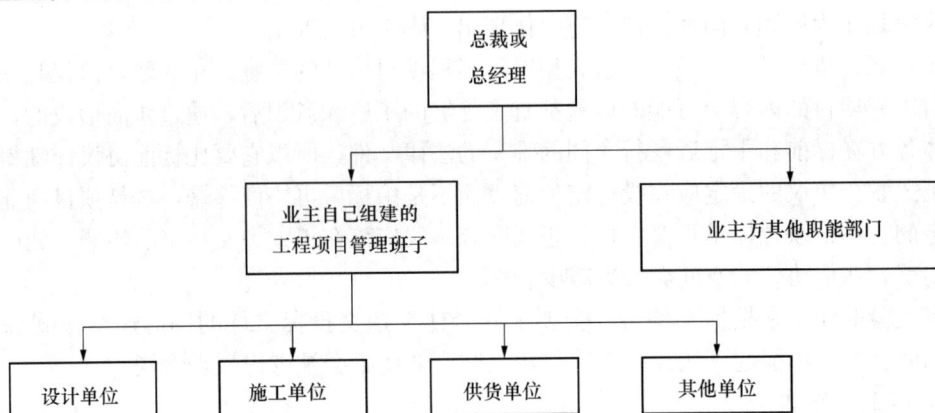

图 5-14　业主方自行项目管理的组织结构示意图

业主方自行项目管理的特点主要有以下几个方面。

（1）业主对工程建设和管理具有较强的主动权和控制权。

（2）业主方的项目管理班子人数多、规模大，特别是对于某些大型工程项目，由于工程项目的规模大、技术复杂、工期长等因素，业主方自行项目管理往往需要配备大量的项目管理人员。如某地铁工程建设，建设指挥部的管理人员最多时超过千人。这么多人参与项目管理，不仅业主方自身的人力资源管理有困难，而且项目建设完成后人员解散，则人员的安置也会有许多困难和矛盾。

（3）许多工程项目中，业主管理班子的人员多数属于临时招聘，其能力、经验和水平在短时间内很难体现出来，而如果中途发现问题再更换人员则会对工程项目造成影响。即使所有的人员都非常有能力胜任管理工作，但众多人员之间的合作也需要一个磨合过程。

（4）在工程项目的实施期往往需要大量项目管理人员，而项目建成后又解散，因此往往只有一次教训，不利于积累经验，不利于形成专业管理队伍。

由于有些业主已经形成了完善的专业化项目管理机构、具有丰富的项目管理经验、自己完全有能力进行项目管理，因此不必委托其他单位进行项目管理。

对于有些工程项目，尽管业主没有同类工程项目的建设经验，但社会上同样也缺乏对同类工程项目具有丰富经验的项目管理咨询单位，故也可以采取业主自行管理方式。但业主应该组建比较强的管理队伍，并聘请有关技术和管理等专家作为顾问，参与并协助项目管理，在共同的参与中使业主人员得到培养、锻炼和提高。如大亚湾核电站和岭澳核电站的建设，业主都采取了自行项目管理模式，项目取得了很大成功。

在国内的工程实践中，多数建设单位都采取自行项目管理模式，即使根据有关规定和要求，在施工阶段委托工程监理单位进行现场监督管理，但在设计阶段、招标阶段、施工阶段、安装调试和保修阶段的主要项目管理任务都是由建设单位自己组织完成的。

过去，我国对大型工程项目广泛采用工程建设指挥部形式来组织和管理，这是自行项目管理的典型模式。而目前推行的建设项目法人负责制中，多数建设项目法人也采取自行组建项目管理班子进行项目管理的方式。

2. 业主方委托项目管理

（1）业主方委托项目管理的含义

所谓业主方委托项目管理，即业主将工程项目管理的所有任务全部委托给项目管理咨询公司承担，其组织结构如图 5-15 所示。

需要说明的是，在委托项目管理模式中，业主并不是甩手不管，什么都不做，业主仍然要有相应的项目管理部门和人员。这种模式与自行项目管理模式的不同点主要是，业主将项目管理的任务全部委托给了项目管理咨询公司，由项目管理咨询公司负责组建项目管理班子，对工程项目的投资控制、进度控制、质量控制、合同管理、信息管理、组织与协调等进行全面管理。业主不

图 5-15　业主委托项目管理的组织结构示意图

参与具体的项目管理工作，主要进行决策和确认，提供各种条件。业主的部门可以相应简单化，人员也可以大幅度精简。

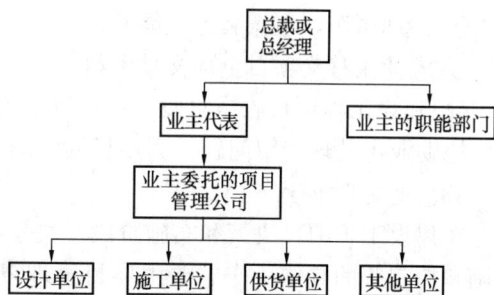

（2）项目管理单位的任务分工

1）在建设工程项目决策阶段，负责或者组织开展以下工作：

① 建设项目的机会研究；

② 可行性研究；

③ 建设项目评估；

④ 为建设项目的决策、立项而需要的其他工作。

2）在建设工程项目设计阶段，负责以下主要工作：

① 编制项目建设实施方案；

② 协助业主完成向政府部门报批的相关工作；

③ 协助业主确定项目定义；

④ 编制设计任务要求；

⑤ 协助业主确定技术定义及设计基础；

⑥ 进行资源（技术、人力、资金、材料）评价；

⑦ 进行风险分析并制定管理策略；

⑧ 协助业主选择专利技术；

⑨ 审查专利商提供的工艺包设计文件；

⑩ 组织委托项目总体设计、装置基础设计、项目初步设计和施工图设计；

⑪ 审查设备、材料供货厂商名单；

⑫ 提出项目设计应统一遵循的标准、规范和规定；

⑬ 提供项目融资方案，协助业主完成融资工作；

⑭ 制定分包策略，编制招标文件；

⑮ 对投标商进行资格预审；

⑯ 完成招投标和评标工作；

⑰ 协助业主与工程承包公司进行合同谈判与签约。

3）在建设工程项目施工阶段，负责以下主要工作：

① 编制并发布工程施工应统一遵循的标准、规范和规定；

② 对承包商进行全面管理；

③ 配合业主进行生产准备；

④ 参加试车，组织装置性能考核、验收；

⑤ 向业主移交项目全部文件资料。

4）建设工程项目收尾阶段，负责以下主要工作：

协助业主处理遗留问题，为项目的终结提供相关服务。

（3）业主的任务分工

在建设工程项目决策和实施阶段，关于工程项目的技术、经济、管理和组织的规划、协调和控制等的具体工作主要由项目管理咨询单位完成，业主的主要任务是提出有关要求，进行有关的决策、审核、确认和检查等，具体有以下几个方面：

① 提出项目概念和构思、目的和要求；

② 负责项目定义和项目实施方案等的决策；

③ 负责项目报批；

④ 负责征地拆迁；

⑤ 负责审核有关计划、标准、规定等；

⑥ 检查各个参与单位的工作；

⑦ 负责实施过程中的有关决策；

⑧ 签订有关合同；

⑨ 根据有关合同和项目管理机构的审核意见支付各种款项。

需要说明的是，在委托项目管理模式中，项目管理咨询单位提供项目管理服务，其工作性质是咨询服务（实质性的管理咨询），不是承包。根据国际惯例，项目管理咨询单位为业主的利益开展工作，但并不是业主的代理。

国际上，特别是工业发达国家，社会分工比较明确和细致，采用委托项目管理模式的情况比较普遍，历史也比较长，并已经形成了比较规范和成熟的操作模式。但是，并没有法规规定必须采取委托项目管理模式，在市场经济条件下，也并不是所有的工程都采用委托项目管理模式，采用什么模式完全由业主自行决定。

在国内的工程实践中，以前采用这种模式的情况比较少见。最近十多年以来，许多工程项目倾向于按照国际惯例进行管理，越来越多的工程项目在尝试采用委托项目管理模式。例如，某市地铁×号线就采取了这种模式，业主委托国际著名的项目管理咨询公司负责项目实施全过程的项目管理，其组织结构如图5-16所示。

根据工程项目的规模和特点，业主可以委托一个单位对工程进行管理，也可以委托多个单位进行管理。多个单位可以组成一个联合体或者合作体进行管理，也可以按照工程项目的结构分解，每个单位分别负责不同子项目的管理。

对项目管理任务的委托也可以分阶段进行，比如在设计阶段可以专门委托一个项目管理咨询公司帮助业主进行设计阶段管理，在施工阶段另委托一个项目管理咨询公司负责施工阶段管理。

3. 业主方和项目管理咨询单位合作进行项目管理

业主方与项目管理咨询单位合作进行项目管理，可以有以下几种可能的合作形式。

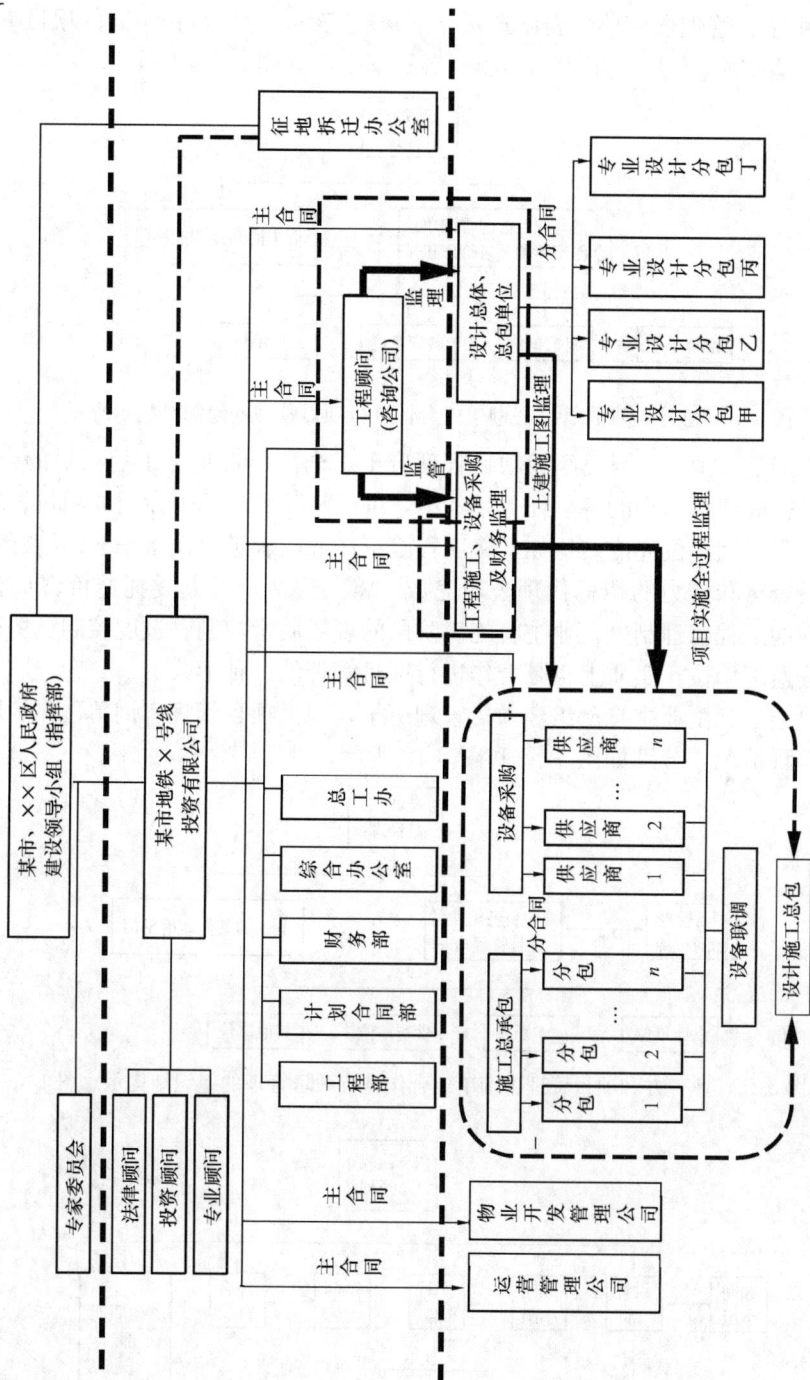

图 5-16 某市地铁×号线建设管理组织结构图

第一种可能是，在业主方自行项目管理（图 5-14）中，"业主自己组建的项目管理班子"变为由业主和项目管理咨询单位联合组建，形成一个项目管理机构。项目管理咨询单位根据业主的要求和项目管理的需要派出相应的人员，双方的人员在一个统一的项目经理（国际上往往由项目管理咨询单位委派）领导下开展工作，分别承担不同的项目管理任务。双方人员在一起共同工作，但组织结构图的形式不变，如图 5-17 所示。

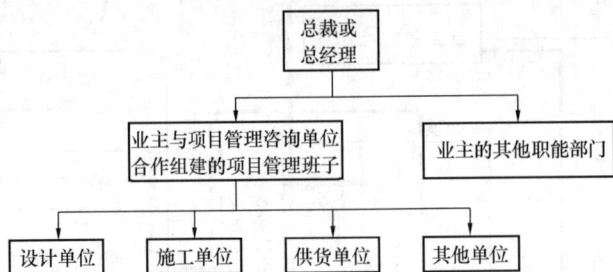

图 5-17　业主与项目管理咨询单位合作进行项目管理的组织结构示意图

第二种可能是，由业主自己组建项目管理班子，全面负责整个工程项目的组织实施，统筹安排或者完成项目管理的各项任务，其中，可能将几种或几个专门的项目管理任务单独委托项目管理咨询单位完成。比如，将工程施工任务或者进口设备采购的招标和评标工作委托给具备资格和能力的招标代理公司完成，将工程造价控制委托造价咨询公司负责等。我国目前的工程监理制度，业主将施工阶段的现场质量控制、进度控制、协调等任务委托给了工程监理单位，实质上也是合作进行项目管理的一种形式。

第三种可能是，由业主自己组建项目管理班子，而由项目管理咨询单位作为顾问。这又可能分为两种情况，分别如图 5-18 和图 5-19 所示。

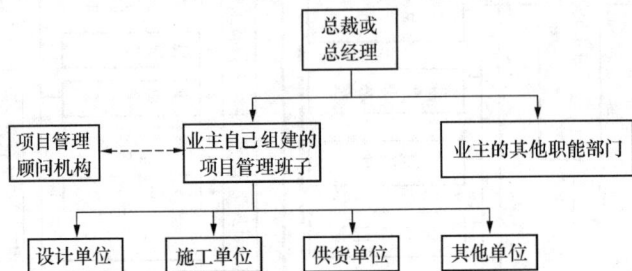

图 5-18　业主方和项目管理咨询单位合作进行项目管理的组织结构示意图 1

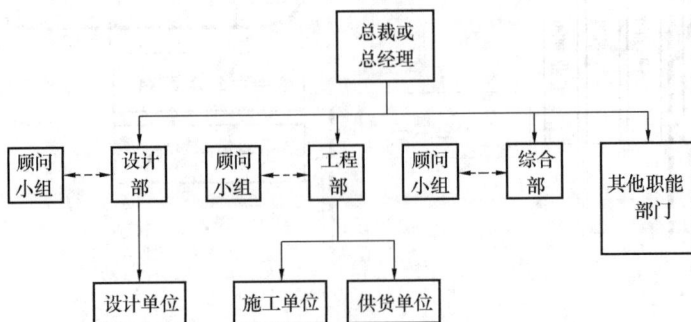

图 5-19　业主方和项目管理咨询单位合作进行项目管理的组织结构示意图 2

在图 5-18 中，项目管理咨询单位组建一个项目管理顾问机构为业主的项目管理班子整体提供咨询，由业主的项目管理班子负责对外进行各种协调和管理，发布各种指令。

在图 5-19 中，项目管理咨询单位根据业主要求和工程项目需要，组建多个项目管理顾问小组，分别为业主的不同的项目管理部门提供专项咨询服务。

4. 代建制

代建制是指政府或政府授权单位通过招标等方式，选择社会专业化项目管理单位（代建单位），负责政府投资项目的投资管理和建设实施工作，项目建成后交付使用单位的制度。实行代建制的目的是实行建设工程项目管理专业化，即由专门从事建设工程项目管理的专业化公司代表业主进行管理，从而提高投资效益，实现政府由投资项目的直接生产者和提供者向促进者、合作者、管理者和监督者的转变。

投资人、代建单位和项目实施单位（设计、施工、供货单位）之间的合同模式，在各地的实际操作中有两种方式。

方式一，由投资人与代建单位以及具体的项目实施单位分别签订合同。这种情况下，代建单位的地位、作用、权力都会在投资人与实施单位的合同中明确。代建单位与实施单位只有管理关系，没有合同关系，代建单位按照项目总投资的百分比或者固定的金额收取代建费。在这种方式中，投资人不可避免地要进行合同管理以及一定的项目控制工作，与代建单位的工作界面划分容易产生交叉，从而容易产生许多矛盾，也容易失去代建的意义。

方式二，投资人和代建单位签订委托—代理合同，代建单位再与其他实施单位（设计、施工、供货）签订合同。这种情况下，代建单位与实施单位既有管理关系又有合同关系，比较有利于项目的管理。

提出代建制度的目的，是通过专业化的项目管理公司代表投资人（政府）实施建设管理。但对于代建单位的工作性质，在有关的法规文件中未予以明确，而各地方的文件规定又很不统一，行业内的看法也不一致。下面，简单讨论一下代建单位的工作性质究竟是代理、顾问咨询，还是项目总承包。

在有些工业发达国家，建设工程项目的投资者（Investor）往往会委托一个开发商（Developer）对工程项目实施的全过程进行全面管理。投资者和开发商是两个不同的概念，但对项目的其他实施单位如设计单位、施工承包单位、供货单位以及项目管理单位来说，投资者和开发商都是业主。开发商接受投资者的委托，代表投资者进行项目的开发建设。一般的开发商并不参与投资，只代表投资者进行项目的开发建设，只有少数高级开发商可能会参与项目的部分投资，成为投资人兼开发商。在项目的开发建设过程中，开发商要负责项目的审批，负责征地拆迁，提供有关实施条件，组织设计、组织招标采购、组织施工，对外签订有关合同并履行合同，控制项目的目标，项目完成后交给投资人或用户。显然，开发商是投资人的代理，二者的法律关系应该是一种代理关系。

在代理关系中，代理人在代理权限内，以被代理人的名义实施民事法律行为。被代理人应对代理人的代理行为承担民事责任。

代理可以分为委托代理、法定代理和指定代理。委托代理是基于被代理人的委托授权所发生的代理。委托代理人取得代理权，通常要以委托合同和委托授权行为两个法律行为同时有效存在为前提。

根据国际惯例，咨询顾问一般不承担项目实施的责任，通常不进行决策，所以，将代建单位的工作性质确定为咨询顾问似乎不妥。

承包单位从地位上说是建筑产品的生产和供应者，是卖方，而投资人是建筑产品的买方，代建单位代表投资人组织和管理，属于业主一方，不应该属于承包方。项目总承包是一种工程发包模式，即使某个项目实行了代建制，也可以采取项目总承包的发包模式。

5.3 工程项目采购的发展趋势

5.3.1 采购手段和委托模式的变化

1. 采购手段的变化

随着信息技术的不断发展，利用网络平台开展采购招标的各项工作已经成为现实，并将愈来愈得到更加广泛的应用。目前，利用互联网进行招标信息和公告的发布已经非常普遍，而在网上进行资格审查、购买招标文件、递交投标文件等也已经逐渐为人们所接受，由于其具有成本低、速度快、保密性好等特点，将成为项目采购的一个重要的发展方向。

2. 工程管理和工程任务委托模式的变化

近年来，工程建设领域发生了深刻的变化，对现代工程建设管理的模式以及工程项目的任务委托和实施模式也产生了深远的影响。

近年来建筑业发生的变化主要体现在：

（1）大中型项目投资和经营的私有化进程的发展。

（2）业主方更多地希望设计和施工紧密结合，倾向于以设计＋施工（Design＋Build，或称 Design＋Construction，即我国所称谓的项目总承包）的方式发包；希望建筑业提供形成建筑产品的全过程的服务，包括项目前期的策划和开发，以及设计、施工，以至设施管理（Facility Management）的服务。

（3）建筑业在项目融资和经营方面参与程度的加剧。

（4）建筑市场的全球化进程和建筑市场竞争的加剧。

（5）从机械制造业、汽车工业引进、改变建筑产品生产组织的模式。

（6）在设计、施工、建筑材料和建筑设备的技术领域中不断出现创新。

（7）建筑公司（即我国所称的建筑施工、安装企业）功能的变化。

（8）设计事务所（设计公司）、建筑公司和咨询公司内部管理的变化。

（9）信息技术的迅速发展对建筑业的影响。

国际建筑业的以上变化对工程项目建设的委托和实施产生了深刻的影响。前面介绍过许多不同类型的承发包模式，如平行承发包、施工总承包、施工总承包管理、项目总承包、项目总承包管理和 CM 模式等，这些模式都局限于项目设计任务的委托和建筑施工、安装任务的发包。对于业主而言，这都属于对建筑产品订货生产的购买活动，它比工业产品购买的组织复杂得多。不熟悉工程项目开发和实施业务的业主几乎无法对付。业主方希望简化建筑产品购买的组织，而又不损害其利益，并希望建筑业能提供范围更宽的服务，由此产生了多种新颖的发包模式，如：

（1）D＋D＋B（Develop＋Design＋Build），即受委托方负责项目前期决策阶段的策划、设计和施工。

（2）D＋B＋FM（Design＋Build＋Facility Management），即受委托方负责项目的设计、施工和设施管理。

（3）F＋P＋D＋B＋FM（Finance＋Procurement＋Design＋Build＋Facility Management），即受委托方负责项目的融资、采购、设计、施工和设施管理。

5.3.2 建设工程的综合项目交付模式

1. 综合项目交付（IPD）的含义

综合项目交付（Integrated Project Delivery，简称 IPD）是美国建筑师协会（AIA）在 2007 年发布的《综合项目交付指南》中提出的一种新型管理和组织模式。IPD 又称项目集成交付，指的是将人力资源、工程系统、业务结构以及实践经验集合成为一个过程的项目交付方式，在这个集成的过程中，项目的各参与方可以充分利用各自的才能和洞察力，通过在项目实施的各个阶段的合作，使项目效率最大化，给业主创造更大价值。而美国总承包商协会（AGC）等建筑业协会组织则认为，IPD 是通过使用多方合同，以团队的整体表现为基础，选择项目各参与方，进行物资采购、风险/利益管理和索赔等的一种新型项目交付模式。

根据 IPD 的定义可知，IPD 主要涵盖了四方面思想：①集成的思想，集成了人、各系统、业务结构和实践经验，促进工程建设整体（一体）化；②合作的思想，组建了一个基于信任、协作和信息共享的项目团队，使各参与方风险共担、收益共享；③全寿命周期的思想，参与各方可在各阶段共享知识；④精益的思想，最大程度地减少返工和浪费、降低成本以及缩短工期，达到最优项目目标。

IPD 项目带来了全新的组织结构及合同结构。在 IPD 项目所实施的合同结构中，图 5-20 所示的合同具有代表性。IPD 合同是一种"关系型"的合同，它更关注于过程，而不只是结果（建筑产品）。IPD 的合同文本主要有：AIA C195（Single-Purpose Entity）、AIA C191（Single Multi-Party Agreement）、Consensus Docs 300（TRI—PARTY Agreement）和 Integrated Form of Agreement（IFOA）（Single Multi-Party Agreement）四种形式。图 5-20 中标示了适用的 AIA 标准合同及其编号。

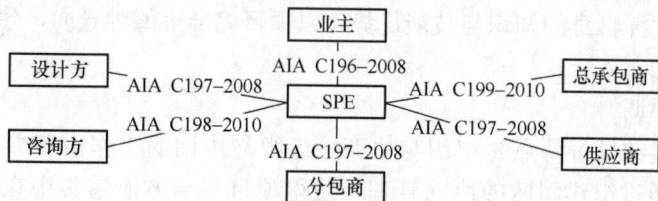

图 5-20 SPE 下的 IPD 合同结构模图

其中，SPE（Single Purpose Entity，单一目的实体）是针对建筑物体量大、复杂程度高、建设时间长、运营维护要求高的 IPD 项目由参与各方成立的有限责任公司，其目标是保证工程项目的价值能够达到最大化。

2. 综合项目交付（IPD）的特点

（1）成本控制

通过面向设计师到分包商采用预制工作流并实施更高的安装精度，减小协调错误、错误装配和欠妥安装的成本影响。通过消除由于这些不必要错误所导致的项目进度延缓而产生的赔偿，减少超时劳动和额外费用。通过改善项目日程设定来加速施工流程，从而降低一般费用、保险费和运输成本。

（2）进度控制

BIM（Building Information Model）技术为各参与方的早期介入与沟通提供平台，从根本上缩短项目建设周期。项目参与方在 BIM 信息平台上，通过时间建模和成本建模技术，预测施工现场减速/停工时间，并改善各方基层协调、重叠和阶段划分，从而革新采购和项目进度安排。

（3）质量控制

通过 IPD 协议规定了各类质量的标准，其中包括可持续性、工艺质量、功能性和设计质量。业主、设计方和承包商可共同选择多个类似项目作为参照基准，以使得质量目标是可度量的，再选定一个独立的评估员作为判定项目是否符合设计质量标准的仲裁者。当 IPD 合作团队取得超出设计期望的结果后，能够获得相关的奖金激励。

（4）信息管理

BIM 的主要作用是减少和消灭项目设计、施工、运营过程中的不确定性和不可预见性，BIM 通过使用建筑物的虚拟信息模型对建筑物可能碰到的各种问题进行模拟、分析、解决，从而防止例外或意外的发生。

通过提高所有项目参与人员建立、理解、传递项目信息的效率和降低出错概率，使得上述减少甚至消灭项目不确定性和不可预见性的预期在经济上成为可能。

（5）合同管理

通过 IPD 项目参与各方制定并签署 IPD 多方协议，定义项目参与者的角色与责任。2009 年 11 月，美国建筑师协会发布了 IPD 多方协议的合同模板。

在 IPD 项目的各个阶段中，各个参与者之间的协同合作关系，以及赔偿、义务及风险分配等有关的关键性条款必须进行清晰的定义与规定，这将有助于促进参与者之间的开放交流与协同合作。

IPD 项目通过合同将项目各方尽早地融入到一体化的项目团队中（图 5-21），使得项目参与各方充分发挥自身的知识与技能优势，以项目综合价值为导向，建立协作式合作伙伴关系。

（6）组织与协调

IPD 项目模式的显著特点是组织与协调。组织与协调的工作由各参与方人员组成的 SPE 团队负责。通过组建团队的协同管理，使得项目参与方能够集中在一个高效的协同流程内，相互配合、相互信任地协同工作。

为了达到这个组织协调目标，在该团队组建时，必须考虑以下问题：

1）在尽可能早的项目阶段中，识别、确认项目中每个参与者的角色；

2）要充分考虑与项目相关的其他参与者与项目的关系，如项目监管者、当地公共事业单位、保险商等；

3）能够在项目参与者充分相互理解的基础上定义项目的价值、目标及利益；

4）确定与项目参与者的需求与约束相一致并最适合 IPD 的组织架构；

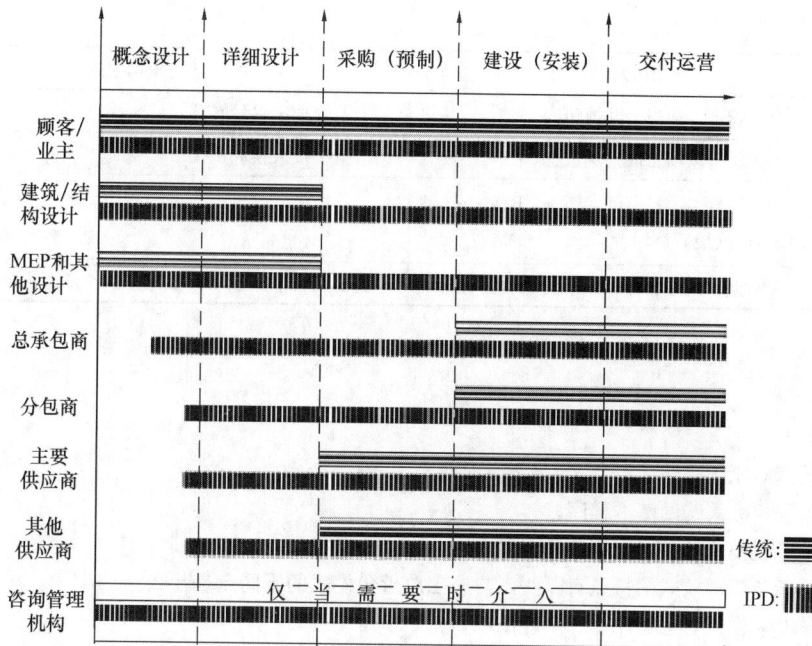

图 5-21   项目各参与方在传统采购模式和 IPD 模式下的介入时段对比

5）清晰定义项目参与方的角色与责任。

3. 综合项目交付（IPD）与传统采购模式的比较

与传统采购模式相比较，IPD 模式的参与各方在项目前期尽早介入，具有更真实的合作伙伴关系和较高的协同性，能持续不断地优化设计方案，较传统模式具有更强的主动性、更高的效率、更低的成本、更多的收益。

此外，还有许多其他各方面的区别，如表 5-2 所示。

IPD 模式与传统采购模式的比较   表 5-2

	IPD 模式	传统采购模式
文化、思考方式	学习，持续改进； 系统思考，优化整体，培育和支持多边合作与开放共享	责备，指手画脚，个人回报最大化，拒绝承担风险； 指挥、命令、控制，把工程划分为多个组成部分，个人，局部最优
管理思想	由外及内：从业主角度出发、基于系统基础上的行为模式	自上而下：主要管理合同，人、项目、成本……
决策与措施	以数据为基础，合作决定；措施与目标、能力、变更相适应	独立决策； 根据预算、标准等输出措施
组织设计与结构	基于需求、价值、流程，开放，合作，集成项目团队的关键人员，增加利益相关者	功能专业化，强调层次与控制，建造商直到建设阶段才介入项目； 垂直关系链
进程	并行与多层次；高度信任与尊重	线性的，隔离的
知识管理与专家	开放式共享、早期就介入	仅当需要时启用

续表

	IPD 模式	传统采购模式
风险	合作管理，适当、共摊风险	个人管理，尽量转移
利益	个人所得以项目成功为前提	希望小投入换高产出
交流方式、技术	基本数字化，可视的；BIM；Lasl PLanenr（最后计划者）	基于纸质，二维的
合同	关系型、共享合作，以项目成功为目标	交易型，未集成项目参与方，各自经营，极少共享

复习思考题

1. 采购的基本原则是什么？

2. 简述工程招标采购的基本程序。

3. 施工总承包模式的特点有哪些？

4. 施工总承包管理模式的特点有哪些，与施工总承包模式的不同点是什么？

5. 什么是 CM 模式，它适用于什么样的项目？

6. 工程管理委托的模式有哪些，各有什么特点？

7. 采购方式的发展趋势有哪些？

投资控制是建设工程管理的一项主要任务，是业主方工程项目管理的核心工作内容之一。进行工程项目的投资控制，需要了解建设工程项目投资的构成基础，深刻理解和掌握工程项目投资控制的含义和基本原理，了解建设工程项目实施过程中各阶段投资控制的任务。

6.1 工程项目投资控制的含义和目的

建设工程项目的投资是每个投资者所关心的重要问题，投资控制工作的成效直接影响建设工程项目投资的经济效益。工程项目投资及其控制贯穿于工程建设的全过程，涉及工程建设参与各方的利益。

6.1.1 工程项目投资费用组成

工程项目的建设是通过投资和建设方的一系列建设管理活动、建筑业的勘察设计和施工等活动以及其他有关部门的经济和管理等活动来实现的。它包括从项目意向、项目策划、可行性研究、项目决策，到地质勘测、工程设计、工程施工、生产准备和竣工验收等一系列非常复杂的技术、经济和管理活动，既有物质生产活动，又有非物质生产活动。

建设一个工程项目，总共要花多少钱，这是投资者首先必须考虑的事情。建设工程项目投资一般由建设投资（或称固定资产投资）和流动资产投资两部分所组成。

建设投资，是指进行一个工程项目的建造所需要花费的全部费用，即从建设工程项目确定建设意向直至建成竣工验收为止的整个建设期间所支出的总费用，这是保证工程项目建设活动正常进行的必要资金，是工程项目投资中的最主要部分。

流动资产投资是指为维持项目生产经营而占用的全部周转资金。一般人们所说的投资主要是指固定资产投资。实际上，生产经营性的项目还要有一笔有时数量不小的流动资金的投资。一个工厂建成后，光有厂房、设备和设施还不能运行，还要有一笔资金来购买原料、半成品、燃料和动力等，待产品卖出以后才能回收这笔资金。建设工程项目投资估算

工程项目投资控制

时，要把这笔投资也考虑在内。

从工程项目建设以及工程项目管理的角度，投资控制的主要对象是建设投资，一般不考虑流动资产投资的问题。因此，通常仅就工程项目的建设及建设期而言，从狭义的角度，人们习惯上将建设工程项目投资与建设投资等同，将投资控制与建设投资控制等同。

建设工程项目投资主要由工程费用和工程其他费用所组成（图 6-1）。

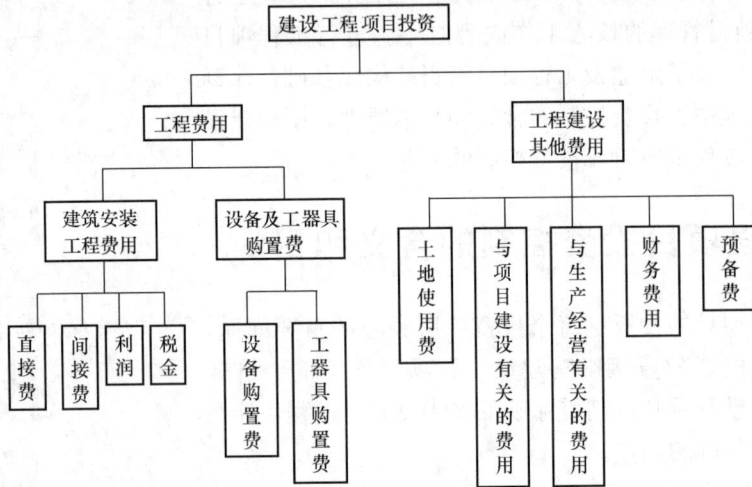

图 6-1　建设工程项目的投资费用组成

1. 工程费用

工程费用包括建筑工程费用、安装工程费用和设备及工器具购置费用。

建筑工程费用与安装工程费用的费用组成相同，两者的合计称为建筑安装工程费用。按我国的现行规定，建筑安装工程费用由直接费、间接费、利润和税金所组成。如上所述，它包括用于建筑物的建造及有关准备和清理等工程的费用、用于需要安装设备的安置和装配工程的费用等，是以货币形式表现的建筑安装工程的价值，其特点是必须通过兴工动料和追加活劳动才能实现。

设备及工器具购置费用，是指建设工程项目设计范围内的需要安装和不需要安装的设备、工器具和生产家具等的购置费等。生产性建设项目的生产能力，主要是通过设备及工器具购置费用实现的。因此，设备及工器具购置费用占建设工程项目投资费用比例的提高，标志着技术的进步和生产部门有机构成的提高。

2. 工程其他费用

工程其他费用或称工程建设其他费用，是指由建设工程项目投资支付的，为保证工程建设顺利进行和交付使用后能够正常发挥效用而必须开支的费用。按费用支出的性质，工程其他费用一般可分为以下几类：第一类为土地使用费；第二类是与工程项目建设有关的费用；第三类是与项目建成以后生产经营有关的费用；第四类为预备费；第五类是财务费用。

6.1.2　工程项目投资控制的含义

工程项目投资控制是指以建设工程项目为对象，为在投资计划值内实现项目而对工程建设活动中的投资所进行的规划、控制和管理。投资控制的目的，就是在工程项目的实施阶段，通过投资规划与动态控制，将实际发生的投资额控制在投资的计划值以内，以使工程项目的投资目标尽可能地实现。

工程项目投资控制主要由两个各有侧重又相互联系的工作过程所构成，即工程项目投资的规划过程与工程项目投资的控制过程。在工程项目的建设前期，以投资的规划为主；在工程项目实施的中后期，投资的控制占主导地位。

1. 投资的规划

投资的规划，主要就是指确定或计算工程项目的投资费用，以及制定工程项目实施期间投资控制工作方案的工程管理活动，主要包括进行投资目标论证分析、投资目标分解、制定投资控制工作流程、投资目标风险分析、制定投资控制工作制度及有关报表数据的采集、审核与处理等一系列控制工作和措施。

依据建设程序，建设工程项目投资费用的确定与工程建设阶段性的工作深度相适应，如图 6-2 所示。在工程项目管理的不同阶段，投资的规划工作及主要内容如下。

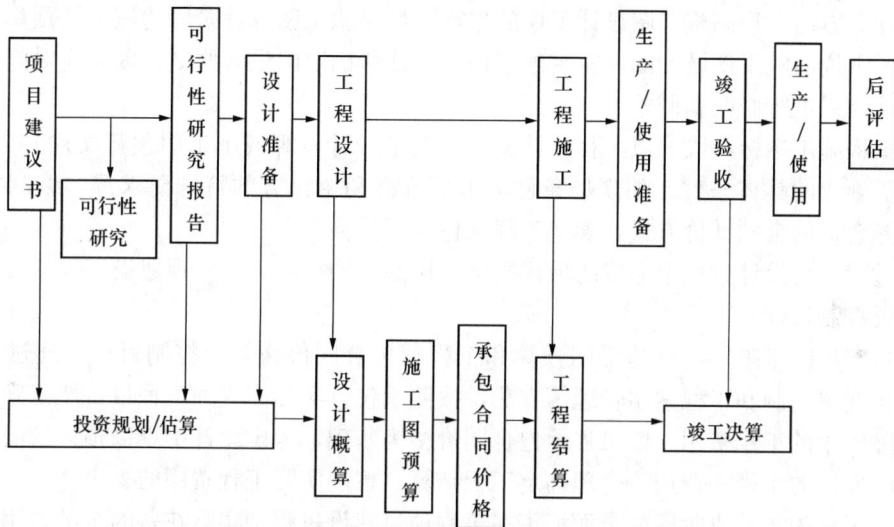

图 6-2 建设程序和各阶段投资费用的确定

（1）设计准备阶段。通过对投资目标的风险分析、项目功能与使用要求的分析和确定，编制工程项目的投资规划，用以指导设计阶段的设计工作以及相应的投资控制工作。

（2）工程设计阶段。以投资规划控制方案设计阶段和初步设计阶段的设计工作，编制设计概算。以投资规划和设计概算控制施工图设计阶段的设计工作，编制施工图预算，确定工程承包合同价格等。

（3）工程施工阶段。以投资规划、施工图预算和工程承包合同价格等控制工程施工阶段的工作，编制资金使用计划，以作为施工过程中进行工程结算和工程价款支付的计划目标。

2. 投资的控制

投资的控制，就是指在工程项目的设计准备阶段、设计阶段、施工阶段、动用前准备阶段和保修阶段，以规划的计划投资为目标，通过相应的控制措施将工程项目投资的实际发生值控制在计划值范围以内的项目管理活动。

对工程项目投资进行控制，是运用动态控制原理，在项目建设过程中的不同阶段，经常地、定期或不定期地将实际发生的投资数与相应的计划投资目标值进行比较，若发现工程项目实际投资值偏离目标值，则需采取纠偏措施，包括组织措施、经济措施、技术措施、合同措施和信息措施等，纠正投资偏差，保证工程项目投资总目标尽可能地实现。

（1）设计准备阶段。根据拟建工程项目的功能要求和使用要求，作出项目定义，包括项目投资定义，并按工程项目规划的要求和内容以及项目分析和研究的不断深入，逐步地将投资规划值和投资估算的误差率控制在允许的范围之内。

（2）工程设计阶段。运用设计标准和标准设计、价值工程和限额设计方法等，以投资规划和批准的投资估算为计划投资的目标值控制初步设计。如果初步设计阶段的设计概算超出投资估算（包括允许的误差范围），则应对初步设计的设计结果进行修改和调整。

进入施工图设计阶段，应以投资规划和批准的设计概算为控制目标，应用价值工程和限额设计等方法，控制施工图设计工作的进行。如果施工图设计阶段的施工图预算超过设计概算，则说明施工图设计的内容突破了初步设计所确定的设计原则，因而应对施工图设计的设计结果进行修改和调整。

在工程施工招标阶段，以工程设计文件（包括设计概算或施工图预算文件）为依据，结合工程施工的具体条件，如现场条件、市场价格和招标方的特殊要求等，编制招标文件，选择合适的合同计价方式，确定工程承包合同价格。

通过对工程设计过程中形成的项目投资费用的层层控制，以实现建设工程项目设计阶段的投资控制目标。

（3）工程施工阶段。以施工图预算和工程承包合同价格等为控制目标，通过工程计量、工程变更控制和工程索赔管理等方法，按照承包方实际完成的工程量，严格确定施工阶段实际发生的工程费用。以工程承包合同价格为基础，考虑设计中难以预计的而在施工阶段实际发生的工程和费用，合理确定工程结算，控制实际工程费用的支出。

（4）工程竣工验收阶段。全面汇集在工程项目建设过程中实际花费的全部费用，编制竣工决算，如实体现建设工程项目的实际投资，总结分析工程建设管理经验，积累技术经济数据和资料，以提高工程项目投资控制的水平。

（5）工程保修阶段。根据工程承包合同，协助处理项目使用期间出现的各种质量问题，选择相关的处理方案和方式，合理确定工程保修费用。

6.1.3　工程项目投资控制的原理

工程项目投资控制的目的和关键，是要保证项目投资目标尽可能好地实现。投资的规划为工程项目的建设制定了目标计划和控制的实施方案，可以说，投资规划为工程项目建起了一条通向投资目标的理论轨道。当工程项目进入实质性启动阶段以后，项目的实施就开始进入预定的计划轨道，这时，投资控制的中心活动就变为投资目标的控制。

由于项目规划人员自身的知识和经验有限，特别是在工程项目实施过程中，项目的内部条件和客观环境等都会发生变化，如工程范围的变化、项目资金的限制、未曾预想的恶劣天气的出现、政策法规的调整和物价的大幅度波动等，使得工程项目不会自动地在正常的计划轨道上运行。在工程项目管理实践中，尽管人们在不少项目上进行了良好的投资规划和有效的组织工作，但由于忽视了项目控制，最终未能成功地实现预定的投资目标。因此，工程项目投资控制成败与否，在很大程度上取决于投资规划的科学性和目标控制的有效性。

1. 遵循动态控制原理

工程项目投资控制应遵循动态控制原理。在建设工程项目中，投资的控制是紧紧围绕投资目标的控制，这种目标控制是动态的，贯穿于工程项目实施的始终。

随着工程项目的不断进展，大量的人力、物力和财力投入项目实施之中，此时应不断地对项目进展和投资费用进行监控，以判断工程项目进展中投资的实际值与计划值是否发生了偏离。如发生偏离，必须及时分析偏差产生的原因，采取有效的纠偏措施。必要的时候，还应对投资规划中的原定目标进行重新论证。从工程进展、收集实际数据、计划值与实际值比较、偏差分析和采取纠偏措施，又到新一轮起点的工程进展，这个控制流程应当定期或不定期地循环进行。如根据工程项目的具体情况可以每周或每月循环地进行这样的控制流程。

按照动态控制原理，在工程项目实施中进行的投资动态控制，应做好以下几项控制工作。

（1）对计划的投资目标值的分析和论证

由于主观和客观因素的制约，工程项目投资规划中计划的投资目标值有可能难以实现或不尽合理，需要在项目实施的过程中，或合理调整，或细化和精确化。只有在工程项目投资目标合理正确的前提下，投资控制方能有效。

（2）投资发生的实际数据的收集

收集有关投资发生或可能发生的实际数据，及时对工程项目进展作出评估。没有实际数据的收集，就无法了解和掌握工程项目投资的实际情况，更不能判断是否存在投资偏差。因此，投资实际数据的及时、完整和正确是确定有无投资偏差的基础。

（3）投资计划值与实际值的比较

比较投资计划值与实际值，判断是否存在投资偏差。这种比较也要求在工程项目投资规划时就对比较的数据体系进行统一的设计，从而保证投资比较工作的有效性和效率。

（4）各类投资控制报告和报表的制定

获取有关项目投资数据的信息，制定反映工程项目计划投资、实际投资、计划与实际投资比较等的各类投资控制报告和报表，提供作为进行投资数值分析和相关控制措施决策的重要依据。

（5）投资偏差的分析

若发现投资计划值与实际值之间存在偏差，则应分析造成偏差的可能原因，制定纠正偏差的多个可行方案。经方案评价后，确定投资纠偏方案。

（6）投资偏差纠正措施的采取

按确定的控制方案，可以从组织、技术、经济、合同等各方面采取措施，纠正投资偏差，保证工程项目投资目标的实现。

2. 分阶段设置控制目标

控制是为实现工程项目的目标服务的，一个系统若没有目标，就不需要也无法进行控制。投资控制目标的设置应是严肃的，应有科学的依据。但是，工程项目的建设过程是一个周期长、投资大和综合复杂的过程，投资控制目标并不是一成不变的，在不同的建设阶段投资目标可能不同。因此，投资的控制目标需按建设阶段分阶段设置，且每一阶段的控制目标值是相对而言的，随着工程项目建设的不断深入，投资控制目标也逐步具体和深化，如图 6-3 所示。

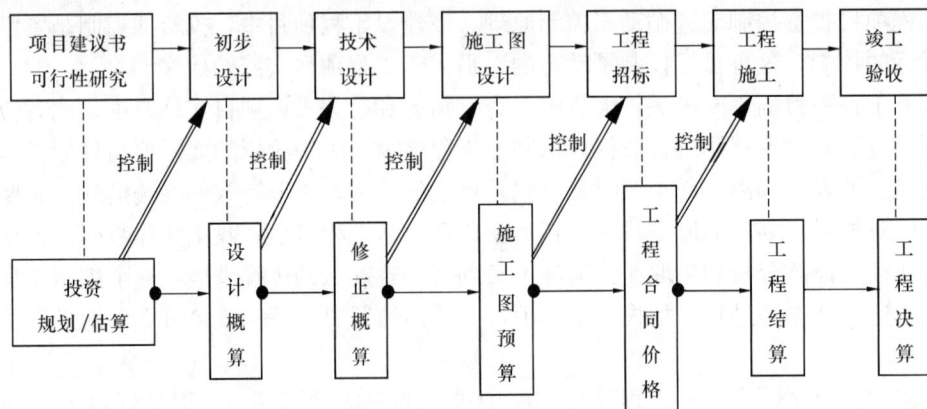

图 6-3　分阶段设置的投资控制目标

　　人们在一定时间内占有的经验和知识是有限的，不但常常受到科学条件和技术条件的限制，而且也受着工程项目建设过程的发展及其表现程度的限制，因而不可能在工程项目的伊始，就设置一个非常详细和一成不变的投资控制目标。因为在此时，人们通常只是对拟建的工程项目有一个概括性的描述和了解，因而也就只能据此设置一个大致的比较粗略的投资控制目标，这就是投资估算。随着工程项目建设的不断深化，即从工程项目的建设概念到详细设计等的完成，投资的控制目标也将一步步地不断清晰和准确，这就是与各建设阶段对应的设计概算、施工图预算、工程承包合同价格以及资金使用计划等。

　　因此，工程项目投资控制目标应随着工程项目建设实施的不断深入而分阶段设置。具体来说，在方案设计和初步设计阶段的投资控制目标，是工程项目的投资估算；在技术设计和施工图设计阶段，工程项目投资的控制目标是设计概算；施工图预算或工程承包合同价格则应是工程施工阶段投资控制的目标值。由此可见，这里所谓的投资目标是相对的，某一投资值相对前一阶段而言是实际值；相对后一阶段来说又是目标值。在各建设阶段形成的投资控制目标相互联系、相互补充又相互制约，前者控制后者，即前一阶段目标控制的结果，就成为后一阶段投资控制的目标，每一阶段投资控制的结果就成为更加准确的投资的规划文件，共同构成工程项目投资控制的目标系统。从投资估算、设计概算、施工图预算到工程承包合同价格，投资控制目标系统的形成过程是一个由粗到细、由浅到深和准确度由低到高的不断完善的过程，目标形成过程中各环节之间相互衔接，前者控制后者，后者补充前者。

3. 采取多种有效控制措施

　　要有效地控制工程项目的投资，应从组织、技术、经济、合同与信息管理等多个方面采取措施，尤其是将技术措施与经济措施相结合，是控制工程项目投资最有效的手段。

投资控制虽然是与费用打交道，表面上看是单纯的经济问题，其实不然。工程项目的投资与技术有着密切的关系，工程项目的功能和使用要求、土地使用、建设标准、设计方案的优劣、结构体系的选择和材料设备的选用等，无不涉及工程项目的投资问题。因此，工程建设迫切需要解决的问题是以提高项目投资效益为目的，在工程建设过程中把技术与经济有机结合，要通过技术比较、经济分析和效果评价，正确处理技术先进与经济合理两者之间的关系，力求在技术先进条件下的经济合理，在经济合理基础上的技术先进，把工程项目投资控制的观念渗透到各项设计和施工技术措施之中。

例如，在某国际机场项目的建设中，项目建设方以科技为先导，坚持以科技为第一支撑的工程建设指导思想，针对面临的一系列问题，投入大量的科研费用，开展了相关课题的研究，有力地支撑了机场项目建设的策划、决策和实施工作，有效地控制住了工程建设投资。为了能在机场软土地基的基础上，确保飞行区地基处理工程施工的一次成功，在工程动工前，项目建设方积极又慎重地组织实施了塑料板排水加堆载预压和强夯等四项地基处理试验，为选择正确合理的地基处理方案提供了极为可靠的科学依据。通过对取得的各个试验方案的各项测试数据、技术指标和阶段成果进行仔细验算分析和反复论证比较，最终选定了技术可行、经济合理和工艺简捷的强夯方案，选择了价廉质优的强夯材料，并在随后的施工作业过程中，注意及时发现和解决问题，不断加以充实改进。基于此，该项工程不但保证了质量，缩短了工期，而且还较大幅度地节省了投资。据测算，1000 多万元试验费用的投入获得了降低费用 12000 万元的回报。以现代科学技术为手段，通过大量的科技投入，该国际机场的建设取得了一大批研究、实验和试验成果。科研成果在工程实际中的投入和运用，极大地提高了工程项目建设各阶段和工程各方面工作的科技含量，有效地降低了工程项目的投资。

工程项目投资控制是一项融合了技术、经济和管理知识的综合性工作，它对投资控制人员素质的要求很高，要求具有经济、管理和技术等几个方面的知识。经济方面的知识包括：要懂得并能够充分占有数据；能够进行工程项目投资费用的划分；能够进行设计概算和施工图预算等的编制与审核；能够对工程付款进行复核；能够进行建设工程项目全寿命经济分析；能够完成技术经济分析、比较和论证等工作。管理方面的知识包括：能够进行投资分解，编制投资规划；具有组织设计方案竞赛的能力；具有组织工程招标发包和材料设备采购的能力；掌握投资动态控制和主动控制等的方法；能够进行合同管理等。技术方面的知识包括：具备土木工程、设施设备和工程施工等的技术知识，如建筑、结构、施工、工艺、材料和设备等方面的知识。当然，这些知识不可能集中在一个人身上，投资控制人员首先要了解和掌握这些知识，同时还需要与各方面专业人员结合在一起工作，在相关专业人员的协助下开展投资控制的工作。

4. 立足全寿命周期的控制

工程项目投资控制，主要是对建设阶段发生的一次性投资进行控制。但是，投资控制不能只是着眼于建设期间产生的费用，更需要从建设工程项目全寿命周期内产生费用的角度审视投资控制的问题。投资控制，不仅仅是对工程项目建设直接投资的控制，只考虑一次性投资的节约，还需要从项目建成以后使用和运行过程中可能发生的相关费用考虑，进行项目全寿命的经济分析，使建设工程项目在整个寿命周期内的总费用最小。

例如，一些建设工程项目使用过程中的能源费用、清洁费用和维修保养费用等往往是一笔巨大的费用开销，如果在建设时，略增加一些投资以提高或改进相关的标准和设计，则可以大大减少这些费用的发生，成为节约型的建设项目。

因此，工程项目投资控制并不是单纯地追求投资越小越好，而是应将工程项目的质量、功能要求和使用要求放在第一位，是在满足工程项目的质量、功能和使用要求的前提下，通过控制的措施，使工程项目投资越小越好。也就是说，在工程项目的建设过程中，需追求合理投资，该花的钱就得花，只要是值得，能够使建设工程项目全寿命周期内的使用和管理最为经济和节约。为此，在进行投资控制时，应根据工程项目的特点和业主的要求，对建设的主客观条件进行综合分析和研究，实事求是地确定一套合理的衡量准则。只要投资控制的方案符合这套衡量准则，能取得令人满意的结果，则投资控制就达到了预期的目的。

6.1.4　工程项目各阶段投资控制的任务

在工程项目的实施过程中，投资控制的任务是对建设全过程的投资费用负责，是要严格按照批准的可行性研究报告中规定的建设规模、建设内容、建设标准和相应的工程投资目标值等进行建设，努力把工程项目投资控制在计划的目标值以内。工程项目各阶段均有投资的规划与投资的控制等工作，但不同阶段投资控制的工作内容与侧重点各不相同。

1. 设计准备阶段的主要任务

在工程项目的设计准备阶段，投资控制主要任务是按项目的构思和要求编制投资规划，深化投资估算，进行投资目标的分析、论证和分解，以作为工程项目实施阶段投资控制的重要依据。在此阶段的投资控制工作，是要参与对工程项目的建设环境以及各种技术、经济和社会因素的调查、分析、研究、计算和论证，参与工程项目的功能定义和投资定义等。

在作出项目建设的投资决策以后，工程项目就进入实施阶段，此时首先应着手开始工程设计的工作。设计阶段工程项目投资的控制是要用项目决策阶段的投资估算，指导工程设计的进行，控制与工程设计结果相对应的投资费用，使设计阶段形成的工程项目投资数值能够被控制在投资估算允许的浮动范围以内。

投资估算是在工程项目的投资决策阶段，确定拟建项目所需投资数量的费用计算文件。与投资决策过程中的各个工作阶段相对应，投资估算也需按相应阶段进行编制。编制投资估算的主要目的，一是作为拟建项目投资决策的依据；二是若在决定工程项目的建设以后，其将成为拟建工程项目实施阶段投资控制的目标值。

2. 设计阶段的主要任务

在工程项目的设计阶段，投资控制的主要任务和工作是按批准的项目规模、内容、功能、标准和投资规划等指导和控制设计工作的开展，组织设计方案竞赛，进行方案比选和优化，编制及审查设计概算和施工图预算，采用各种技术方法控制各个设计阶段所形成的拟建项目的投资费用。

工程设计一般分为两个阶段：初步设计阶段和施工图设计阶段。大型和复杂的项目，在初步设计之前，要做方案设计，进行设计方案竞赛，优选方案。对技术上复杂又缺乏设计经验的工程，在初步设计完成之后，可增加技术设计阶段。因此，设计的阶段总体上可划分为方案设计、初步设计、技术设计和施工图设计四个阶段。对应工程项目的设计阶段，有确定工程项目投资费用的文件：在初步设计阶段，需要编制设计概算；在技术设计阶段，需要编制修正概算；在施工图设计阶段，需要编制施工图预算。设计概算、修正概算、施工图预算均是工程设计文件的重要组成部分，是确定和反映工程项目建设在各相应设计阶段的内容以及建设所需费用的文件。

在设计阶段，工程项目投资要以投资估算控制初步设计的工作；以设计概算控制施工图设计的工作。如果设计概算超过投资估算，应对初步设计进行调整和修改。同理，如果施工图预算超过设计概算，应对施工图设计进行调整和修改。通过对设计过程中形成的投资费用的层层控制，以实现拟建工程项目的投资控制目标。要在设计阶段有效地控制投资，需要从多方面采取措施，随时纠正发生的投资偏差。技术措施和技术方法在设计阶段的投资控制中起着极为重要和积极的作用。

工程项目施工准备阶段的投资控制，是以工程设计文件为依据，结合工程施工的具体情况，选择工程承包单位。此阶段投资控制的具体工作包括参与工程招标文件的制定，编制招标工程的标底，选择合适的合同计价方式，评价承包商的投标报价，参加合同谈判，确定工程承包合同价格，参与材料和设备订货的价格确定等。

3. 施工阶段的主要任务

在工程项目的施工阶段，投资控制的任务和工作主要是以施工图预算或工程承包合同价格作为投资控制目标，控制工程实际费用的支出。在施工阶段，需要编制资金使用计划，合理确定实际投资费用的支出；严格控制工程变更，合理确定工程变更价款；以施工图预算或工程合同价格为目标，通过工程计量，合理确定工程结算价款，控制工程进度款的支付。工程结算是在工程施工阶段，施工单位根据工程承包合同的约定而编制的确定应得到的工程价款的文件，其经审核通过后，建设单位就应按此向施工单位支付工程价款。因此，工程结算价款对建设单位而言是真正的实际费用的支出。就投资估算、设计概算、施工图预算甚至是工程合同价格来说，在某种程度上均可以理解为是工程项目的计划投资，其作用主要是用于控制而非实际支付，工程的实际费用并不一定按此发生。而工程结算价款则不同，其计算确定为多少，建设单位就需实际支出多少，它是工程项目实际投资的重要部分。

4. 竣工验收及保修阶段的主要任务

在工程项目的竣工验收及保修阶段，投资控制的任务和工作包括按有关规定编制项目竣工决算，计算确定整个建设工程项目从筹建到全部建成竣工为止的实际总投资，即归纳计算实际发生的工程项目投资。整个工程项目的建造完成所需花费支出的实际总投资通过竣工决算最后确定。在此阶段，要以设计概算为目标，对建设全过程中的投资费用及其控制工作进行全面总结，对工程项目的建设与运行进行综合评价。

所有竣工验收的建设工程项目在办理验收手续之前，必须对所有财产和物资进行清理，编制竣工决算。竣工决算是反映建设工程项目实际投资和投资效果的文件，是竣工验收报告的重要组成部分。及时和正确地编制竣工决算，对于总结分析工程项目建设过程中的经验教训，提高工程项目投资控制水平以及积累技术经济资料等，都具有重要意义。

在工程的保修阶段，要参与对发生的工程质量问题进行处理的工作，对由此产生的工程保修费用进行控制。

6.2　设计阶段投资控制的意义和技术方法

工程项目投资控制应贯穿于工程项目从确定建设，到建成竣工验收直至保修期结束为止的整个建设全过程。在工程建设的各个阶段和各个方面，均有众多的投资控制工作要做，不管是哪一个阶段或哪一个方面的工作没有做好，都会影响工程项目投资目标的实现。但是，工程项目的建设确实是一个非常复杂和周期较长的过程。由于工程项目具有一次性、独特性、先交易、先定价与后生产等基本特点，每一个工程的建设都是按照项目业主的特定要求而进行的一种定制生产活动，因此就投资控制而言，工程项目的前期和设计阶段的投资控制具有特别重要的意义。

6.2.1　项目前期和设计阶段对投资的影响

项目前期和设计阶段对建设工程项目投资具有决定作用，其影响程度也符合经济学中的"二八定律"。"二八定律"也叫帕累托定律，是由意大利经济学家帕累托（1848－1923）提出来的。该定律认为，在任何一组东西中，最重要的只占其中一小部分，约为20％；其余80％尽管是多数，却是次要的。在人们的日常生活中尤其是经济领域中，到处呈现出"二八定律"现象。"二八定律"的重点不在于百分比是否精确，其重心在于"不平衡"上，正因为这些不平衡的客观存在，才能产生强有力的和出乎人们想象的结果。

项目前期和设计阶段投资控制的重要作用，反映在工程项目前期工作和设计对投资费用的巨大影响上，这种影响也可以由两个"二八定律"来说明：工程项目规划和设计阶段已经决定了建设工程项目生命周期内80％的费用；而设计阶段、尤其是初步设计阶段已经决定了建设工程项目80％的投资。

1. 工程项目规划和设计对投资的影响

建设工程项目80％的全寿命周期费用在项目规划和设计阶段就已经被确定，而其他阶段只能影响项目总费用的20％。产生这种情况的主要原因是每一个项目都是根据项目业主自身的特殊要求和考虑进行建设的。在工程项目规划阶段，项目业主就会大致作出拟建项目的项目定义，决定工程项目投资需要的很多内容。比如，会依据各种因素确定拟建项目的功能、规模、标准和生产能力等，对宾馆项目来说，就是拟设多少客房，多少面积，建筑和设施标准的高低，娱乐、会议、商务、商店和餐饮等服务空间的设置、面积大小和标准等；对工业项目来说，就是多少生产能力，技术水平的高低，何种工艺技术路线，多少规模，多少面积，建筑标准和辅助设施设置等；对机场项目来说，就是需要多少跑道，多少候机楼及其多少面积，每年能够处理多少架飞机、多少旅客和多少货物等。这些都需要通过项目规划阶段的工作来确定。而这些对拟建项目的项目定义，就大致框定了工程项目的投资额度，给出了工程项目的投资定义。一旦项目规划通过论证准备实施，工程项目的建设内容和运营内容均得到确定，工程建设实施就必然按照认定的规划内容及其投资值来执行，这将直接影响工程项目的设计、施工和运营使用。

由于方案设计或初步设计阶段较为具体地明确了工程项目的建设内容、设计标准和设计的基本原则，以初步设计为基础的详细设计，即施工图设计只是根据初步设计确定的设计原则进行细部设计，是初步设计的深化和细化；而工程项目的采购和施工，通常只是严格按照施工图纸和设计说明来进行，图纸上如何画，施工就如何做，图纸上如何说，施工也就如何实施。因此，拟建项目的初步设计完成之后，建设工程项目投资的80％左右也就被确定下来。

从表面上看，工程项目的投资费用主要是集中在施工阶段发生的，而事实也确实如此，但是，施工阶段发生的费用是被动的，施工阶段所需要投入费用的多少通常都是由设计决定的。在工程项目开始实施之初，实际需要支出的费用很少，主要是一些前期的准备费用、支付给设计单位的设计费用和项目前期可能发生的工程咨询费用等。当工程项目进入施工阶段后，则需要真正的物质投入，大量的人力、物力和财力的消耗会导致工程实际费用支出的迅速增长，包括建筑安装工程费用、设备和材料的采购费用等工程费用主要是在施工阶段发生的。也正因为如此，在工程实践中往往容易造成或导致误解，认为投资控制主要就是进行施工阶段的控制，在设计阶段不花钱就不存在投资控制问题，只要控制住施工阶段的工程费用，整个建设工程项目的投资也就控制住了。而实际上，工程施工阶段需要发生的投资费用主要就是由设计所决定的。

2. 项目前期和设计阶段的外在因素对投资的影响

外在因素在建设工程项目全寿命周期内对投资影响程度的变化特点也决定了设计阶段管理和控制的重要性。建设工程项目的建设特别是重大基础设施建设周边地区的社会、经济、资源和自然环境等多种因素，对工程项目投资的影响力有着明显的阶段性变化，即如果能够经过对拟建项目科学的论证、规划和设计，外在因素的不确定性会随着时间的推移而逐渐减小，而在工程项目的前期，这类因素对工程项目投资的影响程度最集中，可以占到80％左右。

3. 前期工作和设计对使用或运营费用的影响

工程设计不仅影响工程项目建设的一次性投资，而且还影响拟建项目使用或运营阶段的经常性费用，如能源费用、清洁费用、保养费用和维修费用等。在工程项目建设完成投入使用或运营期间，项目的使用或运营费用将持续平稳地发生。虽然使用或运营费用的变化趋势并不十分明显，但由于项目使用或运营期一般都延续很长，这就使得相应的总费用支出量会很大。在通常的情况和条件下，在这个变化过程中，前后各阶段的费用存在一定的关系，或许前期或设计阶段确定的项目投资费用的少量增加反而会使得项目运营和使用费用大量减少；反之，设计阶段确定的项目投资费用略有减少，则有可能导致项目运营和使用费用的大量增加。建设工程项目一次性投资与经常性费用有一定的反比关系，但通过项目前期和设计阶段的工作可以寻求两者尽可能好的结合点，使建设工程项目全寿命周期费用最低。

综上所述，建设工程项目及其投资费用在其全寿命周期内有独特的发展规律，这些规律决定了项目前期和设计阶段在项目全寿命周期中的重要地位。从前面的分析以及从工程实践来看，在一般情况下，设计准备阶段节约投资的可能性最大，即其对建设工程项目经济性的影响程度能够达到95％～100％；初步设计为75％～95％；技术设计阶段为35％～75％；施工图设计阶段为25％～35％；而至工程的施工阶段，影响力可能只有10％左右了。在施工过程中，由于各种原因经常会发生设计变更，设计变更对项目的经济性也将产生一定的影响。

6.2.2 工程项目投资控制的重点

从前面的分析可见，项目前期和设计阶段对工程项目投资有着重要的影响，其决定了工程项目投资费用的支出。因此，工程项目投资控制就存在控制的重点，这就是工程项目的前期和工程的设计阶段。投资控制的重点放在设计阶段，特别是方案设计和初步设计阶段，并不是说其他阶段不重要，而是相对而言，设计阶段对工程项目投资的影响程度远远大于如采购阶段和工程施工阶段等的其他建设阶段。

在设计阶段，节约投资的可能性最大（图 6-4）。其中，在方案设计阶段，节约和调节投资的余地最大，这是因为方案设计是确定工程项目的初始内容、形式、规模、功能和标准等的阶段，此时对其某一部分或某一方面的调整或完善将直接引起投资数额的变化。正因为如此，就必须加强方案设计阶段的投资控制工作，通过设计方案竞赛、设计方案的优选和调整、价值工程和其他技术经济方法，选择确定既能满足工程项目的功能要求和使用要求，又可节约投资、经济合理的设计方案。

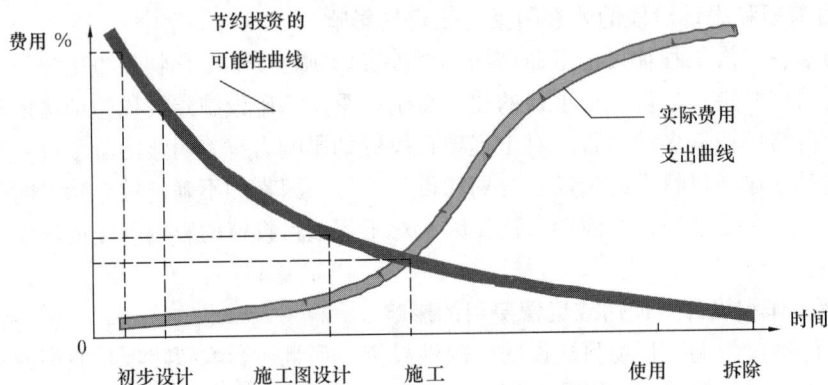

图 6-4 节约投资的可能性

在初步设计阶段，相对方案设计来说节约和调节投资的余地会略小些，这是由于初步设计必须在方案设计确定的方案框架范围内进行设计，对投资的调节也在这一框架范围内，因此，节约投资的可能性就会略低于方案设计。但是，初步设计阶段的工作对工程项目投资还是具有重大的影响，这就需要做好各专业工程设计和技术方案的分析和比选，比如房屋建筑的建筑和结构方案选择，建筑材料的选用，建筑方案中的平面布置、进深与开间的确定、立面形式的选择、层高与层数的确定、基础类型选用和结构形式的选择等，需要精心编制并审核设计概算，控制与初步设计结果相对应的工程项目投资。

进入施工图设计阶段以后，工程设计的工作是依据初步设计确定的设计原则对工程项目开展详细设计。在此阶段，节约和调节工程项目投资的余地相对就更小。在此阶段的投资控制，重点是检查施工图设计的工作是否严格按照初步设计来进行，否则，必须对施工图设计的结果进行调整和修改，以使施工图预算控制在设计概算的范围以内。

而至设计完成，工程进入施工阶段开始施工以后，从严格按图施工的角度，节约投资的可能性就非常小了。

因此，进行工程项目的投资控制就必须抓住设计阶段这个重点，尤其是方案设计和初步设计，而且越往前期，节约投资的可能性就越大。

前已述及，工程项目的投资估算、设计概算、施工图预算与合同价格等都是在工程施工前需要编制的，这些计算确定投资费用的文件又均主要是在设计阶段形成的，是随着工程项目建设的不断深入，并通过一个又一个阶段的控制获得的。而这些经过层层控制所得来的投资费用文件有时仅仅是作为控制下一段投资费用的目标，实际需支出的费用并不一定按其发生。那么，为什么建设工程项目投资费用的确定不能像其他工业产品那样，待产品生产出以后再来计算确定产品的价格？原因是，这是由工程项目及其建设特点所决定的。其中最主要的，就是对工程项目的建设而言，预计的资金投放量主要取决于工程项目规划和设计的结果，项目前期和工程设计阶段的工作决定了施工阶段的费用支出。由于工程项目的投资往往很大，少则几十万，多则成百上千万或上亿，如果不通过项目前期和设计阶段对投资的层层控制，放任自流，设计人员想怎样设计就怎样设计，不讲标准、不讲控制、不讲经济和效益，等到工程竣工以后再来计算核定工程项目的实际投资，则或许没有一个投资者能够承担这样的、可能是巨大的投资风险。这也就是为什么尽管工程项目的投资费用主要是在施工阶段发生和支出的，也要在工程项目前期和设计阶段做那么多"算"，即投资估算、设计概算、修正概算、施工图预算与合同价格等的原因。

在较长的一段时期里，我国建设领域普遍忽视工程项目建设前期和设计阶段的投资控制，往往是把控制项目投资的主要精力放在施工阶段，注重算细账，包括审核施工图预算及结算建筑安装工程价款等。这样做尽管也是必需的，但毕竟是"亡羊补牢"。要有效地控制工程项目投资，就要坚决地把工作重点转到项目前期和设计阶段上来。

【案例 6-1】 某国际机场建设总体规划的优化调整

某国际机场建设前期，经技术论证确定选址以后，项目建设方开始进行机场的总体规划，确定机场的总体位置及一期工程实施场地。总体规划完成后，项目建设方多次组织各方面专家对工程位置再作深入研究，从社会环境、生态环境、经济因素和可持续发展的角度，对机场的总平面位置及一期工程平面进行了一次次的修改和优化。期间，有专家提出了将整个机场规划范围向长江滩涂平移 700m，即将机场位置东移 700m 的规划修改方案，从而可以避开搬迁量大的望海路，突破人民塘，一期工程平面位置移至沙脚河与新建圩及胜利塘之间。

机场位置东移的关键是要拆除现有防汛大堤人民塘，这是历史上从未有过的。对这一复杂且关系重大的问题，项目建设方组织水利专家进行进一步的专题研究，充分证实这一设想的正确性和可行性。经过专家的分析和计算论证，提出的防汛、促淤方案包括以下内容：加高加固新建圩围堤工程；加高加固江镇垃圾堆场围堤工程；建造抛石网笼促淤坝工程；建造促淤隔堤坝工程。基于科学的方案，项目建设方最终作出决策：将机场从原有的位置东移 700m，加高加固新建圩，在东滩零米线处建造促淤坝来满足防汛要求，实施进一步的堆填造地。

围海造地的科学方案为国际机场可持续发展提供了可能，它使机场远期工程的建设基本上立足在围海所新造成的土地范围以内，为机场的发展提供了 18km² 的充足土地。促淤坝的建设加速了滩地泥沙淤积的速度，根据实地观察测量，从建造促淤坝至机场一期工程接近完成的三年内，因促淤坝淤积的土方使原约为 1～2m 标高的滩地普遍淤涨，升至3.5m 高程，淤积土方量约 2700 万 m³，节约了大量的造地资金和时间。

机场东移围海造地工程最大限度地保护了社会环境，避开了人口密集区域，可以减少

5000 多户居民的拆迁，少占用良田 5.6km²，节约了项目投资，并减少了社会不安定因素。围海造地工程，避开陆地，使机场主要噪声影响的区域进入海中和水面，也可缓解噪声污染问题。

根据测算，这一规划方案的优化调整，节省工程项目建设投资达 20 多亿元。试想如果仍旧按照原规划方案，后续阶段的工作做得再好也不可能会产生这样的成效。

6.2.3　设计阶段投资控制的技术方法

工程项目投资控制的重点在设计阶段，做好设计阶段的投资控制工作对实现项目投资目标有着决定性的意义。在工程设计阶段，可以应用价值工程和限额设计等管理技术和方法，对工程项目的投资实施有效的控制。

1. 价值工程方法

价值工程是运用集体智慧和有组织的活动，对所研究对象的功能与费用进行系统分析并不断创新，使研究对象以最低的总费用可靠地实现其必要的功能，以提高研究对象价值的思想方法和管理技术。这里的"价值"，是功能和实现这个功能所耗费用（成本）的比值。价值工程表达式为：

$$V = F/C \tag{6-1}$$

式中　V——价值系数；

　　　F——功能系数；

　　　C——费用系数。

（1）价值工程的特点

价值工程活动的目的是以研究对象的最低寿命周期费用，可靠地实现使用者所需的功能，以获取最佳综合效益。价值工程的主要特点如下。

1）以提高价值为目标

研究对象的价值着眼于全寿命周期费用。全寿命周期费用指产品在其寿命期内所发生的全部费用，即从为满足功能要求进行研制、生产到使用所花费的全部费用，包括生产成本和使用费用。提高产品价值就是以最小的资源消耗获取最大的经济效果。

2）以功能分析为核心

功能是指研究对象能够满足某种需求的一种属性，即产品的特定职能和所具有的具体用途。功能可分为必要功能和不必要功能，其中，必要功能是指使用者所要求的功能以及与实现使用者需求有关的功能。

3）以创新为支柱

价值工程强调"突破、创新和求精"，充分发挥人的主观能动作用，发挥创造精神。首先，对原方案进行功能分析，突破原方案的约束；然后，在功能分析的基础上，发挥创新精神，创造更新方案；最后，进行方案对比分析，精益求精。能否创新及其创新程度是关系价值工程成败与效益的关键。

4）技术分析与经济分析相结合

价值工程是一种技术经济方法，研究功能和成本的合理匹配，是技术分析与经济分析的有机结合。因此，分析人员必须具备技术和经济知识，做好技术经济分析，努力提高产品价值。

（2）价值工程的基本内容

价值工程可以分为四个阶段：准备阶段、分析阶段、创新阶段和实施阶段。其大致可以分为八项内容：价值工程对象选择、资料收集、功能分析、功能评价、提出改进方案、方案的评价与选择、试验证明和决定实施方案。

价值工程主要回答和解决下列问题：

1）价值工程的对象是什么；

2）它是做什么的；

3）其费用是多少；

4）其价值是多少；

5）有无其他方法实现同样功能；

6）新方案的费用是多少

7）新方案是否能满足要求。

（3）价值工程在工程项目设计阶段的应用

在工程项目的设计阶段，应用价值工程具有重要的意义，它是投资控制的有效方法之一。尽管在产品形成的各个阶段都可以应用价值工程提高产品的价值，但在不同的阶段进行价值工程活动，其经济效果的提高幅度却是大不相同的。一旦设计图纸已经完成，产品的价值就基本确定了，因此，应用价值工程的重点是在产品的研究和设计阶段。

同一个工程项目、同一单项或单位工程可以有不同的设计方案，也就会有不同的投资费用，这就可以采用价值工程方法进行设计方案的选择。这一过程的目的在于论证拟采用的设计方案技术上是否先进可行，功能上是否满足需要，经济上是否合理，使用上是否安全可靠。价值工程中价值的大小取决于功能和费用，从价值与功能和费用的关系式中可以看出提高产品价值的基本途径：

1）保持产品的功能不变，降低产品成本，以提高产品的价值；

2）在产品成本不变的条件下，提高产品的功能，以提高产品的价值；

3）产品成本虽有增加，但功能提高的幅度更大，相应提高产品的价值；

4）在不影响产品主要功能的前提下，针对用户的特殊需要，适当降低一些次要功能，大幅度降低产品成本，提高产品价值；

5）运用新技术，革新产品，既提高功能又降低成本，以提高价值。

2. 限额设计方法

所谓限额设计方法，就是在设计阶段根据拟建项目的建设标准、功能和使用要求等，进行投资规划，对工程项目投资目标进行切块分解，将投资分配到各个单项工程、单位工程或分部工程，分配到各个专业设计工种，明确工程项目各组成部分和各个专业设计工种所分配的投资限额。而后，将其提交设计单位，要求各专业设计人员按分配的投资限额进行设计，并在设计的全过程中，严格按照分配的投资限额控制各个阶段的设计工作，采取各种措施，以使投资限额不被突破，从而实现设计阶段投资控制的目标。在工程设计阶段采用限额设计方法控制工程项目投资，是投资控制的有力措施之一。

（1）投资目标分解

采用限额设计方法，在工程设计开始之前需要确定限额设计的限额目标，即进行投资目标的分解，确定拟分配至各专业设计工种和项目各组成部分的投资限额。投资目标及其分解的准确与合理，是限额设计方法应用的前提。投资限额目标若存在问题，则无法用于指导设计和控制设计工作，设计人员也无法按照分配的限额进行设计。因此，在设计准备阶段需要科学合理地编制投资规划文件，依据批准的可行性研究报告、拟订的工程建设标准、建设项目的功能描述和使用要求等，给出工程项目各专业和各组成部分的投资限额。由于工程设计尚未开始，工程项目的功能要求和使用要求就成为分配投资限额最主要的依据。限额设计的投资目标分解和确定，不能一味考虑节约投资，也不能简单地对投资进行裁剪，而应该是在保证各专业各组成部分达到使用功能和拟订标准的前提下，进行投资的合理分配。

因此，投资目标的分解和限额分配要尊重科学，实事求是，需要掌握和积累丰富的投资数据和资料，采用科学的分析方法，否则，限额设计很难取得好的效果。此外，投资限额目标一旦确定，必须坚持投资限额的严肃性，不能随意进行变动。

（2）限额设计的控制内容

投资目标的分解工作完成以后，就需在设计全过程中按分配的投资限额指导和控制工程设计工作，使各设计阶段形成的投资费用能够被控制在确定的投资限额以内。

1）建设前期的工作内容

工程项目从可行性研究开始，便要建立限额设计的观念，充分理解和掌握工程项目的设计原则、建设方针和各项技术经济指标，认真做好项目定义及其描述等工作，合理和准确地确定投资目标。可行性研究报告和投资估算获得批准以后，就应成为下一阶段进行限额设计和控制投资的重要依据。

2）方案设计阶段的工作内容

在进入设计阶段以后，首先就应将投资目标及其分配的限额向各专业的设计人员进行说明和解释，使其明确限额设计的基本要求和工作内容，明确各自的投资限额，取得设计人员的理解和支持。在方案设计阶段，以分配的投资限额为目标，通过多方案的分析和比较，合理选定经济指标，严格按照设定的投资限额控制设计工作。如果设计方案的投资费用突破投资限额，则需要对相应专业或工程相应的组成部分或内容进行调整和优化。

3）初步设计阶段的工作内容

在初步设计阶段，严格按照限额设计所分配的投资限额，在保证工程项目使用功能的前提下进行设计，按确定的设计方案开展初步设计的工作。在设计过程中，要跟踪各专业设计的设计工作，与各专业的设计人员密切配合，对主要工程、关键设备、工艺流程及相应各种费用指标进行分析和比较，研究实现投资限额的可行方案。随着初步设计工作的进展，经常分析和计算各专业设计和各工程组成部分设计形成的可能的投资费用，并定期或不定期地将可能的投资费用与设定的投资限额进行比较，若两者出现较大差异，需要研究调整方法和措施。工程设计是一项涉及面广和专业性强的技术工作，采用限额设计方法就是要用经济观念来引导和指导设计工作，以经济理念能动地影响工程设计，从而实现在设计阶段对工程项目投资进行有效的控制。

初步设计的设计文件形成以后，要准确编制设计概算，分析比较设计概算与投资估算的关系，分析比较设计概算中各专业工程费用与投资限额的关系，发现问题及时调整，按投资限额和设计概算对初步设计的各个专业设计文件作出确认。经审核批准后的设计概算，便是下一阶段，即施工图设计阶段控制投资的重要目标。

4）施工图设计阶段的工作内容

施工图设计文件是设计的最终产品，施工图设计必须严格按初步设计确定的原则、范围、内容和投资限额进行设计。施工图设计阶段的限额设计工作应在各专业设计的任务书中，附上设定的投资限额和批准的设计概算文件，供设计人员在设计中参考使用。在施工图设计过程中，局部变更和修改是正常的，关键是要进行核算和调整，使施工图预算不会突破设计概算的限额。对于涉及建设规模和设计方案等的重大变更，则必须重新编制或修改初步设计文件和设计概算，并以批准的修改后的设计概算作为施工图设计阶段投资控制的目标值。

施工图设计的设计文件形成以后，要准确编制施工图预算，分析比较施工图预算与设计概算的关系，分析比较施工图预算中各专业工程费用与投资限额的关系，发现问题及时调整，按施工图预算对施工图设计的各个专业设计文件作出最后确认，实现限额设计确定的投资限额目标。

从限额设计的控制内容可见，采用限额设计方法，就是要按照批准的可行性研究报告及投资估算控制初步设计，按照批准的初步设计和设计概算控制施工图设计，使各专业在保证达到功能要求和使用要求的前提下，按分配的投资限额控制工程设计，严格控制设计的不合理变更，通过层层控制和管理，保证工程项目投资限额不被突破，最终实现设计阶段投资控制的目标。

6.3 工程项目招标采购中的投资控制

工程项目的招标与采购，是通过市场竞争择优选定工程的承包商或货物的供应商的一种市场行为。工程项目招标与采购的活动及其结果，直接决定工程合同价格的高低，对工程项目的投资具有一定的影响。因此，招标采购程序中的每一步骤都与工程项目的投资密切相关。

6.3.1 招标采购的组织与方式

招标与采购阶段投资控制的任务，就是通过招标和采购活动，择优选择价格低、工期短、具有良好业绩和社会信誉的承包商或供货商，通过竞争确定项目采购价格，为合理控制投资奠定基础。

项目招标采购是市场经济条件下工程建设的交易方式，招标方必须遵循市场经济的客观规律，坚持公开、公平、公正和有效竞争的招投标原则，深度设计招标采购管理方法和管理程序，制定招标采购的实施方案。

在建立招标组织机构时，招标方应贯彻执行"分工明晰、权力制约、制度严格"的管理原则，制定"招投标管理办法"等管理制度，体现法治思想，最大限度地减少人为的干扰和主观因素的影响。在招标采购中，要制定周密细致的招标采购计划，按功能领先定位产品要求和技术标准，通过市场调研掌握第一手信息，通过工程标段的合理划分或合同对象的合理打包，充分引入市场竞争机制、发挥综合效益。标准化招标文件的采用，不仅可以规范招标文件的质量，而且能简化招标文件编制和审核的过程，缩短编制招标文件的时间。为了控制和提高招标文件的质量，需要制定标书编制流程，建立标书审核会议制度。

评标方法需针对工程和设备系统的不同特点，尊重市场规律，体现招标采购的公正性和科学性。如此，通过公平公正的市场竞争，可以获得一个合理的合同价格。

工程采购方式的不同，也会在一定程度上影响工程项目的投资。采用公开招标方式，招标人可以在较广的范围内选择中标人，由于投标竞争激烈，有利于招标人取得有竞争性的报价；但同时，由于申请的招标人较多，评标工作量大，所需招标时间长、招标费用高。采用邀请招标方式，招标人邀请若干符合招标条件的投标人参加投标竞争，由于邀请范围较小，招标人的选择面窄，有可能错失在报价上有竞争实力的潜在投标人。

因此，选择采购方式时，应根据工程特点和招标人的管理能力等划分发包范围，从有利于控制项目投资出发，选择合同价格形式，充分利用市场机制，确定采购方式。

6.3.2　工程量清单计价

工程量清单是完成设计文件规定的拟建工程的所有内容和工作的名称以及相应数量的明细清单。以工程量清单中的全部项目和内容以及相应数量为依据，计算确定工程造价的计价方式称为工程量清单计价。

1. 工程量清单计价规范

为了适应我国社会主义市场经济发展的需要，规范建设工程造价计价行为，统一建设工程工程量清单的编制和计价方法，维护发包人和承包人的合法权益，中华人民共和国住房和城乡建设部制定并发布了国家标准《建设工程工程量清单计价规范》GB 50500—2013（以下简称《计价规范》）。

实行工程量清单计价，有利于促进建设市场的有序竞争和施工企业的健康发展。采用工程量清单计价模式进行招标投标，对发包单位来说，由于工程量清单是招标文件的组成部分，招标人必须编制出准确的工程量清单，并承担相应的风险，可以促进招标单位提高管理水平。对承包企业来说，采用工程量清单报价，必须对单位工程成本、利润进行分析，精心选择施工方案，并根据自身的企业定额，合理确定人工、材料、机械等要素的投入和配置，优化组合，合理控制现场费用和措施费用，确定投标报价。

2. 工程量清单

工程量清单（Bill of Quantity，简称 BQ）是建设工程发包人将准备实施的工程项目的全部工作内容，依据统一的工程量计算规则，按照不同的工程部位和性质，将实物工程量和技术措施以统一的计量单位列出的数量清单。《计价规范》规定，采用工程量清单方式招标，工程量清单必须作为招标文件的组成部分，其准确性和完整性由招标人负责。一个建设工程项目的工程量清单由五个清单组成，分别是分部分项工程量清单、措施项目清单、其他项目清单、规费项目清单和税金项目清单。

3. 工程量清单计价方式

工程量清单计价的基本原理就是以招标人提供的工程量清单为平台，投标人根据自身的技术、财务、管理能力进行投标报价，招标人根据具体的评标细则进行优选，这种计价方式是市场定价体系的具体表现形式。工程量清单计价的基本过程，如图 6-5 所示。

采用工程量清单方式招标发包，招标人必须将工程量清单作为招标文件的组成部分，连同招标文件一并发（或售）给投标人。招标人对编制的工程量清单的准确性和完整性负责，投标人依据工程量清单进行投标报价。

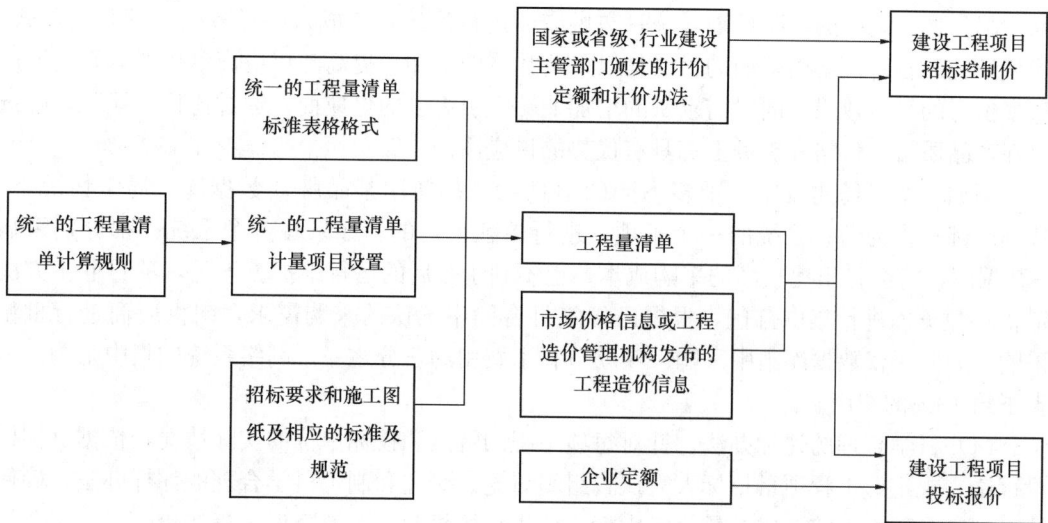

图 6-5　工程量清单计价的基本过程

在工程招标发包过程中，招标人拟建工程的招标控制价，应依据：工程量清单，国家或省级、行业建设主管部门颁发的计价办法，国家或省级、行业建设主管部门颁发的计价定额，市场价格信息或工程造价管理机构发布的工程造价信息等进行编制，用以作为招标人对招标工程发包的最高控制限价。

进行投标报价的编制时，投标人应按招标人提供的工程量清单填报价格。投标人必须严格按照招标人提供的工程量清单表填报，不得对招标人提供的工程量清单表进行任何的修改。

6.3.3　招标项目的价格控制

通过市场竞争，工程项目招标人可以优选建设队伍和技术方案，有效地转移风险，并获得合理的工程合同价格。在工程任务发包过程中，招标人应力求按市场化运作，采用招标竞争方式，锁定合同价格。

高质量的招标文件和科学的评标办法对于确保工程质量和工期、降低工程造价有着至关重要的作用。因此，需要精心策划工程项目的招标方案以及招标文件的内容。

（1）审慎的招标文件。针对招标工程的实际情况和技术经济特点，项目招标人应组织认真研究，重要项目还拟聘请外部专家，会同设计单位等编制严密的招标文件。深度研究招标文件的各项条款，保证招标文件能够覆盖所有工程内容和发包人要求，以确保项目在实施过程中的投资控制和管理工作的有效实施。对于具备条件的，在招标文件编制中需进一步完善报价要求，力争锁定能预见的一切风险因素，尽可能实现合同价格的闭口。

（2）详尽细致的技术规格。为保证招标文件中技术标书的质量，招标人应特别强调技术标书由专业咨询单位或专业人员编制，且技术方案编制必须非常详细和具备操作性。这样使投标人对工程的内容、自己的技术能力和技术风险等有非常清晰的认识，从而使工程质量具有最大限度的保证。由于风险的降低，也可能降低投标人的报价。

（3）设备系统的集中采购。集中采购是指采购单位将众多子项目的采购任务集中整合到一起，形成统一的采购计划，统一与供应商进行洽谈，完成采购任务的一种采购形式。项目设施设备系统集中采购的目的是以采购数量的增加，提高与供应商洽谈的筹码，形成量多价低的采购效果，同时需求量的增加能够吸引更多的供应商，通过比价、谈判，筛选出在产品质量、价格和服务上都具有优势的供应商。

例如，某机场建设中，很多不同的信息系统都使用某品牌 O-数据库。通常情况下，数据库都是作为信息系统的一个子项，进行单独采购的。如果在各个系统中都分别采购 O-数据库，将会付出比较高的采购成本，也不利于今后的运行维护。于是，项目业主方决定将 O-数据库进行集中打包，根据已经签订合同中确认的采购需求，向供应商进行批量采购，如此，仅数据库集中采购一项就节省了费用约三分之一，网络系统的集中采购，节省了约 10% 的费用。

（4）科学合理的评标办法。针对每项工程的特点和投标单位的实际情况，依据《招标投标法》规定，工程项目招标人需认真组织讨论、研究和制定科学合理的评标办法，确保技术和商务两方面综合成绩最优者中标，依靠市场机制，有效降低工程造价。

（5）招标方案的不断优化。招标方案的优化主要体现在对招标范围和标段划分的优化、技术规格和技术标书的优化、商务标书和评标办法的进一步优化等。以某工程设备采购为例，招标人对招标方案进行了优化和改进，一是使招标设备的分拆或打包更为细化与合理，且国内厂商可直接参与投标，有效地降低了中标价；二是提高设备的国产化率，如系统集成商为国内厂商，部分设备由过去主要为进口改为国产化，投资得到较大节省。

【案例 6-2】 某国际机场扩建工程投资控制工作思路

某国际机场扩建工程建设是一个复杂的系统工程，涉及范围广、技术复杂，而且要求在短时间内完成，投资控制工作的显著特点是投资额大、投资强度大，投资控制的工作量极其繁重，且投资控制的目标严格，必须实现。

按照投资控制的一般规律和机场项目建设特点，工程项目业主方多次研讨，将扩建工程投资控制的总体目标确定为：在实现项目功能、造型、设计优化的同时，使项目的实际投资控制在计划目标之内，达到项目增值的目的。投资控制目标为：将项目实际投资控制在批准的设计概算范围内。

为最优地实现投资控制目标，工程项目业主方在建设之初就提出和拟订了投资控制的指导思想，主要包括：在进行全过程投资控制的同时，重视项目的前期工作，不断优化规划设计方案，以通过和依靠设计方案的优化，达到控制建设投资、全寿命周期费用和项目增值的目的；在设计方案最优的前提下，通过招标方案的深度设计，使投标风险透明和最小化，并通过市场竞争获得质优价廉的产品和服务；在项目实施过程中，进一步优化施工方案，并以设计概算为最高限额，以变更控制为关键，进行动态投资控制。机场扩建工程投资控制的基本出发点，就是依靠不断优化的实施方案和充分竞争的市场机制，其总体工作思路，如图 6-6 所示。

工程项目业主方通过各部门、各单位的主动工作，向设计要优化、向管理要效益，依靠制度保证，方法运用得当，不仅节省了大量建设投资，也使得项目全寿命周期费用得到有效降低。

包括规划方案、设计方案、招标方案、施工方案

通过需求调研、功能分析、优选和优化设计方案，实现项目
必要功能的同时，有效降低寿命周期费用，实现投资效益的最
大化，方案优化是项目投资控制的根本

通过招标、采购方案的深度设计，使
投标风险透明和最小化，从而采购到
质优价廉的产品和服务。招标竞争是
项目投资控制的重要手段

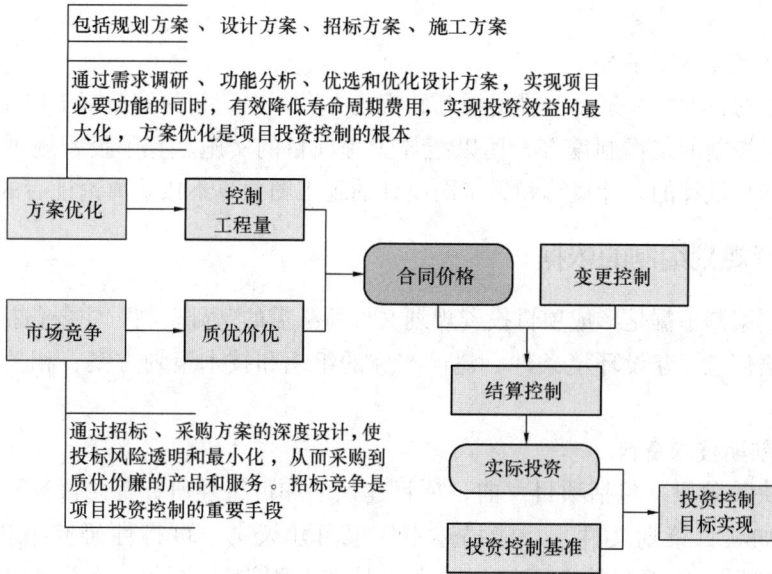

图 6-6　机场扩建工程投资控制总体工作思路

6.4　工程项目投资规划

投资规划是工程项目投资控制的一项重要工作，编制好投资规划文件，对工程项目实施全过程中的投资控制工作具有重要影响。

6.4.1　投资规划的概念和作用

项目投资规划是在建设工程项目实施前期对项目投资费用的用途作出的计划和安排，它是依据建设工程项目的性质、特点和要求等，对可行性研究阶段所提出的投资目标进行论证和必要的调整，将工程项目投资总费用根据拟订的项目组织和项目组成内容或项目实施过程进行合理的分配，进行投资目标的分解。

一般情况下，进行投资规划先要根据工程项目建设意图、项目性质、建设标准、基本功能和要求等进行项目构思和描述分析，给出项目定义，确定项目的基本规划框架，从而确定工程项目每一组成部分投资的控制目标；或是在工程项目的主要内容基本确定的基础上，确定工程项目的投资费用和项目各个组成部分的投资费用控制目标。

项目投资规划在工程项目的建设和投资控制中起着重要作用。

1. 投资目标的分析和论证

在工程项目实施前期，通过投资规划对项目投资目标作进一步的分析和论证，可以确认投资目标的可行性。正确确定工程项目实施阶段的投资总量，对初步设计阶段的投资控制具有重要意义。

2. 投资目标的合理分解

通过投资规划，将投资目标进行合理的分解，给出和确定工程项目各个组成内容和各个专业工程的投资目标。投资目标准确与合理的分解，才能真正起到有效控制投资的

作用。

3. 控制方案的制定实施

投资规划的目的之一是制定投资控制的实施方案，确定相关的控制工作流程，进行风险分析，制定控制的工作制度等，用以指导工程项目的实施。有了投资规划这一基本框架，能够使初步设计的设计概算和施工图设计的施工图预算不致偏离论证后的投资目标。

6.4.2 投资规划编制的依据

投资规划编制依据是形成项目投资规划文件所必需的基础资料，主要包括工程技术资料、市场价格信息、建设环境条件、建设实施的组织和技术策划方案、相关的法规和政策等。

1. 工程前期技术资料

在项目决策阶段（包括项目意向、项目建议书和可行性研究等阶段）形成的技术文件和资料，如项目策划文件、功能描述书、项目建议书、可行性研究报告和资料等，是项目投资规划文件编制的主要依据。由于是在工程设计之前，投资规划只能依照拟建项目的功能要求、使用要求和拟订的标准等来进行，这是进行项目投资规划最为重要的依据。

2. 要素价格信息

工程建设所需资源和要素的价格是影响工程项目投资的关键因素。投资规划时，选用的要素和资源价格来自市场，因此必须随时掌握市场价格信息，了解市场价格行情，熟悉市场上各类资源的供求变化及价格动态。进行项目投资规划，一般是按现行资源价格估计的，由于工程建设周期较长，实际投资费用会受市场价格的影响而发生变化。因此，更重要的，进行投资规划是要预测工程项目建设实施期间价格的可能变化情况和趋势，除按现行价格估算外，还需分析物价总水平的变化趋势、物价变化的方向和幅度等。

3. 建设环境和条件

工程项目建设所处的环境和条件，也是影响投资规划的重要因素。环境和条件的差异或变化，会导致项目投资费用大小的变化。工程的环境和条件，包括工程地质条件、气象条件、现场环境与周边条件，也包括工程建设的实施方案、组织方案、技术方案等。只有在充分掌握了工程项目的环境和条件以后，才能合理和准确地确定在如此的条件下工程项目建设所需要的投资费用，进行投资目标的合理分解。

6.4.3 投资规划的主要内容

一般而言，工程项目投资规划文件包括以下主要内容：

（1）投资目标的分析与论证；

（2）投资目标的分解；

（3）投资控制的工作流程；

（4）投资目标的风险分析；

（5）投资控制工作制度等。

1. 投资目标的分析与论证

投资目标是工程项目建设预计的最高投资限额，是项目实施全过程中进行投资控制最基本的依据。因此，进行项目投资规划，首先需要对投资目标进行论证和分析。分析实现投资目标的可能性，是指既要防止高估冒算产生投资冗余和浪费的现象，又要避免出现投资费用发生缺口的情况，使项目投资控制有一个科学、合理与切实可行的工作目标。

2. 投资目标的分解

为了在工程项目的实施过程中能够真正有效地对项目投资进行控制，单有一个项目总投资目标是不够的，还需要进一步将总投资目标进行分解。对工程项目的投资目标进行切块分解是投资规划最基本、也是最主要的任务和工作。

投资目标分解是为了将工程项目及其投资分解成可以有效控制和管理的单元，能够更为容易、也更为准确地确定这些单元的投资目标。建设工程项目投资的总体目标必须落实到建设的每一个阶段和每一项工程单元中才能顺利实现。各个阶段或各工程单元的投资目标基本能得以实现，是整个工程项目投资目标实现的基础。

对一个工程项目来说，存在多种投资目标分解的方式。投资目标的分解需要按照项目的特点和投资控制工作的要求来进行，通常一个工程项目需要同时采用多种方式对投资目标作分解，以满足投资控制工作的需要。项目的投资目标一般需要按以下方式进行分解：

（1）按投资的费用组成分解；

（2）按年度、季度或月度分解；

（3）按项目实施的阶段分解；

（4）按项目结构组成分解；

（5）按资金来源分解等。

3. 投资控制工作流程

工程项目的投资控制在实施的各个阶段或在各个工程单元上，一般均是由若干工作环节和步骤所构成的。因此，项目投资规划的一项任务就是要对投资控制的工作环节和步骤进行科学合理的组织，制定投资控制的工作流程，用以指导项目实施过程中的各项投资控制工作。

投资控制的工作流程可以根据需要按照不同的方式进行组织，通常需要按照项目实施的不同阶段进行组织，制定相应的工作流程，如：

（1）设计准备阶段的投资控制工作流程；

（2）初步设计阶段的投资控制工作流程；

（3）施工图设计阶段的投资控制工作流程；

（4）工程招标阶段的投资控制工作流程；

（5）施工阶段的投资控制工作流程等。

此外，还需要根据投资控制工作的性质，按工作内容或专项制定投资控制的工作流程，如：

（1）设计优化中投资控制的工作流程；

（2）限额设计的工作流程；

（3）合同价格确定与控制的工作流程；

（4）工程变更及费用处理的控制工作流程；

（5）工程计量与结算支付的控制工作流程；

（6）工程索赔及费用处理的控制工作流程等。

4. 投资目标的风险分析

在工程项目的实施过程中，会有各种影响因素对项目进展和目标实现形成干扰。对投资控制而言，可能出现影响项目投资目标实现的不确定因素，即实现投资目标存在风险。因此，编制投资规划时，需要对投资目标进行风险分析，对各种可能出现的干扰因素和不确定因素进行评估，分析实现投资目标的影响因素、影响程度和风险度等，进而制定投资目标风险管理和控制的措施和方案，采取主动控制的措施，保证投资目标的实现。

5. 投资控制工作制度

工程项目的投资控制工作贯穿于项目实施的全过程，有些控制工作是常规性的，有些则是特殊性的。为提高项目投资控制的效率和有效性，在投资规划中，需要制定一系列投资控制的工作制度，对投资控制工作进行系统、合理和有效的组织，指导工程项目实施过程中投资控制工作的开展。

投资控制的工作制度，包括投资控制的组织制度，任务分工和管理职能分工制度，投资计划工作制度，费用支付工作制度，有关投资报表数据的采集、审核与处理制度等。

6.4.4 投资规划编制的方法

1. 投资规划的编制程序

投资规划主要是在对工程项目进行构思和描述的基础上，作出项目定义，论证投资目标，并进一步按照一定的方式将投资目标进行分解。编制投资规划需要根据工程项目的基本特点确定相应程序，一般的主要编制步骤如下。

（1）项目总体构思和功能描述

进行项目的定义，编制建设工程项目的总体构思和功能描述报告。

（2）计算和分配投资费用

根据项目总体构思和功能描述报告中的项目定义，计算和分配项目各组成部分的投资费用。

例如，对于办公楼房屋建筑，可以依据功能描述文件中对建筑方案构思、机电设备构思、建筑面积分配计划和分部分项工程等的描述，列出建筑工程（土建）的分项工程表，并根据工程的建筑面积，套用相似工程的分项工程量平方米估算指标，计算各分项工程量，再套用与之相适应的综合单价，计算出各分部分项工程的投资费用（图 6-7）。同理，可以根据功能描述报告中对设备购置及安装工程的构思和描述，列出设备购置清单，参照或套用设备安装工程估算指标，计算设备及其安装费用（图 6-8）；根据项目建设期中涉及的其他部分的费用支出安排、前期工作设想和国家或地方的有关法律和规定，计算确定各项其他投资费用及需考虑的相关费用等（图 6-9）。

（3）投资目标的分析和论证

根据所得到的项目各组成部分的投资费用，计算并作出建设工程项目总体投资费用的汇总（图 6-10），对项目各组成部分的投资费用、汇总的总体投资费用进行分析，进而结合工程项目的功能要求、使用要求和确定的建设标准等，对拟订的投资目标进行分析和论证。

（4）投资方案的调整

根据投资目标分析和论证的结果，对项目总体构思方案和项目功能要求等作合理的修正或对项目投资目标作适当的调整。

（5）投资目标的分解

根据重新认定的项目投资目标，重新计算和分配项目各组成部分的投资费用，完成对投资目标的分解。

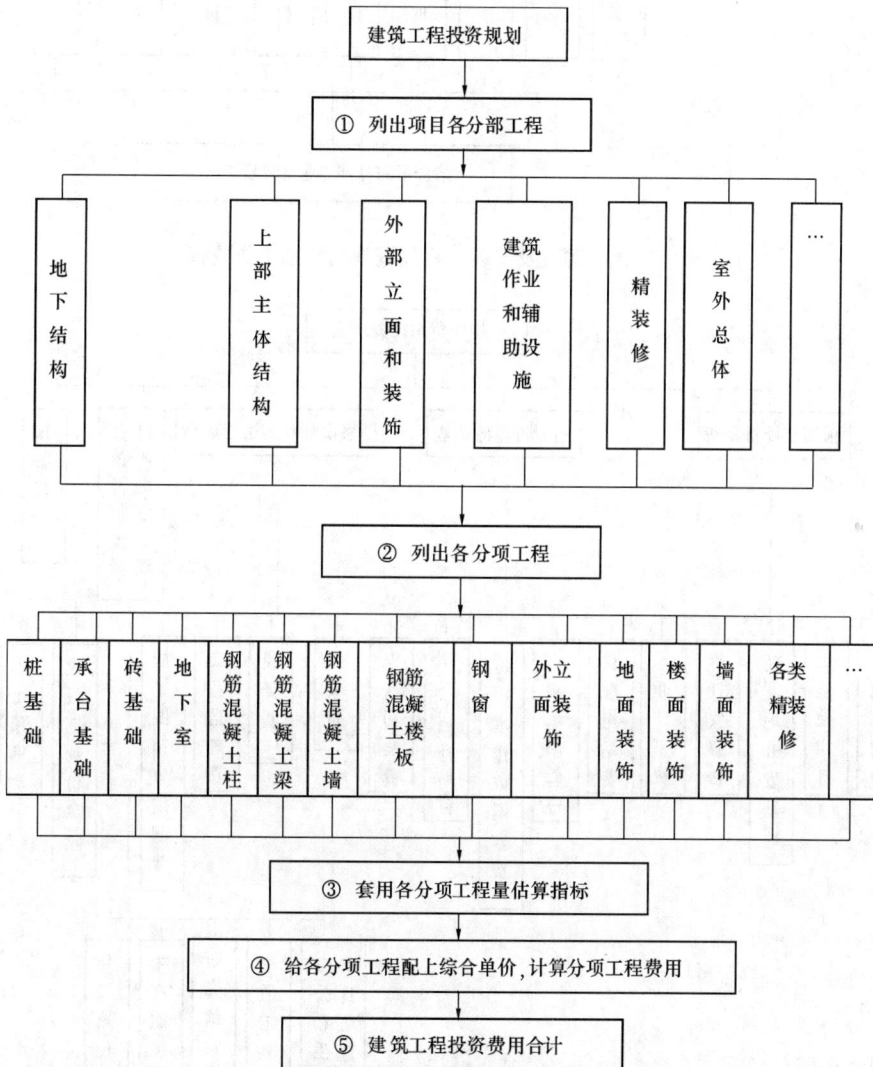

图 6-7　建筑工程（土建）投资规划编制工作流程

2. 项目的总体构思和描述

要准确编制好工程项目投资规划，首先要编制好项目的总体构思和描述报告。如同编

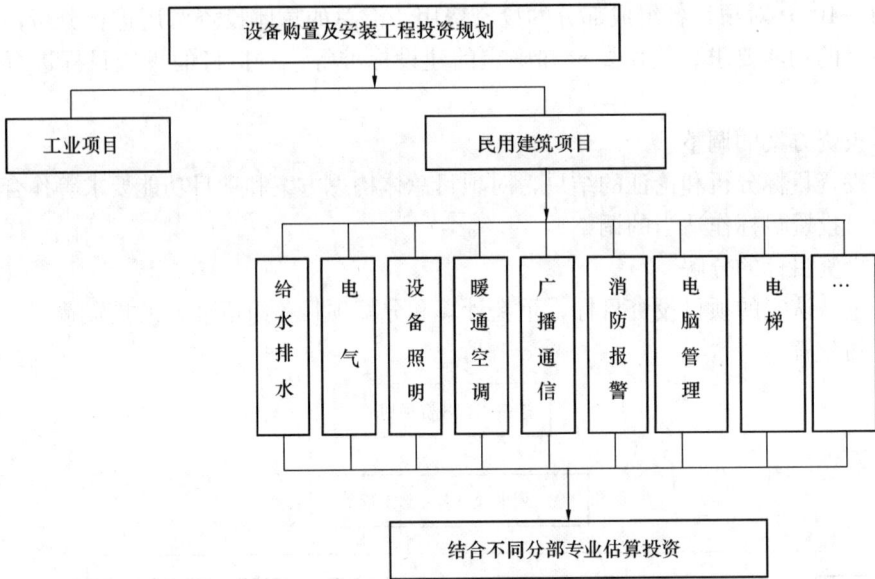

图 6-8　设备购置及安装工程投资规划编制工作流程

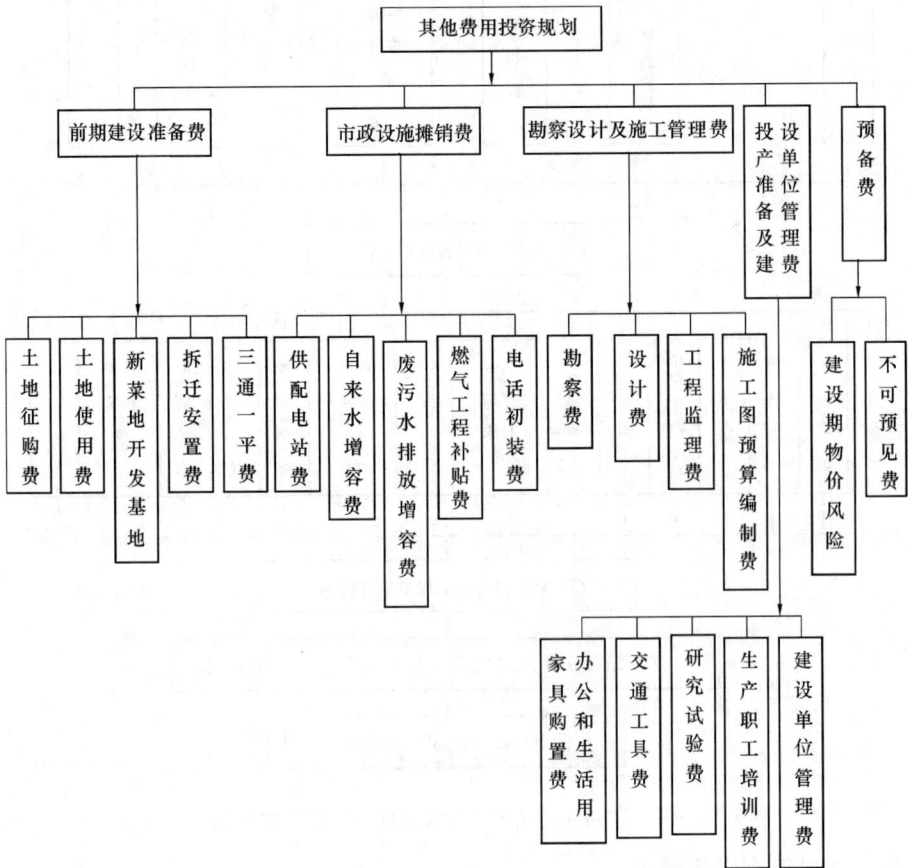

图 6-9　其他费用投资规划编制工作流程

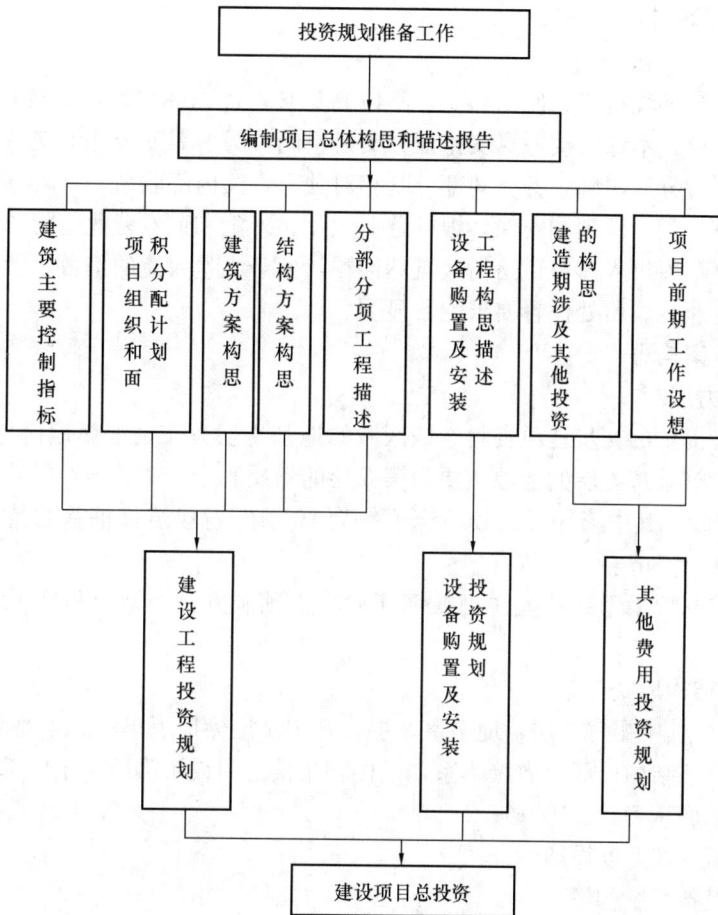

图 6-10　建设项目投资规划编制工作流程

制设计概算先要有初步设计的设计文件、编制施工图预算先要有施工图设计文件一样，项目的总体构思和描述是投资规划的基础。项目的总体构思和描述报告，主要依据项目设计任务书或可行性研究报告的相关内容和要求，结合对建设工程项目提出的具体功能、使用要求、相应的建设标准等进行编制。项目总体构思和描述是对可行性研究报告相关内容的细化、深化和具体化，是一项技术性较强的工作，需要各个专业领域的协同配合。项目构思必须合理、科学和恰当，描述必须清楚，要把项目的基本构架和脉络较为清晰地呈现出来。项目的总体构思和描述报告，应当成为可行性研究报告的有机补充，并作为工程设计工作的指导性文件。

【案例 6-3】　某综合楼总体构思和描述报告

（1）主要建筑指标

1）用地面积　　　　　　6500m²

2）建筑占地面积　　　　3500m²

3）建筑总面积　　　　　32000m²

4）规划容积率　　　　　4.9

5）建筑控制高度　　　　80m 以内

6）规划建筑覆盖率　　50％

（2）建筑方案构思

本项目需结合环境特点和使用功能，不以高见长，而以体量取胜，要反映建筑庄重、气派和坚实的特点。本综合楼一翼安排证券交易空间，另一翼安排外汇交易空间，中间安排银行营业大厅，分区明确。各空间部分既相对独立，又内部联系，紧凑方便。各空间部分人流各行其道，利于管理和安保。银行营业大厅、外汇和证券营业空间，设置较为气派的出入门厅。停车库出入口与道路衔接自然通顺，便于大量人流的集散。营业和交易大厅规整高敞，气度非凡。所处位置要求醒目显要。

（3）结构方案构思

1）桩基持力层

根据勘察院提供的初步地质资料，该区域的地基土层分布情况属地区标准地层结构，本区域内可作为桩基持力层的地层主要为第⑥层的粉质黏土、第⑦－1层砂质粉土层以及第⑦－2层粉细砂，其中第⑥层比较适合于作为20层左右建筑物桩基的持力层。桩基持力层埋置深度在－35m左右。

本综合楼桩基拟采用钻孔灌注桩或钢筋混凝土预制方桩，承台和地下室为整体箱形基础。

2）层高和结构形式

主楼18层，其中裙房7层，地下室2层，其中1层为地下车库。主要屋面高度75m。

大楼采用框架结构局部剪力墙体系，主楼和裙楼之间设沉降缝，主楼部分基底压力约35t/m²，裙房基底压力约16t/m²。

大楼抗震烈度按7度设防。

（4）机电设备系统构思

1）暖通空调

空调总面积约为20000m²，采用热泵主机系统（250万kcal）。

① 空调方案

办公、接待和会议室等房间采用风机盘管加新风系统，营业大厅、多功能厅、交易大厅、外汇大厅和餐厅等大空间房间采用低速全空气系统，计算机房活动地板采用下送上回系统，金库内设置去湿和通风措施。

② 空调冷热水系统

空调冷热水采用双管制，夏季送冷风，冬季送暖水。

2）给水排水系统构思

① 给水系统

最大日用量210m³，整个大楼分成低、中、高三个垂直给水分区。消防给水设消火栓系统、湿式喷淋系统。设热水系统和开水供应系统。设循环冷却水系统和1301液体灭火系统。

② 排水系统

采用双立管制，厨房污水经隔油处理后接入排水系统。

3）电气系统构思

① 用电负荷预计

大楼电容量估算为 3500kVA，采用二路 10kV 独立电源供电，另备应急备用发电机组（2 台）。

② 配电系统

照明系统采用双电源树干式供电，重要负荷设自切设备。消防设备采用双电源自切供电。电力一般设备采用双电源到底自切供电。电力一般设备采用树干或放射式系统。

③ 消防报警系统

消防报警系统采用二线制智能型感烟探测器产品。

④ 电脑管理系统

电脑管理系统采用 DDC，系统包含供电系统运行显示和各模拟量的记录，空调适时控制、湿度控制、温度控制和焓值控制；给水温度控制、压力控制、压差控制、显示和记录；电梯运行显示；空调给水自控，风机盘管采用湿控和变速手控。

⑤ 照明系统

照明标准参照国外标准（lx）。光源及灯具一般应采用节能型、高效率和显色好的光源，拟用日光型。多功能厅采用舞厅灯光和独立音响。

4）弱电系统构思

① 电话通信系统

内部电话通信系统设数字程控交换总机，总容量暂为 1000 门。在大楼各单位及部门均安装有市内直线电话、电传、传真及电脑联网线路。在重要办公室等安装专线电话机，初步统计约 20 对。

② 办公自动化及信息处理系统

大楼各层办公室均预留电脑系统信号线的管道（槽），以满足不同使用功能的系统联网要求。大楼预留足够的通信管线。

（5）土建分部分项工程描述

1）地下结构分部

采用钢筋混凝土钻孔灌注桩，桩基持力层按−40m 计算，地下金库埋置深度 7m，钢筋混凝土箱形基础。基础施工措施拟采用水泥深层搅拌桩方案。

2）上部主体结构分部

本综合楼为钢筋混凝土框架结构部分剪力墙体系，楼板、屋面板均为钢筋混凝土现浇构件。裙房层高 4.5m，每层面积 3000m² 左右；主楼标准层层高 3.5m，标准层面积 1500m² 左右，建筑总高度约 80m。

3）外部立面及装饰分部

外部立面采用进口高标准铝合金窗配高级蓝片玻璃，外墙立面装饰采用进口花岗石，以大理石搭配，局部采用不锈钢装饰面板。

4）建筑作业和辅助设施分部

本楼标准层办公室采用双面夹板硬木框木门，685 清漆饰面，配选进口高级锁具。内隔断采用轻钢龙骨双面石膏板，墙面多彩纹喷涂，轻钢龙骨石膏板吊顶。进口卫生洁具。裙房屋面设屋顶花园，钻石形艺术装饰一座，主楼屋面二布六油防水层上设预制平板隔热层。

5）精装修及特殊装饰分部

贵宾厅、门厅采用一级精装修标准，营业厅、多功能厅和电梯厅采用二级精装修标准，餐厅和理发厅采用三级精装修标准，文体活动和健身房采用四级精装修标准，会议室采用五级精装修标准（级别标准详见表6-4）。

6）室外设停车场地及自行车棚1000m²，设音乐喷泉，设绿化、排水道及场地道路2000m²。

（6）其他费用投资

本项目建设周期约4年，土地使用权转让费3000万元。本项目委托工程监理公司进行全过程监理。供电贴费、电话集资费和废污水排放增容费等均按有关规定估列。预备费中，需充分考虑建设期的物价风险因素。

（7）项目组织结构与建筑面积分配计划

项目组织结构与建筑面积分配计划，见表6-1。

某综合楼建筑面积分配计划表　　　　　　　　表6-1

序号	部位	用房名称	层次	建筑面积（m²）	使用面积（m²）K=0.6588
1	银行部分	计算机房	14	906	549
2		门卫及传达	1	52	34
3		营业厅及办公室	2	1967	1296
4		接待室	夹	179	118
5		钱币陈列室	11	1172	772
6		一般办公室	7~10，13	9306	5707
7		三总办公室	12	689	454
8		会议室	6	909	599
9		贵宾室	12	244	161
10		档案室	15	911	600
11		小餐厅及厨房	12	128	84
12		金库及保管库	地下	2263	1490
13		观赏厅	16	369	243
		小计		18033	11800
14	公用部分	文体活动	4	340	244
15		多功能厅及贵宾厅	4	912	601
16		厨房及更衣	2	745	491
17		餐厅及库房	3	691	455
18		理发	6	82	54
19		医务	6	52	34
		小计		2822	1859
20	票据交换部分	大厅	2，3	1421	936
21		办公室	2，3	63	42
22		库房	3	23	15
		小计		1507	993

续表

序号	部位	用房名称	层次	建筑面积（m²)	使用面积（m²）K=0.6588
23	外汇交易部分	营业大厅	4	642	423
24		特殊交换厅	4	285	188
25		经纪人办公室	6	489	322
26		工作人员办公室	4，5，6	903	595
27		阅览室	5	197	130
28		监控室	5	148	98
29		接待室	5	361	238
30		计算机	4	80	53
		小　计		3107	2047
31	短期融资部分	营业厅	7	179	118
32		办公室	7	319	210
		小　计		498	322
33	辅助用房	汽车库及管理	1	2939	1936
34		自行车房	1	366	240
35		设备及其他用房	夹，地下，1	2737	1803
		小　计		6042	3979
		总　计		32000	21082

3. 项目各组成部分投资费用规划的编制方法

投资规划的一个重要目的就是要将项目投资目标进行分解，确定项目各个组成部分的投资费用。在项目建设前期工作阶段，由于条件限制、未能预见因素多和技术条件不具体等原因，投资规划的技术条件伸缩性大，规划编制工作难度较高，需要认真收集整理和积累各类建设工程项目的投资数据和资料，尤其是需要掌握大量过去已经建成的同类项目的相关历史数据和资料。由于可以采用的编制方法较多，应依据项目的性质、拥有的技术资料和数据的具体情况，根据投资规划的要求、精度和用途等的不同，有针对性地选用适宜的方法编制项目各个组成部分投资费用的规划文件，可以采用综合指标估算方法、比例投资估算方法、单位工程指标估算方法、模拟概算方法或其他编制方法。模拟概算方法借用概算编制的基本思路，与其他方法相比具有较高的准确性，但这一方法的前提是项目方案要达到一定的深度，项目总体构思和功能描述较为完整。基于［案例6-3］的某综合楼总体构思和描述报告，［案例6-4］给出了应用模拟概算方法进行投资费用规划的简例。

应用模拟概算方法进行建筑工程投资费用规划的编制，主要采用分项工程量指标估算的方法，根据项目总体构思和描述报告，在列出项目分部工程的基础上，划分出各个分项工程，根据项目的建筑面积，套用类似工程量指标，计算出各个分项工程的工程量，以便能够借鉴套用概算指标或概算定额。

采用分项工程量指标的方法进行投资费用规划，由于是将整个建设工程项目分解到分项工程量的深度，故可适用于不同时间和不同地区的概算指标或定额，是较为准确的投资费用估算方法。采用这一方法，如何套用分项工程的工程量估算指标，是需要解决的一个关键问题。在没有完整的和系统性较强的分项工程量估算指标的情况下，需要依靠平时积累的基础资料，以地区性的工程量技术经济指标作为参考。

【案例 6-4】 某综合楼建筑工程投资费用规划的编制（部分）

（1）地下结构分部

地下结构分部工程可以根据不同的结构类型，划分为桩基、钢筋混凝土承台、砖基础和地下室等分项。编制地下结构投资费用规划时，若套用分项工程量指标，首先需要考虑拟建项目所在地的地质构造情况和桩基持力层的深度，并考虑可能采取的基础施工措施方案。

1）确定地下结构分项子目

根据项目总体构思中结构工程的构思描述和建筑面积分配计划，初步确定地下室面积为 3200m²，桩基持力层在 -38.2m，地下室埋深约 6.5m，据此可确定设置钻孔灌注桩、钢筋混凝土箱形基础和基础施工措施费三个分项子目。

2）确定各分项综合单价，计算分项工程费用

① 钻孔灌注桩分项

采用载荷法可以推算出钻孔灌注桩的数量和体积。本综合楼平均荷重 1.6t/m²，大楼总荷重约 5.02 万 t。桩基持力层按 -40m 计算，采用直径为 65cm 的钻孔灌注桩，经计算单桩承载力 175t。

桩总根数 $= 50200 \div 175 = 287$ 根；

桩总体积 $= \left(\dfrac{0.65}{2}\right)^2 \times 3.14 \times 40 \times 287 = 3925m^3$；

钻孔灌注桩综合单价为 680 元/m³；

钻孔灌注桩总费用 $= 680 \times 3925 = 267$ 万元。

② 钢筋混凝土箱形基础分项

钢筋混凝土承台根据总荷重计算为 1.90m 厚，地下室顶板共 2 层，厚度为 0.4m；

承台和顶板体积 $= 3200 \times (1.90 + 0.4) = 7360m^3$；

地下室墙板外围周长和内隔墙估算长度为 574m，高度按 7m 计算，厚度 0.25m。

墙板体积 $= 574 \times 7 \times 0.25 = 1004m^3$；

箱形基础总体积 8364m³；

箱形基础综合单价为 631 元/m³；

箱形基础总费用 $= 631 \times 8364 = 528$ 万元。

③ 基础施工措施费分项

高层建筑地下结构施工的措施方案有钢板桩围护加井点抽水方案、钻孔桩加树根桩围护方案和水泥深层搅拌桩围护方案等。本工程基础施工尤其要考虑对周围环境的影响和对邻近建筑物的保护。通过经济分析和各个方案的对比，采用水泥深层搅拌桩施工方案较为可靠，且费用和钢板桩不相上下，并略低于钻孔桩加树根桩方案。

水泥深层搅拌桩费用的测算：

基坑围护总长 250m，搅拌桩打入深度 14m，总体积为 1.30 万 m³（按搅拌桩标准宽

度计算）；

搅拌桩综合单价为 102 元/m^3；

水泥深层搅拌桩总费用＝102×13000＝133 万元。

将地下结构 3 个分项子目费用相加，得地下结构分部投资费用合计为 928 万元。

（2）上部主体结构分部

根据项目总体构思中结构方案的描述，本大楼采用框架结构局部剪力墙的结构体系方案，主体结构可划分为钢筋混凝土框架柱、框架梁、剪力墙、楼板、楼梯和高层施工措施费 6 个分项子目。

经查阅有关资料，某已建综合办公楼结构形式和各项建筑指标和本楼相仿。套用该综合办公楼分项平方米工程量估算指标，计算得出所需结果。

1）上部主体结构分项工程

上部主体结构分项工程估算工程量表见表 6-2。

上部主体结构分项工程量表 表 6-2

分项工程名称	计量单位	工程平方米含量指标	建筑面积（m^2）	分项工程量合计
钢筋混凝土柱	m^3	0.0604	32000	1896
钢筋混凝土梁	m^3	0.0551	32000	1729
钢筋混凝土楼板	m^3	0.0873	32000	2740
钢筋混凝土剪力墙	m^3	0.988	32000	3132
钢筋混凝土楼梯	m^3	0.0358	32000	1124

2）确定各分项综合单价，计算分项工程费用

分项单价套用本综合楼所在地区 19××年的建筑工程概算价目表；

经测算综合费率为 92.1%；

计算每立方米钢筋混凝土中钢材、木材和水泥的市场差价：

钢筋：平均含钢量按 250kg/m^3 计，市场差价 1300 元/t。

水泥：平均含量按 380kg/m^3 计，市场差价 130 元/m^3。

木材：平均耗用量按 0.063kg/m^3 计，市场差价每立方米 300 元/m^3。

上部主体结构施工措施费用主要为高层建筑超高增加费和外脚手架费用，根据计算规则，超高增加费按建筑面积计算，外脚手按外墙延长米乘以高度计算。

上部主体结构费用计算见表 6-3。

上部主体结构分项费用计算表 表 6-3

分项工程名称	单位	工程量	单价（元）	直接费（万元）	综合费用 费率	综合费用 费用（万元）	三材差价 单价	三材差价 费用（万元）	合价
钢筋混凝土柱	m^3	1896	271	51.38	92.1%	47.32	393	74.51	173.21
钢筋混凝土梁	m^3	1729	248	42.88	92.1%	39.49	393	67.95	150.32
钢筋混凝土楼板	m^3	2740	217	59.46	92.1%	54.76	393	107.68	221.90
钢筋混凝土剪力墙	m^3	3132	209	65.46	92.1%	60.29	393	123.09	248.84
钢筋混凝土楼梯	m^3	1124	75.40	8.47	92.1%	7.81	39.3	6.65	22.93

续表

分项工程名称	单位	工程量	单价（元）	直接费（万元）	综合费用		三材差价		合价
					费率	费用（万元）	单价	费用（万元）	
超高费	m³	32000	65.55	205.61	92.1%	189.48			395.09
外墙脚手	m³	19977	37.80	75.51	92.1%	69.55			145.06
其他金属结构	t	32	1350	4.32	92.1%	3.98			2.30
商品混凝土差价	m³	13200	18.5	24.43	92.1%	22.5			46.93
费用合计	万元								1406.58

（3）精装修和特殊装修分部

精装修是比较高级的一种装饰类别，如茶色或镜面铝合金玻璃幕墙、花岗石、铝合金装饰板、大理石、高级地毯、进口墙纸或墙布、铝合金卷帘门、高级灯具以及各种特殊喷涂和高级喷涂等。这类装饰的材料选用、人工耗用、技术及等级要求、使用机械要求和精度等，要比普通装饰的要求高得多。由于这类装饰和普通装饰差异太大，且同一品种之间的价格差异也很大，如镜面玻璃幕墙，进口和国产的价格出入就达数倍，所以精装修费用主要由甲乙双方协商确定，或根据精装修实际成本价和预计耗用数量加上人工、机械和管理费用组成补充单价，由甲乙双方共同认可。

精装修投资的估算，因装饰标准和等级等的不同，费用出入很大。根据本综合楼投资规划时有关资料的统计分析，豪华型旅馆的精装修费用，每平方米建筑面积装饰造价可达500～800美元，此类精装修基本采用进口装饰材料和聘请国外装饰公司承包施工。一般旅馆每平方米建筑面积精装修费用在100～500美元不等。现根据精装修的不同装饰要求，试对精装修等级进行划分（表6-4）。

精装修等级表　　　　　　　　　　　　　　　　　　表6-4

装饰等级	装饰要求	费用控制
		美元/m² 建筑面积
特级装饰	全部高标准进口材料，国外装饰公司承包	800 以内
一级装饰	部分进口高标准材料，主要部位由国外装饰公司承包	500 以内
二级装饰	以国产材料为主，国内装饰公司承包	300 以内
三级装饰	全部国产材料，国内装饰公司承包	200 以内
四级装饰	国产材料，部分粗装饰，国内装饰公司承包	100 以内

1）确定精装修的装饰等级

本综合楼裙房面积占有较大的比重，对精装修均有一定的标准和要求，但又不同于宾馆的装饰要求，精装修材料考虑以国产为主，部分进口。精装修总装饰面积在 1 万 m² 左右，其中以门厅、大厅和贵宾厅的装饰要求为最高；营业厅、电梯厅和多功能厅次之；餐厅、理发厅和接待室为一般装饰；文体活动室和会议室精装修等级在四级以下（表6-5）。银行金库作为特殊装修项目，金库门需进口，费用昂贵。保险库房的保险箱费用不在精装修费用范围以内。

精装修及特殊装修等级费用控制表　　　表 6-5

项目名称	装 饰 等 级	费用控制
		美元/m² 建筑面积
大厅、门厅、贵宾厅	一级	400 以内
营业厅、电梯厅、多功能厅	二级	250 以内
餐厅、理发厅、接待室	三级	200 以内
文体活动室	四级	100 以内
会议室、厅	五级	50 以内

2）根据不同等级的装饰面积估算投资

各个精装修部位的建筑面积根据项目总体构思中建筑面积分配计划表确定，费用等级按精装修及特殊装修等级费用控制表确定，得到所需的相应投资费用（表 6-6）。

3）精装修标准的控制

精装修由于其装饰等级标准差异较大，所以在投资规划阶段把精装修装饰等级及标准确定下来之后，在精装修的设计和施工阶段就必须严格加以控制，按既定的等级标准设计和施工。

精装修及特殊装修分项工程投资表　　　表 6-6

分项工程名称	建筑面积（m²）	装饰等级	单 价	合 价
			（美元）	（万美元）
门厅、大厅	402	一级	400	16.08
贵宾厅	376	一级	400	15.04
银行营业厅	1200	二级	250	30.00
资融营业厅	118	二级	250	2.95
多功能厅	557	二级	250	14.37
外汇及特殊厅	611	二级	250	15.28
票据营业厅	936	二级	250	23.40
电梯厅	800	二级	250	20
金库	1376	特殊	200	27.52
餐厅	503	三级	200	10.06
理发厅	54	三级	200	1.08
文体活动室	224	四级	100	2.24
会议室、厅	1240	五级	50	6.20
合计	万美元			184.22

复习思考题

1. 工程项目投资控制的含义和任务是什么？

2. 投资控制的基本原理是什么？

3. 为什么说设计阶段是投资控制工作的重点?

4. 试述价值工程的原理及应用意义。

5. 试述限额设计的应用方法。

6. 项目采购方式与投资存在怎样的关系?

7. 按工程量清单计价,招标人的核心工作是什么?

8. 控制招标项目的价格有哪些方法?

9. 试述项目投资规划的概念和作用。

10. 试述投资规划的主要内容。

11. 试述投资规划编制的主要程序。

网络计划技术与工程项目进度管理

网络计划技术是 20 世纪 50 年代后期发展起来的一种科学的计划管理和系统分析方法。本章介绍网络计划技术的基本概念和国内常用的双代号网络计划、单代号搭接网络计划等技术。在此基础上，引入了工程项目进度管理的主要内容，即工程项目进度计划和进度控制的方法。

7.1 网络计划技术概述

7.1.1 网络计划技术的起源与发展

网络计划技术是一种科学的计划管理方法，它是随着现代科学技术和工业生产的发展而产生的。

20 世纪 50 年代，为了适应科学研究和新的生产组织管理的需要，国外陆续出现了一些计划管理的新方法。

1957 年，美国杜邦公司的工程技术人员和数学家共同开发了关键线路法（Critical Path Method，简称 CPM）。它首次运用于化工厂的建造和设备维修，大大缩短了工作时间，节约了费用。1958 年，美国海军针对舰载洲际导弹项目研究，开发了计划评审技术（Program Evaluation and Review Technique，简称 PERT）。该项目运用网络方法，将研制导弹过程中各种合同进行综合权衡，有效地协调了成百上千个承包商的关系，而且提前完成了任务，并在成本控制上取得了显著的效果。20 世纪 60 年代初期，网络计划技术在美国得到了推广，新建工程全面采用这种计划管理新方法，并开始被引入日本和西欧一些国家。目前，该方法已广泛应用于世界各国的工业、国防、建筑、运输和科研等领域，已成为发达国家盛行的一种现代生产管理的科学方法。

近年来，由于计算机技术的飞速发展，边缘学科的相互渗透，网络计划技术与决策论、排队论、控制论、仿真技术相结合，应用领域不断拓宽，又相继产生了诸如搭接网络技术（PDN）、决策网络技术（DN）、图示评审技术（GERT）、风险评审技术（VERT）等一大批现代计划管理方法，广泛应用于工业、农业、建筑业、国防和科学研究领域。随着计算机的应用和普及，还开发了许多网络计划技术的计算和优化软件。

我国对网络计划技术的研究与应用起步较早。1965 年，著名数学家华罗庚教授首先在我国的生产管理中推广和应用这些新的计划管理方法，并根据网络计划统筹兼顾、全面规划的特点，将其称为统筹法。改革开放以后，网络计划技术在我国的工程建设领域也得到迅速的推广和应用，尤其是在大中型工程项目建设的资源合理安排、进度计划编制、优化和控制等方面的应用效果显著。目前，网络计划技术已成为我国工程建设领域推行现代化管理必不可少的方法。

国家标准《网络计划技术》GB/T 13400.1—2012、GB 13400.2—2009、GB 13400.3—2009 和行业标准《工程网络计划技术规程》JGJ/T 121—99 的颁布，使工程网络计划技术在计划的编制与控制管理的实际应用中有了一个可遵循的、统一的技术标准，保证了计划的科学性，对提高工程项目的管理水平发挥了巨大作用。

实践证明，网络计划技术的应用已取得了显著成绩，保证了工程项目质量、成本、进度目标的实现，也提高了工作效率，节约了项目资源。但网络计划技术与其他科学管理方法一样，也受到一定客观环境和条件的制约。网络计划技术是一种有效的管理手段，可提供定量分析信息，但工程的规划、决策和实施还取决于各级领导和管理人员的水平。另外，网络计划技术的推广应用，需要有一批熟悉和掌握网络计划技术理论、应用方法和计算机软件的管理人员，需要提升工程项目管理的整体水平。

7.1.2　网络计划技术的分类

网络计划技术的基本模型是网络图。网络图是由箭线和节点组成的，用来表示工作流程的有向、有序的网状图形。所谓网络计划，是用网络图表达任务构成、工作顺序，并加注时间参数的进度计划。

网络计划技术可以从不同的角度进行分类。

1. 按工作之间逻辑关系和持续时间的确定程度分类

网络计划技术首先分为肯定型网络计划技术和非肯定型网络计划技术，如图 7-1 所示。肯定型网络计划技术，即工作、工作之间的逻辑关系以及工作持续时间都肯定的网络计划，如关键线路法（CPM）。非肯定型网络计划技术，即工作、工作之间的逻辑关系和工作持续时间三者中任一项或多项不肯定的网络计划，如计划评审技术（PERT）、图示评审技术（GERT）等。本章只讨论肯定型网络计划技术。

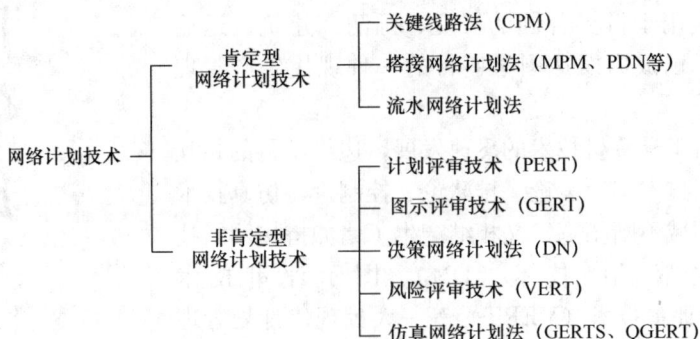

图 7-1　网络计划技术的分类

2. 按网络计划的基本元素——节点和箭线所表示的含义分类

按网络计划的基本元素——节点和箭线所表示的含义不同，网络计划的基本形式有三种，如表 7-1 所示。在欧美发达国家中，网络计划技术有关的标准均定义了这三种形式的网络计划形式，如德国国家工业标准（DIN）。

网络元素表示形式   表 7-1

	工　　作	事　　件
箭线	双代号网络（也可称之为工作箭线网络） ○—A→○ 工作表示为箭线。节点表示为工作的开始事件和完成事件，但这些事件不定义为联系。如 CPM（关键线路法）	
节点	单代号网络、单代号搭接网络（也可称之为工作节点网络） —→▢A▢—→ 工作表示为节点。箭线表示工作之间的逻辑关系，即工作的确定时间点之间的顺序关系。如 PDN（搭接网络计划法）	事件节点网络（属单代号网络） —→Ⓐ—→ 事件（状态）表示为节点。箭线表示事件之间的顺序关系（不对应定义的工作）。如 PERT（计划评审技术）

（1）双代号网络计划（工作箭线网络计划）

双代号网络计划的示例，如图 7-2 所示。在这里，箭线及其两端节点的编号表示工作，在箭线上标注工作持续时间。为了正确地反映逻辑关系，在网络图中添加了虚工作。

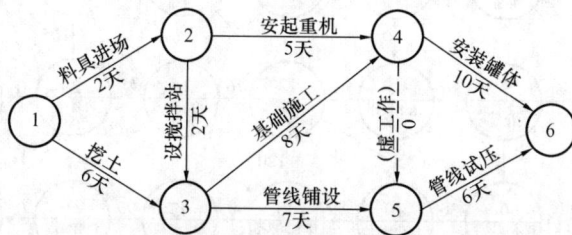

图 7-2　双代号网络计划示例

（2）单代号搭接网络计划、单代号网络计划（工作节点网络计划）

单代号搭接网络计划中，节点表示工作，在节点内标注工作持续时间，箭线及其上面的时距符号表示相邻工作间的逻辑关系，工作间的逻辑关系用前项工作的开始或完成时间与其紧后工作的开始或完成时间之间的间距来表示。

单代号搭接网络计划的示例，如图 7-3 所示。在这里，节点的左边代表工作的开始，节点的右边代表工作的完成。这是欧美国家标准所规定的画法，与我国行业标准所规定的单代号搭接网络的画法有所不同。

单代号网络计划是单代号搭接网络计划的一个特例，它的前后工作之间的逻辑关系是完成到开始关系等于零。

在实际应用中，由于单代号网络计划和单代号搭接网络计划中工作之间的逻辑关系表

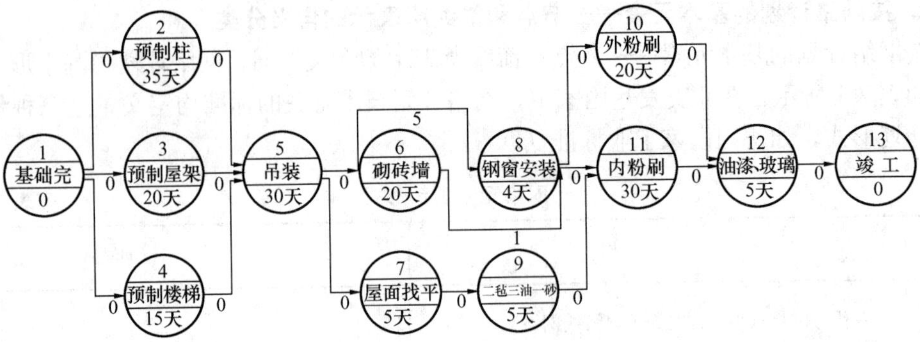

图 7-3　单代号搭接网络计划示例

示方法的简易性以及没有虚工作，因此该种网络计划运用得越来越普遍，诸多网络计划软件也广泛采用了这种形式的网络计划。

（3）事件节点网络计划

事件节点网络计划是一种仅表示工程项目里程碑事件的很有效的网络计划方法。

事件节点网络计划的节点表示事件，事件反映时刻，箭线表示事件之间的顺序关系，在箭线上标注箭头事件和箭尾事件的时距，如图 7-4 所示。事件节点网络计划属单代号网络计划。

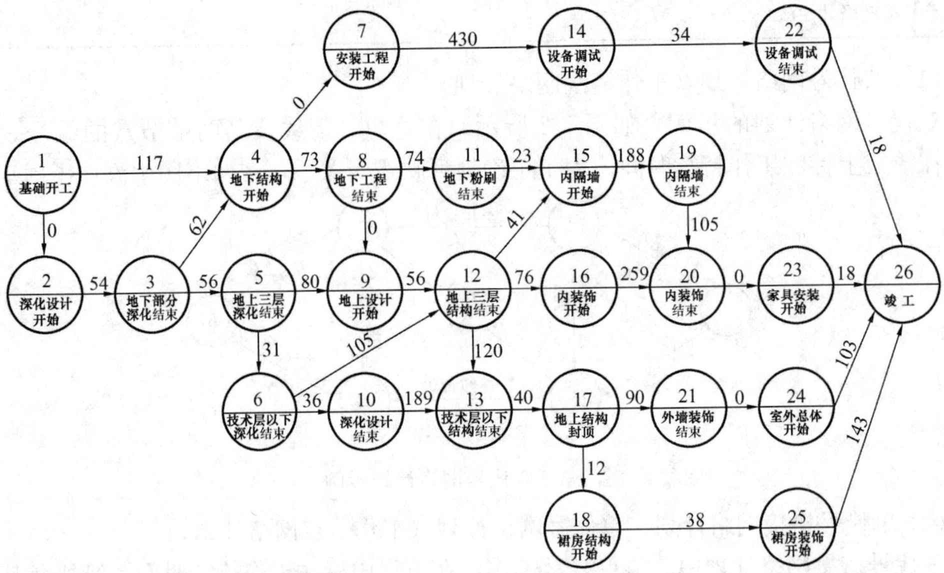

图 7-4　事件节点网络计划示例

3. 按目标分类

按目标分类，可以分为单目标网络计划和多目标网络计划。只有一个终点节点的网络计划是单目标网络计划。终点节点不只一个的网络计划是多目标网络计划。

4. 按层次分类

根据不同管理层次的需要而编制的范围大小不同、详略程度不同的网络计划，称为分级网络计划。以整个计划任务为对象编制的网络计划，称为总网络计划。以计划任务的某一部分为对象编制的网络计划，称为局部网络计划。

5. 按表达方式分类

以时间坐标为尺度绘制的网络计划，称为时标网络计划。不按时间坐标绘制的网络计划，称为非时标网络计划。

7.1.3   网络计划技术的特点

网络计划技术作为现代管理的方法，与传统的计划管理方法相比较，具有明显优点，主要表现如下：

（1）利用网络图模型，明确表达各项工作的逻辑关系。按照网络计划方法，在制定工程计划时，首先必须理清楚该项目内的全部工作和它们之间的相互关系，然后才能绘制网络图模型。它可以帮助计划编制者理顺那些杂乱无章的、无逻辑关系的想法，形成完整合理的项目总体思路。

（2）通过网络图时间参数计算，确定关键工作和关键线路。经过网络图时间参数计算，可以知道各项工作的起止时间，知道整个计划的完成时间，还可以确定关键工作和关键线路，便于抓住主要矛盾，集中资源，确保进度。

（3）掌握机动时间，进行资源合理分配。资源在任何工程项目中都是重要因素。网络计划可以反映各项工作的机动时间，制定出最经济的资源使用方案，避免资源冲突，均衡利用资源，达到降低成本的目的。

（4）运用计算机辅助手段，便于网络计划的调整与控制。在项目计划实施过程中，由于各种影响因素的干扰，目标的计划值与实际值之间往往会产生一定的偏差，运用网络图模型和计算机辅助手段，能够比较方便、灵活、迅速地进行跟踪检查和调整项目施工计划，控制目标偏差。

7.2   常用网络计划技术

7.2.1   双代号网络计划

1. 基本概念

双代号网络图是以箭线及其两端节点的编号表示工作的网络图，如图 7-5 所示。

（1）箭线（工作）

工作泛指一个需要消耗人力、物力和时间的具体活动过程，也称工序、活动、作业。双代号网络图中，每一条箭线表示一项工作。箭线的箭尾节点 i 表示该工作的开始，箭线的箭头节点 j 表示该工作的完成，工作名称标注在箭线的上方，完成

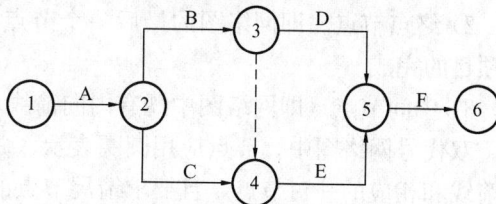

图 7-5   双代号网络图

该项工作所需的持续时间标注在箭线的下方，如图 7-6 所示。由于一项工作需用一条箭线和其箭尾和箭头处两个圆圈中的号码来表示，故称为双代号表示法。

在双代号网络图中，任意一条实箭线都要占用时间、消耗资源（有时只占用时间，不

消耗资源，如混凝土养护）。在工程项目中，一条箭线表示项目中的一个施工过程，它可以是一道工序、一个分项工程、一个分部工程或一个单位工程，其粗细程度、大小范围的划分根据计划任务的需要来确定。

在双代号网络图中，为了正确地表达图中工作之间的逻辑关系，往往需要应用虚箭线。虚箭线是实际工作中并不存在的一项虚拟工作，故它们既不占用时间，也不消耗资源，一般起着工作之间的联系、区分和断路三个作用。联系作用是指应用虚箭线正确表达工作之间相互依存的关系。区分作用是指双代号网络图中每一项工作都必须用一条箭线和两个代号表示，若两项工作的代号相同时，应使用虚工作加以区分，如图 7-7 所示。断路作用是用虚箭线断掉多余联系，即当网络图中把无联系的工作连接上时，应加上虚工作将其断开。

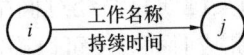

图 7-6　双代号网络图工作的表示方法　　　图 7-7　虚箭线的区分作用

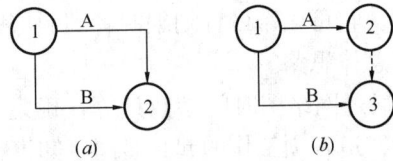

在无时间坐标限制的网络图中，箭线的长度原则上可以任意画，其占用的时间以下方标注的时间参数为准。箭线可以为直线、折线或斜线，但其行进方向均应从左向右。在有时间坐标限制的网络图中，箭线的长度必须根据完成该工作所需持续时间的长短按比例绘制。

在双代号网络图中，通常将被研究的工作用 $i-j$ 表示。紧排在本工作之前的工作称为紧前工作，紧排在本工作之后的工作称为紧后工作，与之平行进行的工作称为平行工作。

（2）节点（又称结点、事件）

节点是网络图中箭线之间的连接点。在时间上节点表示指向某节点的工作全部完成后该节点后面的工作才能开始的瞬间，它反映前后工作的交接点。网络图中有三个类型的节点：

1）起点节点。即网络图的第一个节点，它只有外向箭线，一般表示一项任务或一个项目的开始。

2）终点节点。即网络图的最后一个节点，它只有内向箭线，一般表示一项任务或一个项目的完成。

3）中间节点。即网络图中既有内向箭线，又有外向箭线的节点。

双代号网络图中，节点应用圆圈表示，并在圆圈内编号。一项工作应当只有唯一的一条箭线和相应的一对节点，且要求箭尾节点的编号小于其箭头节点的编号，即 $i<j$。网络图节点的编号顺序应从小到大，可不连续，但不允许重复。

（3）线路

网络图中从起点节点开始，沿箭头方向顺序通过一系列箭线与节点，最后到达终点节点的通路称为线路。在一个网络图中可能有很多条线路，线路中各项工作持续时间之和就是该线路的长度，即线路所需要的时间。一般网络图有多条线路，可依次用该线路上的节点代号来记述。例如，图 7-5 中的双代号网络图线路有①—②—③—⑤—⑥、①—②—④—⑤—⑥、①—②—③—④—⑤—⑥等。

在各条线路中，有一条或几条线路的总时间最长，称为关键线路，一般用双线或粗线标注。其他线路长度均小于关键线路，称为非关键线路。

（4）逻辑关系

网络图中工作之间相互制约或相互依赖的关系称为逻辑关系，它包括工艺关系和组织关系，在网络图中均应表现为工作之间的先后顺序。

1）工艺关系。生产性工作之间由工艺过程决定的、非生产性工作之间由工作程序决定的先后顺序叫工艺关系。

2）组织关系。工作之间由于组织安排需要或资源（人力、材料、机械设备和资金等）调配需要而规定的先后顺序叫组织关系。

2. 绘图规则

网络图必须正确地表达整个工程或任务的工艺流程和各工作开展的先后顺序及它们之间相互依赖、相互制约的逻辑关系。因此，绘制网络图时必须遵循一定的基本规则和要求。

（1）双代号网络图必须正确表达已定的逻辑关系。网络图中常见的各种工作逻辑关系的表示方法，如表 7-2 所示。

网络图中常见的各种工作逻辑关系的表示方法 表 7-2

序号	工作之间的逻辑关系	网络图中的表示方法
1	A完成后进行B和C	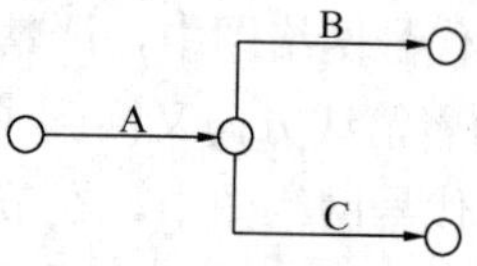
2	A、B均完成后进行C	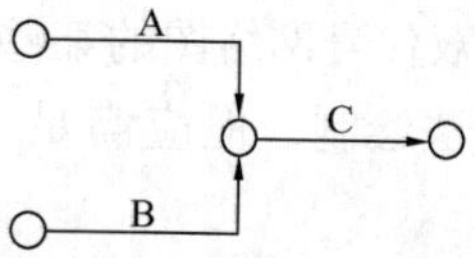
3	A、B均完成后同时进行C和D	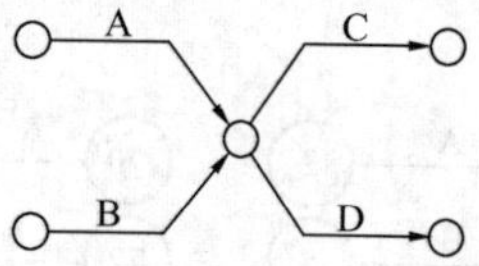
4	A完成后进行C， A、B均完成后进行D	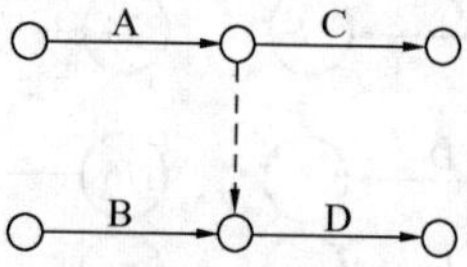
5	A、B均完成后进行D， A、B、C均完成后进行E， D、E均完成后进行F	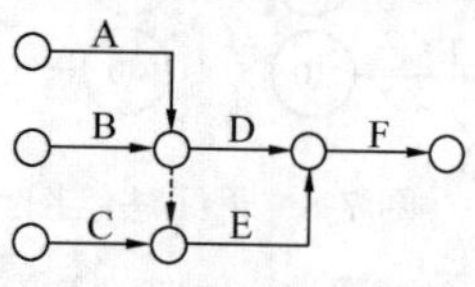

续表

序号	工作之间的逻辑关系	网络图中的表示方法
6	A、B 均完成后进行 C， B、D 均完成后进行 E	
7	A、B、C 均完成后进行 D， B、C 均完成后进行 E	
8	A 完成后进行 C， A、B 均完成后进行 D， B 完成后进行 E	
9	A、B 两项工作分成三个施工段，分段流水施工： A_1 完成后进行 A_2、B_1， A_2 完成后进行 A_3、B_2， A_2、B_1 完成后进行 B_2， A_3、B_2 完成后进行 B_3	有两种表示方法

（2）双代号网络图中，严禁出现循环回路。所谓循环回路是指从网络图中的某一个节点出发，顺着箭线方向又回到了原来出发点的线路。

（3）双代号网络图中，在节点之间严禁出现带双向箭头或无箭头的连线。

（4）双代号网络图中，严禁出现没有箭头节点或没有箭尾节点的箭线。

（5）当双代号网络图的某些节点有多条外向箭线或多条内向箭线时，为使图形简洁，可使用母线法绘制（但应满足一项工作用一条箭线和相应的一对节点表示），如图 7-8 所示。

（6）绘制网络图时，箭线不宜交叉。当交叉不可避免时，可用过桥法或指向法，如图 7-9 所示。

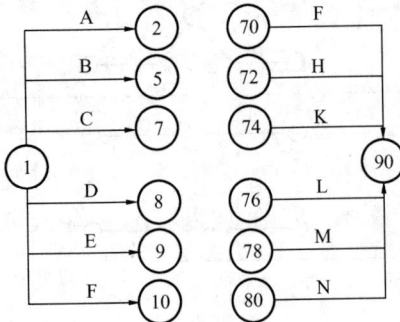

图 7-8　母线法绘图

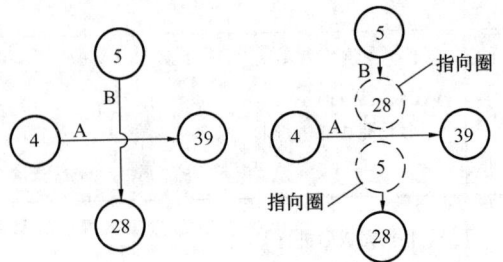

图 7-9　箭线交叉的表示方法

（7）双代号网络图中，应只有一个起点节点和一个终点节点（多目标网络计划除外），而其他所有节点均应是中间节点。

（8）双代号网络图应条理清楚，布局合理。例如，网络图中的工作箭线不宜画成任意方向或曲线形状，应尽可能用水平线或斜线；关键线路、关键工作安排在图面中心位置，其他工作分散在两边；避免倒回箭头等。

3. 双代号网络计划时间参数的计算

双代号网络计划时间参数计算的目的在于通过计算各项工作的时间参数，确定网络计划的关键工作、关键线路和计算工期，为网络计划的优化、调整和执行提供明确的时间参数。双代号网络计划时间参数的计算方法很多，一般常用的有按工作计算法和按节点计算法。本节只介绍按工作计算法在图上进行计算的方法。

（1）时间参数的概念及其符号

1）工作持续时间（D_{i-j}）

工作持续时间是一项工作从开始到完成的时间。

2）工期（T）

工期泛指完成任务所需要的时间，一般有以下三种：

① 计算工期。根据网络计划时间参数计算出来的工期，用 T_c 表示。

② 要求工期。任务委托人所要求的工期，用 T_r 表示。

③ 计划工期。根据要求工期和计算工期所确定的作为实施目标的工期，用 T_p 表示。

网络计划的计划工期 T_p 应按下列情况分别确定。

当已规定了要求工期 T_r 时：

$$T_p \leqslant T_r \tag{7-1}$$

当未规定要求工期时，可令计划工期等于计算工期：

$$T_p = T_c \tag{7-2}$$

3）网络计划中工作的六个时间参数

① 最早开始时间（ES_{i-j}）。指在各紧前工作全部完成后，工作 $i-j$ 有可能开始的最早时刻。

② 最早完成时间（EF_{i-j}）。指在各紧前工作全部完成后，工作 $i-j$ 有可能完成的最早时刻。

③ 最迟开始时间（LS_{i-j}）。指在不影响整个任务按期完成的前提下，工作 $i-j$ 必须开始的最迟时刻。

④ 最迟完成时间（LF_{i-j}）。指在不影响整个任务按期完成的前提下，工作 $i-j$ 必须完成的最迟时刻。

⑤ 总时差（TF_{i-j}）。指在不影响总工期的前提下，工作 $i-j$ 可以利用的机动时间。

⑥ 自由时差（FF_{i-j}）。指在不影响其紧后工作最早开始的前提下，工作 $i-j$ 可以利用的机动时间。

按工作计算法计算网络计划中各时间参数，其计算结果可标注在箭线之上，如图7-10所示。

（2）双代号网络计划时间参数计算

按工作计算法在网络图上计算六个工作时间参数，

ES_{i-j}	LS_{i-j}	TF_{i-j}
EF_{i-j}	LF_{i-j}	FF_{i-j}

图 7-10 按工作计算法的标注内容

必须在清楚计算顺序和计算步骤的基础上，列出必要的公式，以加深对时间参数计算的理解。时间参数的计算步骤如下。

1）最早开始时间和最早完成时间的计算

工作最早时间参数受到紧前工作的约束，故其计算顺序应从起点节点开始，顺着箭线方向依次逐项计算。

以网络计划的起点节点为开始节点的工作最早开始时间为零。如网络计划起点节点的编号为1，则：

$$ES_{i-j} = 0 \quad (i=1) \tag{7-3}$$

最早完成时间等于最早开始时间加上其持续时间。

$$EF_{i-j} = ES_{i-j} + D_{i-j} \tag{7-4}$$

最早开始时间等于各紧前工作的最早完成时间 EF_{h-i} 的最大值。

$$ES_{i-j} = \max \{EF_{h-i}\} \tag{7-5}$$

或

$$ES_{i-j} = \max \{ES_{h-i} + D_{h-i}\} \tag{7-6}$$

2）确定计算工期 T_c。

计算工期等于以网络计划的终点节点为箭头节点的各个工作的最早完成时间的最大值。当网络计划终点节点的编号为 n 时，计算工期：

$$T_c = \max \{EF_{i-n}\} \tag{7-7}$$

当无要求工期的限制时，取计划工期等于计算工期，即取 $T_p = T_c$。

3）最迟开始时间和最迟完成时间的计算

工作最迟时间参数受到紧后工作的约束，故其计算顺序应从终点节点起，逆着箭线方向依次逐项计算。

以网络计划的终点节点（$j=n$）为箭头节点的工作的最迟完成时间等于计划工期，即：

$$LF_{i-n} = T_p \tag{7-8}$$

最迟开始时间等于最迟完成时间减去其持续时间：

$$LS_{i-j} = LF_{i-j} - D_{i-j} \tag{7-9}$$

最迟完成时间等于各紧后工作的最迟开始时间 LS_{j-k} 的最小值：

$$LF_{i-j} = \min \{LS_{j-k}\} \tag{7-10}$$

或

$$LF_{i-j} = \min \{LF_{j-k} - D_{j-k}\} \tag{7-11}$$

4）计算工作总时差

总时差等于其最迟开始时间减去最早开始时间，或等于最迟完成时间减去最早完成时间，即：

$$TF_{i-j} = LS_{i-j} - ES_{i-j} \tag{7-12}$$

$$TF_{i-j} = LF_{i-j} - EF_{i-j} \tag{7-13}$$

5）计算工作自由时差

当工作 $i-j$ 有若干个紧后工作 $j-k$ 时，其自由时差应为：

$$FF_{i-j} = \min \{ES_{j-k} - EF_{i-j}\} \tag{7-14}$$

或

$$FF_{i-j} = \min \{ES_{j-k} - ES_{i-j} - D_{i-j}\} \tag{7-15}$$

以网络计划的终点节点（$j=n$）为箭头节点的工作，其自由时差 FF_{i-n} 应按网络计划

的计划工期 T_p 确定，即：

$$FF_{i-n} = T_p - EF_{i-n} \tag{7-16}$$

4. 关键工作和关键线路的确定

(1) 关键工作

网络计划中总时差最小的工作是关键工作。

(2) 关键线路

自始至终全部由关键工作组成的线路为关键线路，或线路上总的工作持续时间最长的线路为关键线路。网络图上的关键线路可用双线或粗线标注。

【例 7-1】 已知网络计划的资料，如表 7-3 所示。试绘制双代号网络计划。若计划工期等于计算工期，试计算各项工作的六个时间参数并确定关键线路，标注在网络计划上。

某网络计划工作逻辑关系及持续时间表   表 7-3

工作	紧前工作	紧后工作	持续时间	工作	紧前工作	紧后工作	持续时间
A_1	—	A_2、B_1	2	C_3	B_3、C_2	E、F	2
A_2	A_1	A_3、B_2	2	D	B_3	G	2
A_3	A_2	B_3	2	E	C_3	G	1
B_1	A_1	B_2、C_1	3	F	C_3	I	2
B_2	A_2、B_1	B_3、C_2	3	G	D、E	H、I	4
B_3	A_3、B_2	D、C_3	3	H	G	—	3
C_1	B_1	C_2	2	I	F、G	—	3
C_2	B_2、C_1	C_3	4				

【解】 (1) 根据表 7-3 中网络计划的有关资料，按照网络图的绘图规则，绘制双代号网络图，如图 7-11 所示。

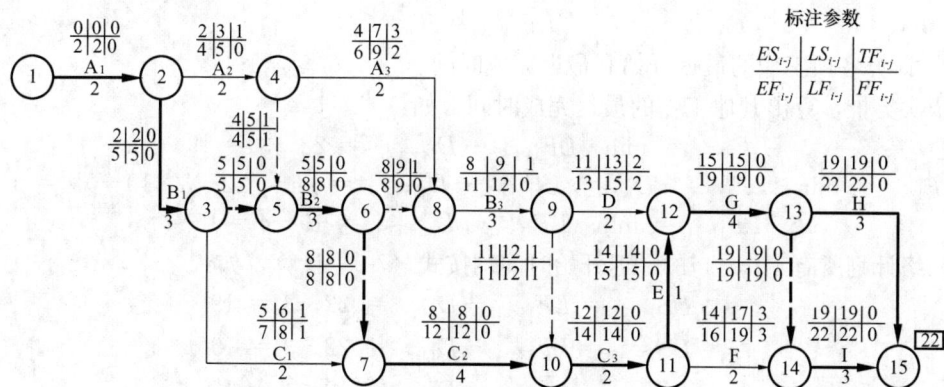

图 7-11 双代号网络图计算实例

(2) 计算各项工作的时间参数，并将计算结果标注在箭线上方相应的位置。

1) 计算各项工作的最早开始时间和最早完成时间。

从起点节点（①节点）开始顺着箭线方向依次逐项计算到终点节点（⑮节点）。

① 以网络计划起点节点为开始节点的各工作的最早开始时间为零。

工作 1—2 的最早开始时间 ES_{1-2} 从网络计划的起点节点开始，顺着箭线方向依次逐项计算，因未规定其最早开始时间 ES_{1-2}，故按式（7-3）确定：

$$ES_{1-2} = 0$$

② 计算各项工作的最早开始和最早完成时间。

工作的最早开始时间 ES_{i-j} 按式（7-5）和式（7-6）计算，如：

$$ES_{2-3} = ES_{1-2} + D_{1-2} = 0 + 2 = 2$$
$$ES_{2-4} = ES_{1-2} + D_{1-2} = 0 + 2 = 2$$
$$ES_{3-5} = ES_{2-3} + D_{2-3} = 2 + 3 = 5$$
$$ES_{4-5} = ES_{2-4} + D_{2-4} = 2 + 2 = 4$$
$$ES_{5-6} = \max\{ES_{3-5} + D_{3-5}, ES_{4-5} + D_{4-5}\} = \max\{5+0, 4+0\} = \max\{5, 4\} = 5$$

工作的最早完成时间就是本工作的最早开始时间 ES_{i-j} 与本工作的持续时 D_{i-j} 之和，按式（7-4）计算，如：

$$EF_{1-2} = ES_{1-2} + D_{1-2} = 0 + 2 = 2$$
$$EF_{2-4} = ES_{2-4} + D_{2-4} = 2 + 2 = 4$$
$$EF_{5-6} = ES_{5-6} + D_{5-6} = 5 + 3 = 8$$

2）确定计算工期 T_c 及计划工期 T_p。

已知计划工期等于计算工期，即网络计划的计算工期 T_c 取以终点节点（⑮节点）为箭头节点的工作 13—15 和工作 14—15 的最早完成时间的最大值，按式（7-7）计算：

$$T_c = \max\{EF_{13-15}, EF_{14-15}\} = \max\{22, 22\} = 22$$

3）计算各项工作的最迟开始时间和最迟完成时间。

从终点节点（⑮节点）开始逆着箭线方向依次逐项计算到起点节点（①节点）。

① 以网络计划终点节点为箭头节点的工作的最迟完成时间等于计划工期。

网络计划结束工作 $i-j$ 的最迟完成时间按式（7-8）计算，如：

$$LF_{13-15} = T_p = 22$$
$$LF_{14-15} = T_p = 22$$

② 计算各项工作的最迟开始和最迟完成时间。

依次类推，算出其他工作的最迟完成时间，如：

$$LF_{13-14} = \min\{LF_{14-15} - D_{14-15}\} = 22 - 3 = 19$$
$$LF_{12-13} = \min\{LF_{13-15} - D_{13-15}, LF_{13-14} - D_{13-14}\} = \min\{22-3, 19-0\} = 19$$
$$LF_{11-12} = \min\{LF_{12-13} - D_{12-13}\} = 19 - 4 = 15$$

网络计划所有工作 $i-j$ 的最迟开始时间均按式（7-9）计算，如：

$$LS_{14-15} = LF_{14-15} - D_{14-15} = 22 - 3 = 19$$
$$LS_{13-15} = LF_{13-15} - D_{13-15} = 22 - 3 = 19$$
$$LS_{12-13} = LF_{12-13} - D_{12-13} = 19 - 4 = 15$$

4）计算各项工作的总时差。

可以用工作的最迟开始时间减去最早开始时间或用工作的最迟完成时间减去最早完成时间。

$$TF_{1-2} = LS_{1-2} - ES_{1-2} = 0 - 0 = 0$$
$$TF_{2-3} = LS_{2-3} - ES_{2-3} = 2 - 2 = 0$$
$$TF_{5-6} = LS_{5-6} - ES_{5-6} = 5 - 5 = 0$$

5）计算各项工作的自由时差。

网络计划中工作 $i-j$ 的自由时差等于紧后工作的最早开始时间减去本工作的最早完成时间，可按式（7-14）计算，如：

$$FF_{1-2}= \min \{ES_{2-3}-EF_{1-2}, ES_{2-4}-EF_{1-2}\} = \min \{2-2, 2-2\} = 0$$
$$FF_{2-3}= \min \{ES_{3-5}-EF_{2-3}, ES_{3-7}-EF_{2-3}\} = \min \{5-5, 5-5\} = 0$$
$$FF_{5-6}= \min \{ES_{6-7}-EF_{5-6}, ES_{6-8}-EF_{5-6}\} = \min \{8-8, 8-8\} = 0$$

网络计划中的结束工作 $i-j$ 的自由时差按式（7-16）计算。

$$FF_{13-15}= T_p-EF_{13-15}= 22-22 = 0$$
$$FF_{14-15}= T_p-EF_{14-15}= 22-22 = 0$$

将以上计算结果标注在图 7-11 中的相应位置。

（3）确定关键工作及关键线路。

在图 7-11 中，最小的总时差是 0，所以，凡是总时差为 0 的工作均为关键工作。该例中的关键工作是：A_1、B_1、B_2、C_2、C_3、E、G、H、I。

在图 7-11 中，自始至终全由关键工作组成的关键线路用粗箭线进行标注。

7.2.2 双代号时标网络计划

1. 双代号时标网络计划的特点

双代号时标网络计划是以水平时间坐标为尺度编制的双代号网络计划，其主要特点如下。

（1）时标网络计划兼有网络计划与横道计划的优点，它能够清楚地表明计划的时间进程，使用方便。

（2）时标网络计划能在图上直接显示出各项工作的开始与完成时间、工作的自由时差及关键线路。

（3）在时标网络计划中可以统计每一个单位时间对资源的需要量，以便进行资源优化和调整。

（4）由于箭线受到时间坐标的限制，当情况发生变化时，对网络计划的修改比较麻烦，往往要重新绘图。但在使用计算机以后，这一问题已较容易解决。

2. 双代号时标网络计划的一般规定

（1）双代号时标网络计划必须以水平时间坐标为尺度表示工作时间。时标的时间单位应根据需要在编制网络计划之前确定，可为小时、天、周、月或季。

（2）时标网络计划应以实箭线表示工作，以虚箭线表示虚工作，以波形线表示工作的自由时差。

（3）时标网络计划中所有符号在时间坐标上的水平投影位置，都必须与其时间参数相对应。节点中心必须对准相应的时标位置。

（4）时标网络计划中虚工作必须以垂直方向的虚箭线表示，有自由时差时加波形线表示。

3. 时标网络计划的编制

时标网络计划宜按各个工作的最早开始时间编制。在编制时标网络计划之前，应先按已确定的时间单位绘制出时标计划表，如表 7-4 所示。

时标计划表 表 7-4

日历（时间单位）	1	2	3	4	5	6	7	8	9	10	11	12	13	14	15	16	17
网络计划																	
（时间单位）	1	2	3	4	5	6	7	8	9	10	11	12	13	14	15	16	17

双代号时标网络计划的编制方法有两种。

（1）间接法绘制

先绘制出时标网络计划，计算各工作的最早时间参数，再根据最早时间参数在时标计划表上确定节点位置，连线完成，某些工作箭线长度不足以到达该工作的完成节点时，用波形线补足。

（2）直接法绘制

根据网络计划中工作之间的逻辑关系及各工作的持续时间，直接在时标计划表上绘制时标网络计划。绘制步骤如下：

1）将起点节点定位在时标表的起始刻度线上。

2）按工作持续时间在时标计划表上绘制起点节点的外向箭线。

3）其他工作的开始节点必须在其所有紧前工作都绘出以后，定位在这些紧前工作最早完成时间最大值的时间刻度上，某些工作的箭线长度不足以到达该节点时，用波形线补足，箭头画在波形线与节点连接处。

4）用上述方法从左至右依次确定其他节点位置，直至网络计划终点节点定位，绘图完成。

【例 7-2】 已知网络计划的资料，如表 7-3 所示。试用直接法绘制双代号时标网络计划。

【解】（1）将起点节点①定位在时标表的起始刻度线上，如图 7-12 所示。

（2）按工作的持续时间绘制①节点的外向箭线①→②，即按 A_1 工作的持续时间，画出无紧前工作的 A_1 工作，确定节点②的位置。

（3）自左至右依次确定其余各节点的位置。如②、③、④、⑥、⑨、⑪、⑬节点之前只有一条内向箭线，则在其内向箭线绘制完成后即可在其末端将上述节点绘出。⑤、⑦、⑧、⑩、⑫、⑭、⑮节点则必须待其前面的两条内向箭线都绘制完成后才能定位在这些内向箭线中最晚完成的时刻处。其中，⑤、⑦、⑧、⑩、⑫、⑭各节点均有长度不足以达到该节点的内向实箭线，故用波形线补足。

（4）用上述方法自左至右依次确定其他节点位置，直至画出全部工作，确定终点节点⑮的位置，该时标网络计划即绘制完成。

4. 关键线路和计算工期的确定

（1）时标网络计划关键线路的确定，应自终点节点逆箭线方向朝起点节点逐次进行判

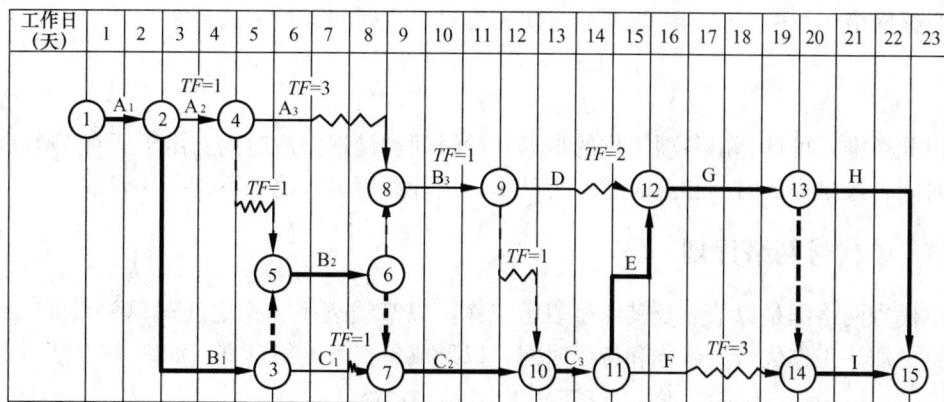

图 7-12　时标网络计划示例

定，即从终点到起点不出现波形线的线路即为关键线路。如图 7-12 中，关键线路用粗箭线表示。

（2）时标网络计划的计算工期，应是终点节点与起点节点所在位置之差。如图 7-12 中，计算工期 $T_c = 22 - 0 = 22$（天）。

5. 时标网络计划时间参数的确定

在时标网络计划中，六个工作时间参数的确定步骤如下：

（1）最早时间参数的确定

按最早开始时间绘制时标网络计划，最早时间参数可以从图上直接确定。

① 最早开始时间 ES_{i-j}。

每条实箭线左端箭尾节点（i 节点）中心所对应的时标值，即为该工作的最早开始时间。

② 最早完成时间 EF_{i-j}。

如箭线右端无波形线，则该箭线右端节点（j 节点）中心所对应的时标值为该工作的最早完成时间。如箭线右端有波形线，则实箭线右端末所对应的时标值即为该工作的最早完成时间。

（2）自由时差的确定

时标网络计划中各工作的自由时差值应为表示该工作的箭线中波形线部分在坐标轴上的水平投影长度。

（3）总时差的确定

时标网络计划中工作总时差的计算应自右向左进行，且符合下列规定：

1）以终点节点（$j = n$）为箭头节点的工作的总时差 TF_{i-n} 应按网络计划的计划工期 T_p 计算确定，即：

$$TF_{i-n} = T_p - EF_{i-n} \tag{7-17}$$

2）其他工作的总时差等于其紧后工作 $j-k$ 总时差与本工作的自由时差之和的最小值，即：

$$TF_{i-j} = \min \{TF_{j-k}\} + FF_{i-j} \tag{7-18}$$

（4）最迟时间参数的确定

时标网络计划中工作的最迟开始时间和最迟完成时间可按下式计算：

$$LS_{i-j} = ES_{i-j} + TF_{i-j} \tag{7-19}$$

$$LF_{i-j} = EF_{i-j} + TF_{i-j} \tag{7-20}$$

由此类推，可计算出各项工作的最迟开始时间和最迟完成时间。由于所有工作的最早开始时间、最早完成时间和总时差均为已知，故计算容易，此处不再一一列举。

7.2.3 单代号网络计划

单代号网络图是以节点及其编号表示工作，以箭线表示工作之间逻辑关系的网络图。在节点中加注工作代号、名称和持续时间，以形成单代号网络计划，如图 7-13 所示。

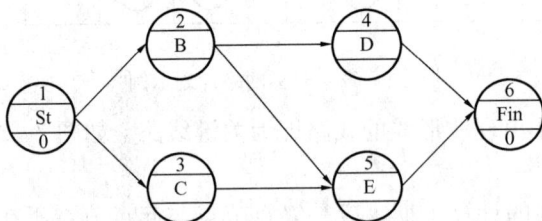

图 7-13 单代号网络计划图

1. 单代号网络图的特点

单代号网络图与双代号网络图相比，具有以下特点：

(1) 工作之间的逻辑关系容易表达，且不用虚箭线，故绘图较简单。

(2) 网络图便于检查和修改。

(3) 由于工作持续时间表示在节点之中，没有长度，故不够形象直观。

(4) 表示工作之间逻辑关系的箭线可能产生较多的纵横交叉现象。

2. 单代号网络图的基本符号

(1) 节点

单代号网络图中的每一个节点表示一项工作，节点宜用圆圈或矩形表示。节点所表示的工作名称、持续时间和工作代号等应标注在节点内，如图 7-14 所示。

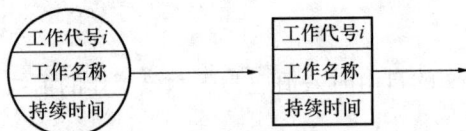

图 7-14 单代号网络图工作的表示方法

单代号网络图中的节点必须编号。编号标注在节点内，其号码可间断，但严禁重复。箭线的箭尾节点编号应小于箭头节点编号。一项工作只允许有唯一的节点及相应的编号。

(2) 箭线

单代号网络图中的箭线表示紧邻工作之间的逻辑关系，既不占用时间、也不消耗资源。箭线应画成水平直线、折线或斜线。箭线水平投影的方向应自左向右，表示工作的行进方向。工作之间的逻辑关系包括工艺关系和组织关系，在网络图中均表现为工作之间的先后顺序。

（3）线路

单代号网络图中，各条线路应用该线路上的节点编号从小到大依次表述。

3. 单代号网络图的绘图规则

（1）必须正确表达已定的逻辑关系。

（2）严禁出现循环回路。

（3）严禁出现双向箭头或无箭头的连线。

（4）严禁出现没有箭尾节点的箭线和没有箭头节点的箭线。

（5）箭线不宜交叉，当交叉不可避免时，可采用过桥法或指向法绘制。

（6）只应有一个起点节点和一个终点节点。当网络图中有多项起点节点或多项终点节点时，应在网络图的两端分别设置一项虚工作，作为该网络图的起点节点（St）和终点节点（Fin）。

单代号网络图的绘图规则大部分与双代号网络图的绘图规则相同，故不再进行解释。

4. 单代号网络计划时间参数的计算

单代号网络计划时间参数的计算应在确定各项工作的持续时间之后进行。时间参数的计算顺序和计算方法基本上与双代号网络计划时间参数的计算相同。单代号网络计划时间参数的标注形式，如图 7-15 所示。

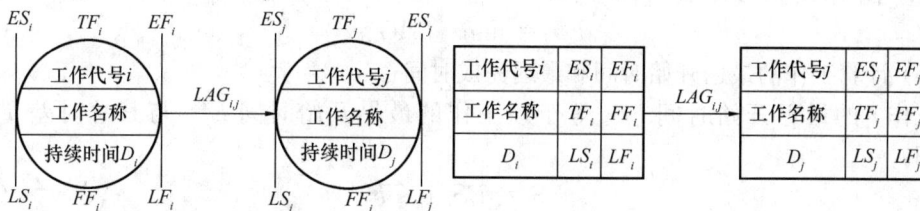

图 7-15　单代号网络计划时间参数的标注形式

单代号网络计划时间参数的计算步骤如下。

（1）计算最早开始时间和最早完成时间

网络计划中各项工作的最早开始时间和最早完成时间的计算应从网络计划的起点节点开始，顺着箭线方向依次逐项计算。

网络计划的起点节点的最早开始时间为零。如起点节点的编号为 1，则：

$$ES_i = 0 \quad (i = 1) \tag{7-21}$$

工作最早完成时间等于该工作最早开始时间加上其持续时间，即：

$$EF_i = ES_i + D_i \tag{7-22}$$

工作最早开始时间等于该工作的各个紧前工作的最早完成时间的最大值，如工作 j 的紧前工作的代号为 i，则：

$$ES_j = \max \{EF_i\} \tag{7-23}$$

或
$$ES_j = \max \{ES_i + D_i\} \tag{7-24}$$

式中　ES_i——工作 j 的各项紧前工作的最早开始时间。

（2）网络计划的计算工期 T_c。

T_c 等于网络计划的终点节点 n 的最早完成时间 EF_n，即：

$$T_c = EF_n \tag{7-25}$$

（3）计算相邻两项工作之间的时间间隔 $LAG_{i,j}$

相邻两项工作 i 和 j 之间的时间间隔 $LAG_{i,j}$ 等于紧后工作 j 的最早开始时间 ES_j 和本工作的最早完成时间 EF_i 之差，即：

$$LAG_{i,j} = ES_j - EF_i \tag{7-26}$$

（4）计算工作总时差 TF_i

工作 i 的总时差 TF_i 应从网络计划的终点节点开始，逆着箭线方向依次逐项计算。

网络计划终点节点的总时差 TF_n，如计划工期等于计算工期，其值为零，即：

$$TF_n = 0 \tag{7-27}$$

其他工作 i 的总时差 TF_i 等于该工作的各个紧后工作 j 的总时差 TF_j 加该工作与其紧后工作之间的时间间隔 $LAG_{i,j}$ 之和的最小值，即：

$$TF_i = \min \{ TF_j + LAG_{i,j} \} \tag{7-28}$$

（5）计算工作自由时差

工作 i 若无紧后工作，其自由时差 FF_i 等于计划工期 T_p 减该工作的最早完成时间 EF_n，即：

$$FF_i = T_p - EF_n \tag{7-29}$$

当工作 i 有紧后工作 j 时，其自由时差 FF_i 等于该工作与其紧后工作 j 之间的时间间隔 $LAG_{i,j}$ 的最小值，即：

$$FF_i = \min \{ LAG_{i,j} \} \tag{7-30}$$

（6）计算工作的最迟开始时间和最迟完成时间

工作 i 的最迟开始时间 LS_i 等于该工作的最早开始时间 ES_i 与其总时差 TF_i 之和，即：

$$LS_i = ES_i + TF_i \tag{7-31}$$

工作 i 的最迟完成时间 LF_i 等于该工作的最早完成时间 EF_i 与其总时差 TF_i 之和，即：

$$LF_i = EF_i + TF_i \tag{7-32}$$

（7）关键工作和关键线路的确定

1）关键工作：总时差最小的工作是关键工作。

2）关键线路的确定按以下规定：从起点节点开始到终点节点均为关键工作，且所有工作的时间间隔为零的线路为关键线路。

【例 7-3】 已知网络计划的资料，如表 7-3 所示。试绘制单代号网络计划。若计划工期等于计算工期，试计算各项工作的六个时间参数并确定关键线路，标注在网络计划上。

【解】 （1）根据表 7-3 中网络计划的有关资料，按照网络图的绘图规则，绘制单代号网络图，如图 7-16 所示。

（2）计算最早开始时间和最早完成时间。

因为未规定其最早开始时间，所以由式（7-21）得到：

$$ES_1 = 0$$

其他工作 i 的最早开始时间和最早完成时间按式（7-22）、式（7-23）依次计算，如：

$$EF_1 = 0 + 2 = 2$$
$$ES_5 = \max \{ EF_2, EF_3 \} = \max \{ 4, 5 \} = 5$$
$$EF_5 = ES_5 + D_5 = 5 + 3 = 8$$

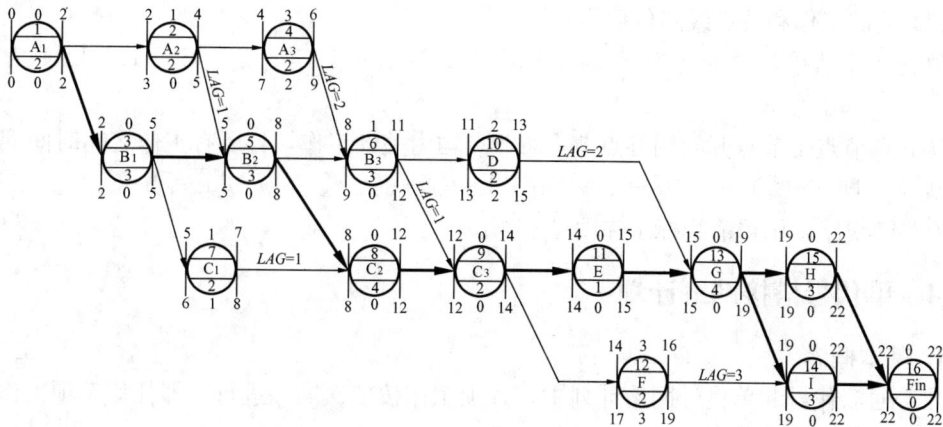

图 7-16　单代号网络图计算实例

已知计划工期等于计算工期，故有 $T_p = T_c = EF_{16} = 22$

（3）计算相邻两项工作之间的时间间隔 $LAG_{i,j}$，如：

$$LAG_{15,16} = T_p - EF_{15} = 22 - 22 = 0$$

$$LAG_{14,16} = T_p - EF_{14} = 22 - 22 = 0$$

$$LAG_{12,14} = ES_{14} - EF_{12} = 19 - 16 = 3$$

（4）计算工作的总时差 TF_i。

已知计划工期等于计算工期，$T_p = T_c = 22$，故终点节点⑯节点的总时差为零，即：

$$TF_{16} = T_p - EF_{16} = 22 - 22 = 0$$

其他工作总时差如：

$$TF_{15} = TF_{16} + LAG_{15,16} = 0 + 0 = 0$$

$$TF_{14} = TF_{16} + LAG_{14,16} = 0 + 0 = 0$$

$$TF_{13} = \min \{TF_{15} + LAG_{13,15}, \ TF_{14} + LAG_{13,14}\} = \min \{0+0, \ 0+0\} = 0$$

$$TF_{12} = TF_{14} + LAG_{12,14} = 0 + 3 = 3$$

（5）计算工作的自由时差 FF_i

已知计划工期等于计算工期，$T_p = T_c = 22$，故自由时差如：

$$FF_{16} = T_p - EF_{16} = 22 - 22 = 0$$

$$FF_{15} = LAG_{15,16} = 0$$

$$FF_{14} = LAG_{14,16} = 0$$

$$FF_{13} = \min \{LAG_{13,15}, \ LAG_{13,14}\} = \min \{0, \ 0\} = 0$$

$$FF_{12} = LAG_{12,14} = 3$$

（6）计算工作的最迟开始时间 LS_i 和最迟完成时间 LF_i，如：

$$LS_1 = ES_1 + TF_1 = 0 + 0 = 0$$

$$LF_1 = EF_1 + TF_1 = 2 + 0 = 2$$

$$LS_2 = ES_2 + TF_2 = 2 + 1 = 3$$

$$LF_2 = EF_2 + TF_2 = 4 + 1 = 5$$

将以上计算结果标注在图 7-16 中的相应位置。

（7）关键工作和关键线路的确定。

根据计算结果，总时差为零的工作：A_1、B_1、B_2、C_2、C_3、E、G、H、I 为关键工作。

从起点节点①节点开始到终点节点⑯节点均为关键工作，且所有工作之间时间间隔为零的线路，即①—③—⑤—⑧—⑨—⑪—⑬—⑭—⑯、①—③—⑤—⑧—⑨—⑪—⑬—⑮—⑯为关键线路，用粗箭线标示在图 7-16 中。

7.2.4　单代号搭接网络计划

1. 基本概念

在普通双代号和单代号网络计划中，各项工作按依次顺序进行，即任何一项工作都必须在它的紧前工作全部完成后才能开始。

图 7-17（a）以横道图表示相邻的 A、B 两工作，A 工作进行 4d 后 B 工作即可开始，而不必要等 A 工作全部完成。这种情况若按依次顺序用网络图表示就必须把 A 工作分为两部分，即 A_1 和 A_2 工作，以双代号网络图表示如图 7-17（b）所示，以单代号网络图表示则如图 7-17（c）所示。

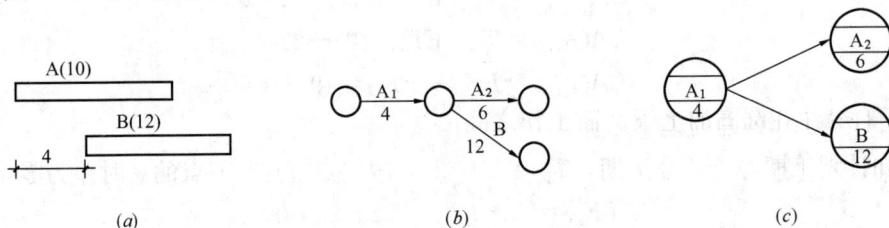

图 7-17　A、B 两工作搭接关系的表示方法
（a）用横道图表示；（b）用双代号表示；（c）用单代号表示

但在实际工作中，为了缩短工期，许多工作可采用平行搭接的方式进行。为了简单直接地表达这种搭接关系，使编制网络计划得以简化，于是出现了搭接网络计划方法。单代号搭接网络图，如图 7-18 所示。其中起点节点 St 和终点节点 Fin 为虚拟节点。

（1）单代号搭接网络图中每一个节点表示一项工作，宜用圆圈或矩形表示。节点所表示的工作名称、持续时间和工作代号等应标注在节点内。节点最基本的表示方法应符合图 7-19 的规定。

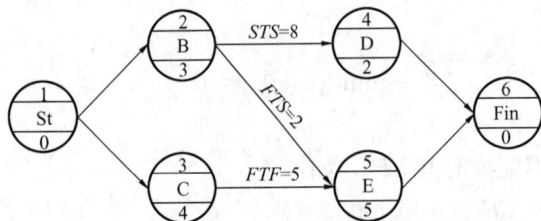

图 7-18　单代号搭接网络计划

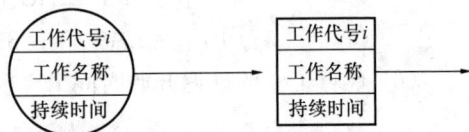

图 7-19　单代号搭接网络图工作的表示方法

（2）单代号搭接网络图中，箭线及其上面的时距符号表示相邻工作间的逻辑关系，如图 7-20 所示。箭线应画成水平直线、折线或斜线。箭线水平投影的方向应自左向右，表

示工作的进行方向。

工作的搭接顺序关系是用前项工作的开始或完成时间与其紧后工作的开始或完成时间之间的间距来表示,具体有四类:

$FTS_{i,j}$——工作 i 完成时间与其紧后工作 j 开始时间的时间间距;

$FTF_{i,j}$——工作 i 完成时间与其紧后工作 j 完成时间的时间间距;

$STS_{i,j}$——工作 i 开始时间与其紧后工作 j 开始时间的时间间距;

$STF_{i,j}$——工作 i 开始时间与其紧后工作 j 完成时间的时间间距。

(3)单代号搭接网络图中的节点必须编号。编号标注在节点内,其号码可间断,但严禁重复。箭线的箭尾节点编号应小于箭头节点编号。一项工作只能有唯一的节点及相应的编号。

(4)工作之间的逻辑关系包括工艺关系和组织关系,在网络图中均表现为工作之间的先后顺序。

(5)单代号搭接网络图中,各条线路应用该线路上的节点编号自小到大依次表述,也可用工作名称依次表述。如图 7-18 所示的单代号搭接网络图中的一条线路可表述为①→②→⑤→⑥,也可表述为 St→B→E→Fin。

(6)单代号搭接网络计划中的时间参数基本内容和形式应按图 7-21 所示方式标注。工作名称和工作持续时间标注在节点圆圈内,工作的时间参数(如 ES、EF、LS、LF、TF、FF)标注在圆圈的上下。而工作之间的时间参数(如 STS、FTF、STF、FTS 和时间间隔 $LAG_{i,j}$)标注在联系箭线的上下方。

图 7-20 单代号搭接网络图箭线的表示方法

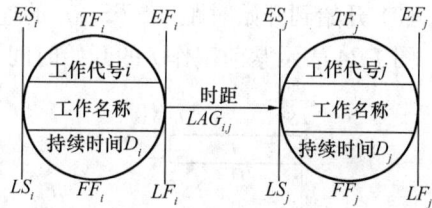

图 7-21 单代号搭接网络计划时间参数标注形式

2. 单代号搭接网络计划中的搭接关系

单代号搭接网络计划中搭接关系在工程实践中的具体应用,简述如下。

(1)完成到开始时距($FTS_{i,j}$)的连接方法

图 7-22 表示紧前工作 i 的完成时间与紧后工作 j 的开始时间之间的时距和连接方法。

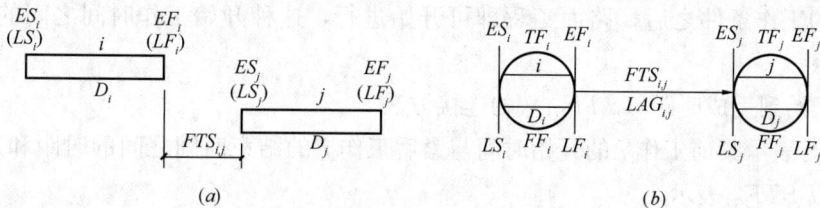

图 7-22 时距 FTS 的表示方法

(a)从横道图看 FTS 时距;(b)用单代号搭接网络计划方法表示

例如，修一条堤坝的护坡时，一定要等土堤自然沉降后才能修护坡，这种等待的时间就是 FTS 时距。

当 $FTS=0$ 时，即紧前工作 i 的完成时间等于紧后工作 j 的开始时间，这时紧前工作与紧后工作紧密衔接。当计划所有相邻工作的 $FTS=0$ 时，整个搭接网络计划就成为一般的单代号网络计划。因此，一般的依次顺序关系只是搭接关系的一种特殊表现形式。

（2）完成到完成时距（$FTF_{i,j}$）的连接方法

图 7-23 表示紧前工作 i 的完成时间与紧后工作 j 的完成时间之间的时距和连接方法。

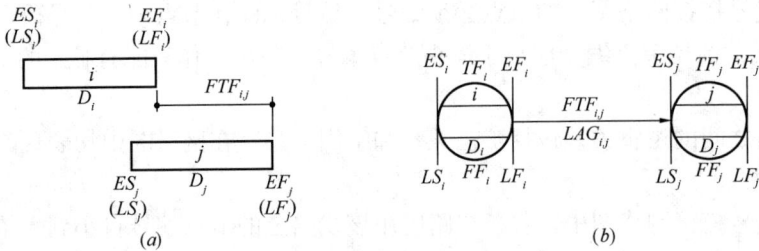

图 7-23　时距 FTF 的表示方法
（a）从横道图看 FTF 时距；（b）用单代号搭接网络计划方法表示

例如，当相邻两工作的紧前工作施工速度小于紧后工作施工速度时，则必须考虑为紧后工作留有充分的工作面，否则紧后工作就将因无工作面而无法进行。这种结束工作时间之间的间隔就是 FTF 时距。

（3）开始到开始时距（$STS_{i,j}$）的连接方法

图 7-24 表示紧前工作 i 的开始时间与紧后工作 j 的开始时间之间的时距和连接方法。

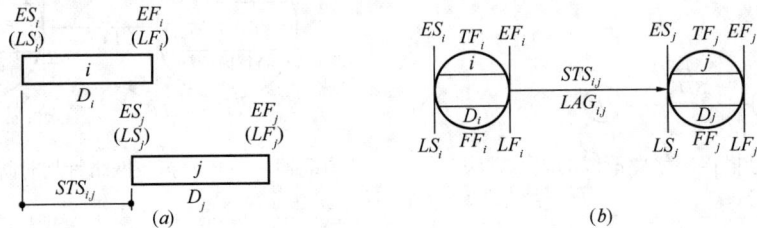

图 7-24　时距 STS 的表示方法
（a）从横道图看 STS 间距；（b）用单代号搭接网络计划方法表示

例如，道路工程中的铺设路基和浇筑路面，待路基工作开始一定时间，为路面工程创造了一定的工作条件之后，路面工程即可开始进行，这种开始工作时间之间的间隔就是 STS 时距。

（4）开始到完成时距（$STF_{i,j}$）的连接方法

图 7-25 表示紧前工作 i 的开始时间与紧后工作 j 的结束时间之间的时距和连接方法，这种时距以 $STF_{i,j}$ 表示。

例如，要挖掘带有部分地下水的土，地下水位以上的土可以在降低地下水位工作完成之前开始，而在地下水位以下的土则必须要等降低地下水位之后才能开始挖掘。降低地下水位工作的完成与何时挖地下水位以下的土壤有关，至于降低地下水位何时开始，则与挖

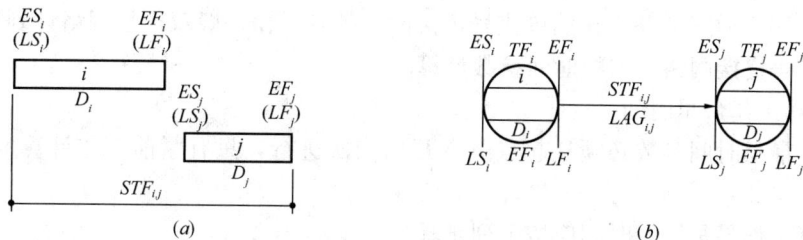

图 7-25 时距 STF 的表示方法

(a) 从横道图看 STS 间距；(b) 用单代号搭接网络计划方法表示

土没有直接联系。这种开始到结束的限制时间就是 STF 时距。

（5）混合时距的连接方法

在单代号搭接网络计划中，两项工作之间可同时由四种基本连接关系中两种以上来限制工作间的逻辑关系。例如，i、j 两项工作可能同时由 STS 与 FTF 时距限制，或 STF 与 FTS 时距限制等。

下面列举单代号搭接网络计划实例以供参考。

一幢三单元五层家属宿舍的装修工程，以一层为一流水段组织流水施工，共五项工作，其工艺流程图如图 7-26 所示。

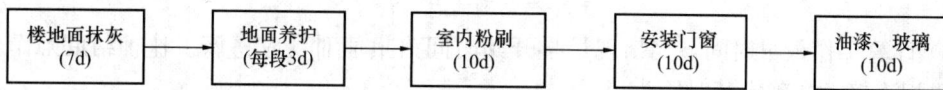

图 7-26 装修工程工艺流程图

如果用单代号搭接网络图绘制网络计划，则如图 7-27 所示。

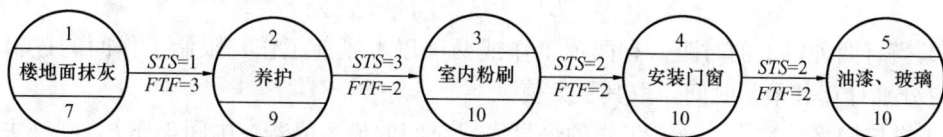

图 7-27 装修工程单代号搭接网络计划

如果用双代号网络图来表示这个计划，则如图 7-28 所示。

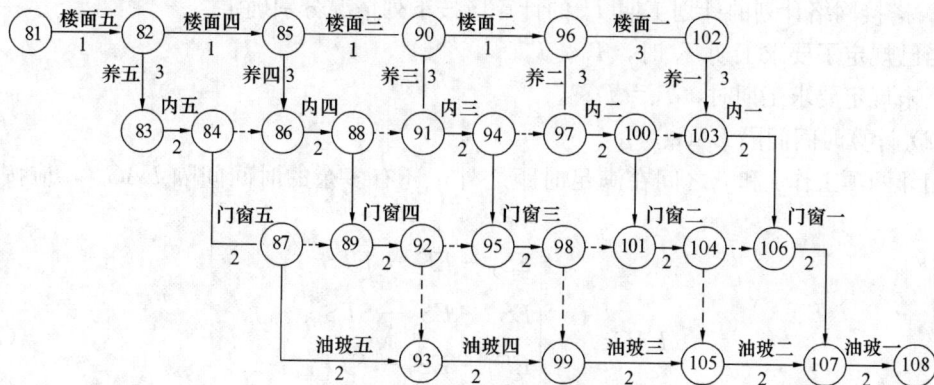

图 7-28 装修工程双代号网络计划

对照图 7-27 和图 7-28，显然单代号搭接网络计划要比一般双代号网络计划简单得多。

3. 单代号搭接网络计划的时间参数计算

（1）计算工作最早时间

1）计算最早时间参数必须从起点节点开始依次进行，只有紧前工作计算完毕，才能计算本工作。

2）计算工作最早开始时间应按下列步骤进行。

起点节点的工作最早开始时间都应为零，即：

$$ES_i = 0 \ (i = 起点节点编号) \tag{7-33}$$

其他工作 j 的最早开始时间（ES_j）根据时距应按下列公式计算：

相邻时距为 $STS_{i,j}$ 时，

$$ES_j = ES_i + STS_{i,j} \tag{7-34}$$

相邻时距为 $FTF_{i,j}$ 时，

$$ES_j = EF_i + FTF_{i,j} - D_j \tag{7-35}$$

相邻时距为 $STF_{i,j}$ 时，

$$ES_j = ES_i + STF_{i,j} - D_j \tag{7-36}$$

相邻时距为 $FTS_{i,j}$ 时，

$$ES_j = EF_i + FTS_{i,j} \tag{7-37}$$

3）计算工作最早时间，当出现最早开始时间为负值时，应将该工作 j 与起点节点用虚箭线相连接，并确定其时距为：

$$STS_{起点节点,j} = 0 \tag{7-38}$$

4）工作 j 的最早完成时间 EF_j 应按下式计算。

$$EF_j = ES_j + D_j \tag{7-39}$$

5）当有两种以上的时距（有两项工作或两项以上紧前工作）限制工作间的逻辑关系时，应分别计算其最早时间，取其最大值。

6）搭接网络计划中，全部工作的最早完成时间的最大值若在中间工作 k，则该中间工作 k 应与终点节点用虚箭线相连接，并确定其时距为：

$$FTF_{k,终点节点} = 0 \tag{7-40}$$

7）搭接网络计划计算工期 T_c 由与终点相联系的工作的最早完成时间的最大值决定。

8）搭接网络计划的计划工期 T_p 的计算应按下列情况分别确定。

当已规定了要求工期 T_r 时，$T_p \leqslant T_r$；

当未规定要求工期时，$T_p = T_c$。

（2）计算时间间隔 $LAG_{i,j}$

相邻两项工作 i 和 j 之间在满足时距之外，还有多余的时间间隔 $LAG_{i,j}$，应按下式计算。

$$LAG_{i,j} = \begin{bmatrix} ES_j - EF_i - FTS_{i,j} \\ ES_j - ES_i - STS_{i,j} \\ EF_j - EF_i - FTF_{i,j} \\ EF_j - ES_i - STF_{i,j} \end{bmatrix} \tag{7-41}$$

（3）计算工作总时差

工作 i 的总时差 TF_i 应从网络计划的终点节点开始，逆着箭线方向依次逐项计算。当部分工作分期完成时，有关工作的总时差必须从分期完成的节点开始逆向逐项计算。

终点节点所代表工作 n 的总时差 TF_n 值应为：

$$TF_n = T_p - EF_n \tag{7-42}$$

其他工作 i 的总时差 TF_i 应为：

$$TF_i = \min\{TF_j + LAG_{i,j}\} \tag{7-43}$$

（4）计算工作自由时差

终点节点所代表工作 n 的自由时差 FF_n 应为：

$$FF_n = T_p - EF_n \tag{7-44}$$

其他工作 i 的自由时差 FF_i 应为：

$$FF_i = \min\{LAG_{i,j}\} \tag{7-45}$$

（5）计算工作最迟完成时间

工作 i 的最迟完成时间 LF_i 应从网络计划的终点节点开始，逆着箭线方向依次逐项计算。当部分工作分期完成时，有关工作的最迟完成时间应从分期完成的节点开始逆向逐项计算。

终点节点所代表的工作 n 的最迟完成时间 LF_n，应按网络计划的计划工期 T_p 确定，即：

$$LF_n = T_p \tag{7-46}$$

其他工作 i 的最迟完成时间 LF_i 应为：

$$LF_i = EF_i + TF_i \tag{7-47}$$

或

$$LF_i = \min \begin{bmatrix} LS_j - FTS_{i,j} \\ LS_j - STS_{i,j} + D_i \\ LF_j - FTF_{i,j} \\ LF_j - STF_{i,j} + D_i \end{bmatrix} \tag{7-48}$$

（6）计算工作最迟开始时间

工作 i 的最迟开始时间 LS_i 应按下式计算。

$$LS_i = LF_i - D_i \tag{7-49}$$

或

$$LS_i = ES_i + TF_i \tag{7-50}$$

4. 关键工作和关键线路的确定

（1）确定关键工作

关键工作是总时差为最小的工作。单代号搭接网络计划中工作总时差最小的工作，即是其具有的机动时间最少，如果延长其持续时间就会影响计划工期，因此为关键工作。当计划工期等于计算工期时，工作的总时差为零，是最小的总时差。当有要求工期，且要求工期小于计算工期时，最小的总时差为负值；要求工期大于计算工期时，最小的总时差为正值。

（2）确定关键线路

关键线路是自始至终全部由关键工作组成的线路或线路上总的工作持续时间最长的线路。该线路在网络图上应用粗线、双线或彩色线标注。

在单代号搭接网络计划中，从起点节点开始到终点节点均为关键工作，且所有工作的时间间隔均为零的线路应为关键线路。

【例 7-4】 已知单代号搭接网络计划，如图 7-29 所示。若计划工期等于计算工期，试计算各项工作的六个时间参数并确定关键线路，标注在网络计划上。

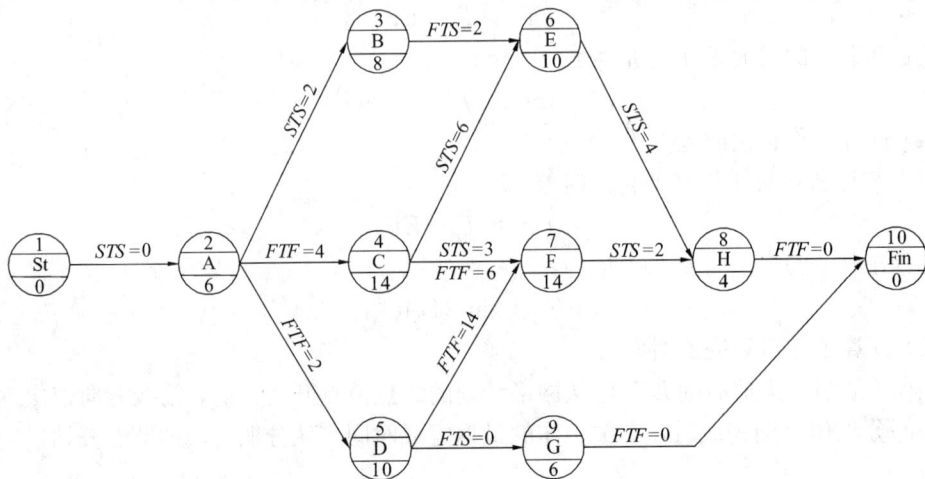

图 7-29　单代号搭接网络计划实例

【解】　单代号搭接网络计划时间参数计算汇总图，如图 7-30 所示。具体计算步骤说明如下。

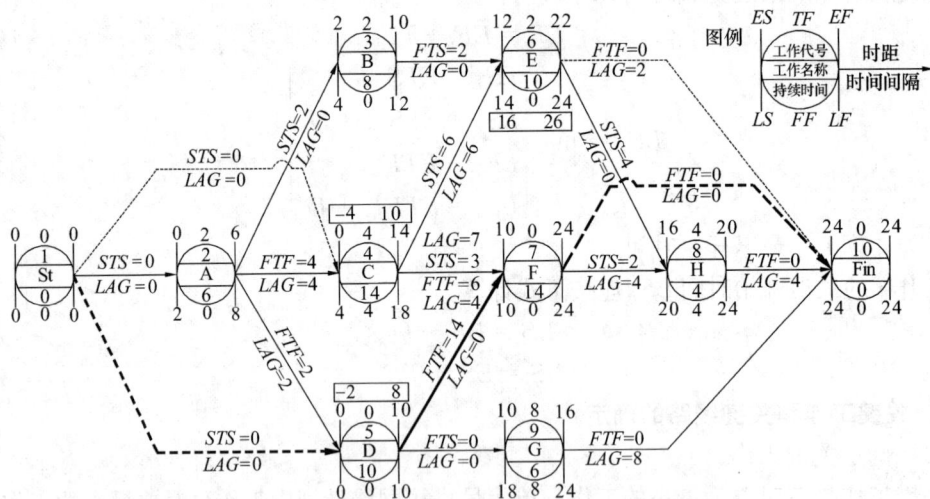

图 7-30　单代号搭接网络时间参数计算总图

（1）计算最早开始时间和最早完成时间

计算最早时间参数必须从起点节点开始沿箭线方向向终点节点进行。该单代号网络图中起点节点和终点节点都是虚设的，故其工作持续时间均为零。

1）因为未规定其最早开始时间，所以由式（7-33）得到：

$$ES_1 = 0$$

2）相邻工作的时距为 $STS_{i,j}$ 时，如 A、B 时距为 $STS_{2,3} = 2$：

$$ES_3 = ES_2 + STS_{2,3} = 0 + 2 = 2$$

$$EF_3 = ES_3 + D_3 = 2 + 8 = 10$$

3）相邻两工作的时距为 $FTF_{i,j}$ 时，如 A、C 工作之间的时距为 $FTF_{2,4} = 4$：

$$EF_4 = EF_2 + FTF_{2,4} = 6 + 4 = 10$$

$$ES_4 = EF_4 - D_4 = 10 - 14 = -4$$

节点④（工作 C）的最早开始时间出现负值，这说明工作 C 在工程开始之前 4d 就应开始工作，这是不合理的，必须按以下的方法来处理。

4）当中间工作出现 ES_i 为负值时的处理方法。

在单代号搭接网络计划中，当某项中间工作的 ES_i 为负值时，应该将该工作用虚线与起点节点联系起来。这时该工作的最早开始时间就由起点节点所决定，其最早完成时间也要重新计算。如：

$$ES_4 = ES_1 + STS_{1,4} = 0 + 0 = 0$$

$$EF_4 = ES_4 + D_4 = 0 + 14 = 14$$

5）相邻两项工作的时距为 $FTS_{i,j}$ 时，如 B、E 两工作之间的时距为 $FTS_{3,6} = 2$，则根据式（7-37）得到：

$$ES_6 = EF_3 + FTS_{3,6} = 10 + 2 = 12$$

6）在一项工作之前有两项以上紧前工作时，则应分别计算后从中取其最大值。在实例中，

按 B、E 工作搭接关系：

$$ES_6 = 12$$

按 C、E 工作搭接关系：

$$ES_6 = ES_4 + STS_{4,6} = 0 + 6 = 6$$

从两数中取最大值，即应取 $ES_6 = 12$。

$$EF_6 = 12 + 10 = 22$$

7）在两项工作之间有两种以上搭接关系时，如两项工作 C、F 之间的时距为 $STS_{4,7} = 3$ 和 $FTF_{4,7} = 6$，这时也应该分别计算后取其中的最大值。

由 $STS_{4,7} = 3$ 决定时：

$$ES_7 = ES_4 + STS_{4,7} = 0 + 3 = 3$$

由 $FTF_{4,7} = 6$ 决定时：

$$EF_7 = EF_4 + FTF_{4,7} = 14 + 6 = 20$$

$$ES_7 = EF_7 - D_7 = 20 - 14 = 6$$

故按以上两种时距关系，应取 $ES_7 = 6$。

但是节点⑦（工作 F）除与节点④（工作 C）有联系外，同时还与紧前工作 D（节点⑤）有联系，所以还应在这两种逻辑关系的计算值中取其最大值。

$$EF_7 = EF_5 + FTF_{5,7} = 10 + 14 = 24$$

$$ES_7 = 24 - 14 = 10$$

故应取：

$$ES_7 = \max\{10, 6\} = 10$$

$$EF_7 = 10 + 14 = 24$$

网络计划中的所有其他工作的最早时间都可以依次按上述各种方法进行计算，直到终点节点为止。

8）根据以上计算，则终点节点的时间应从其紧前工作的最早完成时间中取最大值，即：

$$ES_{Fin} = \max\{20,16\} = 20$$

在很多情况下，这个值是网络计划中的最大值，决定了计划的工期。但是在本例中，决定工程工期的完成时间最大值的工作却不在最后，而是在中间的工作 F，这时必须按以下方法加以处理。

9）终点一般是虚设的，只与没有外向箭线的工作相联系。但是当中间工作的完成时间大于最后工作的完成时间时，为了决定终点的时间（即工程的总工期）必须先把该工作与终点节点用虚箭线联系起来，如图 7-30，然后再依法计算终点时间。在本例中，

$$ES_{Fin} = \max\{22,24,20,16\} = 24$$

已知计划工期等于计算工期，故有 $T_p = T_c = EF_{10} = 24$

（2）计算相邻两项工作之间的时间间隔 $LAG_{i,j}$

应按式（7-41）计算。

起点与工作 A 是 STS 连接，故：

$$LAG_{1,2} = 0$$

起点与工作 C 和工作 D 之间的 LAG 均为零。

工作 A 与工作 B 是 STS 连接：

$$LAG_{2,3} = ES_3 - ES_2 - STS_{2,3} = 2 - 0 - 2 = 0$$

工作 A 与工作 C 是 FTF 连接：

$$LAG_{2,4} = EF_4 - EF_2 - FTF_{2,4} = 14 - 6 - 4 = 4$$

工作 A 与工作 D 是 FTF 连接：

$$LAG_{2,5} = EF_5 - EF_2 - FTF_{2,5} = 10 - 6 - 2 = 2$$

工作 B 与工作 E 是 FTS 连接：

$$LAG_{3,6} = ES_6 - EF_3 - FTS_{3,6} = 12 - 10 - 2 = 0$$

工作 C 与工作 F 是 STS 和 FTF 两种时距连接，故：

$$LAG_{4,7} = \min\{ES_7 - ES_4 - STS_{4,7}, EF_7 - EF_4 - FTF_{4,7}\}$$
$$= \min\{10 - 0 - 3, 24 - 14 - 6\} = 4$$

（3）计算工作的总时差 TF_i

已知计划工期等于计算工期 $T_p = T_c = 24$，故：

终点节点的总时差按式（7-42）

$$TF_{Fin} = T_p - EF_n = 24 - 24 = 0$$

其他节点的总时差按式（7-43）

$$TF_8 = TF_{10} + LAG_{8,10} = 0 + 4 = 4$$

$$TF_6 = \min\{TF_{10} + LAG_{6,10}, TF_8 + LAG_{6,8}\}$$
$$= \min\{0 + 2, 4 + 0\} = 2$$

（4）计算工作的自由时差 FF_i

各项工作的自由时差 FF_i，可按式（7-44）和式（7-45）进行计算。

$$FF_7 = 0$$

$$FF_2 = \min\{LAG_{2,3}, LAG_{2,4}, LAG_{2,5}\} = \min\{0,4,2\} = 0$$

（5）计算工作的最迟开始时间 LS_i 和最迟完成时间 LF_i

1）凡是与终点节点相联系的工作，其最迟完成时间即为终点的完成时间，如：

$$LF_7 = LF_{10} = 24$$

$$LS_7 = LF_7 - D_7 = 24 - 14 = 10$$

$$LS_9 = LF_9 - D_9 = 24 - 6 = 18$$

2）相邻两工作的时距为 $STS_{i,j}$ 时，如两工作 E、H 之间的时距为 $STS_{6,8} = 4$：

$$LS_6 = LS_8 - STS_{6,8} = 20 - 4 = 16$$

$$LF_6 = LS_6 + D_6 = 16 + 10 = 26$$

节点⑥（工作 E）的最迟完成时间为 26d，大于总工期 24d，这是不合理的，必须对节点⑥（工作 E）的最迟完成时间按下述方法进行调整。

3）在计算最迟时间参数中出现某工作的最迟完成时间大于总工期时，应把该工作用虚箭线与终点节点连起来。

这时工作 E 的最迟时间除受工作 H 的约束之外，还受到终点节点的决定性约束，故：

$$LF_6 = 24$$

$$LS_6 = 24 - 10 = 14$$

4）若明确中间相邻两工作的时距后，可按照式（7-48）和式（7-49）计算，如：

$$LF_5 = \min\{LS_9 - FTS_{5,9}, LF_7 - FTF_{5,7}\}$$
$$= \min\{18 - 0, 24 - 14\} = 10$$

$$LS_5 = LF_5 - D_5 = 10 - 10 = 0$$

$$LF_4 = \min\{LS_7 - STS_{4,7} + D_4, LF_7 - FTF_{4,7}, LS_6 - STS_{4,6} + D_4\}$$
$$= \min\{10 - 3 + 14, 24 - 6, 14 - 6 + 14\} = 18$$

$$LS_4 = LF_4 - D_4 = 18 - 14 = 4$$

（6）关键工作和关键线路的确定

从图 7-30 看，关键线路为起点→D→F→终点。D 和 F 两工作的总时差为最小（零），是关键工作。同一般网络计划一样，把总时差为零的工作连接起来所形成的线路就是关键线路。因此，用计算总时差的方法也可以确定关键线路。

还可以利用 LAG 来寻找关键线路，即从终点向起点方向寻找，把 $LAG = 0$ 的线路向前连通，直到起点，这条线路就是关键线路。但是，这并不意味着 $LAG = 0$ 的线路都是关键线路，只有 $LAG = 0$ 且从起点至终点贯通的线路才是关键线路。

7.3 工程项目进度计划

7.3.1 工程项目进度计划的种类

在工程建设中，为了控制工程项目进度，合理安排各项工作，建设单位（业主）、设计单位、施工单位、材料和设备供应单位、项目管理咨询单位等均要编制进度计划。按照不同的标准，对进度计划进行归类，如图 7-31 所示。

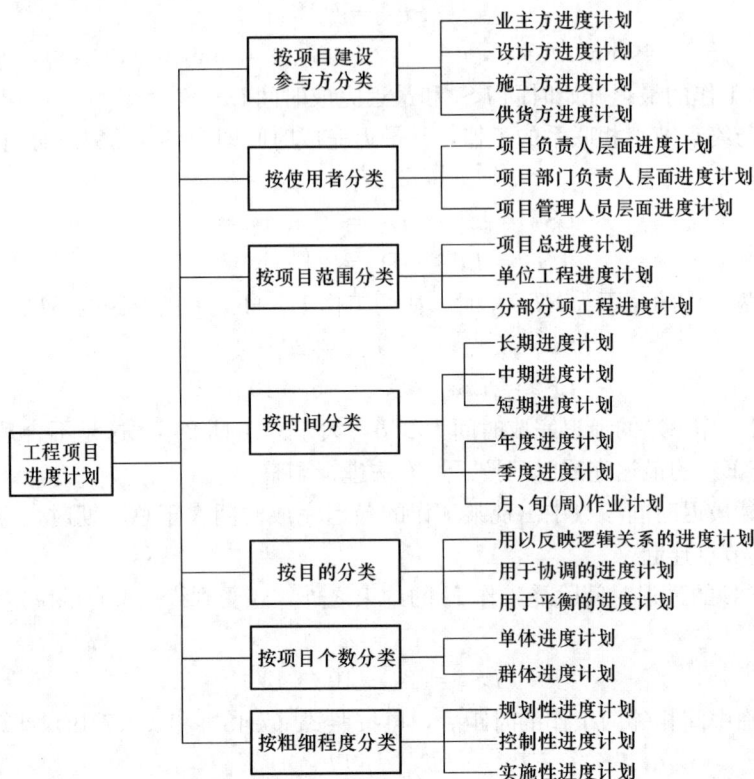

图 7-31　工程项目进度计划的种类

7.3.2　工程项目进度计划的编制方法

工程项目进度计划运用的计划方法和技术有横道图、垂直图表法（或称线条图）、流水作业图、网络计划技术等。作为进度计划必要准备工作的有项目结构图、工作表等。

1. 项目结构图

项目结构图反映的是项目概要，按不同的着眼点可绘制不同的项目结构图。在编制进度计划之前，有必要从进度计划的角度绘制项目结构图，它反映项目进展过程中的全部必要的工作和事件。在项目前期或设计阶段，一旦项目内容基本清晰，就应绘制项目结构图，以使项目参与各方对项目有个完整的把握。

项目可分解为若干个第一层面的子项目，并可按图 7-32 继续分解。分解的深度，在

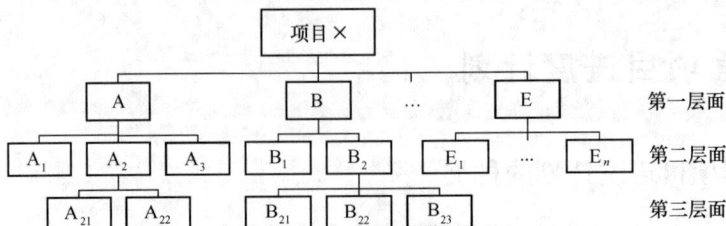

图 7-32　项目结构图

进度规划时，取决于进度规划者的判断与估计。最底一层面的子项目一般称为"任务包"。

较大或较深的项目结构图，无法用类似图 7-32 的图形表示，而采用"项目结构表"表示，因此必须对各层子项目或任务包进行编号和编码。

项目分解一般按照项目对象或项目阶段进行。项目分解原则一般由项目领导决定。第一层面一般按照项目阶段（设计、施工等）划分，以下各层按照项目对象分解。项目对象具有的特点可能是：类似的技术特点、子项目间的协调工作量最小、与管理组织相一致、与业主构成相一致、与经验数据的应用相一致。按对象的项目分解不总是与投资或成本的分解相一致，只有当它们分解到同样的详细程度时才有可能一致。

2. 工作表

工作是反映任务包顺利进行的一系列的步骤，它定义了开始和完成需要花费时间的事。任务包的全部工作可列表，如表 7-5 所示。

工 作 表 示 例　　　　　　　　　表 7-5

项目名称：　　　　　　　　　　　　　　　　　　　日期：　　　页号：

任务包编号	任务包说明	工作编号	工作说明	工作范围（数量）	资源（机具、人）	责任部门	持续时间	备注（其他工作说明，如：成本）
1	2	3	4	5	6	7	8	9

工作可根据项目结构图或任务包、管理流程（规划、执行、控制等）、影响因素（管理组织、明了程度或风险、成本、持续时间和日期、资源等）等确定，粗细程度取决于对格式化信息的要求。从项目领导角度出发，各项工作应明确规划、执行、控制等的管理责任，并应反映质量、进度、成本等数据，使得在产生偏差时能采取纠偏措施。

工作应具备以下条件：任务定义明确，责任唯一，承担成本并不超过总成本的一个确定的百分数，在考虑项目周期下能计算和估计持续时间，尽可能保证只有一种资源在施工中是必需的，任务应均匀地进行。

3. 横道图

横道图，也称甘特图，是由亨利·甘特（Henry Gantt）发明的。横道图是最简单并运用最广的一种计划方法，尽管有新的计划技术的采用，横道图在工程项目管理中仍占统治地位。

通常，横道图的表头为工作及其简要说明，项目进展表示在时间表格上，如图 7-33 所示。按照所表示工作的详细程度，时间单位可以为小时、天、周、月等。这些时间单位经常用日历表示，此时可表示出非工作时间，如停工时间、公众假日、假期等。根据此横道图使用者的要求，工作可按照时间先后、责任、项目对象、同类资源等进行排序。

横道图的另一种可能的形式是将工作简要说明直接放在横道上，这样，一行上可容纳多项工作，这一般运用在重复性的任务上。横道图也可将最重要的逻辑关系标注在内，但如果将所有逻辑关系均标注在图上，则横道图的最大优点——简洁性将丧失。

横道图用于小型项目的或大型项目的子项目上，或用于计算资源需要量、概要预示进度，也可用于其他计划技术的表示结果。

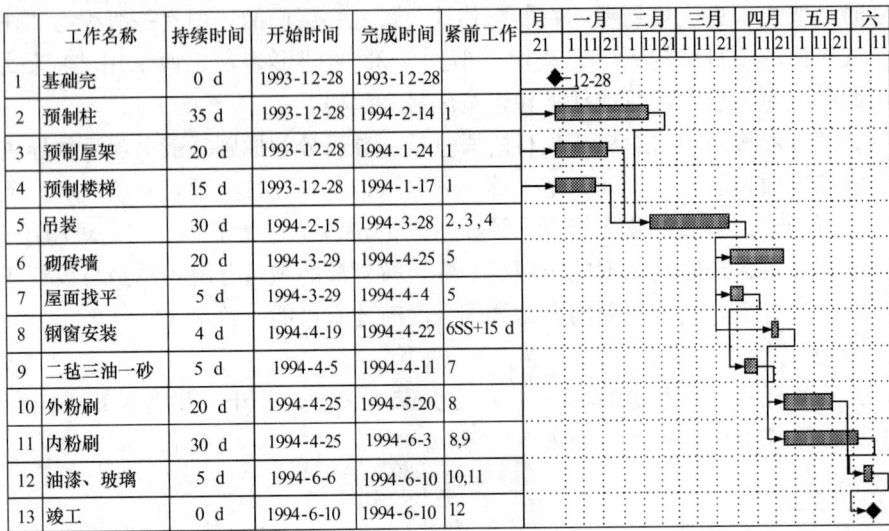

	工作名称	持续时间	开始时间	完成时间	紧前工作	月	一月	二月	三月	四月	五月	六
1	基础完	0 d	1993-12-28	1993-12-28		◆12-28						
2	预制柱	35 d	1993-12-28	1994-2-14	1							
3	预制屋架	20 d	1993-12-28	1994-1-24	1							
4	预制楼梯	15 d	1993-12-28	1994-1-17	1							
5	吊装	30 d	1994-2-15	1994-3-28	2,3,4							
6	砌砖墙	20 d	1994-3-29	1994-4-25	5							
7	屋面找平	5 d	1994-3-29	1994-4-4	5							
8	钢窗安装	4 d	1994-4-19	1994-4-22	6SS+15 d							
9	二毡三油一砂	5 d	1994-4-5	1994-4-11	7							
10	外粉刷	20 d	1994-4-25	1994-5-20	8							
11	内粉刷	30 d	1994-4-25	1994-6-3	8,9							
12	油漆、玻璃	5 d	1994-6-6	1994-6-10	10,11							
13	竣工	0 d	1994-6-10	1994-6-10	12							◆

图 7-33　横道图

4. 垂直图表法

垂直图表法是空间-时间图表的一种形式，有时间-任务量图、时间-路程图、时间-数量图等。它适宜于表示连续的、在一线段上的工作的规划和控制。因此，工作的进程是以一个速度（每个时间单位的长度）来表达。垂直图表法横坐标表示按比例的工程线段，纵坐标是时间，并已去除了非工作时间。每项工作在图中用线条表示，图中线条不能交叉。垂直图表法首先运用在道路、铁路、隧道、管道等呈线形的工程项目中。某远距离供热项目的线条图，如图 7-34 所示。

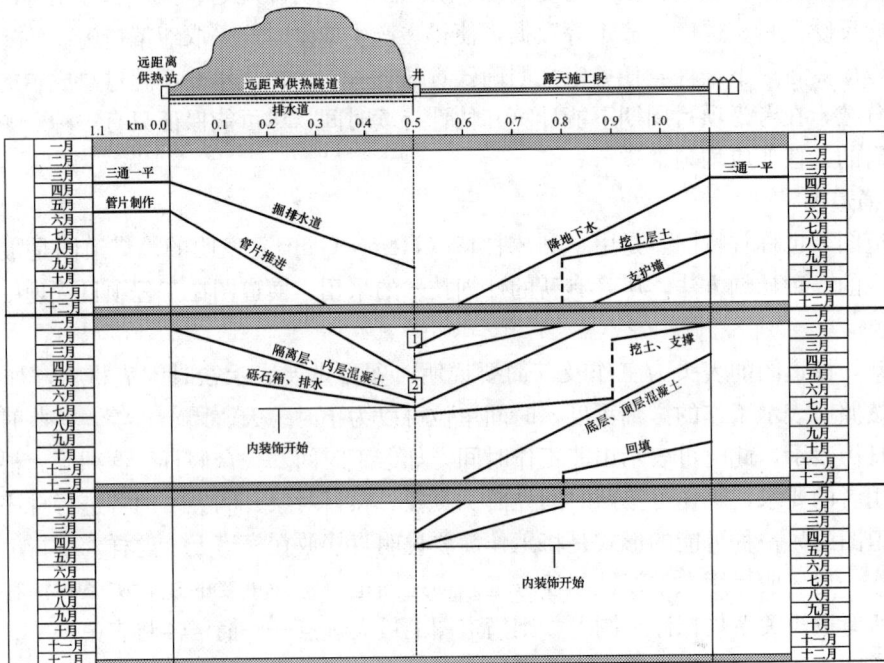

图 7-34　某远距离供热项目的线条图

5. 流水作业图

流水作业图是空间-时间图表的另一种形式，它产生于其他工业对流水线操作的计划，其目的在于优化重复性工作的时间和资源。

流水作业图首先使用在结构工程施工计划上，因为在结构工程施工中只有很少的、总是重复的工作，如：支模、绑扎钢筋、浇筑混凝土，并且对模板等周转材料的投入有优化的要求。某多层办公楼结构工程施工的流水图，如图 7-35 所示。

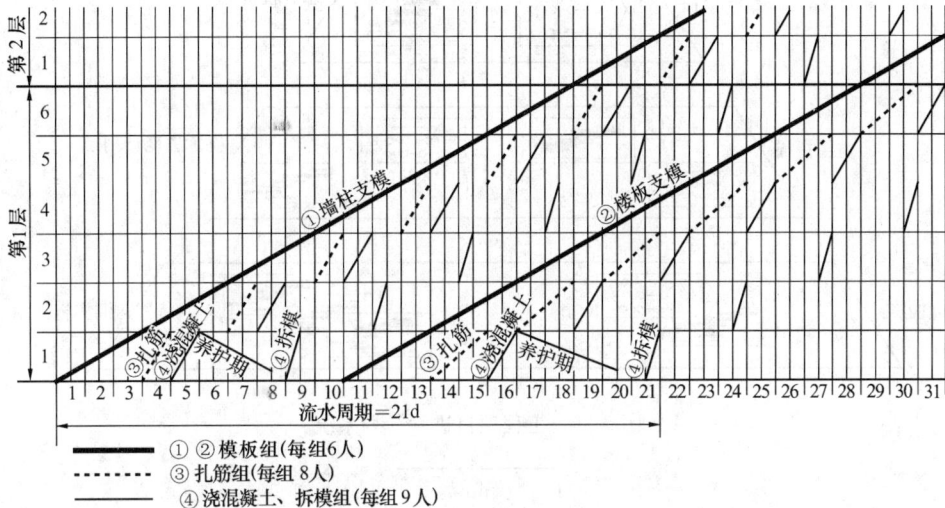

图 7-35　某多层办公楼结构工程施工的流水图

6. 网络计划技术

网络计划技术有诸多形式。由于它的简单、有效，在近几十年内得到广泛应用。这是本章的重点。

与横道图计划相比，网络计划的缺点是它不像横道图那么直观明了。因此，在工程实践中，应该将网络计划技术和横道图计划结合起来使用，以充分发挥网络计划技术和横道图计划各自的优点。

7.3.3　工程项目进度计划系统

建设工程项目进度计划系统是由多个相互关联的进度计划组成的系统，它是项目进度控制的依据。由于编制各种进度计划所需要的必要资料是在项目进展过程中逐步形成的。因此项目进度计划系统的建立和完善也有一个过程，它是逐步形成的。工程项目进度计划系统，如图 7-36 所示。图 7-37 是一个工程项目进度计划系统的示例，这个计划系统有 4 个计划层次。

工程项目进度计划系统的建立可按照不同的计划目的划分，具体如下。

（1）根据项目进度控制不同的需要和不同的用途，业主方和项目建设参与其他各方可以构建多个不同的工程项目进度计划系统，如：

1）由多个相互关联的不同计划深度的进度计划组成的计划系统；

2）由多个相互关联的不同计划功能的进度计划组成的计划系统；

3）由多个相互关联的不同项目参与方的进度计划组成的计划系统；

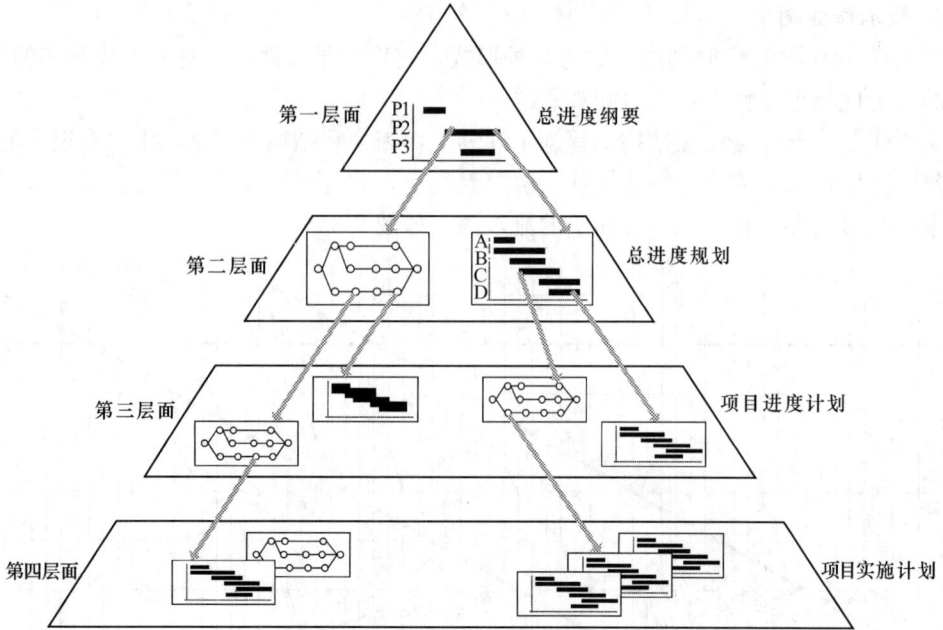

图 7-36　工程项目进度计划系统

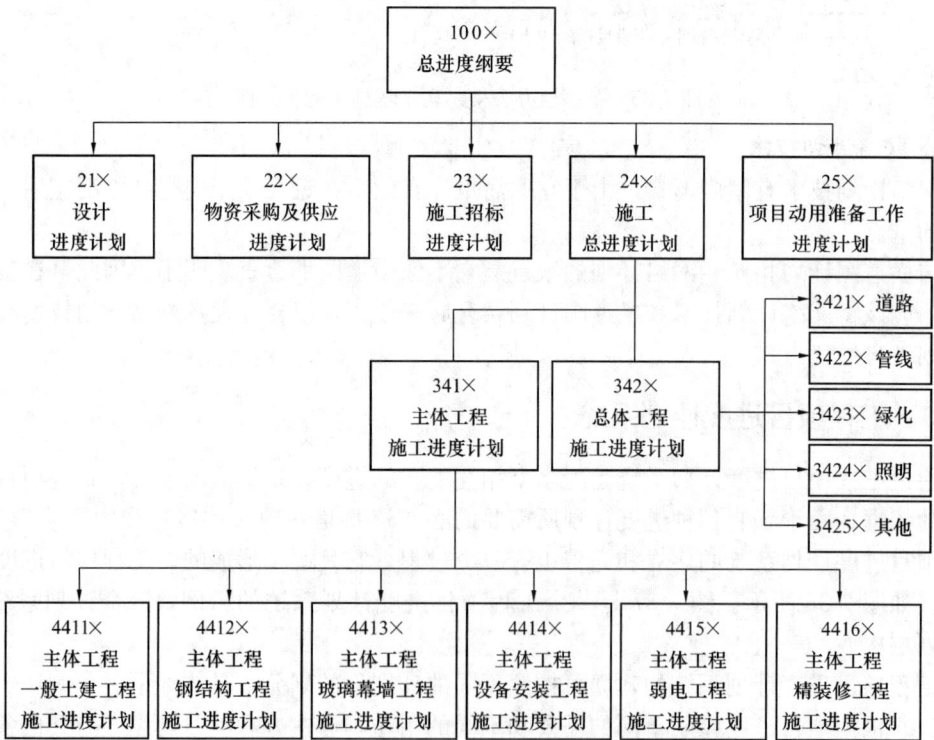

图 7-37　工程项目进度计划系统示例

4）由多个相互关联的不同计划周期的进度计划组成的计划系统。

（2）由不同深度的计划构成进度计划系统，包括：

1) 总进度规划（计划）；

2) 项目子系统进度规划（计划）；

3) 项目子系统中的单项工程进度计划等。

（3）由不同功能的计划构成进度计划系统，包括：

1) 控制性进度规划（计划）；

2) 指导性进度规划（计划）；

3) 实施性（操作性）进度计划等。

（4）由不同项目建设参与方的计划构成进度计划系统，包括：

1) 业主方编制的整个项目实施的进度计划；

2) 设计进度计划；

3) 施工和设备安装进度计划；

4) 采购和供货进度计划等。

（5）由不同周期的计划构成进度计划系统，包括：

1) 5 年建设进度计划；

2) 年度、季度、月度和旬计划等。

（6）在建设工程项目进度计划系统中，各进度计划或各子系统进度计划编制和调整时，必须注意其相互间的联系和协调，如：

1) 总进度规划（计划）、项目子系统进度规划（计划）与项目子系统中的单项工程进度计划之间的联系和协调；

2) 控制性进度规划（计划）、指导性进度规划（计划）与实施性（操作性）进度计划之间的联系和协调；

3) 业主方编制的整个项目实施的进度计划、设计方编制的进度计划、施工和设备安装方编制的进度计划与采购和供货方编制的进度计划之间的联系和协调等。

7.3.4　工程项目总进度目标的论证

1. 总进度目标论证的工作内容

工程项目总进度目标指的是整个项目的进度目标，它是在项目决策阶段项目定义时确定的，项目管理的主要任务是在项目的实施阶段对项目的目标进行控制。工程项目总进度目标的控制是业主方项目管理的任务（若采用建设项目总承包的模式，协助业主进行项目总进度目标的控制也是总承包方项目管理的任务）。在进行工程项目总进度目标控制前，首先应分析和论证目标实现的可能性。若工程项目总进度目标不可能实现，则工程项目管理者应提出调整项目总进度目标的建议，提请项目决策者审议。

在工程项目实施阶段，项目总进度包括：

（1）设计前准备阶段的工作进度。

（2）设计工作进度。

（3）招标工作进度。

（4）施工前准备工作进度。

（5）工程施工和设备安装工作进度。

（6）工程物资采购工作进度。

（7）项目动用前的准备工作进度等。

工程项目总进度目标论证应分析和论证上述各项工作的进度及进展的相互关系。

在工程项目总进度目标论证时，往往还不掌握比较详细的设计资料，也缺乏比较全面的有关工程发包的组织、施工组织和施工技术方面的资料以及其他有关项目实施条件的资料。因此，总进度目标论证并不是单纯的总进度规划的编制工作，它涉及许多项目实施的条件分析和项目实施策划方面的问题。

大型工程项目总进度目标论证的核心工作是，通过编制总进度纲要论证总进度目标实现的可能性。总进度纲要的主要内容包括：

（1）项目实施的总体部署。

（2）总进度规划。

（3）各子系统进度规划。

（4）确定里程碑事件的计划进度目标。

（5）总进度目标实现的条件和应采取的措施等。

2. 总进度目标论证的工作步骤

工程项目总进度目标论证的工作步骤如下：①调查研究和收集资料；②项目结构分析；③进度计划系统的结构分析；④项目的工作编码；⑤编制各层进度计划；⑥协调各层进度计划的关系，编制总进度计划；⑦若所编制的总进度计划不符合项目的进度目标，则设法调整；⑧若经过多次调整，进度目标无法实现，则报告项目决策者。

（1）调查研究和收集资料包括如下工作：

1）了解和收集项目决策阶段有关项目进度目标确定的情况和资料；

2）收集与进度有关的该项目组织、管理、经济和技术资料；

3）收集类似项目的进度资料；

4）了解和调查该项目的总体部署；

5）了解和调查该项目实施的主客观条件等。

（2）大型建设工程项目的结构分析，是指根据编制总进度纲要的需要，将整个项目进行逐层分解，并确立相应的工作目录。如：

1）一级工作任务目录，将整个项目划分成若干个子系统；

2）二级工作任务目录，将每一个子系统分解为若干个子项目；

3）三级工作任务目录，将每一个子项目分解为若干个工作项。

整个项目划分成多少结构层，应根据项目的规模和特点而定。

（3）大型工程项目的计划系统一般由多层计划构成，如：

1）第一层进度计划，将整个项目划分成若干个进度计划子系统；

2）第二层进度计划，将每一个进度计划子系统分解为若干个子项目进度计划；

3）第三层进度计划，将每一个子项目进度计划分解为若干个工作项。

整个项目划分成多少计划层，应根据项目的规模和特点而定。

（4）项目的工作编码指的是每一个工作项的编码，编码有各种方式，编码时应考虑下述因素：

1）对不同计划层的标志；

2）对不同计划对象的标志（如不同子项目）；

3）对不同工作的标志（如设计工作、招标工作和施工工作等）。

图 7-38 是工作项编码的示例。

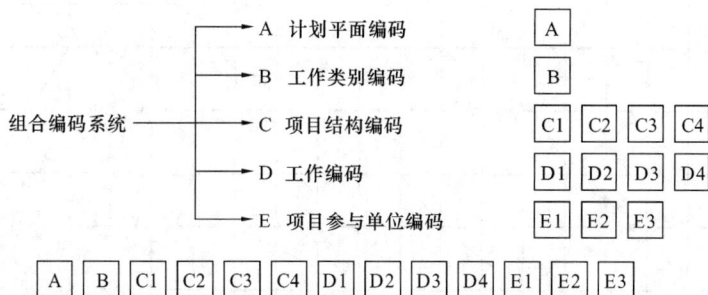

图 7-38　工作项编码示例

7.4　工程项目进度计划的检查与调整

将正式进度计划报请有关部门审批后，即可组织实施。在计划执行过程中，由于资源、环境、自然条件等因素的影响，往往会造成实际进度与计划进度产生偏差，如果这种偏差不能及时纠正，必将影响进度目标的实现。因此，在计划执行过程中采取相应措施来进行管理，对保证计划目标的顺利实现具有重要意义。

进度计划执行中的管理工作主要有以下几个方面：

（1）检查并掌握实际进展情况；

（2）分析产生进度偏差的主要原因；

（3）确定相应的纠偏措施或调整方法。

7.4.1　进度计划的检查

1. 进度计划的检查方法

（1）计划执行中的跟踪检查

在网络计划的执行过程中，必须建立相应的检查制度，定时定期地对计划的实际执行情况进行跟踪检查，收集反映实际进度的有关数据。

（2）收集数据的加工处理

收集反映实际进度的原始数据量大面广，必须对其进行整理、统计和分析，形成与计划进度具有可比性的数据，以便在网络图上进行记录。根据记录的结果，可以分析判断进度的实际状况，及时发现进度偏差，为网络图的调整提供信息。

（3）实际进度检查记录的方式

1）当采用时标网络计划时，可采用实际进度前锋线记录计划实际执行状况，进行实际进度与计划进度的比较。

实际进度前锋线是在原时标网络计划上，自上而下地从计划检查时刻的时标点出发，用点划线依次将各项工作实际进度达到的前锋点连接而成的折线。通过实际进度前锋线与原进度计划中各工作箭线交点的位置，可以判断实际进度与计划进度的偏差。

例如，图 7-39 是某时标网络计划用前锋线进行检查记录的实例。该图有 4 条前锋线，

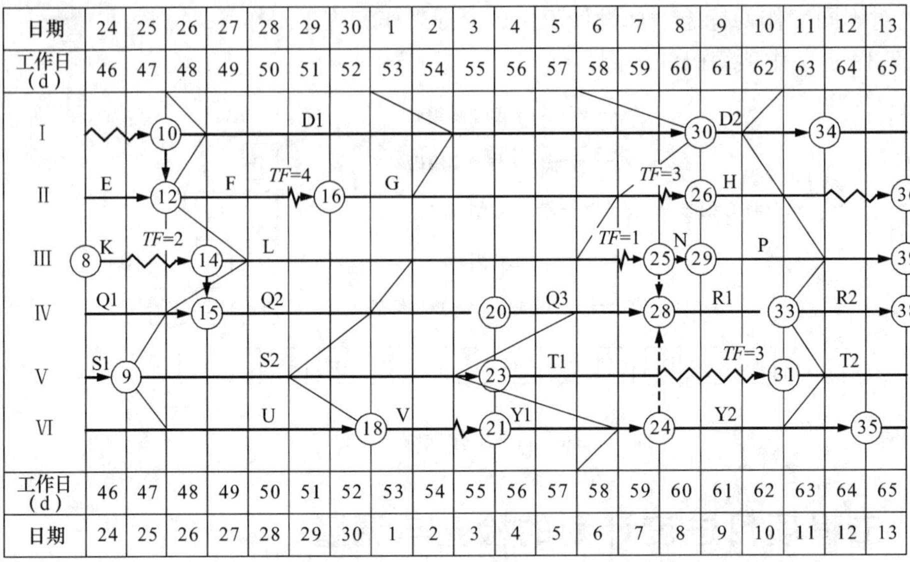

图 7-39　实际进度前锋线实例

分别记录了第 47d、52d、57d、62d 的 4 次检查结果。

2）当采用无时标网络计划时，可在图上直接用文字、数字、适当符号或列表记录计划的实际执行状况，进行实际进度与计划进度的比较。

2. 网络计划检查的主要内容

（1）关键工作进度。

（2）非关键工作的进度及时差利用情况。

（3）实际进度对各项工作之间逻辑关系的影响。

（4）资源状况。

（5）成本状况。

（6）存在的其他问题。

3. 对检查结果进行分析判断

通过对网络计划执行情况检查的结果进行分析判断，可为计划的调整提供依据。一般应进行如下分析判断：

（1）对时标网络计划，宜利用绘制的实际进度前锋线，分析计划的执行情况及其发展趋势，对未来的进度作出预测、判断，找出偏离计划目标的原因及可供挖掘的潜力所在。

（2）对无时标网络计划，宜按表 7-6 记录的情况，对计划中未完成的工作进行分析判断。

网络计划检查结果分析表　　　　　　　　　　　　　　　　　　　　　　表 7-6

工作编号	工作名称	检查时尚需作业天数（d）	按计划最迟完成前尚有天数（d）	总时差（d）		自由时差（d）		情况分析
				原有	目前尚有	原有	目前尚有	

7.4.2 进度计划的调整

1. 网络计划调整的内容

（1）调整关键线路的长度。

（2）调整非关键工作时差。

（3）增、减工作项目。

（4）调整逻辑关系。

（5）重新估计某些工作的持续时间。

（6）对资源的投入作相应调整。

2. 网络计划调整的方法

（1）调整关键线路的方法

1）当关键线路的实际进度比计划进度拖后时，应在尚未完成的关键工作中，选择资源强度小或费用低的工作，缩短其持续时间，并重新计算未完成部分的时间参数，将其作为一个新计划实施。

2）当关键线路的实际进度比计划进度提前时，若不拟提前工期，应选用资源占用量大或者直接费用高的后续关键工作，适当延长其持续时间，以降低其资源强度或费用；当确定要提前完成计划时，应将计划尚未完成的部分作为一个新计划，重新确定关键工作的持续时间，按新计划实施。

（2）非关键工作时差的调整方法

非关键工作时差的调整，应在其时差的范围内进行，以便更充分地利用资源、降低成本或满足施工的需要。每一次调整后，都必须重新计算时间参数，观察该调整对计划全局的影响。可采用以下几种调整方法：

1）将工作在其最早开始时间与最迟完成时间范围内移动。

2）延长工作的持续时间。

3）缩短工作的持续时间。

（3）增、减工作项目时的调整方法

增、减工作项目时，应符合下列规定：

1）不打乱原网络计划总的逻辑关系，只对局部逻辑关系进行调整。

2）在增减工作后，应重新计算时间参数，分析对原网络计划的影响。当对工期有影响时，应采取调整措施，以保证计划工期不变。

（4）调整逻辑关系

只有当实际情况要求改变施工方法或组织方法时，才可进行逻辑关系的调整。调整时，应避免影响原定计划工期和其他工作的顺利进行。

（5）调整工作的持续时间

当发现某些工作的原持续时间估计有误或实现条件不充分时，应重新估算其持续时间，并重新计算时间参数，尽量使原计划工期不受影响。

（6）调整资源的投入

当资源供应发生异常时，应采用资源优化方法对计划进行调整，或采取应急措施，使其对工期的影响最小。

网络计划的调整，可以定期进行，亦可根据计划检查的结果在必要时进行。

7.5　工程项目进度控制

7.5.1　工程项目进度控制的含义和目的

工程项目管理有多种类型，代表不同利益方的项目管理（业主方和项目参与各方）都有进度控制的任务，但是，其控制的目标和时间范畴是不相同的。

工程项目是在动态条件下实施的，因此进度控制也就必须是一个动态的管理过程，它包括进度目标的分析和论证、在收集资料和调查研究的基础上编制进度计划和进度计划的跟踪检查与调整。

如果只重视进度计划的编制，而不重视对进度计划必要的调整，则进度无法得到控制。为了实现进度目标，进度控制的过程也就是进度计划随着项目的进展而不断调整的过程。

（1）进度目标分析和论证的目的，是论证进度目标是否合理，进度目标是否可能实现。如果经过科学的论证，证明目标不可能实现，则必须调整目标。

（2）进度计划的跟踪检查与调整包括：定期跟踪检查所编制的进度计划的执行情况；若其执行有偏差，则采取纠偏措施，并视必要调整进度计划。

进度控制的目的，是通过控制以实现工程的进度目标。

7.5.2　工程项目进度控制的任务

业主方进度控制的任务，是控制整个项目实施阶段的进度，包括控制设计准备阶段的工作进度、设计工作进度、施工进度、物资采购工作进度以及项目动用前准备阶段的工作进度。

设计方进度控制的任务，是依据设计任务委托合同对设计工作进度的要求控制设计工作进度，这是设计方履行合同的义务。另外，设计方应尽可能使设计工作的进度与招标、施工和物资采购等工作进度相协调。在国际上，设计进度计划主要是各设计阶段的设计图纸（包括有关的说明）的出图计划，在出图计划中标明每张图纸的出图日期。

施工方进度控制的任务，是依据施工任务委托合同对施工进度的要求控制施工进度，这是施工方履行合同的义务。在进度计划编制方面，施工方应视项目的特点和施工进度控制的需要，编制深度不同的控制性、指导性和实施性的施工进度计划，以及不同计划周期（年度、季度、月度和旬）的施工计划等。

供货方进度控制的任务，是依据供货合同对供货的要求控制供货进度，这是供货方履行合同的义务。供货进度计划应包括供货的所有环节，如采购、加工制造、运输等。

7.5.3　工程项目进度控制的方法

1. 建设工程项目进度控制的组织措施

（1）组织是目标能否实现的决定性因素。为实现项目的进度目标，应充分重视健全项目管理的组织体系。

（2）在项目组织结构中应有专门的工作部门和符合进度控制岗位资格的专人负责进度控制工作。

（3）进度控制的主要工作环节包括进度目标的分析和论证、编制进度计划、定期跟踪进度计划的执行情况、采取纠偏措施以及调整进度计划。这些工作任务和相应的管理职能应在项目管理组织设计的任务分工表和管理职能分工表中标示并落实。

（4）应编制项目进度控制的工作流程，如：

1）确定项目进度计划系统的组成；

2）各类进度计划的编制程序、审批程序和计划调整程序等。

（5）进度控制工作包含了大量的组织和协调工作，而会议是组织和协调的重要手段，应进行有关进度控制会议的组织设计，以明确：

1）会议的类型；

2）各类会议的主持人及参加单位和人员；

3）各类会议的召开时间；

4）各类会议文件的整理、分发和确认等。

2. 工程项目进度控制的管理措施

（1）工程项目进度控制的管理措施涉及管理的思想、管理的方法、管理的手段、承发包模式、合同管理和风险管理等。在理顺组织的前提下，科学和严谨的管理显得十分重要。

（2）工程项目进度控制在管理观念方面存在的主要问题是：

1）缺乏进度计划系统的观念，分别编制各种独立而互不联系的计划，形成不了计划系统；

2）缺乏动态控制的观念，只重视计划的编制，而不重视及时地进行计划的动态调整；

3）缺乏进度计划多方案比较和选优的观念，合理的进度计划应体现资源的合理使用、工作面的合理安排、有利于提高建设质量、有利于文明施工和有利于合理地缩短建设周期。

（3）采用网络计划的方法编制进度计划，必须很严谨地分析和考虑工作之间的逻辑关系，通过网络计算可发现关键工作和关键线路，也可知道非关键工作可使用的时差，网络计划的方法有利于实现进度控制的科学化。

（4）承发包模式的选择直接关系到项目实施的组织和协调。为了实现进度目标，应选择合理的合同结构，以避免过多的合同交界面而影响工程的进展。工程物资的采购模式对进度也有直接的影响，对此应作比较分析。

（5）为实现进度目标，不但应进行进度控制，还应注意分析影响项目进度的风险，并在分析的基础上采取风险管理措施，以减少进度失控的风险量。常见的影响项目进度的风险，如：

1）组织风险；

2）管理风险；

3）合同风险；

4）资源（人力、物力和财力）风险；

5）技术风险等。

（6）重视信息技术（包括相应的软件、局域网、互联网以及数据处理设备）在进度控制中的应用。虽然信息技术对进度控制而言只是一种管理手段，但它的应用有利于提高进度信息处理的效率、有利于提高进度信息的透明度、有利于促进进度信息的交流和项目各参与方的协同工作。

3. 建设项目进度控制的经济措施

（1）建设项目进度控制的经济措施涉及资金需求计划、资金供应的条件和经济激励措施等。

（2）为确保进度目标的实现，应编制与进度计划相适应的资源需求计划（资源进度计划），包括资金需求计划和其他资源（人力和物力资源）需求计划，以反映工程实施的各时段所需要的资源。通过资源需求的分析，可发现所编制的进度计划实现的可能性。若资源条件不具备，则应调整进度计划。资金需求计划也是项目融资的重要依据。

（3）资金供应条件包括可能的资金总供应量、资金来源（自有资金和外来资金）以及资金供应的时间。

（4）在工程项目预算中应考虑加快项目进度所需要的资金，其中包括为实现进度目标将要采取的经济激励措施的费用。

4. 工程项目进度控制的技术措施

（1）工程项目进度控制的技术措施涉及对实现进度目标有利的设计技术和施工技术的选用。

（2）不同的设计理念、设计技术路线、设计方案会对工程进度产生不同的影响。在设计工作的前期，特别是在设计方案评审和选用时，应对设计技术与工程项目进度的关系作分析比较。在工程项目进度受阻时，应分析是否存在设计技术的影响因素，为实现进度目标是否有设计变更的可能性。

（3）施工方案对工程项目进度有直接的影响。在施工方案选用的决策过程中，不仅应分析技术的先进性和经济合理性，还应考虑其对进度的影响。在工程进度受阻时，应分析是否存在施工技术的影响因素，为实现进度目标是否有改变施工技术、施工方法和施工机械的可能性。

7.5.4　计算机辅助工程项目进度控制

国外有很多用于进度计划编制的商品软件。20世纪70年代末期和80年代初期，我国也开始研制进度计划编制软件，这些软件都是在网络计划原理的基础上编制的。应用这些软件可以实现计算机辅助工程项目进度计划的编制和调整，以确定网络计划的时间参数。

计算机辅助工程项目网络计划编制的意义如下：

（1）解决网络计划计算量大，因而手工计算难以承担的困难。

（2）确保网络计划计算的准确性。

（3）有利于网络计划及时调整。

（4）有利于编制资源需求计划等。

进度控制是一个动态编制和调整计划的过程，初始的进度计划和在项目实施过程中不断调整的计划以及与进度控制有关的信息，应尽可能对项目各参与方透明，以便各方为实现项目的进度目标协同工作。为使业主方各工作部门和项目各参与方便捷地获取进度信息，可利用项目专用网站作为基于网络的信息处理平台以辅助进度控制。图 7-40 表示了

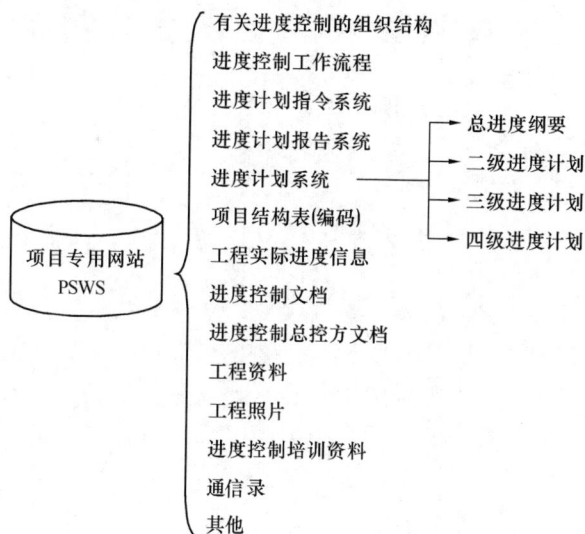

图 7-40　项目专用网站提供的进度信息

从项目专用网站可获取的各种进度信息。

复习思考题

 1. 网络计划技术如何分类？

 2. 双代号网络计划如何绘图，时间参数如何计算以及关键工作和关键线路如何确定？

 3. 双代号时标网络计划如何编制？

 4. 单代号网络计划如何绘图，时间参数如何计算以及关键工作和关键线路如何确定？

 5. 单代号搭接网络计划如何绘图，时间参数如何计算以及关键工作和关键线路如何确定？

 6. 工程项目进度计划如何分类？

 7. 工程项目进度计划的编制方法有哪些？

 8. 简述工程项目进度计划系统的概念。

 9. 简述工程项目总进度目标论证的工作内容和步骤。

 10. 简述工程项目进度检查和调整的方法。

 11. 简述工程项目进度控制的含义和任务。

 12. 简述工程项目进度控制的措施。

本 章介绍工程项目质量、工程项目质量管理的基本概念以及我国质量管理制度、项目建设参与各方的质量责任和义务，明确建设单位、施工单位质量控制的内容和措施，阐述我国工程建设安全管理制度、施工现场伤亡事故类别、安全管理的理论和方法。

8.1 工程项目质量管理概述

8.1.1 工程项目质量概述

1. 工程项目质量的概念

工程项目质量是国家现行的有关法律、法规、技术标准和设计文件及工程项目合同中对工程项目的安全、适用、经济、美观等特性的综合要求，它通常体现在适用性、可靠性、经济性、外观质量与环境协调等方面。

工程项目质量是按照工程项目建设程序，经过工程项目可行性研究、项目决策、工程设计、工程施工、工程验收等各个阶段而逐步形成的。

工程项目质量包含工序质量、分项工程质量、分部工程质量和单位工程质量。

工程项目质量不仅包括工程实物质量，还包含工作质量。工作质量是指项目建设参与各方为了保证工程项目质量而从事的技术、组织工作的水平和完善程度。

2. 工程项目质量的特点

（1）影响因素多

工程项目的决策、设计、材料、机械、环境、施工工艺、施工方案、操作方法、技术措施、管理制度、施工人员素质等均直接或间接地影响工程项目的质量。

（2）质量波动大

工程项目因其具有复杂性、单一性，不像一般工业产品生产那样，有固定的生产流水线、规范化的生产工艺和完善的检测技术、成套的生产设备和稳定的生产环境以及相同系列规格和相同功能的产品，所以，其质量波动性大。

（3）质量变异大

工程项目质量和安全管理

影响工程项目质量的因素较多，任一因素出现质量问题，均会引起项目建设中的系统性质量变异，造成工程质量事故。

（4）质量隐蔽性

工程项目在施工过程中，工序交接多、中间产品多、隐蔽工程多，若不及时检查并发现其存在的质量问题，容易造成质量隐患，事后只能看表面质量，误将不合格的产品认定为合格产品。

（5）最终检验局限大

工程项目建成后，不可能像某些工业产品那样，可以拆卸或解体来检查内在的质量，工程项目最终验收时难以发现工程内在的、隐蔽的质量缺陷。

3. 影响工程项目质量的因素

（1）人的因素

人是指直接参与项目建设的决策者、组织者、指挥者和操作者。人的品行素质、业务素质和身体素质是影响质量的首要因素。

（2）材料的因素

材料（包括原材料、半成品、成品、构配件等）是工程项目施工的物质条件，没有材料就无法施工。材料质量是工程项目质量的基础，材料质量不符合要求，工程项目质量就不可能符合标准。

（3）方法的因素

这里所指的方法，包含工程项目整个建设周期内所采取的技术方案、工艺流程、组织措施、检测手段、施工组织设计等。方法是否正确得当，是直接影响工程项目进度、质量、投资控制目标能否顺利实现的关键。

（4）施工机械设备的因素

施工机械设备是实现施工机械化的重要物质基础，是现代化工程建设中必不可少的设施。机械设备的选型、主要性能参数和使用操作要求对工程项目的施工进度和质量均有直接影响。

（5）环境的因素

影响工程项目质量的环境因素较多，有工程技术环境，如工程地质、水文、气象等；工程项目管理环境，如质量保证体系、质量管理制度等；劳动环境，如劳动组合、劳动工具、工作面等。环境因素对工程项目质量的影响，具有复杂而多变的特点。

8.1.2 工程项目质量管理的原则和基础工作

1. 工程项目质量管理的概念

工程项目质量管理是指为保证和提高工程项目质量而进行的一系列管理工作，其目的是以尽可能低的成本，按既定的工期完成一定数量的、达到质量标准的工程项目。它的任务就在于建立和健全质量管理体系，用企业的工作质量来保证工程项目的实体质量。

从 20 世纪 70 年代末起，我国工程建设领域开始引进并推行全面质量管理。全面质量管理是指一个企业以质量为中心，以全员参与为基础，目的在于通过让顾客满意和本企业所有成员及社会受益而达到长期成功的管理途径。根据全面质量管理的概念和要求，工程项目质量管理是对工程项目质量进行全面、全员、全过程的"三全"管理。

2. 工程项目质量管理的原则

（1）"质量第一"是根本出发点

在质量与进度、质量与成本的关系中，要认真贯彻保证质量的方针，做到好中求快，好中求省，而不能以牺牲工程项目质量为代价，盲目追求速度与效益。

（2）以预防为主的思想

工程项目质量是由决策、规划、设计、材料、施工等各个环节所决定的，而不是检查出来的，必须在工程项目质量形成的过程中，事先采取各种措施，消灭种种影响质量的因素。

（3）为用户服务的思想

真正好的质量是用户完全满意的质量，要把一切为了用户的思想作为所有工作的出发点，贯彻到工程项目质量形成的各项工作中，在内部树立"下道工序就是用户"的思想，要求每道工序和每个岗位都要立足于本职工作的质量管理，不给下道工序留麻烦，以保证工程项目最终质量能使用户满意。

（4）一切用数据说话

依靠确切的数据和资料，应用数理统计方法，对工作对象和工程项目实体进行科学的分析和整理，研究工程项目质量的波动情况，寻求影响工程项目质量的主次因素，采取有效的改进措施，掌握保证和提高工程项目质量的客观规律。

3. 工程项目质量管理的基础工作

（1）质量教育

为了保证和提高工程项目质量，必须加强对全体职工的质量教育，其主要内容如下：

1）质量意识教育。要使全体职工认识到保证和提高质量对国家、企业和个人的重要意义，树立"质量第一"和"为用户服务"的思想。

2）质量管理知识的宣传。要使企业全体职工了解质量管理的基本思想、基本内容，掌握常用的质量标准和数理统计方法，懂得质量管理小组的性质、任务和工作方法等。

3）技术培训。让工人熟练掌握"应知应会"技术和操作规程等。技术和管理人员要熟悉施工验收规范，质量评定标准，原材料、构配件和设备的技术要求及质量标准，以及质量管理的方法等。专职质量检验人员能正确掌握检验、测量和试验的方法，熟练使用仪器、仪表和设备。

（2）质量管理的标准化

包括技术工作和管理工作的标准化。技术工作标准有产品质量标准、操作标准、各种技术定额等；管理工作标准有各种管理业务标准、工作标准等，即管理工作的内容、方法、程序和职责权限。质量管理标准化工作的要求如下：

1）不断提高标准化程度。各种标准要齐全、配套和完整，并在贯彻执行中及时总结、修订和改进。

2）加强标准化的严肃性。要认真严格执行，使各种标准真正起到法规作用。

（3）质量管理的计量检测工作

包括施工生产时的投料计量检测，施工过程中对在建和已完成分项、分部、单位工程的检测、验收计量，对原材料、构配件和设备的试验、检测、分析计量等。搞好质量管理计量检测工作的要求如下：

1）合理配备计量检测器具和仪表设备，且妥善保管。

2）制定有关测试规程和制度，合理使用计量检测设备。

3）改革计量检测器具和测试方法，实现计量检测手段现代化。

（4）质量信息

质量信息是反映项目实体质量、工作质量的有关信息。其来源：一是通过对工程项目使用情况的回访，调查或收集用户的意见；二是企业内部收集到的基本数据、原始记录等信息；三是国内外同行业搜集的反映质量发展的新水平、新技术的有关信息等。

质量信息工作是有效实现"预防为主"方针的重要手段。其基本要求是准确、及时、全面、系统。

（5）建立健全质量责任制

企业每一个部门、每一个岗位都有明确的责任，形成一个严密的质量管理工作体系。它包括各级行政领导和技术负责人的责任制、管理部门和管理人员的责任制以及工人岗位责任制。其主要内容如下：

1）建立质量管理体系，开展全面质量管理工作。

2）建立健全保证质量的管理制度，做好各项基础工作。

3）组织各种形式的质量检查，经常开展质量动态分析，针对质量通病和薄弱环节，制定措施加以防治。

4）认真执行奖惩制度，奖励表彰先进，积极发动和组织各种质量竞赛活动。

5）组织对重大质量事故的调查、分析和处理。

（6）开展质量管理小组活动

质量管理小组简称 QC 小组，是质量管理的群众基础，也是职工参加管理和"三结合"攻关解决质量问题、提高企业素质的一种形式。QC 小组的组织形式主要有两种：一是由施工班组的工人或职能科室的管理人员组成；二是由工人、技术（管理）人员、领导干部组成"三结合"小组。

8.1.3 工程项目质量管理体系

1. 质量管理体系的建立

质量管理体系是以保证和提高工程项目质量为目标，运用系统的概念和方法，把企业各部门、各环节的质量管理职能和活动合理地组织起来，形成一个有明确任务、职责、权限而互相协调、互相促进的有机整体。一般应做好下列工作：

（1）建立和健全专职质量管理机构，明确各级各部门的职责分工

一般公司设置质量管理部门；分公司（工程处）和项目部建立质量管理小组或配备专职检查人员；班组要有不脱产的质量管理员。同时，各级各部门都按各自分工明确相应的质量职责，形成一个横向到边、纵向到底的完整的质量管理组织系统。

（2）建立灵敏的质量信息反馈系统

企业内有来自对材料及构配件的检测、工序控制、质量检查、施工工艺、技术革新和合理化建议等方面的信息，企业外有来自材料及构件和设备供应单位、用户、协作单位、上级主管部门以及国内外同行业情况等信息。为此，要抓好信息流转环节，注意和掌握对数据的检测、收集、处理、传递和储存。

（3）实现管理业务标准化、管理流程程序化

质量管理的许多活动都是重复发生的，具有一定的规律性。应当按照客观要求分类归纳，并将处理办法定成规章制度，使管理业务标准化。把管理业务处理过程所经过的各个环节、各管理岗位、先后工作步骤等，经过分析研究，加以改进，制定管理程序，使之程序化。

2. 质量管理体系的运行模式

质量管理体系运转的基本形式是 PDCA 管理循环，通过四个阶段把生产经营过程的质量管理活动有机地联系起来。

第一阶段：计划阶段（P）。这个阶段可分为四个工作步骤，即：①分析现状，找出存在的质量问题；②分析产生质量问题的原因和各种影响因素，找出影响质量的主要原因；③制定改善质量的措施；④提出行动计划和预计效果。

在这一阶段，要明确回答：为什么要提出这样的计划，为什么要这样改进，改进后要达到什么目的，有什么效果，改进措施在何处，哪个环节、哪道工序执行，计划和措施在什么时间执行完成，由谁来执行，用什么方法来完成等问题。

第二阶段：实施阶段（D）。主要是根据措施和计划，组织各方面的力量分别去贯彻执行。

第三阶段：检查阶段（C）。主要是检查实施效果和发现问题。

第四阶段：处理阶段（A）。主要是对检查结果进行总结和处理。通过经验总结，纳入标准、制度或规定，巩固成绩，防止问题再发生。同样，将本次循环遗留的问题提出来，以便转入下一循环去解决。

质量管理活动的全部过程就是反复按照 PDCA 循环不停地、周而复始地运转，每完成一次循环，解决一定质量问题，质量水平就提高一步，管理循环不停地运转，质量水平也就随之不断提高。

8.1.4 建设工程质量管理制度

1. 建设工程质量监督管理制度

（1）政府监督管理部门

1）国务院建设行政主管部门对全国的建设工程质量实施统一监督管理。国务院铁路、交通、水利等有关部门按照国务院规定的职责分工，负责对全国的有关专业建设工程质量的监督管理。

2）县级以上地方人民政府建设行政主管部门对本行政区域内的建设工程质量实施监督管理。县级以上地方人民政府交通、水利等有关部门在各自的职责范围内，负责对本行政区域内的专业建设工程质量的监督管理。

（2）政府监督检查内容

1）国务院建设行政主管部门和国务院铁路、交通、水利等有关部门应当加强对有关建设工程质量的法律、法规和强制性标准执行情况的监督管理。

2）国务院发展改革部门按照国务院规定的职责，组织稽查特派员，对国家出资的重大工程项目实施监督检查；国务院经济贸易主管部门按照国务院规定的职责，对国家重大技术改造项目实施监督检查。

3）县级以上地方人民政府建设行政主管部门和其他有关部门应当加强对有关建设工程质量的法律、法规和强制性标准执行情况的监督检查。

建设工程质量监督管理，可以由建设行政主管部门或者其他有关部门委托的建设工程质量监督机构具体实施。

2. 建设工程施工图设计文件审查制度

建设单位应当将施工图设计文件报县级以上人民政府主管部门或者其他有关部门审查。施工图设计文件未经审查批准，不得使用。

3. 建设工程竣工验收备案制度

建设单位应当自建设工程竣工验收合格之日起 15 日内，将建设工程竣工验收报告和规划、公安消防、环保等部门出具的认可文件或者准许使用文件报建设行政主管部门或者其他有关部门备案。

建设行政主管部门或者其他有关部门发现建设单位在竣工验收过程中有违反国家有关建设工程质量管理规定行为的，责令停止使用，重新组织竣工验收。

4. 建设工程质量事故报告制度

建设工程发生质量事故，有关单位应当在 24 小时内向当地建设行政主管部门和其他有关部门报告。

对重大质量事故，事故发生地的建设行政主管部门和其他有关部门应当按照事故类别和等级向当地人民政府、上级建设行政主管部门和其他有关部门报告。

特别重大质量事故的调查程序按照国务院有关规定办理。

任何单位和个人对建设工程的质量事故、质量缺陷都有权检举、控告、投诉。

5. 建设工程质量检测制度

为保障建设工程的安全，在施工过程中要求对涉及结构安全和重要使用功能的试块、试件以及有关材料、地基、节能分项、分部工程等，应由具有相应资质等级的质量检测单位进行测试、检测。

工程质量检测机构是对工程和建筑构件、制品以及建筑现场所用的有关材料、设备质量进行检测的，具有法定资质的第三方中介服务单位，其所出具的检测报告具有法定效力。工程质量检测机构的检测依据是国家、部门和地区颁发的有关建设工程的法规和技术标准。

6. 建设工程质量保修制度

建设工程自办理交工验收手续后，在规定的期限内，因勘察设计、施工、材料等原因造成的工程质量缺陷，要由施工单位负责维修、更换。

建设工程质量缺陷是指工程不符合国家现行的有关技术标准、设计文件以及合同中对质量的要求。

7. 质量认证制度

所谓质量认证，是由具有一定权威并为社会所公认的、独立于第一方（组织）和第二方（顾客）的第三方机构（认证机构），通过科学、客观的鉴定，用合格证书或合格标志的形式，来表明某一产品或服务、某一组织的质量管理的能力符合特定的标准或技术规范、相应法律法规和顾客要求。

按照质量认证的对象不同，可分为产品认证和质量体系认证两种。如果把工程项目作为一个整体产品来看待的话，因它具有单体性和通过合同定制的特点，因此不能像一般市场产品那样对它进行认证，而只能对其形成过程的主体单位，即对从事建设工程项目勘察、设计、施工、监理、检测等单位的质量体系进行认证，以确认这些单位是否具有按《质量管理体系要求》GB/T 19001—2008、《工程建设施工企业质量管理规范》GB/T 50430—2007 等质量管理体系标准要求，提供满足法律法规、标准规范和顾客对工程质量要求的能力。

质量管理体系认证不实行终身制，质量认证证书的有效期一般为三年，期间认证机构对获证的单位还需进行定期和不定期的监督检查，在监督检查中如发现获证单位在质量管理中有较大、较严重的问题时，认证机构有权采取暂停认证、撤销认证及注销认证等处理方法，以保证质量认证的严肃性、连续性和有效性。

8.2   工程项目参与各方的质量责任和义务

8.2.1   建设单位的质量责任和义务

建设单位的质量责任和义务包括：

（1）应当将工程发包给具有相应资质等级的单位，不得将建设工程肢解发包。

（2）应当依法对工程项目的勘察、设计、施工、监理以及与工程建设有关的重要设备、材料等的采购进行招标。

（3）必须向有关的勘察、设计、工程监理等单位提供与建设工程有关的原始资料。原始资料必须真实、准确、齐全。

（4）不得迫使承包方以低于成本的价格竞标，不得任意压缩合理工期。不得明示或者暗示设计单位或施工单位违反工程建设强制性标准，降低建设工程质量。

（5）应当将施工图设计文件报县级以上人民政府建设行政主管部门或者其他有关部门审查。施工图设计文件未经审查批准的，不得使用。

（6）实行监理的建设工程，应当委托具有相应资质等级的工程监理单位进行监理，也可以委托具有工程监理相应资质等级并与被监理工程的施工承包单位没有隶属关系或者其他利害关系的该工程的设计单位进行监理。

下列建设工程必须实行监理：

1）国家重点建设工程；

2）大中型公用事业工程；

3）成片开发建设的住宅小区工程；

4）利用外国政府或者国际组织贷款、援助资金的工程；

5）国家规定必须实行监理的其他工程。

（7）在领取施工许可证或者开工报告前，应当按照国家有关规定办理工程质量监督手续。

（8）按照合同约定，由建设单位采购建筑材料、建筑构配件和设备的，建设单位应当保证建筑材料、建筑构配件和设备符合设计文件和合同要求。不得明示或者暗示施工单位使用不合格的建筑材料、建筑构配件和设备。

（9）涉及建筑主体和承重结构变动的装修工程，建设单位应当在施工前委托原设计单位或者具有相应资质等级的设计单位提出设计方案。没有设计方案的，不得施工。房屋建筑使用者在装修过程中，不得擅自变动房屋建筑主体和承重结构。

（10）收到建设工程竣工报告后，应当组织设计、施工、工程监理等有关单位进行竣工验收。工程项目经验收合格后，方可交付使用。

建设工程竣工验收应当具备下列条件：

1）完成建设工程设计和合同约定的各项内容；

2）有完整的技术档案和施工管理资料；

3）有工程使用的主要建筑材料、建筑构配件和设备的进场试验报告；

4）有勘察、设计、施工、工程监理等单位分别签署的质量合格文件；

5）有施工单位签署的工程保修书。

（11）应当严格按照国家有关档案管理的规定，及时收集、整理工程项目各环节的文件资料，建立、健全工程项目档案，并在工程项目竣工验收后，及时向建设行政主管部门或者其他有关部门移交工程项目档案。

8.2.2　勘察、设计单位的质量责任和义务

勘察、设计单位的质量责任和义务包括：

（1）应当依法取得相应等级的资质证书，并在其资质等级许可的范围内承揽工程。禁止超越其资质等级许可的范围或者以其他勘察、设计单位的名义承揽工程。禁止允许其他单位或者个人以本单位的名义承揽工程。不得转包或者违法分包所承揽的工程。

（2）必须按照工程建设强制性标准进行勘察、设计，并对其勘察、设计的质量负责。注册建筑师、注册结构工程师等注册执业人员应当在设计文件上签字，对设计文件负责。

（3）勘察单位提供的地质、测量、水文等勘察成果必须真实、准确。

（4）设计单位应当根据勘察成果文件进行建设工程设计。设计文件应当符合国家规定的设计深度要求，注明工程合理使用年限。

（5）设计单位在设计文件中选用的建筑材料、建筑构配件和设备，应当注明规格、型号、性能等技术指标，其质量要求必须符合国家规定的标准。除有特殊要求的建筑材料、专用设备、工艺生产线等外，设计单位不得指定生产厂、供应商。

（6）设计单位应当就审查合格的施工图设计文件向施工单位作出详细说明。

（7）设计单位应当参与建设工程质量事故分析，并对因设计造成的质量事故，提出相应的技术处理方案。

8.2.3　施工单位的质量责任和义务

施工单位的质量责任和义务包括：

（1）应当依法取得相应等级的资质证书，并在其资质等级许可的范围内承揽工程。禁止超越本单位资质等级许可的业务范围或者以其他施工单位的名义承揽工程。禁止允许其他单位或者个人以本单位的名义承揽工程。不得转包或者违法分包工程。

（2）对建设工程的施工质量负责。应当建立质量责任制，确定工程项目的项目经理、技术负责人和施工管理负责人；建设工程实行总承包的，总承包单位应当对全部建设工程

质量负责；建设工程勘察、设计、施工、设备采购的一项或者多项实行总承包的，总承包单位应当对其承包的建设工程或者采购的设备的质量负责。

（3）总承包单位依法将建设工程分包给其他单位的，分包单位应当按照分包合同的约定对其分包工程的质量向总承包单位负责，总承包单位应当对其承包的建设工程的质量承担连带责任。

（4）必须按照工程设计图纸和施工技术标准施工，不得擅自修改工程设计，不得偷工减料。在施工过程中发现设计文件和图纸有差错的，应当及时提出意见和建议。

（5）必须按照工程设计要求、施工技术标准和合同约定，对建筑材料、建筑构配件、设备和预拌混凝土进行检验，检验应当有书面记录和专人签字；未经检验或者检验不合格的，不得使用。

（6）必须建立、健全施工质量的检验制度，严格工序管理，做好隐蔽工程的质量检查和记录。隐蔽工程在隐蔽前，应当通知建设单位和建设工程质量监督机构。

（7）施工人员对涉及结构安全的试块、试件以及有关材料，应当在建设单位或者工程监理单位监督下现场取样，并送具有相应资质等级的质量检测单位进行检测。

（8）对施工中出现质量问题的建设工程或者竣工验收不合格的建设工程，应当负责返修。

（9）应当建立、健全教育培训制度，加强对职工的教育培训；未经教育培训或者考核不合格的人员，不得上岗作业。

8.2.4　工程监理单位的质量责任和义务

工程监理单位的质量责任和义务包括：

（1）应当依法取得相应等级的资质证书，并在其资质等级许可的范围内承担工程监理业务。禁止超越本单位资质等级许可的范围或者以其他工程监理单位的名义承担工程监理业务。禁止允许其他单位或者个人以本单位的名义承担工程监理业务。不得转让工程监理业务。

（2）与被监理工程的施工承包单位以及建筑材料、建筑构配件和设备供应单位有隶属关系或者其他利害关系的，不得承担该项建设工程的监理业务。

（3）应当依照法律、法规以及有关技术标准、设计文件和建设工程承包合同，代表建设单位对施工质量实施监理，并对施工质量承担监理责任。

（4）应当选派具备相应资格的总监理工程师和监理工程师进驻施工现场。未经监理工程师签字，建筑材料、建筑构配件和设备不得在工程上使用或者安装，施工单位不得进行下一道工序的施工。未经总监理工程师签字，建设单位不拨付工程款，不进行竣工验收。

（5）监理工程师应当按照工程监理规范的要求，采取旁站、巡视和平行检验等形式，对建设工程实施监理。

8.3　工程项目质量控制

工程项目质量控制是指为达到工程项目质量要求所采取的作业技术和活动。在工程项目实施过程中，项目建设参与各方，包括建设单位、设计单位、施工单位和材料设备供应单位，均必须进行工程项目质量控制。

8.3.1 建设单位工程项目质量控制的内容和措施

1. 建设单位工程项目质量控制的含义

建设单位进行工程项目的质量控制，其含义为：

（1）工程项目质量控制的目的是保证工程项目质量符合建设要求、符合有关技术规范和标准。

（2）工程项目质量控制的关键工作是建立工程项目质量目标系统。

（3）工程项目质量控制将以动态控制原理为指导，进行质量计划值与实际值的比较。

（4）工程项目质量控制可采取组织、技术、经济、合同措施。

（5）有必要进行计算机辅助工程项目质量控制。

2. 建设单位工程项目质量目标

工程项目质量目标应从多方面进行定义。工程项目质量目标系统，如图 8-1 所示。

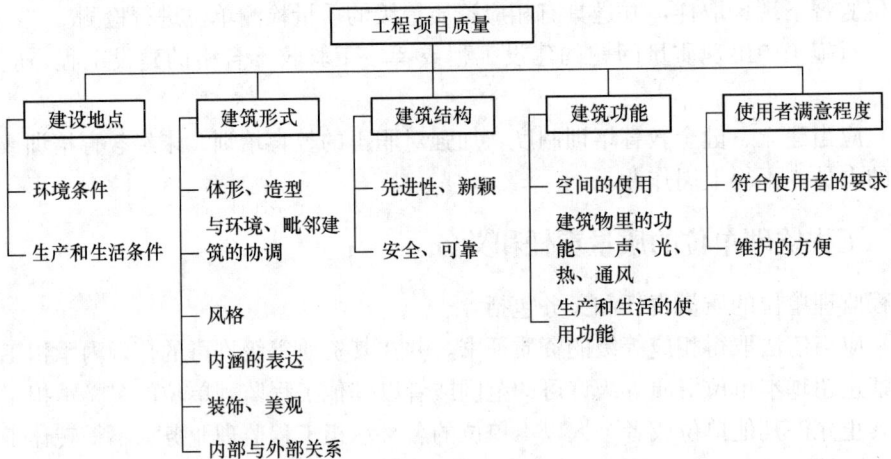

图 8-1 工程项目质量目标系统

工程项目质量目标包括建设要求及有关技术规范和标准等方面，体现在设计、设备、材料、土建施工和设备安装等多个环节。项目质量目标本身构成系统。

3. 建设单位工程项目质量控制的主要工作内容

工程项目质量控制的主要工作内容包括：

（1）确定项目质量要求和标准（包括设计、施工、工艺、材料和设备等方面）。

（2）编制或组织编制设计竞赛文件，确定有关设计质量方面的评选原则。

（3）审核各设计阶段的设计文件（图纸与说明等）的质量要求和标准。

（4）确定或审核招标文件和合同文件中的质量条款。

（5）审核或检测材料、成品、半成品和设备的质量。

（6）检查施工质量，组织或参与分部、分项工程和各隐蔽工程验收及竣工验收。

（7）审查或组织审查施工组织设计和施工安全措施。

（8）处理工程质量、安全事故的有关事宜。

（9）确认施工单位选择的分包单位，并审核施工单位的质量保证体系。

4. 设计准备阶段工程项目质量控制工作流程

某工程项目设计准备阶段项目质量控制流程，如图 8-2 所示。设计准备阶段工程项目质量控制包括：确定项目质量要求和标准、确定设计方案比选原则等工作。

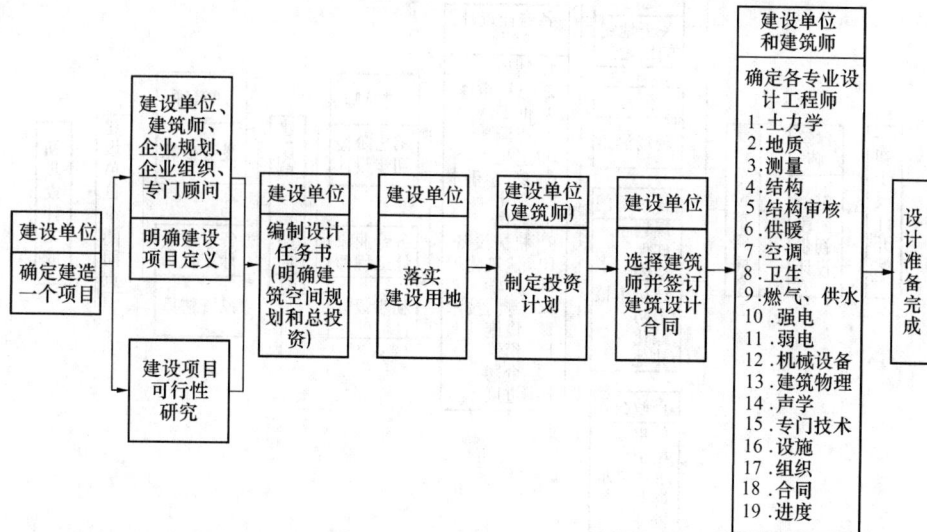

图 8-2　设计准备阶段工程项目质量控制工作流程

房屋建筑工程项目质量要求包括城市规划、建筑外部造型与朝向、建筑内部设计等方面。城市规划方面的要求包括：邻近已有的建筑和道路、本项目在建筑基地的位置、本项目入口朝向及其与环境的关系、本项目在周围环境中的意义、外围场地的要求、本项目各组成部分的造型和今后本项目扩建的可能性；建筑外部造型与朝向方面的要求包括：建筑外部造型与内部空间的协调、建筑体形大小与邻近建筑的协调、考虑市政配套、建筑主要单体各组成部分之间造型协调、材料选择和色彩等；建筑内部设计方面的要求包括：各内部空间的使用面积、走道和楼梯间的空间、内部空间与外部空间之间的关系、特殊空间的材料选择和色彩等。

5. 设计阶段工程项目质量控制工作流程

通常，工程项目采用初步设计、技术设计和施工图设计的三阶段设计。某工程项目三阶段设计的质量控制流程，如图 8-3～图 8-5 所示。从图中可以看到，整个设计阶段建设单位至少要对设计文件进行六次审核，以达到控制工程项目质量的目的。

6. 施工阶段工程项目质量控制工作流程

施工阶段工程项目质量控制工作主要包括材料、构件、制品和设备质量的检查，施工质量监督，中间验收和竣工验收等工作。某工程项目建设单位委托工程监理单位进行施工阶段的项目质量控制，其施工阶段项目质量控制工作流程，如 8-6 所示。

8.3.2　工程项目施工质量控制的内容和措施

工程施工阶段的工作质量控制是工程质量控制的关键环节。工程施工是一个从对投入的原材料的质量控制开始，直到完成工程质量检验验收和交工后服务的系统过程，分施工准备、施工、竣工验收和回访保修四个阶段。

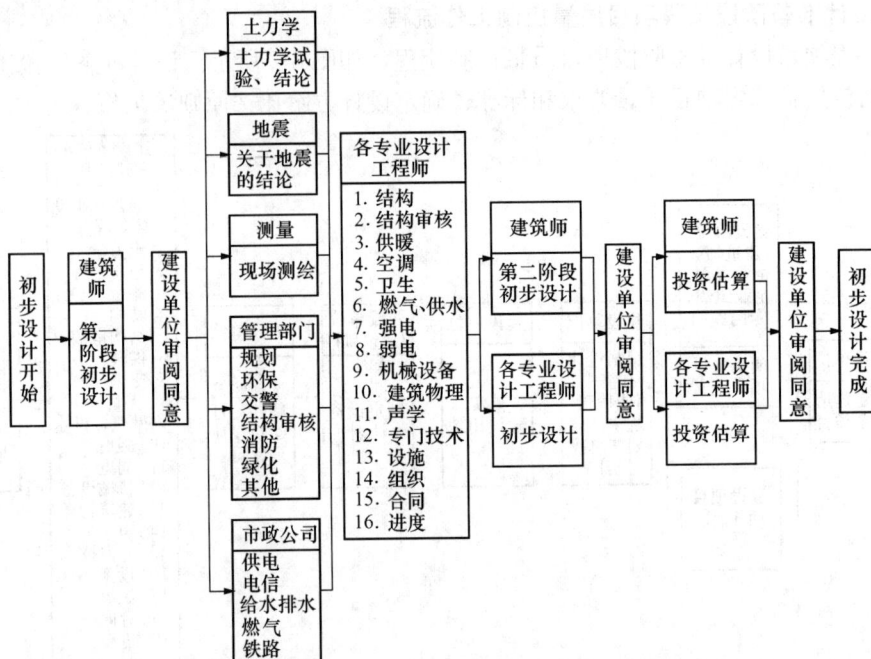

图 8-3　初步设计阶段工程项目质量控制工作流程

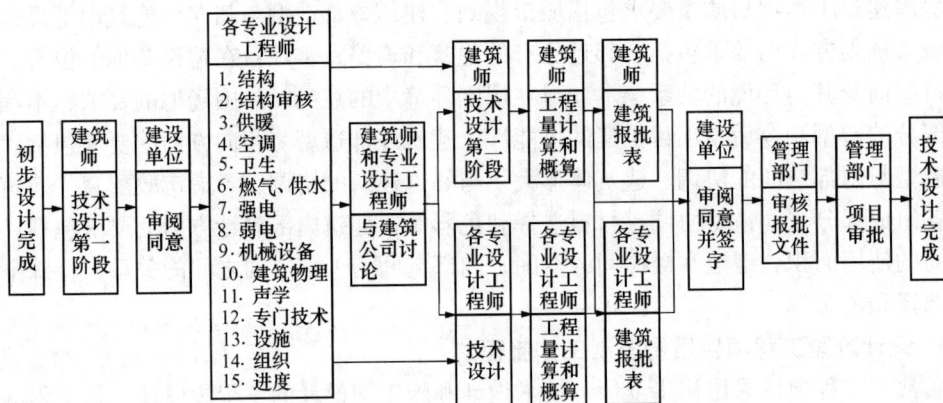

图 8-4　技术设计阶段工程项目质量控制工作流程

1. 施工准备阶段工作质量控制

（1）图纸学习与会审

对设计文件和图纸的学习是进行质量控制和规划的一项重要而有效的方法。一方面使施工人员熟悉、了解工程特点、设计意图，掌握关键部位的工程质量要求，更好地做到按图施工；另一方面通过图纸审查，及时发现存在的问题和矛盾，提出修改与洽商意见，帮助设计单位减少差错，提高设计质量，避免产生技术事故或产生工程质量问题。

图纸会审由建设单位或监理单位主持，设计单位、施工单位参加，并写出会审纪要。图纸审查必须抓住关键，特别注意对构造和结构的审查，必须形成图纸审查与修改文件，并作为档案保存。

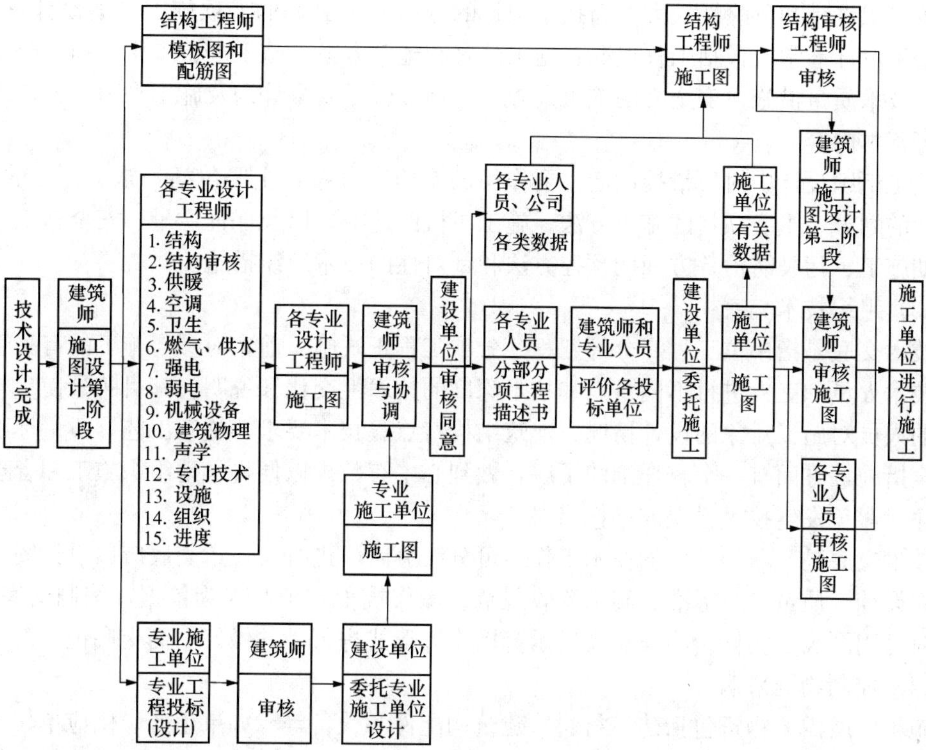

图 8-5 施工图设计阶段工程项目质量控制工作流程

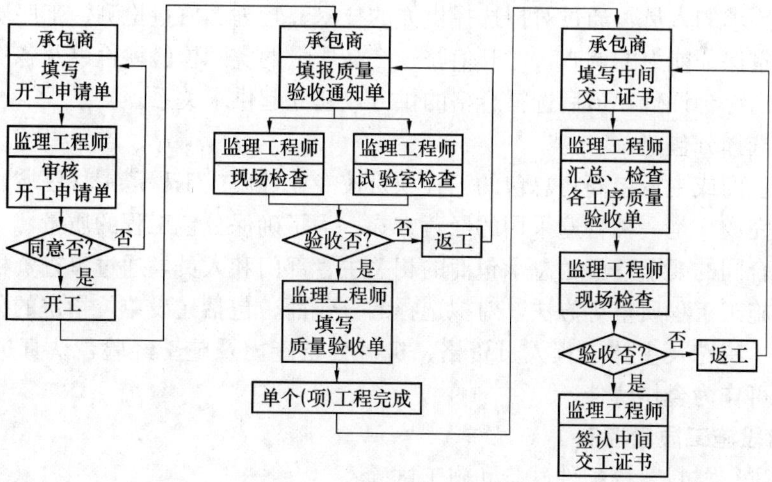

图 8-6 施工阶段项目质量控制工作流程

（2）编制施工组织设计

施工组织设计是对施工的各项活动作出全面的构思和安排，指导施工准备和施工全过程的技术经济文件。其基本任务是使工程施工建立在科学合理的基础上，保证项目取得良好的经济效益和社会效益。

施工组织设计根据设计阶段和编制对象的不同，大致可分为施工组织总设计、单位工程施工组织设计和危险性较大或新技术项目的分部分项工程的专项施工方案设计三大类。施工组织设计通常应包括工程概况、施工部署和施工方案、施工准备工作计划、施工进度计划、技术质量措施、安全文明施工措施、各项资源需要量计划及施工平面图、技术经济指标等基本内容。

施工组织设计中对质量控制起主要作用的是施工方案，主要包括：施工程序的安排、施工段的划分、主要项目的施工方法、施工机械的选择，以及保证质量、安全施工、冬期和雨期施工、污染防治等方面的预控方法和针对性的技术组织措施。

（3）组织技术交底

技术交底是指单位工程、分部工程、分项工程正式施工前，对参与施工的有关管理人员、技术人员和工人进行不同重点和技术深度的技术性交代和说明。其目的是使参与项目施工的人员对施工对象的设计情况、建筑结构特点、技术要求、施工工艺、质量标准和技术安全措施等方面有一个较详细的了解，做到心中有数，以便科学地组织施工和合理地安排工序，避免发生技术错误或操作错误。

技术交底是一项经常性的技术工作，可分级分阶段进行。技术交底应以设计图纸、施工组织设计、质量验收标准、施工验收规范、操作规程和工艺卡为依据，编制交底文件，必要时可用图表、实样、小样、现场示范操作等形式进行，并做好书面交底记录。

（4）控制物资采购

施工中所需的物资包括建筑材料、建筑构配件和设备等。如果生产、供应单位提供的物资不符合质量要求，施工企业在采购前和施工中又没有有效的质量控制手段，往往会埋下工程隐患，甚至酿成质量事故。因此，采购前应按先评价后选择的原则，由熟悉物资技术标准和管理要求的人员，通过对拟选择供方的技术、管理、质量检测、工序质量控制和售后服务等质量保证能力的调查，对其信誉、产品质量的实际检验评价以及各供方之间的综合比较，作出综合评价，最后选择合格的供方，建立起供求关系。

（5）严格选择分包单位

工程总承包商或主承包商将总包的工程项目按专业性质或工程范围（区域）分包给若干个分包商来完成，是一种普遍采用的经营方式。为了确保分包工程的质量、工期和现场管理能满足总合同的要求，应由总承包商的相关主管部门和人员，通过审查资格文件、考察已完工程和施工工程质量等方法，对拟选择的分包商、包括建设单位指定的分包商的技术及管理实务、特殊及主体工程人员资格、机械设备能力及施工经验，认真进行综合评价，决定是否可作为合作伙伴。

2. 施工阶段施工质量控制

（1）严格进行材料、构配件试验和施工试验

对进入现场的物料，包括甲方供应的物料以及施工过程中的半成品，如钢材、水泥、钢筋连接接头、混凝土、砂浆、预制构件等，必须按规范、标准和设计的要求，根据对质量的影响程度和使用部位的重要程度，在使用前采用抽样检查或全数检查等形式，对涉及结构安全的应由建设单位或监理单位现场见证取样，送交有法定资格的单位检测，判断其质量的可靠性。检验和试验的方法有书面检验、外观检验、理化检验和无损检验四种。严禁将未经检验和试验或检验和试验不合格的材料、构配件、设备、半成品等投入使用和安装。

（2）实施工序质量监控

工程的施工过程，是由一系列相互关联、相互制约的工序所构成的。例如，混凝土工程由搅拌、运输、浇灌、振捣、养护等工序组成。工序质量包含两个相互关联的内容，一是工序活动条件的质量，即每道工序投入的人、材料、机械设备、方法和环境是否符合要求；二是工序活动效果的质量，即每道工序施工完成的工程产品是否达到有关质量标准。

工序质量监控的对象是影响工序质量的因素，特别是对主导因素的监控，其核心是管因素、管过程，而不单纯是管结果，其重点内容包括：① 设置工序质量控制点；② 严格遵守工艺规程；③ 控制工序活动条件的质量；④ 及时检查工序活动效果的质量。

（3）组织过程质量检验

过程质量检验主要指工序施工中或上道工序完工即将转入下道工序时所进行的质量检验，目的是通过判断工序施工内容是否合乎设计或标准要求，决定该工序是否继续进行（转交）或停止。具体形式有：① 质量自检和互检；② 专业质量监督；③ 工序交接检查；④ 隐蔽工程验收；⑤ 工程预检（技术复核）；⑥ 基础、主体工程检查验收。

（4）重视设计变更管理

施工过程中往往会由于发生了没有预料到的新情况（如设计与施工的可行性发生矛盾，建设单位对工程使用目的、功能或质量要求发生变化），而导致设计变更。设计变更必须经建设、设计、监理、施工单位各方同意，共同签署设计变更洽商记录，由设计单位负责修改，并向施工单位签发设计变更通知书。对建设规模、投资方案有较大影响的变更，必须经原批准初步设计的单位同意，方可进行修改。接到设计变更，应立即按要求改动，避免发生重大差错，影响工程质量和使用。

（5）加强成品保护

在施工过程中，有些分项、分部工程已经完成，其他部位或工程尚在施工，对已完成的成品，如不采取妥善的措施加以保护，就会造成损伤，影响质量，更为严重的是，有些损伤难以恢复到原样，成为永久性缺陷。产品保护工作主要有合理安排施工顺序和采取有效的防护措施两个主要环节。

（6）积累工程施工技术资料

工程施工技术资料是施工中的技术、质量和管理活动的记录，是实行质量追溯的主要依据，是评定单位工程质量等级的三大条件之一，也是工程档案的主要组成部分。施工技术资料管理是确保工程质量和完善施工管理的一项重要工作，施工企业必须按各专业质量检验评定标准的规定和各地的实施细则，全面、科学、准确、及时地记录施工及试（检）验资料，按规定积累、计算、整理、归档，手续必须完备，并不得有伪造、涂改、后补等现象。

3. 竣工验收交付阶段的工程质量控制

（1）坚持竣工标准

由于建设工程项目门类很多，性能、条件和要求各异，因此土建工程、安装工程、人防工程、管道工程、桥梁工程、电气工程及铁路建筑安装工程等都有相应的竣工标准。凡达不到竣工标准的工程，一般不能算竣工，也不能报请竣工质量核定和竣工验收。

（2）做好竣工预检

竣工预检是承包单位内部的自我检验，目的是为正式验收做好准备。竣工预检可根据工程重要程度和性质，按竣工验收标准，分层次进行。通常先由项目部组织自检，对缺漏或不符合要求的部位和项目，确定整改措施，指定专人负责整改。在项目部整改复查完毕后，报请企业上级单位进行复检，通过复检，解决全部遗留问题，由勘察、设计、施工、监理等单位分别签署质量合格文件，向建设单位发送竣工验收报告，出具工程保修书。

（3）整理工程竣工验收资料

工程竣工验收资料是使用、维修、扩建和改建的指导文件和重要依据，工程项目交接时，承包单位应将成套的工程技术资料分类整理、编目、建档后，移交给建设单位。

4. 回访保修期的工作质量控制

工程项目竣工验收交付使用后，按照有关规定，在保修期限和保修范围内，施工单位应主动对工程进行回访，听取建设单位或用户对工程质量的意见，对属于施工单位施工过程中的质量问题，负责维修，不留隐患，如属设计等原因造成的质量问题，在征得建设单位和设计单位认可后，协助修补。

施工单位在接到用户来访、来信的质量投诉后，应立即组织力量维修，发现影响安全的质量问题应紧急处理。

（1）回访的方式

一般有季节性回访、技术性回访和保修期满前回访三种形式。

（2）保修的期限

1）基础设施工程、房屋建筑的地基基础工程和主体结构工程，为设计文件规定的该工程的合理使用年限。

2）屋面防水工程，有防水要求的卫生间、房间和外墙面的防渗漏，为5年。

3）供热与供冷系统，为2个供暖期、供冷期。

4）电气管线、给水排水管道、设备安装和装修工程，为2年。

其他项目的保修期限由发包方与承包方约定。

建设工程的保修期，自竣工验收合格之日起计算。

（3）保修的实施

1）保修范围。各类建筑工程及建筑工程的各个部位，都应实行保修，主要是指那些由于施工的责任，特别是由于施工质量不良而造成的问题。

2）检查和修理。在保修期内根据回访结果以及建设单位或用户关于施工质量不良而影响使用功能的口头、书面通知，对涉及的问题，施工单位应尽快派人前往检查，并会同建设单位或用户共同做出鉴定，提出修理方案，组织人力物力进行修理，修理自检合格后，应经建设单位或用户验收签认。在经济责任处理上，必须根据修理项目的性质、内容，结合检查修理诸种原因的实际情况，在分清责任的前提下，由建设单位或用户与施工单位共同协商处理和承担办法。

8.3.3　工程项目施工质量验收

1. 工程项目施工质量验收的概念

（1）工程项目施工质量验收的意义

工程项目施工质量验收是在施工单位自行质量检查评定的基础上，参与建设活动的有关单位共同对工程的施工质量进行抽查复验，根据相关标准以书面形式对工程施工质量合格与否作出确认。

（2）工程项目施工质量验收的依据

1）国家和主管部门颁发的建设工程施工质量验收标准和规范、技术操作规程、工艺标准；

2）设计图纸、设计修改通知单、标准图、施工说明书等设计文件；

3）设备制造厂家的产品说明书和有关技术规定；

4）原材料、半成品、成品、构配件及设备的质量验收标准等。

（3）建筑工程项目施工质量验收的基本要求

1）工程项目施工质量应符合《建筑工程施工质量验收统一标准》GB 50300—2001 和相关专业验收规范的规定；

2）工程施工应符合工程勘察、设计文件的要求；

3）参加工程项目施工质量验收的各方人员应具备规定的资格；

4）工程项目施工质量验收均应在施工单位自行检查评定的基础上进行；

5）隐蔽工程在隐蔽前应由施工单位通知有关单位进行验收，并应形成验收文件；

6）涉及结构安全的试块、试件以及有关材料，应按规定进行见证取样检测，即在监理单位或建设单位监督下，由施工单位有关人员现场取样，并送至具备相应资质的检测单位所进行的检测；

7）检验批的质量应按主控项目和一般项目验收；

8）对涉及结构安全和使用功能的重要分部工程应进行抽样检测；

9）承担见证取样检测及有关结构安全检测的单位应具有相应资质；

10）工程的观感质量应由验收人员现场检查，并共同确认。

2. 工程项目施工质量验收的划分

不论是建筑物、构筑物、线路管道及设备安装，还是道路基础设施的建设，多数工程项目划分为检验批、分项工程、分部工程或单位工程，分级进行质量检验与评定。由于各种类型工程的内容、形式、大小、形成过程和管理方法的不同，划分的方法也不同，但其目的和要求是基本相同的。下面，以建筑工程为例，介绍单位工程、分部工程、分项工程和检验批的划分原则和方法。

（1）单位工程

具备独立施工条件并能形成独立使用功能的建筑物及构筑物为一个单位工程。建筑规模较大的单位工程，可将其能形成独立使用功能的部分作为一个子单位工程。

（2）分部工程

单位工程（子单位工程）按专业性质、建筑部位可分为若干个分部工程，如地基与基础、主体结构、建筑装饰装修、建筑屋面、建筑给水排水及供暖、建筑电气、智能建筑、通风与空调、电梯等分部工程。当分部工程较大或较复杂时，可按材料种类、施工特点、施工程序、专业系统及类别等划分为若干个子分部工程。

（3）分项工程

分部工程（子分部工程）按主要工种、材料、施工工艺、设备类别等可划分为若干个分项工程，如模板、钢筋、混凝土、给水管道及配件安装、给水设备安装等分项工程。

（4）检验批

根据施工及质量控制和专业验收需要，分项工程按楼层、施工段、变形缝等划分为一个或若干个检验批。

3. 工程项目施工质量验收的程序和合格标准

（1）检验批

由监理工程师（建设单位项目技术负责人）组织施工单位项目专业质量（技术）负责人等进行验收。其合格标准为：① 主控项目和一般项目的质量经抽样检验合格；② 具有完整的施工操作依据、质量检查记录。

（2）分项工程

由监理工程师（建设单位项目技术负责人）组织施工单位项目专业质量（技术）负责人等进行验收。其合格标准为：① 所含检验批均符合合格质量的规定；② 所含检验批的质量验收记录应完整。

（3）分部工程（子分部工程）

由总监理工程师（建设单位项目负责人）组织施工单位项目负责人和技术、质量负责人等进行验收；地基与基础、主体结构分部工程的勘察、设计单位工程项目负责人和施工单位技术、质量部门负责人也应参加相关分部工程验收。其合格标准为：① 所含分项工程的质量均验收合格；② 质量控制资料完整；③ 地基与基础、主体结构和设备安装等分部工程有关安全及功能的检验和抽样检测结果符合有关规定；④ 观感质量验收符合要求。

（4）单位工程（子单位工程）

由施工单位自行组织有关人员进行检查评定，并向建设单位提交工程验收报告；再由建设单位（项目）负责人组织施工（含分包单位）、设计、监理等单位（项目）负责人进行验收；验收合格后，建设单位在规定时间内将工程竣工验收报告和有关文件，报建设行政管理部门备案。其合格标准为：① 所含分部工程（子分部工程）的质量均验收合格；② 质量控制资料完整；③ 所含分部工程有关安全和功能的检测资料完整；④ 主要功能项目的抽查结果符合相关专业质量验收规范的规定；⑤ 观感质量验收符合要求。

当建筑工程质量不符合要求时，应按规定进行处理，对通过返修或加固处理仍不能满足安全使用要求的分部工程、单位工程（子单位工程），严禁验收。

8.4　工程项目安全管理概述

8.4.1　安全与安全管理有关概念

1. 安全和安全生产

在生产和其他活动中，没有危险，不受威胁，不出事故，这就是安全。安全不但包括人身安全，也包括财产（建筑产品、机械设备、物资等）安全。

安全生产是指为了预防在生产过程中发生人身伤害、设备损毁等事故，保证职工在生产中的安全和健康而采取的各种措施和活动。

2. 安全管理

安全管理是企业管理的重要组成部分，是为保证生产顺利进行，防止伤亡事故发生，确保安全生产而采取的各种对策、方针和行动的总称。

安全管理是一门综合性的系统科学，包括安全法规、安全技术、工业卫生三个相互联系又相互独立的内容。

（1）安全法规

也叫劳动保护法规。侧重于以政策、规程、条例、制度等形式规范操作和管理行为，从而使劳动者的劳动安全与身体健康得到应有的法律保障。

（2）安全技术

侧重于在生产过程中对劳动手段和劳动对象的管理，包括为预防伤亡事故和减轻劳动强度所采取的工程技术和安全技术规范、规定、标准、条例等。

（3）工业卫生

也叫生产卫生、职业卫生。侧重于在生产过程中对高温、粉尘、振动、噪声、毒物的管理，包括为防止其对劳动者身体造成危害所采取的防护、医疗、保健等措施。

3. HSE 管理体系

HSE 管理体系是健康（Health）、安全（Safety）和环境（Environmental）三位一体的管理体系。H（健康）是指人身体上没有疾病，心理上保持一种完好的状态；S（安全）是指在劳动生产过程中，努力改善劳动条件、克服不安全因素，使劳动生产在保证劳动者健康、企业财产不受损失、人民生命安全的前提下顺利进行；E（环境）是指与人类密切相关的、影响人类生活和生产活动的各种自然力量或作用的总和，它不仅包括各种自然因素的组合，还包括人类与自然因素间相互形成的生态关系的组合。由于安全、环境与健康的管理在实际工作过程中有着密不可分的联系，因此把健康、安全和环境形成一个整体的管理体系，是现代工程项目管理的必然。

工程项目的 HSE 管理是依据环境管理体系标准（ISO 14000）和职业健康安全管理体系标准（ISO 18000），将安全、职业健康和环境管理的理念融入项目管理和控制活动的全过程，实现对项目建设全过程的监督、管理，保障整个工程的安全文明施工和交付使用。

8.4.2 安全管理的基本原则

安全管理的基本原则包括：

（1）必须以人为本、预防为主

安全生产的方针是"安全第一、预防为主、综合治理"。进行安全管理不仅是处理事故，更重要的是在生产活动中，结合生产的特点，对生产因素采取管理措施，有效地控制不安全因素的发展与扩大，把可能发生的事故消灭在萌芽状态。

（2）管生产的同时管安全

安全管理是生产管理的重要组成部分，安全与生产在实施过程中，存在着密切的联系，存在着进行共同管理的基础。各级领导人员在管理生产的同时，必须负责管理安全工作。企业中一切与生产有关的机构、人员，都必须参与安全管理并在管理中承担责任。

（3）坚持安全管理的目的性

安全管理的内容是对生产中的人、物、环境因素状态的管理，有效地控制人的不安全行为、物的不安全状态、管理上的缺陷和不良的环境条件，消除或避免事故，达到保护劳动者的安全与健康的目的。

（4）坚持"四全"动态管理

安全管理涉及生产活动的方方面面，包括从开工到竣工交付的全部生产过程、全部生产时间和一切变化着的生产因素。因此，生产活动中必须坚持全员、全过程、全方位、全天候的动态安全管理。

(5) 安全管理重在控制

安全管理的各项主要内容中，对生产因素状态的控制与安全管理目的的关系更直接、更突出。因此，对生产中人的不安全行为、物的不安全状态、管理上的缺陷和不良的环境条件的控制是动态安全管理的重点。

(6) 在管理中发展提高

安全管理是一种动态管理，需要不断发展、不断变化，以适应变化的生产活动，消除新的危险因素，摸索新的规律，总结管理的办法与经验，从而使安全管理上升到新的高度。

8.4.3 安全生产责任制

1. 安全生产管理体制

安全生产管理体制是在社会主义市场经济建设中不断总结经验的基础上发展起来的。

1993 年，国务院在《关于加强安全生产工作的通知》中，将原来的"国家监察、行政监察、群众监督"的安全生产管理体制，发展为"企业负责、行业管理、国家监察、群众监督"。1996 年 1 月，全国安全生产工作电视电话会议上增加了"劳动者遵章守纪"这一条规定。随着经济体制改革的深入，特别是随着 2002 年 6 月《中华人民共和国安全生产法》等法律法规的颁布与实施，这一管理体制在实践中又得到进一步的补充和完善。2004 年 1 月 9 日，国务院在《关于进一步加强安全生产工作的决定》中，将其调整概括为"政府统一领导、部门依法监管、企业全面负责、群众参与监督、全社会广泛支持"，提出了构建全社会齐抓共管的安全生产工作格局的要求。

2. 建设单位的安全责任

建设单位是建设工程的总负责人，建设单位的不规范行为，直接或者间接地导致安全事故的发生，因此必须明确建设单位的下述安全责任：

(1) 应当向施工单位提供施工现场及毗邻区域内供水、排水、供电、供气、供热、通信、广播电视等地下管线资料，气象和水文观测资料，相邻建筑物和构筑物、地下工程的有关资料，并保证资料的真实、准确、完整。

(2) 不得对勘察、设计、施工、工程监理等单位提出不符合建设工程安全生产法律、法规和强制性标准规定的要求，不得压缩合同约定的工期。

(3) 在编制工程概算时，应当确定建设工程安全作业环境及安全施工措施所需费用。

(4) 不得明示或者暗示施工单位购买、租赁、使用不符合安全施工要求的安全防护用具、机械设备、施工机具及配件、消防设施和器材。

(5) 在申请领取施工许可证时，应当提供建设工程有关安全施工措施的资料。依法批准开工报告的建设工程，应当自开工报告批准之日起 15 日内，将保证安全施工的措施报送建设工程所在地的县级以上地方人民政府建设行政主管部门或者其他有关部门备案。

(6) 应当将拆除工程发包给具有相应资质等级的施工单位。在拆除工程开始施工的 15 日前，应将有关资料报送建设工程所在地的县级以上地方人民政府建设行政主管部门或者其他有关部门备案。

3. 勘察、设计、工程监理及其他有关单位的安全责任

安全生产是一个系统工程，与工程施工安全有关的，不仅仅是施工单位，从生产安全事故的原因分析，不少是与勘察、设计、工程监理及其他有关单位有关的。勘察、设计、工程监理及其他有关单位安全责任包括下述内容：

（1）勘察单位应当按照法律、法规和工程建设强制性标准的规定进行勘察，提供的勘察文件应当真实、准确，满足建设工程安全生产的需要。在勘察作业时，应当严格执行操作规程，采取措施保证各类管线、设施和周边建筑物、构筑物的安全。

（2）设计单位应当按照法律、法规和工程建设强制性标准的要求进行设计，防止因设计不合理导致生产安全事故的发生。应当考虑施工安全操作和防护的需要，对涉及施工安全的重点部位和环节在设计文件中注明，并对防范生产安全事故提出指导意见。采用新结构、新材料、新工艺的建设工程和特殊结构的建设工程，应当在设计中提出保障施工作业人员安全和预防生产安全事故的措施建议。设计单位和注册建筑师等注册执业人员应当对其设计负责。

（3）工程监理单位应当审查施工组织设计中的安全技术措施或者专项施工方案是否符合工程建设强制性标准。在实施监理过程中，发现存在安全事故隐患的，应当要求施工单位整改；情况严重的，应当要求施工单位暂时停止施工，并及时报告建设单位。施工单位拒不整改或者不停止施工的，应当及时向有关主管部门报告。工程监理单位和监理工程师应当按照法律、法规和工程建设强制性标准的要求实施监理，并对建设工程安全生产承担监理责任。

（4）为建设工程提供机械设备和配件的单位，应当按照安全施工的要求配备齐全有效的保险、限位等安全设施和装置。

（5）出租的机械设备和施工机具及配件，应当具有生产（制造）许可证、产品合格证。出租单位应当对出租的机械设备和施工机具及配件的安全性能进行检测，在签订租赁协议时，应当出具检测合格证明。禁止出租检测不合格的机械设备和施工机具及配件。

（6）在施工现场安装、拆卸施工起重机械和整体提升脚手架、模板等自升式架设设施，必须由具有相应资质的单位承担。安装、拆卸施工起重机械和整体提升脚手架、模板等自升式架设设施，应当编制拆装方案、制定安全施工措施，并由专业技术人员现场监督。施工起重机械和整体提升脚手架、模板等自升式架设设施安装完毕后，安装单位应当自检，出具自检合格证明，并向施工单位进行安全使用说明，办理验收手续并签字。

（7）施工起重机械和整体提升脚手架、模板等自升式架设设施的使用达到国家规定的检验检测期限的，必须经具有专业资质的检验检测机构检测。经检测不合格的，不得继续使用。检验检测机构对检测合格的施工起重机械和整体提升脚手架、模板等自升式架设设施，应当出具安全合格证明文件，并对检测结果负责。

4. 施工单位的安全责任

建设工程安全生产主要是指施工过程中的安全生产，施工现场的安全生产由施工单位负责，其主要安全责任包括下述内容：

（1）施工单位从事建设工程的新建、扩建、改建和拆除等活动，应当具备国家规定的注册资本、专业技术人员、技术装备和安全生产等条件，依法取得相应等级的资质证书，并在其资质等级许可的范围内承揽工程。

（2）施工单位主要负责人依法对本单位的安全生产工作全面负责。施工单位应当建立健全安全生产责任制度和安全生产教育培训制度，制定安全生产规章制度和操作规程，保证本单位安全生产所需资金的投入，对所承担的建设工程进行定期和专项安全检查，并做好安全检查记录。施工单位的项目负责人应当由取得相应执业资格的人员担任，对建设工程项目的安全施工负责，落实安全生产责任制度、安全生产规章制度和操作规程，确保安全生产费用的有效使用，并根据工程的特点组织制定安全施工措施，消除安全事故隐患，及时、如实地报告生产安全事故。

（3）施工单位对列入建设工程概算的安全作业环境及安全施工措施所需费用，应当用于施工安全防护用具及设施的采购和更新、安全施工措施的落实、安全生产条件的改善，不得挪作他用。

（4）施工单位应当设立安全生产管理机构，配备专职安全生产管理人员。专职安全生产管理人员负责对安全生产进行现场监督检查，发现安全事故隐患，应当及时向项目负责人和安全生产管理机构报告；对违章指挥、违章操作的，应当立即制止。

（5）建设工程实行施工总承包的，由总承包单位对施工现场的安全生产负总责。总承包单位应当自行完成建设工程主体结构的施工。总承包单位依法将建设工程分包给其他单位的，分包合同中应当明确各自的安全生产方面的权利、义务。总承包单位和分包单位对分包工程的安全生产承担连带责任。分包单位应当服从总承包单位的安全生产管理，分包单位不服从管理导致生产安全事故的，由分包单位承担主要责任。

（6）垂直运输机械作业人员、安装拆卸工、爆破作业人员、起重信号工、登高架设作业人员等特种作业人员，必须按照国家有关规定经过专门的安全作业培训，并取得特种作业操作资格证书后，方可上岗作业。

（7）施工单位应当在施工组织设计中编制安全技术措施和施工现场临时用电方案，对下列达到一定规模的危险性较大的分部分项工程编制专项施工方案，并附具安全验算结果，经施工单位技术负责人、总监理工程师签字后实施，由专职安全生产管理人员进行现场监督：① 基坑支护与降水工程；② 土方开挖工程；③ 模板工程；④ 起重吊装工程；⑤ 脚手架工程；⑥ 拆除、爆破工程；⑦ 国务院建设行政主管部门或者其他有关部门规定的其他危险性较大的工程。涉及深基坑、地下暗挖工程、高大模板工程的专项施工方案，施工单位还应当组织专家进行论证、审查。

（8）建设工程施工前，施工单位负责项目管理的技术人员应当对有关安全施工的技术要求向施工作业班组、作业人员作出详细说明，并由双方签字确认。

（9）施工单位应当在施工现场入口处、施工起重机械、临时用电设施、脚手架、出入通道口、楼梯口、电梯井口、孔洞口、桥梁口、隧道口、基坑边沿、爆破物及有害危险气体和液体存放处等危险部位，设置明显的安全警示标志。安全警示标志必须符合国家标准。

（10）施工单位应当将施工现场的办公、生活区与作业区分开设置，并保持安全距离，办公、生活区的选址应当符合安全性要求。职工的膳食、饮水、休息场所等应当符合卫生标准。施工单位不得在尚未竣工的建筑物内设置员工集体宿舍。施工现场临时搭建的建筑物应当符合安全使用要求。施工现场使用的装配式活动房屋应当具有产品合格证。

（11）施工单位对因建设工程施工可能造成损害的毗邻建筑物、构筑物和地下管线等，应当采取专项防护措施。施工单位应当遵守有关环境保护的法律、法规的规定，在施工现场采取措施，防止或者减少粉尘、废气、废水、固体废物、噪声、振动和施工照明对人和环境的危害和污染。在城市市区内的建设工程，施工单位应当对施工现场实行封闭围挡。

（12）施工单位应当在施工现场建立消防安全责任制度，确定消防安全责任人，制定用火、用电、使用易燃易爆材料等各项消防安全管理制度和操作规程，设置消防通道、消防水源，配备消防设施和灭火器材，并在施工现场入口处设置明显标志。

（13）施工单位应当向作业人员提供安全防护用具和安全防护服装，并书面告知危险岗位的操作规程和违章操作的危害。作业人员有权对施工现场的作业条件、作业程序和作业方式中存在的安全问题提出批评、检举和控告，有权拒绝违章指挥和强令冒险作业。在施工中发生危及人身安全的紧急情况时，作业人员有权立即停止作业或者在采取必要的应急措施后撤离危险区域。

（14）作业人员应当遵守安全施工的强制性标准、规章制度和操作规程，正确使用安全防护用具、机械设备等。

（15）施工单位采购、租赁的安全防护用具、机械设备、施工机具及配件，应当具有生产（制造）许可证、产品合格证，并在进入施工现场前进行查验。施工现场的安全防护用具、机械设备、施工机具及配件必须由专人管理，定期进行检查、维修和保养，建立相应的资料档案，并按照国家有关规定及时报废。

（16）施工单位在使用施工起重机械和整体提升脚手架、模板等自升式架设设施前，应当组织有关单位进行验收，也可以委托具有相应资质的检验检测机构进行验收；使用承租的机械设备和施工机具及配件的，由施工总承包单位、分包单位、出租单位和安装单位共同进行验收，验收合格的方可使用。《特种设备安全监察条例》中规定的施工起重机械，在验收前应当经有相应资质的检验检测机构监督检验合格。施工单位应当自施工起重机械和整体提升脚手架、模板等自升式架设设施验收合格之日起 30 日内，向建设行政主管部门或者其他有关部门登记。登记标志应当置于或者附着于该设备的显著位置。

（17）施工单位的主要负责人、项目负责人、专职安全生产管理人员应当经建设行政主管部门或者其他有关部门考核合格后方可任职。施工单位应当对管理人员和作业人员每年至少进行一次安全生产教育培训，其教育培训情况记入个人工作档案。安全生产教育培训考核不合格的人员，不得上岗。

（18）作业人员进入新的岗位或者新的施工现场前，应当接受安全生产教育培训。未经教育培训或者教育培训考核不合格的人员，不得上岗作业。施工单位在采用新技术、新工艺、新设备、新材料时，应当对作业人员进行相应的安全生产教育培训。

（19）施工单位应当为施工现场从事危险作业的人员办理意外伤害保险。意外伤害保险费由施工单位支付。实行施工总承包的，由总承包单位支付意外伤害保险费。意外伤害保险期限自建设工程开工之日起至竣工验收合格止。

5. 建筑企业安全管理组织机构

保证安全生产，领导是关键。建筑企业的经理是企业安全生产第一责任者，在任期内，应建立健全以经理为首、分级负责的安全管理保证体系，同时建立和健全专管成线、群管成网的安全管理组织机构。

（1）公司安全管理机构。建筑企业应依法独立设置安全管理部门，按企业资质类别与等级、经营规模、设备管理和生产需要，足额配备相应数量的经过培训、持证上岗的专职安全管理人员。

（2）分公司（工程处）、区域公司等较大分支机构的安全管理机构。公司下属较大的分支机构是组织和指挥施工的单位，对安全有极为重要的影响。其生产经营负责人为本单位安全管理工作第一责任者，应独立设置安全管理机构，根据经营规模、设备管理和生产需要，足额配备经过培训、持证上岗的专职安全管理人员，并建立领导干部安全生产值班制度。

（3）施工现场应组建安全生产领导小组。企业根据工程规模、安全风险、设备管理和生产需要在现场委派相应数量的项目专职安全管理人员，同时建立项目管理人员轮流安全生产值日制度，解决和处理生产中的安全问题并进行巡回安全监督检查。

（4）班组是企业的细胞，是搞好安全生产的前沿阵地，是企业加强安全生产管理的基础。各生产班组要设兼职安全巡查员，对本班组的作业现场进行安全监督检查。各班组要坚持岗位安全检查、安全值日和安全日活动制度，同时要坚持做好班组安全生产记录。

6. 建筑企业安全生产责任制的基本要求

企业经理对本企业的安全生产负总的责任，各副经理对分管部门的安全生产工作负责任；企业总工程师（主任工程师或技术负责人）对本企业安全生产的技术工作负总的责任；分公司（工程处）的行政主要领导，应对本单位安全生产工作负具体领导责任；工长、施工员、项目经理对所管工程的安全生产负直接责任。

企业中的生产、技术、机动、材料、财务、教育、劳资、卫生等各职能机构，都应在各自业务范围内，对实现安全生产的要求负责；安全管理机构和专职人员应做好安全生产管理工作和监督检查工作。

在由几个施工单位联合施工时，应由总包单位统一组织现场的安全生产工作，分包单位必须服从总包单位的指挥。对分包单位施工的工程，承包合同要明确安全责任，不具备安全生产条件的单位，不得分包工程。

8.4.4 安全教育与培训

1. 安全教育的目的与意义

安全教育是提高全员安全素质，实现安全生产的基础。安全工作是与生产活动紧密联系的，与经济建设、生产发展、企业深化改革、技术改造同步进行，只有加强安全教育工作，才能使安全工作适应不断变革的形势需要。

2. 安全教育的内容

（1）安全生产思想教育

安全思想教育是为安全生产奠定思想基础。通常从加强思想路线和方针政策教育、劳动纪律教育两个方面进行。

（2）安全知识教育

安全基本知识教育的主要内容是企业的基本生产概况，施工（生产）流程、方法，企业施工（生产）危险区域及其安全防护的基本知识和注意事项，机械设备、场内动力的有关安全知识，有关电气设备（动力照明）的基本安全知识，高处作业安全知识，施工（生产）中使用的有毒有害原材料或可能散发的有毒有害物质的安全防护基本知识，消防制度及灭火器材应用的基本知识，个人防护用品的正确使用知识等。

（3）安全技能教育

每个职工都要熟悉本工种、本岗位专业安全技术知识。安全技能知识是比较专业、细致和深入的知识，它包括安全技术、劳动卫生和安全操作规程。

3. 安全教育的基本内容和形式

（1）三类人员安全培训教育

施工单位的主要负责人、项目负责人和专职安全管理人员必须参加安全生产培训，并通过建设行政主管部门或者其他有关部门考核合格取得安全生产考核合格证书后，方可担任相应职务。

（2）新工人三级安全教育

新工人（包括新招收的合同工、临时工、学徒工、农民工及实习和代培人员）都必须接受公司、分公司（工程处）、班组的三级安全教育。新工人经教育考试合格后才准许进入生产岗位；不合格者必须补课、补考。新工人的三级安全教育情况，要建立档案。新工人工作一个阶段后，还应进行重复性的安全再教育，以加深对安全的感性、理性认识。

（3）特种作业人员的培训

1）特种作业。对操作者本人，尤其对他人和周围设施的安全有重大危害因素的作业，称为特种作业。其包括：电气作业；锅炉司炉；压力容器操作；起重机械操作；爆破作业；金属焊接（气焊）作业；煤矿井下瓦斯检验；机动车辆驾驶、轮机操作；机动船舶驾驶；建筑登高架设作业；符合特种作业基本定义的其他作业。

2）特种作业人员。直接从事特种作业者，称为特种作业人员。建筑施工特种作业人员包括：建筑电工；建筑架子工；建筑起重信号司索工；建筑起重机械司机；建筑起重机械安装拆卸工；高处作业吊篮安装拆卸工；经省级以上人民政府建设主管部门认定的其他特种作业人员。

3）建筑施工特种作业人员上岗资格。应通过安全技术理论和安全操作技能培训，经建设主管部门对其考核合格或每两年复核合格取得有效的建筑施工特种作业人员操作资格证书，方可上岗从事相应作业。

（4）经常性教育

经常性的普及教育贯穿于管理全过程，并根据接受教育对象的不同特点，采取多层次、多渠道和多种活动方法，可以取得良好的效果。

安全教育培训可以采取各种有效方式开展活动，应突出讲求实效，要避免枯燥无味和流于形式，可采取各种生动活泼的形式，并坚持经常化、制度化。同时，应注意思想性、严肃性、及时性，要避免片面性、恐怖性，应正确指出造成事故的原因及防患于未然的措施。

8.4.5　安全技术措施计划和施工安全技术措施

1. 安全技术措施计划

安全技术措施计划是指企业从全局出发的年度或数年间在安全技术工作上的规划，是企业财务计划的一个组成部分，对保证安全生产，保护生产力，提高劳动生产率，促进国民经济发展是非常必要的。企业在编制生产、技术、财务计划的同时，必须编制安全技术措施计划，企业的负责人应对计划的编制和贯彻执行负责。

（1）计划的项目

包括以改善劳动条件、防止伤亡事故和职业病为目的的一切技术措施，具体项目和内容有：① 安全技术，以防止工伤为目的的一切措施；② 工业卫生，以改善职工的生产环境，防止职业病和职业中毒为目的的一切措施；③ 辅助房屋及设施，有关保证生产（卫生）方面所必需的房屋及一切设施（不含集体福利事业）；④ 宣传教育，例如编印安全技术和劳动保护的刊物和标语，为开展安全技术和劳动保护研究、试验添置的工具和仪器等。

（2）编制原则

1）企业的安全技术措施计划应在编制企业的生产财务计划的同时进行编制。

2）安全技术措施计划的编制与执行应当纳入企业的议事日程，由各级负责生产、技术的领导具体负责这项工作。

3）应考虑必要与可能，掌握花钱少、效果大的原则，充分利用本单位的有利条件，制定出科学、先进、可靠、实用的安全技术措施计划。

4）既要抓住安全生产的关键问题，也要考虑迫切需要解决的一般问题，以便集中力量有计划地先解决那些严重影响职工安全健康的重大问题。

5）贯彻改革工艺与技术革新相结合的原则，是减少不安全因素的一条有效途径。

2. 施工安全技术措施

施工安全技术措施是指工程施工中，针对工程特点、现场环境、施工方法、劳动组织、作业方法、使用的机械、动力设备、变配电设施、架设工具及各项安全防护设施等制定的确保安全施工的措施。施工安全技术措施针对工程项目而言，不同于安全技术措施计划。所有建筑工程的施工组织设计（施工方案）都必须有施工安全技术措施。

（1）作用

根据不同工程的结构特点，提出各种有针对性的、具体的安全技术措施，它不仅具体地指导了施工，而且也是进行安全交底、安全检查和验收的依据，同样也是职工生命安全的根本保证。

（2）编制要求

1）要在工程开工前编制，并经过审批。在施工过程中，由于工程变更等情况，必须及时相互补充、完善。

2）要有针对性。编制安全技术措施的技术人员必须掌握工程概况、施工方法、场地环境和条件等第一手资料，并熟悉安全法规、标准等，才能针对不同工程的特点，找出可能造成的施工危害，进而制定有针对性的安全技术措施。

3）要做到全面、具体。只有把多种因素和各种不利条件，考虑周全，有对策措施，才能真正做到预防事故。

4）对大型群体工程或一些面积大、结构复杂的重点工程，除必须在施工组织总设计中编制施工安全技术总体措施外，还应编制单位工程或分部分项工程安全技术措施，详细地制定出有关安全方面的防护要求和措施，确保该单位工程或分部分项工程的安全施工。

（3）主要内容

1）一般工程

①土方工程。根据基坑、基槽、地下室等挖掘土方深度和土的种类，选择开挖方法，确定边坡的坡度或采取哪种护坡支撑和护坡桩，以防土方塌方。

②脚手架、吊篮、工具式脚手架等的选用及设计搭设方案和安全防护措施。

③高处作业的上下安全通道。

④安全网（平网、立网）的架设要求、范围（保护区域）、架设层次、段落。

⑤对施工用的电梯、井架（龙门架）等垂直运输设备的位置和搭设要求，以及对其稳定性、安全装置等的要求和措施。

⑥施工洞口及临边的防护方法和立体交叉施工作业区的隔离措施。

⑦场内运输道路及人行通道的布置。

⑧编制施工临时用电的组织设计和绘制临时用电图纸。建筑工程（包括脚手架具）的外侧边缘与外电架空线路的间距没有达到最小安全距离时，应采取的防护措施。

⑨防火、防毒、防爆、防雷等安全措施。

⑩在建工程与周围人行通道及民房的防护隔离设置等。

2）特殊工程

结构复杂、危险性大、特性较多的分部分项工程，应编制专项施工方案和安全措施。如基坑支护与降水工程、土方开挖工程、模板工程、起重吊装工程、脚手架工程、拆除工程、爆破工程等，必须编制单项的安全技术措施，并要有设计依据、有计算、有详图、有文字要求。

3）季节性施工安全措施

季节性施工安全措施，就是考虑夏季、雨季、冬季等不同季节的气候给施工生产带来的不安全因素可能造成的各种突发性事故，而从防护上、技术上、管理上采取的防护措施。一般建筑工程可在施工组织设计或施工方案的安全技术措施中编制季节性施工安全措施；危险性大、高温期长的建筑工程，应单独编制季节性的施工安全措施。

8.4.6 安全检查

1. 安全检查的目的和意义

（1）通过检查，可以发现施工（生产）中的不安全（人的不安全行为、物的不安全状态、管理上的缺陷和不良的环境条件）、不卫生问题，从而采取对策，消除不安全因素，保障安全生产。

（2）利用安全生产检查，进一步宣传、贯彻、落实党和国家的安全生产方针、政策和各项安全生产规章制度。

（3）安全检查实质上也是一次群众性的安全教育。通过检查，增强领导和群众安全意识，纠正违章指挥、违章作业，提高搞好安全生产的自觉性和责任感。

（4）通过检查可以互相学习、总结经验、吸取教训、取长补短，有利于进一步促进安全生产工作。

（5）通过安全生产检查，了解安全生产状态，为分析安全生产形势，研究加强安全管理提供信息和依据。

2. 安全检查的内容及形式

安全检查内容主要应根据施工（生产）特点，制定具体检查项目、标准。但概括起来，主要是查思想、查制度、查机械设备、查安全设施、查安全教育培训、查操作行为、查劳保用品使用、查伤亡事故的处理等。

安全检查的组织形式，应根据检查目的、内容而定，参加检查的组成人员也不完全相同。

（1）针对主要问题进行检查

这类检查有针对性、调查性，也有批评性，同时，通过检查总结，扩大了安全生产经验的传播面，对基层推动作用较大。

（2）定期安全检查

这种制度性的定期检查，属全面性和考核性的检查。

（3）专业性安全检查

专业安全检查应由企业有关业务部门组织有关专业人员对某项专业（如垂直提升机、脚手架、电气、塔吊、压力容器、防尘防毒等）安全问题或在施工中存在的普遍性安全问题进行单项检查，这类检查专业性强，也可以结合单项评比进行。

（4）经常性安全检查

在施工（生产）过程中进行经常性的预防检查，能及时发现隐患，消除隐患，保证施工（生产）正常进行。通常有：①班组进行班前、班后岗位安全检查；②各级安全员及安全值日人员巡回安全检查；③ 各级管理人员在检查生产的同时检查安全。

（5）季节性及节假日前后安全检查

季节性安全检查是针对特定气候（如冬季、暑季、雨季、风季等）可能给安全施工（生产）带来危害而组织的安全检查。

节假日（特别是重大节日，如元旦、春节、劳动节、国庆节）前、后，为防止职工纪律松懈、思想麻痹等进行的检查，应由单位领导组织有关部门人员进行。节日加班，更要重视对加班人员的安全教育，同时要认真检查安全防范措施的落实。

3. 安全检查方法及要求

安全检查基本上都采用安全检查表和实测实量的检测手段，进行定性定量的安全评价。不论何种类型的安全检查，都应做到以下几点：

（1）加强组织领导。

（2）要有明确的目的。

（3）检查记录是安全评价的依据，因此要认真、详细记录。

（4）安全评价。安全检查后要认真地、全面地进行系统分析，用定性和定量相结合的方法进行安全评价。

（5）整改是安全检查工作的重要组成部分，是检查结果的归宿。整改工作包括隐患登记、整改、复查、销案。

8.5　工程项目施工现场安全管理

8.5.1　施工伤亡事故的主要类别

1. 施工安全生产的特点

建筑业的生产活动危险性大，不安全因素多，是事故多发行业，每年因工死亡人数仅次于矿山，居全国各行业的第二位。这主要是由于建筑行业的特点所决定的。

建筑产品固定庞大，变化大，规则性差，建筑施工复杂又变换不定；建筑施工露天、高空和地下作业多，受自然环境和周围环境影响大，工作条件较差；手工操作，劳动繁重，体力消耗大；机电和交叉作业增加，安全防护难度较大；部分建筑工人素质较低，专业技术水平不高；生产流动分散、工期不固定，易产生临时观念，马虎凑合，不采取可靠的安全防护措施，存在侥幸心理等。上述各因素，都使建筑施工安全管理工作的形势变得十分复杂和严峻。

2. 建筑工程施工中伤亡事故的六种主要类别

（1）高处坠落

操作者在高度基准面 2m 以上的作业，称为高处作业，其在高处作业时造成的坠落称为高处坠落。高处作业的范围，是相当广泛的。在建筑物或构筑物结构范围以内的各种形式的洞口与临边性质的作业，悬空与攀登作业，操作平台与立体交叉作业，在主体结构以外的场地上和通道旁的各类洞、坑、沟、槽等的作业，脚手架、井字架（龙门架）、施工用电梯、模板的安装拆除、各种起重吊装作业等，都易发生高处坠落事故。

（2）物体打击

在施工过程中，施工现场经常会有很多物体从上面落下来，打到了下面或旁边的作业人员，即产生了物体打击事故。凡在施工现场作业的人，都有受到打击的可能，特别是在一个垂直面的上下交叉作业，最易发生打击事故。

（3）触电事故

电是施工现场中各种作业的主要动力来源，各种机械、工具等主要依靠电来驱动，即使不使用机械设备，也还要使用各种照明。触电事故主要是设备、机械、工具等漏电，电线老化破皮，违章使用电气用具，对在施工现场周围的外电线路不采取防护措施等所造成的。

（4）机械伤害

施工现场使用的机械和工具包括：木工机械，如电平刨、圆盘锯等；钢筋加工机械，如拉直机、弯曲机等；电焊机、搅拌机、各种气瓶及手持电动工具等。以上各种机械工具在使用中，因缺少防护和保险装置，易对操作者造成伤害。

（5）坍塌事故

在土方开挖或深基础施工中，造成土石方坍塌；拆除工程、在建工程及临时设施等的部分或整体坍塌。

（6）火灾爆炸

施工现场乱扔烟头、焊接与切割动火及用火、用电、使用易燃易爆材料等不慎造成的火灾、爆炸。

8.5.2 施工现场的安全管理工作

施工现场安全管理是企业安全管理的重点，也是预防与避免伤害事故，保证生产处于最佳安全状态的根本环节。因此，对施工现场的人、机、环境系统的可靠性，必须进行经常性的检查、分析、判断、调整，强化动态中的安全管理活动。其内容可归纳为安全组织管理、场地与设施管理、行为控制和安全技术管理四个方面。

1. 施工准备阶段安全管理的主要工作

在工程项目正式开工前，项目部要对施工区域的周围环境、地下管线、施工地质情况进行全面考察和详细了解，并应注意以下问题：

（1）施工区域内有地下电缆、水管或防空洞等，项目部要指令专人进行妥善处理。

（2）施工现场如邻近居民住宅或交通街道，要充分考虑施工扰民、妨碍交通、发生事故的各种可能因素，以确保人员安全。

（3）对项目的全体管理人员要进行必要的教育，让大家了解工程状况、环境和安全要求，要拟订施工平面图，严格按平面布置安排各种设备和设施。

（4）要认真审核参加施工的单位和人员，进行上岗安全教育。

（5）修筑好临时道路、供电、供水及临建设施。

2. 基础施工阶段安全管理的主要工作

基础施工阶段的安全生产主要是防范土方坍塌和深坑井内窒息中毒两类事故，应注意以下几类问题：

（1）在开挖土方时，要严格遵照施工方案作业。

（2）在雨季或在地下水位较高的区域施工时，要做好排水、挡水和降水措施。

（3）根据土质条件，合理确定围护形式、放坡比例。

（4）深基础施工，要考虑作业人员的工作环境，通风是否良好。当基础较深，作业人员工作位置距基坑表面 2m 以上时，要采取预防高空坠落、物体打击的措施。基坑四周应设护栏、平支安全网等设施。

3. 结构施工阶段安全管理的主要工作

结构施工阶段安全管理的主要工作有：

（1）完善结构施工层的外防护，预防高处坠落事故。

（2）做好结构内各种洞口的防护，防止落人落物。

（3）加强起重作业的管理，预防机械伤害事故。

（4）做好预防坠落物伤人的安全管理工作。

（5）对于一些特殊结构工程，要制定施工方案和安全措施，并且要指定专业技术人员现场监护。

4. 装修阶段安全管理的主要工作

外装修工作是危险性较大的工作，常用的装修设施是外装修脚手架、外吊篮架、桥式脚手架等。不论使用何种脚手架，均应认真审核施工方案，组织有关人员严格验收所用的架体设施，督促作业人员必须带好安全带、使用保险绳，并加强日常安全检查，及时排除施工中出现的各种险情。

内装修时应注意室内各种水平洞口和立洞口的防护是否齐全；室内使用的单梯、双梯、高凳等工具是否符合安全技术规定；内装修的脚手架是否符合安全技术标准，特别是搭设满堂装修架子时，要严格按标准铺板；进行涂料作业时，要做好通风和防毒作业保护工作。

5. 冬雨期施工时安全管理的主要工作

冬雨期施工时的安全管理主要工作有：① 在冬季大风大雪之后，应尽快组织人清扫现场作业层和脚手架。检查架子在大风后是否有隐患，防滑措施是否落实。② 参加冬期施工的人员衣着要灵便。③ 在冬期施工中，现场蒸汽锅炉要选用安全装置齐全的合格的锅炉。④ 冬季室内取暖要防止燃气中毒。⑤ 在雨季到来之前，要组织电气人员认真检查现场的所有电气设备；⑥ 在雨季来临之前，还要做好塔式起重机、外用电梯、钢管脚手架、钢管井字架、龙门架等高大设施的防雷保护。⑦ 在雨季中，应尽可能避开开挖土方管沟等作业，尽可能在雨期施工之前做好地下工程施工，做好基础回填。⑧ 雨季要认真做好现场的排水，发现基础下沉时要及时加固。雨后要检查脚手架、井字架、塔式起重机等设备的基础，如发现下沉要及时处理。

6. 制定施工现场安全生产事故应急救援预案

对施工现场各个施工阶段中易发生重大事故的部位、环节进行监控，制定施工现场生产安全事故应急救援预案，建立应急救援组织或配备应急救援人员，配备必要的应急救援器材、设备，并定期组织演练，评估和完善事故应急救援预案。

8.5.3 施工安全管理的检查评价

（1）施工安全检查标准

应用《建筑施工安全检查标准》JCJ 59—2011 对建筑施工中易发生伤亡事故的主要环节、部位和工艺等做安全检查评价时，该标准将检查对象分为十个分项，针对每个分项设计 1 张或若干张分项检查评分表，共计 19 张分项检查评分表。每张分项检查评分表又设立若干检查项目。主要包括：

1）安全管理，是对施工单位安全管理工作的评价。

2）文明施工，是对施工现场文明施工的评价。

3）脚手架，是对扣件式钢管脚手架、门式钢管脚手架、碗扣式钢管脚手架、承插型盘扣式钢管脚手架、满堂脚手架、悬挑式脚手架、附着式升降脚手架、高处作业吊篮等 8 种脚手架的评价，包括 8 个分项检查评分表。

4）基坑工程，是对施工现场基坑工程的安全评价。

5）模板支架，是对施工现场模板支架的搭设情况的安全评价。

6）高处作业，是对安全帽、安全网、安全带、临时防护、洞口防护、通道口防护、攀登作业、悬空作业、移动式操作平台、悬挑式物料钢平台安全状况的评价。

7）施工用电，是对施工现场临时用电情况的安全评价。

8）物料提升机与施工升降机，是对龙门架、井字架等物料提升机的设计制作、搭设和使用情况和施工现场用人、货两用电梯的安全评价，包括 2 个分项检查评分表。

9）塔式起重机与起重吊装，是对塔式起重机使用情况和施工现场起重吊装作业的安全评价，包括 2 个分项检查评分表。

10）施工机具，是对施工中使用的平刨、圆盘锯、手持电动工具、钢筋机械、电焊机、搅拌机、气瓶、翻斗车、潜水泵、振动器、桩工机械等 11 种施工机具安全状况的评价。

除了注明包括分项检查评分表数的检查分项之外，其他的检查分项只有 1 项分项检查评分表。

（2）安全生产情况检查评价方法

采用分项检查评分、汇总分析评定的方式进行。

1）检查评分方法

①每张分项检查评分表满分均为100分，检查评分表中的各个具体检查项目根据相关的法律法规、标准规范要求确定，并用定量的方法规定各个检查项目的扣分标准。

除个别分项检查评分表的检查项目不分类外，大多数分项检查评分表中将检查项目分为保证项目和一般项目两类，保证项目对施工人员生命、设备设施及环境安全起关键性作用。使用有保证项目的分项检查评分表进行检查评分时，如果保证项目中有一个项目未得分或全部保证项目小计得分不足40分，则该分项检查评分表得分为零分。

②10个检查分项得分值通过检查评分汇总表加权平均汇总后作为现场施工安全检查的最终整体得分值，检查评分汇总表满分也是100分。

2）安全检查等级评定

应依据各分项检查评分表的得分情况和检查评分汇总表的总得分，对施工现场施工安全管理和受控状况进行综合评定，评价结果分为优良、合格、不合格三个等级。

①优良

分项检查评分表得分值无零分，检查评分汇总得分值应在80分及以上。

②合格

分项检查评分表得分值无零分，检查评分汇总得分值应在80分以下，70分及以上。

③不合格

分为以下两种情况：

当有一个分项检查评分表得分为零时；

当检查评分汇总表得分值不足70分时。

对安全检查评定不合格的施工现场，必须要求限期整改达到合格。

复习思考题

1. 简述工程项目质量的概念和特点。影响工程项目质量的因素是什么？
2. 什么是工程项目质量管理，工程项目质量管理的基础工作包含哪些？
3. 简述工程项目质量管理体系。
4. 简述我国工程项目质量管理制度。
5. 简述建设参与各方的质量责任和义务。
6. 简述建设单位项目质量控制的内容和措施。
7. 简述工程施工质量控制的内容和措施。
8. 简述工程施工质量验收的概念和方法。
9. 简述我国安全生产管理体制和项目建设参与各方的安全责任。
10. 简述安全教育的内容和基本要求。
11. 简述安全技术措施计划和施工安全技术措施。
12. 简述安全检查的内容、形式和方法。
13. 简述建筑施工伤亡事故的主要类别。
14. 简述建筑施工现场的安全管理工作。

信息资源是工程项目实施过程中需要进行充分开发和利用的重要资源之一，随着信息技术、计算机技术和通信技术的飞速发展以及工程项目规模的扩大，信息资源的有效组织与管理对工程项目的顺利实施有着越来越重要的意义。本章对工程项目信息管理的含义和任务、信息管理的过程和内容、工程项目档案资料管理等内容进行分析阐述。

9.1 工程项目信息管理的含义

工程项目的决策和实施过程，不仅是物质生产过程，而且还是信息的生产、处理、传递和应用过程。

9.1.1 信息的含义和类别

1. 信息的内涵及其特点

从信息管理的角度可把纷繁复杂的工程项目决策和实施过程归纳为两个主要过程，一是信息过程（Information Processes），二是物质过程（Material Processes）。项目策划阶段、设计阶段和招投标阶段等的主要任务之一就是生产、处理、传递和应用信息，这些阶段的主要工作成果是工程项目信息。虽然工程项目施工阶段的主要任务是按图施工，其主要工作成果是完成工程项目的实体，但施工阶段的物质生产过程始终伴随着信息的产生、处理等过程，它一方面需要施工之前的信息过程产生的信息，另一方面又不断地产生新的信息。实际上，工程项目的施工阶段是物质过程和信息过程的高度融合，如图 9-1 所示。

信息是工程项目实施和管理的依据，是决策的基础，是组织要素之间联系的主要内容，是工作过程之间逻辑关系的桥梁。虽然工程建设活动很难完全实现自动化，并且大部分工作需要人工去完成，可是，项目建设的生产活动和过程是非常依赖信息的。工程项目信息资源的组织与管理对项目成功实施有着重要作用。工程项目的实施需要人力资源和物质资源，信息资源也是工程项目实施的重要资源之一。

据国际有关文献资料介绍，工程项目实施过程中存在的诸多问题，其中三分之二与信息交流（信息沟通）的问题有

工程项目信息管理

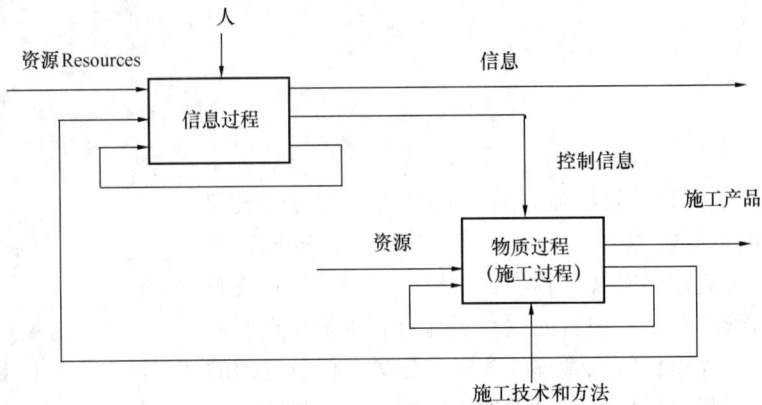

图 9-1　项目建设中的信息过程及物质过程

关；工程项目 10％～33％的费用增加与信息交流存在的问题有关；在大型工程项目中，信息交流的问题导致工程变更和工程实施的错误约占工程总成本的 3％～5％。由此可见工程项目管理中信息管理的重要性。

我国从工业发达国家引进工程项目管理的概念、理论、组织、方法和手段，历时 20 年左右，取得了不少成绩。但是，应认识到，在工程项目管理中最薄弱的工作环节是信息管理。至今多数建设单位和工程施工单位的信息管理还相当落后，其落后表现在对信息管理的理解以及信息管理的组织、方法和手段等，基本上还停留在传统的方式和模式上。

信息（Information）一词来源于拉丁文，意思是解释和陈述。自美国贝尔实验室的申农第一次将其作为通信理论的专门术语进行深入研究并提出科学概念以来，信息这一概念已广泛渗透到其他各门学科，成为一个内容丰富、运用极广的概念。信息在自然界、社会以及人体自身都广泛存在着，人类进行的每一项社会实践、生产实践和科学实验都在接触信息、获得信息、处理信息和利用信息。

信息指的是用口头的方式、书面的方式或电子的方式传输（传达、传递）的知识、新闻，或可靠的或不可靠的情报。声音、文字、数字和图像等都是信息表达的形式。在管理科学领域中，信息通常被认为是一种已被加工或处理成特定形式的数据。信息的接受者将依据信息对当前或将来的行为作出决策。工程项目信息是指反映和控制工程项目管理活动的信息，包括各种报表、数字、文字和图像等。

与人们一般意义上理解的消息不同，信息在产生、传递和处理过程中具有以下特性和要求。

（1）信息的准确性

信息客观反映现实世界事物的程度称为准确性。通常人们希望获得的信息是准确的，而事实并非总是如此。信息的准确与否增加了信息收集的鉴别工作量，此外，信息的准确性还要求传送和储存时的不失真。

（2）信息的时效性

信息是有生命周期的，在生命周期内，信息有效。为保证信息有效，要求配备有快速传递消息的通道，同时也要求信息流经处理的道路最短，而且中间的停顿最少。

（3）信息的有序性

信息的有序性即信息发生先后之间存在一定的关系，在时间上是连贯的、相关的和动态的。人们可以利用过去信息的有序性分析现在，并从现在和过去预测将来。为保证信息的有序性，则需要连续收集信息、存储信息和快速进行信息检索。

（4）信息的共享性

共享性表现在许多单位、部门和个人都能使用同样的信息。如在工程项目决策和实施过程中，许多信息可以被各个部门使用，这样既可以保证各个部门使用信息的统一性，也保证了决策的一致性。为保证信息的共享性，需要利用网络技术和通信设备。

（5）信息的可存储性

它是指信息存储的可能性。信息的多种形式必然产生多种存储方式，并影响其可存储性，信息的可存储性还表现在要求能存储信息的真实内容而不畸变，要求在较小的空间中存储更多的信息，要求存储安全而不丢失，要求在不同的形式和内容之间很方便进行转换和连接，要求能在已存储的信息中随时随地以最快的速度检索出所需的信息。

（6）信息的适用性

信息是一种资源，但用来辅助决策的信息资源的利用价值可以因人、因事、因时和因地而异，这就是信息的适用性。也就是说，信息资源的价值与不同的时空和用户有关。

（7）信息的系统性

信息的系统性，包含信息构成的整体性、信息构成的全面性、信息运动的连续性和信息运动的双向性等方面的内容。

工程项目信息包括在项目决策过程、实施过程（设计准备、设计、施工和物资采购过程等）和运行过程中产生的信息以及其他与项目建设有关的信息，包括项目的组织类信息、管理类信息、经济类信息、技术类信息和法规类信息。每类信息根据工程建设各阶段项目管理的工作内容又可进一步细分。如工程项目的组织类信息可以包含所有项目建设参与单位、项目分解及编码信息、管理组织信息等。工程项目的管理类信息包括项目投资管理、进度管理、合同管理、质量管理、风险管理和安全管理等各方面信息。工程项目的经济类信息包括资金使用计划，工程款支付，材料、设备和人工市场价格等信息。工程项目的技术类信息包括国家或地区的技术规范标准、项目设计图纸、施工技术方案和材料设备技术指标等信息。工程项目的法规类信息包括国家或地方的建设程序法规要求等。工程项目信息分类可以有很多方法，也可以按照信息产生的阶段、信息的管理层次和适用对象、信息的稳定程度（相对固定和变动信息）等进行划分。进行工程项目信息分类标准化的研究和实践对整个建筑行业的发展有重要的理论和实践意义。

2. 信息与数据

（1）数据的概念

数据是用来记录客观事物的性质、形态、数量和特征的抽象符号。不仅文字、数字和图形可以看作是数据，声音、信号和语言也可以认为是数据。

（2）数据与信息的关系

信息是根据要求，将数据进行加工处理转换的结果。同一组数据可以按管理层次和职能不同，将其加工成不同形式的信息；不同数据如采用不同的处理方式，也可得到相同的信息。数据转化为信息的方式示意，如图 9-2 所示。

图 9-2　数据转化为信息的方式示意图

9.1.2　信息管理的含义和原则

1. 信息管理的内涵

信息管理是对信息的收集、加工、整理、存储、传递与应用等一系列工作的总称。信息管理的目的就是通过有组织的信息流通，使决策者能及时、准确地获得相应的信息。为了达到信息管理的目的，就要把握信息管理的各个环节，并做到：

（1）了解和掌握信息来源，对信息进行分类；

（2）掌握和正确运用信息管理的手段（如计算机）；

（3）掌握信息流程的不同环节，建立信息管理系统。

工程项目信息资源的组织与管理指的是在工程项目决策和实施的全过程中，对工程建设信息的获取、存储、存档、处理和交流进行合理的组织和控制。工程项目的信息管理是通过对各个系统、各项工作和各种数据的管理，使工程项目信息能方便和有效地获取、存储、存档、处理和交流。工程项目信息管理的目的旨在通过信息传输的有效组织管理和控制为工程项目建设提供增值服务。

2. 工程项目信息管理的工作原则

工程项目产生的信息数量巨大，种类繁多。为便于信息的搜集、处理、储存、传递和利用，工程项目信息管理应遵从以下基本原则：

（1）标准化原则

要求在工程项目的实施过程中对有关信息的分类进行统一，对信息流程进行规范，产生项目管理报表则力求做到格式化和标准化，通过建立健全的信息管理制度，从组织上保证信息生产过程的效率。

（2）有效性原则

工程项目的信息管理应根据不同层次管理者的要求进行适当的加工，针对不同管理层提供不同要求和浓缩程度的信息。例如，对于项目的高层管理者而言，提供的决策信息应力求精练、直观，尽量采用形象的图表来表达，以满足其战略决策的信息需要。这一原则是为了保证信息产品对于决策支持的有效性。

（3）定量化原则

工程项目产生的信息不应是项目实施过程中产生数据的简单记录，应该经过信息处理人员的比较与分析。采用定量工具对有关信息进行分析和比较是十分必要的。

（4）时效性原则

考虑建设工程项目决策过程的时效性，工程项目信息管理成果也应具有相应的时效性。工程项目的信息都有一定的生产周期，如月报表、季度报表和年度报表等，这都是为了保证信息产品能够及时地服务于决策。

（5）高效处理原则

通过采用高性能的信息处理工具（如工程项目管理信息系统），尽量缩短信息在处理过程中的延迟，工程项目信息管理的主要精力应放在对处理结果的分析和控制措施的制定上。

（6）可预见原则

工程项目产生的信息可以作为以后项目实施的历史参考数据，也可以用于预测未来的情况。工程项目信息管理应通过采用先进的方法和工具，为决策者制定未来目标和行动规划提供必要的信息。如通过对以往投资执行情况的分析，对未来可能发生的投资进行预测，作为采取事前控制措施的依据。

3. 工程项目信息管理的任务

建设工程项目一般具有周期较长、参与单位多、单件性和专业性强等特征，一个项目在决策和实施的过程中，项目信息往往会数量巨大、变化多而且错综复杂，项目信息资源的组织与管理任务十分重大。具体来讲，应主要做好以下几方面的工作。

（1）编制工程项目信息管理规划

在整个工程决策和实施过程中，工程项目参与各方都有各自的信息资源组织与管理任务。为充分利用和发挥信息资源的价值、提高信息管理的效率、实现有序的和科学的信息管理，各方都应编制各自的信息管理规划，以规范各自的工程项目信息管理工作。信息管理规划描述和定义在整个工程项目实施过程的各个阶段，信息管理做什么、谁来做、什么时候做和其工作成果是什么等。

工程项目信息管理规划的编制是工程项目管理各方的重要工作。为了编制一份切实有效的信息管理规划，必须依据工程项目特点和工程项目管理者控制项目目标的要求，在深入分析工程项目具体实际情况和实施过程中各有关信息的种类、流程、各层次项目管理需要以及功能要求、信息的输入输出等情况的基础上，并征询工程项目各有关方特别是项目领导者的意见，再综合考虑项目参与各方信息管理的具体情况，由各方项目管理负责人组织编制。

工程项目信息管理规划编制完成并经项目管理班子和领导审核同意后，就要成为一个制度加以管理，工程项目管理班子应严格按此执行。但应明确，工程项目的信息管理规划在编制完成后并非一成不变。在工程项目实施过程中，随着项目的进展，某些具体和实际情况可能会发生变化，信息管理规划也应根据实际情况作适当的调整，以使其能更好地指导工程项目管理工作。

工程项目信息管理规划主要内容包括：

1）信息管理的任务（信息管理任务目录）；

2）信息管理的任务分工表和管理职能分工表；

3）信息的分类；

4）信息的编码体系和编码；

5）信息输入输出模型；

6）各项信息管理工作的工作流程图；

7）信息流程图；

8）信息处理的工作平台及其使用规定；

9）各种报表和报告的格式以及报告周期；

10）项目进展的月度报告、季度报告、年度报告和工程总报告的内容及其编制；

11）工程档案管理制度；

12）信息管理的保密制度等。

（2）明确工程项目管理班子中信息管理部门的任务

工程项目管理班子中各个工作部门的管理工作都与信息处理有关，而信息管理部门的主要工作任务是：

1）负责编制信息管理规划和更为详细具体的信息管理手册，在项目实施过程中对信息管理规划和手册进行必要的修改和补充，并检查和督促其执行情况；

2）负责协调和组织项目管理班子中各个工作部门的信息处理工作；

3）负责信息处理工作平台的建立和运行维护；

4）与其他工作部门协同组织收集信息、处理信息，形成各种反映项目进展和项目目标控制情况的报表和报告；

5）负责工程档案管理等。

（3）编制和确定信息管理的工作流程

信息管理的工作流程对整个项目管理的顺利实施有重要意义，其内容有：

1）信息管理规划和手册编制与修订的工作流程；

2）为形成各类报表和报告，收集信息、录入信息、审核信息、加工信息、传输和发布信息的工作流程；

3）工程档案管理的工作流程等。

（4）建立工程项目信息管理的处理平台

由于工程项目大量数据处理的需要，在当今的时代应重视利用信息技术的手段进行信息管理。其核心的手段是基于网络的信息处理平台。

在传统工程建设模式中普遍存在的信息交流和沟通障碍及问题，不但进一步加剧了已经支离破碎的建设生产过程，造成了项目建设过程中的信息孤岛现象及孤立的生产状态，严重破坏了组织的有效性，大大降低了组织的工作效率，而且是造成项目建设过程中的变更、返工、拖延、浪费、争议、索赔甚至诉讼等问题的重要原因，其最终后果必然是工程建设成本增加、工期拖延、质量下降，甚至可能会造成整个工程项目建设的失败。

（5）建立工程项目信息中心

在国际上，许多建设工程项目都专门设立信息管理部门（或称为信息中心），以确保信息管理工作的顺利进行。也有一些大型工程项目专门委托咨询公司从事项目信息动态跟踪和分析，以信息流指导工程建设的物质流，从宏观上对项目的实施进行控制。

许多国外的研究在分析未来工程项目信息管理发展趋势时，都把信息交流和沟通置于非常重要的位置。未来工程建设信息资源的组织和管理具有以下特征：

1）在项目建设各阶段，项目建设参与各方都能随时随地获得所需要的各种项目信息；

2）用基于虚拟现实（Virtual Reality）的、逼真的工程项目模型指导项目建设的设计与施工全过程；

3）在工程项目各组成部分之间、项目建设实施各阶段之间以及在建设参与的各方之间不再有分离现象；

4）减少距离的影响，使项目团队成员相互进行信息交流和沟通时有同处一地的感觉；

5）对信息的产生、保存及传播进行有效管理。

信息交流与沟通也是实现虚拟建设模式的思想、组织及方法的基础手段，是研究虚拟建设模式信息系统的前提。信息资源的组织与管理就是交换和共享数据、信息和知识的过程，可理解为工程参建各方在项目建设全过程中，运用现代信息和通信技术及其他合适的手段，相互传递、交流和共享项目信息和知识的行为及过程。这一含义的要点包括：

①信息的交流与沟通包括工程项目参与各方；

②时间贯穿项目建设全过程；

③信息交流与沟通手段主要指基于计算机网络的现代信息技术和通信技术，但也不排除传统的信息交流与沟通方式；

④信息交流与沟通内容包括与项目建设有关的所有知识和信息，特别是需要在参与各方之间共享的核心知识和信息。

信息交流与沟通的重要目的是，在项目建设参与各方之间共享项目信息和知识。具体目标是，努力做到在恰当的时间、恰当的地点、为恰当的人及时地提供恰当的项目信息和知识。

随着现代信息和通信技术的发展（如视频会议、远程在线讨论等），信息交流技术使分处异地的项目建设参与各方可以利用功能丰富的现代信息和通信技术实现"遥在"式"异处本地化"的交流和沟通，传统的时空观在工程项目信息的交流和沟通中不再重要。

9.2　工程项目信息管理的过程和内容

工程项目信息管理的过程主要包括信息的收集、加工整理、存储、检索和传递。在这些信息管理过程中，工程项目信息管理的具体内容有很多。

9.2.1　工程项目信息的收集

工程项目信息的收集，就是收集项目决策和实施过程中的原始数据，这是很重要的基础工作，信息管理工作的质量好坏，很大程度上取决于原始资料的全面性和可靠性。其中，建立一套完善的信息采集制度是十分有必要的。

1. 工程项目建设前期的信息收集

工程项目在正式开工之前，需要进行大量的工作，这些工作将产生大量的文件，文件中包含着丰富的内容。

（1）收集设计任务书及有关资料

设计任务书是确定工程项目建设方案（包括建设规模、建设布局和建设进度等原则问题）的重要文件，也是编制工程设计文件的重要依据。所有新建或扩建的建设工程项目，都要根据资源条件和国民经济发展规划，按照工程项目的隶属关系，由主管部门组织有关单位提前编制设计任务书。此阶段的工程项目信息包括项目前期的一系列信息资料，如项目建议书、可行性研究报告以及项目建设上级单位和政府主管部门对工程项目的要求和批复，还包括项目建设用地的自然、社会、经济环境等有关信息资料。

（2）设计文件及有关资料的收集

工程项目的设计任务书经建设单位审核批准后，需委托工程设计单位编制工程设计文件。在进行工程项目设计之前，工程设计单位通常要收集以下方面的资料信息：

1) 社会调查情况及自然灾害等调查情况。

2) 工程技术勘测调查情况。收集建设地区的自然条件资料，如河流、水文水资源、地质、地形、地貌、水文地质、气象等资料。如修建水库水电站，是否对已选定的坝址作进一步调查勘探，对岩土基础是否进行分析试验。如利用当地材料建坝，对各种石料的性质是否进行试验分析等。

3) 技术经济勘察调查情况。主要收集工程建设地区的原材料、燃料来源，水电供应和交通运输条件，劳力来源、数量和工资标准等资料。

对于大型工程项目，项目设计一般分如下三个阶段，即初步设计、技术设计和施工图设计，这三个阶段的设计成果构成工程项目设计文件的主要内容。

初步设计含有大量的工程建设信息，如工程项目的目的和主要任务，工程的规模、总体规划布置、主要建筑物的位置、结构形式和设计尺寸，各种建筑物的材料用量，主要技术经济指标，建设工期和总概算等。

技术设计是根据初步设计所提供的资料，更进一步加以深化，要求收集补充更详细的资料，对工程中的各种建筑物，做出具体的设计计算。技术设计与初步设计相比，提供了更确切的数据资料，如对建筑物的结构形式和尺寸等提出修正，并编制修正后的总概算。

施工图设计阶段，通过图纸反映出大量的信息，如施工总平面图、建筑物的施工平面图和剖面图、安装施工详图、各种专业工程的施工图以及各种设备和材料的明细表等。依据施工图设计所提出的预算，一般情况下不得超过初步设计概算。

（3）招标投标合同文件及其有关资料的收集

工程项目的招标文件由建设单位编制或委托咨询单位编制，在招投标过程中及在决标以后，招标、投标文件及其他一些文件将形成一套对工程建设起制约作用的合同文件。其主要内容包括：投标邀请书、投标须知、合同双方签署的合同协议书、履约保函、合同条款、投标书及其附件、工程报价表及其附件、技术规范、招标图纸、建设单位在招投标期内发布的所有补充通知、承建单位补充的所有书面文件、建设单位在招标时随同招标书一起递送的资料与附图、建设单位发布的中标通知、在商谈合同时双方共同签字的补充文件。

在招投标文件中包含了大量的信息。包括建设单位的全部"要约"条件，承建单位的全部"承诺"条件。如建设单位所提供的材料供应、设备供应、水电供应、施工道路、临时房屋、征地情况和通信条件等；承建单位所投入的人力、机械方面的情况，工期保证、质量保证、投资保证、施工措施和安全保证等。

项目建设前期除以上各个阶段所产生的各种文件资料外，上级单位关于工程项目的批示和有关指示，有关征用土地、迁建赔偿等协议式的批准文件等，均是工程建设过程中十分重要的文件信息。

2. 工程项目施工期的信息收集

工程项目在整个工程施工阶段，每天都发生各种各样的情况，相应地包含着各种信息，需要及时收集和处理。因此，项目的施工阶段，可以说是大量的信息发生、传递和处理的阶段。

（1）建设单位提供的信息

建设单位作为工程项目建设的组织者，在施工中要按照合同文件规定提供相应的条件，并要不时表达对工程各方面的意见和看法，下达某些指令。因此，应及时收集建设单位提供的信息。

当建设单位负责某些材料的供应时，需收集提供材料的品种、数量、质量、价格、提货地点、提货方式等信息。如建设单位对钢材、木材、水泥、砂石等主要材料在施工过程中以某一价格提供给承建单位使用，建设单位应及时将这些材料在各个阶段提供的数量、材质证明、检验资料、运输距离等情况告诉相关单位。

建设单位在建设过程中对各种有关进度、质量、投资、合同等方面的意见和指令，以及建设单位的上级部门对工程建设的各种意见和指令，都是工程建设过程中十分重要的信息。

（2）承建单位提供的信息

施工中，现场所发生的各种情况均包含了大量的内容，工程建设的各参与单位根据自身项目管理工作的需要，必须掌握和收集这些内容，经收集和整理后，汇集成丰富的信息资料。

承建单位在施工中必须经常向有关单位，包括上级部门、设计单位、工程监理单位及其他方面发出某些文件，传达一定的内容。如向工程监理单位报送施工组织设计、各种计划、单项工程施工措施、月支付申请单、各种工程项目自检报告、质量问题报告、有关的意见等。

（3）工程监理的记录

工地现场的工程监理单位的记录包括驻地工程师（工地工程师）的工程监理记录、工程质量记录、工程计量和工程款记录、竣工记录等内容。

1）现场工程监理人员的日报表

主要内容包括：当天的施工内容；当天参加施工的人员（工种、数量等）；当天施工用的机械（名称、数量等）；当天发现的施工质量问题；当天的施工进度与计划施工进度的比较（若发生施工进度拖延，应说明其原因）；当天的综合评语；其他说明（应注意的事项）等。

2）工地日记

主要内容包括：现场工程监理人员的日报表；现场每日的天气记录；工程监理工作纪要；其他有关情况与说明等。

3）现场每日的大气记录

主要内容包括：当天的最高、最低气温；当天的降雨、降雪量；当天的风力及天气状况；因气候原因当天损失的工作时间等。

4）驻施工现场工程监理负责人月报

驻施工现场工程监理负责人每月向监理总负责人及建设单位汇报下列情况：工程施工进度状况（与合同规定的进度作比较）；工程款支付情况；工程进度拖延的原因分析；工程质量情况与问题；工程进展中主要困难与问题，如施工中的重大差错、重大索赔事件；材料、设备供货中的困难；组织、协调方面的困难；异常的天气情况等。

5）驻施工现场工程监理负责人对施工单位的指示

主要内容为：正式函件（用于重大问题的指示）；日常指示，如在每日的工地协调会中发出的指示；在施工现场发出的指示等。

6）工程质量记录

主要包括试验结果记录及样本记录等。

（4）工地会议信息

工地会议是工程项目管理工作的一个重要内容和方法，会议中包含着大量的工程信息。工地现场管理应建立一套完善的会议制度，以便于会议信息的收集。会议制度包括会议的名称、主持人、参加人、举行会议的时间、会议地点等。每次工地会议都应有专人记录，会议后应有正式会议纪要等。

3. 工程竣工阶段的信息收集

工程竣工并按要求进行竣工验收时，需要大量的与竣工验收有关的各种资料信息。这些信息一部分是在整个施工过程中，长期积累形成的；一部分是在竣工验收期间，根据积累的资料整理分析而形成的。完整的竣工资料应由承建单位编制，经工程监理单位和有关方面审查后，移交建设单位并通过建设单位移交项目管理运行单位以及相关的政府主管部门。

9.2.2　工程项目信息的加工整理和存储

工程项目的信息管理除应注意各种原始资料的收集外，更重要的要对收集来的资料进行加工整理，并对工程决策和实施过程中出现的各种问题进行处理。按照工程信息加工整理的深浅可分为如下几个类别：第一类为对资料和数据进行简单整理和滤波；第二类是对信息进行分析，概括综合后产生辅助工程项目管理决策的信息；第三类是通过应用数学模型统计推断可以产生决策的信息。

在项目建设过程中，依据当时收集到的信息所作的决策或决定有如下几个方面：

（1）依据进度控制信息，对施工进度状况的意见和指示

每月、每季度应对工程进度进行分析对比并作出综合评价，包括当月工程项目各方面实际完成量，实际完成数量与合同规定的计划数量之间的比较。如果某一部分拖后，应分析其原因、存在的主要困难和问题，提出解决的意见。

（2）依据质量控制信息，对工程质量控制情况的意见和指示

工程项目信息管理应当系统地报告当前工程施工中的各种质量情况，包括现场检查中发现的各种问题，施工中出现的重大事故，对各种情况。问题、事故的处理等情况。这些信息除了在工程月报、季报中进行阶段性的归纳和评价外，必要时还应有专门的质量情况报告。

（3）依据投资控制信息，对工程结算和决算情况的意见和指示

工程价款结算一般按月进行，要对投资完成情况进行统计、分析，在统计分析的基础上作一些短期预测。

（4）依据合同管理信息，对索赔的处理意见

在工程施工中，由于建设单位的原因或客观条件使承建单位遭受损失，承建单位提出索赔要求；或由于承建单位违约使工程遭受损失，建设单位提出索赔要求。

信息的存储是将信息保留起来以备将来应用。对有价值的原始资料、数据及经过加工整理的信息，要长期积累以备查阅。

9.2.3　工程项目信息的检索和传递

无论是存入档案库还是存入计算机存储器的信息、资料，为了查找的方便，在入库前都要拟订一套科学的查找方法和手段，做好编目分类工作。健全的检索系统可以使报表、文件、资料、人事和技术档案既保存完好，又便于查找。否则，会使资料杂乱无章，无法利用。

信息的传递是指信息借助于一定的载体（如纸张、软盘、磁带等）在工程项目信息管理工作各部门、各单位之间的传递。通过传递，形成各种信息流。畅通的信息流，将利用报表、图表、文字、记录、电信、各种收发文、会议、审批及计算机等传递手段，不断地将工程项目信息输送到项目建设各方手中，成为他们工作的依据。

信息管理的目的，是为了更好地使用信息，为决策服务。处理好的信息，要按照需要和要求编印成各类报表和文件，以供项目管理工作使用。信息检索和传递的效率和质量随着计算机的普及而提高。存储于计算机数据库中的数据，已成为信息资源，可为各个部门所共享。因此，利用计算机做好信息的加工储存工作，是更好地进行信息检索和信息传递的前提。

工程项目信息管理工作中涉及的信息量巨大，要实现高效、快速的信息管理，使项目管理工作流程程序化、记录标准化、报告系统化，传统的手工操作管理办法已无法满足需要。可以利用计算机存储量大的特点，集中存储与工程项目有关的各种信息。利用计算机运算速度快的特点，及时、准确地加工处理项目所需要的各种数据，形成文字、图表、图像等各种信息，以便在工程项目管理过程中，及时发现问题，检查项目的实施情况，作出进一步调整或规划的决策。

随着科学技术的不断发展，在工程项目信息管理工作中，计算机应用的范围和程度将越来越宽广，对信息处理的能力将越来越强大，因此，实现工程项目管理工作本身的自动化、标准化、规范化和系统化，其前景是十分广阔的。

9.2.4　工程项目信息分类和编码体系

信息管理规划、程序与制度是工程项目信息管理的重要内容，包括信息分类、编码设计、信息分析、信息流程与信息制度等，具体有以下主要内容。

（1）建立统一的工程项目信息编码体系，包括工程项目编码、工程项目各参与单位组织编码、投资控制编码、进度控制编码、质量控制编码和合同管理编码等。

（2）对信息系统的输入/输出报表进行规范和统一，并以信息目录表的形式固定下来。

（3）建立完善的工程项目信息流程，使工程建设项目各参与单位之间的信息关系得以明确化，同时结合工程项目的实施情况，对信息流程进行不断的优化和调整，剔除一些不合理或冗余的流程，以适应信息系统运行的需要。

（4）注重基础数据的收集和传递，建立基础数据管理的制度，保证基础数据全面、及时和准确地按统一格式输入信息系统。

（5）对信息系统中有关人员的任务、职能进行分工，明确有关人员在数据收集和处理过程中的任务。

（6）建立数据保护制度，保证数据的安全性、完整性和一致性。

1. 工程项目信息分类和编码

(1) 工程项目信息分类和编码的含义

一个工程项目有不同类型和不同用途的信息，为了有组织地存储信息、方便信息的检索和信息的加工整理，必须对工程项目的信息进行编码。

所谓信息分类就是把具有相同属性（特征）的信息归并在一起，把不具有这种共同属性（特征）的信息区别开来的过程。信息分类的产物是各式各样的分类或分类表，并建立起一定的分类系统和排列顺序，以便管理和使用信息。对信息分类体系的研究一直是信息管理科学的一项重要课题。

编码由一系列符号（如文字）和数字组成，编码是信息处理的一项重要的基础工作。工程项目信息的分类（Classification）、编码（Coding）和控制的术语（Controlled Terminology）是进行计算机辅助工程项目信息管理的基础和前提，也是不同工程项目参与方之间、不同组织之间消除界面障碍，保持信息交流和传递流畅、准确和有效的保证。

工程项目信息分类和编码体系的统一体现在两个方面：第一，不同项目参与方（如业主、设计单位、施工单位和项目管理单位）的信息分类和编码体系统一，即横向统一；第二，项目在整个实施周期（包括设计、招投标、施工、动用准备等）各阶段的划分体系统一，即纵向统一。横向统一有利于不同项目参与者之间的信息传递和信息共享，纵向统一有利于项目实施周期信息管理工作的一致性和项目实施情况的跟踪与比较。

(2) 工程项目信息的分类

工程项目业主方和项目参与各方可根据各自工程项目管理的需求确定其信息管理的分类，但为了信息交流的方便和实现部分信息共享，应尽可能作一些统一分类的规定，如项目的分解结构应统一。在进行项目信息分类时，可以从不同的角度对工程项目的信息进行分类，如：

1) 按工程项目管理工作的对象，即按项目的分解结构，如按子项目 1、子项目 2 等进行信息分类；

2) 按工程项目实施的工作过程，如按设计准备、设计、招投标和施工过程等进行信息分类；

3) 按工程项目管理工作的任务，如按投资控制、进度控制、质量控制等进行信息分类；

4) 按信息的内容属性，如按组织类信息、管理类信息、经济类信息、技术类信息和法规类信息等进行信息分类。

为满足工程项目管理工作的要求，往往需要对工程项目信息进行综合分类，即按多维进行分类，如：

1) 第一维，按工程项目的分解结构；

2) 第二维，按工程项目实施的工作过程；

3) 第三维，按工程项目管理工作的任务。

(3) 工程项目信息分类和编码的内容和方法

工程项目信息的分类和编码可以有很多种，如：

1) 工程项目的结构编码；

2) 工程项目管理组织结构编码；

3）工程项目的各参与单位编码（组织编码）；

4）工程项目实施的工作项编码（工程项目实施的工作过程的编码）；

5）工程项目的投资项编码（业主方）/成本项编码（施工方）；

6）工程项目的进度项（进度计划的工作项）编码；

7）工程项目进展报告和各类报表编码；

8）合同编码；

9）函件编码；

10）工程档案编码等。

以上这些编码是因不同的用途而编制的，如投资项编码（业主方）/成本项编码（施工方）服务于投资控制工作/成本控制工作；进度项编码服务于进度控制工作。但是有些编码并不是针对某一项管理工作而编制的，如投资控制/成本控制、进度控制、质量控制、合同管理、编制工程项目进展报告等都要使用项目分解结构编码，因此需要进行编码的组合。工程项目信息分类和编码的主要方法如下：

1）工程项目的结构编码依据项目结构图，对项目结构每一层的每一个组成部分进行编码。

2）工程项目管理组织结构编码依据项目管理的组织结构图，对每一个工作部门进行编码。

3）工程项目的各参与单位包括政府主管部门、业主方的上级单位或部门、金融机构、工程咨询单位、设计单位、施工单位、物资供应单位和物业管理单位等，需要对以上单位进行编码。

4）在进行工程项目信息分类和编码时，工程项目实施的工作项编码应覆盖项目实施全过程的工作任务目录的全部内容，它包括设计准备阶段的工作项、设计阶段的工作项、招投标工作项、施工和设备安装工作项和项目动用前准备工作项等。

5）工程项目的投资项编码并不是概预算定额确定的分部分项工程的编码，它应综合考虑概算、预算、标底、合同价和工程款的支付等因素，建立统一的编码，以服务于项目投资目标的动态控制。工程项目成本项编码也不是预算定额确定的分部分项工程的编码，它应综合投标价估算、合同价、施工成本分析和工程款的支付等因素，建立统一的编码，以服务于项目成本目标的动态控制。

6）工程项目的进度项编码应综合考虑不同层次、不同深度和不同用途的进度计划工作项的需要，建立统一的编码，服务于工程项目进度目标的动态控制。

7）工程项目进展报告和各类报表编码应包括工程项目管理过程中形成的各种报告和报表的编码。

8）合同编码应参考项目合同结构和合同分类，应反映合同的类型、相应的项目结构和合同签订的时间等特征。

9）函件编码应反映发函者、收函者、函件内容所涉及的分类和时间等，以方便函件的查询和整理。

10）工程档案的编码应根据有关工程档案的规定、工程项目的特点和建设项目实施单位的需求而建立。

【案例 9-1】　某体育场馆建设工程项目信息分类和编码

该体育场馆项目文档类别编码分为 4 个层次，每一个层次由 1 位字母或数字构成。

（1）文档类别编码第一层次的划分主要是按项目的阶段进行划分，编码比较确定，如表 9-1 所示。

文档类别编码（按阶段划分）　　　　　　表 9-1

阶 段 名 称	编 码
项目总体	G
项目前期	I
勘察设计	D
施工	C
动用准备	O
保修期	B

（2）信息类别编码的第二至第四层次均由 1 位数构成，元素组成可以是 1～9、英文 26 个字母的大小写，共 61 个编码值，可以满足信息分类扩充的需要，详见表 9-2。表 9-2 是文档类别编码列表，其中出现有不需要涉及所有 4 个预设层次的情况时，相应的层次编码用 0 表示。

某文档类别编码列表　　　　　　表 9-2

第一层次	第二层次	第三层次	第四层次
项目总体 G	政府主管部门批文 G1	项目建议书审批 G11	
		可行性研究报告审批 G12	
		征地、拆迁审批资料 G13	
		土地规划许可证审批 G14	
		建设工程规划许可证审批 G15	
		初步设计审批 G16	
		施工许可证审批 G17	
		工程建设报建表备案 G18	
		工程质量监督注册备案 G19	
		建设工程施工招标方式备案 G1a	
		招标文件备案 G1b	
		建设工程竣工验收备案 G1c	
		其他 G1d	
	项目基本信息 G2	项目实施大事记 G21	
		组委会有关信息 G22	
		政府部门有关信息 G23	
		业主方有关信息 G24	
		设计（咨询）单位有关信息 G25	
		工程监理单位有关信息 G26	
		承包商有关信息 G27	

续表

第一层次	第二层次	第三层次	第四层次
		供货商有关信息 G28	
		专家信息 G29	
	往来函件 G3	组委会工程部函 G31	
		政府部门函 G32	
		业主函 G33	
		项目管理咨询单位函 G34	
		设计单位函 G35	
		监理工程师函 G36	
		设备供货商函 G37	
		材料供应商函 G38	
		其他 G39	
项目前期 I	可行性研究报告 I4		
	项目策划报告 I5		
	环境调查报告 I6		
勘察设计 D	地基地质勘察资料 D7	初勘资料 D71	
		详勘资料 D72	
	方案设计 D8	设计竞赛文件 D81	
		设计竞赛的组织文件 D82	
		设计竞赛方案 D83	
		设计竞赛的评审 D84	
		方案设计图纸 D85	
	初步设计与施工图设计 D9	设计招标文件 D91	
		设计招标的组织文件 D92	
		设计招标的评审 D93	
		初步设计图纸 D94	
		初步设计评审资料 D95	
		施工图设计图纸 D96	建筑、结构施工图 D961
			暖通空调施工图 D962
			给水排水施工图 D963
			强电施工图 D964
			弱电施工图 D965
		图纸变更 D97	建筑、结构施工图 D971
			暖通空调施工图 D972
			给水排水施工图 D973
			强电施工图 D974

续表

第一层次	第二层次	第三层次	第四层次
			弱电施工图 D975
施工 C	项目管理咨询资料 Ca	项目管理建议书 Ca1	
		项目管理大纲 Ca2	
		项目管理规划报告 Ca3	
		项目管理月报 Ca4	
	招标投标 Cb	总承包招标投标 Cb1	
		专业招标投标 Cb2	
		工程监理招标投标 Cb3	
		设备采购招标投标 Cb4	
	合同管理 Cc	合同文本 Cc1	
		合同变更 Cc2	
		合同款支付 Cc3	
		索赔 Cc4	
	进度管理 Cd	业主确认的项目计划报告 Cd1	
		设计方进度报告 Cd2	
		工程监理单位进度报告 Cd3	
		施工总承包单位进度报告 Cd4	
		土建分包单位进度报告 Cd5	
		设备安装单位进度报告 Cd6	
		装修单位进度报告 Cd7	
	投资管理 Ce	估算资料与审批报告 Ce1	
		概算资料与审批报告 Ce2	
		预算资料与审批报告 Ce3	
		资金到位情况报告 Ce4	
		投资使用计划报告 Ce5	
		工程实际投资报告 Ce6	
		投资计划与实际投资比较分析报告 Ce7	
		付款申请与审批 Ce8	
	质量管理 Cf	质量保证体系资料 Cf1	
		施工技术与质量验收标准 Cf2	
		材料合格证明及检测资料 Cf3	
		半成品检测资料 Cf4	
		隐蔽工程验收资料 Cf5	
		工序验收资料 Cf6	
		分部分项工程质量评定及验收资料 Cf7	

第一层次	第二层次	第三层次	第四层次
		关键节点及竣工验收报告 Cf8	
		质量事故处理报告 Cf9	
		质量管理月报 Cfa	
	施工技术 Cg	施工组织设计 Cg1	
		关键施工节点的施工方案 Cg2	
		其他 Cg3	
	设备采购 Ch	电梯设备资料 Ch1	
		给水排水设备资料 Ch2	
		暖通空调设备资料 Ch3	
		强电设备资料 Ch4	
		智能化设备资料 Ch5	
		比赛设备资料 Ch6	
		其他 Ch7	
	工程监理报告 Ci	工程监理大纲 Ci1	
		工程监理规划 Ci2	
		工程监理实施细则 Ci3	
		工程监理周报、月报 Ci4	
		其他 Ci5	
	安全管理 Cj	安全保证体系资料 Cj1	
		安全操作规程 Cj2	
		安全管理周报、月报 Cj3	
		安全事故处理报告 Cj4	
		其他 Cj5	
动用准备 O			
保修期 B			

2. 信息分析

在对工程项目进行信息分类和编码的基础上，信息管理规划的重要成果是信息分析表。信息分析重点是在工程项目实施各个阶段列出所有需要共享的文档信息（用信息编码表示），并分析每一个文档信息的发送方和接收方，这样有助于工程项目管理信息平台中对信息访问权限的设定。

表 9-3 为施工阶段信息分析表示意。其中，相关参与方主要分为业主方（简称 O）、工程监理方（简称 P）、设计方（简称 D）、施工方（简称 C）、供货方（简称 S）以及第三方（T）六大类。

施工阶段信息分析表示意　　　　　　　表 9-3

信息 类别	信　息　名　称	信息 编码	格式	发送方	接收方
编码 信息	施工阶段统一的信息编码体系和管理制度	4110112	文本	P	O、P、D、C、S、T
单位组织信息	业主方单位组织变动信息	4120111	文本	O	O、P、D、C、S、T
	业主方项目管理班子变动信息	4120211	文本	O	O、P、D、C、S、T
	业主方项目管理班子增减人员的照片	4120321	图像	O	O、P、D、C、S、T
	项目管理方的组织手册	4120412	文本	P	O、D、C、S
	项目管理方的资质文件	4120512	文本	P	O、D、C、S
	各专业设计人员的个人简介、资格证书等	4120913	文本	D	O、P、D、C、S、T
	…	…	…	…	…
项目组织信息	业主方对项目组织结构的变更信息	4130111	文本	O	O、P、D、C、S、T
	项目规划许可证	4130211	文本	O	O、T
	项目开工许可证	4130311	文本	O	O、T
	设计质量监督合格证或施工图设计质量审核文件	4130411	文本	O	O、D、P
	施工阶段的项目组织结构图	4130511	文本	P	O、P、D、C、S、T
	政府下发的有关工程建设管理的文件	4130611	文本	O	O、P、D、C、S、T
	…	…	…	…	…
进度控制信息	业主方对项目动用目标的变更文件	4210111	文本	O	O、P、D、C、S
	业主方在施工阶段的工作计划	4210211	文本	O	O、P
	业主方在施工阶段的进度工作总结报告	4210311	文本	O	O、P
	施工阶段进度控制规划	4210412	文本	P	O、P、D、C、S
	施工阶段总进度计划	4210512	文本	P	O、P、D、C、S
	…	…	…	…	…
	施工方的施工总进度计划	4211914	文本	C	O、P、C、S
	施工方的各分项进度计划	4212014	文本	C	O、P、C、S
	施工方的各专业工程施工进度计划	4212114	文本	C	O、P、C、S
	施工方的年、季、月、旬、周施工进度计划	4212214	文本	C	O、P、C、S
	施工方的实际进度统计报表	4212314	文本	C	O、P、C
	施工方的进度预测报告	4212414	文本	C	O、P、C、S
	…	…	…	…	…
合同管理信息	业主方在施工阶段提出的关于设计的合同变更文件、工程合同补充协议以及合同索赔资料等	4220111	文本	O	O、P、D
	业主方在施工阶段提出的关于施工的合同变更文件、工程合同补充协议以及合同索赔资料等	4220211	文本	O	O、P、C
	业主方在施工阶段提出的关于供货的合同变更文件、工程合同补充协议以及合同索赔资料等	4220311	文本	O	O、P、S
	业主方在施工阶段对各种已付工程合同款的统计报表	4220411	文本	O	O、P
	…	…	…	…	…

3. 信息组织与管理手册的编制

在工程项目决策和实施过程中，业主方和其他项目参与方都有各自信息化的组织与管理任务。为充分利用和发挥信息资源的价值、提高信息管理的效率以及实现有序的和科学的信息管理，各方都应编制各自的信息组织与管理手册，以规范信息管理工作。信息组织与管理手册描述和定义信息管理做什么、谁做、什么时候做和其工作成果是什么等，除了信息分类和信息编码外，主要内容还包括：

1) 信息管理的任务（信息管理任务目录）；
2) 信息管理的任务分工表和管理职能分工表；
3) 信息输入输出模型；
4) 各项信息管理工作的工作流程图；
5) 信息流程图；
6) 信息处理的工作平台及其使用规定；
7) 各种报表和报告的格式以及报告周期；
8) 项目进展的月度报告、季度报告、年度报告和工程总报告的内容及其编制；
9) 工程档案管理制度；
10) 信息管理的保密制度等。

9.3 工程项目档案资料管理

9.3.1 档案资料概念与特征

1. 档案资料概念

工程项目档案资料是指建设工程项目在立项、设计、施工、工程监理和竣工活动中形成的具有归档保存价值的基建文件、工程监理文件、施工文件和竣工图的统称，是建设项目全过程的原始、真实记录，是宝贵的信息资源。这些档案材料全面反映了建筑工程建设的详细情况，对工程质量评定、工程竣工后的管理和维护，以及对新建工程的准备等，都具有重要的利用价值。认真做好工程档案管理工作是非常重要的。建设工程项目的档案资料主要由以下文件资料组成。

（1）建设单位文件

由建设单位在工程建设过程中形成并收集汇编，关于立项、征用工地、拆迁、地质勘察、测绘、设计、招标投标、工程验收等文件或资料的统称。

（2）工程监理单位文件

由工程监理单位在工程建设监理全过程中形成并收集汇编的文件或资料的统称。

（3）施工单位文件

由施工单位在工程施工过程中形成并收集汇编的文件或资料的统称。

（4）竣工图

建设项目竣工图是真实地记录建设工程各种地下、地上建筑物竣工实际情况的技术文件。它是对工程进行交工验收、维护、扩建、改建的依据，也是使用单位长期保存的资料。竣工图可利用蓝图改绘或在底图上修改或重新绘制，竣工图的绘制工作应由建设单位完成，也可委托承建单位（总承包）、工程监理单位或设计单位完成。

2. 建设工程项目档案资料载体

建设工程项目档案资料载体主要有以下四种：

（1）纸质载体

以纸张为基础的载体形式。

（2）缩微品载体

以胶片为基础，利用缩微技术对工程资料进行保存的载体形式。

（3）光盘载体

以光盘为基础，利用计算机技术对工程资料进行存储的形式。

（4）磁性载体

以磁性记录材料（磁带、磁盘等）为基础，对工程资料的电子文件、声音、图像进行存储的方式。

3. 档案资料特征

建设工程项目档案资料有以下方面的特征：

（1）分散性和复杂性

建设项目周期长、生产工艺复杂，建筑材料种类多，建筑技术发展迅速，影响建设项目的因素多种多样，工程建设阶段性强并且相互穿插，由此导致了建设项目档案资料的分散性和复杂性。这个特征决定了建设项目档案资料是多层次、多环节、相互关联的复杂系统。

（2）继承性和时效性

随着建筑技术、施工工艺、新材料以及建筑业技术和管理水平的不断提高和发展，档案资料可以被继承和积累，新的项目在施工过程中可以吸取以前的经验，避免重犯以往的错误。同时，建设项目档案资料有很强的时效性，档案资料的价值会随着时间的推移而衰减，有时档案资料一经生成，就必须传达到有关部门，否则会造成严重后果。

（3）全面性和真实性

建设项目档案资料只有全面反映项目的各类信息才更有实用价值，因此必须形成一个完整的系统。有时，只言片语地引用往往会起到误导作用。另外，建设项目档案资料必须真实反映工程情况，包括发生的事故和存在的隐患。真实性是对所有档案资料的共同要求，而工程建设领域对这方面的要求则更为严格。

（4）随机性

建设项目档案资料可能产生于工程建设的整个过程中，工程开工、施工、竣工等各个阶段和各个环节都会产生各种档案资料，部分建设项目档案资料的产生有规律性（如各类报批文件），但还有相当一部分档案资料的产生是由具体工程事件引发的，建设项目档案资料具有随机性。

（5）多专业性和综合性

建设项目档案资料依附于不同的专业对象而存在，又依赖于不同的载体而流动。它涉及建筑、市政、公用、消防、保安等多种专业，也涉及电子、力学、声学、美学等多种学科，并同时综合了质量、进度、造价、合同、组织协调等多方面内容。

在工程建设过程中，需要制定并严格执行建设工程档案管理制度，这也是项目管理工作的一个重要方面。建设工程档案管理制度的内容应包括：①管理责任部门及相关人员职责；②档案分类及归档范围、要求；③档案移交、整理、编号；④档案的应用；⑤档案的保管制度；⑥档案的销毁制度；⑦档案的保密制度等。

9.3.2　工程项目档案资料管理职责

建设工程项目档案资料的管理涉及建设单位、工程监理单位、施工单位以及地方城建档案部门。下面，根据我国相关政府主管部门现行有关文件的规定，对工程建设参与各方档案资料的管理职责进行介绍。

1. 通用职责

（1）工程各参建单位填写的工程档案资料应以工程合同、设计文件、工程质量验收标准、施工及验收规范等为依据。

（2）工程档案资料应随工程进度及时收集、整理，并应按专业归类，认真书写，字迹清楚，项目齐全、准确、真实，无未了事项。表格应采用统一表格，特殊要求需增加的表格应统一归类。

（3）工程档案资料进行分级管理，各单位技术负责人负责本单位工程档案资料的全过程组织工作，工程档案资料的收集、整理和审核工作由各单位档案管理员负责。

（4）对工程档案资料进行涂改、伪造、随意抽撤或损毁、丢失等，应按有关规定予以处罚。

2. 建设单位职责

（1）应加强对基建文件的管理工作，并设专人负责基建文件的收集、整理和归档工作。

（2）在与勘察单位、设计单位、工程监理单位、施工单位签订勘察、设计、工程监理、施工合同时，应对工程监理文件、施工文件和工程档案的编制责任、编制套数和移交期限作出明确规定。

（3）必须向参建的勘察、设计、施工、工程监理等单位提供与建设项目有关的原始资料，原始资料必须真实、准确、齐全。

（4）负责在工程建设过程中对工程档案资料进行检查并签署意见。

（5）负责组织工程档案的编制工作，可委托总承包单位或工程监理单位组织该项工作；负责组织竣工图的绘制工作，可委托总承包单位或工程监理单位或设计单位具体执行。

（6）编制基建文件的套数不得少于地方城建档案部门要求，但应有完整的基建文件归入地方城建档案部门及移交产权单位，保存期应与工程合理使用年限相同。

（7）应严格按照国家和地方有关城建档案管理的规定，及时收集、整理建设项目各环节的资料，建立、健全工程档案，并在建设项目竣工验收后，按规定及时向地方城建档案部门移交工程档案。

3. 工程监理单位职责

（1）应加强工程监理资料的管理工作，并设专人负责工程监理资料的收集、整理和归档工作。

（2）监督检查工程资料的真实性、完整性和准确性。在设计阶段，对勘察、测绘、设计单位的工程资料进行监督、检查；在施工阶段，对施工单位的工程资料进行监督、检查。

（3）接受建设单位的委托进行工程档案的组织编制工作。

（4）在工程竣工验收后三个月内，由项目总监理工程师组织对工程监理档案资料进行整理、装订与归档。工程监理档案资料在归档前必须由项目总监理工程师审核。

（5）编制的工程监理文件的套数不得少于地方城建档案部门要求，但应有完整的工程监理文件移交建设单位及自行保存，保存期根据工程性质以及地方城建档案部门有关要求确定。如建设单位对工程监理档案资料的编制套数有特殊要求的，可另行约定。

4. 工程施工单位职责

（1）应加强施工文件的管理工作，实行技术负责人负责制，逐级建立健全施工文件管理工作。建设项目的施工文件应设专人负责收集和整理。

（2）总承包单位负责汇总整理各分包单位编制的全部施工文件，分承包单位应各自负责对分承包范围内的施工文件进行收集和整理，各承包单位应对其施工文件的真实性和完整性负责。

（3）接受建设单位的委托进行工程档案的组织编制工作。

（4）按要求在竣工前将施工文件整理汇总完毕并移交建设单位进行工程竣工验收。

（5）负责编制的施工文件的套数不得少于地方城建档案部门要求，但应有完整的施工文件移交建设单位及自行保存，保存期根据工程性质以及地方城建档案部门有关要求确定。如建设单位对施工文件的编制套数有特殊要求的，可另行约定。

5. 地方城建档案部门职责

（1）负责接收和保管所辖范围应当永久和长期保存的工程档案和有关资料。

（2）负责对城建档案工作进行业务指导，监督和检查有关城建档案法规的实施。

（3）列入向本部门报送工程档案范围的建设项目，其竣工验收应有本部门参加并负责对移交的工程档案进行验收。

9.3.3　工程项目档案资料的分类

建设工程项目档案资料归档过程的组卷工作，应按照当地城建档案主管部门的有关要求进行。本部分内容反映了城建档案主管单位对一般性工程建设过程档案资料的总体管理情况。

1. 基建文件

（1）决策立项文件

项目建议书；对项目建议书的批复文件；可行性研究报告；对可行性报告的批复文件；关于立项的会议纪要、领导批示；专家对项目的有关建议文件；项目评估研究资料；计划部门批准的立项文件；计划部门批准的计划任务。

（2）建设用地、征地、拆迁文件

政府计划管理部门批准征用土地的计划任务；国有土地使用证；政府部门批准用农田的文件；使用国有土地时，房屋土地管理部门拆迁安置意见；选址意见通知书及附图；建设用地规划许可证、许可证附件及附图。

（3）勘察、测绘、设计文件

工程地质勘察报告；水文地质勘察报告；建筑用地界桩通知单；验线通知单；规划设计条件通知书及附图；审定设计方案通知书及附图；审定设计方案通知书要求征求有关人防、环保、消防、交通、园林、市政、文物、通信、保密、河湖、教育等部门的审查意见和要求取得的有关协议；初步设计图纸及说明；施工图设计及说明；设计计算书；消防设计审核意见；政府有关部门对施工图设计文件的审批意见。

（4）工程招投标及承包合同文件

建设工程项目的招标文件包括勘察招投标文件；设计招投标文件；施工招投标文件；设备材料采购招投标文件；工程监理招投标文件等。

建设工程项目的合同文件包括工程勘察合同；设计合同；施工合同；供货合同；工程监理合同等。

（5）工程开工文件

年度施工任务批准文件；工程施工图纸修改通知书；建设项目规划许可证、附件及附图；固定资产投资许可证；建设工程开工证；工程质量监督手续。

（6）商务文件

工程投资估算材料；工程设计概算；施工图预算；施工预算；工程决算；交付使用固定资产清单；建设工程概况。

（7）工程竣工备案文件

工程竣工验收备案表；工程竣工验收报告；由规划、公安消防、环保等部门出具的认可文件或准许使用文件；工程质量保证书、保修书；住宅使用说明书。

（8）其他文件

工程竣工总结；由建设单位委托长期进行的工程沉降观测记录；工程未开工前的原貌、竣工新貌照片；工程开工、施工、竣工的录音录像资料。

2. 工程监理资料

（1）工程监理合同类文件

委托工程监理合同；有关合同变更的协议文件。

（2）工程的监理管理资料

工程监理规划、工程监理实施细则；工程监理月报；工程监理会议纪要；工程监理通知；工程监理工作总结。

（3）工程监理工作记录

工程技术文件报审表；工程质量控制报验审批文件（工程物资进场报验表；施工测量放线报审文件；见证取样记录文件；分部、分项工程施工报验表；工程监理抽检文件；质量事故报告及处理资料）；工程进度控制报验审批文件〔工程开工报审文件；施工进度计划（年、季、月）报审文件；月工、料、机动态文件；停工、复工、工程延期文件〕；造价控制报验、审批文件。

（4）工程监理验收资料

竣工移交证书；工程质量评估报告。

3. 施工资料

（1）施工管理资料

工程概况表；施工进度计划分析；项目大事记；施工日志；不合格项处置记录；工程

质量事故报告〔建设工程质量事故调（勘）查笔录；建设工程质量事故报告书〕；施工总结。

（2）施工技术资料

工程技术文件报审表；技术管理资料（技术交底记录；施工组织设计；施工方案）；设计变更文件（图纸审查记录；设计交底记录；设计变更；洽商记录）。

（3）工程物资技术资料

工程物资选样送审表；工程物资进场报验表；产品质量证明文件（半成品钢筋出厂合格证；预拌混凝土构件出厂合格证；钢构件出厂合格证）；材料、设备进场检验记录（设备开箱检查记录；材料、配件检验记录；设备及管道附件试验记录）；产品复试记录、报告〔材料试验报告（通用）；水泥试验报告；钢筋原材试验报告；砌墙砖（砌块）试验报告；砂试验报告；碎（卵）石试验报告；轻集料试验报告；防水卷材试验报告；防水涂料试验报告；混凝土掺合料试验报告；钢材机械性能试验报告；金相试验报告〕。

（4）施工测量记录

工程定位测量记录；基槽验线记录；楼层放线记录；沉降观测记录。

（5）工程施工记录

1）通用记录

隐蔽工程检查记录表；预检工程检查记录表；施工通用记录表；中间检查交接记录。

2）土建专用施工记录

地基处理记录；地基勘探记录；桩基施工记录；混凝土搅拌测温记录表；混凝土养护测温记录表；砂浆配合比申请单、通知单；混凝土配合比申请单、通知单；混凝土开盘鉴定；预应力钢筋张拉记录；有粘结预应力结构灌浆记录；建筑烟（风）道、垃圾道检查记录。

3）电梯专用施工记录

电梯承重梁、起重吊环埋设隐蔽工程检查记录；电梯钢丝绳头灌注隐蔽工程检查记录；自动扶梯、自动人行道安装条件记录。

（6）施工试验记录

1）施工试验记录（通用）

2）设备试运转记录

设备单机试运转记录；调试报告。

3）土建专用施工试验记录

钢筋连接试验报告；回填土干密度试验报告；土工击实试验报告；砌筑砂浆抗压强度试验报告；混凝土抗压强度试验报告；混凝土抗渗试验报告；超声波探伤报告；超声波探伤记录；钢构件射线探伤记录；砌筑砂浆试块强度统计、评定记录；混凝土试块强度统计、评定记录；防水工程试水检查记录。

4）电气专用施工试验记录

电气接地电阻试验记录；电气绝缘电阻试验记录；电气器具通电安全检查记录；电气照明、动力试运行记录；综合布线测试记录；光纤损耗测试记录；视频系统末端测试记录。

5）管道专用施工试验记录

管道灌水试验记录；管道强度严密性试验记录；管道通水试验记录；管道吹（冲）洗（脱脂）试验记录；室内排水管道通球试验记录；伸缩器安装记录表。

6）通风空调专用施工试验记录

现场组装除尘器、空调机漏风检测记录；风管漏风检测记录；各房间室内风量测量记录；管网漏风平衡记录；通风系统试运行记录；制冷系统气密性试验记录。

7）电梯专用施工试验记录

电梯主要功能检查试验记录表；电梯电气安全装置检查试验记录；电梯整机功能检验记录；电梯层门安全装置检查试验记录；电梯负荷运行试验记录；轿厢平层准确度测量记录表；电梯负荷运行试验曲线图表；电梯噪声测试记录表；自动扶梯、自动人行道运行试验记录。

（7）施工验收资料

分部、分项工程施工报验表；分部工程验收记录（竣工验收通用记录；基础、主体工程验收记录；幕墙工程验收记录）；单位工程验收记录；工程竣工报告；质量评定资料（参阅 GB 50300 系列表格）。

（8）竣工图

（9）工程资料、档案封面和目录

1）工程资料总目录卷汇总表

工程资料总目录卷。

2）工程资料封面和目录

工程资料案卷封面；工程资料卷内目录；工程资料卷内备考表。

3）工程档案封面和目录

城市建设档案封面；城建档案卷内目录；城建档案案卷审核备考表。

4）移交资料

城市建设档案移交书；城市建设档案缩微品移交书；城市建设档案移交目录。

9.3.4　工程项目档案资料编制质量要求与组卷方法

对建设工程项目档案资料编制质量要求与组卷方法，各行政管理区域以及各行业都有自己的要求，但就全国来讲还没有统一的标准体系。以下介绍我国对地方城建档案部门的一般性要求。

1. 编制质量要求

（1）工程档案资料必须真实地反映工程实际情况，具有永久和长期保存价值的文件材料必须完整、准确、系统，责任者的签章手续必须齐全。

（2）工程档案资料必须使用原件；如有特殊原因不能使用原件的，应在复印机或抄件上加盖公章并注明原件存放处。

（3）工程档案资料的签字必须使用档案规定用笔。工程资料宜采用打印的形式并应手工签字。

（4）工程档案资料的编制和填写应适应档案缩微管理和计算机输入的要求，凡采用施工蓝图改绘竣工图的，必须使用新蓝图并反差明显，修改后的竣工图必须图面整洁，文字材料字迹工整、清楚。

（5）工程档案资料的缩微制品，必须按国家缩微标准进行制作，主要技术指标（解像力、密度、海波残留量等）要符合国家标准，保证质量，以适应长期安全保管。

（6）工程档案资料的照片（含底片）及声像档案，要求图像清晰，声音清楚，文字说明或内容准确。

2. 组卷一般要求

（1）组卷的质量要求

组卷前要详细检查建设单位文件、工程监理文件、工程施工文件和竣工图，按要求收集齐全、完整。达不到质量要求的文字材料和图纸一律重做。

（2）组卷的基本原则

建设项目工程档案组卷应遵从以下基本原则：

1）建设项目按单位工程组卷；

2）工程档案资料应按建设单位文件、工程监理文件、施工文件和竣工图分别进行组卷，施工文件、竣工图还应按专业分别组卷，以便于保管和利用；

3）工程档案资料应根据保存单位和专业工程分类进行组卷；

4）卷内资料排列顺序要依据资料内容构成而定，一般顺序为：封面、目录、文件部分、备考表、封底，组成的案卷力求美观、整齐；

5）卷内资料若有多种资料时，同类资料按日期顺序排序，不同资料之间的排列顺序应按资料分类排列。

（3）组卷的具体要求

工程建设各参与单位的档案资料文件可根据数量的多少组成一卷或多卷，如建设单位的建设项目报批卷、用地拆迁卷、地质勘探卷、工程竣工总结卷、工程照片卷、录音录像卷等。工程监理单位和施工单位同样根据档案资料数量的多少组成一卷或多卷。可以参照各地方城建档案馆专业工程分类编码参考表的类别进行组卷。

工程建设的竣工图一般按专业进行组卷。可分综合图卷、建筑、结构、给水排水、燃气、电气、通风与空调、电梯、工艺等，每一专业根据图纸多少可组成一卷或多卷。

原则上，文字材料和图纸材料不能混装在一个装具内；如文件材料较少需装在一个装具内，文字材料和图纸材料必须装订。

工程档案资料应按单项工程编制总目录卷和总目录卷汇总表。

（4）案卷页号的编写

编写页号以独立卷为单位。在案卷内文件材料排列顺序确定后，均以有书写内容的页面编写页号。

用打号机或钢笔依次逐张标注页号，采用黑色、蓝色油墨或墨水。

工程档案资料以及折叠后图纸页号的编写位置应按城建档案馆要求统一。

（5）案卷汇总

案卷封面、案卷脊背、工程档案卷内目录、卷内备考表的编制、填写方法应按照地方城建档案部门具体填写说明执行。

9.3.5 工程项目档案资料验收与移交

1. 档案资料的验收

工程档案资料的验收是工程竣工验收的重要内容。在工程竣工验收时，建设单位必须先提供一套工程竣工档案报请有关部门进行审查、验收。

工程档案资料由建设单位进行验收，属于向地方城建档案部门报送工程档案资料的建设工程项目，还应会同地方城建档案部门共同验收。

国家、省市重点建设项目或一些特大型、大型的建设项目的预验收和验收会，应由地方城建档案部门参加验收。

为确保工程档案资料的质量，各编制单位、工程监理单位、建设单位、地方城建档案部门、档案行政管理部门等要严格进行检查、验收。编制单位、制图人、审核人、技术负责人必须进行签字或盖章。对不符合技术要求的，一律退回编制单位进行改正、补齐，问题严重者可令其重做。不符合要求者，不能交工验收。

凡报送的工程档案资料，如验收不合格将其退回建设单位，由建设单位责成责任者重新进行编制，待达到要求后重新报送。检查验收人员应对接收的档案负责。

地方城建档案部门负责工程档案资料的最后验收，并对编制报送工程档案资料进行业务指导、督促和检查。

2. 档案资料的移交

施工单位、工程监理单位等有关单位应在工程竣工验收前将工程档案资料按合同或协议规定的时间、套数移交给建设单位，办理移交手续。

竣工验收通过后3个月内，建设单位将汇总的全部工程档案资料移交地方城建档案部门。如遇特殊情况，需要推迟报送日期，必须在规定报送时间内向地方城建档案部门申请延期报送并申明延期报送原因，经同意后办理延期报送手续。

9.4 工程项目报告系统

9.4.1 工程项目报告的分类及作用

1. 工程项目报告的分类

在工程建设过程中，反映工程状况报告的形式及内容丰富多彩，它是不同层级管理人员的主要沟通工具之一。报告的种类很多，例如：

按时间可以分为，如日报、周报、月报及年报。

针对项目结构的报告，如工作包、单位工程、单项工程、整个项目的报告。

专项内容的报告，如质量报告、进度报告、成本报告。

特殊情况的报告，如风险报告、总结报告、特别事项报告等。

2. 工程项目报告的作用

基于不同的工程项目参加者需要不同的信息内容、频率、描述及浓缩程度，报告具有不同的形式、结构、内容及处理过程，但综合分析，其主要作用由如下几点构成。

（1）作为决策依据。通过报告，可以使项目参与人员对项目计划、实施情况及目标完成程度更加清晰，可以提高项目决策的有效性及科学性。一定程度上，报告是为工程项目决策服务的，尤其是项目管理上层的决策。

（2）用来评价项目。评价项目某个时间段的工作及相应成果。

（3）总结经验，分析项目实施中的问题。尤其在项目结束时的详细分析报告，可以总结项目实施过程中的经验和教训。

(4) 提出问题、解决问题及安排后期计划。

(5) 预测未来情况,提供项目预警信息。

(6) 作为证据和工程资料。报告便于保存,因而能够提供工程的永久记录。

(7) 通过报告激励项目各参与者,让大家了解项目的进展及成就。

9.4.2 工程项目报告系统及其要求

1. 工程项目报告系统

在项目初期,在建立项目管理系统中,必须包括项目的报告系统,并对其进行合理策划,主要解决三个问题:

(1) 对项目实施过程中的报告系统进行系统分类,并系统化。

(2) 确定各种报告的形式、结构、内容、数据及处理方式,并标准化。

(3) 确定各种报告的上报、签收及处理流程。

在进行工程项目管理策划时,应考虑各种报告及其性质、范围及频次,可以在合同或项目管理手册中进行确定。原始资料应一次性收集,以保证相同的信息具有相同的来源。资料在纳入报告之前,应进行可信度检查,并将计划值引入以方便对比。

通常情况下,报告从最低层开始,它的信息来源于工程活动,包括工程活动的完成程度、工期、质量、人力、材料消耗、费用等情况的记录,以及试验验收检查记录。上层的报告应在此基础上,按照项目结构和组织结构进行提炼、归纳和浓缩,再加以分析和比较,最终形成金字塔形的报告系统,如图 9-3 所示。

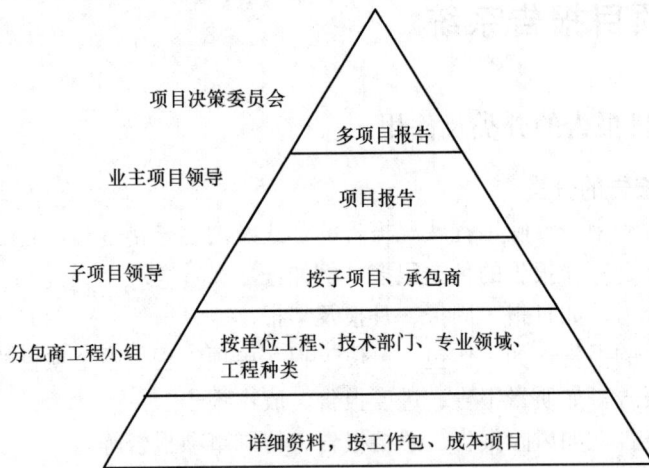

图 9-3 项目报告系统层级划分

2. 工程项目报告系统的要求

为实现项目参与方组织内及组织间的沟通与协调的顺利进行,工程项目报告系统通常有如下要求:

(1) 与目标一致。报告的内容和描述必须与项目目标一致,主要说明目标的完成程度及围绕目标实现存在的问题。

(2) 符合特定的要求。这里包括各个层次的管理人员对项目信息需要了解的程度及各职能人员专业技术工作及管理工作的需要。

（3）规范化、系统化。即在项目管理信息系统中应完整地定义报告的系统结构及内容，对报告的格式及数据结构进行标准化。在项目中，要求各参与者采用统一形式的报告。

（4）处理简单化。要求内容清晰且易于理解，使各参与者能够准确清晰地理解报告内容，避免理解和传输过程中的失真和错误。

（5）报告的侧重点要求。报告通常包括概况说明和重大的差异说明、主要的活动和事件说明，而非面面俱到。内容应较多考虑实际效用，而较少考虑信息的完整性。

复习思考题

1. 如何理解工程项目管理中信息的含义，它有哪些特征和要求？
2. 什么是信息管理，其工作基本原则有哪些？
3. 工程项目信息管理的任务有哪些？
4. 工程项目信息管理规划的主要内容是什么？
5. 工程项目信息管理有哪些主要工程？
6. 工程项目档案资料的含义是什么，它有哪些主要特征？
7. 工程项目档案资料编制的质量要求有哪些？

第二篇　工程项目管理(二)

设
计
准
备
阶
段
的
项
目
管
理

工程项目设计准备阶段和设计阶段的工作对整个项目的经济性影响很大，因此加强设计准备阶段项目管理工作对提高项目的经济性具有非常重要的意义。本章主要说明建设工程项目的设计准备阶段项目管理工作的任务，并着重说明对设计的要求、设计任务的委托以及工程项目管理规划的具体内容及其方法。

10.1 设计准备阶段项目管理工作的任务

建设项目决策立项后，就可以进行工程项目的建设实施活动。工程项目的实施阶段包括设计准备阶段、设计阶段、施工阶段、动用前准备阶段和保修期。工程项目设计准备阶段是项目实施的第一个阶段，即从立项后到设计开始前的工作阶段。在设计准备阶段，由于项目设计和施工等工作还没有正式开始，该阶段的项目管理只是业主方的项目管理，工程项目管理工作由业主方或业主委托的专业咨询单位承担。

设计准备阶段项目管理工作的任务，包括投资控制、进度控制、质量控制、合同管理、信息管理和组织与协调以及安全管理等。从工程项目管理的策划和控制两方面工作而言，设计准备阶段项目管理工作任务应更着重于策划工作。

1. 设计准备阶段的投资控制

设计准备阶段的投资控制工作主要是：

（1）在可行性研究的基础上，进行项目总投资目标的分析和论证；

（2）编制项目总投资切块和分解的初步规划；

（3）分析总投资目标实现的风险，编制投资风险管理的初步方案。

2. 设计准备阶段的进度控制

设计准备阶段的进度控制工作主要是：

（1）分析和论证项目总进度目标；

（2）编制项目实施的总进度规划；

（3）分析总进度目标实现的风险，编制进度风险管理的初步方案。

3. 设计准备阶段的质量控制（包括安全管理）

设计准备阶段的质量控制（包括安全管理）工作主要是：

(1) 分析和论证项目的功能；

(2) 确定项目的质量要求和标准；

(3) 分析质量目标实现的风险和编制质量风险管理的初步方案。

4. 设计准备阶段的合同管理

设计准备阶段的合同管理工作主要是：

分析和论证项目实施的特点及环境，编制项目合同管理的初步规划。

5. 设计准备阶段的信息管理

设计准备阶段的信息管理工作主要是：

(1) 建立项目的信息编码体系及信息管理制度；

(2) 收集、整理和分类归档各种项目管理信息；

(3) 建立会议制度，管理各种会议记录；

(4) 建立各种报表和报告制度。

6. 设计准备阶段的组织与协调

设计准备阶段的组织与协调工作主要是：

(1) 分析项目实施的特点及环境，提出项目实施的组织方案；

(2) 编制工程项目管理总体规划；

(3) 协调设计准备过程中的各种工作关系。

表 10-1 为某房屋建筑工程项目设计准备阶段项目管理任务的示例。

某房屋建筑工程项目设计准备阶段项目管理任务（目录）　　表 10-1

设计准备阶段的投资控制		
	01	在可行性研究的基础上，进行项目总投资目标的分析和论证
	02	编制项目总投资切块分解的初步规划
	03	分析总投资目标实现的风险，编制投资风险管理的初步方案
	04	编制设计任务书中有关投资控制的内容
	05	对设计方案提出投资评价建议
	06	根据选定的方案审核项目总投资估算
	07	编制设计阶段资金使用计划并控制其执行
	08	编制各种投资控制报表和报告
设计准备阶段的进度控制		
	01	分析和论证总进度目标
	02	编制项目实施总进度规划
	03	分析总进度目标实现的风险，编制进度风险管理的初步方案
	04	审核设计进度计划并控制其执行
	05	编制设计任务书中有关进度控制的内容
	06	编制各种进度控制报表和报告

续表

设计准备阶段的质量控制和安全管理		
	01	理解业主的要求，分析和论证项目的功能
	02	协助业主确定项目的质量要求和标准
	03	分析质量目标实现的风险，编制质量风险管理的初步方案
	04	编制项目的功能描述书及主要空间的房间手册
	05	编制设计任务书
	06	比较设计方案是否符合设计竞赛文件的要求
	07	编制设计竞赛总结报告
设计准备阶段的合同管理		
	01	分析和论证项目实施的特点及环境，编制项目合同管理的初步规划
	02	分析项目实施的风险，编制项目风险管理的初步方案
	03	从合同管理的角度为设计文件的编制提出建议
	04	根据设计竞赛的结果，提出委托设计的合同结构
	05	协助业主起草设计合同，参与设计合同的谈判和签订工作
	06	从目标控制的角度分析设计合同的风险，制定设计合同管理方案
	07	编制索赔管理初步方案，以防范索赔事件的发生
设计准备阶段的信息管理		
	01	建立项目的信息编码体系及信息管理制度
	02	收集、整理、分类归档各种项目管理信息
	03	协助业主建立会议制度，管理各种会议记录
	04	建立各种报表和报告制度，确保信息流畅通、及时和准确
	05	填写项目管理工作日志
	06	每月向业主递交项目管理工作月报
	07	运用计算机进行项目的信息管理，随时向业主提供有关项目管理的各类信息、各种报表和报告
	08	将所有项目管理信息分类装订成册，在项目管理工作结束后递交业主
设计准备阶段的组织与协调		
	01	分析项目实施的特点及环境，提出项目实施的组织方案
	02	编制项目管理总体规划
	03	编制设计工作的组织方案并控制其实施
	04	协助业主组织设计竞赛
	05	组织设计方案的评审，协助业主办理设计审批方案
	06	根据竞赛及评审结果，提出委托设计单位的建议
	07	协调设计准备过程中的各种工作关系，协助业主解决有关纠纷事宜

10.2　对设计的要求和设计任务的委托

10.2.1　对设计的要求

在设计前的准备工作中，项目业主的重要工作之一是应明确提出对设计的要求。项目业主所提出的对设计的要求，是设计的主要依据。对于已进行了可行性研究的建设项目，特别是大型工业项目和土木工程项目，由于其可行性研究报告的内容已经明确了对设计的要求，因此可以用经批准的建设项目可行性研究报告作为设计的依据。从业主的角度，提出对设计的要求的重点应该是功能要求和使用要求，即在详细的功能分析基础上，以运营和使用为导向，通过项目需求分析，从使用功能的角度出发，提出对设计的要求。提出对设计的要求时，要避免抄规范、抄法规、抄技术标准等。以下主要以民用房屋建筑为例，阐述对设计的要求，主要包括设计基本依据、设计原则及标准和对设计成果的要求等。

1. 设计的基本依据

按 2000 年 9 月 25 日国务院颁布的《建设工程勘察设计管理条例》中第二十五条规定："编制建设工程勘察、设计文件，应当以下列规定为依据：

（1）项目批准文件。

（2）城市规划。

（3）工程建设强制性标准。

（4）国家规定的建设工程勘察、设计深度要求。

铁路、交通、水利等专业建设工程，还应当以专业规划的要求为依据。"

对于民用建设项目（如住宅小区），设计依据除包括建设基地的内外环境条件、政府规划管理部门的区域规划规定要求以外，还应提出拟建项目的设计原则和标准、建设规模和项目组成以及未来发展规划和用户的组织管理模式等，一般用建设项目任务书表示。建设项目任务书一般应包括以下几方面内容：①建设项目名称和建设地点；②批准项目建设的文号、协议书文号及其有关内容；③建设项目的用地情况和场地周围道路及建筑等环境情况（包括建设用地范围、地形，场地内原有建筑物、构筑物、要求保留的树木及文物古迹的拆除和保留情况等）；④项目所在地区的气象、地理条件和建设场地的工程地质条件；⑤水、电、气和燃料等能源供应情况以及公共设施和交通运输条件；⑥用地、环保、卫生、消防、人防和抗震等方面的要求和依据的资料；⑦材料供应及施工条件情况；⑧建设项目的规模和项目的组成；⑨项目的使用要求；⑩项目的设计标准及总投资。另外，也可以提出对建筑造型及建筑室内外装修方面的要求。

2. 设计原则

对于民用建设项目，设计原则一般应包括以下方面的内容：

（1）设计的主题和整体风格。

（2）相关建筑和周围环境的协调关系。

（3）建筑内部各功能区域的联系。

（4）人与环境的关系。

（5）主要景观意向等。

设计是设计人员的一种创造性思维实践活动，设计原则不仅要反映原则性要求，而且要反映对设计的导向性要求，供设计人员在具体设计工作中参考。比如，设计除应体现独特的反映建设项目性质、目的和用途的建筑风格外，还应反映社会时代的要求。随着社会时代的发展，当今建筑特别关注人与环境的和谐关系，提出"既满足当代人的需要，又不对后代人满足其需要的能力构成危害的发展"的可持续发展观（联合国与世界环境发展委员会，1987年）。绿色建筑、智能建筑以及创造无废、无污和可持续发展的建筑环境并在此基础上发展建筑文化，已成为现代建筑设计应遵循的重要原则。

【**案例 10-1**】 某商务区城市设计原则

针对由办公和商业服务等各功能区组成的某商务区的城市设计的原则如下，可作为设计工作的参考。

（1）整个商务区的城市设计应主题鲜明，体现现代化、都市化、生活化的整体风格，并突出高科技的特色。

（2）整个区域的城市设计应结合城市发展现状，以城市的总体发展思想为指导，充分考虑和谐发展和可持续发展的原则。

（3）充分考虑总体功能布局的协调和地块开发的系统性，体现以人为本的设计思路，注意处理好办公和商业服务等各功能区之间的关系。

（4）处理好人与环境的关系，充分结合商务区的都市环境，考虑地块开发和环境组合的合理性，体现商务区内繁华、高雅、舒适等多种环境要求，做到"商业服务、商务服务、办公研发、都市生活和谐共存"。

（5）处理好与区域内已有建筑物之间的关系，充分考虑商业活动、商务活动和都市生活的不同特点，组织好各功能区内及功能区之间开敞空间、半开敞空间与封闭空间之间的关系，营造适合功能区特点的都市环境。

（6）处理好城市街道交通系统的规划，保证商务区内车流顺畅及与周围的联系。结合人流的流量和流向考虑公交车站的位置。停车场应满足商业和商务活动群体、上班族及附近居民的不同需要。

（7）注重道路景观的设计，处理好主要街道的路口、街道照明系统、街道标示系统、广告发布系统以及临街景观等的设计。

（8）提出对开发模式与分期建设的建议，基本原则是，先改造街道以营造环境，后开发地块上的建设设施。整体性和灵活性相统一，分别考虑不同群体和机构对城市改造和发展的要求。

3. 建设项目的规模和项目组成

一般民用建设项目的总规模可根据批准立项的城市规划所规定的条件确定，城市规划规定的指标包括：用地红线范围、建筑面积指标（容积率）、建筑密度指标、建筑高度限制、绿地道路和停车面积指标以及公共建筑指标等。

工程项目的组成可用项目结构图表示，项目结构图也描述了项目组成的功能。对工程项目的组成（包括各功能组成）所需要的使用面积大小的分配，就需要用定量数据表示，在进行具体设计时可以以此作为参考和依据。工程项目的组成（包括各功能组成的使用面积大小的分配需要），还可以用占地面积和建筑面积分配表描述。

4. 建设项目的设计标准

对于建设项目的不同部位或系统，有不同的设计标准，通常建筑技术标准和要求由建筑规范所规定，在设计要求中应提出规范规定之外的特殊要求。这种特殊要求也体现了建设项目的质量水平、独特个性和建设意图，能提供设计的导向作用。设计的标准和要求一般可以分为建筑设计要求、结构设计要求和机电设计要求等。

5. 设计成果

设计成果指要求的设计文件内容和深度，包括设计说明和设计图纸（必要时包括电子文件）等。重大建设项目的设计阶段包括总体设计、初步设计、技术设计和施工图设计等，各个设计阶段完成后所编制的书面材料，统称为设计文件。

根据设计任务委托的范围和阶段，设计人员应及时提交相应内容和深度的设计文件。在 2000 年 9 月 25 日国务院公布的《建设工程勘察设计管理条例》中，详细规定了各阶段设计文件的内容组成和编排顺序。如初步设计文件由设计说明书（包括设计总说明和各专业的设计说明书）、设计图纸、主要设备及材料表和工程概算书等四部分组成，其编排顺序为：

（1）封面。

（2）扉页。

（3）初步设计文件目录。

（4）设计说明书。

（5）图纸。

（6）主要设备及材料表。

（7）工程概算书。

《建设工程勘察设计管理条例》规定了各个设计阶段完成后所编制的设计文件深度："编制建设工程勘察文件，应当真实、准确，满足建设工程规划、选址、设计、岩土治理和施工的需要。编制方案设计文件，应当满足编制初步设计文件和控制概算的需要。编制初步设计文件，应当满足编制施工招标文件、主要设备材料订货和编制施工图设计文件的需要。编制施工图设计文件，应当满足设备材料采购、非标准设备制作和施工的需要，并注明建设工程合理使用年限。"例如，对初步设计文件的深度具体规定如下：

（1）应符合已审定的设计方案。

（2）能据以确定土地征用范围。

（3）能据以准备主要设备及材料。

（4）应提供工程设计概算，作为审批确定项目投资的依据。

（5）能据以进行施工图设计。

（6）能据以进行施工准备。

当然，在此基础上，业主方（作为设计委托方）也可根据项目特点和管理工作需要提出对设计成果的具体要求。

【案例 10-2】　某科技商务区方案设计成果要求

针对某科技商务区，其方案设计成果具体的要求包括：

（1）设计总说明

说明书应对设计思想、设计原则等作出阐释，并就设计图中的内容作出详细说明。

（2）设计图纸（以彩色图像文件格式提供）

1）现状分析图；

2）总平面彩图；

3）总体方案鸟瞰图；

4）沿街立面图；

5）综合功能区区位图；

6）功能结构和用地规划图；

7）区位分析图；

8）区域现状图；

9）大范围用地规划（功能方向）图；

10）地块开发模式及分期建设分析图；

11）开发强度和建设容量分析图；

12）组团模式图；

13）道路交通分析图；

14）景观绿化图；

15）主要街道、路口和主要景观设计效果图；

16）照明设计和小品设计图。

10.2.2 设计任务的委托

1. 设计的组织方式

针对一个工程项目的设计任务，业主可以委托给一家设计单位，也可能分阶段、分专业委托给不同的设计单位。典型的建设项目设计的组织方式，如图 10-1 所示。

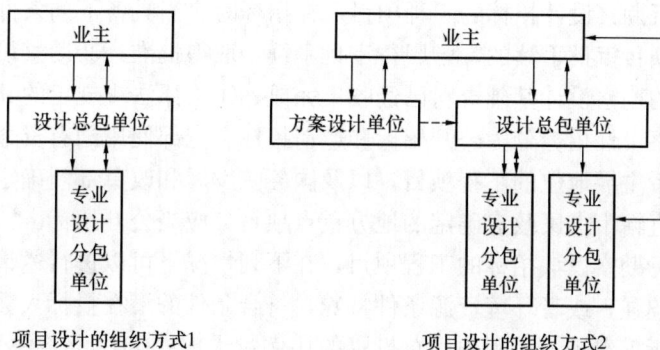

图 10-1 典型的建设项目设计的组织方式

注：双向箭头表示合同关系；单向箭头表示指令关系；虚线箭头表示协调关系

一个工程项目的设计任务的委托方式，主要有直接委托设计、设计招标、设计竞赛和协议评审等方式。在工程项目设计准备阶段，应该根据工程项目的特点明确将采用哪种设计过程的组织方式，可以是一种方式也可以是多种方式的组合。

2. 直接委托设计

直接委托设计方式指业主寻找一个合适的设计单位，将设计任务委托给该设计单位的方式。所谓合适的设计单位主要指该设计单位必须具有承担该工程项目的设计资格等。在我国，对从事设计工作的单位实行资质管理制度，规定不同等级资质的设计单位可以承担相应范围内的工程项目的设计任务。

按我国法规规定，对于建设项目的设计任务，业主必须委托给具有相应资质的设计单位完成。工程设计资质分为工程设计综合资质、工程设计行业资质、工程设计专业资质和工程设计专项资质。从事工程设计活动的企业，应当按照其拥有的注册资本、专业技术人员、技术装备和勘察设计业绩等条件申请资质，经审查合格，取得建设工程设计资质证书后，方可在资质许可的范围内从事建设工程设计活动（《建设工程勘察设计资质管理规定》〈建设部令第 160 号〉）。

直接委托设计方式一般仅适用于特殊工程，如国防、救灾等工程。

3. 设计招标

所谓设计招标，是指业主通过招标方式，由愿意承接该项设计任务的设计单位进行设计投标，通过评标，决定设计任务的承担单位，即中标的设计单位。

按我国相关规定，设计任务委托应该采用"设计招标"方式，并且应该进入"有形市场"才能合法地完成设计委托，签订设计合同。

建设项目符合《工程建设项目招标范围和规模标准规定》（国家计委令第 3 号）规定的范围和标准的，必须依据《工程建设项目勘察设计招标投标办法》（国家发改委令第 2 号）进行招标。按照国家规定需要政府审批的项目，有下列情形之一的，经批准，项目的勘察设计可以不进行招标：①涉及国家安全、国家秘密的；②抢险救灾的；③主要工艺、技术采用特定专利或者专有技术的；④技术复杂或专业性强，能够满足条件的勘察设计单位少于三家，不能形成有效竞争的；⑤已建成项目需要改、扩建或者技术改造，由其他单位进行设计影响项目功能配套性的。

依法必须进行勘察设计招标的工程项目，在招标时应当具备下列条件：①按照国家有关规定需要履行项目审批手续的，已履行审批手续，取得批准；②勘察设计所需资金已经落实；③所必需的勘察设计基础资料已经收集完成；④法律法规规定的其他条件。

工程项目勘察设计招标分为公开招标和邀请招标。全部使用国有资金投资或者国有资金投资占控股或者主导地位的工程项目，以及国务院发展和改革部门确定的国家重点项目和省、自治区、直辖市人民政府确定的地方重点项目，应当公开招标。

依法必须进行勘察设计招标的工程项目，在下列情况下可以进行邀请招标：①项目的技术性、专业性较强，或者环境资源条件特殊，符合条件的潜在投标人数量有限的；②如采用公开招标，所需费用占工程项目总投资的比例过大的；③建设条件受自然因素限制，如采用公开招标，将影响项目实施时机的。

招标人采用邀请招标方式的，应保证有三个以上具备承担招标项目勘察设计能力并具有相应资质的特定法人或者其他组织参加投标。

4. 设计竞赛和协议评审

为了在建筑行业中引进竞争机制，有效地提高设计质量，吸收和选择最佳设计，经过长期的实践总结，国际上形成了一系列行之有效的设计竞赛方法。通过设计竞赛，业主收到不同的设计文件，经过比较，可以得到比较满意的设计结果；最终，业主可以选择获奖单位或其他单位，与其签订设计合同，进行深化设计。在设计进展过程中，业主可根据具体需要再组织设计竞赛，通过多轮设计竞赛不断地寻求设计优化的可能。国际上的设计竞赛有以下几个特点：

（1）设计竞赛内容并不限于设计方案竞赛，可以是设想性的竞赛、原则性的方案性竞赛或具体实施性竞赛。

（2）有法规的保障。

（3）业主可以选择其满意的设计文件或者设计单位，不必一定同获奖单位签订合同；

（4）业主也可以对不同的方案进行综合、优化。

在美国、新加坡等国家，业主在选择设计单位时常常采用协议评审的方法，这一方法的程序是：

（1）按照资质评审 QBS（Qualification Based Selection）程序，专业机构和行业协会根据工作范围，向业主先行推荐符合要求的设计师或设计事务所。

（2）业主在简要说明工程要求后，向他们感兴趣的设计单位发出邀请。

（3）设计单位按要求提交报告（主要内容包括设计项目进度计划、项目人员组织、设计收费等）。

（4）业主按照事先约定的评分原则评比后对设计单位进行排名。

（5）业主与排名第 1 位的单位进行商谈，在达成一致后，签订书面协议。否则，与排名第 2 位的单位进行商谈，直到其满意为止。

（6）业主与选定单位签订费用合同。

采用协议评审办法有以下特点：①业主对设计单位的委托有决定权；②由行业协会对设计单位进行评估，有利于社会监督；③评估办法公开，协议条件公开，有利于维护业主、设计单位双方的利益。

在国际上，设计任务委托一般采用设计竞赛和协议评审两种竞争方式（国防、救灾等工程例外），而不是设计招标。

10.3　工程项目管理规划

工程项目管理规划是针对一个具体工程项目编制的，是指导工程项目参与方实施工程项目管理的文件。在项目设计准备阶段，需要编制工程项目管理总体规划（也称为工程项目管理纲要），这也是该阶段项目管理的基本任务。

10.3.1　工程项目管理规划的类型

工程项目管理规划主要分析和说明项目实施各阶段项目管理工作中的费用控制、时间控制、质量控制、合同管理、信息管理和组织协调以及安全管理等方面工作做什么、怎样做和什么时候做，从而把工程项目管理工作纳入规范化和标准化的轨道。在项目设计准备阶段，由于对工程项目管理各项工作的认识还不深入，可以只提出总体性和纲要性的工作计划，即工程项目管理总体规划（或称为工程项目管理纲要）。随着项目实施的进展，需要对上述问题进一步具体化。

工程项目管理规划涉及项目整个实施阶段，属于业主方项目管理范畴。另外，工程项目的其他参与单位，如设计单位、施工单位和供货单位等，为做好本身的项目管理工作也需要编制相应的工程项目管理规划，可称为设计方项目管理规划、施工方项目管理规划和供货方项目管理规划。项目管理规划的类型，如图 10-2 所示。

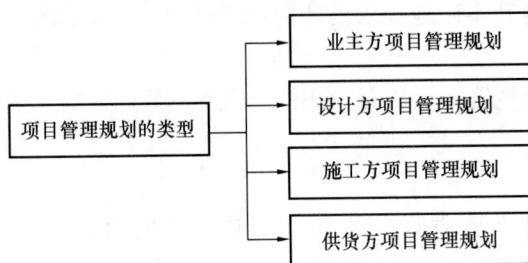

图 10-2　项目管理规划的类型

业主方项目管理规划的编制工作应由业主方项目负责人负责，并邀请工程项目管理班子的主要人员参加。值得注意的是，由于项目实施过程中主客观条件的变化是绝对的、不变是相对的，在项目实施过程中平衡是暂时的、不平衡是永恒的，因此工程项目管理规划必须随着情况的变化而进行动态的调整。

10.3.2　工程项目管理规划的内容

工程项目管理规划的内容主要包括如下几方面，其涉及的范围和深度并没有统一规定，应根据具体需要确定。

（1）项目概况。

（2）项目的目标分析和论证。

（3）工程项目管理的组织。

（4）项目采购与合同结构。

（5）投资控制的方法和手段。

（6）进度控制的方法和手段。

（7）质量控制的方法和手段。

（8）安全、健康与环境管理的方法和手段。

（9）信息管理的方法和手段。

（10）风险管理的策略等。

1. 项目概况

在项目概况中，应说明以下方面：项目简况、项目结构图和项目组成目录表。其中，项目简况包括建设目的、建设单位、项目名称、建设地点、总建筑面积、占地面积、城市规划指标以及计划开竣工日期等。

2. 项目的目标分析和论证

在工程项目的目标分析和论证中，应明确地提出整个项目的总投资目标、总进度目标和质量标准。项目目标必须是切实可行的，即项目的目标需要经过科学的分析和论证。

3. 工程项目管理的组织

项目目标确定以后，工程项目管理的任务就是采取各种措施确保项目目标的实现。系统的目标决定系统的组织，而组织是目标能否实现的决定性因素，这是组织论的一个重要结论，因此需要设立合理的工程项目管理组织以实现项目目标。

在工程项目管理规划中，工程项目管理的组织应利用组织结构图、任务分工表、管理职能分工表和工作流程图等组织工具来描述承担整个项目各项管理工作的项目管理组织结构模式、组织分工以及工作流程组织。

4. 项目采购与合同结构

工程项目采购指对工程项目管理的委托、设计任务的委托、施工任务的委托和物资采购等，每个任务的委托有多种可能的模式，如施工任务的委托模式有施工总包模式、施工总包管理模式和施工平行发包模式等。根据具体项目的特点，业主方可以选用适当的采购模式来完成建设工程任务。工程项目采购模式确定后，即明确了承担各项建设工程任务的单位与业主之间的合同关系，形成可能的项目采购合同结构。在工程项目管理规划中，项目采购与合同结构分析应描述：

（1）对工程项目管理委托、设计任务委托、施工任务委托和物资采购可能模式的特点和优缺点的比较。

（2）建设工程项目采购模式下的合同结构图。

（3）建设任务的分配方案以及技术界面描述。

5. 投资控制的方法和手段

在投资控制的方法和手段中，应描述将采用的投资控制的具体方法和手段，主要包括以下几方面内容：

（1）项目投资分解和编码体系。

（2）不同阶段投资数据比较关系。

（3）投资控制软件的应用。

6. 进度控制的方法和手段

在进度控制的方法和手段中，应描述将采用的进度控制的具体方法和手段，主要包括以下几方面内容：

（1）项目进度分解结构和编码，并列出整个项目的建设过程、任务名称和编码对照表。

（2）对项目实施阶段各有关单位编制的进度计划进行审核的方法。

（3）进度数据的比较方法。

（4）进度控制软件的应用。

7. 质量控制的方法和手段

在质量控制的方法和手段中，应描述将采用的质量控制的具体方法和手段，主要包括以下几方面内容：

（1）技术路线和关键技术的分析。

（2）设计质量控制的方法。

（3）招投标质量控制的方法。

（4）施工质量控制的方法。

（5）材料设备质量控制的方法。

（6）质量控制软件的应用等。

8. 安全、健康与环境管理的方法和手段

安全、健康与环境管理的方法和手段，主要包括以下几方面：

（1）以保护产品生产者和使用者的健康与安全为目的的工程项目的职业安全健康策略。

（2）以保护生态环境，使社会的经济发展与人类生存环境相协调为目的的工程项目环境管理策略。

9. 信息管理的方法和手段

信息管理的方法和手段，应明确以下方面内容：

（1）项目信息分类和编码的方法。

（2）项目会议制度。

（3）标准文档格式，包括工程项目管理开展日常工作所可能用到的文档标准格式（如各种函件和会议纪要等）。

（4）文档处理流程、文档管理制度，包括收文流程和不同类型函件的发文流程以及文档管理制度。

（5）工程项目管理信息系统（PMIS）的应用，主要是用计算机手段，进行工程项目管理有关数据的收集、记录、存储、过滤以及把数据处理的结果提供给工程项目管理班子的成员。

10. 风险管理的策略

应在以下方面提出风险管理的具体方法和策略：

（1）风险识别，分析存在哪些风险。

（2）风险分析，对各种风险衡量其风险量。

（3）风险控制，制定风险管理方案，采取措施降低风险量。

（4）风险转移，如对难以控制的风险进行投保等。

一般大型建设工程项目的工程项目管理规划的内容（目录），如表 10-2 所示。

大型建设工程项目工程项目管理规划的内容　　　　　　表 10-2

序号		内 容 目 录
1	项目概况	1.1　项目简况
		1.2　项目结构图
		1.3　项目组成目录表
2	项目的目标分析和论证	2.1　项目的总投资以及总投资组成
		2.2　项目的总进度目标及规划
		2.3　项目的总质量目标（质量标准和要求）
3	项目管理的组织	3.1　项目管理组织结构模式
		3.2　项目管理组织分工
		3.3　项目管理工作流程组织
		3.4　有关单位和部门一览表
4	项目采购和合同结构	4.1　对可能模式特点和优缺点比较
		4.2　建设工程项目采购模式下的合同结构图
		4.3　工程建设任务范围分配以及技术界面描述
5	投资控制的方法和手段	5.1　项目投资分解和编码体系
		5.2　不同阶段投资数据比较图或比较关系表
		5.3　投资控制软件的应用（其功能模块的说明）

序号	内 容 目 录	
6	进度控制的方法和手段	6.1 项目进度分解结构和编码
		6.2 进度计划审核方法
		6.3 进度数据的比较
		6.4 进度控制软件的应用（其功能模块应用说明）
7	质量控制的方法和手段	7.1 设计质量控制的方法
		7.2 招投标质量控制的方法
		7.3 施工质量控制的方法
		7.4 材料设备质量控制的方法
8	安全、健康与环境管理的策略	8.1 职业健康安全策略
		8.2 环境管理策略
9	信息管理的方法和手段	9.1 项目信息的分类和编码的方法
		9.2 项目会议制度
		9.3 文档处理流程文档管理制度
		9.4 项目管理信息系统（PMIS）的应用
10	技术路线和关键技术的分析	
11	设计过程的管理	
12	施工过程的管理	
13	风险管理策略	

【案例 10-3】 香港会议展览中心项目实施规划

香港会议展览中心（Hong Kong Convention and Exhibition Centre）项目主要由填筑工程和会展中心楼两大部分组成，批准的预算投资为 375 亿港元（按 1993 年价格水平），并严格规定 1997 年 7 月 1 日前投入使用。为保证项目顺利完成，受香港政府委托全面负责组织项目实施的香港贸易发展局，编制了指导项目实施的"项目实施规划"（Project Implementation Plan），从总体上描述了对这些方面的分析和确定内容，属于工程项目管理总体规划。其规划目录如下：

（1）总体说明（Vision Statement）。

（2）项目范围（Project Scope）。

（3）咨询工程师的选用（Appointment of Consultants）。

（4）项目管理（Project Management）。

（5）合同策略（Contract Strategy）。

（6）设计管理（Design Management）。

（7）投资管理（Cost Management）。

（8）进度管理（Program and Time Management）。

（9）招投标程序（Tender Procedures）。

（10）委托与授权（Delegate Authorities）。

（11）报告（Reporting）。

（12）质量保证/质量控制（Quality Assurance / Quality Control）。

（13）竣工与移交（Handover and Completion）。

（14）项目实施程序（Project Procedures）。

（15）风险管理（Risk Management）。

（16）信息管理（Information Management）。

（17）价值管理（Value Management）。

（18）安全（Safety）。

（19）租赁协议（Leasing / Tenancy Agreements）。

（20）管理协议（Management Agreements）。

（21）环境管理（Environmental Management）。

（22）IMF 会议文件（IMF Conference Implications）。

（23）意外事件管理（Contingency Management）。

附件（Appendices）

1）委托协议（Entrustment Agreement）；

2）批准的设计方案（Approved Concept Study）；

3）咨询协议（Consultant Agreements）；

4）项目实施程序手册（Project Procedures Manual）；

5）施工现场安全手册（Construction Site Safety Manual）。

总之，工程项目管理规划作为指导工程项目全过程中实施项目管理的纲领性文件，必须在项目管理正式开展工作前（甚至在项目决策阶段）明确上述各方面项目管理工作的方法和手段。

10.3.3　工程项目管理的组织规划

大型工程项目本身是一个复杂的系统，为了确保项目目标的实现，业主方必须建立适应环境、组织严密、指挥有力并能承担整个工程项目管理任务的组织。在设计准备阶段就必须对项目管理的组织进行分析和策划，工程项目管理的组织策划结果是工程项目管理规划的重要内容。

1. 工程项目管理的组织环境

工程项目的组织系统包括业主方的组织、业主方项目管理的组织、设计方的组织、施工方的组织和供货方的组织，项目建设的成功取决于系统组织的协调。与项目的组织直接相关的组织（如政府建设审批部门、金融保险机构和社会公共团体等）作为项目组织系统的直接环境，也将对项目的组织系统产生影响，因此项目的组织系统也需与这些机构进行协调。在项目的组织系统中，各组织的任务和作用是不同的，其中业主方项目管理的组织承担项目实施的组织和项目管理的各项任务，是项目的组织系统的核心。

所谓组织环境，是指对组织行为有着潜在影响的组织内外部的机构或力量。业主方项目管理的组织作为项目组织系统的一个子系统，是指代表业主利益的项目管理人员组成的群体。工程项目管理的组织环境包括必须协调的机构、标准和条件等，如业主班子、设计方的组织、施工方的组织和供货方的组织等。业主方项目管理的组织环境可以分为外部环境和内部环境，如图 10-3 所示。这些环境因素不同程度地对工程项目管理的组织行为产

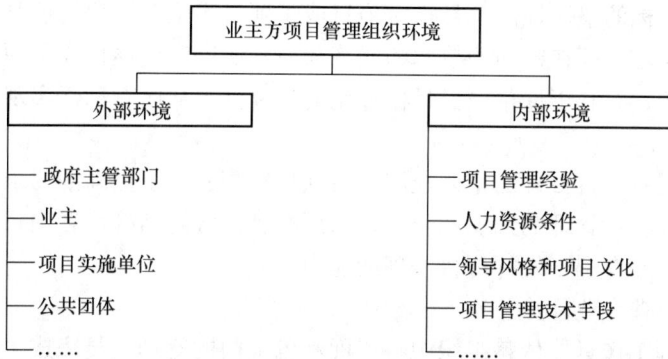

图 10-3　业主方项目管理组织环境

生影响和相互影响，因此工程项目管理的组织是一个开放的系统。

2. 工程项目管理的组织结构策划

业主方项目管理组织的层面划分、部门设置和组织关系建立，是工程项目管理组织结构策划的三个要素。业主方项目管理组织结构策划的成果包括业主方项目管理的组织结构（通常用组织结构图表示）、各部门和各岗位的任务分工（通常用任务分工表表示）以及组织中各部门和各岗位的管理职能分工（通常用管理职能分工表表示），如图 10-4 所示。

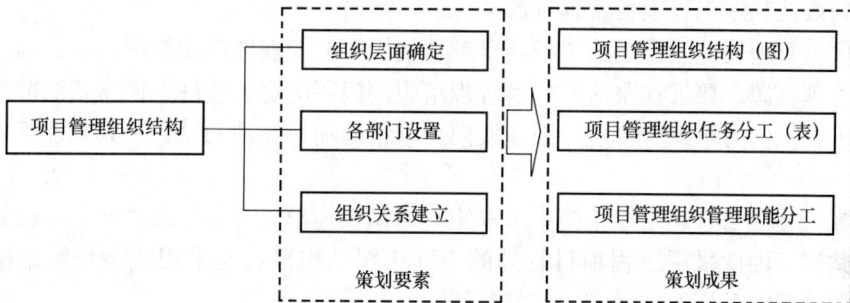

图 10-4　项目管理组织结构策划要素和成果

根据组织论基本原理，建立好一个组织的基本原则包括：组织适应环境原则、目标统一原则、统一指挥原则、有效管理幅度和合理分层原则、分工协作原则、合理授权和权责相符原则、信息传递灵活方便原则以及精干高效原则等。这些原则分别涉及工程项目管理组织结构模式、工程项目管理组织各部门（包括工程项目管理组织内部）之间的关系以及工程项目管理工作流程等各方面。

对于一个大型工程项目，进行工程项目管理组织结构策划时，需要着重考虑以下几方面问题：

（1）力求项目管理决策路径短

在项目实施过程中，各管理层面的项目经理的决策体现了项目管理工作对项目实施过程的控制。为了提高工程项目管理的工作效率，工程项目管理的决策路径应尽可能短，在满足有效管理跨度的条件下，工程项目管理的结构层面应尽可能少。

（2）力求对项目目标的整体控制

所谓对项目目标的整体控制，是指对项目或子项目实施全过程的控制。因为项目实施全过程中各个阶段之间存在密切的技术和经济联系，所以针对项目或子项目设置全过程的工程项目管理班子，有利于保持项目目标控制的连续性，从而有利于实现工程项目管理组织的目标。

但是，要实现对项目目标的整体控制，对项目经理提出了更高的要求。如果项目经理具有足够的全过程项目管理的知识和经验，采用按项目分解结构设置项目经理有利于项目整体目标的实现，并有利于发挥项目经理的能力。

（3）有利于发挥专业优势

工程项目管理工作具体依赖组织中各层面和各部门的管理人员完成。由于各管理人员客观上拥有专门领域内的知识和经验，应体现发挥专业优势的原则，以有利于提高工程项目管理的工作质量和效果。

由于建筑业的特殊性，设计（管理）专业人员和施工（管理）专业人员在专业知识和经验方面往往是"分离的"，因此采用按设计和施工两阶段分开设置不同专业的项目经理及配置相关专业的管理人员，将有利于发挥管理人员的专业优势。

另外，尽管工程项目管理的组织一般不按工程专业类别设置项目经理，但是工程项目中主要或重要的专业系统（如建筑智能化系统）可以是项目分解结构中的单元，对此设置项目经理，同时也发挥了专业的优势。

（4）高效地利用工程项目管理资源

工程项目管理资源主要是指工程项目管理组织中的管理部门和管理人员。高效地利用工程项目管理资源，要求在服从由项目管理组织部门所决定的管理工作需要的前提下，组织更加精干，纵向力求减少管理层面，横向力求精简项目经理的设置及其职能管理部门的人员。

由于在工程项目管理组织结构中采取矩阵组织结构模式有利于纵横两个方面管理部门之间资源共享，因此采用工程项目管理的矩阵组织结构模式与采用线型组织结构模式相比，在利用项目管理资源方面有一定的优势。

（5）力求组织结构具有灵活性和适应性

应充分考虑工程项目管理组织结构的灵活性，力求能随着工程项目管理工作进展的需要而增减管理部门。具有较好灵活性和适应性的业主方项目管理组织结构，有利于适应业主委托项目管理班子。一般来说，对于大型复杂工程项目，采用业主分散委托多家项目管理班子的方式比业主集中委托一家项目管理班子的方式更灵活。这种灵活性，适应了业主对委托前准备的需要，并可降低工程项目管理班子的工作风险。例如，在整个项目中各子项目（或项目实施合同对象）的开始和完成时间必然有先后，因此如果采取按项目分解结构（或按项目实施的合同结构）分别设置项目经理的方式，则业主可以分时段组建或委托工程项目管理班子。一旦该子项目工作完成，则可以撤销该工程项目管理班子。

（6）工程项目管理任务和管理职能分工遵循分工合作原则

进行工程项目管理任务和管理职能分工时，工程项目管理各项任务之间应保持清晰的界面，处理好项目决策职能的集权和分权关系，并保证执行和检查职能由不同部门承担。

工程项目管理各项任务（工作）都应落实相应的项目管理部门，即工程项目管理组织结构最底层管理部门承担的任务范围的总和应覆盖整个建设工程项目管理的任务。除此之外，每项任务的责任者应明确，不应由多人或多个部门负责，否则将产生"人人有责即人人无责"的不良后果。

【案例 10-4】　某市地铁首期工程项目管理组织结构

某市地铁首期工程，正线 14.7km，沿途设 13 个车站。该工程分 5 个功能区段，除土建工程外，有车辆工程和信号工程等 11 个系统工程。其工程项目管理组织结构，如图 10-5 所示。

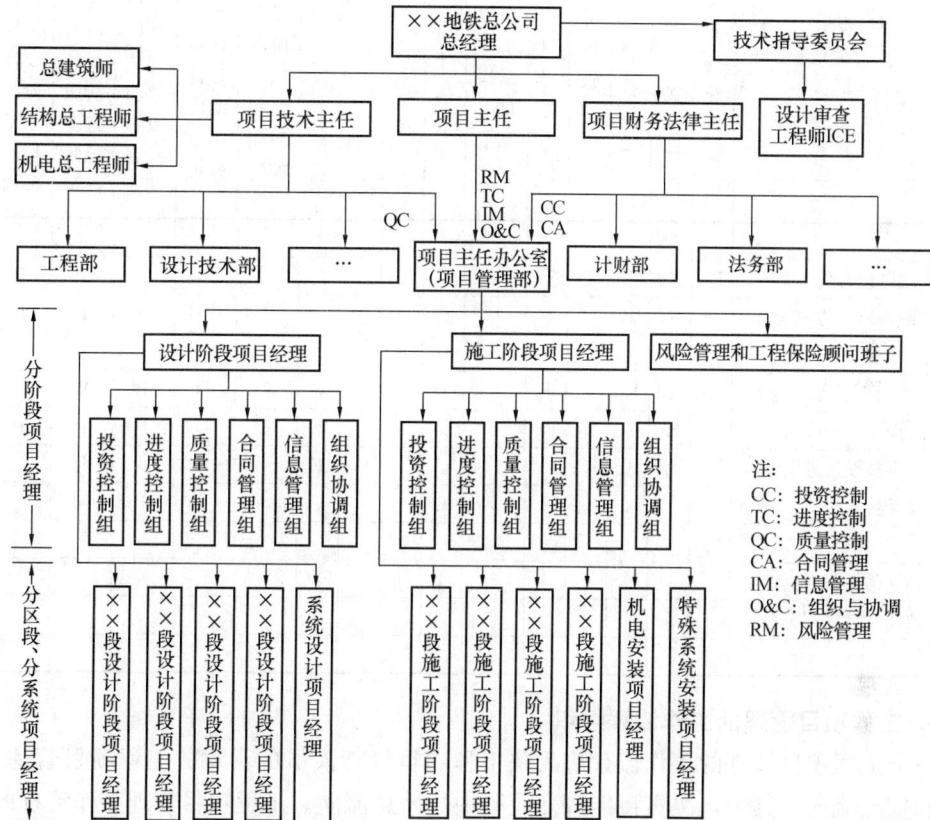

图 10-5　某市地铁首期工程项目管理组织结构

某市地铁首期工程项目管理组织结构主要分为三个管理层面。其中，第一管理层是业主班子，由地铁公司各部门组成。围绕着工程项目管理的任务设置了项目主任（负责工程进度控制和组织协调等）、项目技术主任（负责工程质量控制）和项目财务法律主任（负责工程投资控制和合同管理），并设置若干职能部门协助项目主任、项目技术主任和项目财务法律主任工作。在项目主任、项目技术主任和项目财务法律主任之下，设置项目主任办公室（项目管理部），负责日常项目管理工作（包括信息管理）。第二管理层，按该地铁首期工程的实施阶段（设计和施工阶段）设置项目经理。另外，还把风险管理纳入了工程项目管理的范畴，设置了风险管理和工程保险顾问班子。第三管理层，按项目分解结构（分区段和分系统）设立项目经理。若分区段分系统规模较大或较复杂，其下可按项目分解结构进一步设置细化的工程（如车站）项目经理。

该工程项目管理组织结构为线型组织结构模式和矩阵型组织结构模式结合，其实施阶段项目管理组织结构中的主导指令线为：地铁公司总经理→项目主任→项目主任办公室→分阶段项目经理→分区段和分系统项目经理。

表10-3反映了该地铁建设工程某区段设计阶段项目管理任务和管理职能分工情况。

××地铁工程××区段设计阶段的管理职能分工表（示例） 表10-3

任务编码 P—规划 E—决策 D—执行 C—检查 I—信息 Ke—了解 B—顾问 工作任务	业主班子									OPM						
	技术指导委员会	公司总经理	项目主任	项目技术主任	项目财务主任	总建筑师结构机电总工程师	设计技术部	工程部	…	设计阶段项目经理	设计阶段项目经理职能部门	××区段设计阶段项目经理	××区段设计阶段投资控制部门	××区段设计阶段进度控制部门	××区段设计阶段质量控制部门	…
…																
编制设计任务书	Ke	Ke	E	E	E	B	C			C	I	D	P	P	P	
组织与审核方案设计	Ke	Ke	E	E	E	B	C			C	I	D	P	P	P	
…																
编制总投资规划	Ke	Ke	Ke	I	E					C	I	D	P	I	I	
设计合同谈判	Ke	Ke	Ke	Ke	Ke	B	I			E	E	D	P	P	P	
审核设计进度			Ke	Ke						E	I	C		D		
设计技术经济分析			Ke	Ke	I	I	E	I		C		E			P	
…																
建立信息管理制度			Ke	I	I	I	I	I		E/C	P	D				
协调设计之间关系		Ke	I			C				D	P					
…																

3. 工程项目管理的工作流程组织

一个工程项目管理的工作流程应反映工程项目管理人员的活动、工程项目管理信息、决策和信息流向，其中，决策可能改变流程中的信息流向。工程项目管理工作流程的策划是指针对特定的工程项目管理工作，识别工程项目管理活动，确定其顺序，并由此确定承担活动的职能部门（或参与者）和信息传递关系的过程。

工程项目管理活动、工程项目管理活动开展顺序、工程项目管理活动参与者和工程项目管理活动信息内容及其流向四方面，是一个工程项目管理工作流程组织的要素。

工程项目管理活动指工程项目管理工作流程中所定义的有具体承担者的过程，每个工程项目管理工作流程中的工程项目管理活动都有明确的规划和执行等管理职能的部门，因此与完成该工程项目管理活动无关的部门不应出现在工作流程中，从而保证每个活动的有效性，以提高工程项目管理工作的效率。工程项目管理活动所产生的信息必须对完成某工程项目管理工作以及实现计划和控制目的有影响或有及时反馈的能力，即在完成该项管理工作的过程中，若发生目标偏离时，能及时采取纠偏措施。因此，在每个工程项目管理工作流程中，不能缺少项目目标控制的信息处理活动。工程项目管理工作流程中项目管理活动的详细程度，取决于项目管理者对该活动的信息期望。因此，这种活动的确定取决于各工作流程的计划和控制目的及作用，并与计划和控制周期有关。由此可见，每个项目管理工作流程中项目管理活动的确定与该管理工作的复杂程度、计划和控制的周期以及参与该项工作的部门（参与者）有关。

工程项目管理工作流程中各项目管理活动的开展存在着时间上、逻辑上以及特定要求的先后顺序，这种顺序主要遵循管理循环原理和动态控制原理。但是，有些活动之间的顺序可以根据特定条件来确定，比如 CM 模式和采用施工总包模式的招标发包管理工作流程是不同的。

具体项目的实施和管理组织结构不同，项目实施和管理参与者也有所不同，在各项项目管理工作流程中所承担着的管理任务和管理职能也各异，必须进行管理任务和管理职能分工。因此，对于某具体项目管理工作流程，落实各管理活动的参与者或落实各管理职能的责任人，需要结合工程项目管理组织结构和项目实施方组织结构。

信息资源、有形资源和人力资源是构成项目建设过程的不可缺少的资源。对于工程项目管理工作流程中的每一项活动，都需要信息的输入和产生新的信息（信息输出）。

工程项目管理工作流程策划是以工程项目管理目标控制为中心，以工程项目管理活动分析为内容，通过建立项目管理活动与相关部门之间的联系，确定工程项目管理信息流（包括信息输入和输出）的过程。大型建设工程项目管理工作流程策划的工作流程，如图 10-6 所示。

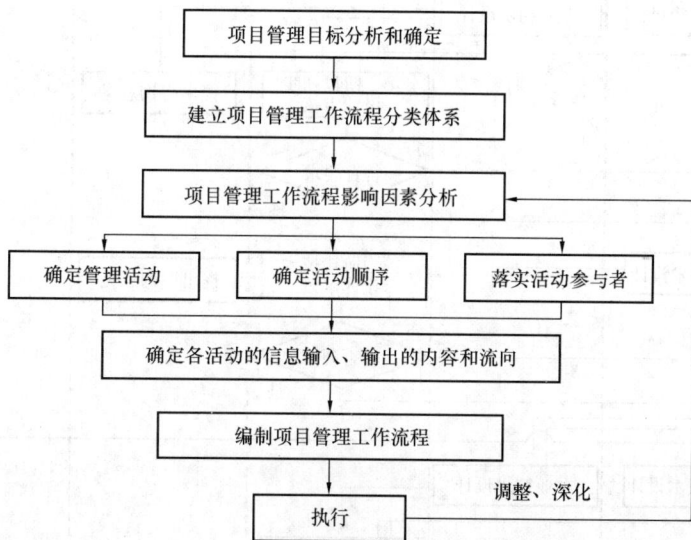

图 10-6　大型建设工程项目管理工作流程策划的工作流程

工程项目管理工作流程策划的目的就是要促使工程项目管理目标的顺利实现，因此首先应分析和确定工程项目管理目标。通过对各种工程项目管理工作进行分类并建立明确的体系，明确工程项目管理各项工作任务及其相互关系。通过影响因素分析，为开展工程项目管理工作流程策划作必要准备。在工作流程影响因素分析基础上，确定该工程项目管理工作流程要素的具体内容。根据工程项目管理工作流程的具体内容，编制工程项目管理工作流程；在执行的过程中，还需要根据实际情况进行调整和深化。

【案例 10-5】 德国某大型工程项目初步设计和技术设计管理工作流程

设计管理工作流程策划的影响因素包括业主方管理组织模式、项目设计的组织结构和设计过程控制周期的长短等方面，其中最关键的是对设计过程控制的周期。在德国，为加强控制设计过程，把初步设计过程分为第一阶段初步设计和第二阶段初步设计；把技术设计也分为第一阶段技术设计和第二阶段技术设计，并在每个阶段结束时都进行审查。审批设计在德国也是一个设计阶段，它平行于初步设计和技术设计，因此需要编制专门的审批设计报政府主管部门审批。图 10-7 是德国某大型工程项目初步设计和技术设计管理工作

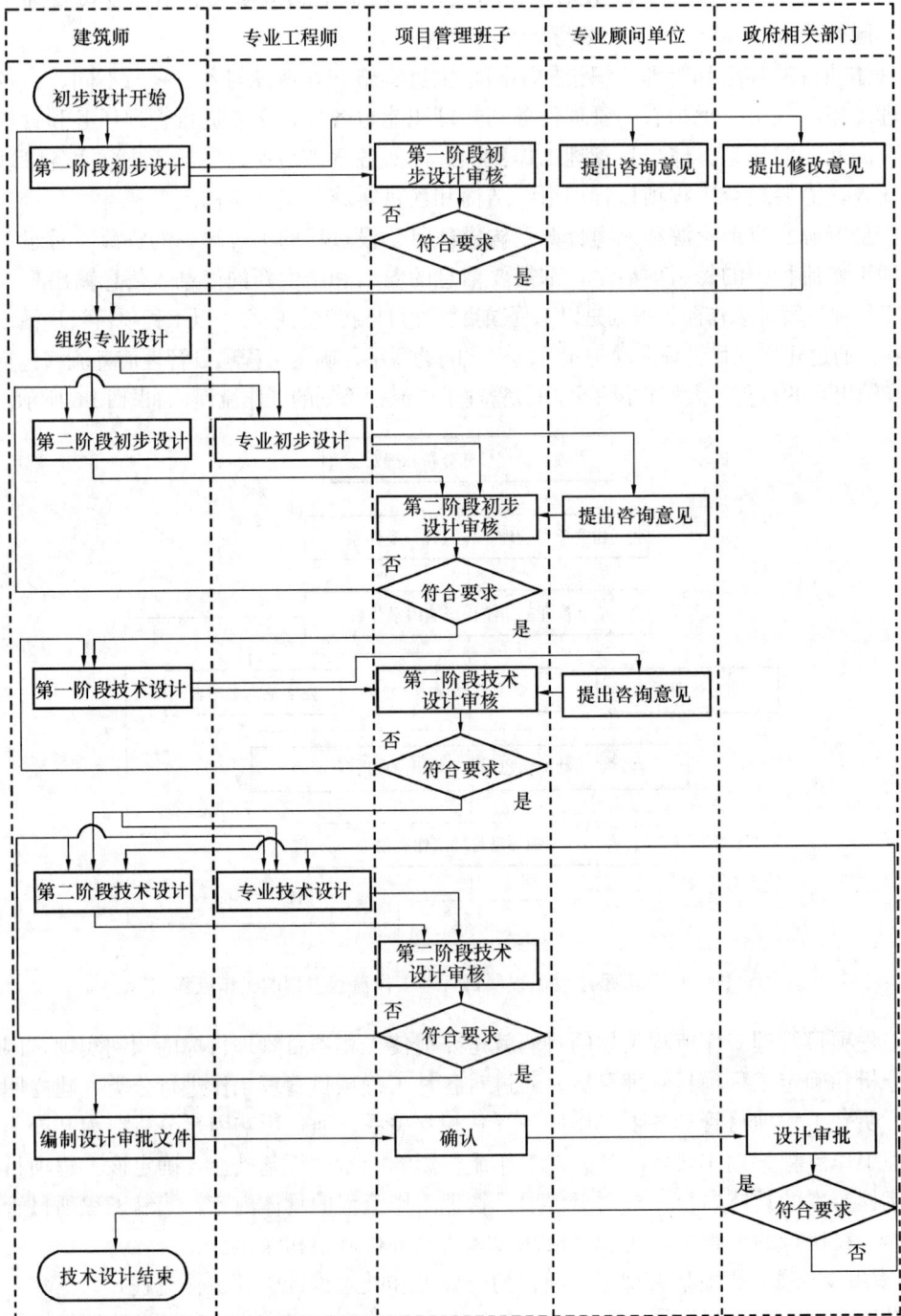

图 10-7　德国某大型建设项目初步设计和技术设计管理工作流程

流程，该流程与我国传统的设计管理工作流程相比，增加了设计审查活动，这有利于在设计阶段及时发现目标偏差，可及时采取纠偏措施。

10.3.4 项目实施的合同结构规划

由于项目实施的合同结构直接影响工程项目管理工作的效率，影响项目投资、进度和质量目标的实现，因此必须在工程项目管理规划中研究和确定项目建设组织模式，进行项目实施的合同结构策划，明确项目实施的合同结构和组织模式。

1. 项目实施的合同结构和组织模式

所谓项目实施的合同结构指业主与参与项目实施各方（主要是承担设计和施工的单位）之间的合同关系，其合同中必须有明确反映项目实施方组织关系的条款，形成参与项目实施各方和工程项目管理方之间的指令关系（组织结构）的基础。项目实施的合同确定了项目实施阶段的费用、进度和质量要求，项目实施的组织决定了项目实施阶段进行目标控制的效果和效率。在项目实施前，进行项目实施的合同结构策划对目标控制的实现起着重要作用。

在国际建筑市场中，工程项目实施的组织模式主要有设计平行委托和施工平行发包模式、设计总委托和施工总包模式、施工联合体模式、建设项目总承包模式和 CM 模式等。

2. 项目实施的合同结构策划的影响因素

对一个具体工程项目来说，进行项目实施的合同结构策划时，应综合考虑与项目建设有关的法律和法规、项目分解结构、项目实施的组织模式和建筑市场情况等方面的问题。

项目实施的合同结构策划必须符合有关法律和法规的规定。比如，我国现行的《中华人民共和国建筑法》有关工程发包的条款第二十四条规定：提倡对建筑工程实行总承包，禁止将建筑工程肢解发包。

项目分解结构反映了一个项目的组成规模和技术复杂程度。项目分解结构中的每个单元都可能是发包的合同对象，所以进行项目实施的合同结构策划时，需要保证合同结构与项目分解结构相协调。

在项目实施过程中，需要针对每个发包的合同对象进行目标跟踪和管理，分析合同执行情况。为保证有效地进行相关数据信息的收集、汇总、分析和查询，所建立的项目分解结构系统应充分考虑到设计任务的委托和工程施工发包的组织模式，如相应地设置按设计任务和施工发包范围划分的项目分解结构系统层面或单元。

由于每种项目实施组织模式都有其优势和不足，因此项目实施的合同结构方案应发挥可能的项目实施组织模式的优势并采取相应措施克服其不足。进行项目实施的合同结构策划时，除了要分析项目实施承担者（设计和施工单位）内部可能的不协调因素外，更要分析招标和发包条件。大量工程实践表明，工程项目不具备相应招标条件而发包，往往是超投资、拖进度和存在大量质量缺陷的重要原因。

项目实施的合同结构策划时，应充分分析当前建筑市场中可能的设计单位、施工单位和供货单位的情况（如能力和任务饱满情况等），以保证每个实施任务能委托给合适的设计和施工任务的承担者。

项目实施的合同结构策划时，应充分认识到项目实施参与各方利益所在，因为各方利益并非完全一致，有的方面（如费用方面）甚至是对立的。实践证明，项目实施参与各方利益的不一致是项目实施的最大风险来源。尽管业主在项目的组织中占主动地位,但是在项目实施的合同结构策划时也需要注意平衡各方利益。

工程项目投资、进度和质量三大目标是对立统一关系,对于一个具体项目来说,因为受当时条件要求,某一个目标可能占主导地位。比如,某一项目需要缩短建设周期,应以项目建设进度目标控制为导向。就缩短建设周期的可能性而言,采用 CM 模式有利于缩短建设周期。当然,项目目标能否实现,还需要采取其他各种进度控制措施,并在项目实施过程中进行有效控制。

3. 项目设计的合同结构方案

下面结合一个大型工程项目实例,提出该项目设计的合同结构,以进一步分析说明项目设计的合同结构策划的方法。

【案例 10-6】 某地铁工程项目设计的合同结构

某地铁工程,全长 14.7km,设置 13 个车站。考虑到车站与区间隧道之间存在复杂的界面关系,在其项目分解结构中已将车站和区间隧道进行适当组合,即组成若干"项目段"。

该地铁工程项目设计合同结构策划结果如下(经简化处理),其项目设计合同结构方案之一,如图 10-8 所示。

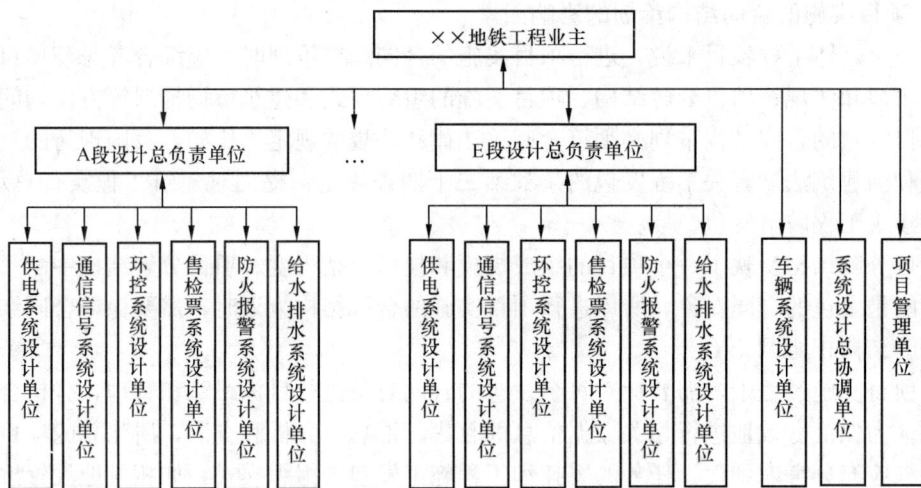

图 10-8 某地铁工程项目设计的合同结构方案一(示意)

注:A 段设计单位为系统设计总协调单位

对某地铁工程项目设计合同结构方案一,说明如下。

(1)根据项目分解结构,确定了该项目设计的主要设计合同任务为:A 段、B 段、C 段、D 段、E 段、供电系统、通信信号系统、环控系统、售检票系统、防火报警系统、给水排水系统和车辆系统。

(2)车辆系统向国外直接订货,因此车辆系统单独由国外专业单位设计。

(3)针对主要设计合同任务的特点,把各专业系统组合在各项目段中,形成 5 个设计任务合同对象。在总体上,采用设计平行委托模式(也有比较竞争考虑)。

(4)考虑到我国建筑市场中有很多具有相当实力的大型设计院和专业设计院并存,因此针对每个设计任务合同对象，采用设计总负责模式，委托各个大型设计院负责。每个设计总负责单位把该项目段的各专业系统设计分包出去。

相应上述合同结构方案的某地铁工程项目设计组织结构，如图 10-9 所示。

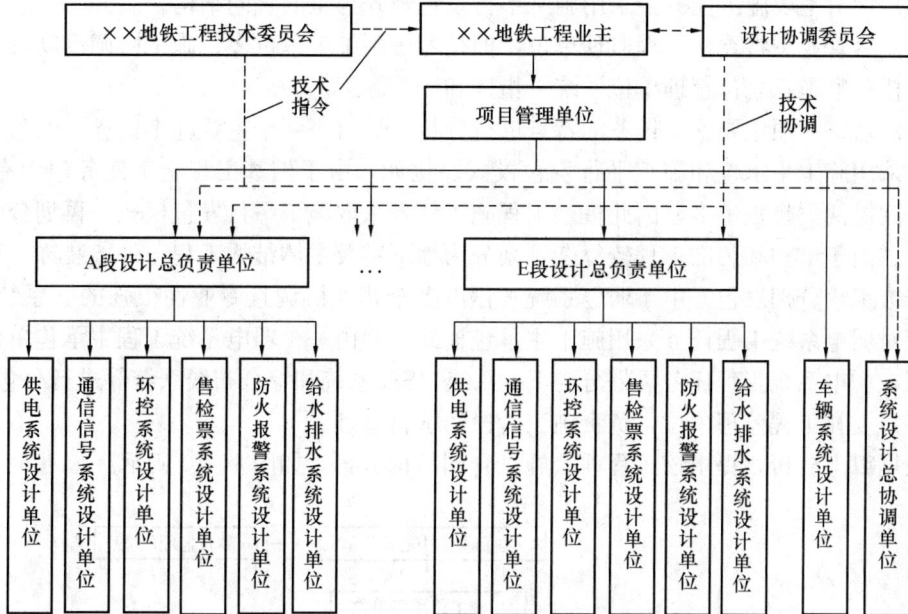

图 10-9 某地铁工程项目设计组织结构方案（示意）
注：A 段设计单位为系统设计总协调单位

对某地铁工程项目设计组织结构方案，说明如下：

（1）业主委托项目管理单位，主要负责项目投资控制、进度控制、合同管理、信息管理和安全管理。业主通过项目管理单位向各项目段设计总负责单位下达工作指令。

（2）指定一个项目段设计总负责单位为设计总体协调单位，并由它牵头组成设计协调委员会。设计协调委员会负责组织和协调各项目段设计总负责单位的设计工作，并向业主反映无法协调解决的问题。

（3）专门委托一家设计单位负责系统设计的总协调。在本案例中，设计总体协调单位（A 段设计总负责单位）对其他段设计总负责单位进行技术协调，系统设计总协调单位对所有系统设计工作进行协调。

（4）业主聘请中外专家组成"技术委员会"，负责审查全部设计图纸、协调总体设计单位和系统设计单位无法解决的问题，并参与技术问题的决策。

4. 项目施工组织结构方案

以下用一个大型建设工程项目作为案例，说明项目施工组织结构策划的具体方法。

【案例 10-7】 某国际会展中心项目施工合同结构

某国际会展中心，建筑面积约 15 万 m²，地上为 7 层（地下 1 层），基础采用多种类型桩基，大跨度钢屋盖体系，外墙为玻璃、铝板及花岗石幕墙，弱电系统标准和内部装饰要求高。

假定已经进行了建筑市场调查和分析，潜在的承包商情况清楚，采用住建部颁布的建筑工程施工合同文本（GF—0201）。该工程施工合同结构的策划过程如下（已经简化）：

（1）根据项目的特点划分子项目，即确定工程主要施工任务内容为：桩基工程、结构和装饰工程、机电工程、弱电工程、辅楼工程和广场及室外总体工程。

（2）针对主要施工任务，采用施工平行发包模式为主的合同结构。

（3）尽管业主将委托工程监理单位，但是考虑到施工单位多、施工协调难度较大，因此将委托一家施工总包管理单位，统一指挥和协调施工。

（4）对每一项主要施工任务的特点进行分析，针对每一个主要施工任务（作为合同对象）将采用施工主承包和施工平行发包模式。比如，由于桩基工程施工任务包中有 PHC 桩和灌注桩两类且数量多，因此桩基工程施工任务采取施工平行发包模式，再划分为四个子任务。由于结构和装饰工程较复杂，划分为地下室及主体结构工程、外墙装饰工程、内部精装饰工程分别发包。由于弱电系统工程由多个相互协调且专业性很强的子系统组成，因此针对弱电系统工程任务采用施工主承包模式，并由一个弱电系统工程主承包单位负责总协调，弱电系统工程任务再划分为 FA 系统、SA 系统和综合布线系统等进行分包。

（5）委托工程监理单位，负责施工阶段的项目管理。

根据以上分析，提出该工程项目施工合同结构方案，如图 10-10 所示。

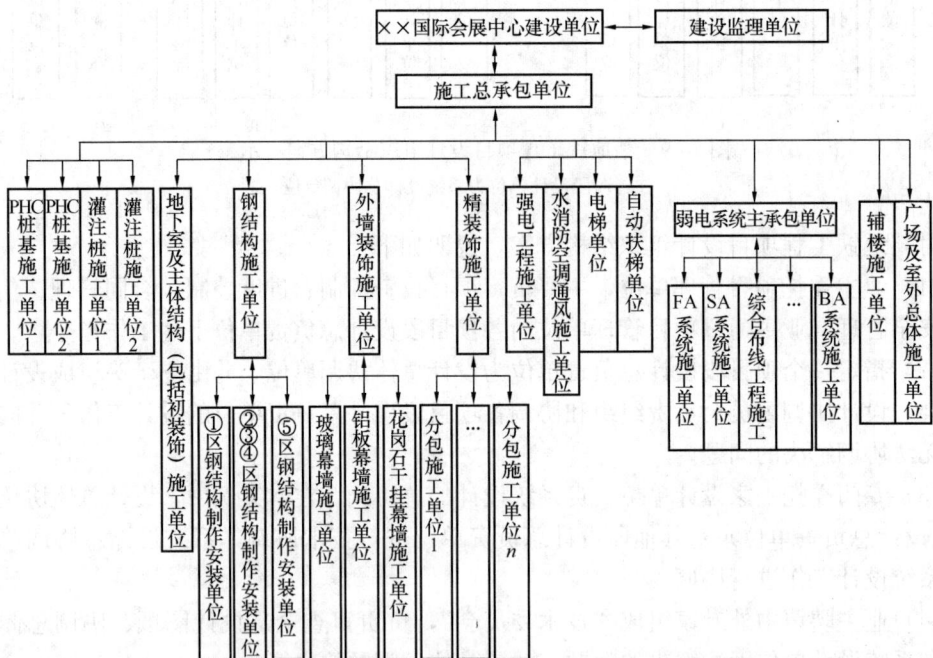

图 10-10　某国际会展中心项目施工合同结构（方案一）

作为探讨，该项目施工合同结构也可以采用其他方案，如图 10-11 所示。该项目施工合同结构方案二与合同结构方案一相比，有如下特点：

（1）针对主要施工任务，结合施工单位组成施工联合体的可能性，采用施工联合体模式为主的合同结构。施工联合体的主要任务包括：土建结构和装饰工程、钢结构工程、机电工程、辅楼工程和广场及室外总体工程等。

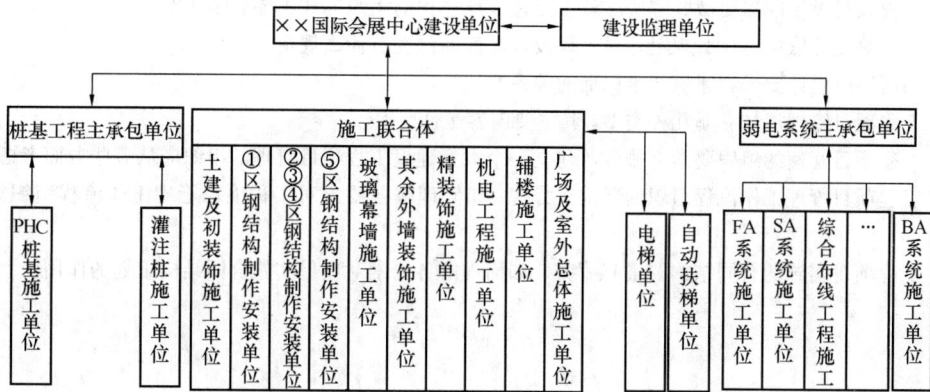

图 10-11　某国际会展中心项目施工合同结构（方案二）

（2）为了缩短施工周期，考虑把桩基工程任务单独发包出去，并根据两种类型可能再分包。

（3）在机电工程任务中，考虑到电梯制作安装和自动扶梯安装工程的特殊性，而且业主对电梯制作安装和自动扶梯安装单位有较高要求，因此这两部分任务采取业主指定分包商的方式。

根据对某国际会展中心项目建立的施工合同结构方案二的思路，形成该项目施工组织结构方案，如图 10-12 所示。

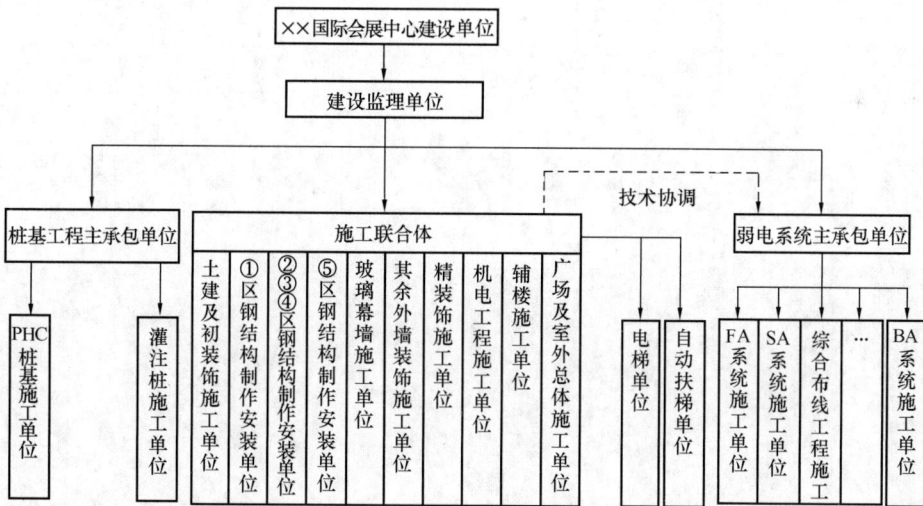

图 10-12　某国际会展中心项目施工合同结构方案二下的组织结构方案

复习思考题

1. 设计准备阶段项目管理任务主要有哪些，包括哪些主要工作？

2. 工程项目设计前需要做好哪些准备工作，设计过程的组织方式主要有哪些？

3. 国家对设计依据有什么规定，对工程设计文件的深度有什么规定？

4. 如何理解设计要求和建筑技术标准的关系？

5. 工程项目管理规划有哪几种类型，其主要内容是什么？

6. 工程项目管理的组织要素有哪些，建立一个大型建设工程项目管理的组织应从哪些方面考虑？

7. 工程项目管理工作流程组织的要素有哪些，如何理解各要素对工程项目管理工作流程组织策划的作用？

8. 工程项目实施的合同结构要素有哪些，如何理解各要素对项目实施合同结构策划的作用？

设计过程是项目实施阶段的重要环节，工程项目管理的六大基本职能也贯穿于整个设计过程的始终，成为设计阶段项目管理的核心任务。但是，设计过程自身的独特性，决定了设计阶段六大基本项目管理职能的特殊性，与实现其他阶段的项目管理职能不同，它们具有其自身的特点。本章内容包括设计阶段的项目管理概述、设计任务的委托及设计合同的管理、设计阶段的目标控制、设计协调、设计阶段信息管理。

11.1 工程设计阶段项目管理概述

工程项目设计阶段是建设项目全寿命周期中非常重要的一个环节，它是在前期策划和设计准备阶段的基础上，通过设计文件将项目定义和策划的主要内容予以具体化和明确化，同时是下阶段建设的具体指导性依据。因此，设计过程是实现策划、建设和运营衔接的关键性环节。策划的内容能否充分得以体现，是关系到项目最终交付使用后的运营效果和项目成败的关键问题。因此，必须对设计阶段的项目管理工作予以高度的重视。

工程项目设计是集社会、经济、技术和管理为一体的复杂、特殊的系统性生产过程，它不是设计单位的个体创造，而是业主、设计单位、政府主管部门和其他项目参与方共同参与和协作的成果。设计阶段项目管理的核心并不是对设计单位的工作进行监督，而是通过建立一套沟通、交流与协作的系统化管理制度，帮助业主和设计方去解决设计阶段中设计单位与业主、政府有关建设主管部门、承包商以及其他项目参与方的组织、沟通和协作问题，实现工程项目建设的艺术、经济、技术和社会效益的平衡。

11.1.1 工程设计过程特点

1. 设计过程的范围

对于工程项目的设计过程，可以从狭义和广义两个层次进行理解。狭义上的"设计过程"是指从组织设计竞赛或委托方案设计开始，到施工图设计结束为止的设计过程，可以

工程设计阶段的项目管理

划分为方案设计、初步设计和施工图设计三个主要阶段。但是从工程项目管理角度出发，工程项目的设计工作往往贯穿于工程建设的全过程，从选址、可行性研究、决策立项，到设计准备、方案设计、初步设计、施工图设计、招投标以及施工，一直延伸到项目的竣工验收、投入使用以及回访总结为止。与此同时，与之相应的业主方对设计的管理和协调也贯穿于这个过程的始终。在实际工程中，由于采用的工程承发包模式及工程项目管理模式不同，设计过程和施工过程的划分并非泾渭分明，在整个施工过程中图纸存在大量的修改和细化，因此，在设计阶段的项目管理中，必须考虑与招投标、材料设备采购和施工等工作的配合和搭接等问题，设计阶段必须与招标、施工过程统一考虑。除了设计本身之外，在采购和施工过程中，设计人员要参与解决大量的技术问题，作为工程项目管理者，应当从广义角度上来理解设计过程，广义上的设计过程贯穿于项目实施始终，如图 11-1 所示。

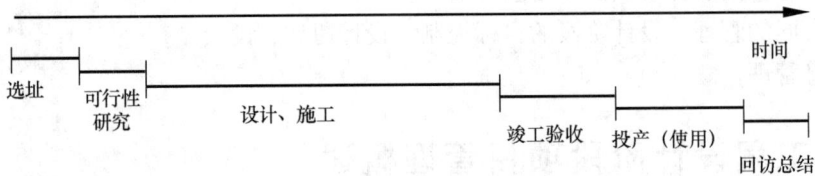

图 11-1　工程项目管理中广义的设计过程

除了狭义的三阶段设计，在国内一些重大工程建设的设计过程中，往往还会增加概念设计、扩大初步设计或者技术设计的阶段。从国家正式设计程序要求来看，这些设计阶段不是国家法规强制要求，所以，是否增加该设计阶段通常是由业主方根据项目实际情况来决定的。

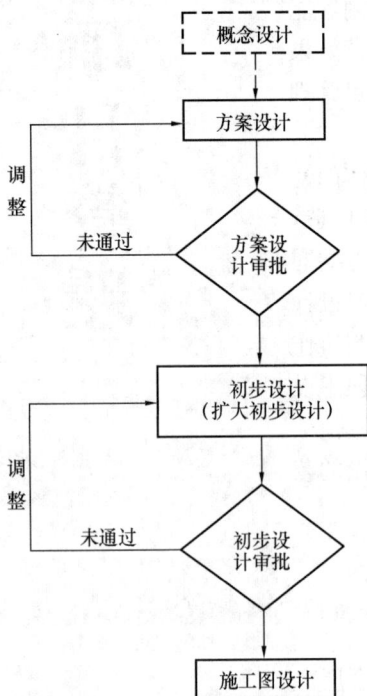

图 11-2　设计过程主要阶段划分及相互关系

此外，对于城市开发或成片土地开发项目还应该有城市设计或规划设计阶段，规划设计又可分为规划方案设计、控制性详细规划设计和修建性详细规划设计等。对于一些复杂的大型建设工程项目，在大的设计阶段划分中，根据项目的具体情况，还可以增加或细分出总体设计、总体设计优化、方案设计优化、扩初设计优化、专业细部设计等细化的设计阶段。图 11-2 表示通常的三阶段设计的主要设计阶段划分及相互关系。

2. 设计过程特点

要进行设计阶段的项目管理工作，首先必须对设计过程的特点有所了解。与施工过程相比，设计过程具有三个方面的特点：①创造性；②专业性；③参与性。

（1）创造性

设计过程是一个创造过程，它是一个"无中生有"、从粗到细、从轮廓到清晰的过程。在工程设计中，设计的原始构思就是一种创造，应最大限度地发挥建筑师的创造性思维。但是在整个设计过程中又并非所有的设计工作都是无中生有的，每个阶段的设计都应当是在上一阶段的设计成果及相关文件依据下而进行的，后阶段设计的重点应该是把设计的原始构思在优化的基础上进行细化，并将好的创意贯彻到底。

正因为如此，工程项目设计过程是由若干个阶段构成的，它们之间是逐步深化的。有人又将设计阶段从广义和狭义的两个角度进行区分，如图 11-3 所示。但无论怎样划分，每一个阶段的设计成果输出将成为下一阶段设计工作的输入，这个循环过程贯穿设计过程的各个阶段，使项目目标逐步得以明确和清晰。在不同的设计阶段，业主所承担的设计管理和协调工作是不一样的。

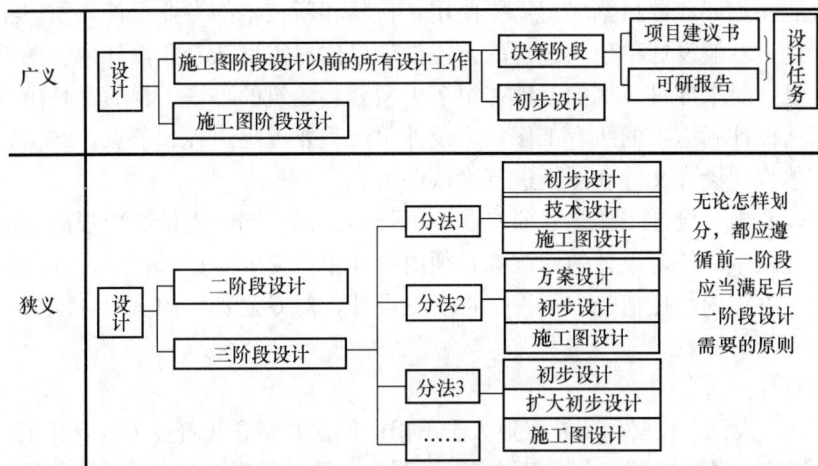

图 11-3   不同设计阶段的分类

项目目标和定义逐层深化的螺旋上升逻辑关系充分体现在设计过程不同阶段的设计文件中，如图 11-4 所示。

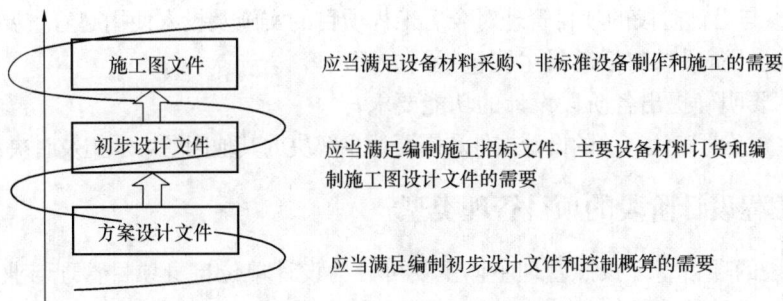

图 11-4   设计过程不同阶段的设计文件间逻辑关系

（2）专业性

设计过程是高度专业化的工作，它是由各工程专业设计工种协作配合的一项工作，这表现在以下三个方面：

1）我国对设计市场实行从业单位资质、个人执业资格准入管理制度，只有取得了设计资质的单位和取得了执业资格的个人才允许进行设计工作。目前，我国建筑行业的专业注册制度正在逐步完善中，已基本实行注册结构工程师、注册建筑师、注册咨询工程师、注册监理工程师和注册建造师等管理制度，一套基本完整的系统的专业注册管理制度已建立，这将进一步推动我国建筑行业的专业化进程。

2）工程项目的设计工作是一项非常复杂的系统工程，绝不是某一个人可以独立完成的，必须通过分工合理、专业完备且协调良好的团队来进行这项工作。通常，项目设计工作需要由一个设计总负责人主持，在其统一领导下，建筑、结构、暖通、给水排水、电气、智能化、概预算等多个专业协同工作，各司其职，共同完成设计任务。

3）随着社会经济的发展和技术水平的迅速提高，建设工程项目的规模越来越大，标准越来越高，越来越多的新技术、新材料得到应用，导致专业设计分工越来越细化。主设计单位不可能涵盖如此数目繁多、需要使用新材料和新技术的专业设计，所以很多专业性更强的设计是由专业设计单位来进行的，主设计单位只需确认专业设计单位的设计成果是否符合总体设计要求即可。例如，现在很多大型公共建筑的幕墙工程通常是由专业的幕墙分包商承担从设计到施工的所有工作，主设计单位只要提出边界、节点、结构等要求，并对专业设计单位的设计文件和图纸进行确认即可。

由此可以看出，设计工作是一项专业性很强的工作，同时也是一项很严肃的工作，在项目实施全过程中，任何设计的修改都必须由设计单位完成，在未经得设计方同意的情况下，包括业主方在内的任何一方不得擅自变更设计，对专业责任的承担，国际上通行"谁设计、谁负责"的原则。

（3）参与性

如前所述，设计工作必须委托专业人士承担。但这并不意味着业主方委托了设计就万事大吉，只管等着拿设计成果。大量工程实践证明，设计过程是由业主、设计单位、咨询单位和施工单位以及材料设备供货商等众多项目参与方共同参与的一个过程，其中，业主方的参与是非常重要的。《园治》有云："第园筑之主，犹须什九，而用匠什一。"其实不止造花园如此，对于所有工程项目，业主方的作用都是至关重要的，尤其是在项目设计阶段。业主是工程项目全过程的最高决策者，也是项目功能需求的提出者，往往还是最终的用户和使用者，业主方参与设计阶段的项目管理对今后工程项目的实施及投入使用起着重要的作用。

业主在设计阶段参与活动最主要包括两方面内容：

1）业主要明确提出各阶段设计的功能要求；

2）业主要及时确认有关的设计文件和需要业主解决的其他问题，承担及时决策的责任。

11.1.2　工程设计阶段的项目管理类型

设计阶段的项目管理按照管理主体主要可分为设计单位自身项目管理与业主方项目管理。本文所指设计阶段的项目管理是指业主方的设计阶段的项目管理。在设计阶段，业主方的项目管理类型主要有三种形式：

（1）完全业主自管式；

（2）委托式；

（3）混合式。

其中，委托式又分为完全委托式和部分委托式两种，如图 11-5 所示。具体项目究竟采用哪种管理模式，由业主自身管理力量及所建项目的具体情况来确定。

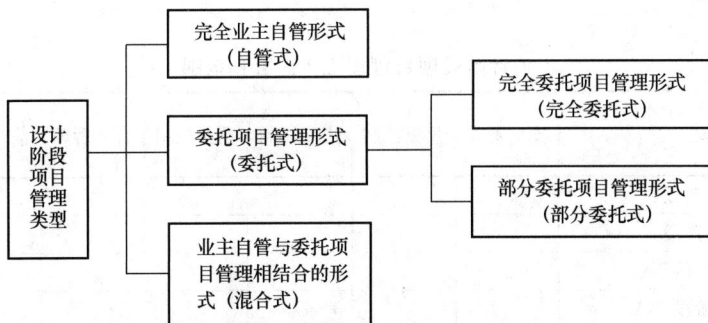

图 11-5　设计阶段的项目管理的类型

不同类型的项目管理模式的含义、适用范围及工作重点是有所差异的。

1. 设计阶段完全自管式项目管理

设计阶段的业主完全自管式项目管理，是业主自己组织工程项目管理人员组成工程项目管理团队。这种形式的项目管理组织工作比较容易，但要求业主自身有较强项目管理力量，适用于拥有足够的经验丰富的项目管理人员的业主，我国过去大部分项目的设计阶段管理都采用这种形式。

2. 委托式设计阶段的项目管理

设计阶段的委托式项目管理分为两种形式，即完全委托式和部分委托式，这两种委托方式又有很多不同。完全委托式是业主把设计阶段的项目管理完全委托给专业的项目管理公司，由其代表业主进行设计阶段的项目管理。在这种形式中，业主方的自身项目管理团队可以规模很小，依靠专业项目管理公司进行设计管理，发挥其专业技能和实践经验的优势，提高设计阶段的项目管理的质量。部分委托式是指业主自行完成部分设计阶段的项目管理，把其中对专业化要求比较高的部分委托给专业项目管理公司来完成。在这种方式中，业主与项目管理公司的协调工作量比较大。委托式项目管理适用于业主方缺少经验丰富的设计项目管理人员，仅靠自己的力量难以完成设计阶段的项目管理任务的情况。

3. 混合式设计阶段的项目管理

设计阶段的混合式项目管理，是指由业主方的部分项目管理人员与项目管理公司经验丰富的项目管理人员，共同组成混合的设计阶段的项目管理团队。聘请专业项目管理人员可以弥补业主方项目管理人员在技术和管理经验上的不足，这种形式的项目管理适用于业主自身拥有一定数量的项目管理人员和设计管理经验，但力量还不够，不足以独立完成设计阶段的项目管理工作。

随着我国建筑市场专业化的深入发展和逐步与国际接轨，通过完全或部分委托专业项目管理公司来进行设计阶段的项目管理将成为一种趋势，这也是当前发展中国家大型建设工程项目设计管理较为通用的模式。

11.1.3　工程设计阶段项目管理工作内容

设计阶段的项目管理从根本上来说，是为了保证工程项目目标的实现而进行的。因此，它的工作内容也是围绕着工程项目管理的核心任务"三控"、"三管"和"一协调"而展开的。按照设计阶段和工程项目管理的内容，可以确定设计阶段项目管理的工作内容，如表 11-1 所示。

设计阶段项目管理工作内容和范围　　　　　　　表 11-1

实施阶段 ＼ 工作内容	安全管理	投资控制	进度控制	质量控制	合同管理	信息管理	组织协调
方案设计阶段	√	√	√	√	√	√	√
初步设计阶段	√	√	√	√	√	√	√
施工图设计阶段	√	√	√	√	√	√	√
招投标阶段	√	√	√	√	√	√	√
施工阶段	面向承包商和工程监理单位做好必要的配合						

11.2　设计任务的委托及设计合同管理

11.2.1　设计竞赛

近些年来，在我国设计方案竞赛逐渐成为一种在概念设计或方案设计阶段常用的形式，但业内人士对这一概念还存在不少误解。

1. 设计竞赛的概念

提到设计竞赛，人们很容易联想到设计方案竞赛，并将其工作流程理解成如图 11-6 所示。

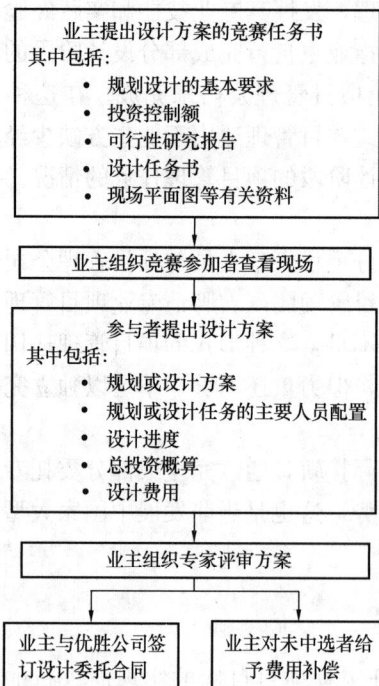

业主提出设计方案的竞赛任务书
其中包括：
- 规划设计的基本要求
- 投资控制额
- 可行性研究报告
- 设计任务书
- 现场平面图等有关资料

↓

业主组织竞赛参加者查看现场

↓

参与者提出设计方案
其中包括：
- 规划或设计方案
- 规划或设计任务的主要人员配置
- 设计进度
- 总投资概算
- 设计费用

↓

业主组织专家评审方案

↓

业主与优胜公司签订设计委托合同　　业主对未中选者给予费用补偿

图 11-6　对设计方案竞赛工作过程的理解

实际上，这种观念与当前国际惯例不甚一致。其关键在于，这种理解混淆了设计竞赛与设计招标的概念。两者区别主要表现在以下三个方面：① 设计竞赛的优胜者并不意味着中标（与业主签订合同）；② 参加设计竞赛者也不需要报设计费的价；③ 国际上的设计竞赛并不限于设计方案竞赛，它有不同范围和不同深度的竞赛，因此它并不叫方案竞赛，而称设计竞赛。

按照国际惯例，设计竞赛有如下特点。

（1）设计竞赛有多种类型，如：

1）区域规划设计竞赛；

2）城市建筑规划设计竞赛；

3）风景规划设计竞赛；

4）建筑物设计的设计竞赛；

5）室内空间和设施设计的设计竞赛；

6）构件设计的设计竞赛等。

（2）设计竞赛参加者一般以公司名义，但也可以以个人名义参加。

（3）设计竞赛只涉及设计内容（设计技术

和经济的先进性），而不涉及设计费用与设计进度。

（4）设计竞赛的评选结果仅限于对参选设计作品进行入选排名，而不直接涉及设计任务的委托。

（5）设计竞赛参加者若未中奖，则将得到一定的经济补偿。

2. 设计竞赛的内容

设计竞赛的类型（指涉及的范围）有多种，大到一个区域规划的设计竞赛，小到一个构件的设计竞赛。而设计竞赛的内容（指设计工作的深度）也有很多种：

（1）设想性的竞赛；

（2）原则性的方案性竞赛；

（3）具体实施性竞赛。

其中，设想性的竞赛是指竞赛发起者要求竞赛参加者对一项设计任务提出一些设想性的建议，即提出一些想法。原则性的方案性竞赛的设计深度要比设想性竞赛的深，竞赛参加者对一项设计任务应提出原则性、方案性的解决办法。所谓原则性、方案性指的是所提出的解决办法不必过分详细，不必过分具体。具体实施性竞赛则应当更具体，竞赛者提出的设计可付诸实施，它比上述的原则性方案性竞赛的设计深度当然要深。

3. 设计竞赛的组织

设计竞赛就其参加者的范围而言，可分为如图 11-7 所示的两种。

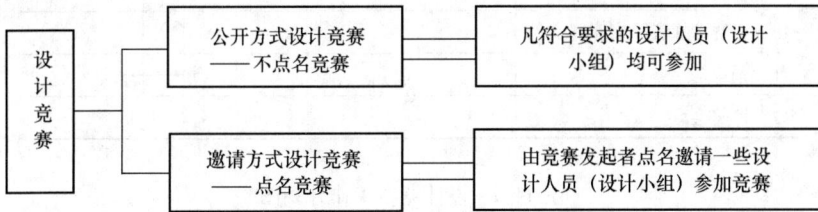

图 11-7　设计竞赛的类型

由于竞赛发起者有义务对非中选的竞赛参加者为参加竞赛而做的设计工作给予经济补偿，因此，公开方式设计竞赛一般限于竞赛参加者工作量不太大的设计任务，否则经济补偿总额对竞赛发起者负担过大，以致无力承担。

根据设计任务的规模和复杂程度，或根据设计任务的其他特点，设计竞赛可组织为单轮竞赛或多轮竞赛，如图 11-8 所示。

4. 设计竞赛的工作流程

下面通过具体的项目实例来说明设计竞赛的工作流程。

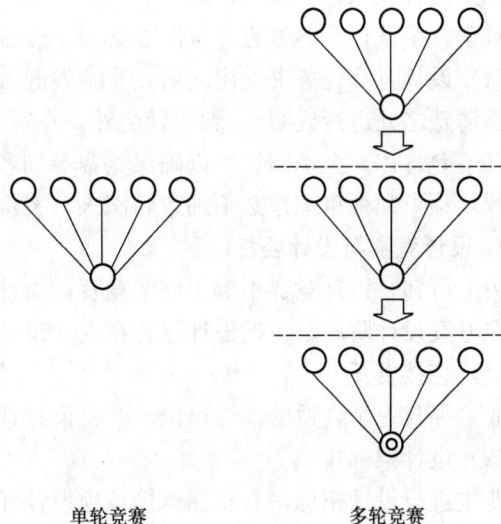

单轮竞赛　　　　多轮竞赛

图 11-8　单轮竞赛及多轮竞赛示意图

【案例 11-1】 德国某汽车公司新办公楼设计竞赛

德国某著名汽车公司发起一项新办公楼设计竞赛，其任务与特点如下。

（1）属邀请方式设计竞赛，共邀请 11 位参加者。

（2）属单轮的具体实施性竞赛。

（3）工程概况：供 2000 人使用的办公楼，使用面积 55000m²，建筑面积 90000m²，建筑体积 380000m³。

图 11-9 为该项设计竞赛的工作计划图。

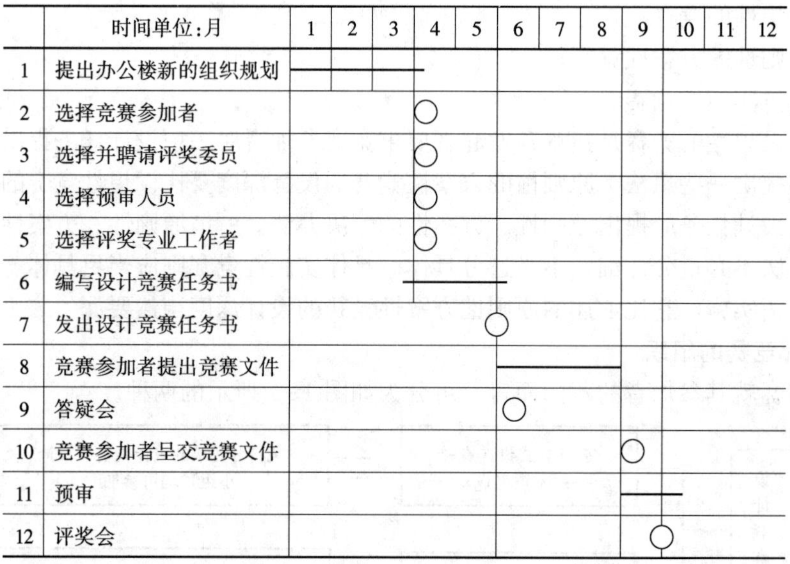

时间单位：月	1	2	3	4	5	6	7	8	9	10	11	12
1	提出办公楼新的组织规划											
2	选择竞赛参加者											
3	选择并聘请评奖委员											
4	选择预审人员											
5	选择评奖专业工作者											
6	编写设计竞赛任务书											
7	发出设计竞赛任务书											
8	竞赛参加者提出竞赛文件											
9	答疑会											
10	竞赛参加者呈交竞赛文件											
11	预审											
12	评奖会											

图 11-9 设计竞赛工作计划图

该项设计竞赛由该汽车公司委托专业项目管理咨询公司代为组织，整个设计竞赛过程历时九个半月，取得了圆满的结果。

对于整个设计竞赛过程，有两点必须予以说明。

（1）设计竞赛任务书发出之后，竞赛发起人要举办一次公开答疑会（对设计竞赛任务书中不清楚之处进行说明）。除答疑会外，竞赛发起人对竞赛参加者所提出的问题，一律不作（不允许作）个别回答，以确保竞赛参加者在平等的条件下竞争。

（2）预审和评审工作必须细致和深入，案例中的预审工作就花了一个月的时间。

5. 设计竞赛与设计委托

由上可知，设计竞赛不等于方案竞赛，设计竞赛不等于设计的招标、投标。

在方案设计阶段，包括设计竞赛在内，设计任务的委托主要有三种途径。

（1）直接委托

业主寻找一个合适的设计单位，并将设计任务委托给它。

（2）设计招标

业主进行设计招标，有意愿承接该项设计任务的设计单位投标，通过评标，决定将设计任务委托给中标设计单位。

（3）设计竞赛

业主通过设计竞赛，评选出中选的设计，业主可将设计任务委托给竞赛优胜者，业主也可以综合几个中选设计，再行设计委托。在设计进展过程中，业主可根据具体需要，再组织设计竞赛，不断地寻求设计优化的可能。

按照我国现行法规的要求，设计委托应该采用设计招标的方式。然而按照国际惯例，设计竞赛作为一种手段，与其他两种方法相比，它更有利于提高投资效益，有利于提高设计质量，当然它也有利于活跃设计市场，并有利于促进设计技术的发展。

11.2.2 设计任务的委托方式及合同结构

1. 设计任务的委托方式

在现代工程建设中，参与一个项目的设计单位往往不止一家。这是由于以下两方面原因所造成的：①现代建设工程项目规模日益增大，功能和技术要求日趋复杂，导致设计工作本身具有复杂性，一家设计单位很难完全满足业主方的要求；②设计任务是可以分阶段完成的，如通常划分的方案设计、初步设计和施工图设计三个设计阶段，这也便于分阶段将设计任务进行分包。因此，设计任务的委托方式也由过去直接委托一家设计单位转变为多种委托方式，主要有平行委托、总设计（又称设计总包）、设计合作体和设计联合体四种方式，如图 11-10 所示。

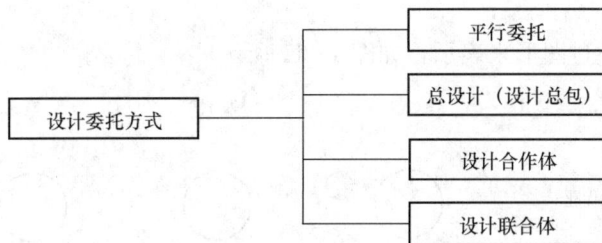

图 11-10 设计委托方式类型

（1）平行委托

这种方式是业主将设计任务同时分别委托给多个设计单位，各设计单位之间的关系是平行的。它的优点在于：①可以加快设计进度；②甲方可以直接对各家设计单位发出修改或变更的指令。其缺点在于：①业主对于各家设计单位的协调工作量很大；②设计合同较多，合同管理工作也较为复杂；③由于各设计单位分别设计，因此较难进行总体的投资控制；④参与单位众多也给整体设计进度控制带来相当大的难度。因此，它适用于在业主有设计项目管理经验和相关资源的条件下使用。

（2）总设计（设计总包）

该方式中，业主只与牵头的设计总包单位签约，由设计总包单位与其他设计单位签订设计分包的合同。其优点在于：①由于有设计总包单位的参与，业主方设计协调的工作量大大减少；②由于业主方只有一个和总包单位的合同，因此合同管理较为有利。其缺点在于：①总包单位选取很重要，如果由主要承担施工图设计的单位承担，很难对于方案设计单位进行有效控制，如果由承担方案设计的设计单位承担，对于后期控制也不利，必须慎重考虑；②业主对设计分包单位的指令是间接的，直接指令必须通过总包单位，管理程序比较复杂。

（3）设计合作体

在这种方式中，业主与由两家以上设计单位组成的设计合作体签署一个设计委托合同，各家设计单位按照合作协议分别承担设计任务，通常是按照设计阶段分别承担的。其优点在于：①业主方设计协调的工作量大大减少；②由于业主方的设计合同只有一个和设计合作体的合同，因此合同管理较为有利。其缺点在于：①缺乏一家设计单位对设计成果的总体质量负责；②缺乏有利的激励手段促进各家设计单位相互的沟通和协调。这种方式通常用于中外合作设计以及本地和外地设计单位的合作设计中。近些年来，设计合作体方式使用较为广泛，但在合作单位界面管理上存在一定的障碍。

当前，中外合作设计正成为设计委托的一种主要趋势，其中大部分都是以组成设计合作方式进行的。在中外合作设计中，为了获得一个优秀的方案，往往都是由外方负责方案设计；方案优化、初步设计和施工图设计由中外双方的哪一方负责，工作内容和任务如何进行分工，主要存在三种模式：

1）外方负责方案优化、初步设计和施工图设计，中方提供顾问服务；

2）外方负责方案优化，中方负责扩初设计和施工图设计；

3）外方负责方案优化和扩初设计的一部分，中方负责另外部分的扩初设计以及施工图设计。

以上三种模式通过图形来表示，如图 11-11 所示。

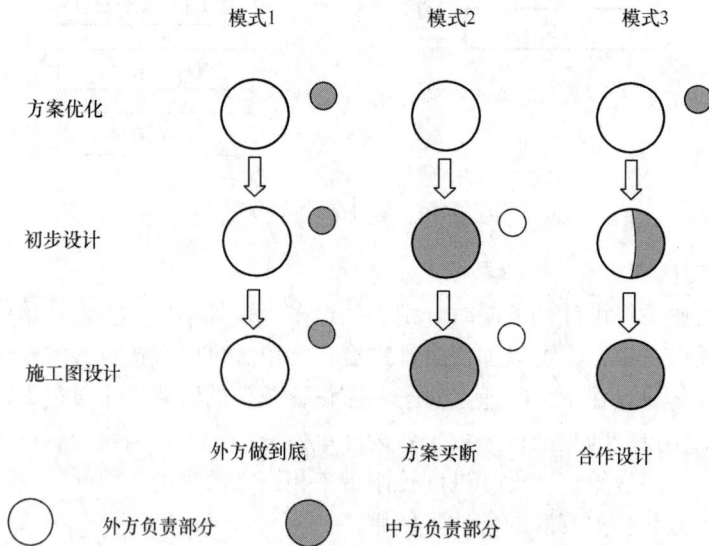

图 11-11　中外合作设计的各阶段分工

图 11-11 中大圆圈表示具体做设计，小圆圈表示做对方的咨询顾问。根据我国现行有关法律规定，境外设计机构已经不允许负责施工图设计，必须要由国内设计公司承担，因为外方设计单位往往不了解中国的施工工艺，施工图设计深度也往往不够，在施工过程中的配合也有困难，所以模式 1 现在已不被采用，但在 20 世纪 90 年代该种方式在工程设计中还是有所应用的。模式 2 又称为方案买断，存在的问题是中方不能充分理解和领会外方

原始设计意图和构想，在后续设计中容易造成与最初方案设计有较大的出入，不能实现业主当初采用中外合作设计提高设计质量的初衷。模式3介于两者之间，延长中外设计方的交接时间，在初步设计阶段合作设计，中、外方进行专业分工，各做一部分，到施工图阶段再完全由中方单位来承担。经过工程实践的检验，该种方式基本适合我国的国情，也能较好地发挥中外合作设计的长处。图11-12是上海某大厦的合作设计组织图。

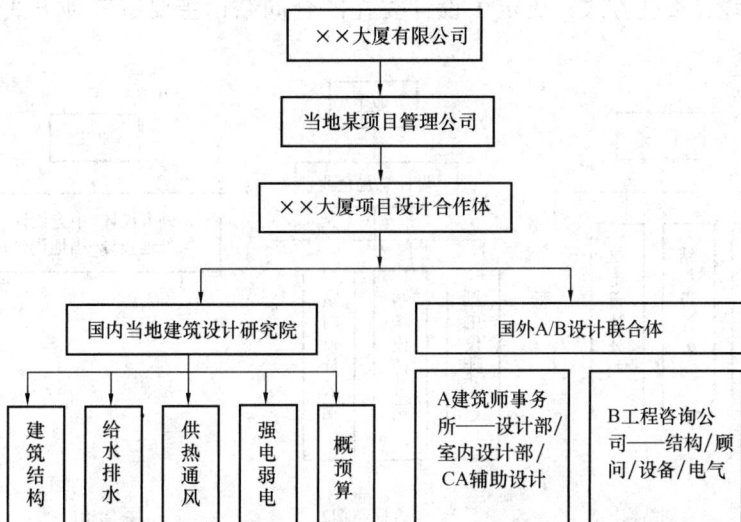

图 11-12　上海某大厦项目设计合作体组织结构图

（4）设计联合体

在这种方式中，业主与由两家以上设计单位组成的设计联合体签署一个设计委托合同，各家设计单位按照合作协议分别承担设计任务，通常是按照设计阶段分别承担的。其优点在于：①业主方设计协调的工作量较少；②由于业主方的设计合同只有一个与设计联合体的合同，因此合同管理较为有利；③由于存在共同的利益，各家设计单位交流和合作更为紧密。其缺点在于：各设计单位一般不太愿意组成负有连带责任的设计联合体，风险较大。尽管这种方式有许多优点，但是国内应用较少。

下面，对设计联合体和设计合作体两种方式的异同进行比较，以说明两者之间存在的区别。设计合作体和设计联合体都是针对某个特定工程设计任务而组成的临时性组织，工程结束，组织也就解散。其具体的差异主要表现在以下几个方面：

1）设计工作的组织上。设计联合体通常对内和对外都有明确的代表，负责对外与业主联系沟通和内部的沟通协调，各家单位共同组成一个完整的设计团队；设计合作体内部类似独立承包，各家对于各自的设计任务都投入完整的设计力量。

2）经济分配上。设计联合体是按照各家投入进行分配的；设计合作体通常是按照承担的工作内容进行分配的。

3）承担的经济责任上。设计联合体各单位间承担连带责任，倘若设计过程中，联合体中一家单位倒闭了，所引起的经济责任由联合体的其他企业承担；设计合作体不承担这种责任，一般根据内部合同，设计过程中某家单位倒闭的经济责任风险是由业主自行承担的，其他设计合作体单位不会予以承担。

尽管从业主方的角度出发，设计联合体比设计合作体对业主方更为有利，但是通常国外设计公司或者外地设计企业大都不愿意和项目所在地的当地企业组成设计联合体，原因是彼此承担的风险较大，所以，设计联合体在实际的应用中还存在相当的困难。

2. 设计委托的合同结构

上述四种设计委托方式，决定了设计委托的合同结构主要有三种方式，如图 11-13 所示。

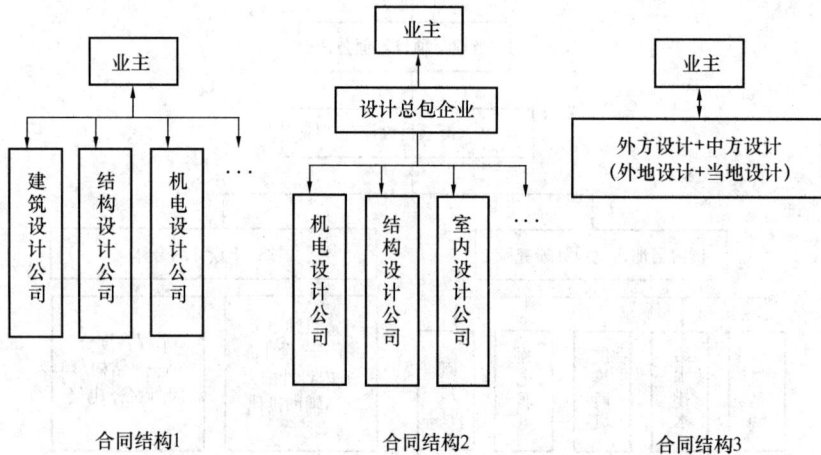

图 11-13 设计委托的三种合同结构

其中，合同结构 1 主要用于平行委托设计；合同结构 2 主要用于总设计（设计总包）；合同结构 3 主要用于设计合作体或设计联合体。

11.2.3 设计合同的签订

1. 设计合同的类型

设计合同是设计阶段项目管理和协调的基础和依据，业主必须根据项目实际情况，选择适合的合同文本。

（1）国内设计合同文本

国内大部分工程项目设计合同主要采用原建设部和原国家工商行政管理局联合颁布的《建设工程设计合同（示范文本）》。《建设工程设计合同（示范文本）》有两种类型，分别针对民用建设工程和专业建设工程。民用建设工程设计合同由 8 部分内容组成；专业建设工程由于其复杂性，设计合同由 12 部分内容组成。下面仅以专业建设工程设计合同为例，说明建设工程设计合同的内容组成。《建设工程设计合同（示范文本）》的内容包括以下12 个部分：

1）本合同签订依据；

2）设计依据；

3）合同文件的优先次序；

4）本合同项目的名称、规模、阶段、投资及设计内容；

5）发包人向设计人提交的有关资料、文件及时间；

6）设计人向发包人交付的设计文件、份数、地点及时间；

7）费用；

8）支付方式；

9）双方责任；

10）保密；

11）仲裁；

12）合同生效及其他。

此外，还有各省市自治区自行制定和颁布实施的地方性设计合同文本，比如《上海市建设工程设计合同》、《浙江省建设工程设计合同》等。但这些设计合同版本往往主要适合于当地实际情况。

（2）国际设计合同文本

目前国际上比较典型的、有影响的且应用广泛的设计合同文本主要有：

1）国际咨询工程师联合会（FIDIC）制定的 FIDIC 合同《业主/咨询工程师标准服务协议书》（The Client/Consultant Model Services Agreement）；

2）美国建筑师协会（AIA）制定的 AIA B141《业主与建筑师的标准协议书》（AIA Document B141，Standard Form of Agreement Between Owner and Architect）；

3）英国皇家建筑师协会、皇家测量师协会、咨询工程师联合会等机构组成的联合委员会（简称 JCT）制定的《设计与施工总承包协议书》（JCT81，Design and Building，简称 JCT81）；

4）世界银行制定的《咨询工程师标准服务协议书（固定总价）》〔Standard Form of Contract，Consultants' Services（Lump Sum Remuneration），The World Bank，Washington D.C.〕。

以上合同文本被广泛用于国际上的合作或者联合设计、我国的外方投资以及世行贷款的项目中。其中，国内采用较多的是国际咨询工程师联合会（FIDIC）制定的 FIDIC 合同《业主/咨询工程师标准服务协议书》（The Client/Consultant Model Services Agreement）。

2. 设计合同条款的分析

在起草设计合同时，标准条款一般参考选定的标准合同文本即可，但对特殊应用条款的起草要特别谨慎，反复推敲，因为这些条款是对标准条款的细化、补充、修改和说明，最容易引起合同争议和索赔，尤其是对于中外合作设计合同更应特别注意。以下是分析的重点。

（1）合同语言与遵守的法律

我国的工程项目，无论是本国设计，还是中外合作设计，建议尽可能以中文作为首选语言，以我国的法律体系作为参考法律体系。否则，在中外合作设计中，由于中文和英文这两种语言不完全对等，当项目参与人员对合同条款理解有分歧时，对项目双方的协商不利。参考法律体系也主要出于对项目利益的保护。

（2）设计费计取及其支付

设计费的计取通常有两种方式：固定价格和可变价格。固定价格可以按项目投资的百分比计算，或按照建筑面积计算，也可以按照合同双方商定的固定价格；可变价格可以按成本加酬金计算，也可以按单位工作量的报酬乘以设计工作量计算。两种方式各有优缺点，可酌情采用。目前，国内大多采用固定价格合同，但应注意应在合同中注明，总投资或总建筑面积有较大变动时，如何对设计费进行调整。若业主要求设计单位提供的服务超出设计合同规定的范围，则超出部分的酬金需另补偿。

设计费用支付还涉及付款时间和结算货币的问题。按照我国的工程惯例，付款时间一般在阶段性工作完成后，例如设计合同签订生效时、设计方案审定结束时、扩初设计审批通过时等。需要指出的是，设计合同与施工合同是两种性质完全不同的合同，对于设计合同来说，核心问题是设计质量和设计进度，而不是合同价格。

（3）双方的责任及其期限

设计合同中要明确规定双方的责任。业主的责任一般包括：向设计单位提供设计资料、设计要求等文件，及时确认设计成果等条款。设计单位的责任一般包括：在规定时间内完成并提交设计文件和图纸，根据项目进展情况对设计图纸进行修改，负责与合作设计单位的设计协调并对所有设计文件图纸质量负责等条款。此外，还应该明确规定双方的违约责任和双方责任的期限。

（4）设计转让与设计分包

由于设计合同的转让会大大增加业主的风险，业主应在设计合同中明确规定该合同不得转让。业主可以同意外方设计单位聘请国外分包以及国内合作设计单位承担机电设备、结构设计、二次装修等工作，但这些单位必须经过业主审查，其资质和设计经验必须满足业主的要求。任何设计分包合同的签订、修改和终止，必须经业主书面确认后才可成立，且这些设计分包合同不允许再行分包。

设计合同条款需要注意的内容还有很多，由于合同条款的重要性，在起草设计合同时要引起充分的重视。根据项目设计具体情况，在设计合同中要拟订适当的特殊条款对于可能发生的问题予以充分说明，减少将来可能出现的纠纷和索赔。

11.2.4　设计阶段合同管理任务

设计阶段业主签订的任何合同，都与项目的投资、进度和质量有关，因此，工程项目管理中应该充分重视合同管理。设计阶段合同管理的任务主要包括以下方面：

（1）分析、论证项目实施的特点及环境，编制项目合同管理的初步规划。

（2）分析项目实施的风险，编制项目风险管理的初步方案。

（3）从合同管理的角度对设计文件的编制提出建议。

（4）根据设计竞赛的结果，提出并确定设计合同的结构。

（5）选择标准合同文本，起草设计合同及特殊条款，进行设计合同的谈判、签订。

（6）从目标控制的角度分析设计合同的条款，分析合同执行过程中可能出现的风险以及如何进行风险转移，制定设计合同管理方案。

（7）进行设计合同执行期间的跟踪管理，包括合同执行情况检查以及合同的修改、签订补充协议等事宜。

（8）分析可能发生索赔的原因，制定防范性对策，编制索赔管理初步方案，以减少索赔事件的发生；如发生索赔事件，对合同纠纷进行处理。

（9）编制设计合同管理的各种报告和报表。

设计阶段合同管理的任务还可以按照设计阶段的划分来进一步分解，分别分解归类到方案设计阶段、初步设计阶段（或扩初设计阶段）和施工图设计阶段。

11.2.5　设计合同索赔管理

1. 设计合同索赔管理概述

设计合同索赔是合同签署双方要求或申请其认为应有的、但尚未达成协议的权利或付款，是双方各自享有的权利。索赔并不一定是由违约引起的。如在工程项目的设计阶段，当发生政治风险、经济风险、设计风险或其他未预测到的风险时，项目的投资可能大大增加，超过总投资概算，设计周期可能延长，影响项目进度。因此，应该通过设计合同索赔重新划分设计合同责任，由业主和设计单位分别承担各自应承担的风险费用，使受损失方的损失降到最低。

2. 设计合同索赔的形成

设计合同索赔主要是由以下几方面原因引起的：

（1）设计合同的执行参与人员众多，可能会出现对设计合同资料（包括设计委托书、设计要求文件、设计合同协议及条款、设计图纸、设计变更文件、来往函件、会议纪要、设计规范等）、法律规范、技术经济要求等有不同理解、作不同解释等问题，可能会导致分歧。

（2）设计阶段经常会出现项目范围、建设规模、功能、内容、标准和设计时间等发生变化，造成设计方工作量增加。

（3）业主或设计单位可能认为对方没有完全承担应负的责任、没有完全尽到应尽的义务，在设计图纸文件的进度和深度、设计付款计算等方面可能会出现争议。

所有这些分歧和争议都是随着设计工作的开展逐步暴露出来的，这些都可能导致设计合同索赔的出现。从最初的单项索赔直到后期的综合索赔，索赔管理难度逐步增大。业主方应当力求在设计合同执行过程中把单项索赔陆续加以解决。

3. 设计合同索赔的一般程序

设计合同索赔一般包括以下几个步骤：

（1）提出索赔要求。

（2）报送索赔报告。

（3）被索赔方评估索赔报告。

（4）索赔谈判。

（5）解决索赔争端。

（6）如果不行，则提交仲裁或诉讼。

设计合同索赔解决方式主要有四种：①协商；②调解；③仲裁；④诉讼。其中，协商解决索赔争端和调解解决索赔争端属于友好解决方式，具有处理周期短、花费少、不影响双方合作关系等优点，国际上设计合同争端绝大部分都是通过友好方式解决的。仲裁或诉讼是解决设计合同争端的两种极端方式，属于法律最终解决方式。尽管仲裁或诉讼不是设计合同双方希望的、最合适的方式，但由于其具有法律的强制性，双方最终都应服从。

11.3　工程设计阶段的目标控制

11.3.1　工程设计阶段投资控制

1. 设计阶段投资控制的意义

工程项目投资控制的目标是使项目的实际总投资不超过项目的计划总投资。工程项目投资控制贯穿于工程项目管理的全过程，即从项目立项决策直至工程竣工验收，在项目进展的全过程中，以循环控制的理论为指导，进行计划值和实际值的比较，发现偏离及时采取纠偏措施。

工程项目不同阶段对投资的影响程度是不同的，国内外无数项目实践证明，项目前期和设计阶段的投资控制是整个项目实施期投资控制的关键。

2. 设计阶段投资控制的任务

设计阶段投资控制的主要任务按照设计阶段划分，如表 11-2 所示。

设计过程各阶段投资控制任务　　　　　　　　　　　　　　　　表 11-2

设计阶段	设计阶段投资控制的任务
设计方案 优化阶段	1）编制设计方案优化任务书中有关投资控制的内容； 2）对设计单位方案优化提出投资评价建议； 3）根据优化设计方案编制项目总投资修正估算； 4）编制设计方案优化阶段资金使用计划并控制其执行； 5）比较修正投资估算与投资估算，编制各种投资控制报表和报告
扩初设计 阶段	1）编制、审核扩初设计任务书中有关投资控制的内容； 2）审核项目设计总概算，并控制在总投资计划范围内； 3）采用价值工程方法，挖掘节约投资的可能性； 4）编制本阶段资金使用计划并控制其执行； 5）比较设计概算与修正投资估算，编制各种投资控制报表和报告
施工图 设计阶段	1 根据批准的总投资概算，修正总投资规划，提出施工图设计的投资控制目标； 2）编制施工图设计阶段资金使用计划并控制其执行，必要时对上述计划提出调整建议； 3）跟踪审核施工图设计成果，对设计从施工、材料、设备等多方面作必要的市场调查和技术经济论证，并提出咨询报告，如发现设计可能会突破投资目标，则协助设计人员提出解决办法； 4）审核施工图预算，如有必要调整总投资计划，采用价值工程的方法，在充分考虑满足项目功能的条件下进一步挖掘节约投资的可能性； 5）比较施工图预算与投资概算，提交各种投资控制报表和报告； 6）比较各种特殊专业设计的概算和预算，提交投资控制报表和报告； 7）控制设计变更，注意审核设计变更的结构安全性、经济性等； 8）编制施工图设计阶段投资控制总结报告； 9）审核、分析各投标单位的投标报价； 10）审核和处理设计过程中出现的索赔与资金有关的事宜； 11）审核招标文件和合同文件中有关投资控制的条款

3. 设计阶段投资控制的方法

（1）设计阶段投资控制基本原理

设计阶段是投资控制最为关键的阶段。设计阶段投资控制的基本工作原理是动态控制原理，即在项目设计的各个阶段，分析和审核投资计划值，并将不同阶段的投资计划值和实际值进行动态跟踪比较，当其发生偏离时，分析原因，采取纠偏措施，使项目设计在确保项目质量的前提下，充分考虑项目的经济性，使项目总投资控制在计划总投资范围之内。

设计阶段的投资控制工作不单纯是项目财务方面的工作，也不单纯是项目经济方面的工作，而是包括组织措施、经济措施、技术措施、合同措施在内的一项综合性工作。设计阶段投资控制的方法，如图 11-14 所示。

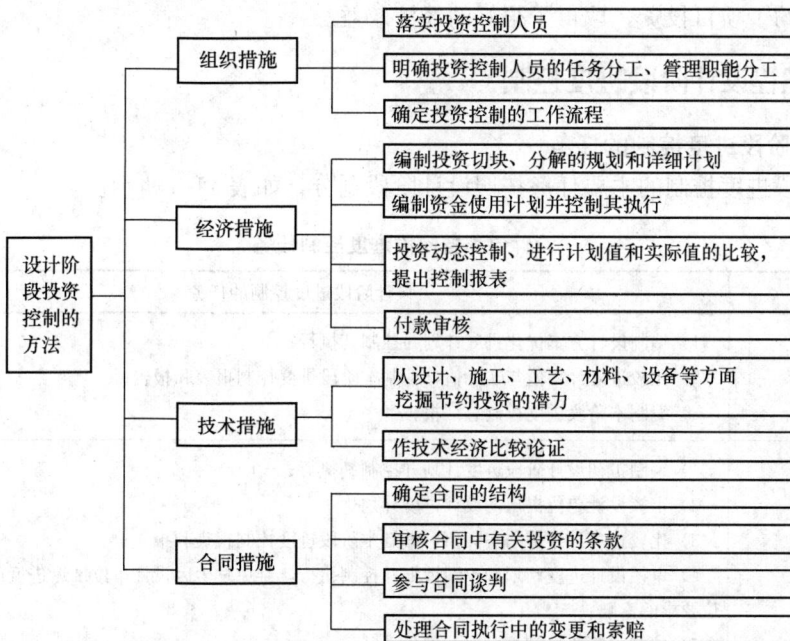

图 11-14　设计阶段投资控制的方法

设计阶段投资控制的关键是技术经济比较。技术经济比较是对建筑、结构、水、电、暖等专业工种设计和工艺、设备、材料等多个方面进行全面比较，减少一次性投资和考虑经常费用的项目全寿命投资，使项目的投资效益最大化。如果业主方没有能力单独完成此项工作，可以聘请专家进行技术经济论证，辅助业主进行决策，并督促设计单位进行设计挖潜。

（2）价值工程

价值工程（Value Engineering，简称 VE）是对于现有技术的系统化应用策略，它是通过辨识产品或服务的功能，确定其经济成本，进而在可靠地保障其必要功能的前提下实现其全寿命周期成本最小化三个主要步骤来完成的，它于 20 世纪 60 年代应用于建筑业，并逐步从施工、采购阶段拓展到设计、运营和维护阶段，甚至向前延伸到项目前期的策划和决策阶段。

价值工程对于项目的意义在于为业主增值，这不仅反映在经济方面。美国著名 VE 专家 Dell'Isola 对 500 个项目进行的跟踪调查结果表明，VE 研究可节约建设成本 5%～35%，每年可节约费用 5%～20%。Dell'Isola 本人 35 年的经验表明，VE 研究与应用的成本仅占建设成本的 0.1%～0.3%，而结果却可节约 5%～10%，每年节约运营成本 5%～10%。由于 VE 投入的不同和项目之间的差异，VE 的效果也不一定相同，通常大型复杂的项目节约潜力较大。

对建设工程项目投资影响最大的阶段是设计阶段，等到施工阶段再应用价值工程来提高工程项目的价值其效果是很有限的。要使工程项目的价值大幅度提高，以获得较好的经济效益，必须首先在设计阶段应用价值工程，使工程项目的功能与投资合理匹配。我国的很多大型建设工程，在设计过程中应用价值工程相关理论对设计进行优化，大大提高了设计质量，节约了项目投资，取得了很好的经济效益。

11.3.2　工程设计阶段进度控制

1. 设计阶段进度控制的任务

设计阶段进度控制的主要任务按照设计阶段划分，如表 11-3 所示。

设计过程各阶段进度控制任务　　　　　　　　　　　　　　　表 11-3

设计阶段	设计阶段进度控制的任务
设计方案 优化阶段	1）编制设计方案优化进度计划并控制其执行； 2）比较进度计划值与实际值，编制本阶段进度控制报表和报告； 3）编制本阶段进度控制总结报告
扩初设计 阶段	1）编制扩初设计阶段进度计划并控制其执行； 2）审核设计单位提出的设计进度计划； 3）比较进度计划值与实际值，编制本阶段进度控制报表和报告； 4）审核设计进度计划和出图计划并控制执行，避免发生因设计单位推迟进度而造成施工单位要求的索赔； 5）编制本阶段进度控制总结报告
施工图 设计阶段	1）编制施工图设计进度计划，审核设计单位的出图计划，如有必要，修改总进度规划，并控制其执行； 2）协助业主编制甲供材料、设备的采购计划，协助业主编制进口材料、设备清单，以便业主报关； 3）督促业主对设计文件尽快作出决策和审定，防范业主违约事件的发生； 4）协调主设计单位与分包设计单位的关系，协调主设计与装修设计、特殊专业设计的关系，控制施工图设计进度满足招标工作、材料及设备订货和施工进度的要求； 5）比较进度计划值与实际值，提交各种进度控制报表和报告； 6）审核招标文件和合同文件中有关进度控制的条款； 7）控制设计变更及其审查批准实施的时间； 8）编制施工图设计阶段进度控制总结报告

2. 设计阶段进度控制的方法

设计阶段进度控制的方法仍是规划、控制和协调。规划是指编制、确定项目设计阶段总进度规划和分进度目标；控制是指在设计阶段，以控制循环理论为指导，进行计划进度与实际进度的比较，发现偏差，及时采取纠偏措施；协调是指协调设计参与单位之间的进度关系。

对于进度控制工作，应明确一个基本思想：计划的不变是相对的，变是绝对的；平衡是相对的，不平衡是绝对的。为了针对变化采取措施，要利用计算机作为工具，定期地、经常地调整进度计划。

（1）设计阶段进度计划

在设计单位提交的设计进度计划基础上，综合考虑与施工、设备采购搭接的问题，与设计协商，确定项目设计各阶段进度计划（主要是设计单位出图计划）。同时，根据设计实际进展情况，及时对进度计划作出调整，并协助设计单位解决出现的问题。

（2）设计进度报告

业主应当要求设计单位提交每月的设计进度报告。进度报告是设计单位对当月设计工作情况的小结，它应当包括以下主要内容：

1）设计所处的阶段；

2）建筑、结构、水、暖、电等各专业当月的设计内容和进展情况；

3）业主变更对设计的影响；

4）设计中存在的需要业主方决策的问题；

5）需提供的其他参数和条件；

6）招投标文件准备情况；

7）拟发出图纸清单；

8）如出现进度延迟情况，还需说明原因及拟采取的加快进度的措施；

9）对下个月设计进度的估计等。

工程项目管理单位应当定期审阅设计单位提交的进度报告，并协助设计单位解决设计进度方面存在的问题，并对可能出现的问题提出参考意见或预防措施。

11.3.3 工程设计阶段质量控制

1. 设计阶段质量控制存在的问题

2001 年 5 月 25 日，建设部发出《关于进一步加强勘察设计质量管理的紧急通知》，该通知中指出："部分勘察设计单位或建设单位由于对建设工程质量重视不够，不按建设程序办事，不执行国家法律法规和工程建设强制性标准；……使工程建设质量事故时有发生，给国家和人民生命财产造成重大损失。"说明长期以来设计质量管理中存在相当多的问题，也充分说明设计阶段质量控制的重要性。

通常，业主方的设计质量管理往往存在下列问题：

（1）业主方缺乏必要的能力对一些大型的、技术复杂的工程进行全面质量控制，也不聘请有能力的设计项目管理咨询机构。

（2）业主盲目压低设计费，或者拖延设计付款，造成设计人员积极性降低，影响设计质量或设计进度，留有大量后遗症。

（3）业主对设计要求朝令夕改，增加了设计工作量，使图纸质量降低，原图与修改图混合使用，各工种经常出现矛盾。

（4）业主要求抢工期，而设计跟不上，设计与施工的矛盾突出，再加上设计人员不熟悉施工过程，设计与施工的脱节使工程质量先天不足。

（5）业主在设计过程中，由于对技术没有把握，该决策的不及时决策，或对设计瞎指挥，或对阶段设计成果不及时确认，或确认后随意变更，以致影响设计。

2. 设计质量控制目标

设计质量目标分为直接效用质量目标和间接效用质量目标两方面，这两种目标在工程项目中都是设计质量的体现。直接效用质量目标在工程项目中表现形式为符合规范要求、满足业主功能要求、符合市政部门要求、达到规定的设计深度、具有施工和安装的可建造性等。间接效用质量目标在工程项目中表现形式为建筑新颖、使用合理、功能齐全、结构可靠、经济合理、环境协调、使用安全等。直接效用质量目标和间接效用质量目标及其表现形式共同构成了设计质量目标体系，如图 11-15 所示。

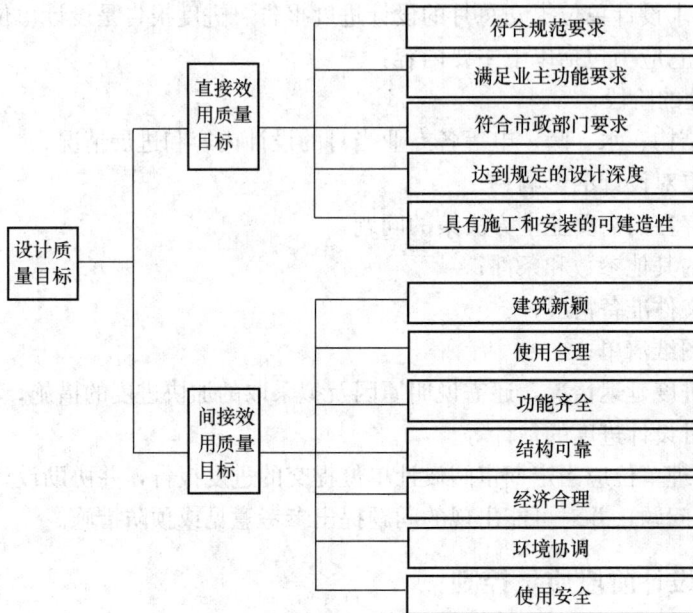

图 11-15　设计质量目标体系

3. 设计阶段质量控制的任务

设计阶段质量控制的主要任务按照设计阶段划分，如表 11-4 所示。

设计过程各阶段质量控制任务　　　　　　　　　　　　　　　　　表 11-4

设计阶段	设计阶段质量控制的任务
设计方案 优化阶段	1）编制设计方案优化任务书中有关质量控制的内容； 2）审核优化设计方案是否满足业主的质量要求和标准； 3）审核优化设计方案是否满足规划及其他规范要求； 4）组织专家对优化设计方案进行评审； 5）在方案优化阶段进行设计协调，督促设计单位完成设计工作； 6）从质量控制角度对优化设计方案提出合理化建议

续表

设计阶段	设计阶段质量控制的任务
扩初设计阶段	1）编制扩初设计任务书中有关质量控制的内容； 2）审核扩初设计方案是否满足业主的质量要求和标准； 3）对重要专业问题组织专家论证，提出咨询报告； 4）组织专家对扩初设计进行评审； 5）分析扩初设计对质量目标的风险，并提出风险管理的对策与建议； 6）若有必要，组织专家对结构方案进行分析论证； 7）对智能化总体方案进行专题论证及技术经济分析； 8）对建筑设备系统技术经济等进行分析、论证，提出咨询意见； 9）审核各专业工种设计是否符合规范要求； 10）审核各特殊工艺设计、设备选型，提出合理化建议； 11）在扩初设计阶段进行设计协调，督促设计单位完成设计工作； 12）编制本阶段质量控制总结报告
施工图设计阶段	1）跟踪审核设计图纸，发现图纸中的问题，及时向设计单位提出； 2）在施工图设计阶段进行设计协调，督促设计单位完成设计工作； 3）审核施工图设计与说明是否与扩初设计要求一致，是否符合国家有关设计规范、有关设计质量要求和标准，并根据需要提出修改意见，确保设计质量达到设计合同要求及获得政府有关部门审查通过； 4）审核施工图设计是否有足够的深度，是否满足施工要求，确保施工进度计划顺利进行； 5）审核特殊专业设计的施工图纸是否符合设计任务书的要求，是否符合规范及政府有关规定的要求，是否满足施工的要求； 6）协助智能化设计和供货单位进行工程项目智能化总体设计方案的技术经济分析； 7）审核招标文件和合同文件中有关质量控制的条款； 8）对项目所采用的主要设备、材料充分了解其用途，并作出市场调查报告；对设备、材料的选用提出咨询报告，在满足功能要求的条件下，尽可能降低工程成本； 9）控制设计变更质量，按规定的管理程序办理变更手续； 10）编制施工图设计阶段质量控制总结报告

4. 设计阶段质量控制的方法

设计阶段质量控制与投资控制、进度控制一样，也应该进行动态控制，通常是通过事前控制和设计阶段成果优化来实现的。其最重要的方法就是在各个设计阶段前编制一份好的设计要求文件，分阶段提交给设计单位，明确各阶段设计要求和内容，在各阶段设计过程中和结束后及时对设计提出修改意见，或对设计进行确认。

设计要求文件的编制过程实质是一个项目前期策划的过程，是一个对建筑产品的目标、内容、功能、规模和标准进行研究、分析和确定的过程。因此，设计阶段要重视设计要求文件的编制。

11.4 设计协调

11.4.1 设计协调的内涵

1. 设计协调的内涵和内容

设计阶段是一个由多个方面、多家单位、多个部门和众多人员共同参与的复杂的特殊生产过程，为了使这个复杂系统中所有参加元素有机结合、顺利运作，就必须进行有效的组织和管理协调。

按照协调内容和对象进行划分，设计协调主要包含以下六个方面的内容，如图 11-16 所示。

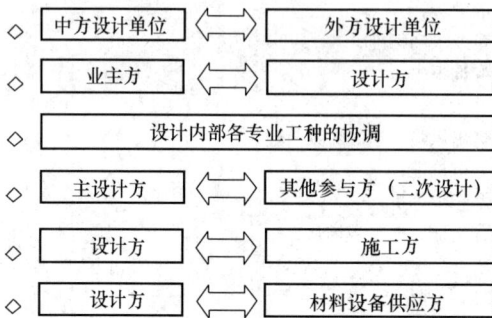

图 11-16　设计协调的内容

（1）中方设计单位与外方设计单位的协调

由于中外合作设计模式在国内项目上的应用日益广泛，所以，中外方设计单位协调是一项非常重要的工作。由于双方在技术上、工作方式上以及对项目的理解上存在的较大差异，往往会导致各种误会，这种误会日积月累，可能会在合作中引发很大的矛盾，再加上双方在语言、文化和制度上的差异，甚至可能造成双方合作不下去，因此一定要引起业主方项目管理的重视。双方的任务分工和责任必须在合作设计合同中予以明确规定，并且在后期注重双方协调，及时解决和化解双方的矛盾。

（2）业主方和设计方协调

在设计阶段，业主方和设计方必须进行大量的沟通，将业主方的想法和意见及时反馈给设计方（尤其双方的领导之间），并针对其具体建议，进行必要的设计修改。在设计前，业主对功能的要求应尽可能明确，在设计过程中，业主对设计应及时予以确认，及时决策，并尽可能减少设计变更。

（3）设计内部各专业工种的协调

工程设计是一项非常复杂且专业化的系统的特殊生产过程，它需要各设计工种进行相互协调和配合，比如建筑、结构、电气、机电和概预算等，因此，在设计方内部之间必须进行良好的协调。一般情况下，各专业工种的协调属于设计单位内部的事情，主要通过设计单位的质量保证体系来实现，但是对于一些技术复杂的大型项目或工期要求十分紧的项目，业主方也必须参与各设计工种的协调。

（4）主设计方与其他参与方的协调

现代工程设计专业分工呈现越来越细化的趋势，同时建筑材料和建造技术发展也日新月异，所以，所有设计工作不可能由一家设计单位来完成，需要有其他设计方参与细部设计，这些细部设计还可能涉及物资供应单位、加工制作单位和施工安装单位，因此，与这些细部设计单位之间的协调也是很重要的。协调工作通常取决于主设计单位的设计管理能力，同时，业主方也可能会参与。

（5）设计方与施工方的协调

设计与施工的协调是项目实施永恒的话题。在设计阶段，要充分考虑设计的可建造性，尤其是施工单位的能力和技术特点。在施工过程中，设计单位要负责解决可能出现的各种技术问题，配合施工以确保工期和质量。所以，必须做好双方的协调工作，实现设计和施工的顺利衔接。

（6）设计方与材料设备供应方的协调

在设计阶段，考虑到材料和设备订货周期以及部分包含细部设计的专业设备采购问题，必须要求设计方提供材料设备采购清单，并制定采购计划，根据工程实施的需要，安排设计方与材料设备供应方的沟通和协调，以保障工程的顺利实施。在采购之前，设计单位要参与设备材料的询价；在采购过程中，要提出采购清单和技术要求，参与技术谈判；在确定设备选型后，要负责完善设计。因此，设计方与材料设备供应方的协调也是设计阶段项目管理中的一项重要的协调工作。

2. 设计协调的工作任务

在设计阶段，业主方或其聘请的项目管理公司应通过设计协调，协助和确保设计单位做好以下工作：

（1）编制和及时调整设计进度计划。

（2）督促各工种人员参加相关设计协调会和施工协调会。

（3）及时进行设计修改，满足施工要求。

（4）协助和参与材料、设备采购以及施工招标。

（5）如有必要，出综合管线彩色安装图，确保各专业工种的协调。

（6）如有必要，进行现场设计，及时提供施工所需图纸。

（7）如有必要，成立工地工作组，及时解决施工中出现的问题。

11.4.2　设计协调的方法

设计协调方法主要包括三种方式。

1. 设计协调会议制度

对于设计协调工作，应建立定期设计协调会议制度。按照设计协调内容的差异，设计协调会议制度主要包括三种类型的设计协调会议，即：

（1）设计方与业主方设计协调会议。

（2）设计方与施工方现场协调会议。

（3）设计方与材料设备供应方设计协调会议。

设计方与业主方设计协调会议主要用于设计方与业主方的定期交流和沟通，将业主方对于设计方工作的想法和意见反馈给设计方；设计方与施工方现场协调会议主要用于施工过程中出现的设计问题的解决，及时解决施工过程中出现的技术问题；设计方与材料设备供应方设计协调会议主要处理材料设备采购中出现的需要设计方解决和确认的问题。

会议参加人员、召开时间、讨论内容、主持人员以及记录人员都应该在设计过程中事先以书面形式予以明确规定，形成规章制度。要做好会议记录管理和文件流转工作，保证会议上的决议能及时传递给相关各方。通常，是由业主代表或是业主方项目管理公司主持该类例会的召开。

2. 工程项目管理函件

工程项目管理函件除了根据工程项目管理手册要求，用于对工程日常事务进行记录和确认以外，还可以用于对工程设计中突发问题的解决，是业主方项目经理的书面指令，是对于设计协调会议制度的重要补充。它可以按照函件发出人或接收人进行分类，比如对于业主方而言，可以将工程项目管理函件划分为设计方、承包商、供应商、政府部门、自行发出以及其他六大类。此外，对于工程项目管理函件的格式、书写内容、收发流程以及管理归档都应当在设计阶段形成书面制度，予以明确规定。

3. 设计报告制度

设计报告制度在设计阶段主要是指设计方向业主方提交的月报，它主要包括每个月的工作进度报告等。

11.5 工程设计阶段信息管理

11.5.1 工程设计阶段信息管理任务

工程设计阶段信息管理的主要任务包括：

（1）建立设计阶段工程信息的编码体系。

（2）建立设计阶段信息管理制度，并控制其执行。

（3）进行设计阶段各类工程信息的收集、分类归档和整理。

（4）运用计算机作为项目信息管理的手段，随时向业主方提供有关工程项目管理的各类信息，并提供各类报表和报告。

（5）协助业主建立有关会议制度，整理各类会议记录。

（6）督促设计单位整理工程技术经济资料和档案。

（7）填写工程项目管理工作记录，每月向业主递交设计阶段的项目管理工作月报。

11.5.2 工程设计文件的分类与编码

建立设计阶段信息编码体系对项目设计阶段的信息进行分类和管理，是进行有效信息管理的基础。就设计阶段而言，信息编码体系包括信息分类规则及信息编码形式和规则。

1. 信息分类规则

设计阶段信息分类有多种方式，通常是按照项目信息来源进行分类。按照这种方式，设计阶段信息分为前期资料、设计单位、业主、承包商和其他五个大类。

2. 信息编码形式和规则

除了对信息进行分类以外，还要对信息进行编码，以便于信息的使用和查询。编码形式可视项目具体的情况编写，通常采用数字、英文字母和汉语拼音等。编码规则要求能充分反应信息的属性，主要包括信息产生时间、签发人、来源等。

在设计阶段，设计图纸是主要设计文件，现以某工业厂房技改项目的施工图纸编号为例，说明其编码方式和规则。

该项目施工图设计阶段文件的信息分类与编码形式定义如下：

$$P1\times\times/S/\times/\times\times/\times\times$$

各分段含义依次为：

项目（子项目）/阶段/专业/顺序号/版本号

编码定义如表 11-5 所示。

项目编码定义说明　　　　　　　　　　　　　　　表 11-5

项目（子项目）	设计阶段	专业与科技文件材料
P100 总项目 P101 联合生产工房 P101-1 联合生产工房制丝部分 P102 连廊 P103 动力中心 P104 污水处理站 P105 一号物流大门及门卫室	S 施工图设计	0　原始资料（设计基础资料）及设计前期工作文件 1　综合专业（指一份文件中包含两个及两个以上专业） 2　总图运输专业 3　工艺专业 4　土建专业 5　给水、排水专业 6　采暖、通风与空气调节专业 7　热机专业 8　电气（包括电信）专业 9　非标准设备专业 10　技术经济 11　工业炉专业 13　计算机软件开发 K　自动控制专业 H　环境保护专业 A　安全技术专业

11.5.3　工程设计文件管理

设计阶段项目管理的信息管理制度，不仅与业主、项目管理单位有关，而且与设计阶段其他相关主要单位均有很大的关联，如设计单位、施工单位、工程监理单位等。信息管理制度的建立，对于各方的信息传递进行了必要的规定，不仅便于工程的顺利进行，还能督促各方将工程项目实施过程中信息的分类、整理、收集、传递加以规范化和科学化。

下面主要以设计文件及图纸的分发管理为例，来说明设计文件的管理制度。

1. 优化方案设计及扩初设计的分发管理

优化方案设计及扩初设计文件由设计单位发出，业主方设计管理部门负责管理。设计单位每次发出设计图纸和技术说明时，应致函业主方设计管理部门，说明发出图纸文件的用途、内容，并附上图纸和技术说明清单，进行归类、登记和整理，并分发到其他相关人员（如业主代表、总工或设计项目管理经理等），同时准备好供规划、市政及建设主管部门审批的设计图纸及文件，落实和安排有关审批事宜。

2. 施工图设计的分发管理

施工图设计文件应由设计单位发出，业主方设计管理部门负责管理。设计单位每次发出设计图纸和技术说明时，应致函业主方设计管理部门，说明发出图纸文件的用途、内容，并附上图纸和技术说明清单，同时抄送其他相关人员（如业主代表、设计项目管理经理或施工总监等）。业主方设计管理部门根据收到的图纸和说明清单目录，进行归类、登记和整理，并分发给其他相关人员及部门单位（如业主代表、设计项目管理经理或施工总监等）。

送交承包商用于施工的图纸，由施工监理工程师根据收到的图纸和技术说明目录清单，发函至业主方设计管理部门，说明需要发给各施工单位的单位名称、图纸目录和份数，业主方设计管理部门按此发放下去。

复习思考题

1. 设计过程具有哪些特点？
2. 设计阶段的项目管理包括哪些内容？
3. 设计阶段目标控制的内容、任务和方法是什么？
4. 设计协调的任务包括哪些？
5. 调查某个具体项目的某阶段设计图纸编码系统，了解其编码的含义和方式，从工程项目信息管理角度来看，分析其图纸编码设计是否合理，如不甚合理，请给出优化建议和理由。

工程发包与物资采购是工程项目实施阶段的一项重要工作内容，它贯穿于项目实施全过程中的多个环节，即发包与采购工作可能分散在工程项目的设计准备阶段、设计阶段和施工阶段等环节。本阶段工程项目管理工作的成效，将直接决定对项目实施单位的选择，影响项目实施的投资、进度和质量，因此，应对本阶段的项目管理给予足够的重视。本章主要介绍业主方工程发包与物资采购项目管理的任务，包括投资、进度、质量三大目标的控制，合同管理、信息管理和组织与协调的具体任务；为了组织工程发包和物资采购而进行的采购策划与计划；另外，还针对不同的采购内容，介绍招标文件的主要内容以及评标的方法等。

12.1 工程发包与物资采购项目管理的任务

工程发包与物资采购工作主要在设计阶段以及设计完成后进行，许多物资采购工作也可能在施工阶段进行，而设计招标或工程总承包单位的选择也可能在设计准备阶段或设计进行到一定阶段才进行。

在工程发包与物资采购过程中，业主方工程项目管理的任务仍然包括六个主要方面，即投资控制、进度控制、质量控制、合同管理、信息管理、组织与协调等。

1. 工程发包与物资采购的投资控制

工程发包与物资采购投资控制的任务主要有以下几个方面：

（1）审核项目投资概算和施工图预算。项目的采购招标可以基于初步设计，也可以基于施工图设计，因此，工程发包与物资采购投资控制工作的计划文件就可能是初步设计概算或者施工图预算。设计概算一般由设计单位负责编制，施工图预算往往由业主委托专门的咨询公司编制，业主方应该进行审核，分析其是否合理、准确。如果不合理或者不符合投资计划，就要进行调整。

（2）编制和审核标底。为招标采购的需要，业主应自行编制或委托咨询公司编制标底，并对标底进行审核，判断其是否存在遗漏或者计算错误。

（3）将标底与初步设计概算或者施工图预算进行比较，分析是否存在偏差以及存在偏差的原因，并采取相应的控制措施。

（4）审核招标文件和合同文件中有关投资的条款，从有利于投资控制的角度选择确定招标文件和合同文件的有关条款。

（5）对各投标文件中的主要施工技术方案作必要的技术经济比较论证，寻求最经济的技术方案。在招标文件中也可以加入鼓励投标人进行价值工程的条款，通过优化设计和施工方案，加快进度，降低造价。

（6）审核、分析各投标单位的投标报价，并进行对比分析，寻求最低评标价格。

（7）对投资控制工作进行分析总结，提出投资控制报告。

（8）在评标及合同谈判过程中继续寻求节约投资的可能性。

2. 工程发包与物资采购的进度控制

工程发包与物资采购进度控制的主要任务有以下几个方面：

（1）编制工程发包与物资采购工作的详细进度计划，并控制其执行。

（2）编制施工总进度规划，并在招标文件中明确工期总目标。

（3）审核招标文件和合同文件中有关进度的条款。

（4）审核、分析各投标单位的进度计划，审核其是否符合施工总进度规划和工期总目标的要求，审核其施工进度计划是否合理。

（5）定期提交进度控制报告。

（6）参加评标及合同谈判。

3. 工程发包与物资采购的质量控制

工程发包与物资采购质量控制的主要任务有以下几个方面：

（1）审核初步设计和施工图设计，保证设计质量。

（2）审核招标文件和合同文件中有关质量控制的条款。

（3）审核、分析各投标单位的质量计划。

（4）定期提交质量控制报告。

（5）参加评标及合同谈判。

4. 工程发包与物资采购的合同管理

工程发包与物资采购合同管理的主要任务有以下几个方面：

（1）合理划分子项目，明确各子项目的范围。

（2）确定项目的合同结构。

（3）策划各子项目的发包方式和各种物资的采购模式。

（4）起草、修改或审核施工承包合同以及甲供材料、设备的采购合同。

（5）参与合同谈判工作。

5. 工程发包与物资采购的信息管理

工程发包与物资采购信息管理的主要任务有以下几个方面：

（1）起草、修改各类招标文件。

（2）建立项目的结构和各子项目的编码，为计算机辅助的进度控制、投资控制奠定基础。

（3）招投标过程中各种信息的收集、分类与存档。

6. 工程发包与物资采购的组织与协调

工程发包与物资采购组织与协调的主要任务有以下几个方面：

（1）组织对投标单位的资格预审。

（2）组织发放招标文件，组织投标答疑。

（3）组织对投标文件的预审和评标。

（4）组织、协调参与招投标工作的各单位之间的关系。

（5）组织各种评标会议。

（6）向政府主管部门办理各项审批事项。

（7）组织合同谈判。

12.2　工程项目采购规划

12.2.1　工程项目采购规划的目的和作用

工程项目管理的核心任务是进行项目的目标控制，而目标控制的前提和基础工作是工程项目管理规划，工程项目管理规划中确定了在什么时间、由谁、采取何种方法去完成哪些工作任务。

工程项目采购规划是工程项目管理总体规划的一个重要的组成部分，用于指导工程项目采购内容的分解、采购工作什么时候做、如何做、由谁做、具体做哪些工作等。

采购规划既是指导工程项目采购各项工作的基础，也是用于控制和检查、监督管理的基础。任何一项工作，如果没有计划的指引，也就无法对实际工作进行检查对比，更谈不上进行动态跟踪和控制，其目标是很难实现的。因此，要非常重视工程项目采购规划的意义和作用，加强工程项目采购规划的编制工作。

12.2.2　工程项目采购规划的内容

工程项目采购规划至少应该包括以下几个方面的内容：

（1）发包模式的选择。如采用平行发包、施工总承包、项目总承包等工程承包模式的可能性和利弊的分析。关于发包采购的模式，有多种可能的选择，可以根据项目的特点和要求等具体情况进行选择。

（2）将项目进行适当、合理的分解，确定各项采购的范围和内容。要按照最有利于项目目标控制的原则对项目进行分解，并对已分解的各个部分进行费用估算，以便发包采购。

（3）落实项目采购的组织机构。建立采购工作班子或者委托招标代理机构进行采购，确定采购工作流程等。

（4）落实采购工作的时间安排，制定采购工作进度计划。要根据项目实施的总进度目标安排各项采购工作的进度计划。

（5）选择适当的采购方式。如选择国际竞争性招标或是国内竞争性招标、公开招标或是邀请招标等。

【**案例 12-1**】　某厂技术改造项目采购规划中的土建部分项目分解和招标工作的时间安排

某厂技术改造项目采购规划的一部分——土建部分项目分解和招标工作的时间安排，如表 12-1 所示。

某项目采购规划（土建部分项目分解和招标工作时间安排）　　　　表 12-1

序号	项目标段名称				总天数（公告时间）	开始时间	结束时间
1	工程监理（地基基础工程）				45(7)	2003.4.15	2003.5.10
2	工程监理（上部建筑安装工程）				60(7)	2003.6.30	2003.8.30
3	地基处理工程				45(7)	2003.3.15	2003.4.30
4	联合工房		联合工房基础工程		60(7)	2003.5.15	2003.7.15
5		总承包	联合工房建筑安装工程施工总承包及施工管理		60(7)	2003.7.28	2003.9.28
6		专业分包	钢结构及屋面制作、安装工程		60(7)	2003.9.15	2003.11.15
7			连廊及屋面制作、安装工程		60(7)	2003.9.15	2003.11.15
8			网架及屋面制作、安装工程		60(7)	2003.9.15	2003.11.15
9			二次装饰工程（室内外精装修）		60(7)	2003.10.30	2003.12.30
10			地面装饰工程		60(7)	2003.10.30	2003.12.30
11		材料招标	门、窗、玻璃材料分品目		60(7)	2003.9.30	2003.11.30
12			钢格栅材料		60(7)	2003.10.15	2003.12.15
13			吊顶材料分品目		60(7)	2003.10.15	2003.12.15
14			金属墙面板分品目		60(7)	2003.9.15	2003.11.15
15			防水材料分品目		60(7)	2003.10.15	2003.12.15
16			防火涂料		60(7)	2003.12.15	2004.2.15
17			其他材料		60(7)	2003.10.20	2003.12.20
18	动力中心		动力中心、污水处理站施工总承包及施工管理		60(7)	2003.10.20	2003.12.20
19			动力中心精装修装饰工程		60(7)	2004.3.15	2004.5.15
20			其他专业分项工程(见各专业组标段划分)		60(7)	2003.10.5	2003.12.5
21	附属工程		室外广场附属工程		60(7)	2003.12.20	2004.2.20
22			室外道路工程		60(7)	2004.1.30	2004.3.30

【**案例 12-2**】　某招标代理公司对某项目进行货物采购的国际招标工作流程

某招标代理公司对某项目进行货物采购，制定的国际招标工作流程如下：

（1）招标人与招标机构签订招标委托协议。

（2）招标人网上注册。

（3）招标人向招标机构提供招标设备的货物需求一览表及技术规格，由招标机构整理成完整的招标文件，招标人代表需对终稿签字认可（2~3d）。

（4）招标机构网上项目建档，上传招标文件评审稿，并网上随机抽取专家评审招标文件（1d）。

(5) 专家评审招标文件（2d）。

(6) 网上上传招标文件送审稿，并将送审稿及专家评审意见报省机电办审批（5d）。

(7) 省机电办批复后，网上发布招标公告，开始发售标书（20 个工作日）。

(8) 网上抽取评标专家。

(9) 开标，组织评标委员会评标（评标委员会由外聘专家、招标人及招标机构组成），并推荐中标候选人（最长 90d）。

(10) 网上公示中标候选人及不中标理由（10 个工作日）。

(11) 公示截止后，若无质疑，由进口代理公司凭省机电办的中标结果通知到机电办办理进口批文。

(12) 招标人与中标人谈判，并签订商务合同。

12.2.3　工程项目采购规划的制定

工程项目采购规划应该包括在工程项目管理总体规划中，在工程项目实施的开始阶段就应编制，并随着工程项目的进展不断调整。

1. 制定工程项目采购规划的工作步骤

工程项目采购规划，可按照如下的工作步骤制定：

(1) 进行工程项目分解分析，并列出所有需要采购的内容。

(2) 对采购内容进行分类，可以按照工程、货物、服务来划分。

(3) 对采购内容进行分解或打包合并，确定合同包。

(4) 明确采购的组织架构和采购的工作流程。

(5) 选择确定采购的方法，如采用国际竞争性招标、国内竞争性招标、询价采购等方法。

(6) 制定采购工作的进度计划。

2. 项目分解与合同包的确定

在进行项目分解与合同打包时，要考虑以下几个因素：

(1) 将类似的产品或服务放在一起考虑，实行批量采购往往容易获得更加优惠的报价。

(2) 工程进度计划和采购计划的安排。计划先实施的工程或先安装的设备要先采购，采购工作量要适当均衡，不能过于集中；同时，也要考虑设备制造周期，例如可考虑基础设施设备和非标设备优先采购原则。

(3) 地理因素。有些土木工程（如公路、铁路等）要考虑将地理位置比较集中的工程放在一起采购，避免过于分散。

(4) 合同额度要适中。如果太大，会限制投标人的条件，导致合格的投标人数量太少；而如果太小，则许多承包商缺乏投标的兴趣，也会导致竞争不足。

例如，某国际机场扩建工程设备和信息系统，涉及供配电设备、电梯、登机桥、助航灯光、行李系统、安检系统、照明系统、广播系统、消防报警系统、综合布线、航班信息系统等专业，技术含量高，甲供设备和信息系统总投资 20 多亿元，占工程总投资的比重大，且跨越时间周期长。经过认真分析，共划分为 244 个标。而对航站区、飞行区、货运区及综合配套区各个部分包含的许多功能一致、规格相近的设备，如水泵、电梯、数据库系统等，采用相对集中的采购模式，合理组织打包，大大减轻了招标采购工作强度和固定费用支出。而且，由于设备和信息系统的技术参数、产品规格等方面的统一性，相对集中的供应商队伍，给施工安装及以后的运行管理和维护带来很大的便利。

在该国际机场扩建工程项目中，空调箱的采购合同包则既考虑了进度计划的要求，又考虑了供应商的制造能力等因素。空调箱在航站楼中的需求量很大，大约在550台左右。这些空调箱分布在航站楼的各个部位，而且性能指标也不尽相同。是打一个包，还是拆开分批招标？要拆开的话，拆成几个，怎么拆？经过仔细分析，发现空调箱的到货时间很集中，必须在一至两个月的时间内到货。但国内任何一家较有实力的供应商要在短时间内单独供应550台都是有难度的，其人员、设备的配备也不一定能满足要求。因此，空调机箱打一个包存在着很大的风险。考虑到航站楼主楼和长廊的空调系统可以相对独立，机场建设业主方决定将航站楼空调箱拆分成两个包进行招标，降低了设备供应的进度风险，满足了建设工期要求。

3. 建立项目采购的组织

采购的组织是实现采购目标和完成采购任务的重要保障，也是保持招标采购过程公开、透明的必要条件。采购组织的规划包括组织结构设计和任务分工、流程设计等。

例如，某国际机场扩建工程建设业主方根据分工明晰、制度严格、权力制约的原则，建立了由招标领导小组、评标委员会、招标工作小组、投资监理和法律顾问及各职能部门组成的组织架构，招标过程中还聘请了设计单位、机场进出口公司、科研院校等各方面技术、经济专家参与，邀请公证处等机构参与监督，并出具公证书。设备招标采购组织结构，如图12-1所示。

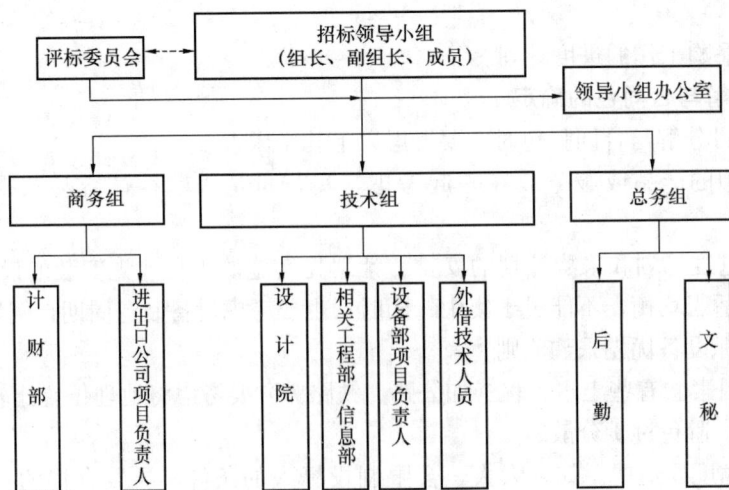

图12-1　某国际机场扩建工程设备招标采购组织规划图

【案例12-3】 某路桥工程项目采购规划的制定

某路桥工程项目，工程内容包括新建30km长的公路、新建8座桥梁、修复250km长的旧公路、修复32座老桥梁等；另外，还需要安排专门机构在完工后的若干年内负责公路的维护保养工作；为了维护保养，还需要添置维护设备，引进一些预防性维护的专门技术；项目实施期间还需要进行工程项目管理和采购管理等。

采购规划的制定过程如下：

（1）首先，对采购的内容按照货物、工程和服务进行分类，如表12-2所示。

采购内容分类表　　　　　　　　　　表 12-2

采购内容	服务	工程	货物
新建 30km 长的公路		✓	
新建 8 座桥梁		✓	
修复 250km 长的旧公路		✓	
修复 32 座老桥梁		✓	
添置维护设备			✓
维护保养		✓	
预防性维护的技术援助	✓		
项目管理和采购管理	✓		

（2）其次，对工程项目进行分解，确定合同包，如表12-3所示。

工程项目分解与合同打包计划　　　　　　表 12-3

采购内容	服务、工程或货物	价值（百万美元）	项目年限	国内能力	国外投标人感兴趣的可能性	可能的标段
新建 30km 长的公路	工程	45	2～4	5km/年	有	一个合同包包含 6 个 5km 的标段
新建 8 座桥梁	工程	15	2～4	无	有	一个合同包 1 个标段
修复 250km 长的旧公路	工程	15	1～3	50km/年	有	一个合同包 5 个 50km 的标段
修复 32 座老桥梁	工程	15	1	有	有	不需要
添置维护设备	货物	3	2～4	小型	主要	每个大的设备组 每个小的设备组
维护保养	工程	2	4	有	无	年度合同
预防性维护的技术援助	服务	2	3～4	无	有	一个合同包
项目管理和采购管理	服务	3	1～4	有限	有	一个合同包

（3）根据以上的划分和对市场的分析，确定采购方式如表12-4所示。

项目分解、合同打包与采购方式　　表 12-4

采购内容	服务、工程或货物	价值（百万美元）	项目年限	国内能力	国外投标人感兴趣的可能性	可能的标段	采购方式
新建 30km 长的公路	工程	45	2～4	5km/年	有	一个合同包包含 6 个 5km 的标段	ICB
新建 8 座桥梁	工程	15	2～4	无	有	一个合同包 1 个标段	ICB
修复 250km 长的旧公路	工程	15	1～3	50km/年	有	一个合同包 5 个 50km 的标段	ICB
修复 32 座老桥梁	工程	15	1	有	有	不需要	ICB
添置维护设备	货物	3	2～4	小型	主要	每个大的设备组 每个小的设备组	ICB/I. SH NCB/N. SH
维护保养	工程	2	4	有	无	年度合同	NCB
预防性维护的技术援助	服务	2	3～4	无	有	一个合同包	短名单
项目管理和采购管理	服务	3	1～4	有限	有	一个合同包	短名单

＊注：ICB—国际竞争性招标；NCB—国内竞争性招标；I. SH—国际询价采购；N. SH—国内询价采购。

12.3　工程项目采购资格审查

12.3.1　资格审查的目的和作用

招标人可以根据招标项目本身的特点和要求，在招标公告或者招标邀请书中要求投标申请人提供有关资质、业绩和能力等的证明，并对投标申请人进行审查。资格审查分为资格预审和资格后审。

资格预审是指招标开始之前或者开始初期，由招标人对申请参加投标的潜在投标人进行资质条件、业绩、信誉、技术、资金等多方面情况的资格审查；经认定合格的潜在投标人，才可以参加投标。通过资格预审，可以使招标人了解潜在投标人的资信情况；有效地控制投标人的数量，减少多余的投标，从而降低招标和投标的无效成本；还可以了解潜在投标人对项目投标的兴趣。如果潜在投标人的兴趣大大低于招标人的预料，招标人可以修改招标条款，以吸引更多的投标人参加竞争。

资格后审一般是在开标后对投标人进行的资格审查。世界银行贷款项目的招标采购中，资格后审通常只针对拟选定的中标人，对其他投标人则不进行资格后审。

12.3.2　资格审查的内容和程序

1. 资格审查的内容

资格预审应主要审查潜在投标人或者投标人是否符合下列条件：具有独立订立合同的权力；具有履行合同的能力，包括专业、技术资格和能力，资金、设备和其他物质设施状况，管理能力，经验、信誉和相应的从业人员；没有处于被责令停业、投标资格被取消、财产被接管或冻结、破产等状态；在最近几年内没有骗取中标和严重违约及重大工程质量问题；法律、行政法规规定的其他资格条件。

资格预审时，招标人不得以不合理的条件限制、排斥潜在投标人或者投标人，不得对潜在投标人或者投标人实行歧视待遇。任何单位和个人不得以行政手段或者其他不合理方式限制投标人的数量。

对于设备和信息系统采购的资格审查，招标人不仅要对投标人（供应商）的技术资格能力提出详细的量化要求，而且还要对系统集成方、主要设备制造方、安装方（特种设备）、主要配套产品生产厂商等的资格能力规定详尽的评价指标，特别是要从项目全寿命周期的角度，从用户的使用和维修角度，对供应商的技术培训、售后服务、备用备件供应、技术扩展等能力进行考察和确认，从源头上保证入围供应商的基本技术素质。

例如，某国际机场扩建工程建设业主方对于航班信息集成服务项目制定了详细的定量化资格条件，要求投标人注册资金不得少于 2000 万美元，净资产或净权益不得少于 4000万美元，过去三年的平均年营业额不低于 10000 万美元，待解决诉讼的总额不能超过其净资产的 50%；必须有成功实施过 1 个以上已成功运行 1 年以上的年客运量为 1800 万人次以上的大型机场运营数据库及机场营运系统集成项目的经验，或实施过 8 个以上总金额超过 2000 万元人民币的集成项目，且其中 3 个项目的软件开发金额超过 300 万元人民币等。这就从源头上防止了不合格供应商的进入。而在集成系统招标时，合理控制设备和信息系统供应商资质条件，既保证了入围供应商的基本质量，又吸引了投标竞争对手的积极参与，增加了招标的激烈程度，从而得到质优价低的设备与系统。

2. 资格审查的程序和标准

资格预审程序：发布资格预审通告；发售资格预审文件；资格预审资料分析并发出资格预审合格通知书。

对选中的投标人进行资格后审的评审标准有：类似项目的经验及过去项目的执行情况；当前的实际生产能力和技术能力；流动资金来源；如果是货物采购，还需要考察其零配件及售后服务情况，是否满足法律要求。与资格预审相比，资格后审更强调对发出中标通知书时的当前情况进行审查。

如果选中的投标人不满足资格后审的要求，不能对其授予合同，要立即审查评标价次低的投标人资格，直至满足条件，授予合同为止。

12.4 工程项目采购招标文件

根据工程项目招标方式的不同，招标文件的内容和编制要点也不尽相同，以下介绍设计、施工、物资采购、工程监理等招标文件的主要内容和编制要点。

12.4.1 工程设计招标文件

1. 设计招标文件的主要内容

国内选择设计单位也往往采用招标的办法，其设计招标文件的内容与施工招标文件的内容有所不同。设计招标文件仅提出设计依据、工程项目应达到的技术指标、项目限定的工作范围、项目所在地的基本资料、要求完成的时间等内容，而无具体的工作量。

设计招标文件的内容主要有：

（1）工程名称、地址、占地面积、建筑面积等。

（2）投标须知。包括所有对投标要求的有关事项。

（3）设计依据文件。包括已批准的项目建议书、可行性研究报告和其他设计要求等。

（4）项目设计任务说明。包括工作内容、涉及范围和深度、总投资限额、建设周期和设计进度要求等。

（5）合同的主要条件。

（6）设计依据的有关资料。包括工程经济技术要求，城市规划管理部门确定的规划控制条件和用地红线图，可供参考的工程地质、水文地质、工程测量等建设场地勘察成果报告，供水、供电、供气、供热、环保、市政道路等方面的基础资料。

（7）投标文件编制要求及评标原则等。

2. 设计招标文件的编制要点

在设计招标文件中，明确设计任务及要求是非常重要和关键的内容，大致可包括以下几个方面：

（1）设计文件的编制依据。

（2）国家有关行政主管部门对规划方面的要求。

（3）有关功能的要求。

（4）技术经济指标要求。

（5）平面布局要求。

（6）建筑设计方面的要求。

（7）结构设计方面的要求。

（8）设备设计方面的要求。

（9）特殊工程方面的要求。

（10）其他有关方面的要求，如环保、消防等。

例如，关于建筑设计方面的要求，应提出需要考虑的问题有：关于城市规划方面、关于建筑的外部造型与朝向、关于建筑的内部设计等。

城市规划方面，需要考虑：

根据邻近已有的建筑物、道路等如何安排该项目，总图方面该项目在建筑基地上的布置，该项目的入口、朝向及与环境的关系，该建筑物在周围环境中的意义，外围场地的质量要求，该项目各个组成部分的造型，今后最大的扩建可能与造型的关系等。

建筑的外部造型与朝向方面，需要考虑：

① 造型：建筑造型与项目的含义如何协调，建筑外部造型与内部如何协调（内部功能及内部空间的组成）；

② 体形大小：建筑体形大小如何与邻近建筑协调，整幢建筑与其组成部分的体形大小；

③ 朝向：考虑市政设施、邻近建筑、地形位置和建筑物各个组成部分等；

④ 影响：从远处考虑建筑造型的要求，从近处考虑建筑主体的各个组成部分的造型要求等；

⑤ 其他具体要求：与邻近建筑物的关系，外墙面的形式和划分，正面和背面的关系，材料选择，色彩等。

建筑的内部设计，需要考虑：

① 内部空间：根据各使用面积的使用要求提出空间的设计要求；

② 尺寸关系：各内部空间之间的大小尺寸关系及房间与交通面积的尺寸关系；

③ 交通面积：走道与楼梯间的空间质量，大概造型，与内部空间和外部空间的关系，从形式和光线辅助辨别方向和行走路线；

④ 其他具体要求：空间的使用和造型的关系，建筑设备和造型的关系，对特殊空间的材料选择，色彩等。

以下是某会议室房间标准的要求（具体的数字和要求描述略）：

① 房间名称；

② 房间编号；

③ 最小面积和最大面积；

④ 空间的尺寸、柱距；

⑤ 使用的人员和机器设备；

⑥ 楼顶要求，所属类型（A，B，C），保暖层；

⑦ 吊顶，所属类型（A，B，C），颜色；

⑧ 外墙，窗，窗台，门，玻璃，遮阳，遮光，窗帘等；

⑨ 内墙，所属类型（A，B，C），色彩，门，窗，玻璃；

⑩ 地面的底层，面层，色彩等；

⑪ 防干扰措施；

⑫ 采光要求；

⑬ 视野要求；

⑭ 照明（昼照明，灯光，紧急状况照明等）；

⑮ 排风要求；

⑯ 空调（关于湿度调整，热风，冷风等）；

⑰ 散热气（散热气装置，尺寸，色彩，外围措施）；

⑱ 能源（供电或燃气）；

⑲ 卫生设施；

⑳ 通信（电话设施，时钟设施，电视设施，对话设施，天线）；

㉑ 声；

㉒ 波动的建筑物理值等。

备注：类型（A，B，C）是对某个功能要求的具体分类，相同的要求归为同一类，每个类型都专门进行详细描述，对某个房间的具体要求进行描述时可以从中选择。

3. 设计招标文件的编制要求

招标文件中包括设计任务要求和说明，它是设计的重要依据，要全面反映招标人对项目功能的要求和投资意图，其表达应该注意：

（1）清晰严谨，不要被误解。

（2）全面完整，任务要求不要有遗漏。

（3）要求灵活，应为投标人发挥设计的创造性留有充分的余地。

12.4.2　工程施工招标文件

1. 施工招标文件的主要内容

工程项目施工招标文件一般包括下列内容：

（1）投标邀请书。

（2）投标人须知。

（3）合同主要条款、合同协议书格式以及银行履约保函格式、履约担保书格式、预付款担保格式等。

（4）采用工程量清单招标的，应当提供工程量清单。

（5）技术规范和要求。包括工程建设地点的现场自然条件和施工条件，采用的技术规范和标准等。

（6）设计图纸。

（7）评标标准和方法。

（8）投标文件格式。包括投标书及投标书附录、工程量清单与报价表、辅助资料表、资格审查表等。

【案例 12-4】　某工程施工招标文件中的投标邀请书

某工程施工投标邀请书

××建设工程招标代理有限责任公司受 ××（业主）的委托，按【×× 省实施《中华人民共和国招标投标法》办法】的规定，对其 ××项目联合工房建安工程进行国内公开招标。通过资格预审，贵公司已获得参加投标的资格。

（1）招标编号：

（2）项目名称：××项目联合工房建安工程

（3）工期：接到业主开工通知后 510 天（日历日）完工。

（4）招标文件发售时间、地点：即日起至 ×× 年××月×× 日到××建设工程招标代理有限责任公司招标一处购买招标文件。

（5）招标文件售价：招标文件及资料费每套 400 元（售后不退），图纸押金 2000 元/套。

（6）招标答疑会时间、地点：×× 年 ×× 月 ×× 日上午 ×× 时在 ×× 进行答疑，请投标人派技术负责人参加会议，并以书面形式向招标公司分别提出对招标文件和设计图纸的疑问。答疑文件由××建设工程招标代理有限责任公司统一以书面或传真形式向所有投标人送达，并请投标人给予回执。

（7）投标截止日期：×× 年 ×× 月 ×× 日上午 9：30 时整（北京时间）

（8）投标地点：

（9）开标日期：

（10）开标地点：

（11）联系单位及联系人：

单位：××建设工程招标代理有限责任公司

联系人：

地址：

电话：

传真：

邮政编码：

银行账户：

全称：

开户银行：

保证金账号：公司账号：

2. 施工招标文件的编制要点

（1）工程施工合同条件

工程施工的合同条件不同于货物采购的合同条件和咨询服务的合同条件。世界银行贷款项目中，土建工程招标的合同条件一般都采用 FIDIC 土木工程施工合同条件。在国内，原建设部和原国家工商行政管理局根据工程建设的有关法律、法规，结合我国工程项目施工合同的实际情况和有关经验，并借鉴国际上通用的土木工程施工合同的成熟经验和有效做法，于 1999 年 12 月 24 日颁发了修改的《建设工程施工合同（示范文本）》GF-1999-0201。该文本适用于各类公用建筑、民用住宅、工业厂房、交通设施及线路、管道的施工和设备安装等工程。

由于各种工程项目之间的差异性很大，特别是不同行业之间的工程项目，如水利水电、公路、电力、石油化工、冶炼等，针对某些特殊性要求应有符合项目需要的专门的施工合同文本，因此，有关行业管理部门颁布了专门的合同文本。例如，交通部颁布了《公路工程国内招标文件范本》，其中包含合同文本；水利部、原国家电力公司和国家工商行政管理总局于 2000 年颁布了修订的《水利水电土建工程施工合同条件》GF-2000-0208 等。

因此，我国的工程施工合同示范文本有多种，目前有代表性的是 2007 年由国家九部委联合发布的《标准施工招标文件》中的合同条款和《建设工程施工专业分包合同（示范文本）》GF-2003-0213。

各种工程施工合同示范文本一般都由以下三部分组成：

1）协议书；

2）通用条款；

3）专用条款。

各种工程施工合同示范文本的内容一般包括：

1）词语定义与解释；

2）合同双方的一般权利和义务，包括代表业主利益进行监督管理的工程监理人员的权力和职责；

3）工程施工的进度控制；

4）工程施工的质量控制；

5）工程施工的费用控制；

6）施工合同的监督与管理；

7）工程施工的信息管理；

8）工程施工的组织与协调；

9）施工安全管理与风险管理等。

（2）投标人须知

投标人须知一般应包括的内容有：招标范围、投标人的资格要求、投标费用、现场考察、招标文件的内容、澄清和修改、投标文件、投标价格和货币、投标有效期、投标保证金、投标书的形式和签署要求、投标书的密封与标志、投标截止日期、开标与评标、投标书的澄清、投标书的检查与响应性的确定、错误修正、投标书的评价与比较、授标、中标通知书、合同协议书的签署、履约保证金等。

关于投标价格，一般对于结构不太复杂或工期在 12 个月以内的工程，可以采用固定总价合同，再考虑一定的风险系数。而结构比较复杂，工期超过 12 个月的项目，应采用可调整价格的总价合同。价格的调整方法以及调整范围应在招标文件中确定。

在招标文件中应该明确投标保证金的数额，一般保证金的数额不超过投标总价的 2%，投标保证金的有效期应该超过投标有效期。

在招标文件中应该明确，要求中标单位应按规定提交履约担保，履约担保可以采用银行保函或履约担保书的形式。

投标有效期即从投标截止日期到公布中标日为止的一段时间。投标有效期的确定应依据工程大小和繁简等具体情况而定，即要保证招标单位有足够的时间对全部投标进行比较和评价。结构不太复杂的中小型工程，投标有效期可以定为 28 天或以内；结构复杂的大型工程，投标有效期可以定为 56 天或以内。按照国际惯例，一般为 90～120 天，通常不应超过 182 天。在此期间，全部投标文件应保持有效，投标人不得修改或撤销其投标。世界银行规定，如果业主要求延长投标有效期，应在有效期终止前征求所有投标人意见，投标人有权同意或者拒绝延长投标有效期，业主不能因此而没收其投标保证金。同意延长投标有效期的投标人不得要求在延长期内修改其投标文件，而且投标人必须同时延长其投标保证的有效期，对投标保证的各种有关规定在延长期内同样有效。

材料或者设备采购、运输、保管的责任应在招标文件中明确，特别是甲方供应材料和设备，应该列明材料和设备的名称、品种或型号、数量以及提供的日期和交货地点等，还应该明确甲供材料和设备的计价和结算退款方法。

（3）工程量清单

有的工程项目采用工程量清单报价方法，即发包方依据工程设计图纸、工程量计算规则、一定的计量单位和技术标准等，计算得到构成工程实体各分部分项的实物工程量汇总清单，投标人只需要根据发包人提供的工程量清单对各项单价进行投标报价。这种方法有利于缩短投标时间，降低承包人计算工程量的风险，在 FIDIC 土木工程施工合同条件和有关工程施工中得到广泛采用。

原建设部和国家质量监督检验检疫总局根据《中华人民共和国招标投标法》和《建筑工程施工发包与承包计价管理办法》（建设部令第 107 号）及其他有关法律、法规，联合发布了国家标准《建设工程工程量清单计价规范》GB 50500—2013，推行工程量清单招标方式。招标单位应按照上述规范，根据图纸计算工程量，提供给投标单位作为报价的基础。表 12-5 是某分部分项工程的工程量清单计价表。

投标人在投标时，依据工程量清单、拟订的施工组织设计、反映本企业技术水平和管理水平的企业定额、市场价格信息等，计算和确定综合单价，填报分部分项工程量清单计价表中所列项目的综合单价与合价。

某分部分项工程的工程量清单计价表　　　　　　　表 12-5

工程名称：某工程 1 号楼建筑工程　　　　　　　　　　　　　共　页　第　页

序号	项目编码	项目名称	计量单位	工程数量	金额（元）	
					综合单价	合价
		土石方工程				
1	010101001001	平整场地，弃土运距 150m	m²	1500.00		
2	010101003001	挖带形基槽，二类土，槽宽 1.40m，深 0.80m，弃土运距 150 m	m³	560.00		
…		…		…		
		砌筑工程				
6	010301001001	砖基础	m³	120.00		
…		…		…		
		混凝土及钢筋混凝土工程				
14	…	…		…		
		…		…		

12.4.3　工程物资采购招标文件

工程建设过程中的物资包括建筑材料和设备等。材料和设备的供应一般需要经过订货、生产（加工）、运输、储存、使用（安装）等各个环节，经历一个非常复杂的过程。

1. 物资采购招标文件的主要内容

物资采购招标文件应清楚地说明拟购买的货物及其技术规格、交货地点、交货时间表、维修保修要求、技术服务和培训的要求及付款、运输、保险、仲裁条款以及可能的验收方法与标准，还应明确规定在评标时要考虑的除价格以外的其他能够量化的因素，以及评价这些因素的方法。

物资采购招标文件的主要内容有以下几个方面：

（1）招标书。包括招标单位的名称，工程项目名称及简介，招标标的物的主要参数，数量，要求交货期，投标截止日期和地点，开标日期和地点等。

（2）投标须知。包括对招标文件的说明及对投标者和投标文件的基本要求，评标、定标的基本原则和标准等。

（3）招标标的物的清单和技术要求、技术规范和图纸。

（4）合同格式及主要合同条款。包括价格及付款方式、交货条件、质量验收标准以及违约处理等内容。

（5）投标书格式、投标物资的数量以及价目表格式、投标保函格式等各种格式文本。

（6）其他需要说明的问题和事项。

2. 物资采购招标文件的编制要点

（1）标的

招标文件应对拟采购的货物进行清晰的定义，包括购销物资的名称（注明牌号、商标）、品种、型号、规格、等级、花色、技术标准或质量要求等。表 12-6 是某项目组合式空调机组采购要求一览表（表中的具体参数要求略）。

组合式空调机组一览表　　　　　表 12-6

系统号	服务区域及温湿度要求	处理风量（万 m³/h）	供冷能力（冷冻水）8/13℃（kW）	供热能力（蒸汽加热）0.4MPa（kW）	加湿能力（蒸汽加湿）0.4MPa（kg/h）	总风量（万 m³/h）	总冷量（kW）	送风机功率及全压（功率：kW，全压：Pa）	回风机功率及全压（功率：kW，全压：Pa）	功能段配置
K—1										
K—2										
K—3										
K—4										
K—5										

（2）技术规格和规范

招标文件应明确货物或设备的技术要求和参数。技术要求和参数应采用国家标准和规范，或者采用国际通用标准和规范，一般不能采用某一制造厂家的技术规格作为招标文件的技术要求。如果有兼容性要求的，技术规范应清楚地说明与已有的设施或设备兼容的要求。

例如，在 10kV 开关柜招标货物采购招标文件中提出的技术要求如下。

除本招标文件中提出的要求外，合同设备的设计、制造、试验、验收材料等方面应遵循下述最新版本规范和标准。各标准有差异时，以对设备要求最严格的为准。

1）国际电工委员会标准

① IEC—298　　《高压金属封闭开关设备和控制设备》

② IEC—56　　《交流高压断路器》

③ IEC—129　　《交流隔离开关和接地开关》

④ IEC—185　　《电流互感器》

⑤ IEC—186　　《电压互感器》

⑥ IEC—99　　《交流无间隙金属氧化物避雷器》

2）国家标准

① GB/T 156　　《标准电压》

② GB/T 191　　《包装储运图示标志》

③ GB 311.1　　《绝缘配合　第 1 部分：定义、原则和规则》

④ GB 1207　　《电磁式电压互感器》

⑤ GB 1208　　《电流互感器》

⑥ GB 1984　　《高压交流断路器》

⑦ GB 1985　　《高压交流隔离开关和接地开关》

⑧ GB 3906　　《3.6kV～40.5kV 交流金属封闭开关设备和控制设备》

⑨ GB 4208　　《外壳防护等级》

⑩ GB 11022　《高压开关设备和控制设备标准的共用技术要求》

⑪ GB 14285　《继电保护和安全自动装置技术规程》

⑫ GB 50227－95《并联电容器装置设计规范》

3）行业标准

① DL 404　　《户内交流高压开关柜订货技术条件》

② DL403　　《10～35kV 户内高压真空断路器订货技术条件》

③ DLT604　　《高压并联电容器装置订货技术条件》

④ SDJ9　　　《电测量仪表装置设计技术规范》

当卖方执行高于上述规范和标准的要求时，应提供这些标准给买方。在执行合同期间，若出现了与本合同设备有关的新的标准（IEC、GB、DL），也视为应遵循的标准。

开关柜的技术参数要求是：

① 额定电压：12kV

② 额定频率：50Hz

③ 额定电流：进线柜　2000A

　　　　　　　出线柜　630A

④ 额定短路开断电流：进线柜　31.5kA

　　　　　　　　　　　出线柜　25kA

⑤ 额定短路关合电流（峰值）：63kA

⑥ 额定短时耐受电流（4s，有效值）：25kA

⑦ 额定工频耐受电压（1min）：42kV

⑧ 额定雷电冲击耐受电压（峰值）：75kV

⑨ 防护等级：外壳　　IP4X

（3）投标报价

报价应包括单价、总价及运费、保险费、仓储费、装卸费、各种税、手续费等。设备、材料国际采购合同中常用的价格条件有离岸价格（FOB）、到岸价格（CIF）、成本加运费价格（CFR）等，这些都应在报价方法和要求中说明，否则，各家投标人的报价就没有可比性。

（4）货物采购合同的主要内容

1）标的。

对设备的技术标准，应注明设备系统的主要技术性能，以及各部分设备的主要技术标准和技术性能。

关于设备供应方的现场服务，供方应派技术人员到现场服务，并明确服务内容，对现场技术人员在现场的工作条件、生活待遇及费用等作出明确规定。

2）数量。

数量的计量方法要按照国家或主管部门的规定执行，或者按照供需双方商定的方法执行。对于某些建筑材料，还应在合同中写明交货数量的正负尾数差、合理磅差和运输途中的自然损耗的规定及计算方法。

对设备的数量，应明确设备名称、套数、随主机的辅机、附件、易损耗备用品、配件和安装修理工具等，应于合同中列出详细清单。

3）包装。

包括包装的标准、包装物的供应和回收。包装标准是指产品包装的类型、规格、容量以及印刷标记等。

4）交付及运输方式。

交付方式可以是需方到约定地点提货或供方负责将货物送达指定地点两大类。

5）交货期限。

应明确具体的交货时间。如果分批交货，要注明各个批次的交货时间。

6）价格。

对设备的价格，应该明确合同价格所包括的设备名称、套数，以及是否包括附件、配件、工具和损耗品的费用，是否包括调试、保修服务的费用等。

7）验收和保修。

成套设备安装后一般应进行试车调试，合同中应明确成套设备的验收办法以及是否保修、保修期限、费用负担等。

8）结算的时间、方式和手续。

9）违约责任。

12.4.4 工程监理服务招标文件

1. 招标文件的主要内容

工程监理服务的招标文件主要包括以下几个方面的内容。

（1）投标人须知。包括答疑、投标和开标的时间、地点的规定，投标有效期，投标书编写及封装要求，招标文件、投标文件澄清与修改的时限以及无效投标的规定等。

（2）工程项目简介。包括项目名称，地点和规模，工程等级，总投资，现场条件，计划开工和竣工时间等。

（3）委托工程监理任务的范围和工作任务大纲。

（4）合同条件。

（5）评标原则、标准和评标方法。

（6）招标人可以向工程监理人提供的条件。包括办公、住宿、生活、交通、通信条件等。

（7）工程监理投标报价方式及费用构成。

（8）项目有关资料。

（9）投标书格式和有关表格。

2. 招标文件的编制要点

（1）委托工程监理任务大纲

工程监理任务大纲是工程监理投标单位制定工程监理规划、确定工程监理报价的依据，其主要内容有：工程监理工作纲要和目标，对总监理工程师及工程监理人员的要求，工程监理工作计划，投资、进度、质量控制的方法，合同管理和信息管理的方法，工程监理工作报告等。

（2）工程监理任务

工程监理的内容，即工程监理过程中的具体工作，如协助业主进行设计管理、施工招标、确认分包商、审批设计变更、控制和协调工程进度、工程合同款支付签证、主持质量事故鉴定与处理等。

业主的授权，包括审批设计变更、停工令和复工令、采购及支付等的权力。

（3）工程监理合同条件

一般采用国家颁布的标准合同文本。特殊项目或国际招标的项目可以采用国际咨询工程师联合会（FIDIC）颁布的雇主与咨询工程师项目管理协议书国际范本。

（4）确定评标原则、标准和方法

工程监理招标的标的是"工程监理服务"，与工程施工和货物采购招标有所不同。因此，选择中标人的原则应该是以能力、质量为主而不是以费用为主，应该在能力、质量和费用之间寻求平衡。

评标方法可以采用评议法、综合评估法和最低评标价法等。

12.5　工程项目采购评标

评标的目的是在满足工程质量要求的前提下，保证采购工程、货物和服务所需要的费用最少，即采购的工程、货物和服务具有最佳经济性。

为达到上述目的，评标时，投标价格只是考虑的因素之一，其他因素还包括：交货工程完工的时间；关于费用支付的条件；技术的优势、能力、生产率；运行费用；维护费用；效率等。

评标时，需要综合考虑以上各个因素，对投标书作出综合评价。

货物和工程采购的评标程序，都由以下步骤组成：

（1）对投标书进行初步检查，确定响应性投标并校正计算错误。

（2）将投标书中的不同投标货币转换为常用的同一种货币并进行比较。

（3）对投标书偏离和遗漏情况进行分析和量化。

（4）运用评标标准进行评标。

（5）准备评标报告。

12.5.1　投标书检查

1. 投标书检查的主要内容

开标后和正式评标前，业主首先要确定每份投标文件是否完全符合招标文件的要求，因此需要对投标书进行检查，这个过程又称为初步评审。对投标书检查的主要内容包括：

（1）标书是否完整，是否有签名。

（2）是否包含了投标保证金和其他要求的文件。

（3）是否有计算错误。

要根据招标文件的有关条款，检查投标书在以下几个方面是否存在实质性偏差：

（1）技术。

（2）财务。

（3）管理。

（4）法律。

检查的目的是确定投标文件是否实质性响应了招标文件的要求，后期的详细评标只针对那些实质性响应的投标书。

2. 不可接受的偏差

投标文件存在不可接受的偏差，将作为废标处理。按照世界银行采购政策要求，如果投标文件出现以下情况，可视为不可接受的偏差。

（1）迟到提交的投标文件。

（2）不合格的投标人。

（3）未签字的投标文件。

（4）没有或不可接受的投标保证金。

（5）投标人/联营体未通过资格预审。

（6）要求报固定价格，而投标人要求价格调整。

（7）不可接受的替代设计。

（8）不符合时间进度要求。

（9）不可接受的分包。

（10）要求变更仲裁的条件、规则、地点等。

3. 修正计算错误

修正计算错误是通常的商业惯例，一般在检查过程中和正式评标前完成。世界银行的采购政策要求，修正计算错误一般按照以下原则：

（1）当大小写数字不一致时，以大写为准。

（2）当小数点的位置明显有错误时，应该更正。

（3）一般不修改单价和数量，只修改算术错误（加、减、乘、除），即修改小计和总数。

上述修改并不要求获得投标人的同意，也不需要其确认。如果修改合适，投标人会接受这些更正，如果投标人不接受，则有被没收投标保证金的风险。当然，在必要时可以要求投标人澄清。

12.5.2 工程采购评标的方法

衡量投标文件是否最大限度地满足招标文件中规定的各项评价标准，采取打分的方法、折算货币的方法或者其他方法，评出中标人。需要量化的因素及其权重应当在招标文件中明确规定。评标委员会对各个评审因素进行量化时，应当将量化指标建立在同一基础或者同一标准上，使各投标文件具有可比性。

工程施工招标的评标主要考察投标人的标价、施工方案、工程质量、工期、企业的信誉和业绩等方面。评标的方法一般包括评议法、经评审的最低评标价法、综合评估法或者法律、行政法规允许的其他评标方法。

1. 经评审的最低评标价法

首先，通过对各投标书的审查，评标委员会要淘汰那些技术方案不满足基本要求的投标书。然后，对基本合格的标书按预定的方法将某些评审要素按一定规则折算为评审价格，加到该标书的报价上形成评标价，以评标价最低的标书为最优。此时的最优并不一定是最低报价的投标书。

可以折算成价格的评审要素一般包括：

（1）投标书承诺的工期提前给项目可能带来的超前收益，可以以月为单位按预定计算规则折算为相应的货币值，从该投标人的报价内扣减此值。

（2）实施过程中必须发生而又属于招标文件中的明显漏项部分，给予相应的补偿，增加到报价上去。

（3）技术建议可能带来的实际经济效益，按预定的比例折算后，在投标价中减去该值。

（4）投标书内提出的优惠条件可能给招标人带来好处，以开标日为准，按照一定的方法折算后作为评审价格的考虑因素之一。

（5）对其他可以折算为价格的要素，按照对招标人有利或不利的原则，减少或增加到投标价上去。

经评审的最低评标价法一般适用于具有通用技术、性能标准或者投标人对其技术、性能没有特殊要求的招标项目。采用这一方法，评标委员会应当根据招标文件规定的评标价格调整方法，对所有投标人的投标报价作必要调整。

采用经评审的最低评标价法，必须对报价进行严格审查。世界银行贷款项目的招标采购一般不设标底，而国内有的工程项目招标编制标底。对投标价明显低于标底的，应该经过质疑、答辩的程序，或者要求投标人提出相关说明资料，以证明其具有实现低标价的有力措施。

2. 综合评估法

综合评估法，是将最大限度地满足招标文件中规定的各项综合评价标准的投标人推荐为中标候选人的方法。采用这种方法，需要在招标文件内规定各评审指标和评标标准，开标后按评标程序，根据评分标准，由评委对各投标单位的标书进行评分，最后以总分最高的投标单位为中标单位。具体步骤是：

（1）首先，预先确定好评审内容，将要评审的内容划分为若干大类，并根据项目的特点和对承包商要求的重要程度分配分值比重；然后，再将各类要素细化成评定小项并确定评分标准。

（2）对投标书评定记分。为了避免打分的随意性，应规定出测量等级，并按统一折算办法来打分。

（3）以累计得分评定投标书的优劣，各项评定内容的得分之和，综合反映了该投标单位的整体素质。

3. 评议法

评议法不量化评价指标，通过对投标单位的能力、业绩、财务状况、信誉、投标价格、工期、质量、施工方案（或施工组织设计）等内容进行定性分析和比较，进行评议后选择各项指标都比较优良的投标单位为中标单位，也可以用表决的方式确定中标单位。这是一种定性的评价方法，由于没有对各投标书的量化比较，评标的科学性较差。其优点是简便易行，在较短时间内即可完成，一般适用于小型工程或规模较小的项目招标。

12.5.3　货物采购评标的方法

工程建设物资的采购应以最合理价格为原则，即评标时不仅要考察其报价的高低，还要考虑货物运抵现场过程中可能支付的所有费用，如果是设备招标则还要评审设备在预定的寿命期内可能投入的运营、维修和管理的费用等。

在采购大宗建筑材料或定型批量生产的设备时，由于标的物的规格、性能、主要技术参数均为通用指标，因此评标一般仅限于对投标人的商业信誉、报价和交货期限等方面的比较。而订购非批量生产的大型复杂机组设备、特殊用途的大型非标准部件，招标评选时要对投标人的商业信誉、加工制造能力、报价、交货期限和方式、安装（或者安装指导）、调试、保修及操作人员培训等各方面条件进行全面比较。

工程建设物资采购的评标方法一般包括综合评估法、经评审的最低评标价法、全寿命评标价法或者法律、行政法规允许的其他评标方法。

1. 经评审的最低评标价法

经评审的最低评标价法是以设备投标价为基础，将评定的各要素按预定的方法转换成相应的价格，在原投标价上增加或扣减该值而形成评标价价格。评标价格最低的投标书为最优。在采购机组、车辆等大型设备时，较多采用这种方法。在评标时，除投标价格以外，还需要考察的因素和折算方法如下。

（1）运输费用

这部分可能是需要招标单位额外支付的费用，包括运费、保险费和其他费用，如运输超大件设备需要对道路加宽、桥梁加固等所需要的支出等。换算为评标价格时，可以按照运输部门（铁路、公路、水运）、保险公司及其他有关部门公布的取费标准，计算货物运抵最终目的地将要发生的费用。

（2）交货期

以招标文件规定的具体交货时间作为标准，当投标书中提出的交货期早于或者晚于规定时间时，要考察这种提前或延误是否给招标单位带来收益或者损失。提前交货，有时会对招标人有好处，比如带来一定的收益，但是，有时也会带来麻烦，比如要增加现场的仓储管理费和设备保养费。如果迟于规定时间交货，但推迟的时间是在可以接受的范围内，则交货日期每延迟一定时间，就按照投标价的某一百分比计算折减价，将其加到投标价上去。

（3）付款条件

投标人应该按照招标文件规定的付款条件来报价，对不服从付款条件的投标，可视为非响应性投标而予以拒绝。但在定购大型设备的招标中，如果投标人在投标书中提出，若采用不同的付款条件（如增加预付款或前期阶段支付款）就可以降低报价，以此作为选择方案供业主参考，则这一付款要求也可以给予考虑。当支付要求的偏离条件在可接受的条件下，应将因偏离要求而给业主增加的费用（如资金利息等），按招标文件中规定的贴现率换算成评标时的净现值，加到投标书中提出的报价中。

（4）设备性能、生产能力

设备应具有招标文件技术规范中所规定的生产效率。如果所提供设备的性能、生产能力等某些技术指标没有达到技术规范要求的基准参数，则每种参数比基准参数低百分之几，应以投标设备实际生产效率单位成本为基础计算，在投标价格上增加若干金额。

（5）零配件和售后服务

零配件以设备运行若干年内各种易损备件的获取途径和价格作为评审要素。售后服务内容一般包括安装监督、设备调试、提供被检、负责维修、人员培训等工作，评价这些服务的可能性和价格。如果招标文件规定报价应该包括这两部分费用，则评标时就不必考虑；如果要求投标人单独报价，则应将其加到投标价上。

对于技术规格简单的初级商品、原材料、半成品以及其他技术规格简单的货物，由于其性能质量相同或便于比较其质量级别，可把价格作为唯一尺度，将合同授予报价最低的投标者。

2. 全寿命评标价法

生产线、成套设备、车辆等运行期间的各种后续费用（备件、油料及燃料、维修等）较高的货物，可以采用设备全寿命期的费用为基础进行评估。评标时，应首先确定一个统一的设备评审寿命期，然后再根据各投标书的实际情况，在投标价上加上该年限运行期内所发生的各项费用，再减去寿命期末的残值。计算各项费用和残值时，都应按照招标文件中所规定的贴现率折算成净现值。

这种方法是在经评审的最低评标价的基础上进一步增加运行期期间的费用作为评审价格。这些应以贴现值计算的费用包括：

（1）燃料、零件费用。

（2）维护费用。

（3）使用期内的所有权费用。

（4）转售价值/残值。

例如，某货物采购招标，A 为国内投标人，B 为国外投标人，考虑设备的生命周期费用，评标价的计算如表 12-7 所示。

货物采购考虑生命周期费用时的评标价计算示例　　　　　　　　　　表 12-7

	A 国内标	B 国外标
初始费用评价总值（无优惠）	46400	44350（CIF）
8 年的燃料费（折现值）	52000	46000
8 年的维护费用	34000	28000
减去残值/转售价值	2000	5000
生命周期费用	130400	113350
国内优惠*		6337（CIF 的 15%）
包括国内优惠的评标价	130400	119687
排名	2	1

注：* 国内优惠：根据世界银行采购要求，对货物和工程采购可以考虑国内优惠，对货物采购幅度为 15%。

3. 综合评估法

按照预先确定的评分标准，分别对各投标书的报价和各种服务进行评审计分。

（1）评审计分的评审要素

主要内容应该包括：投标价格，运输费、保险费和其他费用的合理性，投标书中的交货期限，偏离招标文件规定的付款条件影响，备件价格和售后服务，设备的性能、质量、生产能力，技术服务和培训等。

（2）评审要素的分值分配

评审要素确定后，应根据采购对象的性质、特点及各要素对总投资的影响程度划分权重和计分标准。

（3）采用综合评估法的有关要求

仅当评审因素无法通过货币方法量化时才采用综合评估法。其优点是比较简单、直观，缺点是对分数的分配带有主观性，因此，一般不鼓励采用，只有在例外的情况下才使用这种方法。

采用综合评估法评标时，对不同的技术特征分别打分，并且要对不同的技术特征给予不同的权重。例如，在设备采购中，典型的分数安排如表12-8所示。

典型权重分数 表 12-8

内容	分数	内容	分数
设备价格	65～70	售后服务	5
备用零件	10	标准化	5
技术特性	10	总分	100

在招标文件中应该明确打分权重，并且要明确选择的方法：最高得分的标书中标，或单位分数价格最低的标书中标。

综合评估法的好处是简便易行，评标时考虑要素较为全面，可以将难以用金额表示的某些要素量化后加以比较。缺点是各个评标委员独立打分，对评标人的水平和知识要求比较高，主观随意性大。有时，由于各投标人提供的设备型号的差异，难以合理确定不同技术性能的相关分值。

例如，某货物采购项目采用综合评估法评标，如表12-9所示。

某货物采购项目采用综合评估法评标 表 12-9

		总分	A	B	C
1	船体	30	20	15	25
2	动力设备：功率、性能及可靠性	30	25	20	26
3	冷藏设备：性能及可靠性	30	28	20	23
4	服务设备及备用零件的供应	10	10	10	10
5	综合分数	100	83	65	84
6	评估价格（美元）		450000	365000	435000
7	单位分数价格		5421	5615	5437
拒绝综合打分在75分以下的方案 B，在 A 和 C 中作选择，最终授标给 C			83		84

4. 国内优惠

世界银行贷款项目的货物采购，也允许给予国内企业一定的优惠。按照世界银行采购政策的要求，货物采购的国内优惠：

（1）只针对本地制造的货物，且该货物的人力、原材料以及部件至少为出厂价的 30%。

（2）在递交标书前，该生产设施已在用于生产该类货物。

（3）按照 CIF 价的 15% 计算（加到国外投标人的报价上）。

（4）仅在采用国际竞争性招标（ICB）时适用，在采用国内竞争性招标（NCB）或其他招标方法时不适用。

例如，某货物采购招标，A 为国内投标人，B 为国外投标人，考虑交货、担保等各种因素，并折算成费用，评标价的计算如表 12-10 所示。

某货物采购招标考虑国内优惠时的评标计算　　　　　　　　　表 12-10

	A 国内标	B 国际标
出厂/离岸价	—	—
海运及保险	—	—
出厂/到岸价	—	—
出厂/到岸价换算为美元	45000	42250
国内运输	200	1500
运到现场价	45200	43750
支付条件偏差（罚金）	—	50
交货/完工 评价	1200	—
质量保证		100
总评标价	46400	44350
国内优惠（CIF 的 15%）	——	6337
考虑国内优惠的评标价	46400	50687
排名	1	2

5. 对货物采购评标的其他方法——考虑生产率费用方法

确定在生命周期内每单位产出的费用，进行比较。计算方法：用生命周期内的费用净现值除以总的产出。

例如，某棕榈油厂项目采用生命周期费用法评标，如表 12-11 所示。

某棕榈油厂项目采用生命周期费用法评标　　　　　　　　　表 12-11

	A 投标人	B 投标人
初始费用	9500	10300
年度运行费	(1200)	(1000)
考虑运行 6 年，12% 折现率计算 NPV 费用	4933	4111
生命周期总费用	14433	14411
每年产量	3600	4000
单位产出费用评价	4.01	3.60
排名	2	1

注：* 所有价格以千美元计。

12.5.4　咨询服务采购的评标

1. 咨询服务采购的特点

与工程、货物招标采购相比，咨询服务单位的选择具有以下特点。

（1）通常涉及无形商品的提供，其质量和内容难以像货物和工程那样定量描述，有时难以精确描述其技术规格。

（2）重视投标人的能力和质量（这主要由咨询公司的技术和专门知识决定），而不是价格。而且，越是智力投入高、对专业技术水平有特别要求的招标项目，价格因素在评审中占的比例就越低。

（3）有的咨询服务项目（如设计、专题咨询）涉及某些特定技术或艺术，往往与知识产权的保护息息相关，能够满足要求的咨询公司的范围受到一定的限制。因此，只能在一定范围内通过征求建议书，参加竞争性谈判方式进行采购。

根据以上特点，结合有关国际惯例和国内法规以及实践，咨询服务采购的方法除了公开招标、邀请招标以外，还有征求建议书、两阶段招标、竞争性谈判、设计竞赛以及聘用专家等形式。

2. 评标方法

对咨询服务单位的评选可以采用如下几种方式：

（1）基于质量和费用（Quality & Cost Based System，简称 QCBS）的选择方法

在咨询单位名单中使用竞争程序，根据其建议书的质量和服务的价格来选择中标单位，对于质量和价格的权衡应取决于具体咨询服务的性质和内容。

（2）基于质量的评标方法

基于质量的评标方法适用于如下类型的任务：

1）复杂的或专业性很强的任务，很难确定精确的任务要求和所需要的投入，招标人希望投标人在建议书中提出创新（国家经济或行业研究、跨行业可行性研究、设计一个处理有危险废弃物的工厂、制定城市总体规划或金融部门改革方案等）。

2）对后续工作具有很大影响、希望请最好的专家来完成的任务。

3）可用不同方法完成的任务，以至于不同的服务建议书之间不具有可比性。

在基于质量的评标方法中，招标文件可要求先提交技术建议书，不提交财务建议书，或者要求同时提交技术建议书和财务建议书，但分装在不同的信封内（双信封制）。

如果只提交技术建议书，在完成技术建议书的评审后，招标人应要求获得最高技术评分的咨询单位提供一份详细的财务建议书。然后，招标人应与咨询服务投标人就财务建议书进行谈判。

如果要求同时提交技术建议书和财务建议书，则应像基于质量和费用的评标方法一样进行评估，设定保护措施，以保证只拆封选中公司的财务建议书，其余的应在谈判顺利结束后原封退还。

（3）最低费用的选择方法

这一方法适用于具有标准或常规性质的任务（如审计、非复杂工程的设计等），这类任务一般有公认的惯例和标准，合同金额也不大。

（4）基于咨询单位资历的选择方法

这一方法适用于很小的任务，不宜为此准备和评审有竞争的建议书。

以上四种方法中，基于质量和费用的评标方法在咨询服务招标采购实践中最为常用。

3. 世界银行基于质量和费用（QCBS）的选择方法

（1）对技术建议书的质量评审

对技术建议书的质量评审内容，主要包括以下几个方面：

1）投标人在该工作任务方面的相关经验；

2）准备采用的工作方法的质量；

3）建议的关键人员的资历；

4）知识的转让；

5）在执行任务所需要关键人员中本国人员的参与程度，世界银行鼓励本国人员更多地参与项目的建设。

应该对每个内容在 0～100 分范围内进行打分，然后将分值加权计算得到总分数。

（2）评审内容的权重

对每项评审内容的权重建议，如表 12-12 所示。

评审内容权重　　　　　　　　　　　　表 12-12

内　容	分　数	内　容	分　数
投标人的专门经验	5～10	知识转让	0～10
工作方法	20～50	本国人员的参与	0～10
关键人员	30～60	总分	100

（3）评审内容的再细化

应该对各项评审内容再进一步细化，并确定各个子项的评分标准。

（4）评估方法

建议只对关键人员加以评估。鉴于关键人员最终决定工作完成的质量，如果提出的任务较复杂，就应给予这一标准更多的权重。评标委员会应通过履历表审查建议的关键人员资历和经验。

如果完成任务主要取决于关键人员的表现，如一大组特定人员中的主要负责人，则可以考虑进行面试，考察其对咨询项目的理解和认识、控制目标的设定和保障目标实现的措施等。根据与任务的相关程度，对人员按以下三个子标准评级：

1）一般资历。一般的教育和培训程度、工作经历及年限、现任职务、作为咨询公司职员的年限、在发展中国家的工作经验等。

2）承担任务的充足条件。与特定任务相关的教育程度、培训及针对该行业、领域、学科的经验等。

3）在该地区的经验。对当地语言、文化、管理体制、政府机构的了解程度等。

（5）技术标的合格条件

评标委员会应该以对任务大纲的响应性为基础对各建议书进行评审。如果某份建议书没有对任务大纲中的重要方面作出响应，或未能达到邀请函中规定的最低技术分，则应被认为是不合适的，并在这一阶段被拒绝，同时他们的财务建议书将原封不动地被退回。在这一阶段结束时，评标委员会应准备一份对建议书"质量"的评审报告，说明得出评审结果的依据和每份建议书相应的长处和不足。

（6）费用评审

对商务标的审查，如存在算术错误，首先应予以校正；其次要将投标货币换算成评标货币；然后，将报价折算成评标分。报价的"费用"应不含税，但包括其他可报销费用，如旅费、翻译费、报告打印费或文秘费等。可给予报价最低的建议书财务100分，其他建议书的财务得分按其报价成反比递减。作为选择，也可以在对费用分配分值时使用正比或其他方法。所使用的方法应在招标文件中说明。

（7）质量和费用综合评审

将质量和费用得分加权后相加得到总分。应该根据任务的复杂性和质量的相对重要性选定"费用"的权重。费用评分的权重不应过大，一般应控制为占总分的10%～20%之间，无论在任何情况下均不应超过30%。

4. 我国基于费用和质量的评价方法

以上主要是世界银行等国际组织对服务采购的一般评价方法，而我国的做法与其类似，说明如下。

（1）对技术标书的评审

一般来讲，对于设计招标，主要从设计方案、投入产出、经济效益以及设计进度等方面评审。对于工程监理招标，主要从质量控制、进度控制、投资控制、信息管理和合同管理等的人员、措施和方法等进行评审。

（2）对咨询单位的业绩和资质的评审

企业业绩，主要评审咨询单位有无类似咨询服务的经验，以往所作的咨询服务的项目情况、服务内容、获奖情况等。

资质，目前咨询服务方面的资质主要有工程咨询、勘察、设计、工程监理、招标代理、造价咨询等，资质等级一般分为甲、乙、丙等。

（3）费用评审

关于费用评审，我国一般有两种方式，一是以国家物价管理部门和有关行业主管部门、行业管理协会等制定的咨询服务价格为基准来评价咨询服务费用，二是以各个咨询投标单位的报价为基准来评价咨询服务费用。

【案例12-5】 某工程项目的工程监理服务采购

某招标项目采用基于工程监理质量和费用的方法选择工程监理单位。技术标的权重为90%，商务标的权重为10%。技术标的评审分为三个主要部分，各以百分制计分，分项权重分别为：公司经验10%，实施方案40%，人员配备50%。有A、B、C、D、E五家单位参加投标竞争。

（1）技术标的评审

评审方法，如表12-13（仅以A、B两家公司为例）所示。

技术标评审   表12-13

评价要素	权重（%）	A公司			B公司		
		评委打分	平均得分	加权得分	评委打分	平均得分	加权得分
1. 公司经验	10						

续表

评价要素	权重 （%）	A公司			B公司		
		评委打分	平均得分	加权得分	评委打分	平均得分	加权得分
一般经验	4	90，80，90，80	85.00	3.40	80，75，75，75	76.25	3.05
特殊技术经验	6	80，70，75，85	77.50	4.65	90，90，85，85	87.50	5.25
2. 实施方案	40						
组织机构	6	95，90，85，90	90.00	5.40	80，80，75，85	80.00	4.80
工作计划	6	70，75，80，75	75.00	4.50	90，90，85，85	87.50	5.25
三控手段	14	80，85，75，75	78.75	11.03	90，90，85，85	87.50	12.25
计算机软件水平	6	80，85，90，90	86.25	5.18	80，75，70，70	76.25	4.58
方案的创造性	8	60，50，50，55	53.75	4.30	85，85，85，75	81.25	6.50
3. 人员配备	50						
总监人选	16	85，80，80，75	80.00	12.80	70，75，75，70	72.50	11.60
其他人员资质	10	80，85，75，75	78.75	7.88	80，85，80，80	81.25	8.13
专业满足程度	8	100，95，100，95	97.50	7.80	95，90，95，90	95.50	7.40
人员数量	8	95，90，90，90	91.25	7.30	90，85，90，85	87.50	7.00
人员计划	8	80，85，80，80	81.25	6.50	90，85，80，85	85.00	6.80
合计	100			80.75			82.61

对五份标书的技术标评分汇总，如表 12-14 所示。

技术标评审汇总　　　　　　　　　　表 12-14

投标人	A	B	C	D	E
技术评分	80.75	82.61	78.25	76.34	63.64

（2）商务标评分

最低价为 C 单位的报价 10.5 万元。以最低的投标价为基数，计算其他投标书的折算分，如表 12-15 所示。

商务标评审　　　　　　　　　　表 12-15

投标人	A	B	C	D	E
报价（万元）	15.00	12.00	10.50	11.00	16.50
报价折算分	70.00	87.50	100.00	95.45	63.65

表中，报价折算分＝（投标人 C 报价/各投标人报价）×100。

（3）综合得分

综合得分计算，如表 12-16 所示。

投标人综合得分　　　　　　　　　　　　　　　　　表 12-16

投标人	权重	A	B	C	D	E
技术得分	90	72.67	74.35	70.43	68.71	57.28
报价得分	10	7.00	8.75	10.00	9.55	6.36
总分		79.67	83.10	80.43	78.26	63.64

得分最高的为 B 公司，但其报价居于第三位。

需要说明的是，如果将报价得分权重定为 30％，则评分结果如表 12-17 所示，此时的中标人应该为 C 公司。

报价得分权重为 30％时的投标人得分　　　　　　　表 12-17

投标人	权重	A	B	C	D	E
技术得分	70	56.53	57.83	54.78	53.44	44.55
报价得分	30	21.00	26.25	30.00	28.64	19.09
总分		77.53	84.08	84.78	82.08	63.64

复习思考题

1. 工程发包与采购阶段工程项目管理的任务是什么？

2. 采购规划的作用和编制程序是什么？

3. 工程施工招标的程序是什么？

4. 工程施工采购评标的方法有哪些？

5. 货物采购评标的方法有哪些？

6. 工程监理评标的方法有哪些？

7. 某业主在招标时收到若干份投标文件，发现其中有两份投标文件存在错误，如下表所示。

土方挖掘	数量（m³）	单价（美元/m³）	总价（美元）
标书 A	100000	5.00	50000
标书 B	100000	500.00	500000

说明：招标人估算为 4.5 美元/m³。

针对以上问题，请回答：

(1) 如何按照世界银行货物和工程采购指南的规定更正错误？

(2) 你会要求投标商确认接受更正吗？请解释。

(3) 如果投标商拒绝接受更正，你该怎么做？

(4) 与此类更正相关联的风险是什么，投标商是否会在中标或此后的合同执行中利用此事作其他的"文章"？

(5) 假设固定总量和分项数量不变，而修改单价的方法是否适宜，你会这样做吗，为什么？

8. 某招标人发布招标文件，拟采购 120 辆皮卡货车，招标文件提出的要求如下：4 轮驱动皮卡货车、功率 78 马力、每分钟转速 2400、有效荷载 1t、转弯直径 21m、底盘高度 30cm、油箱 70L。共收到 6 份标书，其中 4 家标书被拒绝，理由分别表述在下表中。其中，第 5 家标书被要求将价格降至第 1 家标书的水平，遭到拒绝；然后，第 6 家标书被要求将价格降至第 4 家标书的水平，最终被授予合同。

标书号	CIF 价（美元）	拒绝/接受理由
1	10000	动力不足（48 马力）
2	11000	转径大（22m）；悬架负重差
3	11500	底盘高（32cm）
4	12500	油箱小（65L）
5	13000	符合技术规范
6	13500	符合技术规范

以上的评标程序和方法是否符合世界银行采购政策的规则？请分组讨论并说明理由。

工程施工阶段的项目管理

工程项目施工阶段投入量大、工期较长、协调关系复杂，是整个工程建设管理过程中一个重要环节，是实现工程项目价值和参与各方自身利益的关键。为了更好地实现施工计划、组织、领导和控制的管理职能，需要明确施工参与各方的项目管理目标和任务，熟悉工程施工的特点和建设程序，掌握施工生产要素及其优化配置的原理，科学合理地编制工程施工的组织设计，并履行各自的安全、环境和社会责任。本章在阐述施工阶段项目管理目标和任务的基础上，讨论施工阶段工程价款结算、施工平面图设计、工程竣工验收等主要项目管理工作的内容、方法和步骤。

13.1 工程施工阶段项目管理概述

工程施工阶段项目管理的实质就是对施工投入、产出转换过程的增值活动进行有效管理，实现技术可行、经济合理基础上的资源高度集成，满足顾客对产品和服务特定的需求。由于施工阶段项目各参与单位工作性质不同、工作任务和利益不同，因此业主方（包括监理、造价、招投标代理等单位）、施工方、勘察设计方项目管理的目标、任务和要求也不相同。

13.1.1 施工阶段生产特点及其管理含义

工程施工是将建设意图和蓝图变成现实的建筑物或构筑物的生产活动，是一个"投入-产出"的过程，即投入一定的资源，经过一系列的转换，最后以建筑物或构筑物的形式产出并提供给社会的过程。为确保实现预期的产出，需在转换过程的各个阶段实施监控，并把执行结果与事先制定的标准进行比较，以决定是否采取纠正措施，此即反馈机制。建筑产品的"投入-转换-产出"过程，如图 13-1 所示。

图 13-1 表示，工程施工主体单位投入一定的资源 X_i，一般包括人、知（知识）、机（机械设备、工具）、料（原材料、外购件）、法（工艺、方法）、资（资金）、能（能源）、信（生产信息，如生产计划、定额）等，经过一系列的转换，最后将产出 Y_i 提供给顾客，该过程不仅是一个物质的

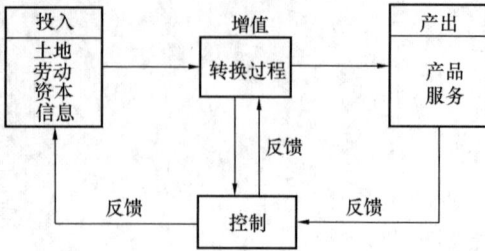

图 13-1 建筑产品的"投入-转换-产出"过程

转换过程，而且是一个价值的增值过程，即要求 $\sum Y_i \geqslant \sum X_i$，同时要谋求产出目标函数最优。

建筑产品的单件性、位置固定、形式多样、结构复杂和体积庞大等基本特征决定了工程施工具有生产周期长、资源使用的品种多、用量大、空间流动性高等单件小批生产的特点。

（1）生产流动性大

建筑工程的固定性决定了产品生产的流动性。一般的工业产品都是在固定的工厂、车间内进行生产，而建筑产品要随其建造地点的变动而流动，人、机、料等生产要素还要随着工程施工程序和施工部位的改变而不断地在空间流动，只有经过事先周密的设计组织，确保人、机、料等互相协调配合，才能使施工有条不紊、连续且均衡地进行。

（2）外部制约性强

不同建筑产品结构、构造、艺术形式、室内设施、材料、施工方案等方面均各不相同，工程施工阶段项目管理不仅要符合设计图纸和有关工艺规范的要求，还要受到建设地区的自然、技术、经济和社会条件的约束。

（3）完工周期长

建筑产品体形庞大，需要耗费大量的人力、物力和财力，加上建筑产品地点的固定性，施工活动空间的局限性，各专业、工种间所受到的工艺流程和生产程序的制约，从而导致建筑产品生产一般具有较长的完工周期。

（4）协调关系复杂

工程施工过程不仅涉及业主、设计、监理、总包商、分包商、供应商等工程施工参与方在工程力学、建筑结构、建筑构造、地基基础、水暖电、机械设备、建筑材料和施工技术等多专业、多工种方面的分工合作，还需要城市规划、征用土地、勘察设计、消防、"三通一平"、公用事业、环境保护、质量监督、科研试验、交通运输、银行财政、机具设备、物资、电水气等的供应、劳务等社会各部门和各领域的审批、协作与配合，施工组织关系错综复杂，综合协调工作量大。

施工阶段项目管理是指业主、设计、承包商、供应商等工程施工参与方，围绕着特定的建设条件和预期的建设目标，遵循客观的自然规律和经济规律，应用科学的管理思想、管理理论、组织方法和手段，进行从工程施工准备开始到竣工验收、回访保修等全过程的组织管理活动，实现生产要素的优化配置和动态管理，以控制投资，确保质量、工期和安全，提高工程建设的经济效益、社会效益和环境效益。它包括施工组织方式分析、承发包模式选择、组织结构设置等组织职能，施工方案选择、进度计划制定、施工现场布置等规划职能，进度、质量、成本和安全等控制职能，还包括施工现场指挥和协调等职能。

13.1.2 工程施工参与方项目管理目标和任务

1. 业主方项目管理的目标和任务

业主是工程项目施工生产各项资源的总集成者和总组织者，工程监理、工程造价、招投标代理等单位代表业主利益，为工程项目提供全方位、全过程的各种咨询服务。其项目管理目标包括项目施工阶段费用、施工进度、施工质量、施工安全等，项目管理任务主要如下。

（1）投资控制

1）在工程招标、设备采购的基础上对项目施工阶段投资目标进行详细的分析、论证；

2）编制施工阶段各年、季、月度资金使用计划，并控制其执行；

3）审核各类工程付款和材料设备采购款的支付申请；

4）组织重大项目施工方案的科研、技术经济比较和论证；

5）定期进行投资计划值与实际值的比较，完成各种投资控制报表和报告；

6）工程投资目标风险分析，并制定防范对策；

7）审核和处理各项施工费用索赔事宜。

（2）进度控制

1）落实项目施工阶段的总体部署，进行施工总进度目标论证；

2）编制或审核项目各子系统及各专业施工进度计划，并在项目施工过程中控制其执行；

3）编制年、季、月度工程综合计划，落实资源供应和外部协作条件；

4）审核设计方、施工方、材料设备方提交的施工进度计划和供应计划，并检查、督促和控制其执行；

5）定期进行施工进度计划值与实际值比较，分析进度偏差及其原因；

6）掌握施工动态，核实已完工程量，编制各年、季、月、旬进度控制报告；

7）根据施工条件的变化，及时调整施工进度计划。

（3）质量控制

1）组织并完成施工现场的"三通一平"工作，包括提供工程地质和地下管线资料，提供水准点和坐标控制点等；

2）办理施工申报手续，组织开工前的监督检查；

3）组织图纸会审和技术交底，审核批准施工组织设计文件，对施工中难点、重点项目的施工方案组织专题研究；

4）审核承包单位技术管理体系和质量保证体系，审查分包单位资质条件；

5）审查进场原材料、构配件和设备等的出厂证明、技术合格证、质量保证书，以及按规定要求送验的检验报告，并签字确认；

6）检查和监督工序施工质量、各项隐蔽工程质量，以及分项工程、分部工程、单位工程质量，检查施工记录和测试报告等资料的收集整理情况，签署验评记录；

7）建立独立平行的监测体系，对工程质量的全过程进行独立平行监测；

8）处理设计变更和技术核定工作；

9）参与工程质量事故检查分析，审核批准工程质量事故处理方案，检查事故处理结果。

（4）安全控制

1）审查安全生产文件，督促施工单位落实安全生产的组织保证体系和安全人员配备，建立健全安全生产责任制；

2) 督促施工单位对工人进行安全生产教育及部分工程项目的安全技术交流；

3) 审核进入施工现场承包单位和各分包单位的安全资质和证明文件，检查施工过程中的各类持证上岗人员资格，验证施工过程所需的安全设施、设备及防护用品，检查和验收临时用电设施；

4) 审核并签署现场有关安全技术签证文件，按照建筑施工安全技术标准和规范要求，审查施工方案及安全技术措施；

5) 检查并督促施工单位落实各分项工程或工序及关键部位的安全防护措施，审核施工单位提交的关于工序交接检查、分部分项工程安全检查报告，定期组织现场安全综合检查评分；

6) 参与意外伤害事故的调查和处理。

（5）合同管理

1) 合同结构分解、合同类型确定、合同界面划分和合同形式选择；

2) 合同文件起草、谈判与签约，包括设计、勘察、施工、监理、设备材料采购等各类项目合同；

3) 通过合同跟踪、定期和不定期的合同清理，及时掌握和分析合同履行情况，提供各种合同管理报告；

4) 针对工程实际情况与合同有关规定不符的情况，采取有效措施，加以控制和纠正；

5) 合同变更处理；

6) 工程索赔事宜和合同纠纷的处理。

（6）组织与协调

1) 主持协调项目参与各方之间的关系；

2) 组织协调与政府各有关部门、社会各方的关系；

3) 办理建设项目报建、施工许可证等证照及各项审批手续。

（7）竣工验收

1) 在施工单位自评合格，勘察、设计单位认可的基础上，对竣工工程质量进行检查，确认完成工程设计和合同约定的各项内容，达到竣工标准；

2) 制定竣工验收计划，组成专家验收组，确定验收方案，书面通知建设参与各方和工程质量监督机构；

3) 组织规划、人防、消防、电梯、卫生、环境保护、交通等专项验收，完成专业单位的检测和测量报告，取得专业管理部门的验收认可文件或准许使用文件；

4) 组织竣工档案资料检查，取得档案验收合格证，按规定向有关主管部门移交工程档案资料；

5) 组织有关单位现场验收检查，形成竣工验收意见，共同签署竣工验收报告；办理竣工决算，支付质量保证金；

6) 按照规定向工程质量监督机构办理竣工验收手续，提交《建设项目竣工验收报告》，办理竣工验收备案手续；

7) 组织办理工程移交手续。

2. 承包方项目管理目标和任务

施工阶段承包方是施工阶段项目管理的实施主体，其项目管理目标包括项目施工成本、施工进度、施工质量、施工安全等，项目管理任务主要如下。

（1）成本控制

1）编制施工成本计划，设定目标成本，并按工程部位进行项目成本分解，确定施工项目人工费、材料费、机械台班费、措施费和间接费的构成；

2）建立项目成本核算制，明确项目成本核算的原则、范围、程序、方法、内容、责任及要求，并设置核算台账，记录原始数据；

3）落实施工成本控制责任者，制定成本要素的控制要求、措施和方法；

4）合理安排施工采购计划，通过生产要素的优化配置，有效控制实际成本；

5）加强施工调度、施工定额管理和施工任务单管理，控制活劳动和物化劳动；

6）采取会计核算、统计核算和业务核算相结合的方法，进行实际成本与责任目标成本的比较分析、实际成本与计划目标成本的比较分析，分析偏差原因，并制定控制的措施；

7）编制月度项目成本报告，预测后期成本的变化趋势和状况。

（2）进度控制

1）根据施工合同确定的开工日期和总工期，确定施工进度总目标，并分解为交工分目标、按承包的专业或施工阶段的分目标；

2）建立以项目经理为责任主体，子项目负责人、计划人员、调度人员、作业队长及班组长参加的项目进度控制体系；

3）编制施工总进度计划和单位工程施工进度计划及相应的劳动力、主要材料、预制件、半成品和机械设备需要量计划，资金收支预测计划，并向业主报告；

4）编制年、月、旬、周施工计划，逐级落实施工任务，最终通过施工任务书由班组进行实施；

5）跟踪和记录施工进度计划的实施，对工程量、总产值、耗用的人工、材料和机械台班等数量进行统计与分析，发现进度偏差（不必要的提前或延误）和影响进度原因；

6）采取调度措施及时调整施工进度计划，并不断预测未来进度状况。

（3）质量控制

1）编制项目质量计划及施工组织设计文件，建立和完善质量保证体系；

2）编制测量方案，复测和验收现场定位轴线及高程标桩；

3）工程开工前及施工过程中，进行书面技术交底，办理签字手续并归档；

4）组织原材料、构配件、半成品和工程设备的现场检查、验收和测试，并报经监理工程师批准；

5）组织工序交接检查、隐蔽工程验收和技术复核工作；

6）严格执行工程变更程序，工程变更事项经有关方批准后才能实施；

7）按国家建设项目质量管理有关规定处理施工过程中发生的质量事故；

8）落实建筑产品或半成品保护措施。

（4）安全控制

1）建立安全管理体系和安全生产责任制，编制施工安全保证计划，制定现场安全、劳动保护、文明施工和环保措施；

2）按不同等级、层次和工作性质有针对性地分别进行职工安全教育和培训，并做好培训教育记录；

3）检查各类施工持证上岗人员的资格，落实劳动保护技术措施和防护用品；

4）按规范要求检查和验收施工机械、施工机具、临时用电设施、脚手架工程，对施工过程中的洞口、临边、高空作业采取安全防护措施；

5）施工作业人员操作前，组织安全技术交底，双方签字认可；

6）按有关资料对施工区域周围道路管线采取相应的保护措施；

7）组织有关专业人员，定期对现场的安全生产状况进行检查和复查，并做好记录；

8）依法办理从事危险作业职工的意外伤害保险。

（5）合同管理

1）建立施工合同管理组织体系和各项管理制度，明确合同管理工作职责；

2）审查合同文本，研究合同条款，分析合同风险，提出防范对策；

3）参与施工合同的谈判，办理合同签约手续；

4）跟踪施工合同执行情况，分析进度、成本、质量合同目标的偏差程度，并提出调整方法和措施；

5）落实工程合同变更；

6）运用施工合同条件和有关法规，按约定程序处理施工索赔和合同纠纷。

（6）组织与协调

1）参与协调施工阶段项目各参与方之间的关系；

2）组织协调与政府各有关部门、社会各方的关系；

3）办理各类施工证照及审批手续。

（7）竣工验收

1）组织竣工初验，确认工程质量符合法律、法规和工程建设强制性标准规定，符合设计文件及合同要求，提出工程竣工申请；

2）按规定要求收集整理质量记录，编制竣工文件；

3）参与竣工验收检查，陈述工作报告，签署竣工验收报告；

4）及时整改处理查出的施工质量缺陷；

5）签署工程质量保修书；

6）完成工程移交准备。

3. 勘察设计方项目管理目标和任务

勘察设计单位是工程项目的主要参与方。尽管勘察设计单位项目管理任务主要集中在设计阶段，但在工程实践中设计阶段和施工阶段往往是交叉进行的。施工阶段勘察设计单位项目管理效果好坏，直接影响施工段管理目标和任务的实现。施工阶段勘察设计方项目管理目标包括项目设计成本、设计进度、设计质量、设计安全等，其项目管理主要任务如下。

（1）勘察方项目管理任务

1）按工程建设强制性标准实施地质勘察，保证勘察质量；

2）向业主提供评价准确、数据可靠的勘察报告；

3）对地基处理、桩基的设计方案提出建议；

4）检查勘察文件及施工过程中勘察单位参加签署的更改文件材料，确认勘察符合国家规范、标准要求，施工单位的工程质量达到设计要求；

5）参与竣工验收检查，陈述工作报告，签署竣工验收报告。

（2）设计方项目管理任务

1）严格执行强制性标准和有关设计规范，按时保质提供施工图及有关设计资料；

2）经施工图审查合格后，参与设计交底、图纸会审，并签署会审记录；

3）配合业主招标工作，编制招标技术规格及施工技术要求；

4）审核认可设备供应商及专业分包商的深化设计；

5）派遣具有相应资质、水平和能力的人员担任现场设计代表，及时解决施工中有关设计问题，并出具设计变更或补充说明；

6）参与隐蔽工程验收和单位工程竣工验收；

7）参与工程质量事故分析，并对因设计造成的质量事故，提出相应的技术处理方案；

8）检查设计文件及施工过程中设计单位参加签署的更改设计的文件材料，确认设计符合国家规范、标准要求，施工单位的工程质量达到设计要求；

9）参与竣工验收检查，陈述工作报告，签署竣工验收报告。

13.1.3　工程施工准备工作

不仅在拟建工程开工之前要做好建设准备工作，而且随着工程施工的进展，在各施工阶段开始之前也要做好建设准备工作。建设准备工作既要有阶段性，又要有连贯性，因此必须有计划、有步骤、分期和分阶段地进行，要贯穿拟建工程整个生产过程的始终。

在主体工程开工之前，建设单位必须完成各项建设准备工作，其主要内容包括：

1）征地、拆迁和场地平整；

2）完成施工用水、电、路和场地平整等综合配套工程；

3）材料和设备的招标采购；

4）组织建设监理和主体工程招标，选定建设监理单位和施工承包队伍；

5）必需的生产、生活临时建筑工程；

6）办理各项建设行政报批手续；

7）编制工程施工管理文件。

就施工单位而言，工程施工准备工作按其性质及内容通常包括技术准备、物资准备、劳动组织准备和施工现场准备。

（1）技术准备

技术准备是施工准备的核心。由于任何技术的差错或隐患都可能引起人身安全和质量事故，造成生命、财产和经济的巨大损失。具体有如下内容：

1）熟悉、审查施工图纸和有关的设计资料，通常分为自审阶段、会审阶段和现场签证三个方面；

2）原始资料的调查分析，通过对拟建工程的实地勘测和调查，获得有关数据的第一手资料，包括自然条件的调查分析、技术经济条件的调查分析等；

3）编制施工预算，施工预算是控制各项施工成本支出、考核用工、"两算"对比、签发施工任务单、限额领料、基层进行经济核算的依据；

4）编制施工组织设计，施工组织设计是施工准备工作的重要组成部分，也是指导施工现场全部生产活动的技术经济文件。

（2）物资准备

材料、构配件、制品、机具和设备是保证施工顺利进行的物质基础，这些物资的准备工作必须在工程开工之前完成。根据各种物资的需要量计划，分别落实货源，安排运输和储备，使其满足连续施工的要求。

（3）劳动组织准备

劳动组织准备的范围既有总承包单位自身的劳动组织准备，又有各分包单位的劳动组织准备，落实分包合同条件。主要包括组建施工管理机构、配备各专业和工种的施工队伍、组织劳动力进场、安排技术交底、落实安全教育和文明施工制度等方面的内容。

（4）施工现场准备

施工现场准备工作主要有施工场地的控制网测量，施工现场的补充勘探，搭设临时设施，安装和调试施工机具，建筑构配件、制品和材料的进场，冬雨期施工安排等。

为了落实各项施工准备工作，加强对其的检查和监督，必须根据各项建设准备工作的内容、时间和人员配置，编制建设准备工作计划。

固定资产投资项目实行开工前审计制度。工程项目在开工前，必须由审计机关对项目的有关内容进行开工前审计后方可向审批机关申请报批。审计机关主要是对项目的资金来源是否正当、落实，项目开工前的各项支出是否符合国家的有关规定，资金是否按有关规定存入银行专户等进行审计。

13.2　工程价款结算

工程结算是指对工程项目的承发包合同价款依据合同约定进行工程预付款、工程进度款、工程竣工价款结算的活动。承发包各方从事工程价款结算活动，应当遵循合法、平等、诚信的原则，并符合国家有关法律、法规和政策。采用工程量清单计价，建设工程造价由分部分项工程费、措施项目费、其他项目费、规费和税金组成。分部分项工程量清单应采用综合单价计价。竣工结算的工程量按发、承包双方在合同中的约定计量，且按实际完成的工程量确定，措施项目清单计价应根据拟建工程的施工组织设计计算。

13.2.1　工程合同价款的约定与变更

1. 工程合同价款的约定

招标工程的合同价款应当在规定时间内，依据招标文件、中标人的投标文件，由发包人与承包人订立书面合同约定。实行招标的工程，合同约定不得违背招、投标文件中关于工期、造价、质量等方面的实质性内容。招标文件与中标人投标文件不一致的地方，以投标文件为准。发、承包人在签订合同时对于工程价款的约定，可选用总价、单价和成本加酬金等方式。

发包人、承包人应当在合同条款中对涉及工程价款结算的下列事项进行约定：①预付工程款的数额、支付时限及抵扣方式；②工程进度款的支付方式、数额及时限；③工程施工中发生变更时，工程价款的调整方法、索赔方式、时限要求及金额支付方式；④发生工程价款纠纷的解决方法；⑤约定承担风险的范围及幅度以及超出约定范围和幅度的调整办法；⑥工程竣工价款的结算与支付方式、数额及时限；⑦工程质量保证（保修）金的数额、预扣方式及时限；⑧安全措施和意外伤害保险费用；⑨工期及工期提前或延后的奖惩办法；⑩与履行合同、支付价款相关的担保事项。

其中，调整因素包括：法律、行政法规和国家有关政策变化影响合同价款；工程造价管理机构的价格调整；经批准的设计变更；发包人更改经审定批准的施工组织设计（修正错误除外）造成的费用增加；双方约定的其他因素。合同价款在合同中约定后，任何一方不得擅自改变。

2. 工程价款的变更

工程变更是指因设计文件或技术规范调整而引起的合同变更。它具有一定的强制性特点，且以监理工程师签发的工程变更为必要条件。工程价款变更一般是由设计变更、施工条件变更、进度计划变更、工程项目变更以及为完善使用功能提出的新增（减）项目等合同变更而引起的价款变化。在表现形式上有以下类型：

（1）国家的法律、法规、规章和政策发生变化影响工程造价的，应按省级或行业建设主管部门或其授权的工程造价管理机构发布的规定调整合同价款。

（2）若施工中出现施工图纸（含设计变更）与工程量清单项目特征描述不符的，发、承包双方应按新的项目特征确定相应工程量清单的综合单价。

（3）因分部分项工程量清单漏项或非承包人原因的工程变更，造成增加新的工程量清单项目，其对应的综合单价按下列方法确定：①合同中已有适用的综合单价，按合同中已有的综合单价确定；②合同中有类似的综合单价，参照类似的综合单价确定；③合同中没有适用或类似的综合单价，由承包人提出综合单价，经发包人确认后执行。

（4）因分部分项工程量清单漏项或非承包人原因的工程变更，引起措施项目发生变化，造成施工组织设计或施工方案变更，原措施费中已有的措施项目，按原有措施费的组价方法调整；原措施费中没有的措施项目，由承包人根据措施项目变更情况，提出适当的措施费变更，经发包人确认后调整。

（5）因非承包人原因引起的工程量增减，该项工程量变化在合同约定幅度以内的，应执行原有的综合单价；该项工程量变化在合同约定幅度以外的，其综合单价及措施费应予以调整。

（6）因不可抗力事件导致的费用，发、承包双方应按以下原则分别承担并调整工程价款：①工程本身的损害、因工程损害导致第三方人员伤亡和财产损失以及运至施工现场用于施工的材料和待安装设备的损害，由发包人承担；②发包人、承包人人员伤亡，由其所在单位负责，并承担相应费用；③承包人施工机械设备的损坏及停工损失，由承包人承担；④停工期间，承包人应发包人要求留在施工现场的必要的管理人员及保卫人员的人工费用，由发包人承担；⑤工程所需清理、修复费用，由发包人承担。

施工过程中发生工程变更，承包人按照经发包人认可的变更设计文件，进行变更施工，同时应当在合同规定的调整情况发生后14天内，将调整原因、金额以书面形式通知发包人，发包人应在收到变更工程价款报告之日起14天内予以确认或提出协商意见，未确认也未提出协商意见时，视为变更工程价款报告已被确认。

如果工程设计变更确定后 14 天内，承包人未提出变更工程价款报告，则发包人可根据所掌握的资料决定是否调整合同价款和调整的具体金额，并书面通知承包人。

在 FIDIC 合同条件下，当出现下列情况时，宜对有关工作内容采用新的费率或价格。

第一种情况：如果此项工作实际测量的工程量比工程量表或其他报表中规定的工程量的变动大于 10%；工程量的变化与该项工作规定的费率的乘积超过了中标合同金额的 0.01%；由此工程量的变化直接造成该项工作单位成本的变动超过 1%；这项工作不是合同中规定的固定费率项目。

第二种情况：此工作是根据变更与调整的指示进行的；合同没有规定此项工作的费率或价格；由于该项工作与合同中的任何工作没有类似的性质或不在类似的条件下进行，故没有一个规定的费率或价格适用。

发包人和承包人要加强施工现场的造价控制，及时对工程合同外的事项如实记录并履行书面手续。凡由承发包双方授权的现场代表签字的现场签证以及承发包双方协商确定的索赔等费用，应在工程竣工结算中如实办理，不得因承发包双方现场代表的中途变更改变其有效性。

13.2.2　工程价款结算方法

工程价款结算是指承包人在工程实施过程中，依据合同中关于付款条款的规定和已完成的工程量，按照规定的程序向业主收取工程价款的一项经济活动。工程价款结算应按国家有关法律、法规和规章制度，国家有关部门发布的工程造价计价标准、计价办法等有关规定，工程项目承包合同、补充协议、变更签证和现场签证以及经认可的其他有效文件的约定办理。

1. 工程预付款的拨付和扣回

工程预付款是工程施工合同订立后由发包人按照合同约定，在正式开工前预先支付给承包人的工程款。它是施工准备和购买所需要材料、构件等的流动资金的主要来源，习惯上也称预付备料款。

在《建设工程施工合同（示范文本）》中，对有关工程预付款作了如下约定："实行工程预付款的，双方应当在专用条款内约定发包人向承包人预付工程款的时间和数额，开工后按约定的时间和比例逐次扣回。预付时间应不迟于约定的开工日期前 7 天。发包人不按约定预付，承包人在约定预付时间 7 天后向发包人发出要求预付的通知，发包人收到通知后仍不能按要求预付，承包人可在发出通知后 7 天停止施工，发包人应从约定应付之日起向承包人支付应付款的贷款利息，并承担违约责任。"

工程预付款额度各地区、各部门的规定不完全相同，主要是保证施工所需材料和构件的正常储备。一般是根据施工工期、建安工作量、主要材料和构件费用占承包总额的比例以及材料储备周期等因素经测算来确定。预付备料款额度的计算公式为：

$$预付备料款额度 = \frac{年度承包总额 \times 主要材料及构配件所占比重（\%）}{年度施工天数} \times 材料储备天数$$

根据上述计算结果，发包人可结合工程特点、工期长短、市场行情、供求规律等因素，在招标文件的合同条件中约定工程预付款的百分比。包工包料工程的预付款按合同约定拨付，原则上预付比例不低于合同金额的 10%，不高于合同金额的 30%。对重大工程项目，按年度工程计划逐年预付。计价执行《建设工程工程量清单计价规范》的工程，实体性消耗和非实体性消耗部分应在合同中分别约定预付款比例。

发包人支付给承包人的工程预付款性质是预支。随着工程的进展，拨付的工程进度款数额不断增加，工程所需主要材料、构件的用量逐渐减少，原已支付的预付款应在工程进度款中以抵扣的方式予以陆续扣回。扣款的方法由发包人和承包人通过合同的形式予以确定，可采用等比率或等额扣款的方式。

工程预付款起扣点表示未施工工程尚需的主要材料及构配件价值相当于工程预付款时累计支付的进度款数额。从工程预付款起扣点开始，每月以未施工工程尚需的主要材料及构配件价值抵充工程款的方式陆续扣回。其计算公式为：

工程预付款起扣点＝工程承包总额－预付备料款/主要材料及构配件所占比重

在施工过程中，工程预付款扣回需要针对工程实际情况具体处理，如有些工程工期较短、造价较低，就无需分期扣还；有些工程工期较长，如跨年度工程，其备料款占用时间很长，根据需要可以少扣或不扣。

2. 工程进度款结算与支付

（1）工程进度款结算方式

承包工程进度款结算可以根据不同情况采取多种方式：

1）按月结算。即实行按月支付进度款，竣工后清算的办法。合同工期在 2 个年度以上的工程，在年终进行工程盘点，办理年度结算。

2）一次性结算。项目施工工期在 12 个月以内，或者工程承包合同价值在 100 万元以下的，可以实行工程价款每月月中预支，竣工后一次结算。

3）分段结算。即当年开工、当年不能竣工的工程按照工程形象进度，划分不同阶段支付工程进度款。例如，某工程建设单位按工程合同造价分段拨付工程款：工程开工后，按工程合同造价拨付 50%；工程基础完成后，拨付 20%；工程主体完成后，拨付 25%；工程竣工验收后，5% 作为保留金。

（2）已完工程计量

工程计量不仅是控制项目费用支出的关键环节，同时也是约束承包人履行合同义务、强化承包人的合同意识的手段。采用单价合同承包的工程，工程量清单中开列的是估算工程量，必须对已完的工程进行计量，经过计量所确定的数量是向承包人支付进度款的凭证；通过按时计量，可以及时掌握承包人工作的进展情况和工程的进度。对于不合格的工作和工程，可以拒绝计量。

承包人应当按照合同约定的方法和时间，向发包人提交已完工程量的报告。发包人接到报告后 14 天内核实已完工程量，并在核实前 1 天通知承包人，承包人应提供条件并派人参加核实，承包人收到通知后不参加核实，以发包人核实的工程量作为工程价款支付的依据。发包人不按约定时间通知承包人，致使承包人未能参加核实，核实结果无效。

发包人收到承包人报告后 14 天内未核实已完工程量，从第 15 天起承包人报告的工程量即视为被确认，作为工程价款支付的依据。对承包人超出设计图纸（含设计变更）范围和因承包人原因造成返工的工程量，发包人不予计量。

工程计量时，若发现工程量清单中出现漏项、工程量计算偏差，以及工程变更引起工程量的增减，应按承包人在履行合同义务过程中实际完成的工程量计算。承包人应按照合同约定，向发包人递交已完工程量报告。发包人应在接到报告后按合同约定进行核对。

（3）工程进度款计价

工程进度款单价的计算方法，主要根据由发包人和承包人事先约定的工程价格的计价方法决定。目前，我国工程价格的计价方法可以分为工料单价和综合单价两种方法。

当采用可调工料单价法时，在确定已完工程量后，可按以下步骤计算工程进度款：①根据已完工程量的项目名称、分项编号、单价得出合价；②将当月所完全部项目合价相加，得出直接工程费小计；③按规定计算措施费、间接费、利润；④按规定计算主材差价或差价系数；⑤按规定计算税金；⑥累计当月应支付的工程进度款。

当采用固定综合单价法时，计算工程进度款比较方便、省事，工程量得到确认后，只要将工程量与综合单价相乘得出合价，再累加即可完成当月工程进度款的计算。

（4）工程进度款支付

根据确定的工程计量结果，承包人在每个付款周期末，向发包人递交进度款支付申请，并附相应的证明文件。除合同另有约定外，进度款支付申请应包括下列内容：①本周期已完成工程的价款；②累计已完成的工程价款；③累计已支付的工程价款；④本周期已完成计日工金额；⑤应增加和扣减的变更金额；⑥应增加和扣减的索赔金额；⑦应抵扣的工程预付款；⑧应扣减的质量保证金；⑨根据合同应增加和扣减的其他金额；⑩本付款周期实际应支付的工程价款。

发包人在收到承包人递交的工程进度款支付申请及相应的证明文件后，应在合同约定时间内核对和支付工程进度款，并按约定时间扣回工程预付款，工程预付款与工程进度款同期结算抵扣。

【案例 13-1】　某工程承包合同总额为 600 万元，计划 2005 年 4 月底完工。主要材料及结构件金额占工程造价的 62.5%，预付备料款额度为 25%，工程保修金为 25%，2005年 1～4 月该工程实际完成施工产值如表 13-1 所示。采用按月结算方式，计算预付备料款、预付备料款的起扣点、1～4 月份工程进度款。

2005 年 1～4 月份实际完成施工产值　　　　　　　　　　　　表 13-1

月份	1 月	2 月	3 月	4 月
实际完成施工产值（万元）	100	140	180	180

（1）预付备料款 $= 600 \times 25\% = 150$ 万元

（2）预付备料款的起扣点 $= 600 - 150/62.5\% = 600 - 240 = 360$ 万元

即累计结算工程款达到 360 万元后，开始扣预付备料款。

（3）1 月份完成产值 100 万元，结算 100 万元。

（4）2 月份完成产值 140 万元，结算 140 万元，累计结算工程款 240 万元。

（5）3 月份完成产值 180 万元，到 3 月份为止累计完成产值 420 万元，超过了预付备料款的起扣点（360 万元）。

3 月份应扣回的预付备料款 $= (420 - 360) \times 62.5\% = 37.5$ 万元

3 月份结算工程款 $= 180 - 37.5 = 142.5$ 万元，1～3 月份累计结算工程款 382.5 万元。

（6）4 月份完成产值 180 万元，应扣回预付备料款＝180×62.5％＝112.5 万元，应扣5％的保留金＝600×5％＝30 万元。

4 月份结算工程款＝180－112.5－30＝37.5 万元。1～4 月份累计结算工程款 420 万元，加上预付备料款 150 万元，共结算 570 万元，预留合同总额的 5％作为保修金。

发包人超过约定的支付时间不支付工程进度款，承包人应及时向发包人发出要求付款的通知，发包人收到承包人通知后仍不能按要求付款，可与承包人协商签订延期付款协议，经承包人同意后可延期支付，协议应明确延期支付的时间和从工程计量结果确认后计算应付款的利息。

发包人不按合同约定支付工程进度款，双方又未达成延期付款协议，导致施工无法进行，承包人可停止施工，由发包人承担违约责任。

13.2.3　工程竣工结算

工程竣工结算指承包人按照合同规定的内容全部完成所承包的工程，经验收质量合格，并符合合同要求之后，向发包人进行的最终工程价款结算。经审查的工程竣工结算是核定建设工程造价的依据，也是建设项目竣工验收后编制竣工决算和核定新增固定资产价值的依据。工程完工后，双方应按照约定的合同价款、合同价款调整内容以及索赔事项，进行工程竣工结算。工程竣工结算分为单位工程竣工结算、单项工程竣工结算和建设项目竣工总结算。

1. 工程竣工结算报告编审

建设项目竣工结算可以以单项工程为对象，也可以以单位工程为对象。在建设工程完工后，工程验收前，施工单位负责编制并向建设单位提供竣工结算报告。工程竣工结算由承包人或受其委托具有相应资质的工程造价咨询人编制，由发包人或受其委托具有相应资质的工程造价咨询人核对。

工程竣工结算依据有：①技术规范；②施工合同；③工程竣工图纸及资料；④双方确认的工程量；⑤双方确认追加（减）的工程价款；⑥双方确认的索赔、现场签证事项及价款；⑦投标文件；⑧招标文件等。

竣工结算办理完毕，发包人应将竣工结算书报送工程所在地工程造价管理机构备案。竣工结算书是工程竣工验收备案、交付使用的必备文件。竣工结算办理完毕，发包人应根据确认的竣工结算书在合同约定时间内向承包人支付工程竣工结算价款。

2. 工程竣工结算审查期限

单位工程或单项工程竣工后，承包人应在提交竣工验收报告的同时，向发包人递交竣工结算报告及完整的结算资料。发包人或受其委托的工程造价咨询人收到承包人递交的竣工结算书后，在合同约定时间内，不核对竣工结算或未提出核对意见的，视为承包人递交的竣工结算书已经认可，发包人应向承包人支付工程结算价款。承包人在接到发包人提出的核对意见后，在合同约定时间内，不确认也未提出异议的，视为发包人提出的核对意见已经认可，竣工结算办理完毕。

发包人应对承包人递交的竣工结算书签收，拒不签收的，承包人可以不交付竣工工程。承包人未在合同约定时间内递交竣工结算书的，发包人要求交付竣工工程，承包人应当交付。工程竣工结算审查期限规定，如表 13-2 所示。

工程竣工结算审查期限规定 表 13-2

序号	工程竣工结算报告金额	审查时间（从接到竣工结算报告和完整的 竣工结算资料之日起）
1	500 万元以下	20 天
2	500～2000 万元	30 天
3	2000～5000 万元	45 天
4	5000 万元以上	60 天

3. 工程竣工结算价款

发包人根据确认的竣工结算报告向承包人支付工程竣工结算价款，保留 5％左右的质量保修金，待工程交付使用质保期到期后清算；质保期内如有返修，发生费用应在质量保修金内扣除。

工程竣工结算价款计算的一般公式为：

竣工结算工程价款＝合同价款额 ＋ 施工过程中合同价款调整额 － 预付及
　　　　　　　　　已经结算工程价款

此外，还需要考虑工期奖惩、索赔价款、合同以外零星项目工程价款等内容，具体要求如下。

（1）工程竣工结算以合同工期为准，实际施工工期比合同工期提前或延后，承发包双方应按合同约定的奖惩办法执行。

（2）承发包人未能按合同约定履行自己的各项义务或发生错误，给另一方造成经济损失的，由受损方按合同约定提出索赔，索赔金额按合同约定支付。

（3）发包人要求承包人完成合同以外零星项目，承包人应在接受发包人要求的 7 天内就用工数量和单价、机械台班数量和单价、使用材料和金额等向发包人提出施工签证，发包人签证后施工，如发包人未签证，承包人施工后发生争议的，责任由承包人自负。

按有关规定，发包人应在收到申请后 15 天内支付结算款，到期没有支付的应承担违约责任。承包人可以催告发包人支付结算价款，如双方达成延期支付协议，发包人应按同期银行贷款利率支付拖欠工程价款的利息。如未达成延期支付协议，承包人可以与发包人协商将该工程折价，或申请人民法院将该工程依法拍卖，承包人就该工程折价或者拍卖的价款优先受偿。

13.3　工程施工平面图设计

施工平面图是工程项目施工组织设计的一项重要内容，实践证明，科学合理的施工平面图设计，对于提高施工生产效率、降低工程建设成本、保证工程质量和施工安全等起着十分关键的作用。因此，施工平面图设计的重要性和必要性早已受到工程施工管理人员的普遍关注。

13.3.1　施工平面图概述

1. 施工平面图的分类

根据项目施工对象和生产规模的不同，施工平面图可分为施工总平面图和单位工程施工平面图。

施工总平面图是指整个工程项目（如拟建的成片工业厂房或民用建筑小区项目）的施工场地总平面布置图，是全工地施工部署在空间上的反映和时间上的安排。如果工程项目由多个单位工程或单项工程组成，则业主或总承包商需要根据初步设计文件以及其他有关资料和现场条件编制施工组织总设计，其中施工总平面图反映了全工地施工期间所需各项设施和永久建筑、拟建工程之间的空间关系，指导现场各单位工程有组织有计划地进行文明施工。

单位工程施工平面图是针对单位工程施工而进行的施工场地平面布置，单位工程施工平面图是单位工程施工组织设计的重要组成部分，是施工准备工作的一项重要内容。单位工程施工平面图一般在施工图设计完成后，在施工项目招投标阶段或拟建工程开工前，由承包商的项目管理部门主持编制。

施工总平面图用于工程项目全工地性施工场地的规划和布置，是单位工程施工平面图设计的主要依据；而单位工程施工平面图则属于施工总平面图的一部分，它的布局受到施工总平面图的约束和限制。

建筑施工过程是一个变化的过程，工地上的实际情况随工程进展在不断改变。为此，施工平面图应按照基础、主体结构、安装、装修等施工阶段分别进行设计。

2. 施工平面图设计依据

施工平面图设计的依据主要有：

（1）招标文件、投标文件及合同文件。

（2）各种勘察设计资料，包括建筑总平面图、地形地貌图、区域规划图、建筑项目范围内有关的一切已建和拟建的各种设施位置。

（3）项目的建设概况、施工部署和拟建主要工程施工方案、施工总进度计划。

（4）各种建筑材料、构件、加工品、施工机械和运输工具需要量一览表。

（5）各构件加工厂规模、仓库及其他临时设施的数量及有关参数。

（6）建设地区的自然条件和技术经济条件。

3. 施工平面图设计原则

施工平面图设计的主要原则有：

（1）减少施工用地面积，平面布置紧凑合理，提高单位面积土地利用率。

（2）降低运输费用，保证运输方便，减少二次搬运。

（3）降低临时设施的修建费用，充分利用各种永久建筑、管线、道路，利用暂缓拆除的原有建筑物。

（4）合理布置生产、生活方面的临时设施，有利于生产，方便生活。

（5）满足劳动保护、技术安全及消防、环保、卫生、市容、环境保护等国家有关规定和法规要求。

（6）在改、扩建工程施工时，应考虑企业生产、居民生活和工程施工互不妨碍。

4. 施工平面图基本内容

施工总平面图以整个工程项目为对象，范围较广，内容比较宏观；单位工程施工平面图内容则比较具体和详细。二者设计的内容既有相同之处，又有各自特点。它们的基本内容可概括为：

（1）地上和地下已有的和拟建的建筑物、构筑物及其他设施（道路、各种管线等）的位置和尺寸。

（2）工程临时生产和生活设施，包括各类加工厂，仓库和堆场，行政管理和文化生活用房。

（3）工程临时配套设施，包括施工用道路、铁路、码头，给水排水管线和供电线路，蒸汽和压缩空气管道。

（4）起重机开行路线及轨道铺设，垂直运输设施的位置，起重机回转半径。

（5）防洪设施、安全防火设施、环境保护设施等。

（6）永久性和半永久性测量用的水准点、坐标点、高程点、沉降观测点等。

13.3.2 施工总平面图设计

施工总平面图设计的内容和步骤如下。

（1）确定运输线路

设计施工总平面图时，首先应确定主要材料、构件和设备等进入施工现场的运输方式。

1）施工用大量的物资材料由铁路运入，则应先解决铁路的引入位置和铁路线路布置方案；

2）施工用物资材料由公路运入工地，则施工场地的布置比较灵活；

3）施工用物资材料由水路运入工地，则可充分利用原码头，并在码头附近布置主要加工厂和仓库。

（2）布置仓库和堆场

在布置仓库和堆场时，应尽量利用永久性仓库。仓库和材料堆场应接近使用地点，保持交通方便，遵守安全技术和防火规定。例如，砂石、石灰、水泥等仓库或堆场宜布置在搅拌站和预制场附近；砖、石等材料和构件应直接布置在施工对象附近，以免二次搬运。

确定某一种建筑材料的仓库面积，与该种材料需储备的天数、材料的需要量以及单位面积的储存定额等因素有关。而储备天数又与材料的供应情况、运输能力以及气候等条件有关。因此，应结合具体情况确定经济仓库面积。

对经常或连续使用的材料，如砖、瓦、砂、石、水泥、钢材等，可按储备期计算仓库面积，计算公式为：

$$F = T_c \frac{Q \cdot K_1}{T \cdot q \cdot K_2} \tag{13-1}$$

式中　F——仓库或堆场面积（m²）；

　　　T——项目的施工总工作日；

　　　T_c——材料、半成品等储备期定额（天，表13-3）；

　　　Q——材料、半成品等总的需要量（表13-3）；

　　　q——仓库面积定额，即每平方米仓库面积存放的材料、半成品数量（表13-3）；

　　　K_1——材料使用不均匀系数（表13-3）；

　　　K_2——仓库面积利用系数（考虑人行道和车道所占面积，表13-3）。

计算仓库面积的有关系数　　　　　　表 13-3

序号	材料及半成品	单位	储备天数 T_c	不均匀系数 K_1	仓库面积定额 q	仓库面积利用系数 K_2	仓库类别	备注
1	水泥	t	30～60	1.3～1.5	1.5～1.9	0.65	封闭式	堆高 10～12 袋
2	生石灰	t	30	1.4	1.7	0.7	棚	堆高 2m
3	砂子（人工堆放）	m³	15～30	1.4	1.5	0.7	露天	堆高 1～1.5m
4	砂子（机械堆放）	m³	15～30	1.4	2.5～3	0.8	露天	堆高 2.5～3m
5	石子（人工堆放）	m³	15～30	1.5	1.5	0.7	露天	堆高 1～1.5m
6	石子（机械堆放）	m³	15～30	1.5	2.5～3	0.8	露天	堆高 2.5～3m
7	块石	m³	15～30	1.5	10	0.7	露天	堆高 1.0m
8	预制钢筋混凝土糟	m³	30～60	1.3	0.20～0.30	0.6	露天	堆高 4 块
9	型板梁	m³	30～60	1.3	0.8	0.6	露天	堆高 1.0～1.5m
10	柱	m³	30～60	1.3	1.2	0.6	露天	堆高 1.2～1.5m
11	钢筋（直筋）	t	30～60	1.4	2.5	0.6	露天	占全部钢筋的 80%，堆高 0.5m
12	钢筋（盘筋）	t	30～60	1.4	0.9	0.6	封闭库或棚	占全部钢筋的 20%，堆高 1m
13	钢筋成品	t	10～20	1.5	0.07～0.1	0.6	露天	
14	型钢	t	45	1.4	1.5	0.6	露天	堆高 0.5m
15	金属结构	t	30	1.4	0.2～0.3	0.6	露天	
16	原木	m³	30～60	1.4	1.3～15	0.6	露天	堆高 2m
17	成材	m³	30～45	1.4	0.7～0.8	0.5	露天	堆高 1m
18	废木料	m³	15～20	1.2	0.3～0.4	0.5	露天	废木料约占锯木量的 10%～15%
19	门窗扇	扇	30	1.2	45	0.6	露天	堆高 2m
20	门窗框	樘	30	1.2	20	0.6	露天	堆高 2m
21	木屋架	樘	30	1.2	0.6	0.6	露天	
22	木模板	m³	10～15	1.4	4～6	0.7	露天	
23	模板整理	m³	10～15	1.2	1.5	0.65	露天	
24	砖	千块	15～30	1.0	0.7～0.8	0.6	露天	堆高 1.5～1.6m
25	泡沫混凝土制件	m³	30	1.2	1	0.7	露天	堆高 1m

　　施工总平面图中的各类材料构配件的堆放场地必须结合现场地形、永久性设施、运输道路以及施工进度等进行综合安排，同时考虑各专业工种的特点及施工工艺的需要，力求既方便施工，又节约用地。例如，土建工程用的钢筋、模板、脚手架、砖和墙板等围护结构，在工业厂房的施工中，可沿厂房纵向布置在柱列外侧；在民用建筑施工中，则尽可能布置在塔式起重机等起重设备的工作半径之内。

　　（3）布置场内临时道路

　　根据各加工厂、仓库及各施工对象的位置布置道路，并研究货物周转运行图，以明确各段道路上的运输负担；道路规划要区别主要道路和次要道路，注意满足车辆的安全行驶，不致形成交通断绝或堵塞。

　　布置场内临时道路时，应尽量利用永久道路，提前修建或先修建永久路基和简单路面，作为施工所需的临时道路；临时道路应有足够的宽度和转弯半径，现场内道路干线应采用环形布置；主要道路宜用双车道，次要道路可为单车道，道路末端要设置回车场。

　　（4）布置行政和生活临时设施

　　在工程建设期间，需要为现场施工人员修建一定数量行政管理与生活居住临时建筑。这类临时建筑包括：

　　1）行政管理和辅助生产用房，其中包括办公室、传达室、汽车库等；

　　2）居住用房，其中包括职工宿舍、招待所等；

　　3）生活用房，其中包括浴室、食堂、商店等。

　　对于各种行政和生活用房应尽量利用建设单位的生活基地或现场附近的永久建筑。临时建筑物的设计，应遵循经济、适用、装拆方便的原则，并根据当地的气候条件、工期长短确定其建筑与结构形式。行政、生活福利临时建筑面积参考指标，见表13-4所示。

行政、生活福利临时建筑面积参考指标（m²/人）　　　　表13-4

序号	临时房屋名称	指标使用方法	参考指标
一	办公室	按使用人数	3～4
二	宿舍		
1	单层通铺	按高峰年（率）平均人数	2.5～3.0
2	双层床	（扣除不在工地住人数）	2.0～2.5
3	单层床	（扣除不在工地住人数）	3.5～4.0
三	家属宿舍	按高峰年（率）平均人数	16～25m²/户
四	食堂	按高峰年（率）平均人数	0.5～0.8
	食堂兼礼堂	按高峰年（率）平均人数	0.6～0.9
五	其他合计	按高峰年（率）平均人数	0.5～0.6
1	医务所	按高峰年（率）平均人数	0.06～0.07
2	浴室	按高峰年（率）平均人数	0.07～0.1
3	理发室	按高峰年（率）平均人数	0.01～0.03
4	俱乐部	按高峰年（率）平均人数	0.1
5	小卖部	按高峰年（率）平均人数	0.03
6	招待所	按高峰年（率）平均人数	0.06

序号	临时房屋名称	指标使用方法	参考指标
7	托儿所	按高峰年（率）平均人数	0.03～0.06
8	子弟校	按高峰年（率）平均人数	0.06～0.08
9	其他公用	按高峰年（率）平均人数	0.05～0.10
六	小型	按高峰年（率）平均人数	
1	开水房		10～40m²
2	厕所	按工地平均人数	0.02～0.07
3	工人休息室	按工地平均人数	0.15

（5）布置临时水、电管网和其他动力设施

建筑工地临时供水，包括生产用水（一般生产用水和施工机械用水）、生活用水（施工现场生活用水和生活区生活用水）和消防用水三部分。为充分利用永久性供水设施为施工服务，可首先建设永久性供水系统，然后在工地铺设局部的补充管网，满足工地供水需要。

总用水量（Q）计算：

1）当 $(q_1 + q_2 + q_3 + q_4) < q_5$ 时，

$$Q = q_1 + q_2 + q_3 + q_4 + q_5 \tag{13-2}$$

2）当 $(q_1 + q_2 + q_3 + q_4) > q_5$ 时，

$$Q = q_1 + q_2 + q_3 + q_4 \tag{13-3}$$

3）当工地面积小于 5ha，且 $(q_1 + q_2 + q_3 + q_4) < q_5$ 时，

$$Q = q_5 \tag{13-4}$$

式中　q_1、q_2、q_3、q_4、q_5 ——施工现场一般生产用水、施工机械用水、施工现场生活用水、生活区生活用水、消防用水。

根据上述公式求得的总用水量，还应增加 10％ 的漏水损失。

建筑工地供水组织一般包括：计算用水量，选择供水水源，选择临时供水系统的配置方案，设计临时供水管网，设计供水构筑物和机械设备。给水管一般沿主干道路布置，主要供水管线采用环状，孤立点可用支状。消防站一般布置在工地的出入口附近，并沿道路设消火栓。消火栓间距不应大于 100m，距路边缘不大于 2m，距拟建房屋不大于 25m，并不小于 5m。

建筑工地临时用电包括施工用电和照明用电两个方面，其用电量计算公式分别为：

$$P_c = (1.05 \sim 1.10)(k_1 \sum P_1 + k_2 \sum P_2) \tag{13-5}$$

$$P_0 = 1.10(k_3 \sum P_3 + k_4 \sum P_4) \tag{13-6}$$

式中　P_c、P_0 ——施工用电量、照明用电量（kW）；

k_1、k_2、k_3、k_4 ——设备同时使用时的系数；

P_1、P_2、P_3、P_4 ——各种机械设备的用电量、电焊机的用电量、室内照明用电量、室外照明用电量（kW）。

临时供电组织工作主要包括：用电量计算，电源选择，变压器确定，供电线路布置，导线截面计算。如果现有电源能满足需要，则仅需在工地上设立变电所或变压器。临时变

电器应设在高压线进入工地处，避免高压线穿过工地。由于变电所受供电半径的限制，在大型工地上，一般应设若干个变电所，避免当一处发生故障时，影响其他地区。临时输电干线沿主要干道布置成环形线路。

13.3.3 单位工程施工平面图设计

单位工程施工平面图是各项生产、生活设施在现场平面上的规划和布置图。单位工程施工平面图设计需进行多方案比较，根据不同施工阶段编制基础、结构、安装和装修施工平面图，并进行动态的调整。单位工程施工平面图设计的主要步骤如下。

（1）确定起重机械的布置

起重机械处于单位工程施工现场的中心位置，直接影响着仓库、材料、构件、道路、搅拌站及水电线路的布置。因此，在单位工程施工平面图中应首先予以考虑。

1）塔吊布置拟考虑的因素

① 塔吊的平面位置。主要取决于建筑物的平面形状和四周场地条件。有轨式塔吊一般应在场地较宽的一侧沿建筑物的长度方向布置，布置方法有沿建筑物单侧布置、双侧布置和跨内布置三种。固定式塔吊一般布置在建筑物中心，或建筑物长边的中间；多个固定式塔吊布置时，应保证塔吊范围能覆盖整个施工区域。

② 塔吊的服务范围。有轨式塔吊服务范围，如图13-2所示。塔吊服务范围包括以轨道两端有效行驶端点的轨距中点为圆心，最大回转半径划出的两个半圆形，以及沿轨道长度和最大回转半径组成的面积。最佳的塔吊布置是不出现"死角"，使塔吊的起重臂在活动范围内能将材料和构件运至任何施工地点。否则，需采用其他辅助措施（如布置井架，楼面水平运输工具等）运输"死角"范围内的构件，保证施工顺利进行，如图13-3所示。

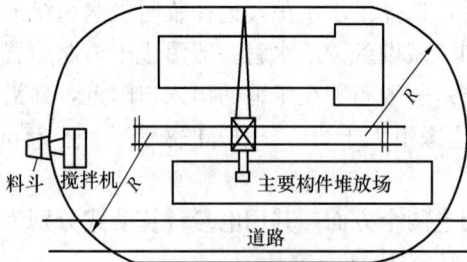

图13-2　有轨式塔吊服务范围

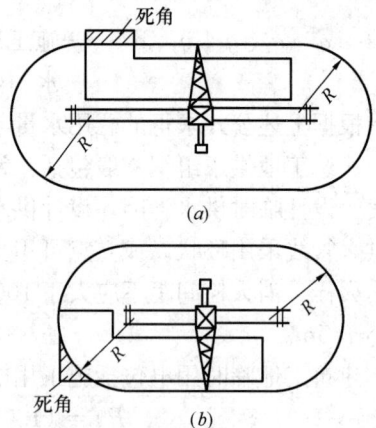

图13-3　塔吊布置的"死角"
(a) 南面布置方案；(b) 北面布置方案

③ 塔吊的起吊高度。塔吊的起吊高度除了满足建筑物总高度的要求外，还要加上工程施工面的高度和吊装绳索、钓钩的长度。

④ 塔吊的起重量。当塔吊的位置初步确定以后，必须对其起重能力进行复核，计算塔吊在起吊最重构件和最远距离构件时的力矩是否可行。

2）井架布置拟考虑的因素

井架具有搭拆简单、稳定性好、运输量大、高度较高等优点。井架的平面位置取决于建筑物的平面形状和大小、建筑物的高低分界、施工段的划分及四周场地大小等因素。

当建筑物呈长方形、层数高度相同时，一般布置在施工段的分界处靠施工现场较宽的一侧，以便于在井架附近堆放材料和构件，达到缩短运距的目的。井架离建筑物外墙的距离，视檐口挑出尺寸或外脚手架搭设的要求而定。布置井架时，还应考虑缆风绳对交通、吊装等的影响。

（2）确定搅拌站、加工棚和材料构件堆场的位置

搅拌站、加工棚和材料构件堆场的位置应尽量靠近使用地点或在起重机能力范围内，并考虑运输和装卸的方便。基础施工用的材料可堆放在基坑（槽）四周，但不宜离基坑（槽）边缘太近，以防土壁坍塌。

1）搅拌站的布置

搅拌站应尽可能布置在垂直运输机械附近，以减少混凝土及砂浆的水平运距。当采用塔吊方案时，混凝土搅拌机的位置应使吊斗能从其出料口直接卸料并挂钩起吊。搅拌站要与砂石堆场、水泥库一起考虑布置，便于大体积原材料的运输和装卸。

2）加工棚的布置

木材、钢筋、水电等加工棚应设在建筑物四周，并要有相应的原材料和成品堆场。

3）仓库和堆场的布置

首先根据需求，计算仓库和堆场的面积，然后根据各施工阶段的需要和材料设备使用的先后顺序来进行布置。同一场地在不同时间堆放不同的材料和构件，尽可能提高场地使用的周转效率。

（3）布置运输道路

现场道路布置时，应沿仓库和堆场进行布置，使道路通到各个仓库和堆场，并要注意保证行驶畅通，使运输工具有回转的可能性。现场道路应满足消防要求，消防车道宽度不小于 3.5m。汽车单行道的现场道路最小宽度为 3m，双行道的最小宽度为 6m。道路上架空线的净空高度应大于 4.5m。为提高车辆的行驶速度和通行能力，应尽量将道路布置成环形。

（4）布置临时设施

工程现场临时设施可分为生产性和生活性两类。单位工程的现场临时设施一般包括现场办公室、休息室、会议室、门卫室、加工棚、工具库等。这些临时设施布置时，应考虑使用方便，不妨碍施工，并符合防火保安要求。

（5）布置临时水电管网

临时供水管网布置时，应力求管网总长度最短。根据经验，一般施工现场面积在 5000～10000m² 时，施工用水的总管直径选用 100mm，支管直径选用 38mm 或者 25mm，再配直径 100mm 消火栓水管。为防止供水意外中断，可在建筑物附近设置简单蓄水池。如果水压不足时，则应设置高压水泵。

临时供电布置时，应先进行用电量和导线等计算，然后进行布置。单位工程的临时供电一般采用三级配电两级保护。变电器应布置在现场边缘高压线接入处，并设有明显的标志。总配电箱设在靠近电源的地方，分配电箱则设在用电设备或负荷相对集中的地区。

【案例 13-2】 某商住楼工程，总面积 12047.91m²，占地面积 1349m²，地上 13 层，建筑总高 42.30m，采用钢筋混凝土阀板基础，钢筋混凝土框支剪力墙。该商住楼单位工程施工平面图的设计如下。

(1) 塔吊选择

1) 塔吊服务范围。为经济合理地利用塔吊，拟将塔吊布置在建筑物最大长度（约 60m）的中心线上，距建筑物外边线 6.5m（图 13-4）。保证塔吊能够覆盖整个建筑物所需的最小臂长为：

$$r = \sqrt{(60 \div 2)^2 + (22.7 + 6.5)^2} = 41.86\text{m}$$

按 42m 计。

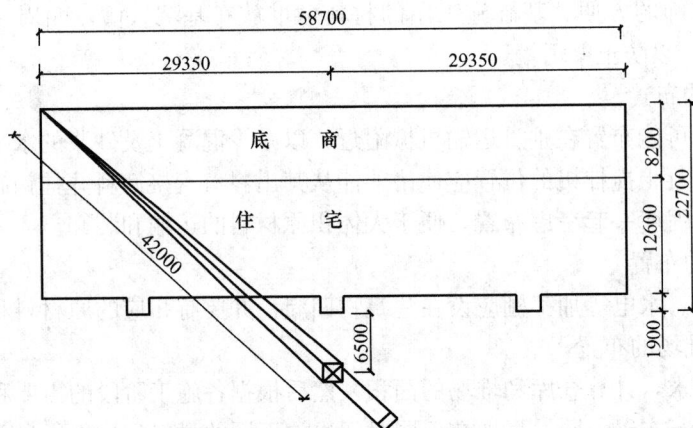

图 13-4 塔吊最小臂长计算示意图

2) 塔吊最大起重量。塔吊垂直运输的主要物资为钢筋和模板，最大起重量不超过 8t。

3) 塔吊起吊高度。完成模板安装所需塔吊的最小高度：

$$H = 建筑物总高 + 最小工作面高度 + 吊装绳索及钓钩最小高度$$
$$= 42.3(含屋面水箱高度) + 4.8 + 4 = 51.1\text{m}$$

经以上分析，确定选用 QTZ125 自升塔式起重机，该塔吊完全能够满足本工程的需要，如表 13-5 所示。

QTZ125 自升塔式起重机的主要工作参数　　　　　　　　　　　表 13-5

主要参数	QTZ125 塔式起重机	实际需要值	备 注
最大起重高度（m）	55	51.1	
最大起重重量（t）	8	4	
最大回转半径（m）	50	42	
远端最大允许起重重量（t）	2	1.1	

(2) 施工现场大门及道路的设置

该工程东北、西北方均有固定院墙。现场道路因无法循环，故在建筑物北侧及南侧各设一条单向进出道路，在南北出入口处各设一个现场大门。道路均作硬化处理；临时道路两侧设置排水沟。

（3）生产、生活临时设施

由于施工场地较狭窄，建筑物北侧距院墙仅 11m，南侧场地距院墙为 32m，西侧距墙为 3.5m，东侧相临小区道路。其生产区、办公区及材料存放地均在南侧设置；北侧只设置部分职工宿舍（每个房间最多按 15 人考虑），其余人员就近租赁居住。施工现场生产、生活临时设施一览表，如表 13-6 所示。

施工现场生产、生活临时设施一览表　　　　　　　　表 13-6

序号	临时设施	占地面积		备　注
1	办公室	2×6×8	96m²	
2	工人宿舍	2×（68×6）	816m²	宿舍按 15 人/间计
3	库房	8×9	72m²	
4	卫生间		9m²	现场临时应急病房
5	水泥棚	6×6	36m²	按 200t 计
6	厕所（男/女）	4×9	36m²	
7	门卫室	3×6	18m²	
8	标养室	3×3	9m²	
9	搅拌站	4×5	20m²	
10	木工加工棚	4.5×20	90m²	
11	钢筋加工棚	4.5×20	90m²	
12	食堂	4×9	36m²	
13	浴室	3×3	9m²	

（4）现场临电

依据主要机械设备用量表，其用电量计算如下：

$$P = 1.10[(K_1 \Sigma P_1 / \cos\varphi + K_2 \Sigma P_2)(r+1)] \tag{13-7}$$

式中　P——用电设备总需要容量（kVA）；

　　　P_1——电动机额定功率，为 311.2kW；

　　　P_2——电焊机额定容量（kVA），为 78kVA；

　　　r——照明用电量占总用电量的比率，取值为 0.1；

　　$\cos\varphi$——电动机的平均功率因数，取值为 0.75；

K_1、K_2——用电设备同时使用系数，取值为 0.6。

由上可得：

$$P = 1.10[(0.6 \times 311.2/0.75 + 0.6 \times 78) \times (0.1+1)]$$
$$= 1.10 \times (248.96 + 46.8) \times 1.1$$
$$= 357.87\text{kVA}$$

经计算，选择截面 120mm 的铜芯电缆配电导线，可满足施工要求。

（5）临时供水

本工程施工、生活、消防用水均来自小区临时市政给水管线，连接管径为 $DN100$。其计算过程如下：

1）生产用水量 q_1+q_2：本工程采用商品混凝土，现场搅拌混凝土量很小，现场用水量仅限于混凝土养护、泵车清洗等，可忽略不计；

2）生活用水量 q_3+q_4：经计算为 0.58L/s；

3）消防用水量 q_5：因施工现场面积 $S=0.46\text{ha}$，小于 5ha，所以消防用水量取 $q_5=10\text{L/s}$；

4）总用水量 Q：$q_1+q_2+q_3+q_4+q_5=0.58\text{L/s}<10\text{L/s}$，并且占地面积小于 5ha，所以取 $Q=q_5$；

5）将计算出的总用水量增加 10%，以补偿不可避免的水管漏水损失，即 $10(1+10\%)=11\text{L/s}$。所以，干管选 $DN100$，支管选用 $DN20$、$DN25$ 镀锌钢管，即能满足要求。

13.4　工程竣工验收

工程竣工验收是工程项目建设周期的最后一道程序，是项目管理的重要内容和终结阶段的重要工作，也是我国建设项目的一项基本法律制度。实行竣工验收制度，是全面检查工程项目是否符合设计文件要求和工程质量是否符合验收标准，能否交付使用、投产，发挥投资效益的重要环节。

由于竣工验收阶段的交工主体和验收主体不同，竣工验收具体又分为施工项目竣工验收和建设项目竣工验收两个不同的验收主体和验收阶段。本节所指的工程竣工验收是指施工项目竣工验收，它是建设项目竣工验收的第一阶段。没有经过施工项目竣工验收，建设项目竣工验收就不具备最基本的条件。

13.4.1　工程竣工验收的条件和要求

工程项目按设计要求全部建设完成，符合规定的项目竣工验收标准，可由发包人组织设计、施工、监理等单位进行项目竣工验收，单独签订施工合同的单位工程，竣工后可单独进行竣工验收。在一个单位工程中满足规定交工要求的专业工程，可征得发包人同意，分阶段进行竣工验收。中间竣工并已办理移交手续的单项工程，不再重复进行竣工验收。

单位工程竣工验收应符合设计文件和施工图纸要求，满足生产需要或具备使用条件，并符合其他竣工验收条件要求。

1. 竣工验收的依据

（1）批准的设计文件、施工图纸及说明书。

（2）双方签订的施工合同。

（3）设备技术说明书。

（4）设计变更通知书。

（5）施工验收规范及质量验收标准。

（6）外资工程应依据我国有关规定提交竣工验收文件。

2. 竣工验收的条件

（1）设计文件和合同约定的各项施工内容已经施工完毕。

（2）有完整并经核定的工程竣工资料，符合验收规定。

（3）有勘察、设计、施工、监理等单位签署确认的工程质量合格文件。

（4）有工程使用的主要建筑材料、构配件和设备进场的证明及试验报告。

（5）建设单位已按合同约定支付工程款。

（6）有施工单位签署的工程质量保修书。

（7）有规划主管部门出具的认可文件。

（8）有公安消防、环保等部门出具的认可文件或者准许使用文件。

3. 竣工验收的要求

（1）合同约定的工程质量标准。

（2）单位工程质量竣工验收的合格/优良标准。

（3）单项工程达到使用条件或满足生产要求。

（4）工程项目能满足建成投入使用或生产的各项要求。

在施工项目竣工验收阶段，工程项目各参与主体的任务不同：对建设单位来讲，施工项目经过验收，交付使用，标志着投入的建设资金转化为使用价值，项目具备了投入运营的条件；对施工单位来讲，其所承担的项目即将结束，不仅要及时做好各项收尾和移交工作，还要全面总结整个工程项目施工过程中的经验和教训，为新项目提供借鉴。

13.4.2　工程竣工验收的程序

为了有计划有步骤地做好各项工作，保证竣工验收的顺利进行，业主和承包方均应制定详细的竣工验收工作计划，按照工程项目的特点和竣工验收工作的规律，执行竣工验收的正常工作程序，其主要环节包括：

（1）围绕着工程实物的硬件方面和工程竣工验收资料的软件方面，业主编制竣工验收工作计划，承包单位项目经理部落实竣工验收准备工作。

（2）承包单位内部组织自验收或初步验收，确认工程竣工、具备竣工验收各项条件。

（3）承包单位向监理工程师或业主代表提出工程竣工验收申请。

（4）监理工程师（或业主代表）经过预验和核查，签署认可意见后，向业主提交工程验收报告。

（5）业主收到工程验收申请后，在约定的时间和地点，组织勘察、设计、施工、监理等有关单位及质量监督部门进行竣工验收。

（6）各单位分别汇报工程合同履约情况和在工程建设各个环节执行法律、法规和工程建设强制性标准的情况；审阅建设、勘察、设计、施工、监理单位的工程档案资料；实地查验工程质量；对工程勘察、设计、施工、设备安装质量和各管理环节等方面作出全面评价，并形成工程竣工验收报告，参与竣工验收的各方负责人应在竣工验收报告上签字并盖单位公章。

（7）通过竣工验收程序，办完竣工结算后，承包人应在规定期限内向业主办理工程移交手续。

参与工程竣工验收的建设、勘察、设计、施工、监理等各方不能形成一致意见时，应当协商提出解决的方法，待意见一致后，重新组织工程竣工验收。工程竣工验收的程序，如图13-5所示。

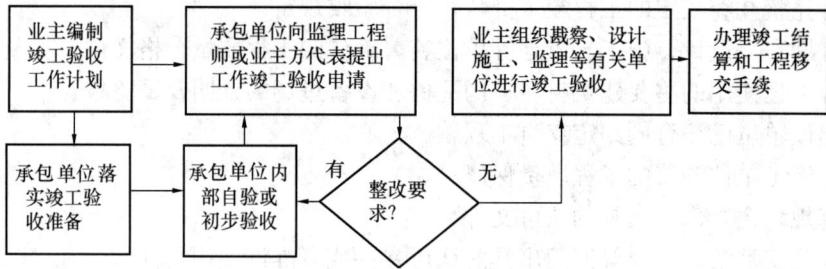

图 13-5　工程竣工验收的程序

　　鉴于竣工验收阶段大量的基础性工作，从竣工验收准备开始到办理交工手续终结，是一个渐进、有序的过程。竣工验收阶段的管理工作，每一步都非常重要：承包人应做好竣工验收管理程序中各项基础工作，为交付竣工验收创造条件；监理单位应组织对竣工资料及各专业工程质量的全面检查，进行工程竣工预验收，对组织正式竣工验收提出明确的意见；发包人应根据施工合同的约定，组织进行工程竣工验收和竣工结算的审查。

13.4.3　工程竣工资料和验收报告

　　竣工资料真实记录了从工程项目的提出、立项、审批、勘察设计、施工、生产准备到竣工投产的全过程中形成的应归档保存的文件资料，是工程项目的重要技术资料，是工程验收、维护、改建、扩建的依据，是养护、管理部门必须长期保存的重要技术档案，也是国家科技档案的重要组成部分。

　　1. 竣工资料的内容和要求

　　承包单位应按竣工验收条件的规定，认真整理工程竣工资料。施工企业应建立健全竣工资料管理制度，实行科学收集、定向移交、统一归口，便于存取和检索。

　　整理工程竣工资料的依据：一是国家有关法律、法规、规范对工程档案和竣工资料的规定；二是现行建设工程施工及验收规范和质量标准对资料内容的要求；三是国家和地方档案管理部门和工程竣工备案部门对竣工资料移交的规定。工程竣工资料应包括下列内容：

　　（1）工程施工技术资料

　　1）工程准备阶段资料（招投标文件及合同、项目经理部及负责人名单等）。

　　2）施工技术准备资料（工程开工报告、施工组织设计、图纸会审纪要、技术交底记录、工程施工图预算、施工日志等）。

　　3）施工现场准备资料（控制网设置资料、工程定位测量资料及复核记录、基槽开挖测量资料、施工安全措施、施工环保措施等）。

　　4）地基处理记录（地基钎探记录和钎探平面布置图、验槽记录和地基处理记录、桩基施工记录、试桩记录和补桩记录等）。

　　5）工程图纸变更记录（设计会议会审记录、设计变更记录、技术核定和工程洽商记录、工程质量事故处理记录等）。

　　6）施工记录。

　　7）工程竣工文件。

（2）工程质量保证资料

工程质量保证资料应按建筑安装工程（具体分为土建工程和安装工程）和市政基础设施工程两大类别的工程属性进行整理。

1）对建筑安装工程的要求：土建工程主要质量保证资料包括各种材料试验、施工试验报告和构件的质量证明文件，并有汇总表；安装工程主要质量保证资料按给水排水与供暖、建筑电气、通风与空调、电梯、建筑智能化等分部或专业分类组卷。

2）对市政基础设施工程的要求：市政基础设施工程涵盖的范围比较宽，对工程质量保证资料的要求，应根据各类工程的规律和特点，按照相关技术规范、标准、规程的规定进行系统整理。

（3）工程检验评定资料

1）建筑安装工程检验评定资料（单位工程质量竣工验收记录、质量控制资料核查记录及安全和功能资料核查记录、单位工程观感质量检查记录等）。

2）市政基础设施工程检验评定资料（工序工程质量评定记录、分项工程质量评定记录、分部工程质量评定记录、单位工程质量评定记录等）。

（4）竣工图

竣工图是工程的实际反映，是工程的重要档案，工程承发包合同或施工协议要根据国家对编制竣工图的要求，对竣工图的编制、整理、审核、交接、验收作出规定。

竣工资料的整理应符合下列要求：

1）工程施工技术资料的整理应始于工程开工、终于工程竣工，真实记录施工全过程，可按形成规律收集，采用表格方式分类组卷。

2）工程质量保证资料的整理应按专业特点，根据工程的内在要求，进行分类组卷。

3）工程检验评定资料的整理应按单位工程、分部工程、分项工程划分的顺序，进行分类组卷。

4）竣工图的整理应区别情况按竣工验收的要求组卷。

5）交付竣工验收的施工项目必须有与竣工资料目录相符的分类组卷档案。

6）承包人向发包人移交由分包人提供的竣工资料时，检查验证手续必须完备。

2. 竣工图编制

竣工图是记载工程建筑、结构以及工艺管线、设备、电气、仪表、给水排水、暖通、环保设施等建设安装工程真实情况的技术文件。各项新建、扩建、改建的工程项目都要编制竣工图。

编制竣工图的主要依据包括设计施工图、设计更改通知单及更改图、施工过程中的具体措施及其他相关资料。编制各种竣工图，必须在施工过程中（不能在竣工后），及时做好隐蔽工程检验记录，整理好建设变更文件，确保竣工图质量。编制竣工图的形式和深度，应根据不同情况，区别对待：

（1）凡按图施工没有变动的，则由施工单位在原施工图上加盖"竣工图"标志后，即作为竣工图。

（2）凡在施工中，虽有一般性设计变更，但能将原施工图加以修改补充作为竣工图的，可不重新绘制，由施工单位负责在原施工图上注明修改的部分，并附以设计变更通知单和施工说明，加盖"竣工图"标志后，即作为竣工图。

（3）凡结构形式改变、工艺改变、平面布置改变、项目改变以及有其他重大改变，不宜再在原施工图上修改、补充者，应重新绘制改变后的竣工图。由于设计原因造成的，由设计单位负责重新绘图；由于其他原因造成的，由建设单位自行绘图或委托设计单位绘图。施工单位负责在新图上加盖"竣工图"标志并附以有关记录说明，作为竣工图。

竣工图要经承担施工的技术负责人审核签认，还要提交监理人审查签认，作为竣工资料备案方为有效。工程竣工验收前，建设单位应组织、督促和协助各设计、施工、监理单位检验各自负责的竣工图编制工作，发现有不准确或短缺时，要及时采取措施修改和补齐。竣工图要作为工程交工验收的条件之一，凡不准确、不完整、不符合归档要求的，不能交工验收。

传统的施工单位手工编制的竣工图未经过数字化处理，不易形成多套备用，不利于施工图档案的长久保存和利用，并且编制的周期过长。随着计算机技术和 CAD 技术的普及应用，由建设单位组织设计、施工、监理单位共同参与，采用计算机重新出图作为竣工图，不仅图纸清晰美观，质量可靠，而且利于长久保存和复制利用。

3. 工程竣工验收报告编制

工程竣工验收合格后，建设单位应当及时提出工程竣工验收报告。工程竣工验收报告主要包括。

（1）工程概况

工程名称、地址，建设或投资单位名称，参与单位名称及专业资质等级、资质证书编号和备案合同编号。

房屋建筑工程的用途、功能、外观、结构类型、抗震等级、建筑耐火等级、主要使用功能区分、设计使用年限、建筑面积、占地面积、地上及地下层数、外装修特点、投资额等。

市政基础设施工程的类别、用途、功能、外观、结构形式、抗震设防、管道敷设形式、系统形式、主要设备、工程的主要工程量、投资额等。

（2）工程建设基本情况

建设单位执行基本建设程序，设计、监理、施工单位基本情况和评价，主要建筑材料使用，工程资料管理，工程验收，施工中发生的质量问题，质量、安全事故处理等。

（3）对工程质量的综合评价

国家有关工程建设的法律、法规，基本建设程序，合同约定的各项内容，工程设计、工程质量、验收规范及参建各方对工程进行竣工验收和竣工验收备案的意见。

此外，工程竣工验收报告还应附有下列文件：

（1）施工许可证。

（2）施工图设计文件审查意见。

（3）验收组人员签署的工程竣工验收意见。

（4）市政基础设施工程应附有质量检测和功能性试验资料。

（5）施工单位签署的工程质量保修书。

（6）法规、规章规定的其他有关文件。

13.4.4 工程竣工验收备案

我国实行建设工程竣工验收备案制度。新建、扩建和改建的各类房屋建筑工程和市政基础设施工程的竣工验收，均应按《建设工程质量管理条例》规定进行备案。建设单位应当自建设工程竣工验收合格之日起 15 日内，将建设工程竣工验收报告和规划、公安消防、环保等部门出具的认可文件或准许使用文件，报建设行政主管部门或者其他相关部门备案。

备案部门在收到备案文件资料后的 15 日内，对文件资料进行审查，符合要求的工程，在验收备案表上加盖"竣工验收备案专用章"，并将一份退建设单位存档。工程竣工验收备案的具体工作流程，如图 13-6 所示。

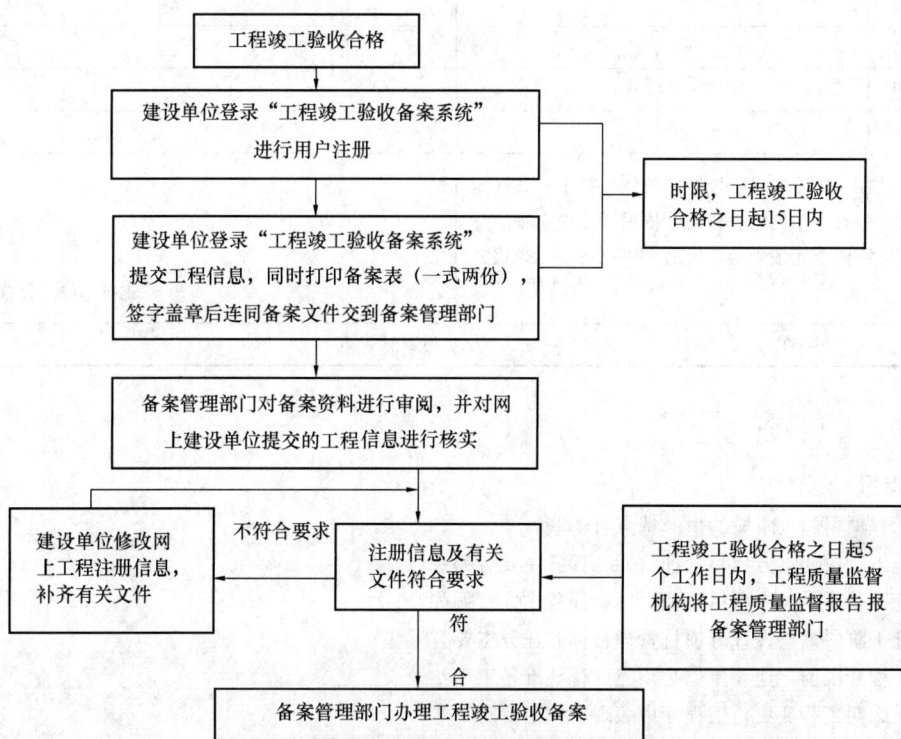

图 13- 6　工程竣工验收备案工作流程

建设单位办理工程竣工验收备案，应当提交下列文件：

（1）工程竣工验收备案表（表 13-7）。

（2）工程竣工验收报告。

（3）法律、行政法规规定应当由规划、公安消防、环保等部门出具的认可文件或者准许使用文件。

（4）施工单位签署的工程质量保修书。

（5）法规、规章规定必须提供的其他文件。

（6）商品住宅还应当提交《住宅质量保证书》和《住宅使用说明书》。

工程竣工验收备案表　　　　　　　　　　　　　　　表 13-7

工程名称：		工程地址：	
建筑面积（m²）：		工程造价（万元）：	
规划许可证号：		工程类别：	
施工许可证号：		结构类型：	
开工时间：		竣工验收时间：	
参与单位	单位名称	法定代表人	联系电话
建设单位			
勘察单位			
设计单位			
施工单位			
监理单位			
工程质量			
监督机构			

本工程已按《建设工程质量管理条例》第十六条规定进行了竣工验收，并且验收合格。依据《建设工程质量管理条例》第四十九条规定，所需文件已齐备，现报送备案	建设单位（公章）
法定代表人（签字）	报送时间

复习思考题

1. 工程项目施工阶段的生产特点有哪些？

2. 施工阶段业主方项目管理目标和任务主要有哪些？

3. 施工阶段承包方项目管理目标和任务主要有哪些？

4. 施工阶段勘察设计方项目管理目标和任务主要有哪些？

5. 工程开工前，建设单位必须完成哪些准备工作？

6. 什么叫工程变更，工程变更表现形式主要有哪些？

7. 确定工程预付款一般需要考虑哪些因素？

8. 什么叫工程预付款起扣点，工程预付款起扣点如何计算？

9. 工程竣工结算审核工作有哪些重点环节和主要内容？

10. 施工总平面图包括哪些主要内容，其编制步骤如何？

11. 施工现场临时供水包括哪些，如何计算？

12. 工程竣工验收应具备什么条件，工程竣工验收程序有哪些环节？

工程项目管理信息化

信息技术（IT）作为当代社会最具活力的生产力要素，正迅速地改变着工程项目管理的方法和手段，工程项目管理信息化正在朝着普及化、网络化、集成化等方向发展。本章介绍工程项目管理信息化发展的背景，对工程项目管理信息化应用现状进行分析，对工程项目管理信息化实施的规划及其模式、咨询策略等方面进行讨论，并指出实施工程项目管理信息化成功的关键因素，提出相应策略。

14.1 工程项目管理信息化的背景及其意义

信息技术在工程管理中的应用，使得工程建设管理组织趋于"扁平化"，它衍生出了项目控制、集成化管理、基于网络平台的项目管理、虚拟建设、建筑信息模型（Building Information Model，简称 BIM）技术等新的工程项目管理理论和方法。

14.1.1 信息化的发展背景

信息化是继农业革命、城镇化和工业化后迈入新的发展时期的重要标志，其表明人类对信息资源的依赖程度越来越高。以信息技术和信息资源为核心，以数字化、智能化和网络化为特征的信息革命，产生的巨大生产力远远超越了工业革命，成为推动生态文明建设的主要技术力量。

1. 信息化

信息化概念的提出最早可追溯到 1959 年美国学者丹尼尔·贝尔提出的"后工业社会"的概念，在他的研究中已经含有"信息社会"的概念。1962 年，普林斯顿大学的弗里茨·马克卢普在《美国的知识生产与分配》一书中提出"知识经济"的概念，分析了知识（信息）生产的机制，把美国 30 个产业部门的知识生产和分配活动划分为教育、研究开发、通信媒介、信息设备、信息服务五大类。马克·波拉特以马克卢普的理论为基础，吸收了丹尼尔·贝尔的"后工业社会论"的思想，把第一、第二、第三产业中的信息和信息活动分离出来构成独立的信息产业。以上研究为信息化奠定了理论基础。

学术界对信息化的含义有多种观点，很难给出一个标准的定义。从广义上来说，信息化是人类全面利用信息技术，充分开发信息资源，提高各部门、各行业效率和效能的活动过程和结果。

在以质能转换为主体的传统经济中，人们对资源的争夺主要表现为占有土地、矿产和石油等。而今天，信息资源日益成为争夺的重点，带来了国际社会新的竞争方式、竞争手段和竞争内容。20 世纪 90 年代以来，随着数字化浪潮的推进，特别是互联网的不均衡发展，在信息技术开发和应用领域尤其是网络技术方面存在的差距，导致信息获取和创新产生落差，即产生了数字鸿沟。美国国家远程通信和信息管理局（NTIA）将数字鸿沟（Digital Divide）定义为一个在拥有信息时代工具的人以及那些未曾拥有者之间存在的鸿沟。数字鸿沟体现了当代信息技术领域中存在的差距现象。这种差距，既存在于信息技术的开发领域，也存在于信息技术的应用领域，特别是由网络技术产生的差距。数字鸿沟现象存在于国与国、地区与地区、产业与产业、社会阶层与社会阶层之间，已经渗透到人们的经济、政治和社会生活当中，成为在信息时代突显出来的社会问题。

在建筑业和工程建设领域，我国与发达国家之间的数字鸿沟主要反映在信息技术在工程管理应用的观念上，也反映在有关的知识管理以及技术应用等方面。在产业与产业之间，由于建筑业的特性，目前建筑业信息技术的开发和应用以及信息资源的开发和利用效率较差，使得建筑业相对于其他产业也存在较大的数字鸿沟。

工程管理信息化为建筑业跨越数字鸿沟提供了前所未有的机遇。以改善建设工程中的有效沟通和实现信息化管理为契机，通过建设工程信息资源及信息技术的全过程、全方位地有效开发和利用，建筑业将迎来真正的信息时代，并为自己创造进一步发展的巨大空间。与此同时，发展中国家可以站在高起点上发挥后发优势，跨越与发达国家的数字鸿沟。

2. 信息技术的发展

现代信息技术和互联网极大地提高了信息的收集、识别、提取、变换、存储、传递、处理、检索、分析和利用的能力。互联网和数据库技术的发展对项目管理软件和项目管理信息系统的发展、管理思想的改变起着重要的作用。

软件技术的发展极为快速，项目管理软件也是如此。以 Primavera 的 P3 为例，从 1983 年发布第一版至今已经有 10 多次升级。但由于 P3 核心架构开发较早，因此应用起来存在诸多不便，如数据安全、字段字符限制、采用文件型数据库等，极大地限制了 P3 的功能扩展和应用。在这种情况下，Primavera 公司在总结 P3 应用的基础上，结合项目管理理论和软件技术的发展，开发了全新概念的企业级项目管理软件 P3E/C（目前是 Primavera6.0 版本）。项目管理软件的主流技术与管理思想一样，也经历了多个发展时期：界面技术从 DOS 字符界面，到 Windows 图形界面（或图形用户界面 GUI），直至今天的 Browser 浏览器界面；平台体系结构从单机单用户发展到文件/服务器（F/S）体系，再到客户机/服务器（C/S）体系和浏览器/服务器（B/S）体系；使用范围也从单机到局域网再到可通过互联网进行信息交互和远程控制。目前，网络版项目管理软件已经成为主流趋势，其主要有两种结构：一是 C/S 结构，二是 B/S 结构（基于 Web 的软件架构）。

随着项目管理软件应用范围的扩大，系统管理的任务越来越重，C/S结构的弱点也逐渐暴露出来。这种模式不仅对客户来说，存在软件价格昂贵、软件的安装和维护不方便、软件的多版本管理困难等问题，而且对供应商来说，也存在软件的测试麻烦、开发时要考虑的兼容性问题复杂、售后服务麻烦（需要开发很多补丁、提供多种版本的售后服务）以及增加了许多额外的硬件和开发成本等问题。而B/S结构则在很大程度上解决了这一问题。B/S架构的产品明显体现出更方便的特性，无论用户的规模有多大、有多少分支机构，都不会增加任何维护升级的工作量，所有的操作只需要针对服务器进行，客户端只是浏览器，根本不需要做任何的维护，如果是异地，只需要把服务器连接上网即可立即进行维护和升级，这对人力、时间、费用的节省是相当惊人的。所以，客户机越来越"瘦"而服务器越来越"胖"是将来项目管理软件的主流发展方向，这使得升级和维护越来越容易，使用越来越简单。

此外，B/S结构也有利于企业软件系统的集成，目前，电子商务、ERP、人力资源管理系统等软件都逐渐向B/S结构发展。JAVA技术的成熟也使B/S结构日益成为应用软件的主流。

从信息技术发展的趋势可以看出，基于网络平台以Web方式推行的项目管理信息化软件和服务必将是未来的发展方向。

14.1.2　工程项目管理信息化的含义

工程项目管理信息化属于领域信息化的范畴，它和企业信息化也有联系。我国建筑业和工程建设领域信息技术的应用与工业发达国家相比，尚存在较大的数字鸿沟，它反映在信息技术在工程项目管理中应用的观念上，也反映在有关的知识管理上，还反映在有关技术应用方面。

工程项目管理信息化指的是工程项目管理信息资源的开发和利用以及信息技术在工程项目管理中的开发和应用。

在投资建设一个新的工程项目时，应重视开发和充分利用国内和国外同类或类似建设工程项目的有关信息资源。

信息技术在工程项目管理中的开发和应用，包括信息技术在建设项目决策阶段的开发管理、实施阶段的项目管理和使用阶段的设施管理中的开发和应用。

14.1.3　工程项目管理信息化的意义

由于行业自身的特点——建筑业参与方众多、从业人员素质参差不齐、机械化信息化应用水平非常有限、缺乏有效的沟通方式，使得建筑业发展较为落后。随着信息和通信技术的广泛应用，各个行业的生产效率大幅度提高，但建筑业依然固守着传统的生产方式和管理方式由于工程管理工作方式和工作手段的落后给建筑业带来了很多浪费，降低了建筑业生产效率，因此很多国家、政府或相关组织开始反思这一问题。

根据美国《经济学家》杂志2000年刊登的有关资料：一个典型的造价为1亿美元的建设项目在实施过程中会产生15万份左右独立的文档或资料（包括设计文件、合同文件、采购文件、资金申请单、进度计划等）；联邦快递在美国国内运输工程蓝图每年获取约5亿美元的运输费；项目建设费用的1％～2％仅仅是与打印、复印和传真等有关的办公费用。由于很多建设工程项目地域跨度越来越大，项目参与单位分布越来越广，项目信息成指数级增长，因此信息交流问题成为影响工程项目建设实施的主要问题。目前，信息交流手段还较为落后，使用纸质文档、电话、传真、邮政快递、项目协调会等方式作为信息交换的手段，不仅容易造成信息沟通的延迟（Delay），而且大大增加了信息沟通的费用。据国际有关文献资料介绍，建设工程项目实施过程中存在的诸多问题，其中三分之二与信息交流（信息沟通）的问题有关；建设工程项目 10％～33％ 的费用增加与信息交流存在的问题有关；在大型建设工程项目中，信息交流的问题导致工程变更和工程实施的错误约占工程建设总费用的 3％～5％。

通过信息技术在工程项目管理中的开发和应用，能够实现信息存储数字化和存储相对集中；信息处理和变换的程序化；信息传输的数字化和电子化；信息获取便捷；信息透明度提高；信息流扁平化。信息技术在工程项目管理中开发和应用的意义在于：

（1）"信息存储数字化和存储相对集中"有利于项目信息的检索和查询，有利于数据和文件版本的统一，有利于工程项目的文档管理。

（2）"信息处理和变换的程序化"有利于提高数据处理的准确性，提高数据处理的效率。

（3）"信息传输的数字化和电子化"可提高数据传输的抗干扰能力，使数据传输不受距离限制，并可提高数据传输的保真度和保密性。

（4）"信息获取便捷"、"信息透明度提高"以及"信息流扁平化"有利于建设工程项目参与各方之间的信息交流和协同工作。

综上所述，工程项目管理信息化对于改进管理、提高工作效率和质量、降低造价、积累知识、提高工程管理水平等具有重要的作用。

以某工程项目为例，项目业主方建立了与工程监理、EPC 总包方、EPCM 总包管理方、供货方协同的信息平台，主要功能包括进度管理、质量管理、安全管理、费用控制、采购管理、供应商管理、承包商管理、门禁管理、制度标准管理、综合沟通管理、图纸管理等业务模块。据统计和对比分析，项目管理信息平台直接作用和效益有以下几个方面：

（1）提高工作效率，减少人员投入。平台的使用，提高了管理效率、减少了人员投入。

（2）信息共享，增强信息的及时性和管理的透明度。提供了一个数据对比和信息披露的平台，通过对比分析和比较，起到了及时鞭策和警示的作用。

（3）及时的汇总报表和例外事项监控，为领导决策提供了一定的帮助。有关进度、合同费用、采购、合格率等报表为领导决策提供了一些基础素材；可以对报表中的一些指标设置警示提醒的限值，让领导关注例外事项。

（4）积累建设数据。平台上开发了价格库，将建设期所有采购的设备和材料的价格数据整理成了可比较分析、检索和查询的数据库。

14.2　信息技术在工程项目管理中的应用

工程项目管理信息化一直伴随着信息技术的发展而发展，自 20 世纪 70 年代开始，信息技术不断迅速发展，信息技术在工程项目管理中的应用也日益广泛。

14.2.1　计算机辅助工程项目管理信息系统（PMIS）

20 世纪 70~80 年代，最初出现的是以解决某一问题为目的的单项程序，如财务、材料、进度管理等软件。随着信息技术的发展，这些单项程序开始逐步集合形成程序系统，而后发展成为工程项目管理信息系统（Project Management Information System，简称 PMIS）。PMIS 随着项目管理理论、实践和信息技术的发展而产生，为工程建设的管理和实施方（业主、设计方、承包商、供货商和咨询机构等）的项目管理工作，提供信息处理结果和管理依据，为实现工程项目管理的控制目标而服务，成为工程项目管理人员进行信息管理的重要手段。

PMIS 主要运用工程项目管理理论和方法，采用动态控制原理，将项目管理的投资、进度和质量等的实际值与计划值相比较，找出偏差，分析原因，采取措施，从而达到目标控制的效果。因此，PMIS 主要包括项目投资控制、进度控制、质量控制、合同管理和系统维护等功能模块。运用工程项目管理信息系统是为了及时、准确和完整地收集、存储和处理工程项目的投资、进度、质量和合同等的规划和实际信息，以迅速采取措施，尽可能好地实现工程项目的目标。

PMIS 与企业管理信息系统（MIS）有明显的区别。MIS 是服务于企业的人、财、物、产、供、销等的管理，进行信息的收集、传输、加工、存储、更新和维护，以人事管理、财务管理、设备管理等为目标，支持企业高层决策、中层控制、基层运作的集成化的人机系统。PMIS 以工程项目管理目标控制思路展开，有相应的功能模块解决进度、投资、质量、采购、风险、沟通协调、文档管理的业务需求，又蕴涵了"以计划为龙头、以合同为中心，以投资控制为目的"的项目管理理念。

项目管理信息系统是以项目管理知识体系思想为指导，在统一框架体系下进行的项目业务处理系统，涵盖质量、安全、资源管理、文档管理及事务管理等的功能，如图 14-1 所示。

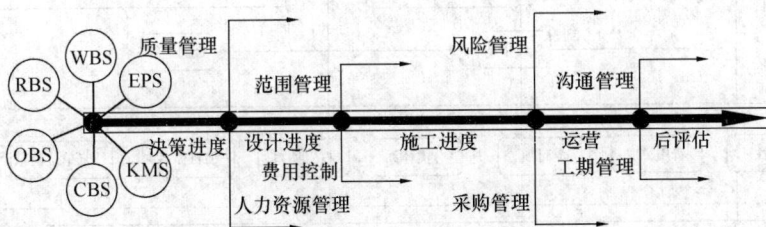

图 14-1　项目管理信息系统结构

工程项目管理信息系统的业务功能包括进度控制、投资控制、质量控制、合同管理、采购管理、沟通管理、文档管理，具有项目全寿命周期辅助管理的能力。

（1）进度控制

进度控制子系统的基本设想是通过项目的计划进度和实际进度的不断比较，进度控制者可及时获得反馈信息，以控制项目实施进度。

（2）投资控制

投资控制子系统的基本设想是通过项目的投资计划和投资实际值的不断比较，投资控制者可及时获得信息，以控制项目投资计划，保证项目目标的实现。在项目建设过程中，与项目投资有关的费用有投资匡算、投资估算、设计概算、施工图预算、标底、投标价、合同价、结算、决算等。投资计划值与实际值的比较是一个动态的过程，即是将与投资有关的费用进行比较，从中发现投资偏差。

（3）质量控制

质量控制子系统的基本设想是辅助制定项目质量标准和要求，通过项目实际质量与质量标准、要求的对比，质量控制者可及时获得信息，以控制项目质量。质量控制子系统的基本方法是质量数据的存储、统计和比较。

（4）合同管理

合同管理子系统的基本设想是涉及项目勘察设计、施工、工程监理、咨询和科研等全部项目实施合同的起草、签订、执行的跟踪管理、归档、索赔等全部环节的辅助管理。合同管理子系统功能架构示意，如图14-2所示。

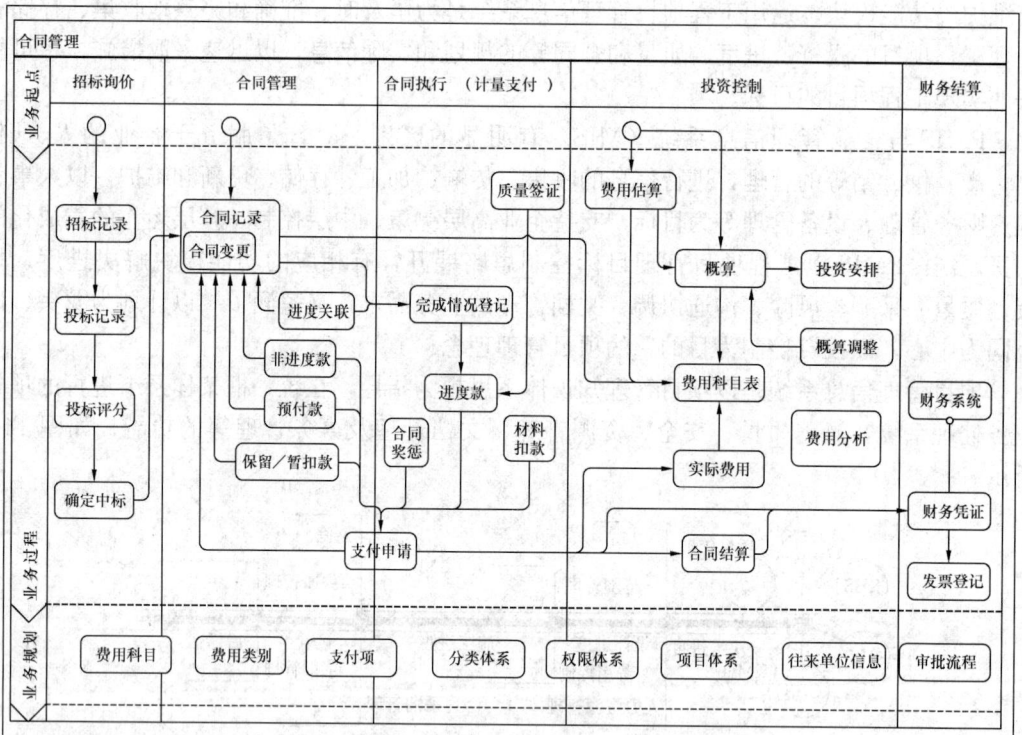

图 14-2　合同管理子系统功能架构示意图

（5）采购管理

采购管理子系统的基本设想是涉及从采购计划下达、采购单生成、采购单执行、到货接收、检验入库、采购发票的收集到采购结算的采购活动的全过程，对采购过程中物流运动的各个环节状态进行严密的跟踪、监督，实现对企业采购活动执行过程的科学管理。

采购管理子系统基本功能包括采购、入库、出库、盘点、调拨、借货、还货、退货、预警、付款、售后、公告、知识库、备忘录、图表统计、自动提醒等功能模块。图14-3是采购管理子系统功能架构示意图。

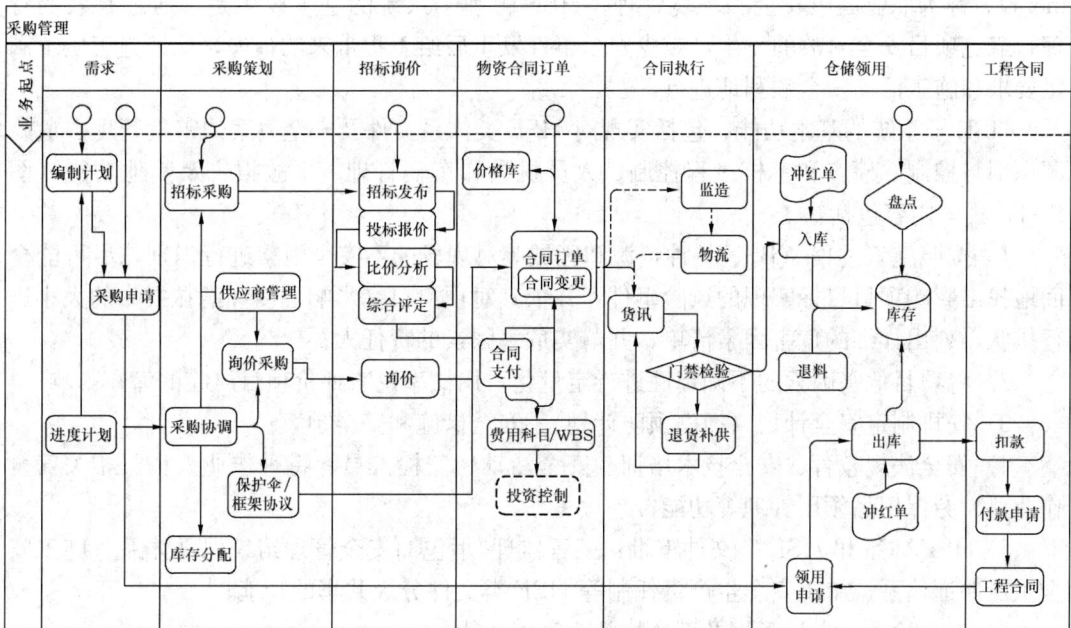

图 14-3　采购管理子系统功能架构示意图

（6）沟通管理

沟通管理子系统的基本设想是为了确保项目信息及时适当的产生、收集、传播、保存和交流，是对各种不同方式和不同内容的沟通活动和过程的管理。

沟通管理子系统的基本方法是提供有效的沟通渠道，确保在适当的时间以适当的方式使正确的信息被合适的人所获得。

沟通管理子系统的基本功能包括以流程、报告、报表、预警提示、文件和表单等为载体，利用邮件、责任事项提醒、即时沟通工具、联系单、会议、新闻公告等沟通工具，协助实现业主、工程监理、承包商、供货商、设计方和咨询方等项目参与方之间的高效沟通。这些沟通包括上行沟通、下行沟通和平行沟通。

（7）文档管理

文档管理子系统的基本设想是对工程建设实施过程中形成的文件资料进行收集积累、加工整理、立卷归档和检索利用等一系列工作。建设工程项目文档管理的对象是建设工程项目文件资料，它们是工程项目信息的载体。

文档管理是对项目信息的收集、整理、处理、储存、传递与应用等一系列工作的总称，也就是把项目信息作为管理对象进行管理。文档管理的目的是根据工程项目信息的特点，有计划地组织信息沟通，以保证决策者能及时、准确获得所需的信息。为了达到这个目的，需要把握信息管理的各个环节，包括：信息的收集、加工整理、存储、传递和应用。

文档管理子系统的基本功能是实现对文件与档案从发文、收文到分类、归档、检索、删除的一体化管理，提高文档的利用效率。

（8）HSE 管理

HSE 中 H 代表职业健康（Health），S 代表安全（Safe），E 代表环境（Environment)，称为职业健康安全和环境管理。HSE 管理子系统的基本设想是，通过有效的管理，避免项目安全事故的发生，减少安全事件发生后给工程带来的损失，保证施工质量满足要求和施工活动安全顺利地进行。

HSE 子系统的基本功能，包括实现对 HSE 类体系文件及安全方案的审批管理、危险源识别与控制、检查和考核过程控制、人员机具和车辆管理、事故报告及其他功能（图14-4）具体内容包括：

1）按照施工过程 WBS、特种资源和区域等对现场的不安全因素进行识别，尽可能全面地找出影响项目目标实现的风险事件，并依其对项目目标影响程度和潜在损失的大小进行排队，列出详细的危害因素清单，并落实危害因素的责任人；

2）将项目危害因素的不确定性进行定量化，用概率论来评价项目风险的潜在影响；

3）安排制定安全计划（损失预防计划）、安全措施和安全预案；

4）安全法规教育、安全技术培训、安全活动、安检人员、特种作业人员、相关安全作业票、劳保用品领用管理等功能；

5）HSE 体系和 HSE 类文件审批：工程监理/承包商安全管理组织保证体系、施工安全生产保证体系、施工安全生产责任制等 HSE 类文件分级共享的功能；

6）安全检查、考核管理及不合格整改管理功能；

7）安全事故的记录和统计等。

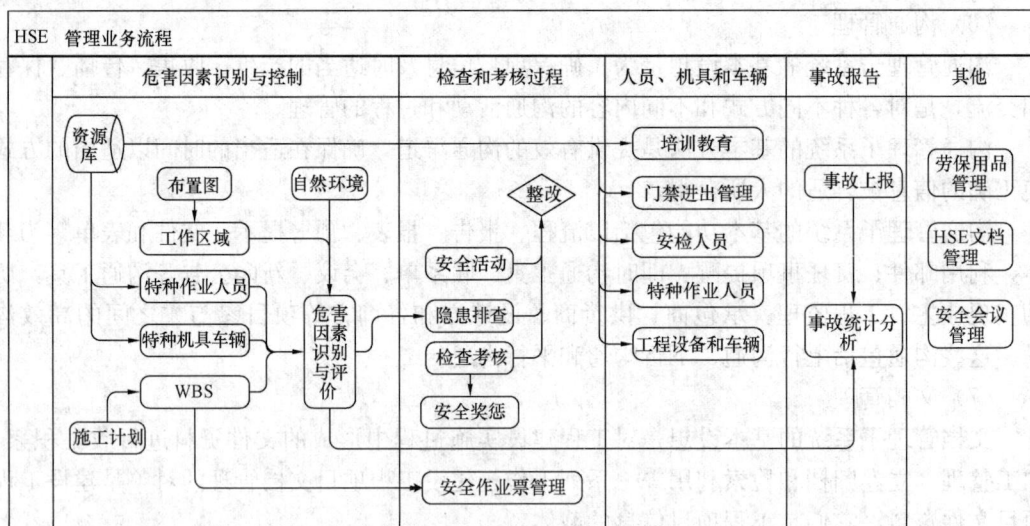

图 14-4　HSE 管理子系统功能架构示意图

14.2.2　网络平台上的工程项目管理系统

20 世纪 80 年代末 90 年代初发展起来的基于网络平台的工程项目管理，其技术基础是网络平台，是在局域网或互联网上构建的信息沟通平台，其中，建设工程项目总控系统、项目信息门户（PIP）、集成项目管理系统是重要内容。

计算机辅助工程项目管理信息系统（PMIS）以专业功能见长，而基于网络平台的工程项目管理系统与之相比较，在基于 Web 的跨组织多方协同工作平台、多种应用和信息的集成、决策支持三个方面具有明显的优势。

1. 协同工作平台

项目信息门户是指在对工程项目全过程中产生的各类项目信息（如合同、图纸、文档等）进行集中管理的基础上，为工程项目各参与方提供信息交流和协同工作的环境。不同于传统意义上的文档管理，项目信息门户可以实现多项目之间的数据关联，更强调项目团队的协作性并为之提供多种工具。项目信息门户可以通过在线查看、批注、讨论和自动通知等工具为项目参与各方创造一个多方的网上交流与协同的工作环境（图14-5），打破传统的组织障碍，加快项目文档流转和决策支持过程。项目团队还可以利用项目信息门户中内置的表单和标准工作流程，在线进行信息询问、审批提交及变更申请等项目建设过程中的日常业务，通过任务分派，明确并固化管理职责。

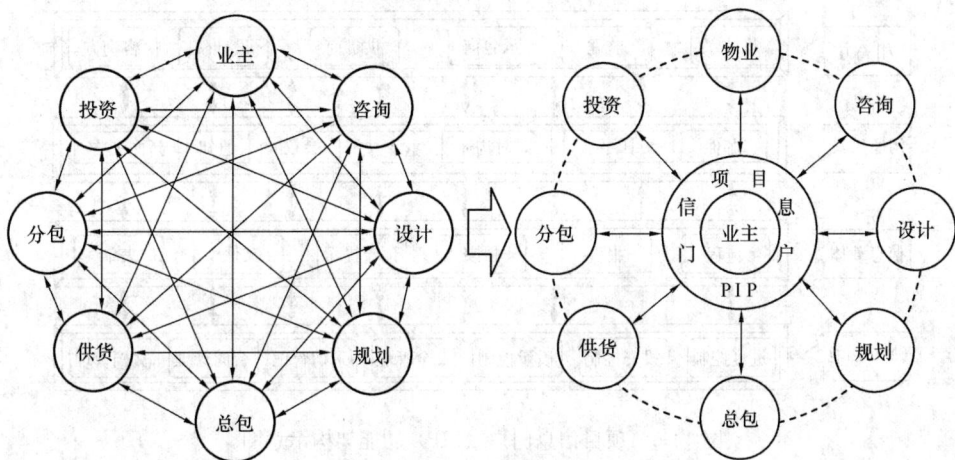

图14-5　项目信息门户改变工程建设过程中的交流方式

项目信息门户（PIP）和项目管理信息系统（PMIS）的区别包括如下几个方面。

（1）PMIS是参与项目的某一方或几方，为有效控制项目的投资、进度、质量目标，主要利用信息处理技术，处理与项目目标控制有关的结构化数据，为工程项目管理者提供信息处理的结果。项目参与各方有各自的PMIS，是一个相对封闭的信息系统，PMIS的核心功能是目标控制。

（2）PIP则是项目参与各方为有效地进行信息沟通和共享，利用信息管理和通信技术，提供个性化的信息获取途径和高效协同工作的环境，可以集中存储、处理PMIS所产生的目标控制数据。项目的成功既需要PMIS提供有效的目标控制功能，也需要PIP提供良好的信息沟通和协作功能。

PIP的核心功能，包括：信息交流（Project Communication）；文档管理（Document Management）；协同工作（Project Collaboration）。

1）项目各参与方的信息交流。工程项目各参与方的信息交流功能主要是使业主方和项目参与方之间以及项目各参与方之间在项目范围内进行信息交流和传递。如电子邮件传递信息功能、预定项目文档的变动通知功能等。

2）项目文档管理。工程项目文档管理功能包括文档查询、文档上下载、文档在线修改以及文档版本控制等功能。如在建设工程项目全寿命管理（BLM）模式下，PIP的文档管理功能与 BIM 的设计文档生成功能必须进行有效的集成，保证设计文档的及时更新和正确的版本信息。

3）项目各参与方的协同工作。工程项目各参与方的协同工作功能，能够使项目参与各方在 PIP 中在线完成同一份工作，如工程项目相关事项的讨论功能、在线图纸信息编辑更改功能、在线报批功能等。

项目信息门户（PIP）的产品还有一些扩展功能，如多媒体的信息交互、电子商务功能等。图 14-6 所示的是项目信息门户（PIP）与计算机辅助工程项目管理信息系统（PMIS）之间的关系及工作机制，它涵盖了目前一些基于互联网的项目信息门户商品软件和应用服务的主要功能，是较为系统全面的基于互联网的项目信息门户的功能架构，在具体工程建设的应用中可以结合工程实际情况进行适当的选择和扩展。

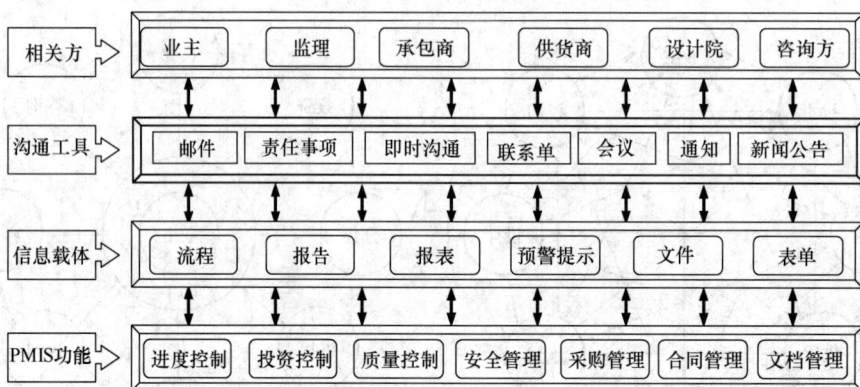

图 14-6　项目信息门户（PIP）功能架构示意图

项目信息门户借助于现代信息技术建立一个建设工程项目信息平台，供各参与方共同使用，通过各参与方之间的协作和沟通，实现优势互补，从而使得工程项目的整体利益最大化，进而实现各参与方的利益，实现各参与方"共赢"的最终目的。

2. 多种应用和信息的集成

多种应用和信息的集成是指系统中各子系统和用户的信息采用统一的标准、规范和编码，实现全系统信息共享，进而可实现相关用户软件间的交互和有序工作。这种方式根据某一特定主题将相关信息从不同的信息源（无论其地理位置、数据结构和通信要求）有机地链接成一个整体，借助于网络技术和应用软件的支持提供用户访问。它是针对既定任务，对信息资源、技术资源、智力资源进行有机融合和优化使用的过程。

网络平台上的工程项目管理系统，是依据一定的需要，对信息系统中的进度、投资、合同、采购、质量、安全、文档等数据对象、功能结构及其互动关系进行融合、聚类和重组，使其重新结合为一个新的有机整体。集成聚合方式，如图 14-7 所示。

对于网络平台上的工程项目管理系统而言，建立统一和规范的企业级项目管理框架体系是至关重要的。企业级项目管理框架体系是指统一管理企业的各种项目数据和项目管理相关的过程。企业在应用网络平台上的工程项目管理系统时，根据信息化管理的需要，建立系统的、规范的编码规则，通过软件系统实现编码控制与统筹应用、规范企业数据、减少中间数据转化过程、实现信息集成，可以大幅度提高企业整体管理水平，提高企业的核

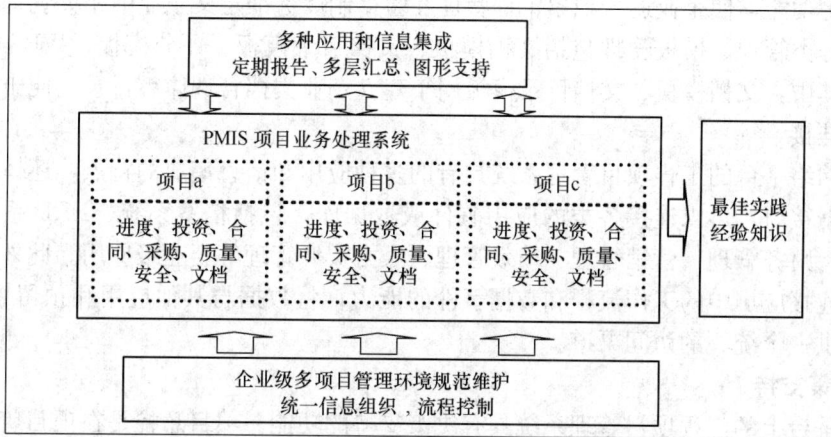

图 14-7　多种应用和信息集成示意图

心竞争力。企业级项目管理框架体系的核心编码体系包括 EPS、WBS、OBS、RBS、CBS 和 KMS（图 14-8）。

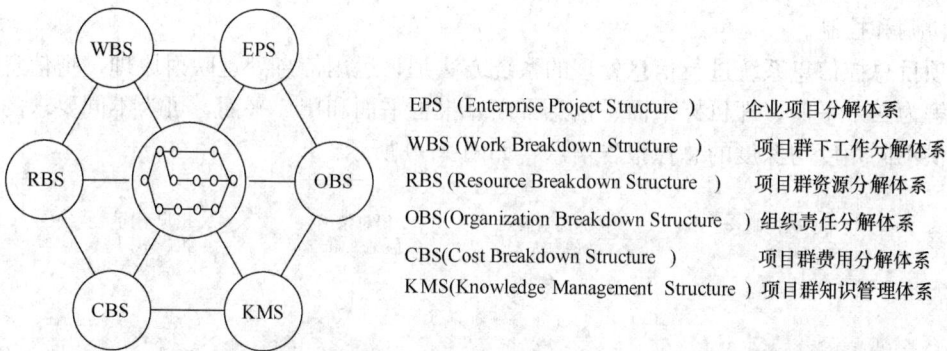

EPS （Enterprise Project Structure ）　　企业项目分解体系

WBS (Work Breakdown Structure ）　　项目群下工作分解体系

RBS (Resource Breakdown Structure ）　项目群资源分解体系

OBS(Organization Breakdown Structure ）组织责任分解体系

CBS(Cost Breakdown Structure ）　　　项目群费用分解体系

KMS(Knowledge Management Structure ）项目群知识管理体系

图 14-8　企业级项目管理框架 6S 体系

（1）EPS 是企业所有项目或大型项目群的企业项目结构，包括管理分解结构和项目分解结构。

（2）WBS 是按照项目范围管理方法将具体项目逐级分解而成的管理单元或者工作包，基于 WBS 进行项目综合计划的细化与编制、责任的落实与监控，它是集成管理的枢纽。

（3）OBS 为组织责任分解体系，它与 EPS 和 WBS 组合形成严密的责任矩阵，是多层次、跨组织、多项目管理的基础，并作为数据集成统计分析的主要途径之一。

（4）RBS 是资源分解体系，包括项目人员、施工机具、车辆、器具和设备。根据 RBS 建立的资源库进行统计、分析和逐层汇总资源的分配和负荷情况，为资源平衡、监控和管理提供保证。

（5）CBS 为费用分解体系，保证企业、多项目费用统一管理和统计分析。

（6）KMS 是企业知识和文件分类体系。

通过建立网络平台上的工程项目管理系统，统一和规范企业编码，不仅能够促进管理效率的提升，还能够沉淀和总结项目执行最佳实践，形成知识库，为未来的项目管理提供帮助。知识和标准管理包括各种标准规范程序文件的共享和发布管理、各类模板的管理、档案查询等功能，使企业逐步积累工程管理经验。制度标准定义企业中相关管理的制度体系，进行分类管理。模板管理包括文档模板、文档目录模板、评分模板、WBS 模板、作业模板。其中，文档模板、文档目录模板用于建立企业文档管理体系目录，便于各个模块中文档的挂接。

基于网络平台的工程项目管理系统具有的多种应用和信息集成的特点，还体现在提供标准的数据接口，可以连接各类的应用软件或数据库，包括档案系统、ERP 系统、客户关系管理、财务管理、营销管理、绩效管理、人力资源管理等企业级应用。此外，集成服务还具备连接应用中的工作流程和数据事件的能力，将数据与其他应用和预留系统集成，为客户提供一个统一的访问渠道。

3. 决策支持

网络平台上的工程项目管理系统具有决策支持的功能。项目总控是在项目管理（Project Management）基础上结合企业控制论（Controlling）发展起来的，是一种运用现代信息技术为大型建设工程业主方的最高决策者提供战略性、宏观性、总体性咨询服务的新型组织模式。项目总控以现代信息技术为手段，对大型建设工程信息进行收集、加工和传输，用经过处理的信息流指导和控制项目建设的物质流，支持工程项目最高决策者进行规划、协调和控制。

项目总控信息系统进行信息处理的系统方法是，运用信息处理映射原理，把信息的处理分解为四个平面，即目标平面、信息平面、报告平面和用户平面，可为不同要求的决策者提供不同角度与深度的总控报告信息，如图 14-9 所示。

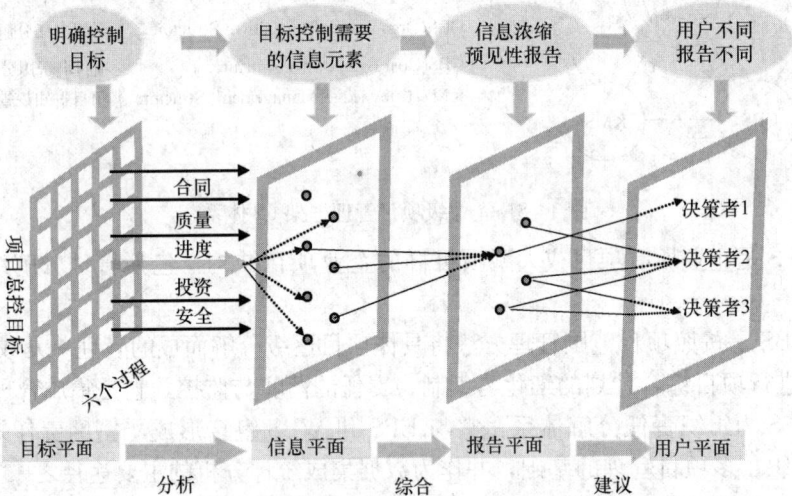

图 14-9 项目总控中信息处理方式
注：六个过程指工程设计、工程招标、设备采购、施工、设备系统调试、动用准备过程。

（1）目标平面是指将项目的三大目标进行分解。在项目实施的六个过程中都有目标策划与控制的任务。

（2）信息平面由目标控制所需要的信息元素组成，是指把与整个项目目标有关的信息收集起来，并对信息收集与处理作出规定。包括：规定基础信息的范围和信息量；各实施单位报告信息的时间和内容；统一的信息分类及编码；数据库及计算机网络的使用规定等。

（3）报告平面就是浓缩信息。项目总控信息系统采集项目建设过程信息，分析项目实施的情况，综合项目实施的信息，编制有价值的项目总控策划与控制报告作为决策的依据。

（4）用户平面是指项目总控报告的对象，即业主方的最高决策者。不同决策者获取各自需要的策划与控制信息，不同层面的决策者根据项目总控信息系统提供的控制报告及个人的知识和经验进行决策。

14.2.3　建筑信息模型（BIM）技术

20世纪末21世纪初在计算机辅助设计与绘图（CAD）基础上发展起来的"建筑信息模型（BIM）"，是以三维数字技术为基础、集成了建筑工程项目各种相关信息的工程数据模型，是对工程项目相关信息的详尽表达，是对一个设施的实体和功能特性的数字化表达方式，用以解决建筑工程在软件中的描述问题，使设计人员和工程技术人员能够对各种建筑信息作出正确的应对，并为工程集成管理提供坚实的基础。因此，从建设项目整个生命周期过程的最开始，BIM就作为一个设施共享的知识资源，成为管理实施和决策的可靠基础，支持建筑工程全生命周期的集成管理。

建筑信息模型的结构是一个包含有数据模型和行为模型的复合结构，它除了包含与几何图形及数据有关的数据模型外，还包含与管理有关的行为模型，两相结合通过关联为数据赋予意义，因而可用于模拟真实世界的行为，例如模拟建筑的结构应力状况、围护结构的传热状况等。应用建筑信息模型，可以支持项目各种信息的连续应用及实时应用，这些信息质量高、可靠性强、集成程度高而且完全协调，可大大提高设计乃至整个工程的质量和效率，显著降低成本。

建筑信息模型（BIM）技术是指建筑信息模型的建立、维护和应用技术。什么是BIM呢？美国国家建筑科学研究院给了三个定义，如图14-10所示。

第一种定义，BIM可以被认为是描述建筑的结构化数据集（a structured dataset de-

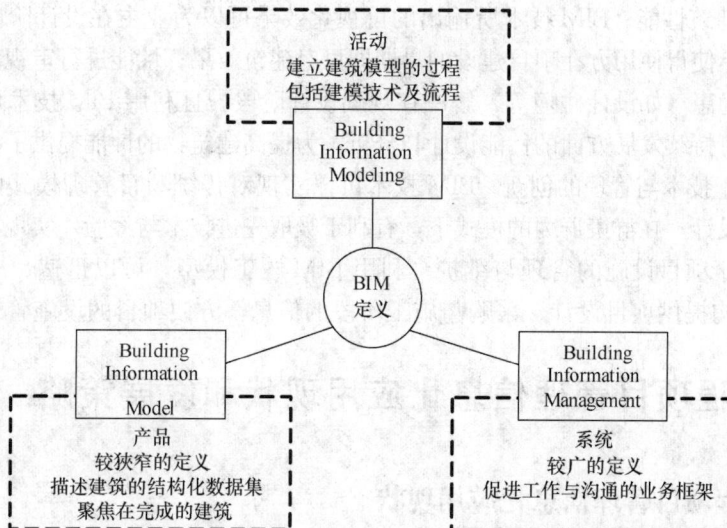

图14-10　美国国家建筑科学研究院关于BIM的三种定义

scribing a building），此时 BIM 的英文全称为 Building Information Model。

第二种定义，BIM 可以被理解为一种过程——创建建筑信息模型的行为（the act of creating a Building Information Model），是建筑信息模型化的过程，此时 BIM 的英文全称为 Building Information Modeling。

第三种定义，BIM 可以被理解为是提高质量和效率的工作与沟通的业务框架（business structures of work and communication that increase quality and efficiency），此时 BIM 的英文全称为 Building Information Management。

上述定义中的 Building Information Modeling，作为 BIM 定义被业界广泛使用，即强调建立建筑模型的活动过程，包括建模技术及流程。

因此，BIM 的数据在模型中的存在是以多种数字技术为依托的，并且以这一数字信息模型作为基础，为建设工程各项相关工作服务。也就是说，BIM 模型是一个多种数字技术支撑的数据模型，建设工程项目与之相关的各项工作都可以从这个建筑信息模型中拿出各自需要的信息，既可支持相应工作又能将相应工作的信息反馈到模型中。

BIM 技术不仅是简单地将数据信息进行集成，它还是将建设工程数据信息应用于设计、建造和管理过程的一种方法，这种方法支持建设工程的集成管理环境，可以在整个工程项目的建设进程中显著提高管理效率，并大大减少风险。

BIM 应用对项目建设的参与各方均具有重要的价值，归纳起来，主要如下。

（1）有利于缩短项目工期。利用 BIM 技术，可以通过可视化交流和信息共享来加强团队合作，改善传统的项目管理模式和信息沟通模式，实现建设工程策划、设计、采购、加工预制、现场施工的无缝对接，减少延误，大大缩短工期。

（2）更加快速、准确的项目预算。基于 BIM 模型的工料测量和预算，相比基于 2D 图纸的费用预算更加快速、准确，节约了大量的计算时间和人力。

（3）提高生产效率，节约成本。利用 BIM 技术可以大大加强各参与方的协同工作，提高信息交流的有效性，使得决策的速度和有效性均有提高，减少了返工的次数，提高了生产效率，节约了成本。

（4）提高建筑性能。BIM 技术所输出的可视化效果可以为业主在设计阶段提供建筑产品的模拟效果，使得使用方在项目建设的早期即可对建筑效果、性能进行审视和校核，将许多不满意以及隐患（如设计碰撞等）解决在规划设计阶段。且利用 BIM 技术可以实现建筑日照、能耗与可持续发展方面的性能设计与分析，为提高建筑物的性能提供了技术手段。

（5）有利于技术与管理的创新。BIM 技术可以实现对传统项目管理模式的优化，便于各方早期参与设计，在群策群力的模式下，有利于吸取先进技术与经验，实现项目创新。

（6）有利于项目设施的管理与维护。利用 BIM 竣工模型，可以迅速、准确、全面地向设施管理机构提供项目设计、采购与施工阶段的信息，方便项目的设施管理和维护。

14.3　工程项目管理信息化应用现状和发展策略

14.3.1　工程项目管理信息化应用现状

目前，我国建筑企业信息化程度仍然不高，大多数工程项目仍然使用粗放式的管理方法，管理混乱、管理模式单一，普遍存在依靠主观意识进行决策或者决策无依据的现象，信息化程度低。有的企业基本上还是按传统方法，对投资额更大、投资情况更复杂、参建方更多的工程项目进行管理。

从实际应用情况看，目前项目管理软件的应用还存在诸多问题，如软件引进不当、应用范围较窄、应用力度不够、应用缺乏规划和制度保证等，项目管理软件功能的完备程度和应用效果并不成正比。因此，国内项目管理软件应用成功的案例也并不多。其中的很多影响因素，如制度问题、对项目管理软件的理解问题、组织问题、人员问题、知识管理问题、数据管理问题等，阻碍了项目管理软件的深层次运用。

我国工程项目管理信息化总体上处在分阶段（即规划、设计、施工、投产），分流程（即造价管理、财务管理、进度管理、质量管理、文档管理、材料设备管理等）的局部应用水平，尚处于项目各阶段的信息和项目各管理流程信息之间实现数据交换和共享的集成应用的发展过程中。

随着市场压力的逐渐增大，很多建筑企业都认识到项目管理软件可以促进企业发展，但在实际操作上，各个企业有很大差别。大部分企业对此持积极态度，但是也有些企业不愿在工程项目管理软件的应用上增加投入，认为软件价格过高，而且其应用不仅在短期内不会带来效益，相反还会增加负担。当然，对于大多数中小企业来说，资金和人才也是妨碍项目管理软件应用的一大障碍。

此外，国外软件开发由于工程化、标准化程度比较完善，即使不同的程序员使用不同的开发工具，编码的风格也是一样的，就像是一个人使用同一种语言开发的。而我国的数据标准体系尚未形成，公共基础数据编码不一致，不同的软件企业所开发出的软件数据接口不同，造成不同系统中数据、信息、资料等标准的不统一，常常出现流程管理脱节的现象，使企业各部门对管理信息化工作的真正意义缺乏正确认识。因此，建立软件设计各阶段的数据交换标准也是信息化普及面临的一个瓶颈问题。

14.3.2　工程项目管理信息化发展策略

工程项目管理信息化是顺应时代发展的产物，是我国建筑业与国际接轨的重要手段。通过学习发达国家的管理经验，结合我国工程项目实际情况，积极推进信息技术发展和信息化进程，以下几个方面值得重点关注。

（1）建立以工程项目管理为中心的管理理念

工程项目管理对项目的实施提供了一种有力的管理思想，改善了对各种人力和资源利用的计划、组织、执行和控制的方法，对管理实践作出了重要的贡献。随着市场全球化、信息化的发展，客观上要求组织对资源进行最大效用的利用，具体来说就是对资源在成本、时间、质量三个方面进行全方位、全过程的控制。

对于企业来说，最重要的是项目管理理念在企业中的推广。要切实运用项目管理的专业技术，需要拥有一批具有项目管理专业技能的项目经理和专业人员。

（2）统一行业专业数据标准，建立行业数据库

业主、设计方、工程监理方、承包商与材料供应商之间的大量数据不能交换、企业数据和项目数据不能共享，这些"信息孤岛"现象就是由于缺乏信息化标准体系而造成的。目前，我国建筑行业缺乏统一的数据标准，数据格式各异，给社会化的数据共

享、交换带来极大的不便；缺少统一规划，国内相关软件存在低水平重复开发现象，总体效率低下；各部门为建立信息系统而引进的各业务子系统之间缺少联系，不能集成；大量数据需重复录入，导致不必要的劳动重复。建立数据交换标准已经是信息化普及的一个瓶颈问题，有关方面应当组织相关专家进行交流研究，借鉴国外的成功经验，建立行业信息化标准。

虽然制定统一标准可以实现数据共享，但毕竟在短期内难以实现，从这一点来考虑，企业自行开发或购买第三方接口软件比较现实和经济。第三方接口软件的功能是通过一系列的技术支持，将各个系统连接起来，将数据进行实时转换，实现信息交换和信息共享以及其他的功能，从而实现企业内部不同系统间的兼容，还可以通过 Internet 专网实现跨地域的数据共享和交换。

（3）选择合适的软件产品

目前，很多企业都拥有了各种各样的项目管理软件，但各个企业和各个项目上的应用水平和应用深度却有很大的不同。管理水平较高的企业或项目拥有一整套完整的项目管理软件应用规范和与之相配套的相关规定，在项目管理软件的应用上得心应手；而相当一部分项目和企业对项目管理软件的应用仅仅局限在一个很低的水平上，这里除了有硬件和人员方面的因素外，很大程度上还在于管理意识、管理基础和管理水平与项目管理软件应用的要求存在一定的差距。项目管理软件的应用能否取得成功，除了相关的技术因素之外，更大的因素将取决于能不能将先进的管理理念同企业的具体实际良好结合。因此，如何选择一个能与企业实际相融合的软件，是当前大部分企业和工程项目的参与方应着手解决的问题。

（4）提高从业人员素质，从业主方开始推广工程项目管理信息化

从业人员水平的提高对管理信息化的发展有很大的作用。目前，我国缺乏对工程项目管理专业人才的规范培养和资质认定，企业应给工程项目管理人员提供培训的机会，并定期组织开展工程项目管理的交流和研讨，以进一步提高工程项目管理人才的素质。要深入推广工程项目管理信息化，应该从对管理理论和管理工具需求最迫切、信息化能力和操作水平相对较高、在整个工程项目建设中处于主导地位的一方，即业主方着手。从业主方开始实施工程项目管理信息化，不仅能减少阻力，而且能够尽快体现控制工期、节省费用的成效。业主方处于建设项目投资人的重要地位，工程总承包方、工程监理方都要向投资人负责，从业主方开始实施，建立一个针对工程项目的多方沟通管理平台，有利于提高各方的项目管理水平，并可以逐步向工程总承包方、工程监理方、施工方推广工程项目管理信息化。

14.4　工程项目管理信息化的实施策略

工程项目管理信息化属于建筑业行业信息化范畴，和企业信息化也有一定关系，因此工程项目管理信息化的实施受这两方面信息化水平的影响。要解决工程项目管理信息化问题，仅从单个项目的信息化来实现是不够的。工程项目管理信息化水平不高，从客观背景来看，其和建筑业整体信息化水平不高是直接相关的。因此，要实施工程项目管理信息化，从宏观层面来讲，必须大力推动建筑业行业信息化以及建筑业企业信息化。目前，我

国已经制定出建筑业行业信息化发展战略，建筑业企业也开始逐步进行信息化建设，这给工程项目管理信息化提供了良好的发展机遇和发展基础。

工程项目管理信息化的实施涉及更多的是微观方面，这也是工程项目管理信息化推进过程中需要解决的实际问题，如单个项目信息化实施的组织与管理方案、相关人员思想意识的转变、项目管理软件的选择、项目文化的建立、信息管理手册的制定等。微观问题并不是小问题，只是相对于宏观问题而言，它在整个信息化体系中所处的层次较低，但却是影响工程项目管理信息化的关键问题，甚至某个细节问题（如文件分类标准的确定）的处理不当也会导致整个工程项目管理信息化的失败。

14.4.1　工程项目管理信息系统实施模式分析

工程项目管理信息系统的实施模式根据项目特点、规模、项目参与方的状况以及信息化程度的不同而有所不同，一般来说可以分为：全新开发模式、完全购买商品化软件模式以及以商品化软件为核心定制开发的实施模式（图14-11）。

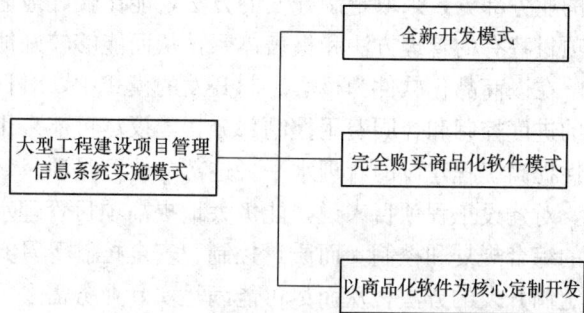

在上述三种实施模式中，第一种全新开发模式是指整个系统基本为定制开发，所有功能完全针对具体的项目管理业务，具有完全的符合性和针对性，除开发环境和开发

图14-11　工程项目管理信息系统实施模式

工具外，基本上不需要选购商品化的项目管理软件。而后两种模式都需要选购一定的商品化项目管理软件，区别为：一种是全部采购方式，基本上不做任何二次开发或只做极少量的二次开发；另一种是部分采购方式，需要在商品化软件的基础上做大量的二次开发。

（1）全新开发模式

全新开发模式具有完全针对特定项目、管理方法和模式完全适用的特点，但一次性投入的费用会比较大，而且需要组织或委托专业开发队伍来进行系统开发与维护。由于开发周期会比较长，而且软件产品的成熟需要一定时间，因此整个系统的实施周期也会拉得比较长，实施的风险也比较大。因为工程项目具有一次性和时限性的特点，所以全新开发模式往往会出现当软件可以使用时，项目也基本结束的尴尬状况。另外，有一点不容忽视的是，由于全新开发模式的高度针对性，因此在系统设计时非常容易将现有的管理流程和管理方法完全复制到信息系统中，结果只是实现了现有的管理流程自动化，而没有依据项目管理思想进行优化，使项目建设丧失了通过信息系统的实施提高管理水平和管理能力的机会，对大型建设工程项目而言，这点尤为突出。

（2）完全购买商品化软件模式

完全购买商品化软件模式是指通过购买目前相对比较成熟的商品化软件直接实施的方式，二次开发基本没有或很少，缩短了应用准备时间。由于成熟的商品化项目管理软件往往通过信息系统的实施能够提高项目建设的管理水平和管理能力，而且由于不需要开发，投入运行时间也比较短，因此对工程建设的作用比较大。当然，完全购买商品化软件模式也存在一些比较大的问题。最为突出的就是，目前还没有能够覆盖工程项目管理全业务领域的软件，软件功能集中在相对比较成熟的进度控制和合同费用控制方面，而质量控制、安全控制、材料机具管理等由于地域、行业差别较大，很难有统一的软件产品。另外，对一些特有的管理方法和报表体系，商品化软件往往比较难以实现，这在相当程度上影响了项目管理业务部门的积极性。因此在软件的实施过程中，可能发生信息系统和实际业务操作脱节，导致系统处于闲置无用状态，并最终失败。

（3）以商品化软件为核心定制开发模式

以商品化软件为核心定制开发的模式综合了上述两种模式的特点，较为适合中国目前的大型工程建设现状。通过购买一定的项目管理成熟商品化软件作为核心，整个工程项目管理信息系统能够在符合项目管理思想的框架内搭建，能够提高项目建设的管理水平和管理能力，系统也较为成熟可靠，投入运行时间也相对比较短。同时针对地域、行业差别较大的业务部分，采取定制开发的方法，能比较好地适合工程项目管理的现有情况，也能实现项目特有的管理方法和报表体系，从而能够较好地适应项目的实际业务。

在以商品化软件为核心定制开发的模式中，对目前功能相对比较成熟的、通用性比较高的进度控制和合同费用控制部分，建议尽可能采用国际一流的项目管理商品软件，以实质性提高工程建设的管理水平。这部分业务是项目管理工作比较核心，也是非常关键的部分，对建设工程项目来说，能极大地提高项目管理水平和工作效率，实现对项目时间、投资的综合规划和控制。而质量控制、安全控制等具有地域与行业特色的项目管理业务则采取定制开发的方法，从而尽可能满足实际业务需要。购买商品化软件为核心定制开发模式成功率较高，主要风险是定制开发部分与购买商品化软件部分的集成效果。

14.4.2   工程项目管理信息化实施咨询策略

在工程项目管理信息化实施过程中，咨询策划的作用非常重要，是系统目标实现程度的关键保证。信息化建设单位借助项目管理信息化方面的咨询意见，丰富自身在管理信息化方面的知识、经验和力量，切实把握和解决好信息化规划和建设过程中的一些带有规律性、普遍性和策略性的问题，以确保信息化建设顺利进行并取得成功。

一个信息系统的建设和开发需要有经验丰富的专业工程师的全程参与，如熟悉信息技术的工程管理信息化方面的专家和熟悉工程建设的信息技术专家。这些专家不仅需要提供性能可靠、功能齐全的建设行业软件和科学的实施方法，而且还需要提供项目管理基础知识、项目管理信息化理论和方法、网络及计算机技术等方面的咨询。具体来说，大型建设工程项目管理信息系统实施的咨询主要包括：业务规划、流程重组、信息发展战略、系统结构分析、系统构建及系统管理等方面多层次、全方位贯穿信息系统整个生命周期的顾问咨询服务。

（1）系统实施方案和实施计划的制定

咨询策划主要针对现行体制中的不足及目前所需的信息，会同建设单位确定对系统的具体要求方案，以及确定项目的计划和目标，并建立实施所必需的系统环境。项目实施目标是指通过信息系统项目的全部实施，使大型工程项目建设单位获得的技术设备平台和达到的技术操作能力。而项目实施计划则是约定的整个实施过程中各个阶段的划分、每个阶段的具体工作及所用时间、工作成果表现形式、工作验收方式及验收人员、各时间段的衔接与交叉处理方式，以及备用计划或变更计划的处理方式。

（2）提供项目组织建议

咨询策划帮助信息化建设单位建立项目管理信息系统实施工作小组，重点是建立信息系统建设的共识及沟通协调的有效模式。根据项目的进度以及现实工作的不同，工作小组可以采取协调会议、配合工作、情况报告、交换记录等多种灵活的工作方式，以确保双方沟通顺畅，有效地凝聚群体力量。

（3）提供业务流程的梳理与优化

信息化建设成败的关键一环，就在于信息技术能否与业务流程取得高效融合。所以，信息化建设要以业务流程为出发点，而不是 IT 技术；以管理变革为出发点，而不是数据。咨询策划在系统正式实施前，需要先对工程项目现有的业务流程进行详细的调研，分析诊断之后，找出核心问题，确定核心流程，以评估流程绩效为主要优化手段，设计目标流程，实现职能型向流程型管理的转变，实现组织的扁平化（图 14-12）。

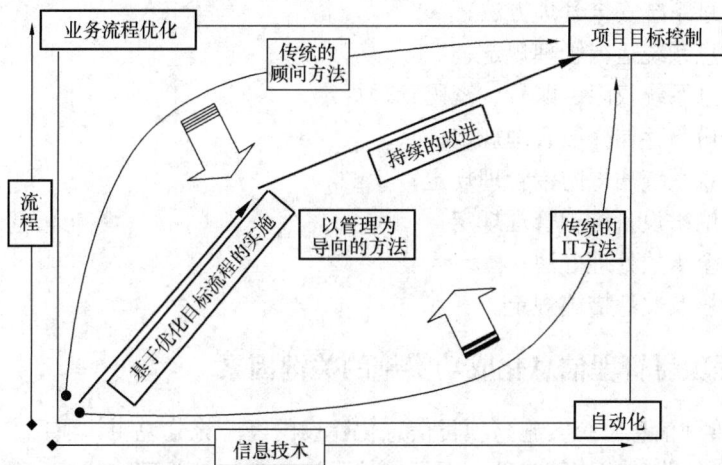

图 14-12　业务流程的梳理与优化

（4）信息编码体系的规划与建立

信息编码对工程项目信息化管理具有重要的指导意义和现实意义。项目编码是将事物或概念（编码对象）赋予有一定规律性、易于计算机和人识别与处理的一个或一组有序的符号。制定信息编码体系的目的是：设定编码对象的唯一标志，以提高信息处理的效率，便于信息的交流，实现信息资源的共享，促进信息的利用。系统在开发过程中，对系统编码的设定应作灵活设计，方便用户自定义设置。为了保证系统顺利运行，发挥最佳效率，必须对系统需要的信息代码进行统一编制规定。

咨询策划需要协同建设单位，结合实际情况编制"代码标准编写规则"，详细规定标准的主题、适用范围、引用标准、内容构成以及编写细则等，以指导各部门按照标准格式和内容编写"代码标准"，并作为项目标准或正式文件强制要求相关部门使用。代码编制完成后，需制定出代码的使用和维护制度，保证"代码标准"在全项目中执行。

"代码标准"主要有如下几种类型：项目分解结构信息编码，工作分解结构信息编码，费用分解结构信息编码，质量分解结构信息编码，部门与单位类信息编码，人力资源类信息编码，物资类信息编码，工程类信息编码，合同、计划类信息编码，资料档案类信息编码，计量单位类信息编码，其他自然特性信息编码如国家、地域等。

（5）信息系统框架的搭建

在流程优化和"代码标准"确定的基础上，建立含功能模型和数据模型的信息系统框架。各职能域的信息系统框架需按系统工程的思想方法，由部门领导、管理人员和系统分析人员从整体上构思和把握，在大量分析综合工作的基础上完成。在建立工程网络/信息系统框架过程中，项目业主方、开发单位在系统建设的总体规划方面要逐步达成共识，从而有效推进工程项目管理的信息化建设。

（6）信息管理制度的建立

对工程项目管理信息系统的实施，只有依靠严格的信息管理制度，才能保证其正常运行。咨询单位有辅助建设单位建立一整套信息管理制度的义务，以保证项目管理信息系统的实施能够在正常轨道上进行。大型建设工程项目的信息管理制度一般有：

1）项目信息管理组织机构及岗位职责描述；

2）项目信息系统安全管理方法；

3）项目信息系统运行管理规定；

4）项目信息系统权限、账号、密码管理规定；

5）数据备份与存储介质管理规定；

6）项目信息系统病毒防治管理规定；

7）硬件、网络设备维护管理规定；

8）系统安全事故处理办法；

9）岗位考核及奖惩措施规定。

14.4.3　工程项目管理信息化成功实施的关键因素

工程项目管理信息系统实施与项目信息化建设的经验充分说明，项目实施团队的素质与水平是信息系统成功实施的基础，而领导的重视与参与是关键。此外，下面一些因素对工程项目管理信息系统的成功实施影响重大，是项目管理信息系统成功实施的关键因素CSFs（Critical Success Factors，简称CSFs）。

（1）企业领导的直接参与。高层管理人员的积极参与，对于落实足够的资源、快速而有效的决策、促使在企业范围内接受都是非常关键的。

（2）清晰的项目目标和范围。项目范围蔓延最终导致项目失败，特别是过多的客户化需求，必须努力使客户的管理模式从现有管理模式向应用管理模式转变。

（3）标准的企业流程。各具"特色"、凌乱和随意不规范的业务流程会给系统在企业范围内的实施带来麻烦，必须标准化企业的各种业务流程。

（4）实施各个阶段评审、进度报告。对软件应用规划方案和初步运行模型的评审非常必要，至少要每周向双方高层报告实施进展情况。

（5）实施小组的有效运作。仅成立实施小组是不够的，小组成员必须为项目实施有效工作。最好有专职的实施配合人员，如果没有，也必须与其主管领导说明，实施期间小组成员的主要工作是什么、工作时间和内容该如何分配等。

（6）良好的IT基础设施。实施不仅包括计算机和网络实施，也包括人力。基础设施的可用性出现问题将导致项目延期，增加成本。

（7）建立变更应对计划，进行风险管理。信息化的实施可能导致实施单位业务流程的变化。在实施过程中，应当采取变更管理的措施来处理员工失去方向的迷惑感。如果不对这些进行管理，可能危及项目的成功实施。

（8）运行管理小组和最终客户的良好培训。

（9）管理与其他系统之间的接口。

工程项目管理信息化是集管理科学、信息科学、系统科学及计算机科学为一体的综合性学科，研究工程项目管理信息化的全过程，目的是有效管理信息，提供各类精细、正确的管理决策信息，辅助进行工程项目管理。

工程项目管理信息化不是简单地选择和开发相应的软件和硬件，更为重要的是需要有相关工程管理理论、管理程序以及软件与管理过程结合的实施保障。软件和硬件是信息系统实施的最终成果，但其开发与运行是否成功的关键取决于人的因素。工程项目管理信息化的构成，如图14-13所示。

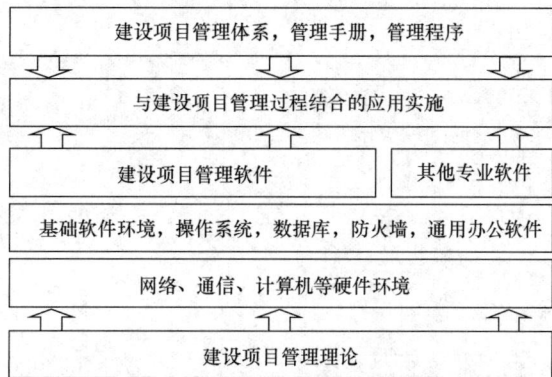

从图14-13中可以看出，工程项目管理信息化的构成包括工程项目管理理论、基础软件和硬件环境、项目管理软件和其他专业软件、与项目管理过程结合的应用实施、工程项目管理体系、管理手册和管理程序等，它是由若干个相互关联的因素组成的整体。工程项目管理信息化是以项目管理理论为支撑，只有蕴涵了先进理论的信息系统才有灵魂和价值。工程项目管理信息系统所需硬件和基础软件包括服务器、网络、操作系统以及办公软件等，其中服务器和网络是关键。围绕着工程项目管理的关键业务，审慎选择或开发与工程建设匹配的软件，以及进行必要系统的集成和二次开发是工程项目管理信息化的重中之重。工程项目管理信息系统的应用实施和服务需要由专业的咨询和项目管理专家来协助，以保证系统实际业务的正常运行。通过信息化建设，形成与之匹配的工程项目管理体系、管理手册和管理程序，使信息化落实到实处，才能真正实现信息化建设的目的。

图 14-13　工程项目管理信息化构成图

复习思考题

1. 简述信息化的背景及其发展战略。
2. 简述工程项目管理信息化的发展过程。
3. 简述项目信息门户（PIP）和项目管理信息系统（PMIS）的区别。
4. 如何通过基于网络平台的工程项目管理系统来进行决策支持？
5. 简述 BIM 定义及其应用价值。
6. 简述工程项目管理信息化实施成功的关键因素。

计 算机辅助工程项目管理是工程项目管理理论和现代
信息技术在工程建设领域的运用，是现代化工程项
目管理的体现。本章介绍工程项目管理信息系统的内涵及其
应用的必要的组织件、硬件、软件和教育件，讨论工程项目
进度管理信息系统、合同和投资管理信息系统，并给出实际
工程项目的应用案例。

15.1　计算机辅助工程项目管理概述

15.1.1　计算机辅助工程项目管理的含义

计算机辅助工程项目管理是项目建设参与各方进行工程
项目管理的手段。计算机辅助工程项目管理在国内外的运用
已较普遍，如 MS Project、Primavera Project Planer 等软件
的应用。这些软件都是关于工程项目的进度与计划管理、成
本管理及合同管理等方面的。也有专门针对工程项目管理的
信息系统（Project Management Information System，简称
PMIS）。运用工程项目管理信息系统是为了能够及时、准
确、完整地收集、存储、处理项目的投资（成本）、进度、
质量、安全的规划和实际的信息，以迅速采取措施，尽可能
好地实现项目的目标。

工程项目管理信息系统与管理信息系统是两个完全不同
的信息系统。工程项目管理信息系统是计算机辅助工程项目
目标控制的信息系统，它的功能是针对工程项目的投资（成
本）、进度、质量、安全目标的规划和控制而设立的。管理
信息系统是计算机辅助企业管理的信息系统，它的功能是针
对企业的人、财、物、产、供、销的管理而设立的。

针对项目建设参与各方的工程项目管理，即建设单位
（业主方）、设计方、施工方、供货方、建设项目总承包方的
工程项目管理，形成了不同类型的项目管理信息系统。

15.1.2　工程项目管理信息系统的结构和功能

1. 工程项目管理信息系统结构

工程项目管理信息系统结构如图 15-1 所示，主要由进

计算机辅助工程项目管理

度控制、投资（成本）控制、质量控制、合同管理、HSE（职业健康、安全、环境）管理五个子系统组成，五个子系统共享数据库，并相互之间互有联系。

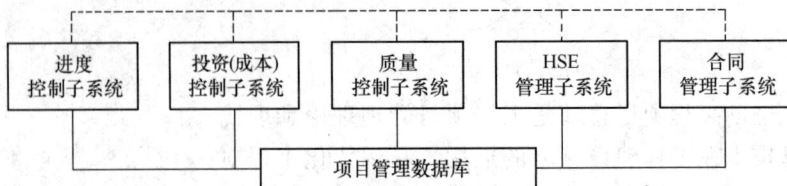

图 15-1　工程项目管理信息系统结构

2. 进度控制子系统的功能

进度控制子系统的基本设想是通过项目计划进度和实际进度的不断比较，使进度控制者及时获得反馈信息，以控制项目实施进度。

进度控制子系统实施的基本方法是网络计划编制方法、计划进度与实际进度比较方法。计划进度和实际进度的比较可通过工作开始时间、工作完成时间、完成率、形象进度的比较等来实现。

进度控制子系统的基本功能是编制双代号网络计划、单代号搭接网络计划和多平面群体网络计划，进行工程实际进度的统计分析、实际进度与计划进度的动态比较、工程进度变化趋势预测、计划进度的定期调整、工程进度各类数据的查询，提供针对不同管理平面的工程进度报表，绘制网络图和横道图等。

3. 投资（成本）控制子系统的功能

投资（成本）控制子系统的基本设想是通过工程项目的投资（成本）计划和投资（成本）实际值的不断比较，使投资（成本）控制者及时获得信息，以控制项目计划投资（成本）目标的实现。

在工程项目建设过程中，与项目投资有关的费用有投资匡算、设计概算、施工图预算、标底（招标控制价）、投标价、合同价、工程结算、竣工决算等。投资计划值与实际值的比较是一个动态的过程，即将以上与投资有关的费用进行比较，从中发现投资偏差。如果将工程项目设计概算作为计划投资目标值，在进行概算和预算比较时，概算是计划值，预算是实际值；在进行预算与合同价比较时，预算是计划值，合同价是实际值；在进行合同价与结算比较时，合同价为计划值，结算为实际值。投资控制子系统实施的基本方法是将工程项目总投资按照投资控制项进行切块，求出项目投资计划值与实际值的差及该差值在投资计划值中所占的比例，尤其应注重占据 80％项目总投资额的 20％的投资控制项。

投资控制子系统的基本功能是开展投资切块分析，编制项目设计概算和预算，进行投资切块与项目设计概算的对比分析、项目设计概算与预算的对比分析、合同价与投资切块及与设计概算和预算的对比分析、实际投资与设计概算及与预算和合同价的对比分析、项目投资变化趋势预测、工程结算与预算及合同价的对比分析、项目投资的各类数据查询，提供针对不同管理平面的项目投资报表等。

4. 质量控制子系统的功能

质量控制子系统的基本设想是辅助制定工程项目质量标准和要求，通过工程项目实际质量与质量标准、要求的对比，使质量控制者及时获得信息，以控制工程项目质量。

质量控制子系统实施的基本方法是质量数据的存储、统计和比较。

质量控制子系统的基本功能是制定工程项目建设的质量要求和质量标准，开展分项工程、分部工程和单位工程的验收记录及统计分析，进行工程材料验收记录、机电设备检验记录（包括机电设备的设计质量、监造质量、开箱检验情况、资料质量、安装调试质量、试运行质量、验收及索赔情况）、工程设计质量鉴定记录、安全事故处理记录，提供工程质量报表等。

5. HSE（健康、安全、环境）管理子系统的功能

HSE管理子系统的基本设想是将安全、职业健康和环境保护的理念融入工程项目管理和控制活动的全过程，通过规范安全健康环境管理业务流程，实现对工程项目建设全过程的监督、管理，保障整个工程安全文明施工和交付。

HSE管理子系统实施的基本方法包括安全健康环境保障体系的建立、监督、监察，安全计划、安全教育培训，安全健康环境检查与反馈，不符项管理、安全考核、风险控制及危险点分析，重要物项管理等。

HSE管理子系统的基本功能是安全保障体系、安全组织机构、安全网络的建立和维护，开展安全计划管理，安全教育培训管理，安全资质管理，应急内容管理，每周安全周报、安全检查、风险控制及危险点分析、不合格项管理，工器具与设施管理，事故管理，安全奖惩、安全考核、安全会议及会议纪要管理等。

6. 合同管理子系统的功能

合同管理子系统的基本设想是对涉及工程项目勘察设计、采购、施工、工程监理、咨询和科研等全部项目实施合同的起草、签订，执行的跟踪管理、归档、索赔等全部环节，进行辅助管理。

合同管理子系统实施的基本方法是用于合同文本起草和修改的公文处理和合同信息的统计，通过合同信息的统计可以获得月度、季度、年度的应付款额、合同总数等信息。

合同管理子系统的基本功能是提供和选择标准的合同文本，开展合同文件及资料管理、合同执行情况跟踪和处理过程管理、涉外合同外汇折算、经济法规库（国内外经济法规）查询，提供合同管理报表等。

15.1.3　工程项目管理信息系统应用的条件

应用工程项目管理信息系统必须具备以下条件。

（1）组织件

组织件即要有明确的工程项目管理组织结构、项目管理工作流程和项目信息管理制度。工程项目信息管理制度是计算机辅助工程项目信息管理系统的基础，这是软件系统能正常运行的组织保证，没有它，软件系统则难以正常运行。

工程项目信息管理制度包含三部分内容：

1）项目管理信息结构图。是对项目管理组织结构图中各部门对外主导信息流程的规定。

2）项目管理信息编码。包含项目编码、参与项目实施的单位和部门的组织编码、投资控制信息编码、进度控制信息编码、质量控制信息编码、合同管理信息编码等。

3) 信息卡和信息处理表。即对每一条信息均明确信息分类编号、信息名称、信息内容、提供者、提供时间、处理者、处理时间、处理结果、接受和归档者等。

（2）硬件

硬件即计算机设备，一般包括服务器、小型机、微机和微机网络等。

（3）软件

软件即要有工程项目管理信息系统正常运行的操作系统、系统软件和应用软件等软件环境。

（4）教育件

教育件即要对计算机操作人员、工程项目管理人员和领导进行培训。

计算机辅助工程项目管理是现代化项目管理的必备手段，许多工程项目的建设单位均有运用工程项目管理信息系统的迫切要求，而要成功地运用工程项目管理信息系统必须在组织件、教育件上花工夫。

15.2　工程项目进度管理信息系统

15.2.1　进度管理信息系统概述

工程项目进度管理信息系统是工程项目管理信息系统（PMIS）的核心。进度管理信息系统即时间协调与项目进展分析控制系统，是工程项目管理的基础。从工程项目管理的理论看，项目实施过程是由一系列相关的"工作"构成的，而工作需要投入相应的资源才能在一定的时间内完成。因此，进度管理信息系统不是简单的时间管理，时间管理仅是其表象，而进度管理牵涉到资源的均衡、进度的协调与控制。工程项目实施过程中，任何工作都是进度管理的对象。工程项目进度信息系统通常采用网络计划技术。

鉴于工程项目进度管理的复杂性，很难将工程项目实施过程中所有工作纳入到进度管理信息系统进行管理，一般进度管理信息系统的管理对象为项目主要进度计划工作，而其他一些辅助性工作通过其他系统与进度管理信息系统集成加以解决。

随着项目管理技术与信息技术的发展，以网络计划技术为基础的工程项目管理软件日益成熟，基本上能满足工程项目进度管理的需求，因而计算机辅助工程项目进度管理信息系统可根据工程项目的实际情况与管理要求选用不同层次的商品化项目管理软件。

目前，国内外工程建设领域使用较为广泛的具有代表性的商品化项目管理软件有美国Oracle公司的P6软件（原Primavera公司的P3E/C软件），以及美国微软公司的Project软件。P6软件在工程建设领域以其专业性而著称，可满足多层次多用户对复杂的建设工程项目计划进度管理的需求。而Project软件以其易用性受到计划人员的欢迎。提供商品化项目管理软件的还有SAP、CA等公司。

15.2.2　进度管理信息

工程项目进度信息管理的对象为工作，因而工程项目进度控制的基本信息为工作所包含的信息以及管理需要的相关分类信息。按照工程项目管理理论，任何工程项目通过项目工作分解（WBS）划分为若干项目管理基本单元，这些基本管理单元由一项或多项工作构成。项目进度信息管理就是合理安排与协调工作时间。

影响工作时间安排的因素很多，例如资源、费用、限制条件等。这些因素也是工程项目进度控制所要考虑的信息。这些信息与工作或项目工作分解有关。以下是工作的有关信息，这些信息在工程项目进度控制中起重要作用。

1. 工作基本信息

（1）工作代码。在一个工程项目内工作的唯一识别码。

（2）工作名称，工作说明与描述。

（3）工作持续时间。工作所需要的时间，常用工期的单位为小时或天。

（4）工作间逻辑关系。工作间的工艺或组织关系，对于单代号搭接网络计划采用四种逻辑关系，即 FTS（完成－开始关系）、STS（开始－开始关系）、FTF（完成－完成关系）、STF（开始－完成关系）。

（5）工作时间限制。

（6）工作完成所需资源。

（7）日历。

2. 工作的有关管理属性

（1）项目分解结构（PBS）。

（2）工作分解结构（WBS）。

（3）组织分解结构（OBS）。

（4）成本科目与分类（CA）。

（5）工作分类码。

（6）资源角色。

（7）资源分类。

（8）项目分类。

（9）赢得值设置等。

15.2.3 进度管理信息编码

对信息进行编码是计算机辅助工程项目进度管理的重要步骤。随着工程项目进度管理信息系统越来越多地采用商品化项目管理软件，信息编码实际上是商品化软件客户化的应用过程。通过编码规则的策划与制定，可规范计算机存储的相关数据与信息。根据工程项目进度管理的需要，常用的工程项目进度控制信息编码如下：

（1）工作代码。

（2）项目分解结构。

（3）工作分解结构。

（4）组织分解结构。

（5）资源编码。

（6）计划层次编码。

（7）项目分类码。

（8）工作分类码。

某大型桥梁工程的项目分解结构示意，如图 15-2 所示。

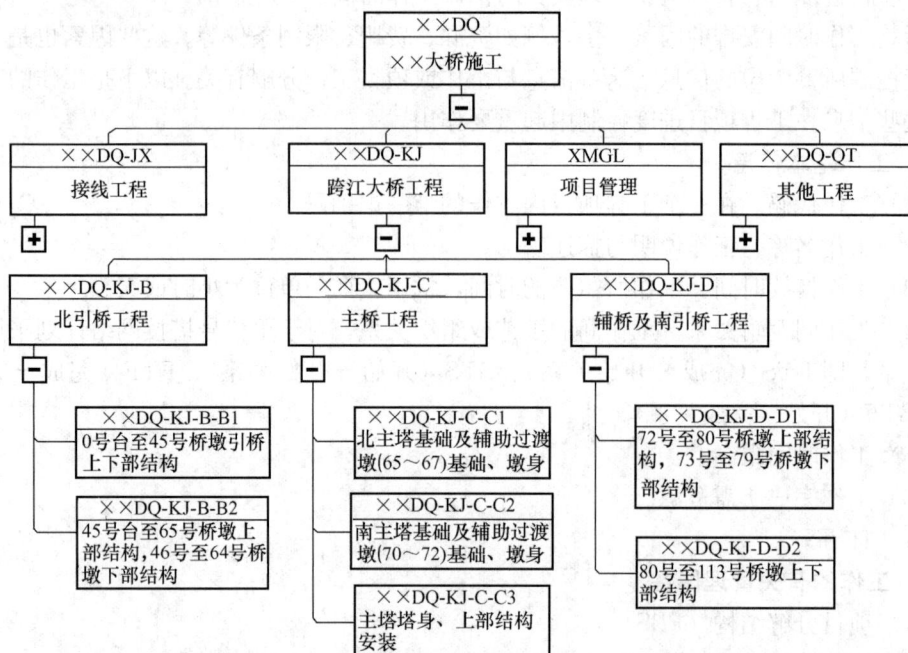

图 15-2　某大型桥梁工程项目分解结构（PBS）示意图

某大型桥梁工程项目某标段的工作分解结构示意，如图 15-3 所示。

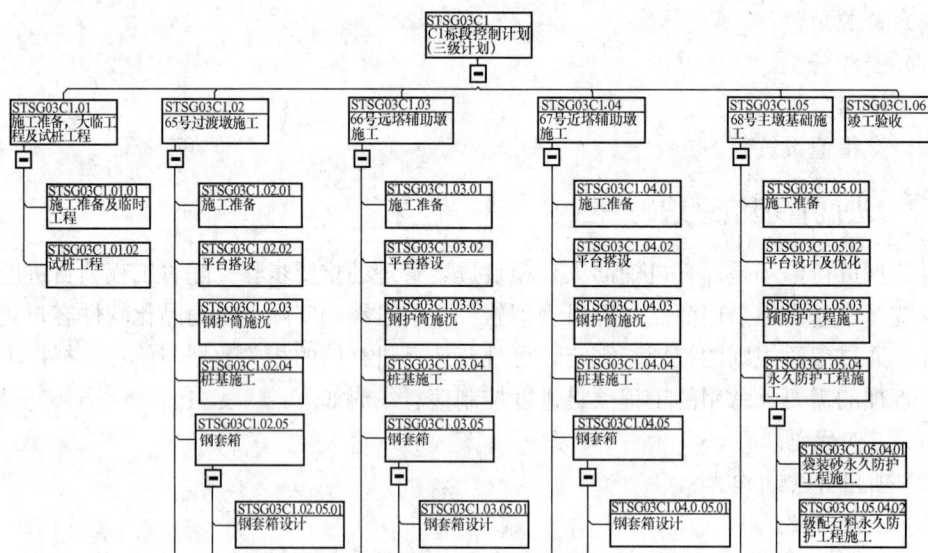

图 15-3　某大型桥梁工程项目某标段工作分解结构（WBS）示意图

15.2.4　进度管理信息系统功能定义

根据工程项目进度管理的实际需求，结合工程项目管理理论，可从四个方面归纳总结工程项目进度控制信息系统的功能需求，每一方面包含若干个子功能，分别简述如下。

1. 项目实施过程模拟功能

项目实施过程模拟功能是工程项目进度管理信息系统必须具备的基本功能。项目实施过程模拟一般通过广义网络计划技术实现。对于大型建设工程项目，由于存在不同层面管理协调的要求，因而需要系统具备处理多平面网络计划的功能。为了实现过程模拟，以下一些功能是必不可少的：

（1）结构化管理模型定义功能。

（2）以工作为核心的计划编制功能。

（3）通过工作的各种属性设置来模拟真实活动。

（4）采用网络计划技术编制工作计划。

（5）多项目（标段、子项目、不同层次项目）管理功能。

（6）多项目协调计算功能。

（7）进展模拟分析功能。

2. 统计分析功能

工程项目进度管理信息系统需要有很强的统计分析功能，统计分析功能的特点主要体现在动态控制上。工程项目进度管理信息系统需要有以下一些功能：

（1）不同层次（WBS、标段、子项目、项目等）进度汇总功能；

（2）资源平衡功能；

（3）赢得值（Earned Value）分析功能；

（4）资源、费用统计汇总及按时间分布分析功能；

（5）多项目组合（Portfolio）分析功能；

（6）多目标对比分析功能。

工程项目进度管理是对工程项目时间、资源、成本的综合管理，因此，工程项目进度管理需要对项目的时间、资源、成本目标进行综合监控。工程项目进度控制系统还需要具备以下扩展功能：

（1）项目健康状态（时间、资源、成本）直观展示功能。

（2）不同层次（项目、WBS、工作）多指标（时间、资源、成本）监视临界值设置功能。

（3）各种临界值指标手动/自动监控功能。

（4）监控结果跟踪处理功能。

3. 多用户多角色应用功能

在工程项目管理过程中，业主、工程监理、承包商等相关单位的人员将参与不同层次的计划编制、进展反馈、分析协调、跟踪控制过程。由于不同角色在进度控制过程中对进度控制系统的需求不同，因而需要考虑系统的多用户多角色应用功能。多用户多角色应用功能主要体现在软件模块（组件）的组合、系统数据权限与功能权限以及不同数据库间数据交换等方面。工程项目进度管理信息系统要具备的满足多用户多角色应用的功能，具体如下：

（1）按宏观掌控、计划编制、分析控制、执行反馈、经验积累划分的软件模块。

（2）灵活严谨的数据范围权限与功能权限设置，用户的部分功能权限要与其相应的数据范围匹配。

（3）大型建设工程项目需要有多用户同时对一个项目数据进行存储访问的功能；

（4）项目数据导入导出以及对比分析功能。

4. 动态报表与信息发布功能

工程项目建设过程中，项目建设参与者间有序的信息发布与共享将促进工程项目的管理和沟通。工程项目进度管理系统需要有性能良好的可定制的动态报表与信息发布功能，编制的报表以及发布的信息能够依据范围权限的设定供工程项目决策层以及非项目进度管理专业人员使用。动态报表与信息发布功能主要体现在以下几个方面：

（1）自定义报表编辑功能；

（2）批量报表执行功能；

（3）视图打印发布、支持"所见即所得"的功能；

（4）支持结构化自定义项目信息发布功能。

15.2.5　进度管理信息系统应用

1. Oracle P6 概述

P6 软件在国内大型建设工程项目实施过程中，越来越受到项目管理人员的推崇，在应用过程中也积累了较丰富的经验。P6 系列软件是美国 Oracle 公司在原 Primavera P3E/C 的基础上发展起来的新一代企业级项目管理软件，它集中了 P3E/C 软件 20 多年的项目管理精髓和经验，采用最新的 IT 技术，在大型关系数据库上构架包含现代项目管理知识体系的、高度灵活的、以计划-协同-跟踪-管理-控制-积累为主线的企业级项目管理软件，是现代项目管理理论演变为实用技术的代表。P6 窗口如图 15-4 所示。

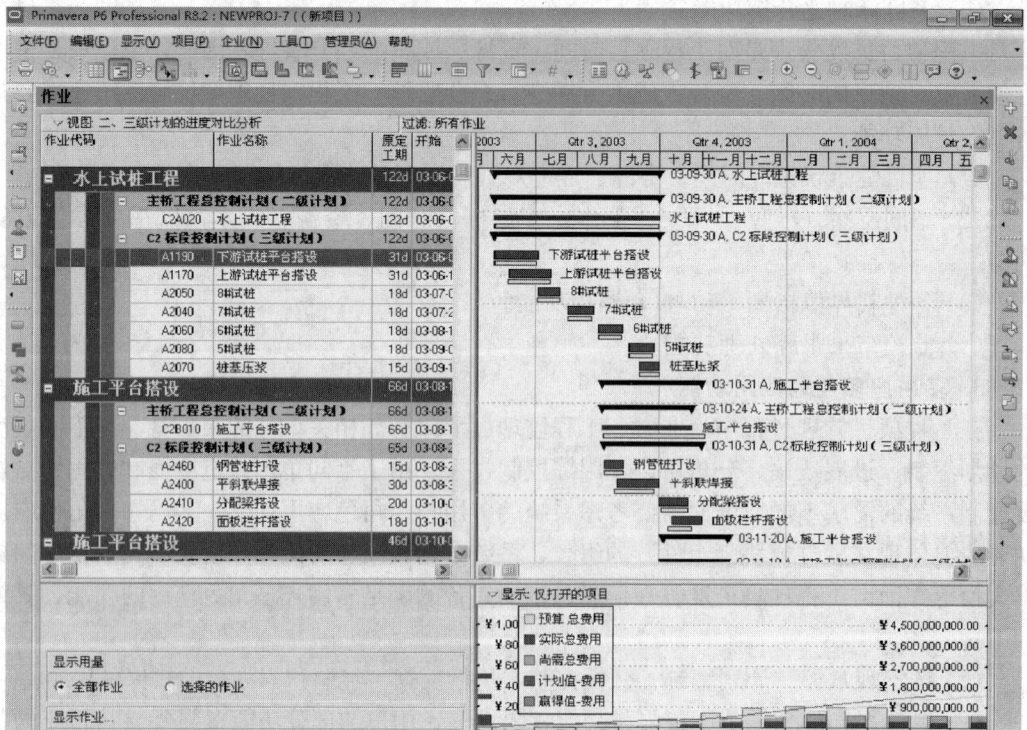

图 15-4　P6 软件窗口

P6 允许多个用户在同一时间使用统一配置的安全权限来访问所有的项目信息。P6 是一个包括了基于 Web 客户端、服务器端以及桌面的多个软件整体集成解决方案，为团队中的每个成员提供了符合各自角色身份的、满足各自职责和技能需求的功能。同时，还可以提供所有进行中的项目全面详尽的信息，从高级管理层需要的汇总信息到每个团队成员的详细工作分配信息，应有尽有。并且，不断提供可视化的、及时的和准确的信息，为整个项目团队建立清晰的职责划分。由于可以通过 Web 来访问项目信息，每个团队成员都可以接受定制的、精细到每分钟的（如果需要的话）工作分配并且进行进度反馈。正因为如此，客户/业主在任何时间、任何地点均可以了解项目状态。

下面，结合该软件在某火力发电工程建设中的应用情况，进行软件应用的简要介绍。该工程项目位于珠江三角洲，为在原发电厂基础上新增两台 600MW 超临界燃煤机组，建设工期为：3 号机组 29 个月；4 号机组 34 个月。P6 软件在该项目上的成功应用得到了项目相关单位以及有关人士的好评，为项目的顺利建设提供了可靠的专业的项目管理工具。

2. 进度管理策划

（1）进度计划管理层次划分

整个火力发电工程项目进度计划层次分为四级。各级计划并存于一个数据库中，用户根据范围及功能权限可对项目数据进行编辑、分析与监控。各级计划定义如下：

1）一级进度计划，即里程碑计划，反映项目主要里程碑及其进度要求；

2）二级进度计划，即业主编制的指导性项目总进度计划或通过由各承包商标段总进度计划汇总合并协调后形成的项目总控制性计划；

3）三级进度计划，即各承包商根据合同要求编制的标段总进度计划以及设计供图计划、主要设备制造供应计划等；

4）四级进度计划，即根据三级进度计划逐步细化滚动编制的详细工作实施计划。

（2）进度计划管理重点

工程项目进度计划管理重点在于多标段多层次的计划统筹协调、项目进展测评与分析以及项目进展控制。在该火力发电工程项目中，进度计划管理重点在于：

1）协调各层次计划；

2）监控设计、制造与采购、工程施工进度；

3）建立统一的进展测量体系；

4）模拟分析项目进展；

5）动态工程费用控制；

6）结合进展测量体系进行进度付款管理。

3. 进度管理编码

在该火力发电工程项目上，业主与主要施工承包商购置了多用户网络版 P6 软件，项目业主与工程监理单位共用业主购置的软件，业主的软件同时也为一些承包商提供应用端口。主要施工承包商在满足业主管理要求与数据交换要求的基础上，构建自己的项目进度管理编码系统。业主的进度管理编码以及系统用户访问控制简述如下。

（1）系统主要编码

1）项目分解结构

项目分解结构采用 P6 软件的 EPS（Enterprise Project Structure，简称 EPS），EPS

是层次化企业项目分解结构，在一个企业内可以根据项目业务的类别或区域化数据汇总分析的要求建立。在该火力发电工程项目上，根据项目管理业务划分以及工程主要标段划分建立项目分解结构。项目分解结构及编码节录，如图15-5所示。

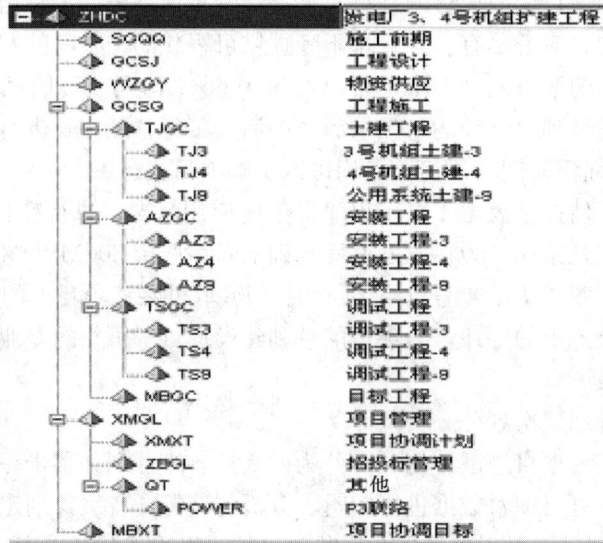

图 15-5   项目分解结构及编码节录

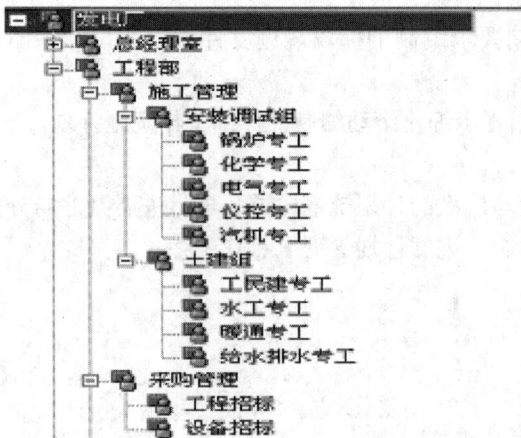

图 15-6   组织分解结构与编码节录

2）组织分解结构

系统设立组织分解结构 OBS（Organization Breakdown Structure，简称 OBS）的目的在于建立项目管理的责任体系。在 P6 中，OBS 与 EPS、项目、WBS 和问题等结合构成严谨的企业项目范围控制体系。OBS 可以参照组织结构设置，但为了责任明确，该项目的 OBS 设置到具体专业工程师以及相应的工程监理单位与承包商。组织分解结构与编码节录，如图 15-6 所示。

3）资源与资源角色

在 P6 中，资源是企业级数据。资源分为人力资源、非人力资源和材料三大类。资源角色是资源管理的另一重要属性，一个资源可以有多个资源角色。项目工作所需资源可先分派资源角色然后指定具体资源。

对于建设工程项目来说，可利用软件的资源管理功能，管理项目中关键"活"的资源、完成的主要实物工程量、资金以及绩效衡量指数等。在该火力发电工程项目中，根据以往经验建立了包含承包商关键工种与设备、业主和工程监理单位的管理人员、主要实物工程量、绩效衡量指数 WLU（Work Load Unit，简称 WLU）等资源的资源库，并建立了相应的资源角色划分。

绩效衡量指数 WLU 通常称为"当量点"或简称为"点"，在国际大型工程项目管理中常用来综合衡量项目进展。对于复杂项目系统来说，没有一个统一的绩效计量方法，是很难综合评判项目进展的。"当量点"的设立提供了统一的进展测量指数，并为项目分析、进度款支付等工作提供了便利。"当量点"是用来反映项目工作的综合指标，是将一个项目的工程量及其费用进行分解后的综合反映。

4）费用科目

费用科目（Cost Account，简称CA）是P6中管理项目成本费用的基础编码，它是一套树状结构编码，也可称为费用分解结构CBS（Cost Breakdown Structure，简称CBS）。费用科目编码为项目费用汇总分析提供了便利。费用科目编码是全局性编码，适用于所有项目，项目工作中资源以及支出等与费用相关的项条（Item）均可与其关联。这样，就可以方便地从不同的角度（EPS－项目－WBS角度、OBS角度、费用科目角度）对项目费用与成本进行汇总与分析，也解决了国内项目划分口径不同带来的汇总与交流上的问题。

为了更好地结合概算及合同来分析和衡量计划完成工作量与成本之间的关系，以及如实反映企业或项目计划费用的执行情况，该火力发电工程项目费用科目主要划分标准和规则参照国家电力系统《电力工业基本建设预算管理制度及规定》（简称《预算规定》）。

费用科目编制的规则，如图15-7所示。

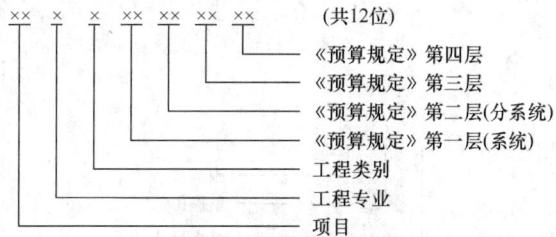

图 15-7 费用科目编制规则

5）项目

在P6中，一个进度计划就是一个项目。该项目根据进度管理策划，通过EPS将不同层次的计划组合到一起，这些进度计划（项目）的代码也作了相应的规定。编码的基本原则是将标段与计划层次信息相结合。

6）工作分解结构

工作分解结构WBS（Work Breakdown Structure，简称WBS）是针对具体项目（或进度计划）的，是树状逐层分解层次化结构。通过WBS将项目工作内容逐级分解成较小的、较易控制的管理单元或工作包，以便于项目计划的细化与编制、责任的落实与监控。

在该火力发电工程项目上，为了体现整个项目WBS的完整性以及兼顾原软件的应用习惯，制定了统一的WBS编码约定。WBS编码综合考虑了《电力工业基本建设预算管理制度及规定》以及电力工程质量验评项目进行划分。其工作分解结构基本层次，如图15-8所示。

7）工作代码

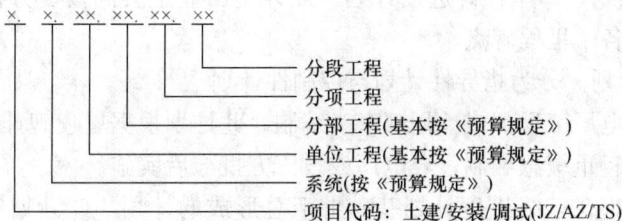

图 15-8 工作分解结构基本层次

工作代码是工作在项目内的唯一标识，它是一项工作在项目内区别于其他工作的基本标志。有规律的工作代码便于记忆与沟通，通过工作代码即可对工作一些属性有直观判断。该项目的工作代码有一系列规则，如一级计划（里程碑）工作代码，如图 15-9 所示。

8）工作分类码

工作分类码分为全局与项目分类码，全局分类码适用于所有项目，而项目分类码只能在相应项目内应用。分类码为工作数据的分组、汇总、检索带来了方便。在该火力发电工程项目中，业主为多标段以及自身项目数据对比分析的方便，规定了部分全局工作分类码。部分分类码设置，如图 15-10 所示。限于篇幅，分类码码值不予列出。

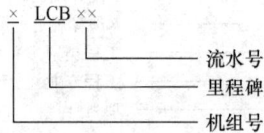

图 15-9　一级计划（里程碑）工作代码
（注：三号机的机组号为 3，四号机的机组号为 4）

图 15-10　部分工作分类码

（2）责任矩阵与用户访问控制

在 P6 中，任何一个 EPS 节点、项目、WBS 只与一个 OBS 节点对应，一个 OBS 节点可对应一个或多个用户，用户在 OBS 中可以指定一个特定的功能权限组与其对应。通过这套机制使得软件用户可灵活地建立相应的项目责任体系与用户访问控制机制，使得项目管理更加有条理、责任矩阵更明晰。

4. 进度计划编制

项目进度计划通过"自上而下分解落实、自下而上汇总协调"的方法，由项目的相关各方分别编制，统一协调。该火力发电工程项目各级计划编制依据以及承包商实施计划（四级）编制要求，简述如下：

（1）各级计划编制依据

1）一级进度计划，即里程碑进度计划。此计划由业主会同投资方根据项目的总体目标计划安排确定出各个里程碑点。

2）二级进度计划。分为指导性计划与控制性计划。

指导性计划由电厂工程部或计划部牵头编制。此计划根据里程碑计划以及项目投资与单位（体）工程的轻重缓急编制，经电厂或投资方批准后实施。

控制性计划是指在三级进度计划基础上汇总形成的计划。此计划作为项目总体（设计、制造、供货、承包商间）协调控制的依据，由总监理工程师、业主最终审定。此计划一经批准将成为整个项目的控制性目标计划。

3）三级进度计划。三级进度计划是在由承包商编制的详细的四级进度计划基础上汇总形成的。此计划反映各承包商对所承担的项目内容的总体进度安排。此计划由工程监理单位审核、业主批准，批准后的计划为三级总体目标进度计划。

4）四级进度计划。四级进度计划是指由承包商编制的详细的施工总进度工作实施计划。此计划由承包商在二级指导性计划的基础上根据开工时间的先后要求全面细化而来，是对二、三级计划的进一步分解，以满足总体进度要求、劳动力资源相对均衡为原则进行工作的进度安排。

（2）四级计划编制要求

对于承包商四级计划，应包括但不仅限于以下要求：

1）计划应包含各自承担的 WBS 所指定涵盖的工作内容。

2）里程碑和竣工日期、合同中间日期、合同限制条件、合同规定工艺过程都应正确考虑和反映。

3）工作性质、逻辑顺序应正确考虑和反映。

4）主要设备和图纸需求计划要与相应的工作以不同的逻辑关系相联系。

5）计划中各工作所对应的主要实物工程量应以资源的形式加以反映，应在工作上加载"当量点"资源，便于统一的进展评判与汇总。

6）图纸、设备、场地移交等需要业主/建设单位协调的辅助事项要作为工作列入其中。

7）有关安全方面的事项或措施以记事本的形式与相应工作联系起来。

8）所有启动、调试、培训等合同要求的工作内容应作为工作放入详细的施工计划。

9）部分移交或总移交工序应编入详细施工计划。

10）最后的退场清理工序应编入详细施工计划。

11）四级计划的工作中应正确反映业主规定的各种编码（工作分类码、文档等）。

5. 进度分析和建立控制目标

进度分析是工程项目控制过程中的重要环节，P6 软件提供了进度目标对比分析、赢得值分析、多项目组合分析和模拟分析等功能。各种分析结果对合理确定项目控制目标有很大的帮助。在该火力发电工程项目上，业主工程部以及工程监理单位的计划管理人员做了大量细致的工作，并制定相关分析办法与步骤。下面仅对项目实施性计划作为目标过程的可行性分析作一介绍。

工程监理单位通过对承包商四级实施性计划的导入、审核、分析，从而确认其计划本身的合理性。通常从工期与费用两个方面进行分析。

（1）四级实施性计划工期分析

对于四级实施性计划工期的审核与分析内容，主要包括以下几个方面：

1）审核合同重大里程碑日期的一致性。虽然四级实施性计划对该里程碑进行了分解，但总的目标应与合同规定日期一致。

2）审核关键工作。对比分析汇总所形成的新二级控制计划工作横道与原二级指导性计划"第一目标横道"关键线路上的工作是否存在偏差。通常情况下，关键线路上工作持续时间有偏差是不可以接受的，特别是负偏差应拒绝接受。除非承包商有足够证据说明，当前关键线路上的作业在目标对此时存在的那些偏差，在今后的施工过程中完全可以采取一些特殊赶工措施来消除。

3）审核开工里程碑日期的一致性。二级指导性计划的开工里程碑已经综合考虑了制约各项活动开工日期的土建交付、图纸交付、材料交付及其工作量，四级实施性计划的开工日期应与其基本保持一致。在先决条件（如供货、图纸提前满足或滞后的情况）下，开工里程碑开始日期的局部调整应在四级实施性计划执行过程中进行，并征得各方同意。

4）审核完工里程碑日期的一致性。主要表现在最终文件的提交日期上，承包商安装完工状态报告的最晚提交日期，将直接影响相关调试活动的开展，因而也是判断安装进度是否按计划完成的重要指标，各主要活动在计划调整时必须满足该项要求。如果由于某种因素的影响而不能完成，就应提前与业主进行讨论，并提出合适的提交日期，在新版执行计划中反映出来；若有必要，需编制专项赶工计划。

5）对比分析汇总二级控制计划工作横道与原二级指导性计划"第一目标横道"的一般工作工期是否存在较大偏差。这种偏差有的可以接受，有的同样是不可以接受的。通过分析对比，将这些偏差整理、打印出来，在由监理工程师主持、业主及承包商共同参与的总体计划编制协调审查会上，通过相互沟通，最终达成计划的一致性。

6）除此之外，工程监理还应审查计划接口的一致性，如土建的交付、图纸的交付、设备的交付以及现场场地对施工交叉活动可能产生的影响。一致性的核对由负责各工作的专业工程师完成，核对中出现的意见和问题均以书面形式及时提交计划的主要责任人解决；与业主有关的问题必须以书面信函提交给业主有关部门予以澄清解决，业主具有计划的最终修改权。

（2）四级实施性计划费用分析

业主、工程监理公司相关专业人员依据承包商所提供的四级实施性计划（在该实施性计划的每一项工作活动中承包商已加载了相关的预算费用），通过以下几个方面的内容分析，审核其预算费用分摊是否合理。

1）核查承包商所编制的四级实施性计划工程预算费用分摊总计是否超过了其所签订的工程合同费用（该费用系指需随工程进度进行支付的部分），不允许出现偏差（无论正负偏差）。要核查该费用，可以通过在 P6 软件中打开四级实施性计划按费用科目方式进行组织的报表，将其费用科目与同承包商所签订的工程合同费用科目进行一一对比。

2）核查四级实施性计划中的预算费用与二级目标计划中预算费用计划的分布曲线，主要比较二者在总体计划费用的偏差与总体计划费用曲线分布趋势上的一致性，其可能出现的情况及分析判断方法如下。

四级实施性计划中预算费用的分布与二级目标计划中预算费用计划分布曲线在总体或部分时间段存在有较大偏差。当每月计划直方图中出现正偏差的月份多于负偏差的月份且靠工程计划日期的前端时，说明四级实施性计划中预算费用的分布比二级计划中的预算费用计划分布超前，这种情况可能使承包商当前实际得到的月度支付大于实际完成的工程量，不利于业主对工程费用的控制；同时，也易出现承包商在费用开支上"寅吃卯粮"的现象，可能会造成承包商没有足够的费用来保证其实施后期的收尾工程。当预算费用计划分布滞后时，可能使承包商当前实际得到的月度支付小于实际完成的工程量，不利于准确反映工程的实际进展，同时对承包商也不公平。

四级实施性计划中预算费用的分布与二级目标计划中预算费用计划分布曲线按月在不同时间段上的偏差总是存在的，一般来说，这种偏差保持在 5％以下是可以接受的，否则需要核查发生该偏差的原因。

当四级实施性计划与二级目标计划中的预算费用计划分布曲线在某一时间段上出现较大偏差时，可以通过在 P6 中建立相关工作的过滤器，将其中的相关工作过滤出来单独进行分析比较，从而找出引起较大偏差的原因以及解决办法。

3）核查承包商四级实施性计划中每一费用科目下的预算费用，比较其与承包合同与费用管理软件中加载于各费用科目中的工程合同计划费用数据是否存在较大偏差，并分析有较大偏差的费用科目是否会给工程费用的月度支付与总体控制带来不利影响。如果这种偏差较大，也会给甲乙双方对预算费用、月度支付与进展的判断造成误导，不利于如实反映工程进展。

（3）建立进度控制目标

经多方分析核查协调后的各级进度计划，即可作为相应的目标项目计划（或称基线计划）用于进展监控与绩效考量。P6 软件允许为项目建立多个控制目标，可以选择多个目标项目进行对比分析，现行项目与不同期的目标对比可进一步直观分析项目状况。

在计划更新阶段，需要对每一期更新之后的四级实施性计划建立一个目标，以利于下一期计划执行情况的对比分析。高层计划目标的调整只有在下层关键计划目标无法实现后才考虑，越高层计划其目标调整的频率越低。

6. 进展监控与绩效考量

（1）实施计划定期更新

在该火力发电工程项目上，规定实施性计划每周进行进度更新。主要承包商每周及每月末向工程监理方报送相应标段数据文件，由工程监理将其纳入业主的数据库中并进行审核。在进度例会上，直接使用软件通过相关视图与报表显示项目进度分析结果，进行进度协调。

承包商四级实施性计划工作的相关进度数据定期（每周/每月）盘点与跟踪的内容举例如下：

1）重新确认计划周期（三个月滚动计划）范围内工作的尚需时间；

2）输入已实际开始（或完成）工作的实际日期（每周更新）；

3）输入工作实际形象进度完成百分比（每周更新）；

4）输入承包商实际消耗资源数量，该数据不必每周更新，但每月（或每季度）需盘点更新一次，以反映承包商为完成本月计划而赢得业主的支付所实际花费的成本支出。

（2）项目进展分析

有了实施性计划的实际进展，项目进展分析可通过软件在不同层面上展开。工程项目决策层可对项目的执行情况进行查看，并可深入挖掘分析相关原因。资深的计划管理人员对工程项目数据进行组合与模拟分析。工程监理方可对相应承包商执行情况结合目标项目进行进展分析，也可结合高层计划进行进展分析。

对承包商执行情况结合目标项目进行进展分析主要关注以下内容：

1）里程碑控制点影响分析；

2）关键线路变动分析；

3）进展横道对比，分析偏差较大的工作；

4）赢得值分析；

5）多目标进展趋势分析；

6）工程变更分析。

(3) 临界值监控与问题跟踪

P6 软件提供了通过设置相应参数的临界值进行系统监控的功能。用户可以对进度指数、费用指数、浮时、日期差值、费用差值等进行监控，监控可以在 WBS 或工作层次上进行。监控发现的问题可与相应的分析视图结合、可指定问题处理的责任者、可通过邮件告知有关人员，问题的处理过程可以得到跟踪控制。在该火力发电工程项目上，有关管理人员就是利用这些功能进行项目监控的。

(4) 逐步纠偏与目标调整

计划与实际是不可能完全一致的，项目实际进展与计划目标的偏差可通过逐步纠偏的方式加以修正。但是，一些客观原因造成的偏差积累往往会使原来的目标无法达到，因而，在建设工程项目实施过程中需要不时地调整目标。当然，如果项目控制做得好，一般项目的高层计划目标就不需要调整或仅需对一些非关键控制点作适度调整。实施计划对应的计划目标是需要及时调整的，否则目标监控就会失去基准。但实施计划的目标也不是随便调整的，一般每期进度更新后的计划仅作为新的临时目标加以利用，实施计划正式目标调整是在进度偏差超出范围且计划修订后经重新审批后确立的。

在该火力发电工程项目上，对如何进行计划纠偏以及目标调整的依据均作了详细规定。对项目总体计划目标调整（即计划改版）的规定是：当出现下列任一情况时，才考虑项目总体计划改版。

1）某一专业工作包的进度拖延达到 10％；

2）某一专业工作包的进度提前达到 20％；

3）工作关键里程碑发生较大改变时；

4）图纸文件提交、供货及土建等施工条件发生较大改变，且对相应工程进度的影响达到 10％时；

5）不可抗力发生后造成停工。

(5) 绩效考量

在该火力发电工程项目上，绩效考量主要使用"当量点"资源的赢得值分析，根据"点"资源的赢得值作为进度付款的依据。工程监理与业主工程部人员在系统和相应报表中核查本期工作活动进展百分比，即可对相应承包商的绩效进行考量。根据进展的汇总，即可确定该承包商的月度进度款支付额。

在软件中，可以根据管理的要求制定相应的报表图表，定期打印报表视图即可形成绩效考量书面记录。该火力发电工程项目编制了系列不同用途的报表，这些报表视图根据需要均可发布成网页，供更多的管理人员从项目网站获取项目进展信息。部分报表如图 15-11 所示。

报表图表示例，赢得值图表，如图 15-12 所示。

本月进度完成报表（按费用科目），如图 15-13 所示。

报表组：作业详情报表

- ZK001A 所有作业WLU完成情况统计报表（工程量） 全局
- ZK001B 所有作业费用完成情况统计报表（产值） 全局
- ZK002A 所有已开工作业WLU完成情况统计报表（工程量） 全局
- ZK002B 所有已开工作业费用完成情况统计报表（产值） 全局
- ZK003A 所有已开工作业承包商资源消耗情况统计报表（资源-数量） 全局
- ZK003B 所有已开工作业承包商资源消耗情况统计报表（资源-费用） 全局

报表组：月度统计报表

- ZK004A 本期作业WLU 完成情况统计（供业主确认）（11月） 全局
- ZK004B 本期作业 费用 完成情况统计（供业主确认）（11月） 全局
- ZK006A 工程赢得值及进度完成指数一览表（基于所有WBS） 全局
- ZK006B 工程赢得值及进度完成指数一览表（基于WBS第三层汇总） 全局

报表组：费用科目报表

- ZK005A 按科目统计总体WLU 完成情况（供业主支付参考）（11月） 全局
- ZK005B 按科目统计总体费用完成情况（供业主在EXP中支付参考）（月度） 全局

报表组：月度分析报表

报表组：滚动计划报表

- ZK011A 未来一周的作业滚动计划 全局
- ZK011B 未来两周的作业滚动计划 全局
- ZK012A 未来一个月的作业滚动计划 全局
- ZK012B 未来两个月的作业滚动计划 全局
- ZK013A 业主一、二级计划执行情况 全局

图 15-11　部分报表

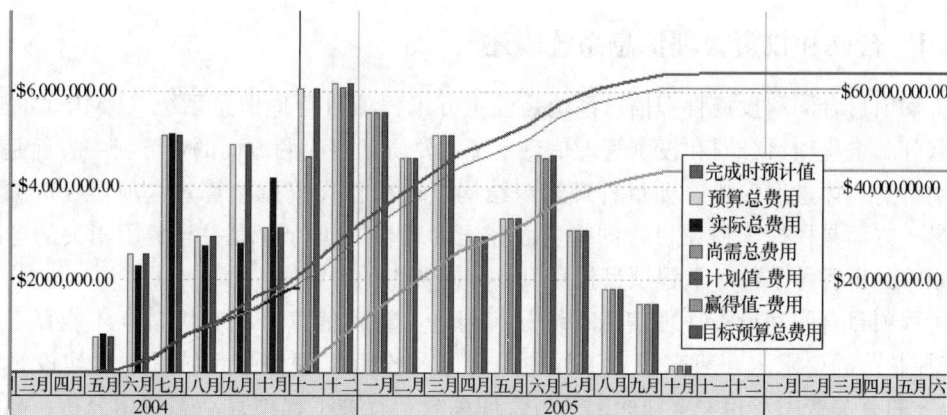

图 15-12　赢得值图表

ZK005B　按科目统计总体费用完成情况
（月度）

费用科目名称	计划费用	完成费用	十一月 2004	总计
除尘器建筑	$601,103.85	$452,629.08	$269,370.50	$452,629.08
电缆沟	$468,310.05	$0.00		$0.00
钢烟道支架	$639,246.75	$35,317.50	$35,317.50	$35,317.50
构架	$223,206.60	$0.00		$0.00
锅炉电梯井	$2,290,693.05	$2,290,693.05		$2,290,693.05
锅炉附属设备基础	$8,817,367.05	$5,765,228.70	$74,250.43	$5,765,228.70
锅炉基础	$4,498,743.15	$534,706.95		$534,706.95
锅炉紧身封闭	$1,903,613.25	$0.00		$0.00
供暖	$117,960.45	$0.00		$0.00
汽轮发电机基础	$3,146,789.25	$1,394,334.90		$1,394,334.90
给水排水管	$220,381.20	$0.00		$0.00
通风	$80,523.90	$0.00		$0.00
围栅	$52,976.25	$0.00		$0.00
一般土建	$1,801,898.85	$0.00		$0.00
引风机室及支架	$877,286.70	$277,313.01	$14,197.64	$277,313.01
照明	$30,373.05	$0.00		$0.00
支架	$555,191.10	$0.00		$0.00
主厂房本体	$37,690,129.65	$10,036,421.20	$1,377,276.55	$10,036,421.20
主厂房本体	$94,650.90	$104,250.90		$104,250.90

总计　　$64,110,445.05　$20,890,895.29　　　　**完成费用 $1,770,412.61** 20,890,895.29

图 15-13　本月进度完成报表（按费用科目）

15.3　工程项目合同和投资管理信息系统

15.3.1　合同和投资管理信息系统概述

　　工程项目合同和投资管理信息系统是业主方工程项目管理信息系统（PMIS）的重要组成部分。工程项目合同和投资管理信息系统主要协助解决两方面的业务：一方面是依据工程项目的总体进度安排、项目管理组织结构以及项目投资概预算建立项目投资编码系统；另一方面是根据工程项目合同，全面登记管理合同履行过程中与费用相关的各种信息，跟踪分析各种事件对工程项目投资以及合同费用的影响。

　　工程项目合同和投资管理信息系统只有与进度管理信息系统有机整合才能真正实现"动态控制"的要求。一般来说，工程项目合同和投资管理信息系统是项目建设过程中"静态"的有关费用及相关事项的记录与管理系统。有关工程项目动态费用分析、赢得值分析等往往在进度管理系统中实现，而在工程项目合同和投资管理信息系统中通过接口或集成调用进度管理系统中的相关数据加以展现。

　　由于建设管理体制以及管理习惯等诸多因素，国内不少建设工程项目自行或委托开发合同与投资管理信息系统。这些系统往往由于需求分析的深度不够以及时间的限制只解决辅助管理的一些表象，能够真正起到合同与投资控制作用的并不多见。但也有一些项目使用国外的专业软件进行合同与投资控制管理，如 Quikpen 的 Job Center、Emerging Solutions 的 Advantage、Frontrunner 的 Project Axis。在国内使用较多的软件为美国 Oracle 公司的 CM 软件（原 Primavera 公司的 Expedition 软件）、上海普华科技发展有限公司的 Power 系列软件（PowerPiP 和 PowerOn）以及广联达梦龙的 GEPS 软件。Oracle CM 软件以合同控制为中心，该软件在工程合同与采购订单的静态记录管理以及概预算静态控制中起到了良好的作用。上海普华科技的 Power 系列软件和广联达梦龙的 GEPS 软件都是综合性的项目管理系统，包含了合同管理与费用控制功能。其中，Power 系列软件在国内工程公司及大中型建设工程项目中应用较广泛，GEPS 软件在建筑施工企业中有较多的应用案例。

15.3.2　合同和投资管理信息

工程项目合同和投资管理信息主要由两部分组成：一部分为与项目投资控制编码相关的信息；另一部分则是合同以及合同履行过程中与费用有关的各种信息。

（1）与项目投资控制编码相关的投资管理信息主要有：

1）项目分解结构（PBS）及其费用控制信息；

2）项目（标段、子项目）及其费用控制信息；

3）工作分解结构（WBS）与工作包（Work Package）及其费用控制信息；

4）组织分解结构（OBS）；

5）成本科目（CA）与类别；

6）工程量清单（BOQ）。

其中，费用控制信息包括如下内容：

① 费用估算（概算）值；

② 费用预算值；

③ 计划完成值；

④ 赢得值；

⑤ 实际值；

⑥ 完成时值与完成时预计；

⑦ 项目与工作包费用在成本科目（CA）与类别上的分摊；

⑧ 绩效考核方式、项目与工作包的赢得值设置等。

（2）合同以及合同履行过程中相关信息主要有：

1）合同与订单；

2）合同工程量以及支付项（Payment Item）；

3）采购订单与采购物项；

4）变更；

5）变更过程相关记录（RFI－RFP－PCO 等）；

6）支付申请；

7）支付记录（发票与付款）；

8）采购到货；

9）索赔信息；

10）正式沟通记录等。

15.3.3　合同和投资管理信息编码

工程项目合同和投资管理信息系统编码除了与进度管理信息系统一致或相适应的项目分解结构、项目编码、工作分解结构、组织与责任分解结构、资源编码、成本科目与类别等外，主要有合同编码、工程量清单编码、物资编码及各种记录编码。

随着计算机技术的发展，对信息管理系统编码的限制越来越少，很多编码可以设置成树状自定义编码，树的层次与编码的长度均可满足系统对信息编码的要求。编码及编码规则为信息的直观展现和统一数据录入格式提供了保障。在系统实施过程中，编码规则的制定以及基础数据的录入是信息系统实施的重要工作，而对于信息系统本身，需要考虑的是编码定义的灵活性以及如何实现辅助自定义编码（根据设定自动产生编码）。

一般工程量清单编码、物资编码等为树状编码，合同以及记录编码采用普通编码格式。工程量清单编码示例，如表 15-1 所示。

某火电项目工程量清单编码节录　　　　　　　　　　表 15-1

编　　码	名　　称	单位	单价	分类编码	工程量分类
S	输煤系统				
S.02	翻车机室				
S.02.01	翻车机室机械开挖	m³		SK	土方
S.02.02	翻车机室砂石回填	m³		ST	回填土
S.02.03	翻车机室混凝土垫层	m³		SH	混凝土
S.02.04	翻车机室钢筋混凝土吊车梁	m³		SH	混凝土
S.02.05	翻车机室行车轨道	m			
S.02.06	翻车机室钢筋混凝土现浇结构地上部分	m³		SH	混凝土
S.02.07	翻车机室钢筋混凝土地下结构（抗渗）	m³		SH	混凝土
S.02.08	翻车机室砖墙	m³		SB	砖墙
S.02.09	翻车机室金属结构	t		SG	金属构件
S.02.10	翻车机室压型钢板	m²			
S.02.11	翻车机室水磨石地面	m²		SL	楼地面
S.02.12	翻车机室木门	m²		SM	门窗
S.02.13	翻车机室钢窗	m²		SM	门窗
S.02.14	翻车机室瓷板墙面	m²		SZ	装饰
S.02.15	翻车机室受煤斗塑料王	m²		SZ	装饰
S.02.16	翻车机室值班室彩色夹心板	m²			
S.02.17	翻车机室内墙涂料	m²		SZ	装饰
S.02.18	翻车机室乳胶漆	m²		SZ	装饰
S.02.19	翻车机室预制板地坪	m²		SL	楼地面
S.02.20	翻车机室轨道	m			

编　码	名　　称	单位	单价	分类编码	工程量分类
S.02.21	翻车机室网架	t		SG	金属构件
S.02.22	翻车机室预埋件	t		SG	金属构件
S.04	输煤栈桥				
S.04.02	2 号输煤栈桥				
S.04.02.01	2 号输煤栈桥挖基础土方	m^3		SK	土方
S.04.02.02	2 号输煤栈桥回填土	m^3		ST	回填土

某烟厂扩建项目合同编码规则，如图 15-14 所示；其合同常用代编码取值及定义，如表 15-2 所示。

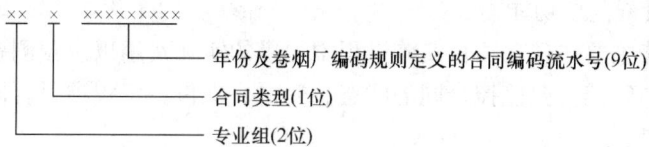

图 15-14　某烟厂扩建项目合同编码规则

合同常用代编码取值及定义　　　　　　　　　　　　　　　表 15-2

层　　次	代码取值	内容定义
第一层	TJ	建筑组
	DK	电控组
	YJ	烟机专业组
	WL	物流组
	DN	动能组
	ZH	综合组
	QT	其他（或由几个组联合共同签署）
第二层	1	建筑、安装工程
	2	设备
	3	材料
	0	其他合同
第三层	9 位	（略）

15.3.4　合同和投资管理信息系统功能定义

根据工程项目合同和投资管理的实际需求，也可以从五大方面归纳总结对工程项目合同和投资管理信息系统功能的需求。

（1）投资控制模拟功能

结合进度管理信息系统的项目实施过程编码系统，建立工程项目投资控制管理信息模型，实际上就是建立动态的项目投资分析环境。投资控制模拟功能具体体现在：

1）能在项目分解结构、项目、工作分解结构（工作包）上加载费用信息；

2）能建立控制目标；

3）费用信息能在成本科目与类别上分摊；

4）能结合进度动态模拟项目成本；

5）能进行绩效考核、根据进度完成情况确定合同工作量完成比例。

（2）统计分析功能

工程项目合同和投资管理信息系统主要具有以下的统计分析功能：

1）不同层次、不同角度汇总统计功能；

2）赢得值（Earned Value）分析功能；

3）多项目组合（Portfolio）分析功能；

4）多目标对比分析功能；

5）价值工程分析功能。

（3）合同与投资监控功能

投资监控功能主要体现在项目实施过程中项目的实际费用以及预测费用与项目概预算之间的差异。合同监控主要监控合同的状态、变更、支付。工程项目合同与投资管理系统主要具备以下功能：

1）项目概预算与实际成本通过图表直观对比展示功能；

2）不同层次（项目、WBS）、不同记录类型时间与费用监视临界值设置功能；

3）各种临界值指标手动/自动监控功能；

4）监控结果跟踪处理功能；

5）记录关联与追溯功能；

6）问题检索与关联功能。

（4）多用户多角色应用功能

工程项目合同和投资管理业务牵涉面广，并非局限于项目的计划经营管理人员以及项目的决策层，还牵涉到工程部门、工程监理单位、承包商及相关单位等。因此，工程项目合同和投资管理信息系统需要具备多用户多角色应用功能。只有这样，才能提高信息处理速度，及时监控合同与投资情况。这些功能主要体现在以下几个方面：

1）灵活严谨的权限体系；

2）合理的依据角色的应用模块（如为承包商、供应商提供与其相关的信息查询、处理、沟通环境）；

3）通过权限或模块设置为相应人员提供应用环境；

4）记录及权限功能（对具体某一类型的记录，可根据记录的某些属性进行访问与存储控制）。

（5）动态报表与信息发布功能

动态自定义报表功能有利于工程项目管理人员按照行业或企业的习惯格式随时对系统记录的数据进行汇总分析。信息发布功能有利于促进工程项目沟通。动态报表与信息发布功能主要体现在以下几个方面：

1）自定义报表编辑功能；

2）批量报表执行功能；

3）视图打印发布、支持"所见即所得"的功能；

4）支持结构化自定义项目信息发布功能。

15.3.5　合同和投资管理信息系统应用

1. Oracle CM 软件应用

（1）Oracle CM 概述

Oracle CM 是 P6 软件的姊妹产品，是建设工程项目在 FIDIC 环境下的合同控制软件。通过该软件，可以全面系统地记录工程项目实施过程中合同相关各方的业务往来以及合同费用演变过程，根据不同类型合同以及相关记录的费用在项目费用（成本）科目上的分摊即可对建设工程项目的投资进行静态控制。该软件以合同履行过程事务全面关联记录为切入点，合同费用控制是其管理核心。该软件在国内以前称为 EXP 软件，它的应用有助于 FIDIC 环境下的合同条件落实，对了解国际通行的合同控制做法有较大帮助，对从事国际工程的承包商来说，使用该软件是十分有益的。

在国内，由于项目管理环境等诸多因素的限制，不少工程项目仅用该软件的费用控制功能来进行项目的投资控制。下面，以某火力发电工程项目为例，简述 CM 软件在该项目上的实际应用。

CM 软件的主要记录模块界面，如图 15-15 所示。

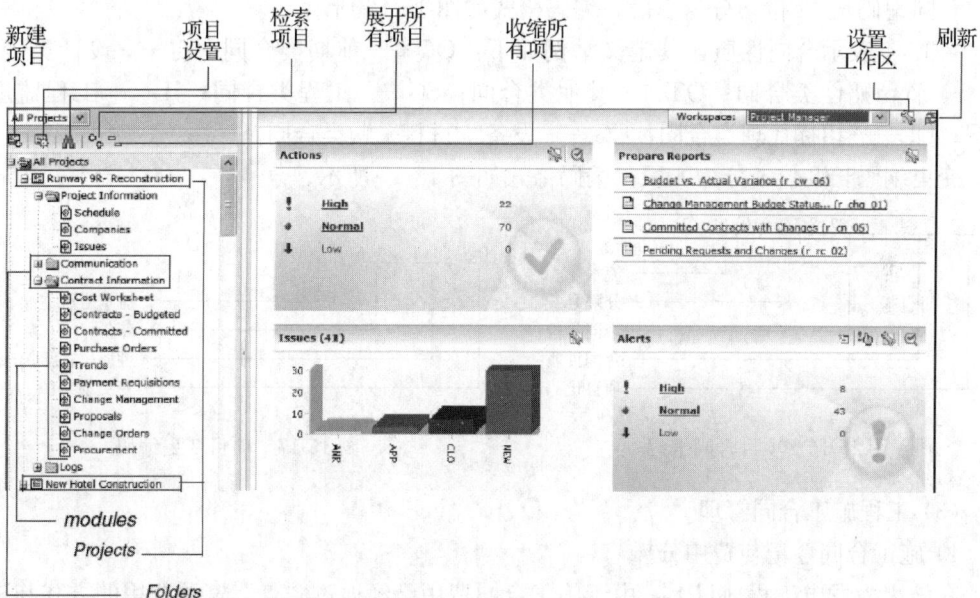

图 15-15　CM 软件的主要记录模块界面

图 15-15 中，左边的目录树反映了 CM 软件的主要记录模块，右边为工程中心（Project Center）界面。通过工程中心，用户可直接处理与其相关的业务，查阅报表。工程中心桌面具有以下功能：

1）用户可自定义工程中心工作桌面的界面，且界面友好、易操作；

2）通过桌面直接查看/处理责任事项；

3）通过桌面直接起草有关文件；

4）通过桌面直接预览或打印报表；

5）通过桌面直接查看警示事项；

6）通过桌面直接查看/处理收件箱中事项等。

（2）工程项目投资管理策划

在该火力发电工程项目上，工程项目的动态投资分析使用 P6 软件，而工程项目的静态投资控制采用 CM 软件。为了结合软件在多用户环境下的应用，在软件正式使用之前，根据工程项目组织机构、业务管理职责的划分以及管理目标，对软件的应用进行了规划与模拟测试，根据应用模拟情况，修订了相应的业务流程并编制相关制度与业务操作手册。

结合软件进行工程项目投资管理策划的主要内容包括：编码体系、工程概（预）算管理、工程施工类合同管理、工程物资采购类合同管理、工程投资分析报表体系、警示提醒设置、管理业务流程修订、业务操作手册编纂等事项。下面，简要介绍系统应用的主要编码。

系统编码主要由合同编码、费用科目编码、变更编码、物资编码以及各种记录状态、专业划分等编码组成。费用科目编码与该项目 P6 中的费用科目编码一致，物资编码根据电力系统常用的 KKS 编码缩略而成。

该火力发电工程项目的合同及变更编码可作如下描述。

合同编码长 12 位，分为 5 段，编码格式如图 15-16 所示。

×3×4 表示合同性质，其定义举例如下：QQ——前期类合同；SJ——设计类合同；QP——青苗赔偿类合同；QT——其他类合同；SG——工程类合同；JL——工程监理类合同；DL——招标代理类合同；CG——设备、材料采购类合同。

变更编码长 8 位，分为 4 段，编码格式如图 15-17 所示。

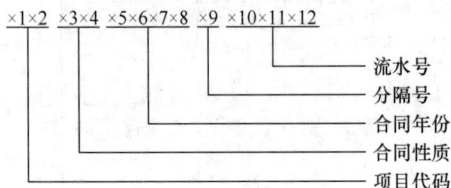

图 15-16　项目合同编码　　　　　　图 15-17　项目变更编码

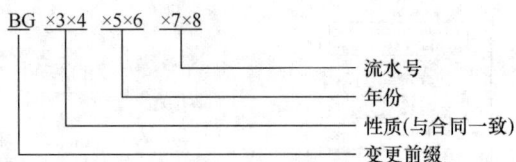

（3）工程施工合同管理

1）施工合同登记与费用分摊

在该火力发电工程项目上，由于施工合同费用已经通过"点"资源费用的方式与进度计划结合在一起，因而在 CM 中按照总价合同方式进行登记管理。合同总价按照 P6 中按费用科目分组汇总的数据通过"费用分摊"摊到相应费用科目的合同委托块（Commitment）。合同费用分摊情况与 P6 中按费用科目汇总情况保持一致，是工程支付与进度有机结合（或 P6 与 CM 联合应用）的基础。

2）工程进度款支付管理

在该火力发电工程项目上，每月工程进度款支付按照 P6 中关于"点"资源费用的赢得值进行支付。合同控制管理人员根据 P6 制作的经审批确认的每月进度完成情况在 CM 中进行工程进度款支付管理。

在 CM 中有进度款模块，工程合同的首次进度款由合同通过记录生成向导生成，选择按费用科目分摊作为进度款支付的项目。以后的进度款由前一期进度款申请复制生成。这样，可方便进度款记录的费用分摊，每期进度款费用会自动分摊到相应费用科目中。进度款的费用分摊到费用工作表相应费用科目实际块（Actual）的实际支出（应付）中。

在进度款支付申请记录中，还可进行工程预付款的回扣管理，可以采集当前截止日期已核准但未包含进前几期进度款申请记录中的工程变更记录，将变更费用加入到本期支付申请中。

3）工程预付与扣回管理

为了便于工程预付与预付款扣回管理，在该火力发电工程项目上专门增加了一个预付费用科目进行预付与扣回的控制。通过在具体合同支付时，增添两个费用项目来进行预付与扣回的记录。

不管是采用单价项目支付还是根据费用科目来进行支付，在生成第 1 次支付款申请时，在费用计划表中手动增加两个支付项（一个为预付款支付，一个为预付款扣减，项目编号以 Y 开头＋流水号），其中预付款支付的计划金额为正而预付款扣减的计划金额为负（正负加起来为 0，而且其费用均分摊到费用科目中的预付款科目中）。当进行预付款支付时，在预付款支付项中填入正的支付金额；当进行预付款扣减时，则在预付款支付项中填入负的支付金额。

4）工程变更管理

该火力发电工程项目上，由于变更过程（工程联系单）管理在其他系统中实现，变更的审核结合 P6 进行，因而在 CM 中只对最终的变更令进行管理，利用 CM 的变更指令模块进行合同变更的登记与管理。

（4）工程物资合同管理

1）物资合同登记与费用分摊

物资采购合同按照单价合同进行管理，并在 CM 软件的采购订单模块中进行管理。物资采购合同的明细项与物资编码关联，便于根据物资编码进行到货记录与统计。物资采购合同的费用分摊到相应费用科目的合同委托块（Commitment）中。

2）物资到货管理

根据采购订单生成物资到货记录，根据设备物资运单在物资到货记录模块中记录相应的物资到货情况。物资到货情况记录时间、地点、数量、说明（出厂编码）、备注（物资检查情况）、运单号等信息。

3）采购付款管理

采购付款采用 CM 的发票（Invoice）模块，一个采购订单对应一份发票记录，在该发票记录中可多次登记实际付款以及进行费用分摊。利用发票的自定义数据项，还可以通过发票进行计划支付管理。通过报表制作采购资金需求以及进行采购计划与实际的对比。

（5）工程项目投资控制

1）工程概（预）算记录

在该火力发电工程项目上，将工程概（预）算数据通过虚拟合同的形式进行管理。根据项目的批复概算建立一个总价虚拟合同，将合同费用分摊到费用科目的预算（Budget）块中，建立项目投资控制费用基础。资金到位、概算调整使用该合同对应发票、变更进行管理。

2）通过费用工作表监控项目投资

由于项目的工程、采购、概预算费用通过费用科目联系在一起，因而在费用工作表中就可以直观地进行基于费用科目的对比分析。在 CM 的费用工作表中，对于具体费用科目的费用数据可以追溯到相关记录表单。费用工作表有预算、合同、实际、差值等栏位，因而可以很方便地对工程项目的整体以及具体费用项目进行监控。

3）合同与变更等监控

在CM 中，可以通过警示提醒设置，让系统自动监控相关费用以及时间等参数，并通知相关警示提醒的"订阅者"。一旦设置了警示提醒，相关警示提醒的"订阅者"进入系统即可在工程中心的"警示"栏目中发现警示，并可通过该栏目直接查阅相关记录。

4）投资控制报表与记录台账

在该项目上，根据国家电力系统投资控制管理的习惯，制定了一系列投资控制报表与记录台账。这些报表与台账可以在软件中直接调用与打印，也可以根据需要分别做成可执行的报表，让有关项目领导直接通过动态报表查询工程投资控制情况以及各种记录台账。

2. 普华科技 PowerPiP 软件应用

（1）普华 PowerPiP 概述

PowerPiP 是一套专业项目管理集成系统。PowerPiP 软件主要服务于大中型项目的业主、代甲方及项目管理单位。PowerPiP 中融入了现代项目管理的基本思想，同时结合了国内的管理习惯及标准。

PowerPiP 以项目为中心统一管理，以计划为龙头、以合同和投资控制为中心，涵盖项目质量、HSE、资源、文档及事务等专业管理，融合现代项目管理的体系方法与最佳实践，为大型建设工程项目构建跨组织、跨地域的项目管理平台提供了强大的支持手段。

（2）软件基本功能

PowerPiP 的基本功能包括以下几个方面：

1）集成平台

公共信息管理，个人相关事务管理，警示提醒等。

2）项目监控

按照不同业务汇总数据和关键绩效指标，项目问题及时反馈和跟踪，合同、进度、量费、质量安全等动态报表。

3）投资与合同管理

辅助招标，概预算，资金计划，工程合同，采购合同，合同变更，合同履行跟踪，计量支付，结算管理，多维度统计分析。

4）采购管理

材料设备需求计划，到场计划，采购招投标，采购合同执行，采购费用，备品备件，仓储、领用管理等。

5）质量管理

质量工作计划，质量管理过程记录、跟踪和监督，质量结果统计、汇总和分析，质量体系文件管理，质量信息和文档管理。

6）安健环 HSE 管理

HSE 规范、规程和制度管理，危害因素识别、分级和评价，HSE 计划管理、措施、责任体系，跟踪控制过程，考核和结果统计分析等。

7）文档管理

文档统一管理，电子文档查询、检索、流转、审批和分发，竣工资料的快速形成和电子档案管理。

8）其他业务管理。

个人工作中心，资源管理，流程管理，知识管理，事务管理，沟通管理等。

（3）合同管理与投资控制应用

PowerPiP 合同管理的主要应用模式以合同的费用管理为主线，兼顾合同的进度、质量管理，包括合同的签订、计量计价、合同履行统计查询、合同变更、合同终止及合同结算，具体内容如下：

1）合同管理与工程进度计划、投资计划集成，实现动态合同管理。

2）对所有类型的合同进行分类管理。比如勘测设计合同、工程施工合同、物资设备采购合同、技术咨询服务合同和其他类合同。

3）实现多种模式的合同支付管理。单价合同使用工程量清单计价，提供验工计价的进度款支付方式；总价合同提供按阶段支付的合同支付方式。

4）实现合同信息管理、合同履行管理、合同支付变更管理、合同终止、合同查询统计功能。

5）合同履行过程中，实现月度完成工程量上报，进度款申请、支付，合同变更管理，合同付款通知，合同履行事件管理，合同终止，合同结算。

6）从概预算体系、工程结构分解体系（WBS）和基建财务科目体系等多个角度，实现按时段、依科目、据 WBS 等的多角度归结汇总，多角度地展现投资完成情况。

PowerPiP 中，合同管理与投资控制的业务过程紧密结合，形成了完整的项目合同管理与投资控制过程（图 15-18）。

PowerPiP 投资控制应用的基本思想是以项目投资分解结构（CBS）和企业/项目工作分解结构（EPS/WBS）为核心，将项目设计概算、预算、合同预算、合同计量支付、实际费用、进度计划等主要因素统一规划，可以反映项目任意时刻的动态投资费用与工程进度，从而全面实现对在建项目各个阶段投资与工程进度的掌控。在实际业务过程中，系统对发生的每一笔费用进行控制，对比当前的费用状况，看这笔费用有无相应的预算、是否合理、能否审批通过、或需要走什么流程来进行审批，并将各项目发生的实际费用，汇总到一个平台上进行控制，从而实现费用的动态控制，提供方便、直观的分析和决策数据。

（4）费用分析报告

PowerPiP 通过汇总项目应用过程中的大量数据能够形成强大的项目费用分析报告，可以从项目投资分解结构、工作分解结构、合同等多个角度汇总多种样式的分析报表，通过报表可以反映投资费用的汇总、演变过程数据（图 15-19～图 15-21）。

项目合同管理与投资控制过程

| 业务起点 | 招标询价 | 合同管理 | 合同执行（计量支付） | 投资控制 | 财务结算 |

招标记录
投标记录
投标评分
确定中标

合同记录
合同变更
进度关联
非进度款
预付款
保留/暂扣款

质量签证
完成情况登记
进度款
合同奖惩
材料扣款
支付申请

费用估算
概算调整
概算
投资安排
预算
投资分解结构/工作分解结构
费用分析
实际费用
合同结算

财务系统
财务凭证
发票登记

| 业务规划 | 费用科目 | 费用类别 | 支付项 | 分类体系 | 权限体系 | 项目体系 | 往来单位信息 | 审批流程 |

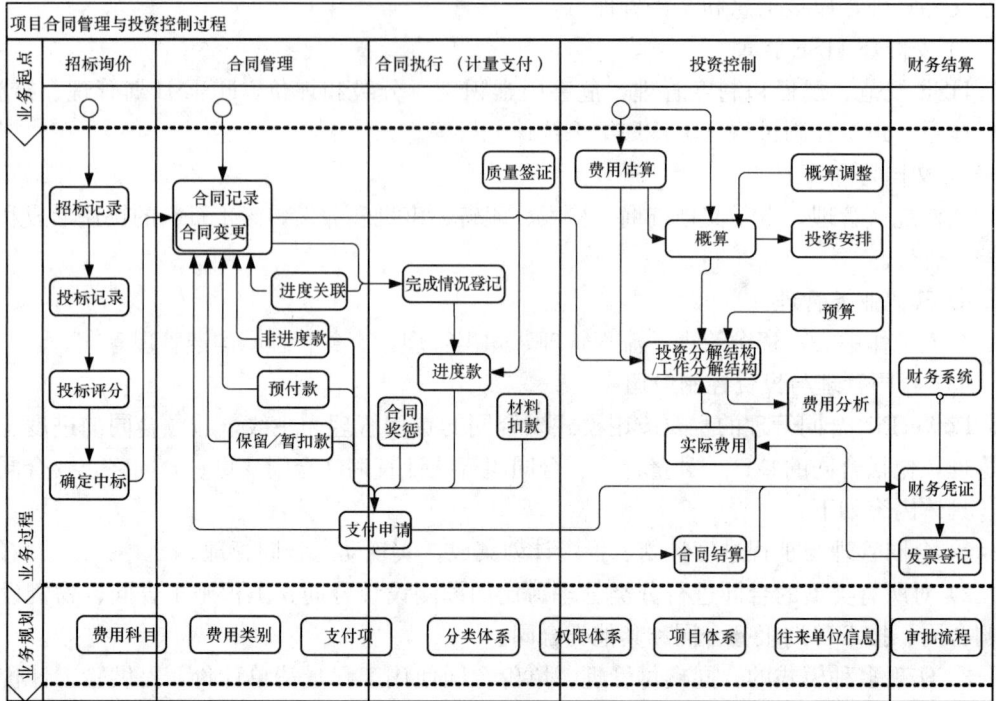

图 15-18　项目合同管理与投资控制过程关系图

2008年11月总费用报告

表三：费用科目角度
报告截止日期：2008-11-25
货币单位：人民币万元

序号	费用项目名称	批复总体概算	基础设计概算	合同金额	已批变更	潜在变更（费用）	费用预估值	当前概算余额	计划完成投资		实际完成投资		投资差额	实际付款		投资与付款差异	备注
		(A)	(B)	(C)	(D)		h=B+C+B	G=A-K	当期	累计(E)	当期	累计(F)	G=F-E	当期	累计(00)	I=F-H	
1	建设投资	1452590.02	1722311.88	1058804.43	2967.17	515202.55	1576974.15	145337.73	48407.55	390687T.89	50420.29	489934.64	79056.75	37685.32	458027.19	11907.45	
1.1	固定资产投资	1190694.25	1447429.	980586.03	2967.17	409048.25	1373003.45	74425.56	47838.85	337447.84	49945.31	415527.65	78079.81	37210.34	403620.2	11907.45	
1.1.1	工程费	974959.07	1178780.2	881947.64	2967.17	223894.47	1108809.26	69970.92	26750.74	253674.3	43452.35	319868.29	65993.99	32790.16	314315.5	5552.69	
1.1.1.1	设备费	525372.43	613844.91	470554.68	0	81375.74	551930.62	61914.29	7775.5	11477.09	22380.51	168790.41	46313.32	17966.81	111003.99	54795.42	
1.1.1.1.1	其中业主采购	292371.37	336441.74	264185.23	0	70249.31	304434.54	2007.2	909.92	78301	10730.65	110886.52	32085.52	0	110886.52		
1.1.1.1.2	其中承包商采购	233001.06	277403.17	206369.65	0	11126.43	217496.08	59907.09	6865.58	40676.09	11649.66	54903.09	14227.8	0	54903.09		
1.1.1.2	主要材料费	186113.21	249259.45	170816.45	1100.57	54832.77	226609.79	22849.66	8045.77	39809.25	5455.02	42591.12	2981.87	0	42591.12		
1.1.1.2.1	其中业主采购	46455.26	69459.89	18061.61	1100.57	49317.09	68419.27	1040.42	2855.45	16306.52	472.54	7047.71	-3258.81	0	7047.71		
1.1.1.2.2	其中承包商采购	139646.95	179799.76	152874.84	0	5315.68	158190.52	21609.24	5190.32	23302.73	4992.48	35543.41	12240.68	0	35543.41		
1.1.1.3	安装工程费	96567.58	96400.27	64906.68	67	23388.34	88442.22	9958.05	3349.56	12122.47	878.45	7040.33	-5082.14	1648.29	20945.62	-13905.29	
1.1.1.4	建筑工程费	166905.85	217275.5722	152700.52	1799.6	64497.62	218997.74	-1722.17	7239.61	75763.55	16330.2	98256.87	22495.12	15367.95	84661.73	13596.54	
1.1.1.5	其他一概算末单列项	0	22928.91	0	0	22928.91	340.3	8901.94	-22928.91	340.3	8901.94	-1601.63	8107.75	-714.18	-2192.89	97704.26	-91516.5
1.1.2	固定资产其他费用	215735.18	268648.81	79040.39	0	185153.76	264194.17	4454.64	21088.11	83573.54	6492.96	95659.36	12085.82	4420.16	89904.6	6354.76	
1.1.2.1	设计费	35322.35	44394.51	31646.46	0	12748.05	44394.51	0	12674.18	25480.62	4237.32	28457.82	977.2	2164.54	20259.59	6190.23	
1.1.2.1.1	基础设计费	22892.33	8536.77	8536.77	0	0	8536.77	0	0	2164.54	14439.09	14439.09	0	0	14439.09	
1.1.2.1.2	详细设计费	4954.02	30464	23109.69	0	7354.31	30464	0	674.18	4958.42	2072.78	12018.73	7060.31	0	12018.73	
1.1.2.1.3	其他设计费	7475	5393.74	0	0	5393.74	5393.74	0	0	0	0	0	0	0	0	
1.1.2.2	土地使用费	27342.21	50959.12	16561.01	0	34398.11	50959.12	0	0	23609.66	0	34326.08	10666.42	0	34326.08	
1.1.2.3	建设单位管理费	7096.3	35256.45	196.08	0	35060.38	35256.46	0	4874.52	19968.38	1393.73	20468.3	500.22	1393.73	20338.77	129.53	

图 15-19　项目费用情况报表

103单元2007年1月费用预期情况报表

报告截止日期：2007-1-25
货币单位：人民币万元

序号	费用科目编码	费用项目名称	批复概算	合同金额	保留概算金额	已批变更	潜在变更	预期总费用EAC	概算节减	备注
			(A)	(B)	(C)	(D)	(E)	F=B+C+D+E	G=A-F	
1	Ⅲ	项目管理费	7400	7400	0	0	300	7700	-300	
2	E	设计费用	5600	5600	0	0	300	5900	-300	
3	P	□采购费用	222830.01	211636.41	65568.1	0	370	277574.51	-54744.5	
3.1	P-01	承包商设备采购费用	54199.02	71221.66	18710.5	0	0	89932.16	-35733.14	
3.2	P-02	承包商材料采购费用	91487.49	61263.38	46857.6	0	0	108120.98	-16633.49	
3.3	P-03	业主采购的长周期设备	77143.5	79151.37	0	0	370	79521.37	-2377.87	
3.4	P-04	业主采购的其他设备	0	0	0	0	0	0	0	
3.5	P-05	业主采购的其他材料	0	0	0	0	0	0	0	
4	C	□施工费用	21554.55	24497.12	1912.6	0	1573.72	27983.44	-6428.89	
4.1	C-01	土建费用	3753.92	5653.26	0	0	380	6033.26	-2279.34	
4.2	C-02	安装费用	17800.63	18843.86	1912.6	0	1193.72	21950.18	-4149.55	
5	S	现场服务及培训	0	0	0	0	0	0	0	
6	T	租费	0	0	0	0	0	0	0	

图 15-20　项目单元费用预期情况报表

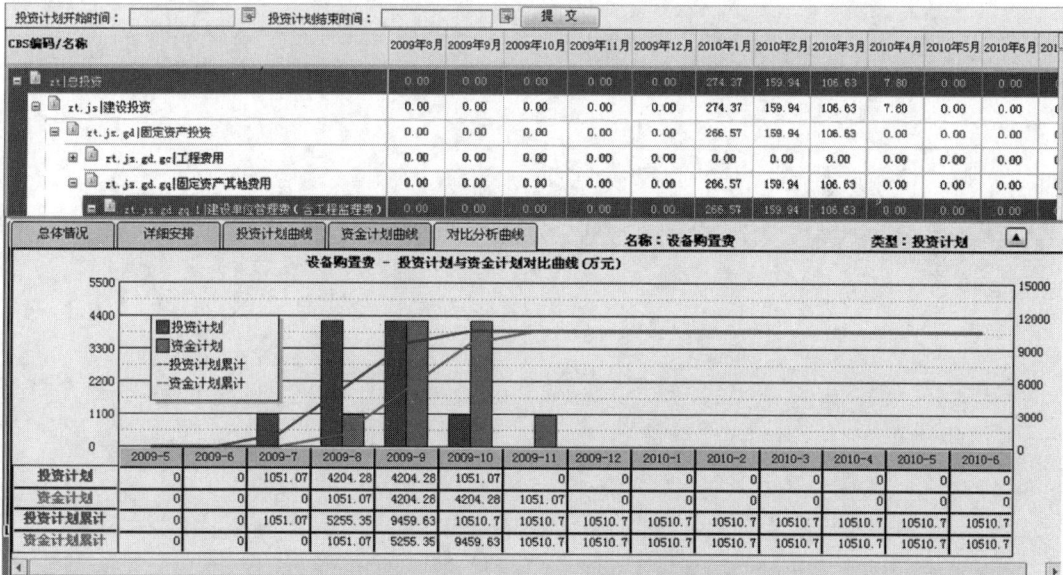

图 15-21　项目投资计划与资金计划对比分析图

复习思考题

1. 简述进度计划管理的基本要素，进度计划管理的目的与重要性。

2. 简述计算机辅助进度管理对工程项目的统筹协调与目标控制的促进作用。

3. 简述进度管理系统在整个计算机辅助工程项目管理中的作用与重要性。

4. 大型工程项目进度管理系统需要什么样的基本编码体系？

5. 简述大型工程项目进度管理系统基本功能需求。

6. 进度管理系统应用的难点是什么，对大型工程项目采用什么样的方式进行进度跟踪控制，基于进展反馈应编制哪些基本进度分析报告供决策参考?

7. 可通过工程项目合同和投资管理信息系统辅助解决的主要业务有哪些?

8. 如何实现工程投资的动静态管理有机结合?

9. 合同和投资管理系统应考虑的基本编码有哪些?

10. 请论述记录关联在合同和投资管理系统中的作用。

11. 大型工程项目合同和投资管理系统应具备哪些功能?

12. 合同和投资管理系统应用的难点是什么?

信息技术的不断发展，对工程项目的管理产生巨大影响，为工程项目管理提供了强大的管理工具和手段，可以极大地提高工程项目的管理效率，提升工程项目管理的水平。本章简要介绍 BIM 的内涵、BIM 在工程项目管理中的应用；工程项目管理网络平台的构成、工程项目管理网络平台的搭建和维护、网络平台上工程项目管理的工作内容。

16.1　BIM 在工程项目管理中的应用

近些年来，建筑信息模型（Building Information Model，简称 BIM）无论是作为一种新的技术，还是作为一种新的生产方式都得到了广泛的关注。

16.1.1　BIM 的基本概念和内涵

BIM 技术应用的思想已经由来已久，早在 1975 年，被誉为"BIM 之父"的查克·伊士曼（Chuck Eastman）教授就提出了 BIM 的设想，预言未来将会出现可以对建筑物进行智能模拟的计算机系统，并将这种系统命名为"Building Description System"。20 世纪 70 年代和 80 年代，BIM 的发展虽受到 CAD 的冲击，但学术界对 BIM 的研究从来没有中断。在欧洲，主要是芬兰的一些学者对基于计算机的智能模型系统"Product Information Model"进行了广泛的研究，而美国的研究人员则把这种系统称之为"Building Product Model"。1986 年，美国学者罗伯特·艾什（Robert Aish）提出了"Building Modeling"的概念，这一概念与现在业内广泛接受的 BIM 概念非常接近，包括三维特征、自动化的图纸创建功能、智能化的参数构件、关系型数据库等。在"Building Modeling"概念提出后不久，Building Information Modeling 的概念就被提出。但受当时计算机硬件与软件水平的影响，BIM 的思想还只是停留在学术研究的范畴，并没有在行业内得到推广。BIM 真正开始流行是从 2000 年以后，得益于软件开发企业的大力推广，很多业内人士开始关注并研究 BIM。现在，和 BIM 相关的软件、互操作标准都得到了快速的发展，Autodesk、Bentley、Gra-

BIM 和网络技术在工程项目管理中的应用

phisoft 等全球知名的建筑软件开发企业纷纷推出了自己的产品，BIM 不再是学者在实验室研究的概念模型，而是变成了在工程实践中可以实施的商业化工具。

目前，国际上很多专业化的组织和相关的企业都对 BIM 的含义进行了诠释，这其中既有著名的软件公司（Autodesk、Bentley 和 Graphisoft）和建筑业企业（DPR 建筑公司、Magraw-Hill 建筑信息公司），也有行业协会（如美国建筑师协会 AIA、美国总承包商协会 AGC）、政府部门（如美国总务管理局 GSA）和科研机构（如美国建筑科学研究院 NIBS、佐治亚理工大学建筑学院）。

（1）Autodesk 公司是著名的建筑软件开发商之一，也是对 BIM 研究较为深入的组织之一。自 20 世纪 90 年代始，Autodesk 公司一直致力于在全球范围内推广 BIM。在其发布的《Autodesk BIM 白皮书》中，对 BIM 进行了如下定义：BIM 是一种用于设计、施工、管理的方法，运用这种方法可以及时并持久地获得高质量、可靠性好、集成度高、协作充分的项目信息。

（2）2003 年 1 月，Bentley 公司发布了《Bentley BIM 白皮书》。在这本白皮书中，Bentley 将 BIM 定义为：BIM 是一个在联合数据管理系统下应用于设施全寿命周期的模型，它包含的信息可以是图形信息也可以是非图形信息。

（3）Graphisoft 公司在 20 世纪 70 年代就开始研究 BIM。2003 年 2 月，Graphisoft 公司发布了《Graphisoft BIM 白皮书》。该报告认为：BIM 是建设过程中唯一的知识库，它所包含的信息包括图形信息、非图形信息、标准、进度及其他信息。

（4）2006 年，美国总承包商协会（AGC）颁布了《承包商应用 BIM 指导书》。在指导书中对 BIM 作了如下定义：建筑信息建模（Building Information Modeling）是建立和使用计算机软件模型来模拟建筑设施的建设与运营过程。所建立的模型（Building Information Model）是一个包含丰富数据、面向对象的、具有智能化和参数化特点的建筑设施的数字化表示，不同的使用者可从中提取所需信息，用于决策或改善业务流程。

（5）美国国家建筑科学研究院联合设施信息委员会等国际著名的建筑协会一起编制了国家建筑信息模型标准 NBIMS（NIBS 2008）。其中，对 BIM 进行了如下定义：建筑信息模型（Building Information Model）是对设施的物理特征和功能特性的数字化表示，它可以作为信息的共享源从项目的初期阶段开始为项目提供全寿命周期的信息服务，这种信息的共享可以为项目决策提供可靠的保证。这一定义是目前对 Building Information Model 较为权威的阐释，得到了广泛认可。

（6）国际标准组织——设施信息委员会（FIC 2008）对 BIM 进行了定义：BIM 是在开放的工业标准下对设施的物理和功能特性及其相关的项目生命周期信息的可计算或可运算的形式表现，从而为决策提供支持，以便更好地实施项目的价值。

（7）美国总务管理局 GSA（2008）对 BIM 作了如下定义：建筑信息建模是通过建立和应用多界面的计算机软件数据模型来实现设计及其模拟设施的建设和运营过程。建筑信息模型是一个包含丰富数据、面向对象的、具有智能化和参数化特点的建筑设施的数字化表示，不同的使用者可从中提取和分析所需信息，用于反馈和提高设计质量。

（8）全球 500 强企业之一的麦格劳－希尔建筑信息公司（McGraw－Hill Construction）在其出版的《建筑信息模型——利用 4D CAD 和模拟来规划和管理项目》中，对 BIM 作了如下定义：建筑信息模型是通过三维数字模型对项目的设计、建造及运营管理过程进行的模拟，所创建的模型包含了项目从规划设计到施工运营直至报废的全寿命周期的信息。

（9）根据维基百科的定义，建筑信息模型（Building Information Modeling）是指在建筑设施的全寿命周期创建和管理建筑信息的过程，这一过程需要在设计与施工的全过程应用三维、实时、动态的模型软件来提高建设生产效率，而创建的模型（Building Information Model）涵盖了几何信息、空间信息、地理信息、各种建筑组件的性质信息及工料信息。根据该定义，BIM 是以三维数字技术为基础，集成了建筑工程项目各种相关信息的工程数据模型，是对该工程项目相关信息的详尽表达。建筑信息模型是数字技术在建筑工程中的直接应用，以解决建筑工程在软件中的描述问题，使设计人员和工程技术人员能够对各种建筑信息作出正确的应对，并为协同工作提供坚实的基础。建筑信息模型同时又是一种应用于设计、建造、管理的数字化方法，这种方法支持建筑工程的集成管理环境，可以使建筑工程在其整个进程中显著提高效率和减少风险。

（10）美国的佐治亚理工学院（Georgia Tech）的查克·伊士曼教授与另外三位 BIM 研究专家在 2008 年出版的《BIM 手册》中对 BIM 的定义：Building Information Model 是对建筑设施的数字化、智能化表示；Building Information Modeling 是应用这种模型进行建筑物性能模拟、规划、施工、运营的活动，建筑信息模型不是一个对象，而是一种活动。

从上述定义可以看出，Building Information Model 和 Building Information Modeling 虽然都可以缩写为 BIM，但却有着不同的含义：前者是一个静态的概念，而后者是一个动态的概念。静态的建筑信息模型（Building Information Model）可以从 Building 、Information 、Model 三个方面去解释。Building 代表的是 BIM 的行业属性，BIM 服务的对象是建筑业而非其他行业，其他行业也有产品数据模型，如制造业的 Product Data Model；Information 是 BIM 的灵魂，BIM 的核心是在不同的项目阶段为不同的组织提供各种与建筑产品相关的信息，包括几何信息、物理信息、功能信息、价格信息等；Model 是 BIM 的信息创建和存储形式，建筑设施的信息可以表达成多种方式，如图纸、文本文件、excel 表格等，而 BIM 中的信息是以模型的形式创建和存储的，这个模型具有三维、数字化、面向对象等特征。由于建筑物的方案、设计、施工、交付是一个过程，因此，Building Information Model 的应用也是一个过程，应用模型来进行设计、建造、运营、管理的过程可以被认为是 Building Information Modeling，而随着建设过程的推进，Building Information Model 中的信息也在不断地被补充和完善。例如，方案设计阶段的 BIM 模型需要有房间功能和系统功能信息，初步设计阶段的 BIM 模型需要有空间布置、房间数量、房间功能、系统信息、产品尺寸等信息，施工阶段的 BIM 模型需要有竣工资料、产品数据、序列号、标记号、产品保用书、备件、供应商等信息，因此，BIM 模型中的信息在不断地被补充和完善，而不是静止不变的。本书中所使用的"BIM"根据其应用背景不同可有不同的含义：当表达静态模型的含义时，可以理解为是 Building Information Model 的缩写；当特指模型应用过程时，可以理解为是 Building Information Modeling 的缩写。

随着 BIM 应用范围的日益广泛和应用层次的逐渐深入，BIM 的内涵也在不断发生变化。Autodesk 提出，BIM 不仅仅是一种建筑软件的应用，它代表了一种新的思维方式和工作方式，它的应用是对传统的以图纸为信息交流媒介的生产范式的颠覆；Finith 在其著作《广义 BIM 与狭义 BIM》中指出，BIM 的内涵具有狭义和广义之分：狭义的 BIM 主要指对 BIM 软件的应用；广义的 BIM 考虑了组织与环境的复杂性及关联性对信息管理的影响，目的是为了帮助项目在适当的时间、地点获取必要的信息。麦格劳－希尔建筑信息公司（Willem Kymmell，2007）在其出版的 BIM 专著《建筑信息模型：利用 4D CAD 和模拟来规划和管理项目》（Building Information Modeling：Planning and Managing Construction Projects with 4D CAD and Simulations）中对 BIM 的内涵作了这样的界定：BIM 不仅仅是一种工具，而且也是通过建立模型来加强交流的过程，作为一种工具，它可以使项目各参与方共同创建、分析、共享和集成模型，作为一个过程，它加强了项目组织之间的协作，并使它们从模型的应用过程中受益。美国国家建筑科学研究院在《国家建筑信息模型标准 NBIMS》中对广义 BIM 的含义作了阐释（NIBS 2008）：BIM 包含了三层含义，第一层是作为产品的 BIM，即指设施的数字化表示；第二层是指作为协同过程的 BIM；第三层是作为设施全寿命周期管理工具的 BIM。查克·伊士曼教授在其著作《 BIM Handbook》中指出，BIM 并不能简单地被理解为一种工具，它体现了建筑业广泛变革的人类活动，这种变革既包括了工具的变革，也包含了生产过程的变革。由此可见，随着 BIM 理论的不断发展，广义的 BIM 已经超越了最初的产品模型的界限，正被认同为是一种应用模型来进行建设和管理的思想和方法，这种新的思想和方法将引发整个建筑生产过程的变革。

16.1.2　BIM 技术特征及实践特质

1. BIM 技术特征

（1）信息存储结构具有多元化特征

相比 CAD 设计软件，BIM 最大的特点就是摆脱了几何模型的束缚，开始在模型中承载更多的非几何信息，例如：材料的耐火等级、材料的传热系数、构件的造价与采购信息、质量、受力状况等一系列扩展信息。建筑信息模型中的基本构件元素叫做族，它不仅包括了构件的几何信息，还包括了构件的物理信息和功能信息。表 16-1 为一个梁族参数表，该梁族的参数有 3D 描述参数、空间位置参数、物理量参数、标识参数、材质参数、受力分析模型等，这些参数信息都是以此型钢为载体，以数据库的形式储存的，并且可以贯穿于整个项目周期。随着建设过程的延伸，有关建筑产品的信息会不断被以结构化的形式保存，实现建设过程信息的连续流动。正是 BIM 构件信息的多元化特征，使其除了具有一般 3D 模型的功能外，还可以模拟建筑设施的一些非几何属性，如能耗分析、照明分析、冲突检查等。

梁族参数表　　　　　　　　　　　　　　　　　表 16-1

3D 描述参数	几何参数	物理量参数	标识参数	受力分析参数
梁高 h	参照标高	面积 A	部件代码	开始 F_z，F_y，F_x
梁板厚度 t	Z 方向对正	惯性矩 I_x	注释记号	开始 M_z，M_y，M_x
翼缘宽 b	起点延伸	惯性矩 Z_x	型号	结束 F_z，F_y，F_x
翼缘厚度 s	重点延伸	质量 M	材质	结束 M_z，M_y，M_x
倒角半径 r	……	公称 N	URL	开始发布
体积 V		……	成本	分析
……			……	……

（2）以参数化建模作为创建模型的核心技术

BIM 的核心技术是参数化建模技术。操作的对象不再是点、线、圆这些简单的几何对象，而是墙体、门、窗、梁、柱等建筑构件，如图 16-1 所示。BIM 将设计模型（几何形状与数据）与行为模型（变更管理）有效结合起来，在屏幕上建立和修改的不再是一堆没有建立起关联关系的点和线，而是由一个个建筑构件组成的建筑物整体。BIM 立足于在数据关联的技术上进行三维建模，模型建立后，可以随意生成各种平、立、剖二维图纸，并保持视图之间实时、一致的关联，如果修改了平面图，相关的修改马上就可以在立面图、剖面图、效果图、明细统计表以及其他相关图纸上表达出来，杜绝了图纸之间不一致的情况，这样可以减少设计引起的错误，提高设计工作效率，保证设计质量。

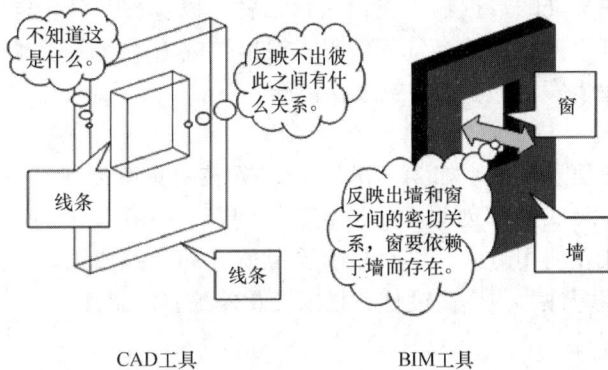

图 16-1　CAD 与 BIM 的区别

（3）以联合数据库的分类模型作为模型系统的实现方法

由于 BIM 内含的信息覆盖范围包括了项目的整个建设周期，因此模型必须包含相当多的建筑元素才能满足各项目参与方对信息的需求。从理论上说，BIM 系统实现方法有两种，一种是使用单一中央数据库的综合模型，另一种是使用联合数据库的分类模型。从计算机实现的角度来看，使用单一中央数据库的综合模型困难较大，统一的中央数据库需要包含建筑模块、结构分析模块、预算模块、能耗分析等评估模块以及一些辅助决策模块等，这样一个高度集成的系统需要耗费大量的资源进行维护，特别是对大型工程项目而言，统一的数据库不仅难以管理而且风险很大，可操作性不强。而使用联合数据库的分类模型则可以有效克服上述弊端，让不同专业的组织参与方通过一个模型进行交流，如图 16-2 所示，从设计准备到初步设计再到施工图设计的各阶段，不同的组织参与方通过基本模型获取所需的信息来完成自己的专业模型，然后把他们的成果通过 IFC 格式交换反馈到信息模型当中，传递到下一个阶段以供使用和参考，这种系统可行性强，而且模型在整个生命周期中可以充分利用。事实上，目前使用的 BIM 系统大都采用联合数据库的分类模型，而

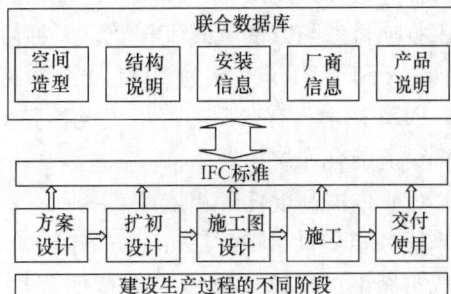

图 16-2　BIM 的分布式数据库模型

最终的信息集成则依靠专门的集成软件来实现。

（4）以通用数据交换标准作为系统间信息交换的基础

BIM 的核心是数据的交换与共享，而解决信息交换与共享的核心在于标准的建立，有了统一的数据表达和交换标准，不同系统之间才能有共同语言，数据的交换和共享才能实现。基于这种思想，国际协同工作联盟 IAI（International Alliance for Interoperability）制定了建筑业国际工业标准 IFC（Industry Foundation Classes）。IFC 是一个计算机可以处理的建筑数据表示和交换标准，其目标是提供一个不依赖于任何具体系统的，适合于描述贯穿整个建筑项目生命周期内产品数据的中性机制，可以有效地支持建筑行业各应用系统之间的数据交换和建筑物全生命周期的数据管理。IFC 标准使不同的建筑软件能协同工作，保证数据的一致性。应用软件开发商只需遵循这套规范对建筑产品数据进行描述，或是为系统提供标准的数据输入输出接口，就可以实现与其他同样遵循 IFC 标准的应用系统之间的数据交换。2002 年，IFC 正式被接受成为了国际标准（ISO 标准），它目前已成为国际建筑业事实上的工程数据交换标准。

2. BIM 实践特质

较之传统建筑业信息技术（如 2D CAD），BIM 技术具有创新性，其不是对现有行业内技术简单改进的修补式局部创新，而是突破性创新。BIM 技术的出现，改变了建设信息的内容、表达方式及使用方式。结合现有文献研究和实践成果，BIM 技术主要有三种实践特质：技术跨组织性、内嵌高度任务相依性及外源非定制性。

（1）技术跨组织性

BIM 技术潜在价值的有效实现需要单个建筑业企业部门之间及工程项目参与方之间的交流、协调与合作。Dossick & Neff 采用人种志（Ethnography）研究方法对两个商业建筑项目 BIM 技术应用的实地调查发现，BIM 技术应用要求工程项目参与方之间的交流与合作更加密切，而传统建设工程项目环境下参与方之间的组织割裂问题并没有随着 BIM 的应用而得到解决，BIM 技术应用的跨组织合作需求与工程项目组织现实分隔所存在的偏差严重阻碍了 BIM 技术的有效应用。Harty 对英国伦敦希斯罗机场 T5 航站楼项目 BIM 应用的研究发现，较之传统 2D CAD 技术，BIM 技术具有显著的跨组织性特征，该类技术的应用在明显改变单个组织活动方式的同时，亦会对项目其他参与方之间的沟通方式、权责关系以及整个行业的市场结构带来巨大变革，且该类技术的成功应用往往需要企业内部各个部门、项目内部各个参与方乃至全行业各类从业人员的共同努力。基于 BIM 技术应用特性，可以将其定位为"跨组织性技术"和"跨组织性创新"。Taylor 和 Levitt 将类似 BIM 的跨组织性技术定义为系统性创新（Systemic Innovation），并指出其实施需要工程项目参与方变革其流程及以更加协作的方式进行合作，其较之局部创新实施更加困难。Fox 和 Hietanen 认为 BIM 技术的跨组织性导致了其应用的很多潜在障碍。综上所述，BIM 技术具有典型的跨组织性，其应用需要打破企业内部门边界及项目参与方边界进行交流与合作。

（2）内嵌高度任务相依性

任务相依性（Task Interdependence）指单个团队成员为完成其工作所需从其他团队成员获取的信息、物质和支持的程度。相当多的学者提出并分析了任务相依性存在的三种形式（图 16-3）：联营式相依性（Pooled Interdependence）、顺序式相依性（Sequential Interdependence）、互动式相依性（Reciprocal Interdependence）。联营式任务相依性仅涉及有限的物质、资源和信息的交换，以低度的任务相依性为特点。相比而言，顺序式和互动式形式则涉及更高的交换，它们以高度的任务相依性为特点。例如，在信息技术创新应用中，Word 处理、电子表格和其他个人生产效率程序是以低度的任务相依性为特点的，而诸如 ERP 系统之类的信息技术的应用则是以高度的任务相依性为特点。当组织团队共同完成某项任务时，为有效完成任务，其必须意识到活动任务的依赖性程度，进而制定结构化的工作流程和建立相应的协调机制。高度的任务相依性加剧了组织冲突的可能性。

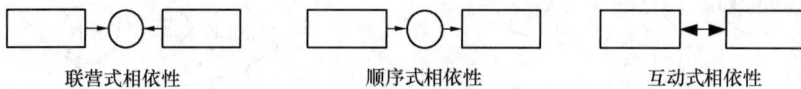

联营式相依性　　　　顺序式相依性　　　　互动式相依性

图 16-3　活动之间的依赖关系

基于 BIM 技术的应用过程，可以将其应用任务活动分为两种：模型构建及功能分析、基于模型的信息沟通与协调。根据任务相依性的定义及相关理论，下面分别说明以上两种任务活动中内嵌的高度任务相依性。

1）模型构建及功能分析。由于模型所包含信息的多样性和丰富性，模型构建过程需要多专业合作，如建筑、结构、MEP/FP 等专业工程师的协同工作，共同完成 BIM 模型所需的各专业信息。根据美国建筑信息模型标准（NBIMS）内容，BIM 具有的主要功能有 25 种，其中常用的有 14 种之多，如碰撞检查、能耗分析、光照分析、进度模拟等。这些 BIM 技术功能点的应用需要多专业的集成，同时功能分析之间有一定的优先级及前后逻辑关系，因此增加了 BIM 技术应用功能分析的任务相依性。具体到特定的工程项目，有些功能分析仅需单个组织内部门间的协作即可完成，有些功能分析需要多个不同专业参与方的跨组织协同合作，其工作流程从直线式转变为组织内部门间和参与方间跨组织的相互搭接与相互依赖，因此进一步加剧了任务相依性。

2）基于模型的信息沟通与协调。基于特定工程项目 BIM 技术的应用，由于 BIM 技术自身对其多专业跨组织合作的需求，需要参与方之间跨越传统组织界面进行信息沟通与协调，且传统 2D CAD 技术信息载体下点对点的沟通转变为基于 BIM 的信息共享（图 16-4），组织内部门间的协调及参与方之间跨组织的协调更进一步加剧了任务相依性，从点对点的沟通转变为网状沟通。基于 BIM 的可建造性、能耗、采光等分析，单个专业人员的知识和能力很难实现，需要多参与方或多个专业人员之间跨组织协同工作，且建设工程项目全寿命期 BIM 技术应用也需要多个专业合作。

BIM 技术自身信息的多样性和全面性以及其内含的多种分析功能，需要单个组织内部门间及项目参与方组织间的多专业人员紧密协作，而 BIM 技术应用所需的多专业高度协作与集成引致了高度任务相依性。

（3）外源非定制性

技术外源性是指一个组织所使用的技术是另一个组织的产品，使用技术的组织不掌握技术的核心结构，也没有对技术进行结构调整和技术改造的能力。技术外源性与内源性最大的区别在于技术设计者是来自组织内或组织外。鉴于 BIM 技术及其相应软件产品的复杂性，单个 BIM 应用组织通常不具备相应软件开发的能力，且由于软件开发并不是组织

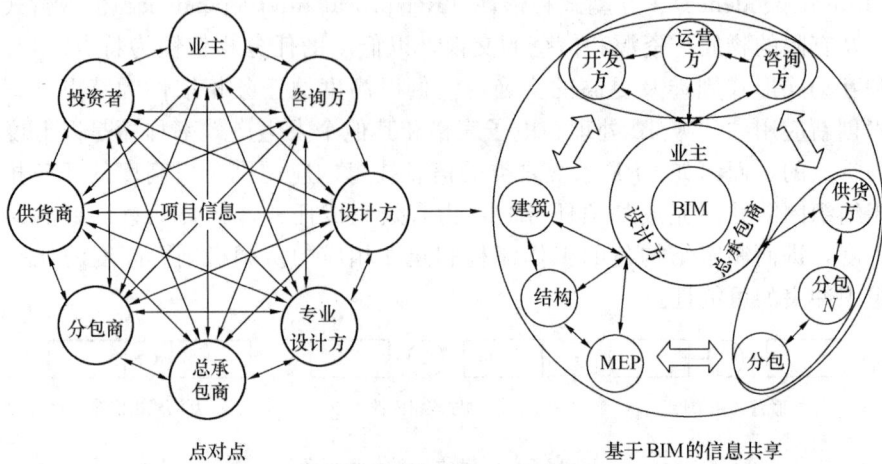

点对点　　　　　　　　　　　　　基于 BIM 的信息共享

图 16-4　基于 BIM 的信息共享

的主营业务，多数组织也不愿在此有过多的投入。当前，组织 BIM 技术的应用多是向 BIM 软件开发商（如 Autodesk、Graphisoft、Bently 等企业）购买相应的 BIM 技术产品及服务，鲜见建筑业企业针对企业自身特点，进而"量体裁衣"开发 BIM 应用软件。因此，从组织 BIM 技术引入过程可以看出，BIM 技术具有典型的外源性，不同组织应用的 BIM 技术是具有统一外源性的技术。

技术定制性指不能大批量生产，面向特定客户、特定应用领域及特定功能需求而开发技术的特性。虽然知名的软件开发商，有时针对不同的客户提供一些特色的技术及其应用解决方案服务，但这些服务多是基于软件开发商既有软件产品而提供的，其针对用户特定需求而改进技术或产品的定制性服务较少。在现有 BIM 技术软件市场，软件开发商数量有限，且单个软件开发商提供软件产品相对单一，不同软件开发商之间在产品功能及其内在技术结构上具有相似性。在 BIM 软件开发商市场，出现了一家或多家独大的局面。BIM 技术软件开发商数量有限加上其软件产品的单一性和相似性，导致不同企业 BIM 技术应用时选择面较窄，企业间应用的 BIM 技术具有相同或相似性。同时，综观国内从事 BIM 领域研究的大学及科研机构，多聚焦于 BIM 基础理论研究、国外 BIM 理论成果本地化以及 BIM 通用技术和标准的研发和应用，提供 BIM 技术定制性服务的很少。大型软件开发企业多从事 BIM 通用技术研发及相应软件的开发和应用服务，针对不同建筑业企业进行 BIM 技术客户化定制的较少。从 BIM 应用实践中，提供 BIM 通用产品和服务的企业较多，鲜见提供 BIM 软件定制服务的企业。该 BIM 技术情境与企业资源计划 ERP（Enterprise Resource Planning）技术情境相异，后者技术多是基于企业规模、工作流程和现况进行 ERP 技术开发，具有典型的外源定制性特点，企业间对其应用的不同不在于硬件设备的差异，而在于所采用的软件系统和应用型模块的差异。而 BIM 技术具有典型的非定制性特点。

综上分析，建筑业企业所应用的 BIM 技术源自软件开发商所提供的通用产品，尚未出现针对企业业务及流程管理等情境提供定制性软件开发的企业，BIM 技术具有外源非定制性特征。

16.1.3   BIM 的功能应用及价值

1. BIM 的功能应用

美国国家建筑科学研究院（National Institute of Building Sciences）下属的build-ingSMART alliance 联盟长期致力于制定建筑业信息规范标准化和电子化，从而提高建筑业生产的效率和效益，在对美国工程建设领域的 BIM 使用情况进行调查研究的基础上，分析总结出目前 BIM 的 25 种不同应用，如图 16-5 所示。

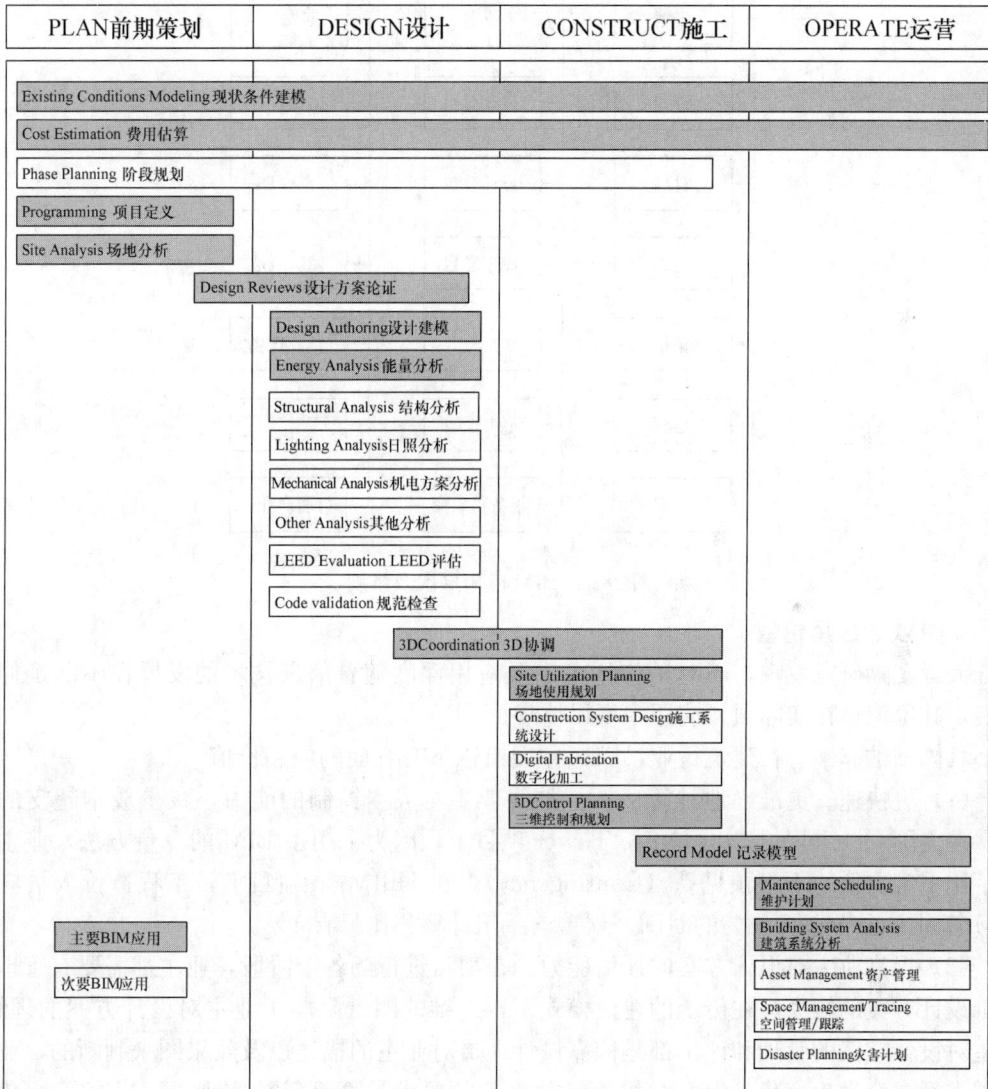

PLAN前期策划	DESIGN设计	CONSTRUCT施工	OPERATE运营

Existing Conditions Modeling 现状条件建模

Cost Estimation 费用估算

Phase Planning 阶段规划

Programming 项目定义

Site Analysis 场地分析

Design Reviews 设计方案论证

Design Authoring 设计建模

Energy Analysis 能量分析

Structural Analysis 结构分析

Lighting Analysis 日照分析

Mechanical Analysis 机电方案分析

Other Analysis 其他分析

LEED Evaluation LEED 评估

Code validation 规范检查

3DCoordination 3D 协调

Site Utilization Planning 场地使用规划

Construction System Design 施工系统设计

Digital Fabrication 数字化加工

3DControl Planning 三维控制和规划

Record Model 记录模型

Maintenance Scheduling 维护计划

Building System Analysis 建筑系统分析

Asset Management 资产管理

Space Management/Tracing 空间管理/跟踪

Disaster Planning 灾害计划

主要BIM应用

次要BIM应用

图 16-5   BIM 的 25 种功能应用

图 16-5 所示的 BIM 的功能应用按照工程项目策划、设计、施工到运营的各阶段排序，应用范围较为宏观、概括，便于 BIM 团队根据工程项目的实际情况从中选择计划要实施的 BIM 应用。美国教授 Salman Azhar、Michael Hein 等通过问卷调查总结了 BIM 在

建设过程中的具体应用范围、价值、风险及挑战等，指出 BIM 模型是由包含建筑物的所有相关信息的一系列"SMART 对象"所组成，可用于可视化、参数化设计、图纸复核、法规分析、成本估计、建造模拟、界面和碰撞检查等方面。国内有关学者总结分析了 BIM 应用的七个层次、三个维度，系统体现了 BIM 的应用范围、应用主体及未来发展趋势等，如图 16-6 所示。

项目阶段	项目参与方	BIM应用层次
策划	业主	回归3D
设计	设计总包	协调综合
招投标	设计分包	4D/5D
施工	施工总包	团队改造
销售	施工分包	整合现场
运营	预制加工商	工业化自动化
改造	设备供应商	打通产业链

图 16-6　BIM 应用层次及维度

2. BIM 的应用价值

大量文献研究发现，BIM 的应用范围及应用深度随着信息技术的发展在不断延伸及拓展，其价值也在实际项目应用中得以体现。

具体归纳起来，在建筑行业，BIM 主要有以下几方面的应用价值。

（1）更快速、更准确地计算成本，加强业主对成本控制的能力，减少成本超支的风险。在美国 One Island East Office Tower 项目上，因为采用了 BIM 的算量方法，业主保留了比平常更低的不可预见费（Contingency）。在 Hillwood 项目上，工程造价人员应用 BIM 算量方法节约了 92% 的时间，误差与手工计算相比只有 1%。

（2）提高业主对设计方案的评估能力。在项目进行的各个阶段，业主都需要有管理和评价设计方案的能力。在传统的建设模式下，二维的图纸限制了业主对设计方案的理解，业主对设计方案的管理和评价都是依靠设计人员对业主的描述以及效果图来判断的，业主的需求经常会发生变化，但有时候很难判断新的要求是否已经被实现。BIM 的可视化功能可以极大地提高业主对方案的理解能力，有助于业主和设计人员及其他项目参与方之间进行更好的沟通。

（3）提高业主对市场的反应速度。在美国通用汽车厂房扩建的案例中，业主需要提高建设速度来抓住市场机遇，但又同时希望预算不要超支。项目团队应用了全新的建设流程——基于 BIM 的建设工程项目集成化交付模式（IPD），运用了自动化设计出图、模拟、场外构件生产等一系列创新的方法，最后比业主要求的工期还提前了 12.5%。

（4）提高建设设施的可持续性。据统计：一个 5000 平方英尺的建筑物一年的能耗大约为 7 万 5000 美元到 10 万美元。使用节约能源的系统可以每年减少 10% 的能耗，也就是 8000 美元到 1 万美元。而这样一套系统的投资大约是 5 万美元，相当于 6 年所节约的能源总量。BIM 通过提供更好的设计和分析服务，使建筑物可以更好地适应环境的变化，提高能源的利用效率。

（5）为设施管理提供更好的平台。在美国海岸警卫队建筑设施规划的案例中，设施管理者利用 BIM 来更新和编辑数据库，比传统的方法节省了 98% 的时间，不但提高了信息管理的效率，同时也节省了很多人力来输入这些信息。

BIM 正在改变建筑业内部和外部团队合作的方式，为了实现 BIM 的最大价值，需要重新思考工程项目管理团队成员的职责和工作流程，基于 BIM 的工作方式打破了原来不同的公司和数据使用者之间的固有界限，通过协同工作实现信息资源的共享。BIM 技术的应用，能带来生产力和企业效能的提升，但在短期内却也有可能因为对新技术的消化不够，而引起工作流程的干扰、旧有业务的失衡以至项目的风险。在充分了解 BIM 应用价值的同时，也应深刻理解 BIM 技术应用可能带来的顾虑和担忧。研究表明，大约 70% 的针对 BIM 技术应用而进行的业务工作流程改造项目，会因为以下的原因而失败：一是缺乏持续的有力的中高层领导的支持；二是不切实际的 BIM 项目目标和期望；三是对项目成员改变的抗拒。

现在，国际上很多工业发达国家已经充分意识到 BIM 技术应用的价值和挑战，据统计，2010 年，美国统计已有 49% 的项目应用了 BIM 技术，西欧为 36%。韩国政府则规定，到 2016 年，所有政府投资的项目强制使用 BIM 技术，世界上很多国家和行业也有相似的规定。

16.2 网络平台上的工程项目管理

在网络平台上进行工程项目的管理，其基础是网络和信息技术。工程项目管理的网络平台一般搭建在局域网或互联网上，为工程项目管理提供支持，主要用于工程项目管理过程中的文档管理、工作协调、项目控制和其他相关工作。

工程项目管理网络平台的构成包括硬件及网络、软件和系统集成以及网络平台上的项目管理组织等主要组成部分。网络平台的实施则包括初始阶段的搭建和运营过程中的维护。以上这些，对于在网络平台上能否顺利地进行工程项目管理工作都起到决定性的作用。

16.2.1 工程项目管理网络平台的构成

1. 硬件及网络

工程项目管理网络平台的基础构成部分是硬件和网络。

硬件包括整个网络平台运行和网络平台上进行工程项目管理工作所需要的服务器和个人电脑等。网络则是指将这些服务器和电脑整合在一起，且以功能完善的网络软件（网络协议、信息交换方式及网络操作系统等）实现网络资源共享的系统。

在广义上，网络包括了局域网和互联网，两者都可以为工程项目管理网络平台提供基础支撑。工程项目管理网络平台也可以因此区分为基于局域网的平台和基于互联网的平台。

基于局域网的工程项目管理网络平台一般以某个机构或组织内部的网络为基础，在机构和组织内部通过一定的系统和软件构建一个工程项目管理的网络平台。这个网络平台和外部网络不连通，或通过有限的渠道进行通信，实现信息共享。这一类的工程项目管理网络平台因缺乏通用性和与其他系统的兼容性而难以得到市场的认可，在目前的工程项目管理工作中很少应用。

比较常见的是基于互联网的工程项目管理网络平台。这种网络平台以互联网为基础搭建，通过一定的系统软件在互联网上实现工程项目管理信息的共享和工程项目控制的功能。因为它采用的是通用的互联网架构和通信协议，在任何有互联网的地方都有可能实现，具有很强的通用性和兼容性，所以在目前的工程项目管理中得到了较为广泛的使用。

2. 软件和系统集成

在硬件和网络这个基础构成部分之上，是工程项目管理网络平台的主要功能部分：软件和系统集成。

软件指在网络平台上运行的各种实现工程项目管理功能所需要的软件，如办公应用软件、工程造价预算和控制软件、工程进度管理软件、工程合同管理软件、财务管理软件、网络通信软件等。

网络平台中最为核心的是系统集成软件。不管工程项目管理网络平台是在局域网还是在互联网上运行，都需要有一个系统，对服务器进行管理、对服务器中所存储的数据进行管理、对网络所连接的电脑或终端进行管理，并为网络上运行的软件提供支持。此外，更重要的是对通过电脑或终端进入到网络中活动的用户群体进行管理和服务，并约束和规范其网络行为。

总体上看，系统集成软件将硬件、网络、软件和用户整合在一起，形成一个在网络上进行工程项目管理活动的有序机制，成为一个有机的系统。工程项目管理网络平台的系统运行软件是整个软件系统的核心部分。

这一类的系统集成在实际使用中有各种各样的名称，不同的软件开发商或服务供应商可能会使用不同的名字并有各自的定义。其中一个较多采用的名称是"项目信息门户 PIP（Project Information Portal，简称 PIP）"。

项目信息门户（PIP）指的是在网络基础上对工程项目信息进行集中存储和管理的系统运行软件，它为工程项目用户提供个性化的项目信息入口，并提供相互之间信息交流和沟通的渠道，从而为工程项目参与各方营造一个高效、稳定、安全的网络项目管理工作环境。

上述项目信息门户的定义描述了这种系统集成最基本的几个特征，也是在工程项目管理网络平台发展初期阶段最主要的功能。

（1）项目信息的集中存储和管理

项目信息门户是以工程项目为中心对项目信息进行集中存储与管理，提高信息交流的效率、稳定性、准确性和及时性。

（2）项目用户的个性化信息入口和相互之间信息沟通的渠道

项目信息门户为每一项目成员设定了相应的信息处理和信息管理的职责和权限。项目成员可以从网络平台上最大限度地获取所需要的项目信息，在系统设定的范围和工作流程内有效地处理和利用信息，实现对信息管理全过程的有序和有效参与。

（3）工程项目参与各方共同的网络项目管理工作环境

项目信息门户使工程项目信息的传递和处理变得灵活、方便和可靠，形成一个共同的、高效率的工作环境。同时，由一个系统软件在网络环境下对工程项目的信息存储、管理和交流等工作活动进行管理和监控，避免了人为情况下的很多不稳定和不安全因素，从而为工程项目提供一个稳定和安全的工作环境。

上述的三个特点体现了初期工程项目管理系统集成的最基本特征和功能。

随着互联网的普及和网络应用的飞速发展，以项目信息门户作为系统集成的工程项目管理网络平台也在不断地发展和演化。在基本的信息储存和管理以及信息交流功能之外，更多的功能被整合进网络平台的系统集成之中，如工程项目信息和数据的直接处理和转换、与工程项目管理应用软件进行直接的数据交换、进行部分环节的项目控制并监控其工作流程等。这些功能使工程项目管理网络平台更全面、更深入地介入到了实际的工程项目管理工作中。

网络平台的系统集成经历了一个长期的发展过程，从具有基本功能的互联网门户到综合多种功能的复杂工程项目管理系统，包括了多种不同类型的系统，如基于项目文件、资料等文字信息的项目信息门户，基于项目数字信息模型的项目管理数据平台等。各种不同的系统都在一定程度上从不同的方面满足了工程项目管理工作的需要。

16.2.2 网络平台上的工程项目管理组织

在网络平台上进行工程项目管理工作，需要首先在其上构建虚拟的工程项目管理组织，其中的每个用户根据其权限和岗位责任在网络系统内履行其职责，相互之间按照分工进行协调配合，组织功能健全，使现实中的工程项目管理组织在网络平台的虚拟环境中能平稳顺利地运转。

在工程项目管理网络平台上构建项目管理组织，需要把现实中工程项目管理组织的组织结构、职能分工和工作流程等在网络平台上部分或全部地实现出来。这项工作主要包括工程项目管理组织的设定和调整两个方面。

1. 工程项目管理组织设定

网络平台上工程项目管理组织的设定包括用户权限设定、职能分组设定和工作流程设定三种主要工作内容。

（1）用户权限的设定

用户权限的设定是对工程项目管理组织结构的最基本的设置，它根据不同用户在工程项目管理组织中的职能性质和岗位责任对用户的权限进行设定，如管理、编辑、阅读、浏览、限制等由高至低不同层次的权限。这些权限所涉及的对象多种多样，最基本的是项目文档，即文档管理权限。除此之外，有些系统软件还涉及信息发布和信息接收权限、工作安排和任务管理权限、会议安排和召集权限、项目成员工作监督权限等。所设定权限的种类和层次越多，最终的虚拟项目管理组织的状况越复杂，也越有可能接近于真实的工程项目管理组织。

（2）职能分组的设定

职能分组的设定是在用户权限设定的基础上对用户工作内容的分类和组合，这往往需要将工作性质或工作内容相近的用户设定为相应的职能分组，对其权限进行集中管理，使这些用户在权限的层次和工作内容上比较接近，更容易进行工作上的协调和配合。同一职能分组中的用户彼此可能是同事，也可能是来自于不同项目参与方的工作人员。例如，在为工程项目的设备采购工作进行职能分组设定时，成员就可能包括业主方的技术人员、合同管理人员、财务人员，设计方的技术人员，总承包方的管理人员和安装工作人员等。

（3）工作流程的设定

工作流程的设定主要是在工作项目管理网络平台上设定工程项目管理中一些比较固定的、程式化的信息处理程序，从而使系统对这些流程进行自动的管理、跟踪、监控等。经常需要进行设定的工作流程包括一些复核流程、审批流程、协同工作流程等。自动进行的工作流程虽然是工程项目管理网络平台功能中一个比较突出的特点，但它仅仅是对日常工程项目管理工作的一种辅助和补充，并不能作为网络平台上工程项目管理工作的主要内容，这是因为工程项目实施过程的复杂性使这些工作流程不能完全适应所有的工作状况，必须经常进行人工的干预和调整。

2. 工程项目管理组织调整

工程项目管理组织的调整同样也涉及用户权限、职能分组和工作流程三个方面。有关的调整工作是经常性的，尤其是在工程项目实施的过程有所变化时，如从设计阶段到施工阶段、从合同谈判到合同执行等。

网络平台上的工程项目管理组织是对现实中工程项目管理组织的模仿，然而又在现实的基础上有所调整，以适应工程项目管理网络平台工作环境的变化和要求。

16.2.3　工程项目管理网络平台的搭建和维护

搭建一个工程项目管理网络平台需要进行项目需求分析、系统类型选择、系统安装调试和试运行、人员培训以及系统内的权限和工作流程设定等多个环节的工作。这些工作从总体上可以分为四个阶段：

（1）准备阶段

对工程项目基本情况进行调查，确定项目组织结构、项目管理组织结构、项目信息分类及处理工作流程等，同时根据工程项目基本情况确定对有关系统和设备的基本要求，并由业主方决定并采购相关的系统和设备。

（2）安装阶段

安装硬件设备并进行有关系统的安装，对系统管理员进行培训，根据工程项目基本情况进行用户、权限、文档、工作流程等的设定，并对主要用户进行培训。

（3）试运行阶段

经过初步培训的用户根据各自的职责和权限在工程项目管理网络平台上进行相关的操作，收集反馈信息，对工程项目管理网络平台上的组织设定、工作流程等进行调整，并对工程项目参与各方的用户进行深入的培训。

（4）运行开始

工程项目管理网络平台正式投入运行，各种工程信息开始输入平台的信息管理系统，信息处理及相应的工程项目管理工作也在网络平台上展开，工程项目的实施建设进入以网络平台为基础的信息化管理阶段。

上述四个阶段的工作流程，可以概括为如图 16-7 所示的工作实施流程框图。

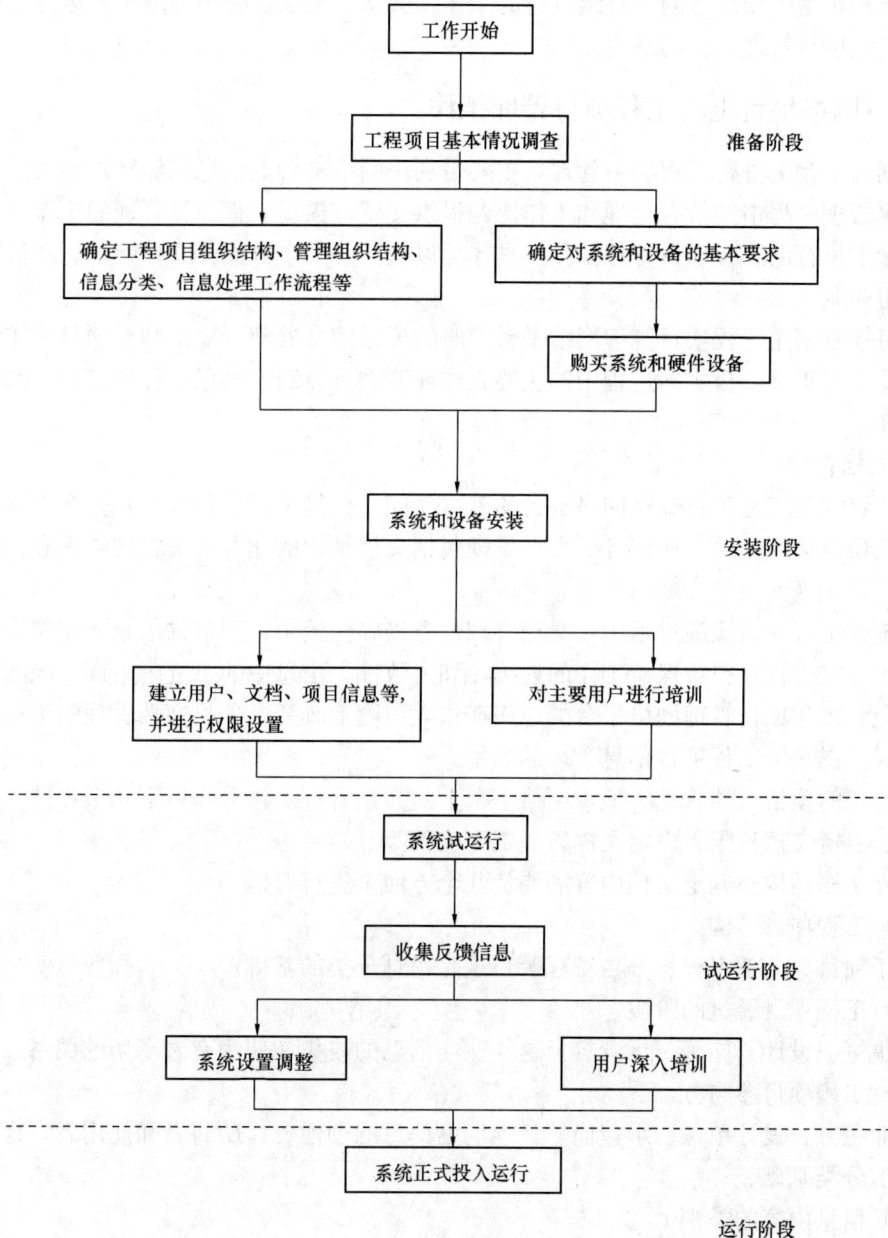

图 16-7 工程项目管理网络平台搭建工作流程

上述工作步骤所描述的是为一个特定的工程项目搭建项目管理网络平台的工作步骤。如果工程项目管理网络平台是由专业运营单位提供的商业化服务，平台的搭建也可以直接跳过一些工作步骤，如网络硬件、服务器及系统软件的购买和安装、系统管理员的培训等。

工程项目管理网络平台开始正式运行后，仍然需要根据情况的变化经常地对各个用户的工作权限进行设定和调整，对网络平台上工程项目管理的工作流程进行调整和完善，以完全适应网络平台上工程项目管理工作的要求和需要。这可以称之为对工程项目管理网络平台的维护，是一项动态的、持续进行的工作，会从工程项目管理网络平台运行开始一直延续到工程项目管理工作的最终完成。

16.2.4　网络平台上的工程项目管理工作

在网络平台上进行工程项目管理，主要是利用网络平台上信息存储和沟通的便利，为工程项目管理过程中的信息管理和工作协调提供支持，提高工程项目管理的工作效率。在网络平台上进行的工程项目管理工作，具体可以概括分三个方面：文档管理、项目协同工作、项目控制。

项目控制利用工程项目管理网络平台及时的项目信息处理、输出和对项目工作流程的监控功能，对工程项目实施过程中的主要工作环节进行控制，确保工程项目控制的时效性和准确性。

1. 文档管理

文档管理是工程项目管理网络平台的基本功能，也是工程项目参与各方在网络平台上所进行的最常见的一项工作任务。文档管理包括文档结构的建立、资料的收集和归档等工作内容。

传统的工程项目实施过程中，文档管理任务琐碎而繁杂，项目的信息和文档管理工作通过人工方式进行，很难保持工作的连续性和一致性，信息中的重复、失误、疏漏等问题在所难免。工程项目管理网络平台的应用在很大程度上改变了项目文档管理的工作性质和工作方式，提高了工程项目信息管理的效率。

与传统的项目文档管理类似，网络平台上的文档管理工作分为以下几个步骤：建立文档结构、界定文档权限、设定文档管理工作流程等。

建立文档结构和确定文档内容需要从几个方面来进行考虑：

（1）工程项目结构

如子项目、分部工程、分项工程等。这是信息分类的基础。

（2）工程项目经过的阶段

如决策、设计、施工、运营等。这往往与信息的收集和使用有着密切的关系。

（3）工程项目参与方

如业主方、设计单位、承包商等。他们是信息的创建者、所有者和使用者，也是文档使用者的分类基础。

（4）信息内容的类别

如投资信息、技术信息、合同信息等。这是对信息进行分类检索的一个参照标准。

文档结构的建立需要综合考虑上述几个方面的情况，根据工程项目实施工作的实际需要，有针对性地建立一套多层次的、分类清晰的文档结构。同时，所建立的文档结构还需要尽可能地保持一定的灵活性，因为随着工作需要的变化，文档结构也往往需要进行相应的调整，文档结构的灵活性使其可以适应文档管理工作的变化。另外，还要考虑到工程项目管理网络平台上信息管理的特殊性，更多地针对各个参与方、针对各个工作岗位建立文档结构，以便于各方面对信息处理工作的直接参与。

工程项目管理网络平台上的文档管理以业主方或代表业主方的单位为主导，需要其他项目各方的参与。项目实施过程中各方对项目文档管理参与的程度，由文档管理的权限设定来进行界定。文档管理的权限设定需要综合考虑工程项目实施过程中多方面的因素，既要考虑信息的透明，也要保证信息的安全，还需要兼顾信息共享的便利。不同的方面、不同的部门在信息集中管理工作中的职责和权限将会有比较明显的差异，从全面的管理权限，到允许修改、只允许浏览，最后到最低一等级的完全没有进入权限。

网络平台上文档管理工作流程的设定与现实工作中类似，起草/撰写、审阅、核准、签发、抄送、存档等工作环节和过程需要在网络平台的集成系统中进行设定，各工作环节根据相应过程和不同工作岗位的既定关系进行流转，由系统和管理人员进行监控。由于大部分的工作环节和流转过程都可以由系统进行监控，因而整个实施过程更为精确和准时。

与以往现实中人工的文档管理相比，网络平台上的文档管理有着明显的不同，工程项目各方对文档管理参与的程度有了不同程度的提高，文档管理的工作状况有了明显的变化。改变涉及工程项目文档管理的各个环节，如信息的收集、管理和交流共享等，表现出以下几个特点。

（1）信息的及时收集

由于部分信息处理过程在网络平台上进行，在实施过程中工程项目信息生成后，相应的项目管理人员随时录入网络平台的信息系统中，提高了信息的时效性和系统对信息的及时掌握。一些由系统软件创建的数字化信息甚至可以直接发送到相应的数据库中，不再需要经过人工的数据采集和汇总。

（2）信息的集中管理

所有重要信息全部集中到工程项目管理网络平台上的数据库中进行集中管理，按照严格的文档管理制度由网络平台的信息系统统一记录、归档、存储和更新，避免了以往文档管理工作中大部分的人为疏漏和失误，大大提高了工程项目信息管理的效率、准确性和权威性。

（3）信息的高度共享

工程项目信息通过网络平台与其他项目参与方相连，按照一定的权限和职能为各个参与方提供数据库入口，利用现代通信工具的高效和便捷实现高度的信息共享，并提供有效的信息安全保证。

2. 项目协同工作

项目协同工作是网络平台为工程项目管理工作提供的一项主要功能，包括了信息交流和工作协调等内容。工程项目参与各方通过网络平台所提供的个性化信息入口进行相互之间的交流，利用网络平台所提供的统一的交流渠道，在网络环境下进行有序的信息交流，解决传统工程项目实施过程中信息交流混乱无序的问题。同时，工程项目参与各方通过在网络平台上相互之间的信息交流进行协调，达成协同工作的目的。传统的工程项目实施过程中，组织协调往往是通过谈话、会议等方式来实现的，而在网络平台环境下，则由统一的信息交流渠道来解决组织协调的问题。这既规范了组织协调的行为，又将各方面的组织协调工作统一地置于网络平台系统的控制之下，便于整体上的项目控制和管理。

工程项目管理网络平台为项目参与各方项目信息的共享提供了极大的便利。一些工程项目管理网络平台的系统集成包含了通信和办公自动化的某些功能，使工程项目参与各方之间可以在平台上进行直接的沟通和协调，从而实现协同工作。这些工作可以分为以下几类：

（1）函件发送和接收

工程项目参与各方之间通过网络平台的系统收发函件和项目文件、资料等，函件发送和接收的过程以及内容都会被系统记录下来，需要的话，可以进行设定，对函件和其附件进行存档、备案。工程项目实施中的信息沟通过程会成为工程项目文档的一个组成部分。

（2）会议组织和管理

会议组织者通过网络平台的系统组织各种项目会议，如例会、专题会议等，选定与会人员、指定会议主持和记录人员、发送会议通知、分发会议文件资料、设定议题和会议议程等。网络平台的系统可以由此控制会议的进程并进行后续的跟踪管理，将整个项目的会议系统纳入到网络平台的管理范围之内。

（3）提交文件、报告

工程项目实施过程中的正式文件资料，如设计文件、项目报告等，通过网络平台的系统正式向业主方提交，系统可以通过预先设定自动存档，并向其他有关的人员和单位发送通知，确保文件传送的时效性，提高信息沟通的效率。网络平台系统对提交和通知的过程也会记录备案，成为工程项目信息管理记录的一个组成部分。

（4）下发指令、通知

工程项目业主方或项目实施过程中的管理方将正式的项目指令和项目通知通过网络平台的系统下发给接收方，系统会即时通知接收方，并记录备案。接收方的接收和意见反馈也会由系统如实记录。整个指令发送过程的可靠性、准确性和权威性都得到了网络平台系统的保证。

与以往现实中的项目协同工作相比，项目管理网络平台上的协同工作有几个突出的特点：

（1）一致性

所有的信息沟通和共享都统一在网络平台系统里进行，从形式、格式到内容等可以通过预先规定达到基本一致，避免因差别造成疏漏、误解等各种常见错误。

（2）时效性

项目协同工作中的各个环节都由网络平台的系统统一控制，确保了信息沟通和工作协调的时效性，避免人为因素造成的延误。

（3）准确性

由于协同工作的信息交流都由网络平台的系统进行控制，所有的工作环节和步骤都能按既定的安排进行，避免了以往常常出现的人为疏漏和失误，大大提高了工作的准确性和效率。

（4）权威性

协同工作中所有正式的沟通都通过网络平台的系统进行，由系统进行完整的记录备案，成为工程项目管理记录的组成部分，并通过预先的规定具有法律效力，从而确保了整个沟通过程的严肃性，提高了协同工作的权威性。

3. 项目控制

工程项目管理网络平台上的项目控制利用了网络平台对工程项目实施信息的全面掌握

和工程项目进程的即时监控，根据网络平台系统具有的功能，对工程项目实施过程中主要工作环节、发现的问题等进行跟踪控制，对工程项目管理团队中人员的工作情况进行掌握，从而帮助项目业主方和管理团队对工程项目实施进行更好的控制。

并非每一个工程项目管理网络平台的系统都具有完善的项目控制功能，但工程项目管理网络平台在不同程度上都可以支持部分的项目控制工作。网络平台上的项目控制工作主要有以下几类。

(1) 项目进展的实时监控

工程项目建设过程中，项目的进度完成情况、项目质量情况、项目预计造价完成情况、现场安全管理状况、项目合同执行情况等，都在随着项目的进展发生变化。部分工程项目管理网络平台具备了对项目进展信息进行实时收集、整理、对比分析等功能，使业主和工程项目管理单位能及时地对项目进展进行监控，对项目实施状况进行分析评估，发现其中的问题，为工程项目管理层提供决策依据。

(2) 项目问题事项的跟踪管理

工程项目管理的过程是一个不断重复的发现问题、解决问题的过程。项目实施顺利与否，取决于对发现的问题是否能及时跟踪管理、及时解决。部分工程项目管理网络平台可以为工程项目中存在的问题建立档案、设定解决问题的时间表和工作程序，为项目问题事项的跟踪管理提供了有效的方法和手段。

(3) 项目团队成员的工作管理

工程项目实施的日常工作中，工程项目团队成员的部分工作状况可以在网络平台系统中反映出来，如系统中任务的完成情况、所接收邮件和文件的处理情况等。如果工程项目团队成员的工作情况出现异常，如遗漏和延误等，系统可以发出提醒，并向管理人员报告，避免因个别人员的失职对工程项目造成不良的影响。

通过网络平台进行项目控制，为工程项目管理团队提供了一套全新的、信息时代的工作方法和手段。信息系统和网络控制的运行机制保证了工作的准确和可靠，避免了人为的失误和遗漏，替代了大量的机械性工作，提高了工程项目管理团队的工作效率，成为工程项目成功的有力保障。

复习思考题

1. 工程项目管理网络平台由哪些主要部分构成？
2. 什么是项目信息门户，项目信息门户与工程项目管理网络平台之间是什么关系？
3. 搭建工程项目管理网络平台一般需要哪几个阶段的工作？
4. 在网络平台上设定工程项目管理组织主要包括哪些工作内容？
5. 在网络平台上进行工程项目管理主要包括哪些工作内容？

参 考 文 献

[1] 丁士昭. 建设监理导论. 上海：上海快必达软件出版发行公司，1990.

[2] (美)Frederick E. Gould，Nancy E. Joyce. 工程项目管理(英文版). 北京：中国建筑工业出版社，2006.

[3] 全国一级建造师执业资格考试用书编写委员会. 建设工程项目管理. 北京：中国建筑工业出版社，2012.

[4] 丁士昭. 建设工程管理概论. 北京：中国建筑工业出版社，2010.

[5] 庄惟敏. 建筑策划导论. 北京：中国水利水电出版社，2000.

[6] 吴念祖. 虹桥综合交通枢纽开发策划研究. 上海：上海科学技术出版社，2009.

[7] 丁士昭. 建设监理与建设项目管理. 上海：上海快必达软件出版发行公司，1990.

[8] 官振祥. 工程项目质量管理与安全. 北京：中国建材出版社，2001.

[9] 乐云. 国际新型建筑工程 CM 承发包模式. 上海：同济大学出版社，1998.

[10] The American Institute of Architects. Integrated project delivery：a guide. USA：The American Institute of Architects，2007.

[11] 陈建国. 工程计价与造价管理. 北京：中国建筑工业出版社，2011.

[12] 全国造价工程师执业资格考试培训教材编审委员会. 建设工程造价管理. 北京：中国计划出版社，2013.

[13] 郑尚武. 建设工程概预算. 上海基建审计业余进修学院，1992.

[14] D. J. Ferry，P. S. Brandon，J. D. Ferry. Cost Planning of Building(Seventh Edition). Blackwell publishing，1999.

[15] Roy Pilcher. Principles of Construction Management(Third Edition). McGraw-Hill，1992.

[16] John K. Hollmann. Total Cost Management Framework-An Integrated Approach to Portfolio, Program, and Project Management. Morgantown：AACE International，2006.

[17] 孙继德. 建设项目的价值工程. 北京：中国建筑工业出版社，2011.

[18] Brandenberger，Jürg；Ruosch，Ernst，Ablaufplanung im Bauwesen，Baufachverlag，1994.

[19] DIN 69900-2009，Project management - Project network techniques：Descriptions and concepts.

[20] DIN 69901-2009，Project management - Project management systems.

[21] 冯允成. 活动网络分析. 北京：北京航空航天大学出版社，1991.

[22] 江景波，郁峰. 网络技术原理及应用(第二版). 上海：同济大学出版社，1997.

[23] 林知炎，曹吉鸣. 工程施工组织与管理. 上海：同济大学出版社，2002.

[24] 卢开澄，卢化明. 图论及其应用(第二版). 北京：清华大学出版社，1995.

[25] 全国二级建造师执业资格考试用书编写委员会. 建设工程施工管理(第 3 版). 北京：中国建筑工业出版社，2011.

[26] 徐一飞，周斯富. 系统工程应用手册—原理·方法·模型·程序. 北京：煤炭工业出版社，1991.

[27] 中国建筑学会建筑统筹管理研究会. 工程网络计划技术规程教程. 北京：中国建筑工业出版社，2000.

[28] 中华人民共和国行业标准. 工程网络计划技术规程 JGJ/T 121-99. 北京：中国建筑工业出版社，1999.

［29］ 上海市建筑业联合会等. 项目经理安全知识读本. 北京：中国建筑工业出版社，2002.

［30］ 石礼文. 建设工程质量知识读本. 上海：上海科学技术出版社，2001.

［31］ 上海市建筑施工行业协会工程质量和安全专业委员会. 施工现场安全生产保证体系—DGJ 08-903—2003 规范实施指南，北京：中国建筑工业出版社，2003.

［32］ 全国投资建设项目管理师考试专家委员会. 投资建设项目组织. 北京：中国计划出版社 2011.

［33］ 全国监理工程师考试用书编写委员会. 建设工程信息管理. 北京：中国建筑工业出版社，2003.

［34］ 米兰. 世行贷款项目招标采购案例分析. 北京：中国建筑工业出版社，2003.

［35］ 李启明，朱树英，黄文杰. 工程建设合同与索赔管理. 北京：科学出版社，2001.

［36］ 注册咨询工程师（投资）考试教材编写委员会. 现代咨询方法与实务. 北京：中国计划出版社，2003.

［37］ 曹吉鸣. 工程施工管理学. 北京：中国建筑工业出版社，2010.

［38］ 施骞，胡文发. 工程质量管理教程. 上海：同济大学出版社，2010.

［39］ 刘廷彦. 工程建设质量与安全管理. 北京：中国建筑工业出版社，2012.

［40］ Frank Harris，Ronald McCaffer. Modern Construction Management. Blackwell Science Ltd，a Blackwell Publishing Company，2006.

［41］ Graham M. Winch. Managing Construction Project. Blackwell Science Ltd，a Blackwell Publishing Company，2006.

［42］ 丁士昭. 项目信息门户的特征和发展趋势的探讨. 中国建筑学会工程管理分会 2004 年学术年会论文集. 北京：中国建筑工业出版社，2004.

［43］ 丁士昭等. 建设工程信息化导论. 北京：中国建筑工业出版社，2005.

［44］ 乐云. 项目管理概论. 北京：中国建筑工业出版社，2008.

［45］ 何清华. 项目管理案例. 北京：中国建筑工业出版社，2008.

［46］ 贾广社. 项目总控（Project Controlling）—建设工程的新型管理模式. 上海：同济大学出版社，2003.

［47］ 林则夫. 项目管理软件应用. 北京：机械工业出版社，2008.

［48］ 黄梯云. 管理信息系统(第四版). 北京：高等教育出版社，2009.

［49］ 刘运元. Primavera(P3e/c)应用指导——火电篇. 北京：中国建筑工业出版社，2007.

［50］ Oracle. Contract Manager User's Guide，2009.

［51］ Associated General Contractors of America（AGC）. The Contractor's Guide to BIM，1st ed. AGC Research Foundation. NV：Las Vegas，2006.

［52］ Brad Hardin. BIM and Construction Management：Proven Tools，Methods，and Workflows. Wiley Publishing，Inc. ，2009.